Analyse des données

Une approche par comparaison de modèles

COLLECTION OUVERTURES PSYCHOLOGIQUES

Des manuels de qualité (originaux en langue française et traductions des plus grands ouvrages anglo-saxons), régulièrement mis à jour avec les données le plus récentes, qui privilégient une organisation pédagogique progressive et offrent à l'étudiant de nombreux outils d'apprentissage.

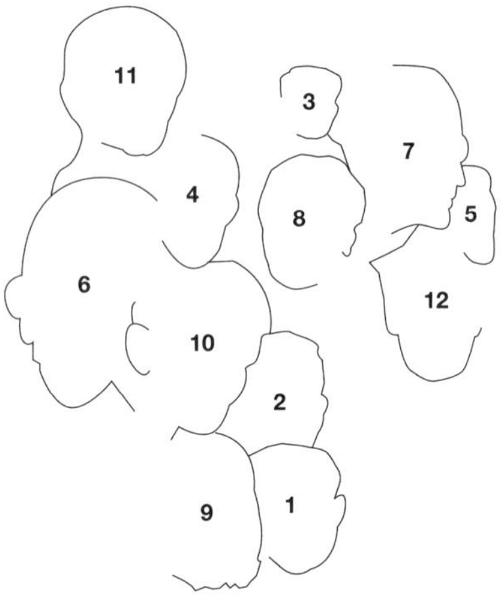

1 | **John B. WATSON** (1878-1958). *Psychologue américain, il fut professeur à l'Université de Chicago et au laboratoire psychologique de l'Université Johns Hopkins. Il a eu un impact majeur sur le développement de la théorie behavioriste.*

2 | **Albert BANDURA** (1925). *Psychologue canadien, il enseigne à l'Université de Stanford depuis 1953. Ses recherches portent sur les différents aspects de la théorie sociale cognitive.*

3 | **Françoise DOLTO** (1908-1988). *Médecin et psychanalyste française, elle est une disciple de Freud. Son œuvre est consacrée à ce qu'elle nomme elle-même « la cause des enfants ».*

4 | **Carl ROGERS** (1902-1987). *Psychologue américain, il développa une approche humaniste visant à libérer le potentiel du patient pour qu'il résolve lui-même ses problèmes personnels.*

5 | **Hermann RORSCHACH** (1884-1922). *Médecin, psychiatre et psychanalyste suisse, il exerça dans plusieurs asiles. Son œuvre principale est consacrée à la psychologie religieuse.*

6 | **Sigmund FREUD** (1856-1939). *Médecin et psychanalyste autrichien, il est considéré comme le père de la psychanalyse moderne.*

7 | **Carl Gustav JUNG** (1875-1961). *Médecin et psychologue suisse, il a été l'élève de Freud. En désaccord avec celui-ci, il va créer sa propre théorie. Il a créé sa propre théorie et est ainsi devenu le fondateur de la psychologie analytique.*

8 | **Anna FREUD** (1895-1982). *Fille de Sigmund Freud, elle se consacra dès 1926 à la psychanalyse des enfants. Elle a été toute sa vie en opposition avec Mélanie Klein.*

9 | **Ivan Petrovich PAVLOV** (1849-1936). *Chimiste russe, il travailla à l'Académie militaire de Saint-Petersbourg. Il a mis en lumière l'existence du réflexe conditionné appelé aujourd'hui « réflexe pavlovien ».*

10 | **Jacques LACAN** (1901-1981). *Médecin et psychanalyste français, il a défendu les théories freudiennes. Il a expliqué la structure de l'inconscient et a défini la structure du sujet.*

11 | **Mélanie KLEIN** (1882-1960). *Psychanalyste autrichienne, elle est autodidacte. Elle a élaboré la technique du jeu comme moyen d'accès à l'inconscient. Elle a été toute sa vie en opposition avec Anna Freud.*

12 | **Burrhus Frederic SKINNER** (1904-1990). *Psychologue américain, il a enseigné dans plusieurs universités. Il affirme que les comportements humains sont déterminés par l'effet qu'ils produisent dans l'environnement.*

CHARLES M. JUDD – GARY H. MCCLELLAND – CAREY S. RYAN
DOMINIQUE MULLER – VINCENT YZERBYT

Analyse des données

Une approche par comparaison de modèles

2e édition

de boeck SUPÉRIEUR

Ouvrage original :
Data Analysis – A Model Comparison Approach, *Third Edition, Charles M. Judd, Gary H. McClelland, Carey S. Ryan, Published in 2017, All Rights Reserved Authorized translation from English language edition published by Routledge, Inc., part of Taylor & Francis Group LLC.*

2e édition

Dépôt légal :
Bibliothèque nationale,
Paris : novembre 2018
Bibliothèque royale de Belgique,
Bruxelles : 2018/13647/095

ISBN 978-2-8073-0554-0

Sommaire

Avant-propos

C'était il y a quelques années de cela. Nous étions assis avec Charles (Chick) Judd et Gary McClelland sous le soleil généreux d'une terrasse de Louvain-la-Neuve. Nous évoquions l'éventualité d'une version française de leur ouvrage, maintenant classique, le Judd et McClelland (1989). Quelle ne fut pas notre surprise lorsque Chick et Gary annoncèrent qu'ils ne voulaient pas nous voir seulement prendre en charge la traduction et l'adaptation, mais qu'ils souhaitaient nous impliquer comme co-auteurs de cette version française. Une façon selon eux de nous transmettre le flambeau. Quel honneur ! Quel honneur pour nous d'être associés d'aussi près à cette approche de l'analyse des données. En effet, pour l'un comme pour l'autre, la découverte de cette approche fut une véritable révélation. Tout d'abord une révélation en ce qui concerne l'analyse statistique de nos propres données. Combien d'analyses se seraient avérées bien plus ardues, voire impossibles, si nous n'avions pu recourir à cette approche à la fois simple et puissante ? Mais ce fut également une révélation sur le plan de la méthodologie. Il ne fait aucun doute que sans cette approche, nous n'aurions jamais eu les intuitions qui se situent au cœur des articles de méthodologie que nous avons eu la joie d'écrire avec Charles Judd (Muller, Judd, & Yzerbyt, 2005 ; Muller, Yzerbyt, & Judd, 2008 ; Yzerbyt, Muller, & Judd, 2004).

Notre motivation première, néanmoins, reste et restera de faciliter la découverte de cette approche aux lecteurs francophones. On pourra d'ailleurs s'étonner du choix consistant à traduire ce texte en langue française ; pourquoi ne pas continuer à utiliser et recommander ce texte en version originale ? La réponse est toute simple : nous ne comptons plus les étudiants et collègues venus frapper à notre porte ou déposer un message dans nos boites courriels pour nous demander un bon livre d'analyse des données... en français. Il semble que mêmes certains chercheurs habitués à lire les articles de leur domaine en langue anglaise préfèrent, lorsqu'il s'agit de lire un texte sur l'analyse des données, le confort de la lecture en français. Il nous restait alors deux choix : écrire nous-mêmes un texte inspiré de l'approche par comparaison de modèles ou reprendre le texte original. Pour nous la réponse s'imposait d'elle-même : pourquoi refaire moins bien ce qui existait déjà ? C'est pourquoi nous avons repris le texte original (ou plus exactement sa toute nouvelle édition écrite en compagnie de Carey Ryan) et n'avons changé que quelques exemples ici ou là.

Mais qu'y a-t-il donc de si particulier dans cette approche ? De fait, un lecteur un peu pressé qui poserait son regard uniquement sur la table des matières pourra penser qu'il n'y a là rien de bien particulier. On y traite de régression linéaire, de régression multiple, d'analyse de la variance, etc. En somme, des tests qui sont abordés dans la plupart des bons manuels d'analyse des données (par exemple, Howell, 2008). Alors quelle différence ? La différence tient en ceci que tous ces tests sont intégrés au sein d'une approche générale et s'articule donc autour d'un nombre restreint de principes généraux (étant bien évidemment entendu qu'il ne s'agit « que » d'une manière différente de voir les choses, les résultats obtenus avec l'approche traditionnelle et avec ce type d'approche sont totalement identiques).

S'il nous était demandé de qualifier l'approche par comparaison de modèles en un seul mot, ce mot serait la parcimonie. Ici, nous entendons parcimonie au sens noble du terme, c'est-à-dire que nous avons affaire à une approche permettant d'intégrer un *maximum* de démarches sur la base d'un nombre *minimum* de principes. Ainsi, découvrir l'approche par comparaison de modèles, c'est découvrir une approche qui permet d'assembler en un tout cohérent les innombrables pièces du puzzle que représentent les tests statistiques utilisés couramment. Attention, il ne s'agit là ni d'un raffinement inutile, ni d'un exercice de style. En effet, au même titre qu'on qualifiera volontiers une théorie psychologique de simple et puissante si elle rend compte d'un ensemble riche et a priori complexe de comportements sur la base d'un nombre restreint de mécanismes, l'approche de l'analyse des données par comparaison de modèles est une approche plus simple et plus puissante.

La simplicité tout d'abord. Comme nous venons de le dire, l'approche par comparaison de modèles repose sur un certain nombre de principes qui resteront identiques, quel que soit le type d'analyse (par exemple une régression linéaire, une analyse de la variance, une analyse de covariance,...). Ainsi, étudiants et chercheurs qui décideront de se former à cette approche n'auront qu'à apprendre un nombre restreint de principes. Une fois ces principes acquis, ces derniers s'appliqueront à la toute grande majorité des tests habituellement nécessaires. Avec cette approche, les étudiants n'auront donc pas à apprendre d'innombrables formules, formules prenant différentes formes selon les variables et les questions qu'ils se posent. En outre, lors du cours introductif sur l'approche par comparaison de modèles, l'un de nous deux à coutume de dire à ses étudiants qu'avec cette approche, il n'est point besoin d'avoir de pré-requis en statistique : savoir calculer une moyenne suffit amplement. En effet, l'approche par comparaison de modèles étant une approche intégrative, la compréhension du matériel présenté dans ce livre ne nécessite aucune connaissance préalable en statistique. Aussi, n'importe quel étudiant ou chercheur armé de bonne volonté pourra-t-il commencer ici sa formation à l'analyse des données. Pour en finir avec la simplicité, nous restons, après des années d'enseignement de cette approche (le plus souvent au niveau master ou doctoral), frappés par le nombre d'étudiants nous ayant demandé quel concours de circonstances faisait que cette approche n'était pas enseignée dès les premières années de leur parcours universitaire.

En ce qui concerne la puissance de cette approche, il suffit de bien comprendre qu'il s'agit là d'un langage. Apprendre à utiliser cette approche, c'est apprendre à utiliser un langage qui permet d'intégrer une grande diversité de variables là où les méthodes classiques sont toujours limitées à des questions restreintes dans des contextes particuliers. Ainsi, en intégrant ce que l'on appelle classiquement la régression et l'analyse de la variance, cette approche permet de traduire dans un langage commun des variables (indépendantes) continues et catégorielles (et éviter par là même la bête noire des directeurs de revues scientifiques, à savoir les fameux « split » sur la médiane. On peut ainsi éviter de perdre bêtement une partie de l'information qu'on s'est donné du mal à recueillir). En outre, l'un des apports plus spécifiques à l'approche développée par Judd et McClelland (1989) renvoie au fait de pouvoir également intégrer des variables dites inter-sujets et intra-sujet. Comme on le verra au cours des derniers chapitres, ce langage permet également de recourir à des tests encore plus complexes, comme les analyses de médiation et les analyses dites multi-niveaux. Tout chercheur n'étant pas formé à ce type d'approche et ayant été confronté à des analyses de cette nature pourra témoigner de tout l'intérêt qu'il y a à connaître ce langage commun. En somme, apprendre ce langage c'est acquérir une flexibilité et un niveau de compréhension qu'il est parfois même difficile d'imaginer avec une formation plus traditionnelle.

Ces deux qualités principales, et c'est assez rare pour le souligner, font de cet ouvrage un ouvrage tout aussi adapté aux étudiants débutant dans l'analyse des données qu'aux chercheurs désirant aller plus loin dans leur compréhension. En effet, les étudiants sauront apprécier la simplicité de cette approche et les chercheurs la puissance de celle-ci. C'est en tout les cas ce que nous espérons.

Un dernier mot d'explication sur le titre de l'ouvrage. Certains statisticiens actifs dans le monde francophone ont parfois eu tendance à réserver l'expression « analyse de données » pour évoquer des techniques statistiques bien précises (Analyse factorielle, Analyse en Composantes Principales, Analyse des Correspondances, Analyse de Classification,...) qui n'ont que peu ou pas de rapport avec celles qui sont abordées dans le présent ouvrage. Sans vouloir créer de polémique, nous avons décidé de rester au plus près du titre original américain. Après tout, l'ambition de l'étudiant et du chercheur est bien celle-là : analyser des données. Nous avons donc souhaité faire en sorte que les personnes peu versées dans les débats d'experts puissent effectivement prendre le risque d'ouvrir cet ouvrage parce qu'il répondait à leur besoin. L'analyse des données est incontestablement le thème-clef de cet ouvrage et nous espérons que notre lecteur prendra autant de plaisir à prendre connaissance de son contenu que nous en avons eu à le rédiger.

Pour terminer, nous tenons à remercier toutes une série de personnes qui nous ont aidé dans ce projet. Outre les trois auteurs de l'édition américaine qui nous ont offert une pleine collaboration nous avons pu compter sur les relectures attentives d'Alan Chauvin, Marie-Pierre Fayant, Fabrice Gabarrot, Mélanie Lannoy, Cécile Nurra et Richard Palluel-Germain. Chez De Boeck, nous avons apprécié le soutien d'Anouk Verlaine tout au long du processus de publication, ainsi que la disponibilité de Julien Cochonneau et de Constantin Maes pour tout ce qui concerne la présentation et la mise en page du manuscrit. Enfin, nous tenons à dédier ce livre à nos étudiants et, surtout, à nos doctorants qui, au fil des années, ont suscité en nous la volonté d'améliorer notre connaissance de l'analyse des données !!!

Dominique MULLER et Vincent YZERBYT

Préface à l'édition américaine

Nous n'en revenons pas de nous trouver, trente-sept ans après la publication de la première édition de ce texte, préparant cette troisième édition. La première édition était le résultat de notre enseignement d'un cours en analyse des données au niveau doctoral dispensé dans les années 80 à l'université du Colorado à Boulder (Judd, C. M., & McClelland, G. H. (1989). *Data analysis: A model comparison approach.* Orlando, FL : Harcourt Brace Jovanovich). La seconde édition est sortie en 2008 avec l'aide inestimable de Carey Ryan (Judd, C. M., McClelland, G. H., & Ryan, C. S. (2008). *Data analysis : A model comparison approach.* New York, NY : Routledge). Nous sommes encore une fois ravis de constater l'intérêt soutenu pour notre approche et notre ouvrage, ainsi qu'en attestent les nombreuses recommandations d'adoption comme manuel de cours et l'enthousiasme de notre éditeur.

De nombreuses nouveautés et différences émaillent cette troisième édition. Plus loin dans cette préface, nous détaillons les changements les plus significatifs que nous avons implémentés. Dans le même temps, notre approche de base de comparaison de modèles et notre façon de réfléchir aux données n'a pas changé le moins du monde et demeure au cœur de ce livre. Du coup, nous reprenons des portions de la préface de la seconde édition, de manière à rendre d'emblée explicites nos postulats et notre approche.

Objectifs et Principes

Les cours, les ouvrages et les logiciels de statistique sont généralement organisés de la même façon qu'un livre de cuisine. Traditionnellement, on retrouve diverses recettes réparties dans les différents chapitres en fonction des plans de recherches et de la structure des données. En fait, un grand nombre d'ouvrages de statistique incluent un tableau récapitulatif en début de livre afin de renvoyer le lecteur vers les divers chapitres et vers ce qui paraît manifestement correspondre à différentes procédures statistiques en fonction du type de données et des questions auxquelles on souhaite répondre. Le résultat est que, lorsqu'ils utilisent les statistiques, les chercheurs en sciences sociales et comportementales organisent généralement leurs connaissances statistiques de la même manière : « Avec ce genre de données-ci, je sais que je dois faire ce test-ci. Avec ce genre de données-là, je sais que je dois faire ce test-là. »

Ce livre a été écrit en partant du principe que ce type d'organisation du savoir statistique a un coût certain. Pour rester dans l'analogie du livre de cuisine, les chefs qui s'appuient sur des livres de cuisine ne savent pas comment procéder lorsqu'ils souhaitent préparer un plat pour lequel il n'existe aucune recette dans le livre. Lorsque les étudiants sont confrontés à des données ne rentrant pas bien dans une des catégories pour lesquelles ils ont appris une procédure statistique, on voit poindre de la frustration et des erreurs. Les étudiants peuvent recourir au mauvais test, faisant des postulats inappropriés sur la structure des données afin de pouvoir exploiter une procédure statistique plus familière. Certains étudiants que nous avons rencontrés avaient même massacré leurs données pour les faire rentrer dans une analyse de variance orthogonale avec échantillons de même taille, tout simplement parce qu'il s'agissait du seul test qu'ils connaissaient.

Nous avons aussi entendu certains de nos collègues se plaindre qu'un problème d'analyse des données serait tellement plus facile à traiter si seulement ils disposaient d'un logiciel spécialisé auquel ils avaient accès dans leur ancienne université.

C'est sur un tout autre type d'organisation que repose ce livre. Notre attention porte sur la manière dont les procédures statistiques peuvent être conçues comme des outils permettant de construire et tester des MODÈLES de DONNÉES. Ainsi, en nous appuyant sur un cadre cohérent utilisé tout au long de cet ouvrage, nous développons un petit nombre de techniques puissantes permettant de construire des modèles et de faire des inférences statistiques. Ce cadre incorpore l'ensemble des différentes recettes statistiques que l'on trouve habituellement dans les manuels type « livres de cuisine », mais il le fait d'une manière intégrée. À mesure que nous construirons et testerons des MODÈLES, nous présenterons un vocabulaire permettant de désigner nos modèles et procédures d'inférence. À chaque étape, néanmoins, nous prendrons soin d'indiquer très clairement au lecteur la manière dont notre vocabulaire et nos modèles peuvent être traduits en termes de recettes dans le cadre des « livres de cuisine » traditionnels.

Nous sommes convaincus que ce cadre intégratif offre un meilleur moyen d'apprendre et de penser l'analyse des données. Les étudiants qui comprennent l'analyse des données à travers le prisme de notre cadre seront capables d'interroger leurs données en posant les questions qui les intéressent au lieu de poser les questions que l'auteur d'un manuel ou d'un logiciel statistique supposait qu'ils souhaitaient poser. Au bout du compte, les étudiants exploiteront la théorie et leur propre compréhension pour orienter l'analyse des données plutôt que de confier l'analyse à un ensemble de procédures toutes faites ou à un programme informatique. Notre objectif est de réaliser une analyse des données intelligente. Plutôt que d'appliquer des recettes apprises par cœur, nous souhaitons rendre les étudiants capables de concocter leurs propres recettes au fil de leurs analyses des données.

Quelques mots s'imposent pour évoquer, d'une part, nos attentes à propos du lecteur et, d'autre part, la structure du livre. Nous partons du principe que le lecteur est un étudiant ou un chercheur en sciences sociales, en école de commerce ou de management, en éducation, ou dans une discipline proche, et qu'il souhaite analyser des données pour répondre à des questions pratiques ou théoriques. Nous faisons aussi l'hypothèse que le lecteur n'entend pas devenir un statisticien, mais est davantage intéressé par la discipline de fond, l'analyse des données constituant un moyen plutôt qu'une fin en soi.

Nous partons également de l'idée que le lecteur est raisonnablement à l'aise avec des manipulations algébriques de base dans la mesure où presque tous nos MODÈLES de DONNÉES sont exprimés de façon algébriques. Mais nous ne nous attendons pas à ce qu'il maîtrise d'autres outils mathématiques comme le calcul intégral ou l'algèbre matriciel. Un point important est que nous supposons que le lecteur a accès à un bon programme de régression multiple par le biais d'un logiciel statistique. En revanche, et c'est important, savoir de quel programme il s'agit ne nous intéresse pas vraiment.

Nos attentes concernant le lecteur et l'objectif qui est le nôtre de former à l'analyse des données et non à la statistique nous ont conduits à prendre plusieurs décisions quant à la structure de ce livre.

1. Nous présentons des démonstrations mathématiques uniquement lorsque cela permet d'éclairer les choses sur le plan conceptuel. Nous allons généralement faire l'hypothèse que les statisticiens davantage orientés vers les mathématiques ont bien fait leur travail et nous allons donc exploiter beaucoup de leurs résultats sans en apporter nous-mêmes la preuve. Dans le même temps, toutefois, nous ne pouvons nous passer entièrement de détails mathématiques, car il est très important que la personne qui analyse les données (« l'analyste ») soit en mesure de reconnaître quand l'analyse des données, et en particulier quand le MODÈLE des DONNÉES, est inapproprié ou nécessite une modification. Le choix d'inclure telle ou telle démonstration est dès

lors guidé par le souci de former des analystes de bon aloi et non des statisticiens orientés vers les mathématiques.

2. Nous laissons l'ordinateur faire le travail de calcul. La plupart des livres de statistique type « livres de cuisine » présente plusieurs formules différentes pour chaque statistique. Ces diverses formules facilitent le calcul à la main pour différentes organisations des données brutes. Nous supposons que notre lecteur est intéressé par la science et pas par les calculs et va se servir des moyens à sa disposition pour réaliser ces derniers, à savoir l'ordinateur. De façon un peu ironique, les bonnes vieilles formules de calcul à la main peuvent s'avérer désastreuses lorsqu'elles sont implémentées dans des programmes informatiques, à cause des erreurs d'arrondis, mais aussi à cause d'autres particularités informatiques. Ni les formules de calculs qui conviennent aux ordinateurs, ni les formules qui facilitent le calcul à la main ne sont très claires sur le plan conceptuel. Nous évitons donc les unes et les autres. Au lieu de cela, nous présentons des formules qui mettent en lumière les concepts, même si elles ne sont pas toujours très pratiques pour le calcul à la main ou à l'ordinateur.

3. Nous essayons tant que faire se peut de travailler du général au particulier, de telle sorte qu'émerge un cadre général. De nombreux ouvrages de statistique commencent par des détails et des statistiques simples et se tournent alors petit à petit vers des modèles plus généraux, changeant fréquemment de concepts et de notation au cours du processus. Bien que nous commencions par des MODÈLES simples de DONNÉES pour ensuite complexifier, nous faisons cela dans le contexte d'un cadre global cohérent et nous présentons les modèles simples avec les mêmes concepts et la même notation que ce que nous utilisons pour les modèles plus complexes discutés plus loin. De façon très importante, nous avons recours aux mêmes statistiques inférentielles tout au long de l'ouvrage.

4. Nous n'essayons pas de parler de toutes les statistiques. Il y a de nombreuses procédures que nous avons passé sous silence parce qu'elles sont rarement utilisées ou parce qu'on peut faire la même chose avec un modèle plus général que nous couvrons par ailleurs. Nous fournissons à l'analyste un stock limité de modèles et de procédures statistiques, mais ces modèles sont très généraux et très puissants. L'objectif est d'approfondir le plus possible un petit nombre de techniques très puissantes.

5. Le cadre que nous utilisons pour l'analyse des données est consistant avec ce que l'on a appelé l'approche de *régression* ou le modèle linéaire général. Historiquement, l'approche de régression a souvent été opposée, par erreur, à l'approche de *l'analyse de variance*. Et, traditionnellement, la régression a plus souvent été associée aux enquêtes, aux quasi-expériences et aux données non expérimentales, tandis que l'analyse de variance a très fréquemment été exploitée pour les expériences de laboratoire où l'on recourt à l'assignation aléatoire. Ces liens historiques ont amené beaucoup de gens à développer la croyance erronée qu'il existe une différence fondamentale entre les deux approches. Nous adoptons l'approche plus générale de la régression et montrons que tout ce qui concerne l'analyse de variance peut être réalisé dans ce cadre. Cela présente l'énorme avantage de réduire le nombre de techniques statistiques particulières qui doivent être apprises pour des situations spéciales d'analyse statistique. De façon plus importante, nous montrons comment l'approche de la régression procure davantage de contrôle sur l'analyse des données expérimentales, de sorte que l'on puisse interroger les données sur des questions ancrées de manière théorique, des questions qui sont fréquemment différentes des questions standards que les procédures traditionnelles d'analyse des données imaginent que l'on souhaite poser.

6. Nous avons du prendre une décision difficile concernant la terminologie utilisée dans ce livre. D'un côté, nous sommes convaincus que les noms traditionnellement donnés aux divers tests statistiques perpétuent de mauvaises distinctions. Pour cette raison, nous aurions préféré les abandonner au profit d'une liste plus réduite découlant de notre perspective intégrée. Toutefois, procéder de la sorte aurait été irresponsable, car de nombreux lecteurs de cet ouvrage auront

déjà eu un cours introductif dans lequel on aura utilisé les noms traditionnels, auront à dialoguer avec des collègues qui n'ont pas lu ce livre et devront lire des comptes-rendus scientifiques d'analyse des données qui recourent aux noms traditionnels. Nous avons donc décidé de faire les deux : nous utilisons la même terminologie et la même notation tout au long de cet ouvrage afin d'offrir une perspective intégrée, mais nous fournissons aussi, généralement au début et à la fin des chapitres, les traductions qui permettent de passer des termes que nous exploitons à leurs équivalents traditionnels.

L'organisation de ce livre et ce qu'il y a de neuf cette fois-ci

La préface ou l'introduction de la plupart des manuels de statistique décrit les différents ordres dans lesquels on peut aborder les chapitres. C'est précisément ce que nous reprochons à la majorité des ouvrages de statistique. Lorsque les chapitres ou les différentes sections sont auto-suffisants, les étudiants ont souvent tendance à être perturbés par le changement de thèmes plutôt abrupt d'un chapitre à un autre. Pour éviter de tels changements brusques, nous avons organisé les chapitres suivant une séquence particulière et exploité le même cadre unificateur tout au long de l'ouvrage. Chaque chapitre se focalise sur un seul concept, mais la compréhension de ce concept dépendra des concepts développés dans les chapitres antérieurs. Nous ne pensons donc pas que les chapitres puissent être lus dans un ordre différent de celui présenté ici. Cela signifie, bien sûr, que notre livre ne peut pas être utilisé comme un livre de cuisine. Encore une fois, nous estimons avoir bien expliqué pourquoi nous pensons qu'une organisation sous forme de livre de cuisine est une mauvaise idée.

S'il est vrai que l'organisation séquentielle de notre livre peut frustrer quelque peu le lecteur qui souhaite consulter notre ouvrage pour vérifier un test spécifique, nous sommes convaincus que cette organisation constitue une bien meilleure façon d'apprendre les statistiques. Elle réduit de manière substantielle le nombre de concepts différents qui doivent être maîtrisés et autorise un assemblage progressif de savoirs intégrés plutôt qu'une accumulation déconnectée de recettes distinctes.

Le Chapitre 1 présente une vue d'ensemble de ce qu'est l'analyse des données par le biais des concepts de DONNÉES, de MODÈLE et d'ERREUR, et les intègre dans l'équation :

$$\text{DONNÉES} = \text{MODÈLE} + \text{ERREUR}.$$

Le concept de proportion de réduction de l'erreur (PRE) est présenté comme un outil permettant de nous guider à travers les MODÈLES alternatifs renvoyant à un ensemble de DONNÉES. Le Chapitre 2 présente différentes définitions de l'ERREUR et révèle les implications de chacune d'entre elles sur le MODÈLE. Au cours de notre examen des définitions alternatives de l'ERREUR, nous développons les statistiques descriptives usuelles de localisation et de dispersion. En revanche, nous préférons envisager ces contextes descriptifs en termes de MODÈLES de DONNÉES. Le Chapitre 3 propose un ensemble restreint de postulats raisonnables qui portent tous sur l'ERREUR. Nous exploitons ces postulats ainsi que le concept de distributions d'échantillonnage d'une statistique pour choisir notre définition de l'ERREUR parmi celles présentées au Chapitre 2. Nous retenons la somme des carrés des erreurs (SCE) comme définition standard de l'ERREUR. Ce chapitre présente également le concept de distribution d'échantillonnage d'une statistique. Le Chapitre 4 exploite le matériel du Chapitre 3 pour permettre de faire des inférences sur les MODÈLES et leurs paramètres. Le test inférentiel développé dans ce chapitre est équivalent au test habituellement identifié comme le *test-t pour échantillon unique,* mais nous le présentons sous une forme plus générale que nous pourrons réexploiter dans tous les chapitres suivants. Tous les concepts nécessaires à l'inférence statistique utilisée dans ce livre sont contenus dans les Chapitres 2, 3 et 4, même si les modèles explorés dans ces chapitres sont très simples.

Le reste du livre traite essentiellement de la construction de MODÈLES, MODÈLES qui varient dans leur complexité et leur pertinence selon les différents types de DONNÉES. Le Chapitre 5 porte sur des MODÈLES qui font des prédictions conditionnelles des DONNÉES sur la base d'une seule variable continue. De tels modèles sont généralement connus sous le nom de *régressions simples*. Ce chapitre a recours aux techniques inférentielles développées au Chapitre 4, mais cette fois pour poser des questions dans le cadre de MODÈLES de régression simple et pour explorer leurs paramètres. Le Chapitre 6 étend les concepts du Chapitre 5 aux MODÈLES qui font des prédictions conditionnelles des DONNÉES sur la base de plusieurs variables continues. Dans d'autres ouvrages, la matière couverte dans ce chapitre est présentée sous le nom de *régression multiple*. Un concept important dans ce chapitre est celui de la *redondance* entre les prédicteurs. Le Chapitre 7 aborde une technique importante consistant à introduire des termes multiplicatifs de variables prédictrices continues au sein de nos MODÈLES. Nous exploitons ensuite cette technique pour développer des modèles curvilinéaires et pour aborder l'interaction entre deux ou plus de deux variables prédictrices. Les Chapitres 5 à 7 contiennent l'essentiel de l'information ayant trait à ce qu'on connait généralement sous le nom d'*analyse de régression*.

Les Chapitres 8 à 11 abordent les MODÈLES qui exploitent des variables catégorielles pour faire des prédictions conditionnelles des DONNÉES. De tels MODÈLES sont souvent connus sous le nom d'*analyse de variance*. L'utilisation de codes de contraste permet à toutes les techniques de construction et de test de MODÈLE de l'analyse de régression (Chapitres 5 à 7) d'être appliquées *sans modification* aux MODÈLES contenant des variables prédictrices catégorielles. Le Chapitre 8 se penche sur ces codes de contraste pour le cas des variables prédictrices catégorielles uniques, une situation connue sous le nom d'*analyse de variance à un facteur*. Le Chapitre 9 illustre la façon dont les MODÈLES utilisant des produits, présentés au Chapitre 7, peuvent être appliqués aux codes de contraste du Chapitre 8 pour produire des MODÈLES de plus en plus complexes comprenant plusieurs variables prédictrices catégorielles. Ces modèles sont généralement présentés comme des *analyses de variance factorielles*. Le Chapitre 10 présente une généralisation, en fin de compte assez facile, des MODÈLES qui incluent à la fois des variables prédictrices continues et catégorielles. Ces MODÈLES sont parfois connus sous le terme d'*analyse de covariance* et plus récemment comme des analyses de médiation. Sont également abordés dans ce chapitre les modèles qui incluent des produits de variables continues et catégorielles, des modèles parfois présentés comme des modèles de régression modulée.

Un postulat important qui sous-tend l'inférence statistique dans tous les MODÈLES abordés est que chaque observation est indépendante de toutes les autres observations. Ce postulat a peu de chance d'être satisfait quand plusieurs observations émanent de la même unité d'analyse (par exemple, quand chaque personne ou chaque groupe fournit plus d'une observation). Les Chapitres 11 et 12 présentent une approche permettant de construire, même dans ces situations, des MODÈLES qui soient entièrement cohérents avec le matériel présenté dans les chapitres antérieurs. Cette situation est connue en psychologie sous le nom d'*analyse de variance à mesures répétées ou intra-sujet*, par opposition aux MODÈLES des Chapitres 8 à 10 qui concernent l'*analyse de variance inter-sujets*. Plus globalement, ce problème est connu comme celui des *erreurs non indépendantes ou corrélées*. Le Chapitre 11 présente les fondements de notre approche pour analyser les DONNÉES avec des ERREURS corrélées. Cette approche consiste à développer un ensemble séparé de codes de contraste pour les différentes observations de chacune des unités d'observations. Il s'agit d'utiliser ces codes pour construire de nouvelles variables de DONNÉES et d'exploiter ensuite la machinerie des chapitres antérieurs pour modéliser celles-ci. Le Chapitre 12 étend cette approche à ce qu'on pourrait appeler la régression *intra-sujet* en incluant les variables prédictrices continues qui peuvent varier soit entre ou au sein des observations non indépendantes qui composent les données. On y trouve une introduction à ce qu'on appelle les modèles mixtes linéaires, qui permettent de prendre en considération de la variance d'erreur aléatoire associée à plusieurs sources plutôt qu'à une seule. Par extension, ce chapitre propose une introduction aux modèles multiniveaux ou hiérarchiques de même qu'aux modèles avec des facteurs aléatoires croisés. Toute cette matière est nouvelle par rapport à la deuxième édition.

Le Chapitre 13 aborde les problèmes des données aberrantes et diverses violations des postulats concernant l'ERREUR examinés au Chapitre 3. Nous utilisons les concepts développés dans les chapitres antérieurs pour développer un MODÈLE des données aberrantes qui précise une méthode pour la détection de ces données aberrantes et pour la réduction de leurs effets sur le MODÈLE dans l'analyse des autres DONNÉES. Ce chapitre examine aussi les techniques permettant la détection et le traitement des violations des postulats qui sous-tendent les procédures de construction de MODÈLE et d'inférence statistique présentées dans les chapitres précédents. L'effet de toutes les techniques de remédiation revient à transformer les DONNÉES ou à restructurer le problème de telle façon que la machinerie développée antérieurement puisse être appliquée sans problème.

Cette édition propose également comme nouveauté le Chapitre 14 qui porte sur la régression logistique, autorisant ainsi l'analyse de variables dépendantes dichotomiques plutôt que continues. Même si la machinerie inférentielle pour ces modèles est assez différente, l'approche de base en termes de comparaison de modèles que nous avons développée présente une série de parallèles intéressants avec les modèles logistiques.

Comme autre nouveauté de cette édition, des compléments téléchargeables sont disponibles. Des fichiers de données sont accessibles à partir de www.deboecksuperieur.com/site/305540. Des compléments destinés aux professeurs sont également disponibles sur demande auprès de l'éditeur (info@deboecksuperieur.com).

Remarques de conclusion

Au fil des années, nous avons eu le bonheur de bénéficier de commentaires très positifs de la part de nos étudiants, nos collègues et des enseignants qui ont trouvé notre approche à la fois enthousiasmante et instructive. Comme nous l'avons précisé au début de la préface, nous sommes aujourd'hui plus que jamais convaincus que notre approche par comparaison de modèles est la bonne manière de penser l'analyse des données. Et nous sommes reconnaissants envers tous ceux qui nous ont exprimé leur soutien à ce propos. Nous sommes en outre particulièrement reconnaissants envers Kristopher J. Preacher (Université du Kansas), J. Michael Bailey (Université Northwestern) et Patrick E. McKnight (Université George Mason) d'avoir expertisé cette édition pour le compte de l'éditeur (Routledge).

Nous voulons exprimer notre gratitude à nos éditeurs, qui ont enduré de nombreux délais dans la préparation de cette nouvelle édition, à nos institutions universitaires, qui nous ont donné l'opportunité d'enseigner le cours dont découle cet ouvrage ainsi que le temps et les ressources pour préparer cette nouvelle édition, et à nos conjoints et à nos familles, qui nous ont manifesté énormément de soutien et d'amour tout au long de ces années.

Charles JUDD, Gary MCCLELLAND et Carey RYAN

CHAPITRE 1

Introduction à l'analyse des données

SOMMAIRE

Comme son nom l'indique, ce livre porte sur l'analyse des données. Dans les sciences sociales et comportementales, nous récoltons souvent des ensembles de données qui nous permettront, du moins nous l'espérons, de répondre à certaines questions, de tester des hypothèses, voire de mettre à mal certaines théories. Pour ce faire, nous devons analyser nos données. Dans ce chapitre, nous présentons une esquisse de ce qu'est l'analyse des données. Cette esquisse est volontairement abstraite et ne recèle que peu de détails, de manière à mieux faire émerger une « vue d'ensemble ». Abordée sous cet angle, l'analyse des données est remarquablement simple. De plus, l'acquisition de cette « vue d'ensemble » facilitera beaucoup la compréhension des détails qui seront présentés par la suite.

1. Esquisse de l'analyse des données

Le processus d'analyse des données est représenté par l'équation simple suivante :

DONNÉES = MODÈLE + ERREUR

Le terme DONNÉES représente les scores de base ou les observations que nous souhaitons analyser. Le plus souvent, mais pas toujours, ces DONNÉES seront sous forme numérique. Le MODÈLE correspond à une description ou une représentation compacte des DONNÉES. En effet, nos DONNÉES sont généralement volumineuses et empruntent une forme qui s'avère difficile à communiquer. De ce fait, la description compacte qu'offre le MODÈLE est nettement plus aisée à transmettre, par exemple, dans un article scientifique, et convient certainement mieux lorsqu'on tente de comprendre les phénomènes, de construire des théories et de faire des prédictions. Pour prétendre représenter les DONNÉES, tous les MODÈLES que nous envisageons doivent faire une prédiction particulière pour chaque observation, ou élément, des DONNÉES. Le MODÈLE retenu peut prendre une forme simple (c'est-à-dire un MODÈLE proposant la même prédiction pour chaque observation de DONNÉES) ou complexe (c'est-à-dire un MODÈLE proposant des prédictions différentes pour chaque observation en fonction d'autres attributs caractérisant cette dernière). Afin d'être moins abstraits, prenons un exemple. Supposons que nos DONNÉES soient, pour chaque État des États-Unis d'Amérique, le pourcentage de la population qui dispose d'un accès à Internet en 2013. Ces DONNÉES sont reprises dans l'Encadré 1.1. Un MODÈLE simple prédirait le même pourcentage pour chacun des États. Un MODÈLE plus complexe pourrait ajuster cette prédiction en fonction de l'âge, du niveau d'instruction et du revenu moyen au sein de la population de ces divers États, mais également en fonction du pourcentage de la population vivant en milieu urbain ou rural. La mesure dans laquelle nous devons ajuster la prédiction pour tenir compte d'un attribut particulier (par exemple, le pourcentage de diplômés universitaires) est un *paramètre* inconnu qui devra être estimé à partir des DONNÉES.

La dernière partie de notre équation de base est l'ERREUR. L'ERREUR renvoie simplement à la mesure dans laquelle le MODÈLE échoue dans sa tentative de représenter les DONNÉES de façon exacte. L'ERREUR indique donc dans quelle mesure le MODÈLE fait de mauvaises prédictions des observations de DONNÉES. Nous ferons souvent référence à l'ERREUR en utilisant le terme de *résidu* — la partie qui reste après avoir utilisé notre modèle pour prédire ou décrire les DONNÉES. En d'autres termes :

ERREUR = DONNÉES – MODÈLE

L'objectif de l'analyse des DONNÉES est donc clair : nous voulons construire un MODÈLE qui soit une bonne représentation des DONNÉES tout en rendant l'ERREUR aussi petite que possible. Dans le cas très improbable où l'ERREUR = 0, les DONNÉES seraient parfaitement représentées par le MODÈLE.

Encadré 1.1
Pourcentage des ménages avec un accès à Internet en 2013 par État des USA

i	État USA	Pourcentage	*i*	État USA	Pourcentage
1	AK	79.0	26	MT	72.1
2	AL	63.5	27	NC	70.8
3	AR	60.9	28	ND	72.5
4	AZ	73.9	29	NE	72.9
5	CA	77.9	30	NH	80.9
6	CO	79.4	31	NJ	79.1
7	CT	77.5	32	NM	64.4
8	DE	74.5	33	NV	75.6
9	FL	74.3	34	NY	75.3
10	GA	72.2	35	OH	71.2
11	HI	78.6	36	OK	66.7
12	IA	72.2	37	OR	77.5
13	ID	73.2	38	PA	72.4
14	IL	74.0	39	RI	76.5
15	IN	69.7	40	SC	66.6
16	KS	73.0	41	SD	71.1
17	KY	68.5	42	TN	67.0
18	LA	64.8	43	TX	71.8
19	MA	79.6	44	UT	79.6
20	MD	78.9	45	VA	75.8
21	ME	72.9	46	VT	75.3
22	MI	70.7	47	WA	78.9
23	MN	76.5	48	WI	73.0
24	MO	69.8	49	WV	64.9
25	MS	57.4	50	WY	75.5

Comment pouvons-nous réduire l'ERREUR et améliorer notre MODÈLE? Une solution consiste à accroître la qualité de nos DONNÉES, de manière à ce que les observations originales recèlent moins d'ERREUR. Cela implique le recours à de meilleurs plans d'expérience, des procédures de recueil de données plus performantes, des instruments connus pour être fiables, etc. Nous ne disons pas grand chose à propos de ces aspects dans ce livre, car nous laissons ces problèmes aux ouvrages et aux cours qui portent sur les méthodes de recherches et la planification d'expériences. Ces problèmes tendent d'ailleurs à être bien plus spécifiques aux différentes disciplines scientifiques que les questions générales liées à l'analyse des données et il est donc préférable de laisser chaque discipline les traiter de manière distincte. D'excellentes sources bibliographiques traitant ces aspects sont Campbell et Stanley (1963), Cook et Campbell (1979), Judd et Kenny (1981a), Maruyama et Ryan (2014), Reis et Judd (2014), Rosnow et Rosenthal (2008), et Shadish, Cook et Campbell (2002). Même si, par endroit, nous soulignerons en quoi les procédures d'analyse des données peuvent influencer la conception optimale de la recherche, nous partons ici plutôt de l'idée que la personne qui analyse les données (nous l'appellerons « l'analyste » pour simplifier le discours) est confrontée à la construction du meilleur MODÈLE possible pour des DONNÉES qui sont déjà disponibles.

La méthode dont dispose l'analyste pour réduire l'ERREUR et améliorer le MODÈLE est assez évidente et, sur un plan abstrait, identique pour toutes les disciplines. L'ERREUR sera presque toujours diminuée (et jamais augmentée) dès l'instant où les prédictions du MODÈLE sont basées sur des informations supplémentaires dont nous disposons à propos de chaque observation. Cela revient à ajouter des paramètres au MODÈLE et à utiliser les DONNÉES pour mettre à jour les meilleurs estimateurs de ces paramètres. La signification de ce qu'est un « meilleur estimateur » est claire : nous voulons déterminer les paramètres du MODÈLE de telle manière que l'ERREUR soit la plus petite possible. Pour évoquer l'estimation des paramètres, on parle parfois de « l'ajustement » du MODÈLE aux DONNÉES. Notre analyste idéal peut compter sur un ensemble limité de MODÈLES de base. Il est peu probable qu'un de ces MODÈLES s'ajuste de manière satisfaisante aux DONNÉES sans quelques retouches. Plutôt que de se rabattre sur du « prêt-à-porter », l'analyste devra confectionner le MODÈLE de base aux mensurations particulières des DONNÉES qu'il a recueillies. Dans ce chapitre, nous restons volontairement vagues sur la manière effective dont l'ERREUR est mesurée ainsi que sur la manière dont les paramètres sont estimés afin de rendre l'ERREUR aussi réduite que possible. En effet, cela nous conduirait à fournir des détails qui nous occuperont pendant plusieurs des chapitres suivants. À ce stade, le processus abstrait doit toutefois être bien compris : il s'agira d'ajouter des paramètres au MODÈLE et d'estimer ces paramètres de telle sorte que le MODÈLE soit bien ajusté aux DONNÉES en rendant l'ERREUR aussi petite que possible.

Pour être un peu moins abstraits, tournons-nous à nouveau vers l'exemple de l'accès à Internet dans les différents États. Un modèle extrêmement simple serait de prédire a priori (c'est-à-dire avant même d'examiner les données) que dans chaque État le pourcentage de la population ayant accès à Internet est de 75. Ceci correspond bien à notre définition d'un MODÈLE parce qu'une prédiction est faite pour chacun des 50 États. Toutefois, dans ce MODÈLE, aucun paramètre n'est estimé à partir des DONNÉES dans le but d'obtenir un bon ajustement en rendant l'ERREUR aussi petite que possible. Quelles que soient les DONNÉES, notre MODÈLE prédit la valeur 75. Nous allons introduire une notation de manière à nous doter d'un langage standardisé pour parler des cas particuliers de DONNÉES, MODÈLE et ERREUR. Laissons Y_i représenter la *i*ème observation des DONNÉES. Dans cet exemple, Y_i est simplement le pourcentage de la population qui possède un accès à Internet dans le *i*ème État. Dans ce cas, notre équation de base :

$$\text{DONNÉES} = \text{MODÈLE} + \text{ERREUR}$$

devient pour ce modèle extrêmement simple :

$$Y_i = 75 + \text{ERREUR}$$

Nous pouvons sans aucun doute améliorer notre MODÈLE et réduire l'ERREUR en utilisant un MODÈLE qui reste très simple, mais qui possède un paramètre : prédisons que le pourcentage est le même dans les différents États, mais laissons la valeur prédite sous la forme d'un paramètre qu'il convient d'estimer à partir des DONNÉES. Par exemple, la moyenne des 50 États pourrait nous donner un paramètre approprié. Nous utilisons β_0 pour représenter la valeur inconnue qui doit être estimée. De cette manière, notre MODÈLE un rien plus complexe, bien que toujours assez simple, devient :

$$Y_i = \beta_0 + \text{ERREUR}$$

Il est important de réaliser que l'on ne pourra quasiment jamais connaître β_0 de manière certaine ; on pourra seulement l'estimer.

Nous pouvons rendre notre modèle encore plus complexe et réduire un peu plus l'ERREUR en ajoutant davantage de paramètres afin de faire des *prédictions conditionnelles*. Par exemple, notre MODÈLE pourrait consister en un pourcentage de base (β_0) pour l'ensemble des États, pourcentage qui est ensuite ajusté vers le haut dans une certaine mesure (β_1) si l'État se situe dans le fuseau horaire « Est » ou « Pacifique » ou ajusté vers le bas dans la même mesure si l'État se situe dans le fuseau horaire « Central » ou « Montagne ». De manière formelle, notre équation de base a maintenant une représentation plus complexe, à savoir :

$$Y_i = \beta_0 + \beta_1 + \text{ERREUR si l'État est dans le fuseau horaire « Est » ou « Pacifique » ;}$$

$$Y_i = \beta_0 - \beta_1 + \text{ERREUR si l'État est dans le fuseau horaire « Central » ou « Montagne ».}$$

En d'autres termes, notre MODÈLE, et la prédiction qui en découlerait, serait conditionnel au fuseau horaire dans lequel se situe l'État.

Un autre MODÈLE, un rien plus compliqué, pourrait baser ses prédictions sur un prédicteur continu plutôt que catégoriel. Par exemple, nous pourrions faire des prédictions conditionnellement au pourcentage de diplômés universitaires dans l'État, partant de l'idée que les diplômés universitaires sont davantage susceptibles d'être des utilisateurs d'Internet. À nouveau, notre MODÈLE pourrait s'appuyer sur un pourcentage de base d'utilisateurs d'Internet (β_0) pour tous les États, pourcentage qui serait alors ajusté vers le haut dans une certaine mesure (β_1) chaque fois que l'État dépasse d'un pourcent le pourcentage moyen de diplômés universitaires dans le pays et réduit dans la même mesure chaque fois que l'État est inférieur d'un pourcent au pourcentage moyen de diplômés universitaires dans le pays. Formellement, si X_i représente la mesure dans laquelle le pourcentage de l'État se situe au-dessus ou en-dessous de la moyenne nationale de diplômés universitaires :

$$Y_i = \beta_0 + \beta_1 X_i + \text{ERREUR}$$

En substance, le pourcentage de diplômés universitaires est ici la condition sur laquelle nous basons notre prédiction différentielle ou conditionnelle de l'accès à Internet dans l'État.

Nous pouvons continuer à complexifier notre MODÈLE en ajoutant des paramètres pour faire des ajustements similaires en nous basant sur les revenus, la proportion de la population vivant en milieu rural ou urbain, etc. Ce faisant, nous formulons un MODÈLE qui comprend autant d'hypothèses implicites supplémentaires.

On pourrait penser que la meilleure stratégie pour l'analyste serait d'ajouter le plus de paramètres possibles ; ce n'est pas le cas. Le nombre d'observations dans les DONNÉES impose d'office une limite au nombre de paramètres qui peuvent être ajoutés au MODÈLE. De façon extrême, nous pourrions recourir à des paramètres différents pour chacune des observations et estimer la valeur de chacun de ces paramètres comme étant égale à la valeur de l'observation correspondante dans les DONNÉES. Par exemple, notre prédiction pourrait contenir des énoncés tels que, *si l'État est le Kentucky, alors une estimation de son paramètre est 36.6*, qui est le pourcentage de la population qui a un accès à Internet au Kentucky. Cette procédure réduirait sans aucun doute l'ERREUR et aboutirait à un ajustement parfait. Un tel MODÈLE serait toutefois inintéressant dans la mesure où il serait simplement un double des DONNÉES et ne fournirait aucune compréhension nouvelle, aucune base sur laquelle tester nos théories, et aucune possibilité de faire des prédictions dans des circonstances légèrement différentes. Or, un objectif prépondérant de la science est de produire des explications simples et parcimonieuses des phénomènes étudiés. Un MODÈLE qui ferait appel à un paramètre différent pour chaque observation n'est certainement pas parcimonieux. Notre MODÈLE idéal est donc une description compacte des DONNÉES et doit s'appuyer sur beaucoup moins de paramètres qu'il n'y a d'observations dans les DONNÉES.

Nous nous trouvons dès lors face à un conflit évident. L'objectif, qui consiste à réduire l'ERREUR et à fournir la meilleure description possible des DONNÉES, nous pousse à ajouter des paramètres au MODÈLE. En même temps, l'objectif de parcimonie et le souhait d'aboutir à un MODÈLE compact et simple nous force à retirer des paramètres du MODÈLE. Le travail de l'analyse des données consiste à trouver le bon équilibre entre ces deux objectifs contradictoires. En d'autres termes, le but ultime est d'identifier le MODÈLE le plus simple et le plus condensé possible qui puisse malgré tout fournir une description satisfaisante des DONNÉES, de sorte que l'ERREUR ne soit pas trop grande (nous définirons plus loin ce que nous entendons par « trop grande »). Pour dire les choses de façon différente encore, l'analyste doit répondre à la question de savoir s'il vaut la peine d'ajouter des paramètres supplémentaires à son MODÈLE.

Si nous reprenons l'exemple de l'accès à Internet, nous souhaitons savoir si la complexité supplémentaire liée au fait de faire des prédictions conditionnellement au pourcentage de diplômés universitaires, au revenu, à l'urbanisation de la population, vaut la peine. Ce faisant, nous nous demandons en même temps si les hypothèses implicites de ces modèles plus complexes sont fondées. Ainsi, si nous décidons qu'il est inutile de faire dépendre nos prédictions concernant l'accès à Internet du pourcentage de diplômés universitaires, alors nous aurons de fait rejeté l'hypothèse que la formation universitaire est liée à un accès à Internet plus important. On se situe ici au cœur de ce qu'est le test d'hypothèse.

Bien que nous soyons restés vagues sur la manière de mesurer l'ERREUR, nous pouvons être plus précis quant à ce que nous entendons par « est-il souhaitable d'ajouter des paramètres ? ». Nous allons appeler le MODÈLE sans les paramètres supplémentaires le *modèle compact* et renverrons dorénavant au MODÈLE C. Le modèle alternatif sera le *modèle augmenté*, ou MODÈLE A, et inclura tous les paramètres éventuels du MODÈLE C, ainsi qu'un ou plusieurs paramètres supplémentaires. Les paramètres supplémentaires du MODÈLE A auront pour effet de réduire l'ERREUR ou de la laisser inchangée ; il n'est pas possible que la prise en compte de paramètres supplémentaires augmente l'ERREUR. Autrement dit, on doit nécessairement trouver que :

$$\text{ERREUR(A)} \leq \text{ERREUR(C)}$$

où l'ERREUR(A) et l'ERREUR(C) sont les quantités d'ERREUR associées à l'utilisation du MODÈLE A et du MODÈLE C, respectivement. La question de savoir s'il vaut la peine de prendre en compte la complexité du MODÈLE A se résume maintenant à la question de savoir si la différence entre l'ERREUR(C) et l'ERREUR(A) est suffisamment importante pour s'en inquiéter. Il est difficile de répondre à cette question en se basant sur la valeur absolue des ERREURS. Par conséquent, nous allons généralement procéder à des comparaisons relatives. Une façon d'y parvenir consiste à calculer *la proportion de réduction de l'erreur* (PRE), qui représente la proportion de l'ERREUR du MODÈLE C qui est réduite ou éliminée quand on passe au MODÈLE A. Formellement :

$$\text{PRE} = \frac{\text{ERREUR (C)} - \text{ERREUR (A)}}{\text{ERREUR (C)}}$$

Le numérateur est simplement la différence entre les deux ERREURS – la quantité de l'ERREUR qui est réduite – tandis que le dénominateur est la quantité d'ERREUR pour le modèle compact utilisé au départ. Une expression équivalente correspond à :

$$\text{PRE} = 1 - \frac{\text{ERREUR (A)}}{\text{ERREUR (C)}}$$

Si les paramètres additionnels n'ont aucun effet positif, alors l'ERREUR(A) sera égale à l'ERREUR(C) et PRE = 0. Si le MODÈLE A s'ajuste parfaitement aux DONNÉES, alors l'ERREUR(A) = 0 et PRE = 1 (à supposer que le MODÈLE C ne s'ajuste pas parfaitement). Il ressort donc que les valeurs de PRE seront comprises entre 0 et 1. Plus la valeur de PRE est élevée, plus cela vaut la peine d'augmenter la complexité du MODÈLE en lui ajoutant des paramètres supplémentaires. Plus la valeur de PRE est petite, plus nous serons tentés de nous satisfaire du modèle compact, davantage parcimonieux.

Par exemple, si nous laissons pour l'instant de côté la manière dont nous calculons l'ERREUR, supposons que la totalité de l'ERREUR = 50 pour le modèle qui précise que l'accès à Internet est le même dans tous les pays et que l'ERREUR = 30 lorsqu'on ajoute le paramètre du pourcentage de diplômés universitaires. Alors, l'ERREUR(C) = 50, l'ERREUR(A) = 30, et :

$$\text{PRE} = 1 - \frac{30}{50} = .40$$

Autrement dit, accroître la complexité du MODÈLE en prenant en considération le pourcentage de diplômés universitaires réduirait l'ERREUR de 40 %.

Un état des lieux n'est pas inutile à ce stade. Nous avons transformé le problème initial relatif aux objectifs contradictoires de la construction d'un MODÈLE (la parcimonie et la représentation exacte des DONNÉES) en nous focalisant sur la taille du PRE, taille qui résulte de la comparaison entre le MODÈLE C et le MODÈLE A. Malheureusement, nous n'avons toujours pas résolu le problème des objectifs contradictoires du MODÈLE parce que nous devons maintenant décider si une valeur donnée de PRE (par exemple, la réduction de 40 % dans notre illustration) est suffisamment importante pour justifier l'augmentation du nombre de paramètres. Toutefois, la transformation du problème initial nous a rapproché d'une solution dans la mesure où nous possédons maintenant une valeur PRE que nous pourrons exploiter quelle que soit la manière dont nous décidons de mesurer l'ERREUR. Qui plus est, la signification de PRE est à la fois simple et intuitive, et fournit une bonne description de l'importance de l'amélioration amenée par le MODÈLE A par rapport au MODÈLE C.

Décider qu'une valeur PRE de, par exemple, 40 % vaut effectivement la peine, requiert que l'on fasse appel aux statistiques inférentielles. Une compréhension des statistiques inférentielles demande qu'on en sache plus sur la mesure de l'ERREUR, les distributions d'échantillonnage et d'autres sujets qui seront développés dans les Chapitres 2, 3 et 4. Toutefois, nous pouvons préciser deux aspects qui seront importants en statistiques inférentielles. En premier lieu, nous serons davantage séduits par un PRE de 40 % si ce dernier est obtenu grâce à l'addition d'un seul paramètre plutôt que de quatre ou cinq. On comprend dès lors que nos statistiques inférentielles devront prendre en considération le nombre de paramètres ajoutés au MODÈLE C pour créer le MODÈLE A. Un index utile sera alors le *PRE par paramètre ajouté*. En second lieu, nous avons noté que *n*, le nombre d'observations dans les DONNÉES, sert de limite supérieure au nombre de paramètres qui pourraient être ajoutés au MODÈLE. Nous serons davantage convaincus par un PRE donné si la différence entre le nombre de paramètres qui ont été ajoutés et le nombre de paramètres qui auraient pu être ajoutés est grande. Il serait dès lors important que nos statistiques inférentielles tiennent compte du nombre de paramètres qui *auraient pu être ajoutés* au MODÈLE C pour créer le MODÈLE A, mais qui ne l'ont pas été. En d'autres termes, nous serons plus impressionnés par un PRE de 40 % si le nombre d'observations est très nettement supérieur au nombre de paramètres utilisés dans le MODÈLE A que si le nombre d'observations est à peine plus grand que le nombre de paramètres.

L'utilisation de PRE pour comparer les modèles compact et augmenté est la clef qui nous permet de poser des questions à propos de nos DONNÉES. Pour chaque question que nous aurons à propos des DONNÉES, nous trouverons les MODÈLES C et A appropriés et nous les comparerons en ayant recours au PRE. Par exemple, si nous voulons savoir si le pourcentage de diplômés universitaires est utile pour prédire le pourcentage de la population ayant un accès à Internet, nous comparerons un MODÈLE C qui n'inclut pas le pourcentage de diplômés universitaires avec un MODÈLE A qui inclut tous les paramètres du MODÈLE C, plus un paramètre supplémentaire pour le pourcentage de diplômés universitaires. Si le MODÈLE C est un MODÈLE simple, c'est-à-dire qu'il contient un seul paramètre qui fait une prédiction constante pour toutes les observations, alors nous demandons si le pourcentage de diplômés universitaires est *en soi* un prédicteur utile de l'accès à Internet. S'il y a d'autres paramètres dans le MODÈLE C, alors nous tentons de savoir si le pourcentage de diplômés universitaires est un prédicteur utile de l'accès à Internet *au-delà* des autres paramètres (nous détaillons ce point dans le Chapitre 6). Comme autre exemple, si nous voulions savoir si plusieurs facteurs comme le fuseau horaire, le pourcentage de diplômés universitaires, le niveau d'urbanisation, le revenu moyen sont simultanément utiles pour prédire l'accès à Internet, nous exploiterions le PRE pour comparer un MODÈLE C qui n'aurait pas de paramètres pour ces différents facteurs à un MODÈLE A qui inclurait ces paramètres en plus de ceux déjà contenus dans le MODÈLE C.

Dans le langage habituel de la statistique inférentielle, le MODÈLE C correspond à *l'hypothèse nulle* et le MODÈLE A correspond à l'hypothèse alternative. Plus précisément, l'hypothèse nulle est que tous les paramètres présents dans le MODÈLE A, mais pas dans le MODÈLE C, sont équivalents à zéro (d'où le qualificatif « nulle ») ou, de manière équivalente, qu'il n'y a pas de différence dans l'ERREUR. Si nous rejetons le MODÈLE C en faveur du MODÈLE A, alors nous rejetons l'hypothèse nulle en faveur de l'hypothèse alternative impliquée par la différence entre le MODÈLE C et le MODÈLE A. En d'autres termes, nous concluons qu'il n'est pas raisonnable de penser que tous les paramètres supplémentaires du MODÈLE A valent zéro. Nous discutons de ce point en détail au Chapitre 4.

2. Notation

Pour nous aider à voir les relations entre les procédures, nous utilisons systématiquement la même notation. Y_i représente la *i*ème observation des DONNÉES. La première observation est numérotée 1 et la dernière *n*, pour un total de *n* observations dans les DONNÉES. $\hat{Y}_i$ représente la prédiction du MODÈLE pour la *i*ème observation. *Y* va toujours représenter la variable que nous allons essayer de prédire avec notre MODÈLE. D'autres variables, qui donnent de l'information à propos de chaque observation et sur lesquelles nous pourrions faire des prédictions conditionnelles, seront représentées par *X*. Autrement dit, *X* sera toujours utilisé pour représenter le(s) prédicteur(s) de *Y*. Ainsi, X_{ij} représente la valeur de la *j*ème variable prédictrice pour la *i*ème observation. Par exemple, dans l'exemple de l'accès à Internet, les 50 pourcentages seraient représentés par Y_1, Y_2,..., Y_{50} avec $n = 50$. X_{i1} pourrait être égal à 1 si l'État est dans les fuseaux horaire de l'Est ou du Pacifique et il pourrait être égal à -1 si l'État se trouve dans les fuseaux horaire Centrale ou des Montagnes. Dans cet exemple, nous pourrions utiliser X_{i2} pour représenter la proportion de diplômés, auquel cas X_{i2} serait la proportion de diplômés dans le *i*ème État.

Pour les paramètres du MODÈLE, nous utiliserons β_0, β_1, ..., β_j, ..., β_{p-1}, pour un total de *p* paramètres. Même si nous connaissions exactement les valeurs de ces paramètres, nous ne nous attendrions pas à ce que le MODÈLE prédise exactement les DONNÉES. En réalité, nous nous attendons à ce que le MODÈLE ne soit pas parfait à cause d'une certaine dose d'erreur aléatoire. Nous désignerons par ε_i la mesure dans laquelle le MODÈLE échouera dans sa prédiction de Y_i. Ainsi, pour le MODÈLE simple, l'équation de base :

DONNÉES = MODÈLE + ERREUR

peut être exprimée en fonction du vrai paramètre β_0 et de l'erreur ε_i, et devient :

$$Y_i = \beta_0 + \varepsilon_i$$

Nous ne pouvons jamais connaître de manière exacte les paramètres β (ou ε). Au lieu de cela, nous aurons des estimateurs de β que nous calculerons à partir des DONNÉES. Ces estimateurs seront désignés respectivement par b_0, b_1, ..., b_j, ..., b_{p-1}.

Nous utilisons $\hat{Y}_i$ pour représenter la prédiction de la *i*ème observation basée sur les *b*s calculés. Ensuite, nous utilisons e_i pour représenter dans quelle mesure la valeur prédite $\hat{Y}_i$ échoue à prédire Y_i ; c'est-à-dire :

$$e_i = Y_i - \hat{Y}_i$$

Les lettres grecques β et ε représentent les paramètres vrais mais inconnus, et les lettres latines *b* et *e* renvoient aux paramètres tels qu'ils sont estimés et calculés à partir des DONNÉES. Pour le MODÈLE simple, la partie du MODÈLE de l'équation de base est :

$$\text{MODÈLE} : \hat{Y}_i = b_0$$

et nous pouvons exprimer cette équation de base en termes de nos estimateurs ou paramètres estimés, autrement dit :

$$Y_i = \hat{Y}_i + e_i$$

ou

$$Y_i = b_0 + e_i$$

Les équations qui précèdent produisent toutes deux des paramètres estimés pour l'équation de base que l'on peut exprimer en termes de paramètres vrais et inconnus sous la forme :

$$Y_i = \beta_0 + \varepsilon_i$$

La quantité $\beta_j X_{ij}$ nous indique de combien nous devrions ajuster la prédiction de base pour la *i*ème observation en nous appuyant sur la *j*ème variable prédictrice. Par exemple, si $X_{ij} = 1$ pour les États à forte urbanisation et $X_{ij} = -1$ pour les États essentiellement ruraux, alors β_j indique comment ajuster, vers le haut ou vers le bas, en fonction du signe de X_{ij}, la prédiction de l'accès à Internet pour les différents États. Un MODÈLE plus complexe impliquant davantage de paramètres peut être exprimé sous la forme :

$$Y_i = \beta_0 + \beta_1 X_{i1} + \beta_2 X_{i2} + \ldots + \beta_j X_{ij} + \ldots + \beta_{p-1} X_{i,p-1} + \varepsilon_i$$

Pour sa part, $\hat{Y}_i$, c'est-à-dire la portion MODÈLE de l'équation relative à l'analyse des DONNÉES, peut alors être représentée en fonction des paramètres estimés, ce qui nous donne :

$$\text{MODÈLE: } \hat{Y}_i = b_0 + b_1 X_{i1} + b_2 X_{i2} + \ldots + b_j X_{ij} + \ldots + b_{p-1} X_{i,p-1}$$

L'équation :

DONNÉES = MODÈLE + ERREUR

peut de nouveau être exprimée de deux manières :

$$Y_i = \hat{Y}_i + e_i$$

ou

$$Y_i = b_0 + b_1 X_{i1} + b_2 X_{i2} + \ldots + b_j X_{ij} + \ldots + b_{p-1} X_{i,p-1} + e_i$$

Notez que lorsque des βs sont utilisés du côté droit de l'équation, le symbole approprié pour l'ERREUR est toujours ε_i. Quand des *b*s, (c'est-à-dire, des estimateurs des βs) sont utilisés du côté droit de l'équation, le symbole approprié pour l'ERREUR est toujours e_i. La raison est que, dans le premier cas de figure, l'ERREUR ε_i est inconnue, tandis que dans le second cas, une valeur estimée e_i peut effectivement être calculée une fois que l'on a déterminé la valeur de $\hat{Y}_i$.

Nous devrons encore introduire ici et là quelques symboles mais, de façon générale, la notation qui précède est tout ce qui sera requis pour tous les MODÈLES examinés dans cet ouvrage.

Résumé

L'équation de base pour notre analyse des données est :

DONNÉES = MODÈLE + ERREUR

L'analyste qui utilise cette équation doit réconcilier deux objectifs contradictoires : (a) ajouter des paramètres à son MODÈLE de manière à ce que ce dernier représente de mieux en mieux les DONNÉES et minimise en même temps l'ERREUR et (b) enlever des paramètres de manière à ce que son MODÈLE soit une représentation simple, parcimonieuse, des DONNÉES. Résoudre ce conflit revient à s'interroger sur la question de savoir si les paramètres supplémentaires valent la peine d'être pris en compte. Nous utilisons le PRE, l'index de la proportion de réduction de l'ERREUR, pour répondre à cette question en comparant un MODÈLE C et un MODÈLE A, judicieusement choisis. Dans le langage traditionnel de la statistique inférentielle, ceci revient à comparer une hypothèse nulle et une hypothèse alternative. Les chapitres qui suivent fournissent l'information nécessaire pour apprécier si le PRE est suffisamment grand pour rejeter le MODÈLE C en faveur du MODÈLE A.

À travers tout le livre, nous avons recours à une notation consistante afin de spécifier nos modèles statistiques. Y représente la variable que nous tentons de prédire (« y-chapeau », à savoir, $\hat{Y}$, représente la valeur prédite de *Y*) et *X* représente la variable prédictrice. Les lettres grecques minuscules représentent les caractéristiques vraies, mais inconnues, de la population tandis que les lettres latines représentent les estimateurs de ces caractéristiques et, donc, les paramètres estimés. Ainsi, β représente un paramètre vrai, mais inconnu, de la population et *b* représente un estimateur de ce paramètre, calculé à partir des DONNÉES. De la même façon, ε_i représente l'erreur de prédiction vraie, mais inconnue, et e_i représente un estimateur de cette erreur, calculé à partir des DONNÉES. Le même modèle statistique peut dès lors être exprimé en utilisant des paramètres inconnus de la population, comme par exemple, $Y_i = \beta_0 + \beta_1 X_{i1} + \varepsilon_i$, ou en ayant recours aux symboles qui représentent des estimateurs estimés et calculés sur la base des DONNÉES, comme par exemple, $Y_i = b_0 + b_1 X_{i1} + e_i$. Enfin, nous pouvons aussi exprimer le modèle en termes de valeurs prédites, comme par exemple, $\hat{Y}_i = b_0 + b_1 X_{i1}$.

CHAPITRE 2

Modèles simples : définitions de l'ERREUR et des paramètres estimés

SOMMAIRE

Dans ce chapitre, nous traitons des modèles les plus simples – des modèles avec un seul, voire aucun paramètre. Ces modèles simples font les mêmes prédictions pour toutes les observations, toutes les DONNÉES; ici il n'est pas question de conditionner les prédictions sur base d'informations, quelles qu'elles soient, dont nous pourrions disposer à propos de chaque observation. Un tel modèle simple peut ne pas sembler réaliste ou utile. Néanmoins, il représente un niveau de base que nous allons pouvoir comparer à des modèles plus complexes et, comme nous le verrons, ces modèles simples se révèleront plus utiles que nous pourrions le croire de prime abord. Pour bon nombre de questions que nous nous poserons à propos de nos DONNÉES, le MODÈLE C approprié sera en fait le MODÈLE simple avec un seul ou même sans paramètre; ce dernier sera comparé avec des MODÈLES A plus complexes. De plus, le modèle simple représente une description initiale des DONNÉES qui s'avère assez utile.

1. Présentation du modèle simple

À un niveau formel, le modèle le plus simple correspond à:

$$Y_i = B_0 + \varepsilon_i$$

où B_0 est une valeur spécifique qui n'est pas calculée sur base de cet ensemble de DONNÉES particulier (il s'agit donc d'une valeur numérique définie a priori); ε_i est l'erreur réelle, c'est-à-dire de combien Y_i diffère de B_0. Ce modèle, qui est le plus simple puisqu'aucun paramètre n'est estimé à partir des données, n'est pas fréquemment utilisé dans les sciences sociales car nous avons rarement des théories suffisamment puissantes pour faire une prédiction explicite à propos d'un paramètre. De tels modèles sont beaucoup plus communs dans des domaines comme la biologie. Par exemple, une étude médicale mesurant les températures corporelles pourrait raisonnablement reposer sur le MODÈLE: toutes les températures sont de 37 °C, exception faite des ERREURS. Dans ce cas de figure, $B_0 = 37$ et le modèle formel serait donc:

$$Y_i = 37 + \varepsilon_i$$

Bien que nous voudrons parfois nous intéresser à une valeur spécifique ou une valeur hypothétique de B_0, afin de traiter une question explicite à propos de nos DONNÉES, il est bien plus commun de nous intéresser à l'équation:

$$Y_i = \beta_0 + \varepsilon_i$$

où β_0 est un vrai paramètre qui sera estimé à partir des DONNÉES. Pour rester dans notre exemple médical, imaginons que les températures proviennent toutes d'individus ayant pris un médicament donné. Nous pourrions alors suspecter que, hormis les erreurs, ces individus ont tous la même température, mais que celle-ci n'est pas le 37° habituel. Nous utilisons donc β_0 pour représenter la température, quelle qu'elle soit, des personnes ayant pris ce médicament. Il est important de réaliser que β_0 ne peut pas être connu; nous pouvons seulement l'estimer à partir des DONNÉES. De la même manière, ε_i nous indique de combien Y_i différerait de β_0 si nous pouvions un jour connaître la valeur exacte de β_0. Nous utilisons donc b_0 pour indiquer l'estimation de β_0 que nous dérivons des DONNÉES. Ainsi, la valeur prédite pour la *i*ème observation est:

$$\hat{Y}_i = b_0$$

et

DONNÉES = MODÈLE + ERREUR

et devient:

$$Y_i = b_0 + e_i$$

où e_i nous dit de combien notre prédiction diffère des vraies observations. De fait, e_i est l'estimation de ε_i. Essayer d'adapter le MODÈLE afin d'obtenir l'ajustement le plus proche possible des DONNÉES revient à rendre les erreurs :

$$e_i = Y_i - b_0$$

aussi petites que possible. Nous disposons d'un seul paramètre, donc cela veut dire que nous voulons trouver une estimation b_0, de ce paramètre β_0, qui minimise ces erreurs. Néanmoins, nous ne nous intéressons pas réellement à chaque e_i, mais plutôt à l'ensemble de tous les e_i individuels. Il existe différentes manières de calculer cet ensemble. Dans ce chapitre, nous abordons quelques unes de ces manières d'agréger les e_i spécifiques à chaque observation en une mesure globale de l'ERREUR. Ensuite, nous verrons que le choix d'une mesure globale de l'ERREUR amène à différentes méthodes de calcul de b_0, le paramètre estimé ou l'estimateur de β_0. Rappelons que la fonction de cet estimateur est de nous fournir le meilleur ajustement possible de notre MODÈLE aux DONNÉES. Pour finir, nous aborderons des expressions permettant de décrire l'erreur « typique ».

Mesures de localisation ou *mesures de tendance centrale* sont les appellations traditionnellement associées aux estimations du paramètre β_0 qui découlent des différentes définitions de l'ERREUR. Ces appellations sont appropriées du fait que l'estimation du paramètre, dans le cadre du MODÈLE simple, nous indique la position d'une observation typique ou le centre d'un ensemble de DONNÉES. Mode, médiane et moyenne sont des exemples spécifiques de ces mesures. *Mesures de variabilité* ou *mesures de dispersion* sont les appellations traditionnellement associées pour les expressions des erreurs typiques. Ces appellations sont appropriées car les erreurs typiques nous indiquent dans quelle mesure les observations varient à l'intérieur d'un ensemble de DONNÉES ou, ce qui est équivalent, de combien les DONNÉES s'éloignent du centre. Écart absolu médian et écart-type sont des exemples spécifiques de ces mesures. Mesures de tendance centrale et de dispersion forment ce que l'on appelle les *statistiques descriptives*. Néanmoins, cette appellation suggère une distinction artificielle entre ces statistiques et celles que nous verrons par la suite. Il est donc important de souligner que les estimations du paramètre β_0, dans le cadre du MODÈLE simple, ne sont ni plus, ni moins descriptives que les estimations de paramètres que nous aborderons lorsque nous verrons des MODÈLES plus complexes. Les MODÈLES et leurs estimations de paramètres nous fournissent toujours des descriptions des DONNÉES. Ainsi, nous éviterons généralement le terme de « statistiques descriptives » et nous parlerons simplement d'estimations de paramètres. Le lecteur doit toutefois savoir que lorsque les autres manuels évoquent les statistiques descriptives, ils se réfèrent généralement au contenu de ce chapitre.

2. Exemple conceptuel

Avant d'aborder les MODÈLES simples et les ERREURS de mesure de façon plus formelle, nous allons évoquer des exemples plus conceptuels qui nous aiderons à avoir, d'ores et déjà, quelques intuitions. Ces intuitions rendront moins abstraites les formules mathématiques présentées ultérieurement. Supposez que les DONNÉES sont constituées des cinq observations suivantes : 1, 3, 5, 9 et 14. Ces DONNÉES correspondent en réalité au nombre de livres lus pendant l'été par chacun des cinq enfants d'une école primaire. Ces observations sont représentées graphiquement dans l'Encadré 2.1.

Le MODÈLE simple fait la même prédiction pour chacune des cinq observations. La ligne horizontale représente la valeur de cette prédiction constante. Les lignes verticales tracées de chaque observation à la ligne de prédiction indiquent de combien nous échouons dans la prédiction des valeurs réellement observées. En d'autres termes, la longueur de ces lignes correspond à e_i. Une manière de trouver la meilleure valeur pour $\hat{Y}$, et donc le meilleur estimateur b_0 de β_0, consiste à ajuster la ligne $\hat{Y}$ vers le haut ou vers le bas en cherchant à minimiser la longueur des lignes verti-

Encadré 2.1

Les ERREURS comme somme des longueurs de lignes (quand l'estimateur est $\hat{Y} = b_0 = 5$)

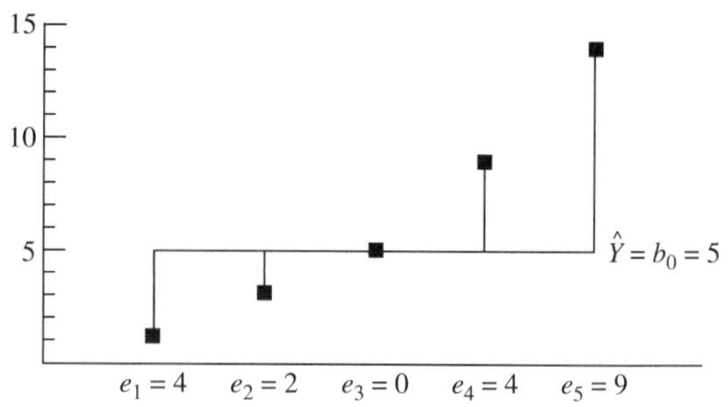

Encadré 2.2

Les ERREURS comme somme des longueurs de lignes (quand l'estimateur est $\hat{Y} = b_0 = 7$)

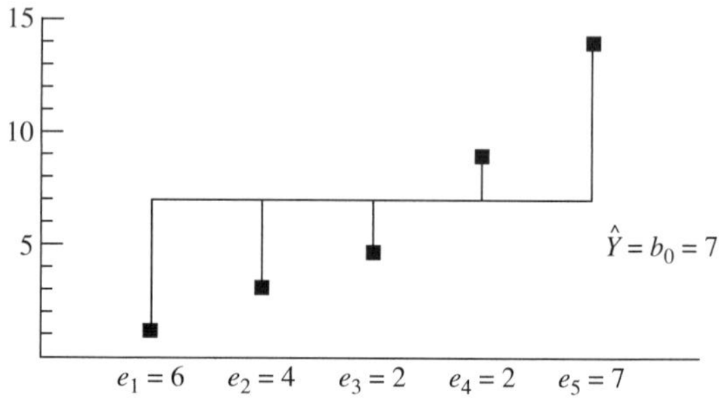

cales. (Notons que nous avons retiré l'indice *i* de $\widehat{Y}_i$ car toutes les prédictions sont identiques avec le modèle simple.) En d'autres termes, nous pouvons procéder par essai/erreur pour trouver le meilleur estimateur. Par exemple, nous pourrions vouloir essayer 7 comme estimateur. Les DONNÉES, la ligne de prédiction pour $\widehat{Y} = b_0 = 7$ et les erreurs sont présentées dans l'Encadré 2.2. Comme vous le voyez, les longueurs des cinq lignes sont maintenant 6, 4, 2, 2 et 7, soit une somme totale de 21.

Pour un estimateur de 5, les longueurs des cinq lignes étaient 4, 2, 0, 4 et 9, soit une somme totale de 19. L'estimateur $b_0 = 5$ produit donc moins d'ERREUR totale que $b_0 = 7$. Si notre but est de minimiser l'ERREUR totale, nous pouvons éliminer 7, au profit de 5, comme estimateur. Nous pouvons continuer à essayer d'autres estimateurs jusqu'à ce que nous trouvions le meilleur. L'Encadré 2.3 présente la somme des longueurs de lignes verticales pour différents choix de b_0 de 0 à 10. La somme des longueurs de lignes atteint un minimum de 19 quand $b_0 = 5$, il s'agit donc de notre meilleur estimateur de β_0. Nous aurions une ERREUR totale plus importante, c'est-à-dire une plus grande somme de longueur de lignes, si nous utilisions une valeur de b_0 plus grande ou plus petite que 5. De fait, $b_0 = 5$ est l'estimateur optimal dans le cadre de ce MODÈLE. Notons que 5 est au milieu de nos cinq observations ; l'observation qui se trouve au milieu d'un ensemble de DONNÉES, une fois que celles-ci sont classées de la plus petite à la plus grande, est souvent appelée la *médiane*.

Il est intéressant de savoir de combien nous devrions ajuster l'estimateur b_0 si l'une des observations était radicalement différente. Par exemple, que se passerait-il si 14 était remplacé par 140, de sorte que les cinq observations soient 1, 3, 5, 9 et 140 ? Avant de poursuivre la lecture, testez vos intuitions en devinant quelle serait la nouvelle valeur de b_0. L'Encadré 2.4 indique la somme des longueurs des lignes pour différentes valeurs de b_0. Bien que toutes ces sommes soient nettement plus grandes qu'avant, le minimum de 145 apparaît, là encore, quand $b_0 = 5$! L'observation du milieu ou médiane est toujours le meilleur estimateur, et ce, en dépit du fait qu'une des observations a été augmentée par un facteur de 10.

Jusqu'ici nous avons utilisé la somme des longueurs de lignes d'erreur comme indice agrégé de l'ERREUR. Cette simple somme n'est peut-être pas toujours raisonnable. Par exemple, cette simple somme implique que plusieurs petites erreurs (par exemple quatre longueurs d'erreur de 1) sont

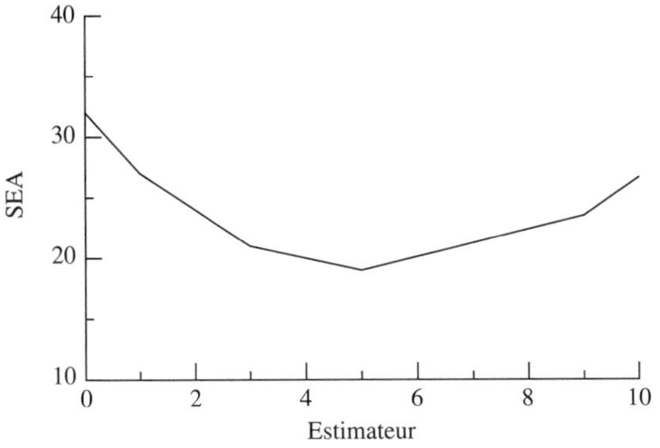

Encadré 2.3
Somme des erreurs absolues en fonction de $\hat{Y}_i$

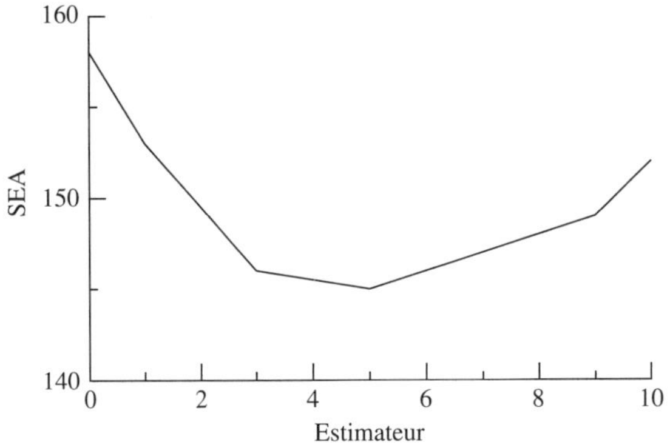

Encadré 2.4
Somme des erreurs absolues en fonction de $\hat{Y}_i$ avec une observation extrême (140)

équivalentes à une erreur importante (par exemple une longueur d'erreur de 4). Au lieu de cette mesure de l'ERREUR, nous pourrions vouloir donner un poids plus grand dans l'indice d'erreur aux erreurs importantes, de telle sorte qu'une erreur de 4 ait plus de poids que quatre erreurs de 1. Une manière d'y parvenir est de mettre au carré les longueurs de lignes avant de les additionner. Par exemple, $4^2 = 16$ ajoute bien plus à la somme de l'erreur que $1^2 + 1^2 + 1^2 + 1^2 = 4$. L'Encadré 2.5 présente les mêmes observations, mais avec cette nouvelle définition de l'erreur; chaque e_i est maintenant représenté par un carré dont la longueur des cotés est ici déterminée par la distance entre les observations et la ligne horizontale représentant la prédiction constante $\hat{Y}_i$ de notre modèle simple. L'ERREUR globale est simplement la somme de ces carrés.

Nous pouvons, là encore, tâtonner pour trouver la valeur de $\hat{Y}_i$, et donc de b_0, qui nous permettra d'avoir la somme des carrés la plus petite possible. Prenons l'exemple des deux estimateurs possibles 5 et 7 que nous avons utilisés lorsque nous avions recours à la somme des longueurs de lignes comme mesure de l'ERREUR. Pour $b_0 = 5$, les aires des cinq carrés sont:

$$4^2 = 16,\ 2^2 = 4,\ 0^2 = 0,\ 4^2 = 16,\ 9^2 = 81$$

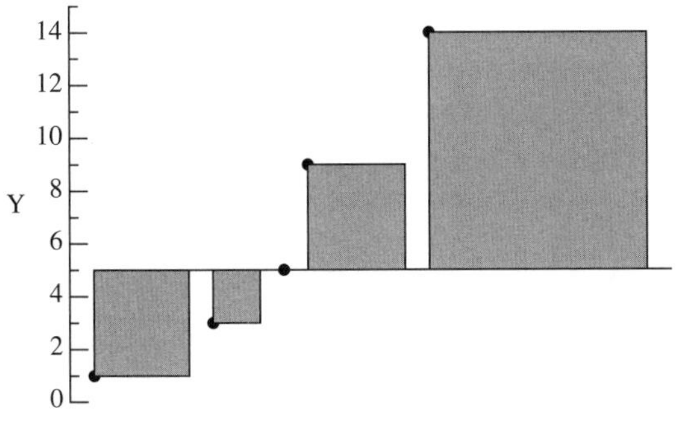

Encadré 2.5
L'ERREUR comme somme des carrés (l'estimateur est $\hat{Y}_i = b_0 = 5$)

Encadré 2.6

Somme des carrés des erreurs en fonction de $\hat{Y}_i$

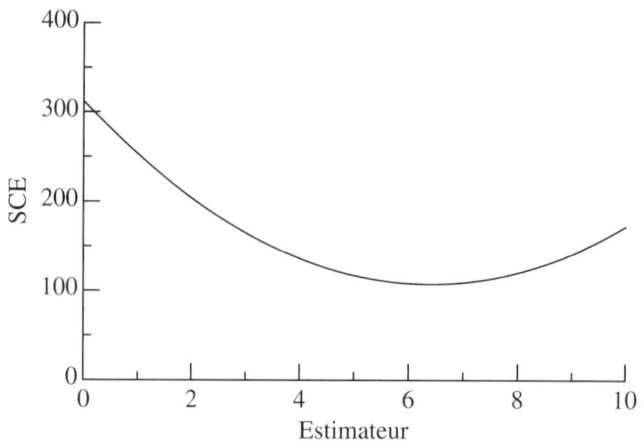

et la somme des carrés est 117. Pour $b_0 = 7$, les cinq aires sont 36, 16, 4, 4 et 49 et la somme des carrés est 109. Ainsi, $b_0 = 5$, qui était notre meilleur estimateur quand nous utilisions la longueur des lignes, n'est plus le meilleur estimateur quand nous avons recours aux carrés car $b_0 = 7$ produit une somme des carrés plus petite et donc une ERREUR plus petite. L'Encadré 2.6 présente les sommes des carrés pour différentes valeurs de b_0 de 0 à 10. La meilleure valeur pour b_0 est d'environ 6.4, car cette valeur produit la somme des carrés la plus petite possible avec 107. Les estimateurs de 5 et 7 ne sont pas mauvais – avec des sommes de carrés de 117 et 109, respectivement – mais restent clairement moins performants que le meilleur estimateur qu'est 6.4. Même si ceci ne parait pas évident de prime abord, nous démontrerons plus tard que le meilleur estimateur lorsque nous utilisons les erreurs au carré est simplement la *moyenne* arithmétique des observations. Pour les cinq observations :

$$\frac{1 + 3 + 5 + 9 + 14}{5} = \frac{32}{5} = 6.4$$

nous donne b_0, le meilleur estimateur de β_0.

Il est à nouveau intéressant de se demander ce qui adviendrait de l'estimateur si l'une des observations était radicalement différente ; par exemple si 14 était remplacé par 140. Avant de poursuivre la lecture, testez une nouvelle fois vos intuitions en devinant la nouvelle valeur de l'estimateur b_0. L'Encadré 2.7 présente les sommes des carrés pour l'ensemble des observations revu et corrigé. La somme des carrés minimum n'apparaît plus lorsque $b_0 = 6.4$; en effet, le minimum apparaît maintenant lorsque b_0 est un faramineux 31.6, c'est-à-dire, là encore, la moyenne des cinq observations. Remarquez néanmoins que, même s'il s'agit de notre meilleur estimateur, il n'est pas très bon, car la somme des carrés totale est tout de même proche de 14 723.

Avant de formaliser ces exemples avec des équations, il est utile de résumer les concepts que nous avons introduits. Premièrement, le meilleur estimateur b_0 pour un modèle simple à un paramètre

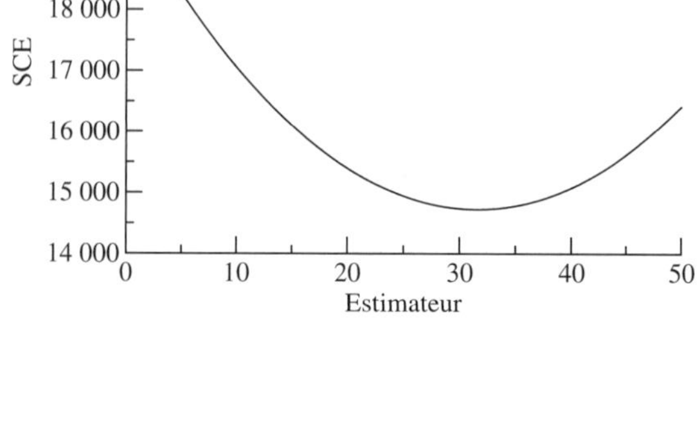

Encadré 2.7

Somme des carrés des erreurs en fonction de $\hat{Y}_i$ avec une observation extrême (140)

est une prédiction constante $\widehat{Y}$ qui minimise la somme des erreurs. Même si nous aurons généralement des moyens plus efficaces d'estimer ce paramètre que de tâtonner, il est important de se rendre compte que nous pourrions trouver le meilleur estimateur en procédant par essai/erreur jusqu'à obtenir l'ERREUR la plus petite. Dans les faits, il arrive que les programmes informatiques utilisent précisément cette stratégie. Deuxièmement, le choix de la méthode pour résumer ou exprimer l'erreur – la longueur des lignes d'erreur ou leur carré dans les exemples précédents – affecte la valeur prise par le meilleur estimateur b_0. Nous verrons bientôt qu'il existe d'autres moyens plausibles pour évaluer le terme d'erreur. Troisièmement, si l'erreur totale est définie comme la somme des longueurs de lignes, alors la médiane des observations indique le meilleur estimateur b_0, où la médiane est simplement l'observation située au milieu des autres observations. Quatrièmement, si l'erreur totale est définie comme la somme des longueurs de lignes au carré, alors le meilleur estimateur b_0 est la moyenne arithmétique des observations. Cinquièmement, la médiane ne change pas lorsqu'une observation extrême est rendue encore plus extrême, en revanche, la moyenne peut changer radicalement. Sixièmement, à de nombreuses reprises dans ce livre nous rencontrerons l'expression « somme des carrés », il est utile de réaliser qu'en effet, ceci peut-être représenté géométriquement comme une addition de carrés au sens littéral du terme (voir l'Encadré 2.5).

3. Formalisation des modèles simples

Comme toujours, nous commençons avec l'équation de base de l'analyse des données :

DONNÉES = MODÈLE + ERREUR

Pour les modèles simples, le MODÈLE spécifie que toutes les observations faisant parties des DONNÉES sont fondamentalement les mêmes, soit :

$$Y_i = \beta_0 + \varepsilon_i$$

où β_0 représente le vrai paramètre, qui restera inconnu, et ε_i l'erreur individuelle autour du paramètre inconnu. De fait, b_0 est l'estimateur de ce paramètre calculé à partir des DONNÉES dont nous disposons. Ainsi, le véritable MODÈLE utilisé pour prédire chaque Y_i devient :

$$\text{MODÈLE}: \widehat{Y}_i = b_0$$

L'équation de base peut alors être reformulée de la sorte :

$$Y_i = \widehat{Y}_i + e_i \qquad \text{ou} \qquad Y_i = b_0 + e_i$$

L'ERREUR ou le résidu associé à chaque observation est alors la différence entre les DONNÉES et la prédiction du MODÈLE, soit :

$$e_i = Y_i - \widehat{Y}_i$$

Notre problème est alors de savoir comment sélectionner une seule valeur pour que b_0 représente toutes les DONNÉES. Nous voulons évidemment que b_0 soit au « centre » des données de telle sorte qu'il soit plus ou moins proche de toutes les observations. Ainsi, les estimateurs correspondant à b_0 sont souvent appelés mesures de tendance centrale. Nous devons, néanmoins, être beaucoup plus précis par rapport à notre définition du centre et à ce que nous entendons par « proche ». Comme toujours, l'élément essentiel est de faire en sorte que e_i soit le plus petit possible. Au lieu de nous intéresser à chaque e_i individuel, nous devons trouver un moyen d'agréger les différents e_i en une mesure synthétique de l'ERREUR totale. Lorsque nous y serons parvenus, la procédure pour choisir un b_0 qui rende la mesure d'ERREUR totale aussi petite que possible devrait être assez facile. Considérons maintenant les différentes possibilités dont nous disposons pour cette mesure de l'ERREUR.

Décompte des Erreurs (DE). Une possibilité serait tout simplement de compter le nombre de fois où Y_i est différent de $\widehat{Y}_i$. Ceci nous amènerait à ignorer la taille des erreurs individuelles et à compter simplement le nombre d'erreurs dans nos prédictions. De manière formelle, nous aurions :

$$\text{ERREUR} = \sum_{i=1}^{n} I(e_i) = \sum_{i=1}^{n} I\left(Y_i - \widehat{Y}_i\right) = \sum_{i=1}^{n} I(Y_i - b_0)$$

où $I(e_i) = 1$, si $e_i \neq 0$ et $I(e_i) = 0$, si $e_i = 0$. Les fonctions telles que $I()$ sont souvent appelées fonction d'indicateur et représentent simplement une manière un peu plus évoluée de définir si quelque chose doit être inclus ou non dans une équation.

Somme des erreurs (SE). Afin de ne pas perdre l'information relative à la taille de e_i, nous pourrions additionner tous les e_i de sorte que :

$$\text{ERREUR} = \sum_{i=1}^{n} e_i = \sum_{i=1}^{n} \left(Y_i - \widehat{Y}_i\right) = \sum_{i=1}^{n} (Y_i - b_0)$$

Ceci n'est clairement pas satisfaisant dans la mesure où cela amène les erreurs positives et négatives à s'annuler les unes les autres. Par exemple, supposons que b_0 sous-estime une observation de 1000 et surestime une autre observation de la même quantité, de telle sorte que $e_1 = 1000$ et $e_2 = -1000$. Additionner ces deux erreurs donnerait 0, ce qui laisserait entendre à tort qu'il n'y a pas d'ERREUR. Nous n'avons pas de raison d'accorder plus d'intérêt aux surestimations qu'aux sous-estimations, par conséquent, une solution serait d'ignorer le signe positif ou négatif des e_i.

Somme des Erreurs Absolues (SEA). Une façon de s'affranchir des signes est d'additionner les valeurs absolues des erreurs ; c'est-à-dire :

$$\text{ERREUR} = \sum_{i=1}^{n} |e_i| = \sum_{i=1}^{n} \left|Y_i - \widehat{Y}_i\right| = \sum_{i=1}^{n} |Y_i - b_0|$$

La somme des erreurs absolues est l'équivalent formel de l'addition des longueurs de lignes présentée dans l'Encadré 2.1. Comme nous l'avons relevé plus haut lorsque nous avons présenté l'exemple conceptuel, il n'est peut-être pas très approprié de donner le même poids à une erreur importante (par exemple une erreur de 4), qu'à la même quantité d'erreurs plus modestes (par exemple quatre erreurs de 1). Cet exemple suggère par conséquent la mesure d'ERREUR qui suit.

Somme des Carrés des Erreurs (SCE). L'autre solution pour s'affranchir des signes accompagnant nos e_i serait de les mettre au carré avant de les additionner ; c'est-à-dire :

$$\text{ERREUR} = \sum_{i=1}^{n} e_i^2 = \sum_{i=1}^{n} \left(Y_i - \widehat{Y}_i\right)^2 = \sum_{i=1}^{n} (Y_i - b_0)^2$$

La somme des erreurs au carré est l'équivalent formel de l'addition des erreurs au carré présentée dans l'Encadré 2.5. En plus de nous affranchir des signes, la mise au carré apporte un second bénéfice en donnant un poids plus grand aux erreurs plus importantes.

Somme des Carrés des Erreurs Pondérées (SCEP). Jusqu'ici toutes les mesures d'ERREUR que nous avons abordées donnaient un poids équivalent à toutes les observations. Pour une variété de raisons, nous pourrions vouloir donner plus de poids à certaines observations et moins à d'autres, au moment de calculer l'erreur globale. Par exemple, nous pourrions avoir des raisons de croire que certaines observations sont discutables ou suspectes, du fait qu'elles ont été collectées avec moins de précision ou de fiabilité que les autres. Nous pourrions également ne pas vouloir compter de la même manière une erreur de 10 quand $\widehat{Y}_i = 1000$ que lorsque $\widehat{Y}_i = 5$. Dans le premier cas, une erreur de 10 équivaudrait seulement à 1 % d'erreur alors que dans le second cela représente une erreur de 200 %. Enfin, dans certaines situations, nous pourrions être méfiants vis-à-vis de certaines observations, simplement parce que ces observations apparaissent « déviantes » par rapport aux autres observations. Quelles que soient nos raisons, il est facile d'incorporer un poids w_i pour chaque observation dans notre définition formelle de l'ERREUR :

$$\text{ERREUR} = \sum_{i=1}^{n} w_i e_i^2 = \sum_{i=1}^{n} w_i \left(Y_i - \widehat{Y}_i\right)^2 = \sum_{i=1}^{n} w_i \left(Y_i - b_0\right)^2$$

Les poids w_i pourraient être attribués sur base de jugements a priori quant à la qualité des données ou sur base d'un quelconque indice formel quant à la fiabilité de chacune des observations. L'une des possibilités est de donner le même poids à toutes les observations, auquel cas $w_i = 1$ pour tous les i. Dans ce cas, la somme des carrés des erreurs pondérées devient la somme des carrés des erreurs que nous avons vue plus haut.

Les statisticiens ont introduit de très ingénieuses manières de définir ces poids w_i, afin de résoudre toutes sortes de problèmes assez complexes. Nous rencontrerons des exemples de ces poids plus tard dans le contexte de problèmes spécifiques. Pour l'instant, nous avons juste besoin d'être conscients que l'utilisation de pondérations nous permet une grande flexibilité dans la manière de définir la mesure globale de l'ERREUR.

4. Estimateurs de β_0

Comme nous l'avons démontré lors des exemples conceptuels présentés plus haut dans ce chapitre, le choix de la méthode que nous utilisons pour agréger les e_i influence l'estimateur b_0. On ne s'étonnera donc pas de voir que, pour chaque définition de l'ERREUR agrégée présentée ci-dessus, il y a différentes manières de calculer b_0 à partir des DONNÉES. Nous pourrions tâtonner pour chaque définition de l'ERREUR en essayant différentes valeurs de b_0 jusqu'à trouver celle qui nous donnerait la valeur la plus faible pour l'ERREUR. Néanmoins, il se trouve que pour chacune des définitions de l'ERREUR que nous avons vues, nous pouvons définir une façon de calculer b_0 à partir des DONNÉES, de telle sorte que b_0 produise, à coup sûr, la valeur la plus petite possible pour l'ERREUR. Même si nous utiliserons quasiment toujours la méthode par le calcul, il est important de garder à l'esprit que la définition de meilleur estimateur de β_0 renvoie au fait que cette valeur b_0 doit produire l'ERREUR la plus faible possible. Dans l'Encadré 2.8, nous faisons apparaître la définition de b_0 pour chacune des définitions de l'ERREUR que nous avons abordées jusqu'à présent.

Encadré 2.8
Estimateurs pour chaque définition de l'ERREUR

Définition de l'ERREUR	**b_0, estimateur de β_0**
Décompte des Erreurs	MODE = valeur la plus fréquente de Y_i
Somme des Erreurs Absolues	MÉDIANE = observation au centre de tous les Y_i
Somme des Carrés des Erreurs	MOYENNE = moyenne de tous les Y_i
Somme des Carrés des Erreurs Pondérées	MOYENNE PONDÉRÉE = moyenne pondérée de tous les Y_i

4.1. Démonstration du fait que la moyenne minimise la SCE

Dans cette section, nous présentons une démonstration formelle du fait que la moyenne $\bar{Y}$ produit, en effet, la valeur la plus petite possible pour la SCE. Bien que nous éviterons généralement les démonstrations, nous pensons qu'il est important de comprendre que le choix de la moyenne, en tant qu'estimateur, n'est pas un choix arbitraire ; ainsi, le choix de la SCE comme mesure de l'ERREUR agrégée implique également le choix de la moyenne comme meilleur estimateur. Le même type de démonstration pourrait être présenté pour prouver que chaque estimateur minimise bien l'ERREUR qui lui correspond dans la liste présentée dans l'Encadré 2.8.

Pour commencer, admettons que $\hat{Y}$, le meilleur estimateur pour réduire la somme des carrés des erreurs, est autre chose que $\bar{Y} = \sum_{i=1}^{n} Y_i / n$. Notez qu'ici $\hat{Y}$ ne possède pas d'indice *i*, du fait que nous faisons la même prédiction pour toutes les observations dans le cadre du modèle simple. Notre stratégie sera de continuer avec ce postulat jusqu'à ce que nous arrivions à un point où nous pourrons voir que ce dernier n'est pas tenable. Arrivé à ce point, nous saurons que le seul postulat raisonnable est que $\hat{Y} = \bar{Y}$.

La somme des carrés des erreurs est égale à :

$$\text{SCE} = \sum_{i=1}^{n} (Y_i - \hat{Y})^2$$

Comme $\bar{Y} - \bar{Y} = 0$, nous pouvons donc ajouter cette quantité de zéro, sans changer la somme des carrés des erreurs. Ainsi :

$$\text{SCE} = \sum_{i=1}^{n} (Y_i + \bar{Y} - \bar{Y} - \hat{Y})^2$$

Une légère modification de l'arrangement des termes nous donne :

$$\text{SCE} = \sum_{i=1}^{n} [(Y_i - \bar{Y}) + (\bar{Y} - \hat{Y})]^2$$

la mise au carré nous donne quant à elle :

$$\text{SCE} = \sum_{i=1}^{n} \left[(Y_i - \bar{Y})^2 + 2(Y_i - \bar{Y})(\bar{Y} - \hat{Y}) + (\bar{Y} - \hat{Y})^2\right]$$

Décomposer en trois sommes différentes nous amène à :

$$\text{SCE} = \sum_{i=1}^{n} (Y_i - \bar{Y})^2 + \sum_{i=1}^{n} [2(Y_i - \bar{Y})(\bar{Y} - \hat{Y})] + \sum_{i=1}^{n} (\bar{Y} - \hat{Y})^2$$

Le dernier terme ne contient pas d'indice (et ne varie donc pas d'une observation à l'autre) donc cette somme revient, en fait, à ajouter la même quantité *n* fois ; par conséquent, cette somme peut être remplacée par la multiplication par *n*. De la même manière, les quantités sans indice au sein du terme central peuvent être extraites de la somme, ce qui nous donne :

$$\text{SCE} = \sum_{i=1}^{n} (Y_i - \bar{Y})^2 + 2(\bar{Y} - \hat{Y}) \sum_{i=1}^{n} (Y_i - \bar{Y}) + n(\bar{Y} - \hat{Y})^2$$

Maintenant, concentrons-nous sur ce terme central. Remarquons que :

$$\begin{aligned}\sum_{i=1}^{n}\left(Y_i - \overline{Y}\right) &= \sum_{i=1}^{n} Y_i - n\overline{Y} \\ &= \sum_{i=1}^{n} Y_i - n\left(\frac{\sum_{i=1}^{n} Y_i}{n}\right) \\ &= \sum_{i=1}^{n} Y_i - \sum_{i=1}^{n} Y_i = 0\end{aligned}$$

Par conséquent, ce terme central de la SCE inclut une multiplication par zéro, ce qui élimine ce terme. Nous restons donc avec :

$$\text{SCE} = \sum_{i=1}^{n}\left(Y_i - \overline{Y}\right)^2 + n\left(\overline{Y} - \widehat{Y}\right)^2$$

Nous voulons que la SCE soit la plus petite possible. Nous n'avons aucune liberté avec le premier terme : Y_i et $\overline{Y}$ sont ce qu'ils sont, quoiqu'il arrive. Cependant, nous avons le choix concernant $\widehat{Y}$ dans le second terme, et ce, afin de faire en sorte que la SCE soit la plus petite possible. Il est inévitable que $n\,(\overline{Y} - \widehat{Y})^2$ soit de signe positif, il rend donc la SCE plus importante. Mais que se passe-t-il si nous acceptons que $\widehat{Y} = \overline{Y}$? Dans ce cas, $n\,(\overline{Y} - \widehat{Y}) = 0$ et nous n'ajoutons plus rien à la SCE. De fait, pour tout estimateur de $\widehat{Y}$ qui sera différent de $\overline{Y}$, nous augmenterons la SCE. Par conséquent, la SCE ne sera jamais aussi petite que lorsque $\widehat{Y} = \overline{Y}$ et cette valeur minimum est :

$$\text{SCE} = \sum_{i=1}^{n}\left(Y_i - \overline{Y}\right)^2$$

Tout autre choix pour $\widehat{Y}$ produirait une SCE plus importante ; il en résulte que, dans le cadre du modèle simple, la moyenne sera le meilleur estimateur, si notre but est de réduire la SCE.

4.2. *Décrire l'ERREUR*

Si l'objectif est uniquement de décrire un ensemble de DONNÉES, nous pouvons simplement appliquer le modèle simple et utiliser une seule, voire toutes les mesures de tendance centrale – mode, médiane et moyenne – en tant que statistiques descriptives. Ce faisant, il est également utile de présenter une évaluation de l'ERREUR typique. Pour ce faire, reporter l'erreur totale (par exemple SEA ou SCE) n'est pas souhaitable, car ce total dépend largement du nombre d'observations. À titre d'exemple, une ERREUR agrégée obtenue à partir de 50 observations a de fortes chances d'être plus grande qu'une ERREUR agrégée obtenue à partir de 15 observations, et ce, même si les erreurs typiques sont plus petites au sein du premier cas que du second. Pour chacune des mesures de tendance centrale, il existe un indicateur d'erreur typique qui lui est classiquement associé. Nous les abordons tour à tour dans ce qui suit.

L'Erreur Modale. Lorsque nous utilisons le décompte des erreurs (DE) en tant qu'indice de l'ERREUR agrégée, il ne peut y avoir que deux valeurs pour e_i. Ainsi, $e_i = 0$ quand $Y_i = \widehat{Y}$ et $e_i = 1$ quand $Y_i \neq \widehat{Y}$. L'erreur typique est donc simplement l'erreur la plus fréquente, autrement dit l'erreur modale. L'erreur modale est rarement utilisée, mais nous la présentons afin de faire un tour exhaustif de ces mesures.

Écart absolu médian. Lorsque nous utilisons la somme des erreurs absolues (SEA) comme indice de l'ERREUR, il est de coutume de représenter l'erreur typique en utilisant la médiane des erreurs (par rapport à la prédiction) en valeur absolue, ce que l'on appelle l'écart absolu médian. Afin de trouver cet écart absolu médian, il suffit de classer les $|e_i|$ en ordre ascendant et de trouver celle qui se trouve en milieu de distribution.

Écart-type. Lorsque nous utilisons la somme des carrés des erreurs (SCE) comme indice de l'ERREUR agrégée, l'indice d'erreur typique est un peu plus complexe. Or, c'est précisément la SCE que nous utiliserons le plus fréquemment tout au long de ce livre. Afin d'éviter de devoir présenter des formules générales plus tard, nous présentons la formule la plus générale dès maintenant et nous montrerons ensuite comment celle-ci s'applique dans le cas de modèles simples. Au sein d'un modèle général à p paramètres, ces p paramètres ont été introduits dans le but de réduire l'ERREUR. En principe, le nombre maximum de paramètres que nous pourrions avoir est égal à $n - 1$ paramètre par observation – auquel cas l'ERREUR serait égale à zéro. De fait, il y a $n - p$ paramètres potentiels restants qui pourraient être utilisés pour réduire ce qui reste de l'ERREUR. Un indice de l'ERREUR qui serait utile serait alors ce qui reste de l'ERREUR divisé par le nombre de paramètres restants. Cet indice est appelé moyenne des carrés des erreurs ou carré moyen de l'erreur (CME) et correspond à :

$$\text{CME} = \frac{\text{SCE}}{n - p} = \frac{\sum_{i=1}^{n}(Y_i - \widehat{Y}_i)^2}{n - p}$$

Pour le modèle simple au cœur de ce chapitre, il n'y a qu'un seul paramètre à estimer, en l'occurrence β_0, ce qui implique que $p = 1$. De plus, cet estimateur de Y_i est $b_0 = \overline{Y}$, la valeur moyenne. Dans le cas du modèle simple, CME porte souvent le nom de *variance* et se trouve communément représenté par s^2, ce qui nous donne :

$$\text{Variance} = s^2 = \text{CME} = \frac{\text{SCE}}{n - 1} = \frac{\sum_{i=1}^{n}(Y_i - \widehat{Y}_i)^2}{n - 1}$$

CME représente l'erreur typique au carré. En outre, afin d'exprimer l'erreur typique avec la même unité que celle utilisée pour collecter les DONNÉES, il est utile de prendre la racine carrée de CME, que l'on appelle souvent, spécialement dans les logiciels de statistiques, *racine de CME*. Dans le cadre du modèle simple, la racine carrée de la variance ou du CME porte le nom d'écart-type et correspond donc à :

$$\text{Écart-type} = s = \sqrt{\text{CME}} = \sqrt{\frac{\sum_{i=1}^{n}(Y_i - \overline{Y})^2}{n - 1}}$$

Un autre indice est parfois employé lorsqu'on utilise la SCE comme indice de l'ERREUR agrégée : le *coefficient de variation*. Cet indice est utile car il est fréquent que la taille de l'écart-type soit proportionnelle à celle de la moyenne. Par exemple, si $\overline{Y} = 10\,000$, nous nous attendrions à ce que l'erreur typique (ou l'écart-type) soit plus grande que lorsque $\overline{Y} = 10$. Bien que cela ne soit pas une nécessité, c'est ce que l'on a l'habitude d'observer. Afin de s'affranchir de cette amplitude globale des données lors de la description de l'erreur, le coefficient de variation présente la taille de l'écart-type en proportion de la moyenne, soit :

$$\text{Coefficient de Variation} = \text{CV} = s / \overline{Y}$$

Un exemple. Nous utiliserons comme exemple le pourcentage de foyers américains ayant accès à Internet au cours de l'année 2013, et ce, par État. Ces DONNÉES apparaissaient déjà dans l'Encadré 1.1 et cet exemple nous permettra d'illustrer le modèle simple, ainsi que les indices de tendances centrales et d'erreur. Afin de trouver plus facilement le mode et la médiane, nous avons réorganisé les données de l'Encadré 1.1 dans l'Encadré 2.9. Cette réorganisation consiste à présen-

Encadré 2.9
Pourcentages des ménages qui ont un accès Internet en 2013 par État des États-Unis d'Amérique (classés en ordre croissant)

i	État	Pourcentage	Rang	i	État	Pourcentage	Rang
24	MS	57.4	1	49	WI	73.0	26
4	AR	60.9	2	12	ID	73.2	27
1	AL	63.5	3	3	AZ	73.9	28
31	NM	64.4	4	13	IL	74.0	29
18	LA	64.8	5	9	FL	74.3	30
48	WV	64.9	6	8	DE	74.5	31
40	SC	66.6	7	32	NY	75.3	32
36	OK	66.7	8	45	VT	75.3	33
42	TN	67.0	9	50	WY	75.5	34
17	KY	68.5	10	28	NV	75.6	35
14	IN	69.7	11	46	VA	75.8	36
25	MO	69.8	12	23	MN	76.5	37
22	MI	70.7	13	39	RI	76.5	38
33	NC	70.8	14	7	CT	77.5	39
41	SD	71.1	15	37	OR	77.5	40
35	OH	71.2	16	5	CA	77.9	41
43	TX	71.8	17	11	HI	78.6	42
26	MT	72.1	18	20	MD	78.9	43
10	GA	72.2	19	47	WA	78.9	44
15	IA	72.2	20	2	AK	79.0	45
38	PA	72.4	21	30	NJ	79.1	46
34	ND	72.5	22	6	CO	79.4	47
19	ME	72.9	23	21	MA	79.6	48
27	NE	72.9	24	44	UT	79.6	49
16	KS	73.0	25	29	NH	80.9	50

ter les pourcentages en ordre croissant. Notre but est d'ajuster à ces données le modèle simple disposant d'un seul paramètre. En d'autres termes, la question générique de l'analyse des données est ici :

$$Y_i = \beta_0 + \varepsilon_i$$

et nous voulons ajuster le MODÈLE aux DONNÉES en trouvant l'estimateur b_0 de β_0 qui minimise l'ERREUR – le e_i dans l'équation :

$$Y_i = b_0 + e_i$$

La méthode pour trouver l'estimateur b_0 dépend, là encore, de la définition de l'ERREUR agrégée que nous adoptons.

Si le DE est le critère adopté, alors le meilleur estimateur de β_0 est le mode. Pour trouver le mode, nous regardons tout simplement quel est le pourcentage le plus fréquent. En ce qui concerne ces données, huit valeurs apparaissent deux fois (i.e., 72.2, 72.9, 73.0, 75.3, 76.5, 77.5, 78.9 et 79.6) et aucune qui apparaît plus de deux fois. Il y a donc huit modes. Il est fréquent, avec les variables continues, qu'il n'y ait pas de mode ou du moins pas un mode unique. C'est pour cette raison que le mode n'est pas aussi utile que la médiane ou la moyenne pour ce type de données. Si nous arrondissions les chiffres de l'encadré à l'entier le plus proche, il y aurait seulement deux modes, à savoir 73 et 79. En utilisant le mode 73 (ou 79) pour prédire ces données arrondies, notre prédiction serait correcte 6 fois et incorrecte 44 fois.

Encadré 2.10

Prédictions et erreurs en utilisant la médiane et la moyenne comme estimateurs de b_0 dans le cadre du modèle simple

i	État	Pourcentage	Médiane			Moyenne		
			$\hat{Y}_i$	e_i	$\lvert e_i \rvert$	$\hat{Y}_i$	e_i	e_i^2
1	AK	79.0	73	6.0	6.0	72.806	6.194	38.366
2	AL	63.5	73	-9.5	9.5	72.806	-9.306	86.602
3	AR	60.9	73	-12.1	12.1	72.806	-11.906	141.753
4	AZ	73.9	73	0.9	0.9	72.806	1.094	1.197
5	CA	77.9	73	4.9	4.9	72.806	5.094	25.949
6	CO	79.4	73	6.4	6.4	72.806	6.594	43.481
7	CT	77.5	73	4.5	4.5	72.806	4.694	22.034
8	DE	74.5	73	1.5	1.5	72.806	1.694	2.870
9	FL	74.3	73	1.3	1.3	72.806	1.494	2.232
10	GA	72.2	73	-0.8	0.8	72.806	-0.606	0.367
11	HI	78.6	73	5.6	5.6	72.806	5.794	33.570
12	IA	72.2	73	-0.8	0.8	72.806	-0.606	0.367
13	ID	73.2	73	0.2	0.2	72.806	0.394	0.155
14	IL	74.0	73	1.0	1.0	72.806	1.194	1.426
15	IN	69.7	73	-3.3	3.3	72.806	-3.106	9.647
16	KS	73.0	73	0.0	0.0	72.806	0.194	0.038
17	KY	68.5	73	-4.5	4.5	72.806	-4.306	18.542
18	LA	64.8	73	-8.2	8.2	72.806	-8.006	64.096
19	MA	79.6	73	6.6	6.6	72.806	6.794	46.158
20	MD	78.9	73	5.9	5.9	72.806	6.094	37.137
21	ME	72.9	73	-0.1	0.1	72.806	0.094	0.009
22	MI	70.7	73	-2.3	2.3	72.806	-2.106	4.435
23	MN	76.5	73	3.5	3.5	72.806	3.694	13.646
24	MO	69.8	73	-3.2	3.2	72.806	-3.006	9.036
25	MS	57.4	73	-15.6	15.6	72.806	-15.406	237.345
26	MT	72.1	73	-0.9	0.9	72.806	-0.706	0.498
27	NC	70.8	73	-2.2	2.2	72.806	-2.006	4.024
28	ND	72.5	73	-0.5	0.5	72.806	-0.306	0.094
29	NE	72.9	73	-0.1	0.1	72.806	0.094	0.009
30	NH	80.9	73	7.9	7.9	72.806	8.094	65.513
31	NJ	79.1	73	6.1	6.1	72.806	6.294	39.614
32	NM	64.4	73	-8.6	8.6	72.806	-8.406	70.661
33	NV	75.6	73	2.6	2.6	72.806	2.794	7.806
34	NY	75.3	73	2.3	2.3	72.806	2.494	6.220
35	OH	71.2	73	-1.8	1.8	72.806	-1.606	2.579
36	OK	66.7	73	-6.3	6.3	72.806	-6.106	37.283
37	OR	77.5	73	4.5	4.5	72.806	4.694	22.034
38	PA	72.4	73	-0.6	0.6	72.806	-0.406	0.165
39	RI	76.5	73	3.5	3.5	72.806	3.694	13.646
40	SC	66.6	73	-6.4	6.4	72.806	-6.206	38.514
41	SD	71.1	73	-1.9	1.9	72.806	-1.706	2.910
42	TN	67.0	73	-6.0	6.0	72.806	-5.806	33.710
43	TX	71.8	73	-1.2	1.2	72.806	-1.006	1.012
44	UT	79.6	73	6.6	6.6	72.806	6.794	46.158
45	VA	75.8	73	2.8	2.8	72.806	2.994	8.964
46	VT	75.3	73	2.3	2.3	72.806	2.494	6.220
47	WA	78.9	73	5.9	5.9	72.806	6.094	37.137
48	WI	73.0	73	0.0	0.0	72.806	0.194	0.038
49	WV	64.9	73	-8.1	8.1	72.806	-7.906	62.505
50	WY	75.5	73	2.5	2.5	72.806	2.694	7.258
	Somme	3640.3	3650	-9.7	200.3	3640.3	.000	1355.03

Si la SAE est adoptée comme critère, le meilleur estimateur de β_0 est la médiane. Etant donné que nous avons 50 observations, nous aurons deux valeurs centrales : la 25e et la 26e. (S'il y avait un nombre impair d'observations, il n'y aurait qu'une seule observation centrale). Ces valeurs sont toutes les deux 73.0 et, dans ce cas, le meilleur estimateur est 73.0. Si ces deux observations s'étaient avérées différentes, on aurait pu s'appuyer sur leur moyenne pour obtenir une seule estimation de la médiane. Dans l'Encadré 2.10, la colonne du milieu fait apparaître la prédiction $\hat{Y}_i$, l'erreur $e_i = Y_i - \hat{Y}_i$ et l'erreur absolue calculée en fonction de la médiane en tant qu'estimateur b_0. Dans ce cas de figure, l'ERREUR totale = 200.3. Nous avons vu que tout autre estimateur de β_0 produirait une valeur plus importante pour SAE. Bien que cela ne soit pas évident à partir de l'Encadré 2.10, les 25e et 26e plus grandes erreurs absolues sont égales à 3.20 et 3.30, donc l'écart absolu médian ou EAM = 3.25.

Si la SCE est adoptée comme critère, le meilleur estimateur de β_0 est la moyenne. La moyenne des 50 observations nous donne 72.806, ce qui correspond à notre estimateur b_0. Le dernier ensemble de colonnes de l'Encadré 2.10 comporte les valeurs de $\hat{Y}_i$ (ce qui équivaut à b_0 dans le cas du modèle simple), de $e_i = Y_i - \hat{Y}_i$ et de e_i^2. Notez, d'une part, que la somme des erreurs est exactement égale à zéro. D'autre part, et c'est nécessairement le cas, notez que la somme des données est égale à la somme des prédictions. Ceci est caractéristique de prédictions basées sur la minimisation de la SCE. La SCE calculée ici est égale à 1355.028. Rappelons une nouvelle fois que tout autre estimateur de β_0 produirait une SCE plus importante. La variance ou, plus généralement, la CME est égale à :

$$s^2 = \frac{\text{SCE}}{n-1} = \frac{1355.028}{49} = 27.654$$

et l'écart-type ou racine de CME est égale à :

$$s = \sqrt{\text{CME}} = \sqrt{27.654} = 5.529$$

Enfin, le CV nous est donné par :

$$s/\overline{Y} = \frac{5.529}{72.806} = .072$$

Notez que, dans cet exemple particulier, les trois estimateurs de β_0 (en utilisant les trois définitions de l'erreur) sont assez similaires : 73 (le premier mode), 73.0 et 72.806. Ce sera souvent le cas pour des données qui « se comportent bien », mais en règle générale il n'y a aucune garantie que les données vont bien se comporter et que les trois estimateurs seront similaires. Nous verrons plus tard que des écarts importants entre les trois estimateurs, spécialement entre la médiane et la moyenne, devraient nous alarmer et nous amener à suspecter des problèmes dans l'analyse de telles données. Notez également que, dans cet exemple, l'écart absolu médian et l'écart-type ont produit différentes valeurs de l'erreur typique : 3.25 et 5.26, respectivement. Ce n'est pas surprenant étant donné que les définitions de l'erreur utilisées sont différentes.

Résumé

En reprenant les termes de l'équation fondamentale de l'analyse des données

DONNÉES = MODÈLE + ERREUR

le MODÈLE simple à un paramètre correspond à :

$$Y_i = \beta_0 + \varepsilon_i$$

Ajuster le MODÈLE aux DONNÉES consiste à trouver l'estimateur b_0 de β_0 qui permet d'avoir les ERREURS e_i les plus petites possible dans l'équation :

$$Y_i = b_0 + e_i$$

Afin d'ajuster le MODÈLE simple aux DONNÉES, nous devons tout d'abord préciser de quelle façon les ERREURS individuelles seront agrégées pour fournir un indice résumé de l'ERREUR. Une fois que nous avons choisi un indice d'ERREUR agrégée, nous pouvons trouver, par essai/erreur si nécessaire, le meilleur estimateur b_0 de β_0, celui qui minimise l'ERREUR. Parmi les définitions courantes de l'ERREUR agrégée on trouve (a) le décompte des erreurs, (b) la somme des erreurs absolues et (c) la somme des carrés des erreurs. À chaque définition correspond un estimateur optimal de β_0 qui peut être obtenu par le calcul plutôt que par essai/erreur. Ces estimateurs sont, respectivement, (a) le mode – la valeur la plus fréquente de Y_i, (b) la médiane – la valeur centrale de tous les Y_i et (c) la moyenne – la moyenne arithmétique de tous les Y_i. De même, pour chacune des trois définitions de l'ERREUR agrégée, il existe une expression représentant la valeur « typique » pour e_i. Ces expressions sont, respectivement, (a) l'erreur modale, (b) l'écart absolu médian et (c) l'écart-type. L'ensemble de ces estimateurs optimal et de ces expressions de l'ERREUR typique sont connus sous le nom de statistiques descriptives, car elles donnent accès à une description initiale rapide d'un ensemble de DONNÉES. Nous préférons les voir simplement comme les estimateurs du MODÈLE simple en fonction des différentes définitions de l'ERREUR.

Au cours du Chapitre 3, nous choisirons comme définition standard l'une des trois définitions de l'ERREUR. Nous ferons ce choix sur base de principes que nous exposerons plus tard. Néanmoins, au sein des logiciels statistiques standard, les estimateurs et indices agrégés pour la somme des carrés des erreurs sont plus facilement accessibles que ne le sont ceux qui reposent sur d'autres définitions de l'ERREUR agrégée. Le lecteur peut donc s'attendre, d'ores et déjà, à ce que nous choisissions la somme des carrés des erreurs comme définition standard de l'ERREUR agrégée.

CHAPITRE 3

Les modèles simples : Modèles d'ERREUR et distributions d'échantillonnage

SOMMAIRE

Dans le Chapitre 2, nous avons considéré différentes mesures agrégées pour l'ERREUR et vu comment les différents choix d'un index plutôt qu'un autre nous conduisent à des estimateurs différents pour le seul paramètre d'un modèle simple. Nous devons maintenant faire un choix quant à l'index agrégé que nous utiliserons. Pour ce faire, nous devons formuler nos postulats concernant le comportement des erreurs ε_i. Autrement dit, nous devons avoir un modèle de l'ERREUR. Dans ce chapitre, nous allons considérer un modèle d'ERREUR qui est à la fois raisonnable et souvent approprié. Nous allons montrer comment ce modèle d'ERREUR nous oriente vers un certain type d'index agrégé. Dans les chapitres ultérieurs, nous montrerons comment il est possible de contrôler le caractère approprié du modèle d'ERREUR qui a été retenu, et nous examinerons quels remèdes appliquer à notre analyse des données quand le modèle d'ERREUR s'avère inadéquat.

Dans ce chapitre, notre intérêt se porte sur le terme d'erreur ε_i qui devrait être inclus dans l'écriture complète de nos MODÈLES. Pour le modèle simple, la formulation complète est :

$$\text{MODÈLE}: Y_i = \beta_0 + \varepsilon_i$$

Ce modèle indique qu'à l'exception des variations aléatoires représentées par les ε_i tous les Y_i seraient exactement égaux à β_0. Que sont ces variations aléatoires ? En réalité, tout ce qui conduit une donnée observée Y_i à dévier de la vraie valeur β_0. Pour notre exemple d'accès à l'Internet, la livraison ou l'installation de l'équipement peuvent avoir été particulièrement lentes dans certains États ; d'autres États peuvent avoir des suivis administratifs étonnamment efficaces ou déplorables ; enfin, une série d'États peut avoir un nombre spécialement élevé ou bas de gens dont le travail implique de devoir recourir à Internet. Chacun de ces innombrables facteurs peut avoir fait en sorte que les pourcentages observés de foyers avec un accès à Internet s'écartent de la valeur β_0 prédite par notre modèle simple.

Vous pourriez objecter qu'un facteur tel que l'utilisation d'Internet sur le lieu de travail devrait être inclus dans le MODÈLE de l'accès à Internet des foyers plutôt que dans l'ERREUR. En effet, le recours à Internet au travail ainsi que d'autres facteurs repris dans la liste précédente comme causes d'ERREUR peuvent être des prédicteurs importants qu'il faudrait inclure dans le MODÈLE. Toutefois, si nous ambitionnons d'utiliser un modèle simple avec un seul paramètre, alors nous devons faire entrer tous ces facteurs dans l'ERREUR parce qu'ils ont pour conséquence que le Y_i observé dévie de la seule valeur β_0 prédite par le MODÈLE. Plus loin, nous allons examiner des modèles plus complexes qui vont nous permettre de déplacer ces facteurs de l'ERREUR vers le MODÈLE. Dans la mesure où le déplacement d'un facteur de l'ERREUR vers le MODÈLE réduit l'erreur, nous aurons amélioré notre MODÈLE et ses prédictions. Pour savoir comment faire cela, il nous faut attendre les chapitres suivants. Pour l'heure, notre problème est de savoir quels postulats nous pouvons raisonnablement faire concernant la nature de l'ERREUR.

1. Distributions d'échantillonnage

Comme on l'a montré au Chapitre 2, pour chaque index d'ERREUR, il existe un estimateur de β_0 dans le modèle simple. Par exemple, pour la somme des erreurs absolues, la médiane est le meilleur estimateur tandis que pour la somme des carrés des erreurs, c'est la moyenne qui est le meilleur estimateur. Un aspect de notre stratégie concernant la sélection d'un index agrégé de l'ERREUR consistera à examiner la performance de différents estimateurs tout en tenant compte d'une série de postulats raisonnables concernant le comportement des ERREURS ε_i. Dans la section suivante, nous développons une représentation métaphorique du modèle simple qui va faciliter notre compréhension de l'ERREUR et qui va nous fournir un contexte pour évaluer les performances relatives de la médiane et de la moyenne.

1.1. *Représentation métaphorique de l'ERREUR*

Supposons que Dame Nature ait une urne contenant un très grand nombre de boules et que sur chaque boule se trouve inscrit une valeur particulière de ε_i. L'Encadré 3.1 reprend une liste des 100 valeurs de ε_i qui pourraient se trouver sur les boules.

Pour déterminer la valeur d'une observation particulière Y_i, Dame Nature extrait *aléatoirement* une boule de son urne et ajoute la valeur écrite sur la boule, la valeur de l'erreur ε_i, à la vraie valeur β_0. Posons, par exemple, que $\beta_0 = 50$ de telle façon que le modèle simple devienne :

$$\text{MODÈLE: } Y_i = 50 + \varepsilon_i$$

Supposons que les 20 valeurs suivantes se trouvaient sur les boules aléatoirement extraites d'une urne contenant les valeurs de l'Encadré 3.1 :

-9	28	-17	22	35
-12	-23	1	10	11
6	-24	-19	-26	-31
-4	8	20	-14	-2

Dans ce cas, la première donnée serait égale à $50 + (-9) = 41$ parce que -9 est ce qui se trouve sur la première boule extraite. Le second tirage serait égal à $50 + 28 = 78$ et ainsi de suite. Les 20 valeurs observées seraient :

41	78	33	72	85
38	27	51	60	61
56	26	31	24	19
46	58	70	36	48

Encadré 3.1
100 valeurs hypothétiques de ε_i dans l'urne de Dame Nature

-11	6	1	7	14	0	-1	9	1	2
32	15	12	-5	4	7	-6	-22	1	-2
20	11	29	-14	-8	-13	-7	-25	-3	-4
-19	8	-4	0	-15	17	-23	-8	6	17
3	-5	-15	11	2	-14	-20	4	31	24
2	-28	-31	12	-5	10	29	-10	19	-5
-6	5	0	-4	-5	-2	-12	13	4	-23
25	-19	-11	-22	3	4	3	28	10	-26
-9	35	7	-10	22	-17	10	5	-15	20
-5	-24	-4	-2	12	-26	10	-7	-11	-24

Notez que, pour le moment, nous ne nous préoccupons pas de savoir comment on s'arrange pour savoir quels nombres doivent être écrits sur les boules représentant les erreurs. C'est une question très importante sur laquelle nous reviendrons plus tard.

Si un autre ensemble de boules avait été tiré, nous aurions obtenu un ensemble différent de données. Les statisticiens utilisent souvent le mot *échantillon* pour évoquer un lot de données qui aurait pu être différent si, pour rester dans le cadre de notre métaphore, un autre ensemble de boules d'erreurs avait été tiré. Ainsi, les 20 observations ci-dessus représentent un échantillon de valeurs que l'on pourrait obtenir. La moyenne et la médiane pour cet échantillon particulier de 20 observations sont respectivement 48 et 47. Notez que ni la moyenne ni la médiane ne sont exactement égales à 50, la valeur β_0 spécifiée dans le MODÈLE pour cet exemple. Si un autre échantillon avait été tiré, la moyenne et la médiane auraient probablement été différentes. Pour certains échantillons, la moyenne et la médiane auraient été plus proches de la vraie valeur, et pour d'autres ces valeurs auraient été plus éloignées. Si la moyenne et la médiane sont de bons estimateurs de β_0, nous devrions espérer qu'ils soient en moyenne proches de β_0. Pour cet exemple, nous pouvons réaliser une expérience de simulation pour déterminer les valeurs possibles de la moyenne et de la médiane pour des échantillons de taille 20. À chaque itération de la simulation, nous sélectionnons de façon aléatoire un autre ensemble de 20 boules d'erreurs, nous ajoutons 50 à chacune des erreurs et nous calculons ensuite la moyenne et la médiane de l'échantillon constitué. Si nous réalisons un très grand nombre de simulations, générant ainsi un très grand nombre d'échantillons différents et calculant à chaque fois la moyenne et la médiane, alors nous pouvons traiter chaque moyenne et chaque médiane comme autant de données. Nous pouvons ensuite construire ce qu'on appelle un polygone de fréquence pour ces données. De telles distributions de fréquences sont appelées des *distributions d'échantillonnage* parce qu'elles permettent de représenter la distribution d'une statistique particulière basée sur un très grand nombre d'échantillons.

1.2. *Propriétés des Estimateurs*

Les distributions d'échantillonnage nous fournissent toute l'information nécessaire pour évaluer la performance relative de divers paramètres. Nous examinons ci-dessous la performance de la médiane et de la moyenne eu égard à trois propriétés désirables d'un estimateur : l'absence de biais, l'efficience et la consistance. Chaque concept est illustré dans l'Encadré 3.2. Cet encadré reprend la distribution d'échantillonnage pour la moyenne et la médiane sur base d'un nombre infini d'échantillons de taille 20 issus de l'urne d'ERREUR présentée à l'Encadré 3.1.

1.2.1. Absence de biais

De façon rassurante, le point culminant des deux distributions est situé à 50, indiquant que 50 est la valeur la plus probable tant pour la moyenne que pour la médiane. Si le pic et la valeur moyenne d'une distribution d'échantillonnage d'un estimateur ou d'une statistique est égal à la valeur spécifiée pour le paramètre (dans ce cas-ci 50) alors l'estimateur est déclaré *non biaisé.*

1.2.2. Efficience

Dans les distributions d'échantillonnage qui nous concernent, on remarque très peu de cas où la moyenne ou la médiane sont très éloignées de 50. Le gros des valeurs observées se situent entre 45 et 55. Notez toutefois que la moyenne semble être un estimateur légèrement plus performant que

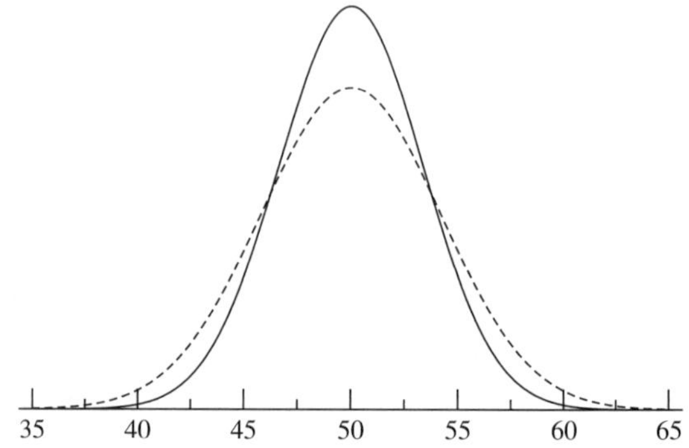

Encadré 3.2
Distributions de fréquences pour la moyenne (ligne continue) et la médiane (ligne hachurée) pour $n = 20$

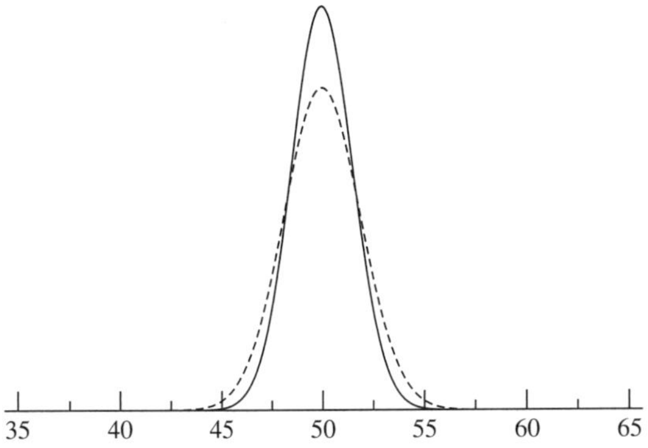

Encadré 3.3
Distributions de fréquences pour la moyenne (ligne continue) et la médiane (ligne hachurée) pour $n = 100$

la médiane car la médiane à un peu moins de valeurs aux alentours de 50 et un peu plus de valeurs éloignées de 50 dans les « queues » de la distribution (voir l'Encadré 3.2). Pour cet exemple, la moyenne est dite plus *efficiente* que la médiane parce qu'avec le même nombre d'observations la moyenne offre davantage de précision.

1.2.3. Consistance

Il est intéressant de se demander ce que deviendraient les distributions d'échantillonnage si la taille des échantillons était plus importante. Par exemple, que se passerait-il si la moyenne et la médiane étaient basées sur des échantillons de taille 100 au lieu d'échantillons de taille 20 ? L'Encadré 3.3 présente les distributions d'échantillonnage pour la moyenne et la médiane si l'on a recours à un nombre infini d'échantillons de taille 100.

En comparant avec l'Encadré 3.2 on voit clairement que les distributions d'échantillonnage basées sur des échantillons de taille 100 sont plus étroites que celles basées sur des échantillons de taille 20. L'étroitesse indique qu'une plus grande proportion des valeurs observées de la moyenne et de la médiane est proche de 50. Ainsi, si la distribution d'échantillonnage d'un estimateur ou d'une statistique devient plus étroite à mesure que la taille d'échantillon augmente, alors on parle d'un estimateur *consistant*. Notez que la moyenne est à nouveau légèrement plus efficiente que la médiane parce que sa distribution d'échantillonnage est un peu plus étroite.

2. Distribution normale des ERREURS

L'absence de biais, l'efficience et la consistance sont de toute évidence des attributs désirables pour tout estimateur de β_0 dans le modèle simple. La moyenne, la médiane et une multitude d'autres estimateurs sont à la fois dénués de biais et consistants. Sur base de ces propriétés, on ne dispose donc d'aucune base pour choisir un estimateur et l'index agrégé de l'ERREUR qui lui correspond. L'efficience des estimateurs, quant à elle, diffère d'un estimateur à l'autre, et dans l'exemple ci-dessus la moyenne était légèrement plus efficiente que la médiane. Ainsi, notre exemple suggère qu'il serait judicieux de choisir la somme des carrés des erreurs comme index agrégé de l'ERREUR et de recourir à l'estimateur qui lui est associé, à savoir la moyenne. Mais cette conclusion dépend de la distribution particulière des boules d'ERREUR de l'Encadré 3.1. Si l'urne de Dame Nature avait recélé une autre distribution, la médiane aurait pu se révéler plus efficiente. Ceci signifie que nous devons énoncer notre modèle à propos des boules d'ERREUR de Dame Nature. Autrement dit, nous serons amenés à spécifier notre postulat concernant la distribution des boules d'ERREUR.

Encadré 3.4
Courbe normale de probabilité

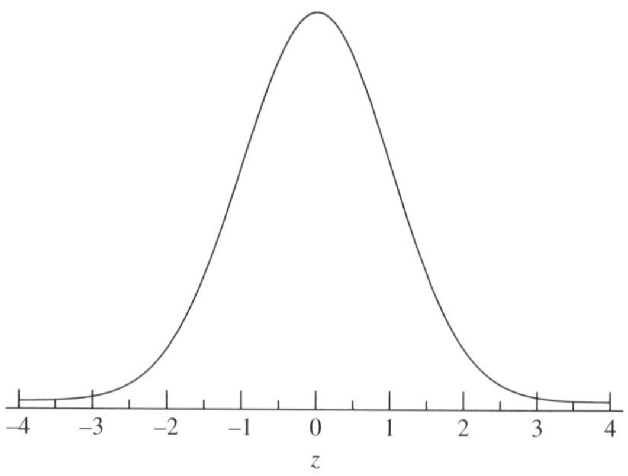

Nous allons faire le postulat selon lequel les ERREURS ont une *distribution normale*. Autrement dit, nous posons que la distribution de fréquence des boules d'ERREUR présente la forme générale de la courbe normale présentée à l'Encadré 3.4.

Ceci est une représentation idéalisée que l'on obtiendrait uniquement à partir d'une urne contenant un nombre infini de boules. Les 100 boules d'ERREUR de l'Encadré 3.1 ont effectivement été sélectionnées de façon aléatoire à partir d'une urne contenant un nombre infini d'ERREURS normalement distribuées.

Nous aurions pu imaginer plusieurs autres distributions possibles pour les ERREURS, mais il y a de bonnes raisons de s'appuyer sur la distribution normale. D'abord, il y a pléthore de données empiriques indiquant que, dans la plupart des cas, la distribution des ERREURS est approximativement normale. C'est d'ailleurs précisément pour cette raison qu'elle a hérité du qualificatif de 'normale'. Ensuite, comme nous le verrons au Chapitre 13, il est souvent possible de recourir à divers remèdes pour transformer une distribution d'ERREURS qui ne serait pas normale en distribution quasiment normale. Enfin, et de manière plus importante, il existe un modèle des ERREURS raisonnable qui nous pousse à attendre qu'elles soient en fait distribuées de manière normale. Nous nous tournons maintenant vers une description de ce modèle.

Plus haut, nous avons mentionné une série de composantes qui pouvaient s'immiscer dans les ERREURS associées aux données de l'accès à Internet. Il est peu vraisemblable que, pour une observation donnée, l'écart entre la valeur observée et la valeur du paramètre spécifiée dans le modèle simple soit dû à une seule composante d'ERREUR. Par exemple, il se pourrait que l'accès à Internet dépende d'une procédure d'installation inhabituelle *et* d'un archivage des données peu courant *et* d'une publicité faite autour des problèmes de sécurité d'Internet. Certains de ces facteurs vont pousser la valeur observée au-dessus de la valeur de paramètre spécifiée dans le modèle tandis que d'autres vont la contraindre à une valeur moins élevée que celle spécifiée dans le modèle. La différence entre la valeur observée et la valeur du modèle, $Y_i - \hat{Y}_i$, sera en fait déterminée par la somme des composantes individuelles d'ERREUR. Le théorème central limite, un théorème bien connu en statistique mathématique, montre que si on calcule la somme ou la moyenne d'un grand nombre de composantes, elle va s'approcher d'une distribution normale, quelque soit la distribution des composantes individuelles. Ainsi, si nous postulons que l'ERREUR effective est la somme d'un nombre d'erreurs individuelles, il est parfaitement raisonnable de s'attendre à ce que la distribution des ERREURS soit, à peu de choses près, une distribution normale. Le théorème central limite avance également que plus le nombre de composantes entrant en ligne de compte dans la somme ou la moyenne est important, plus la distribution de cette somme ou de cette moyenne ressemblera à la distribution normale.

Le théorème central limite est d'une telle importance qu'une illustration de ce concept en vaut la peine. Supposons que la distribution des composantes individuelles d'erreur est telle que toutes les valeurs entre −0.5 et +0.5 sont toutes aussi probables les unes que les autres. Cette distribution

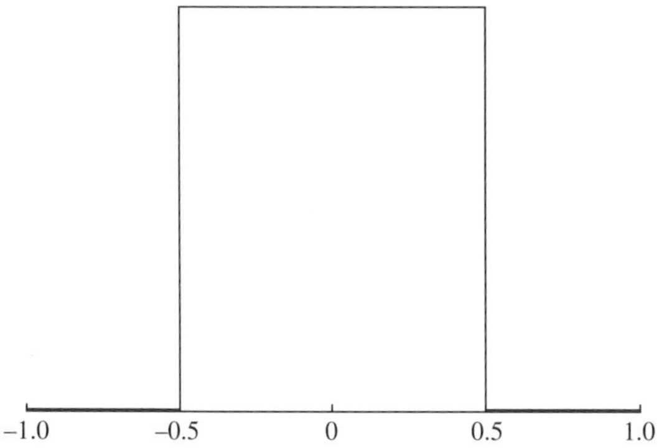

Encadré 3.5
Distribution uniforme

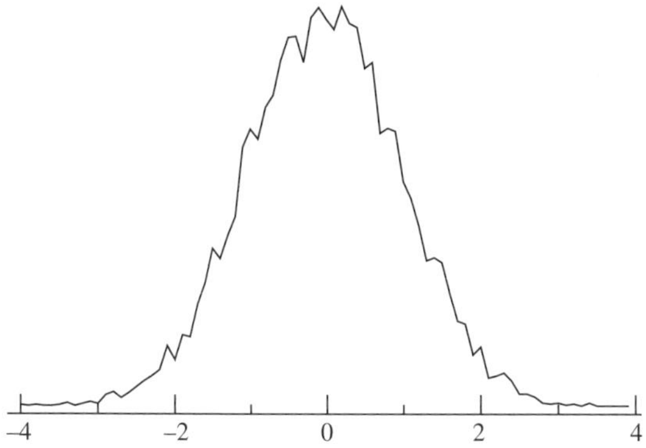

Encadré 3.6
Distribution de fréquence pour la somme de 12 erreurs uniformes

est appelée la *distribution uniforme* parce que chaque valeur possible a la même probabilité. Comme le montre l'Encadré 3.5, la distribution uniforme est très différente d'une distribution normale. Supposons que chaque valeur inscrite sur une boule d'ERREUR est la somme de 12 composantes individuelles d'erreur sélectionnées aléatoirement dans cette distribution uniforme. L'Encadré 3.6 montre la distribution de fréquence pour 10000 de ces boules d'ERREUR.

De toute évidence, même si la distribution des composantes individuelles est loin d'être normale, la distribution de leur somme s'approche assez nettement d'une distribution normale. Ainsi, s'il est raisonnable de penser que l'ERREUR observée est en réalité la somme d'un ensemble de petites composantes d'erreur, il devient raisonnable de postuler que la distribution des ERREURS est approximativement normale.

2.1. *Spécification formelle de la distribution normale*

Heureusement, il existe des expressions mathématiques précises de la distribution normale, de telle sorte que nous ne devons pas dépendre de simulations basées sur des tirages dans une urne comme nous l'avons fait dans notre exemple. La courbe de la fréquence relative de la distribution normale présentée dans l'Encadré 3.4 est donnée par :

$$f(x) = \frac{1}{\sigma\sqrt{2\pi}} e^{-(x-\mu)^2/2\sigma^2}$$

Cette équation a deux paramètres : μ, la valeur attendue ou la moyenne de la distribution, et σ^2, la variance de la distribution. Différentes valeurs de μ déplacent simplement la courbe présentée dans l'Encadré 3.4 vers la droite ou la gauche sur l'axe horizontal. L'Encadré 3.7 montre deux courbes normales qui ont la même variance ($\sigma^2 = 1$), mais des moyennes différentes ($\mu_1 = 0$, $\mu_2 = 3$). Le

Encadré 3.7
Courbes de probabilité normale avec des variances identiques mais des moyennes différentes

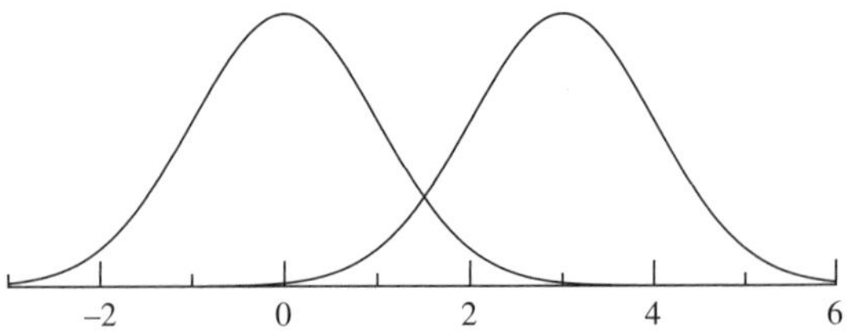

Encadré 3.8
Courbes de probabilité normale avec des moyennes identiques mais des variances différentes

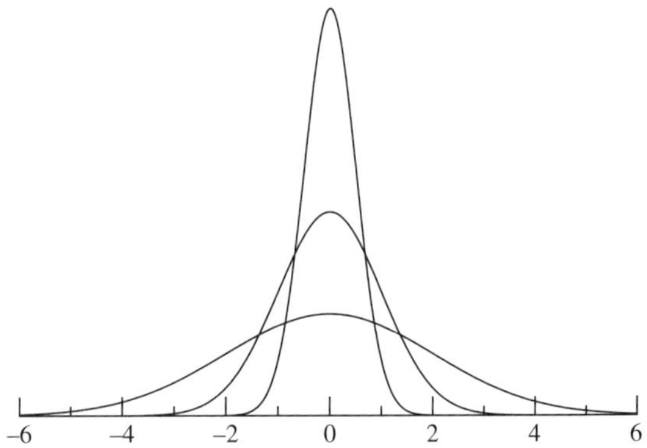

Encadré 3.9
Probabilités cumulées pour la distribution normale avec $\mu = 0$ et $\sigma^2 = 1$

z	p(x < z)	z	p(x < z)
-3.0	.001	0	.500
-2.9	.002	0.1	.540
-2.8	.003	0.2	.579
-2.7	.003	0.3	.618
-2.6	.005	0.4	.655
-2.5	.006	0.5	.691
-2.4	.008	0.6	.726
-2.3	.011	0.7	.758
-2.2	.014	0.8	.788
-2.1	.018	0.9	.816
-2.0	.023	1.0	.841
-1.9	.029	1.1	.864
-1.8	.036	1.2	.885
-1.7	.045	1.3	.903
-1.6	.055	1.4	.919
-1.5	.067	1.5	.933
-1.4	.081	1.6	.945
-1.3	.097	1.7	.955
-1.2	.115	1.8	.964
-1.1	.136	1.9	.971
-1.0	.159	2.0	.977
-.9	.184	2.1	.982
-.8	.212	2.2	.986
-.7	.242	2.3	.989
-.6	.274	2.4	.992
-.5	.309	2.5	.994
-.4	.345	2.6	.995
-.3	.382	2.7	.997
-.2	.421	2.8	.997
-.1	.460	2.9	.998
.0	.500	3.0	.999

paramètre de variance σ^2 détermine l'étalement de la courbe normale. Plus σ^2 est grand, plus la distribution est large. L'Encadré 3.8 présente trois courbes normales qui ont chacune une moyenne de $\mu = 0$, mais des variances croissantes de 0.25, 1 et 4.

Toutes les distributions normales ont la même forme et il est courant d'utiliser la distribution avec $\mu = 0$ et $\sigma^2 = 1$ comme distribution de référence. L'Encadré 3.9 donne la probabilité qu'une valeur X tirée aléatoirement de la distribution normale soit inférieure à la valeur tabulée de z entre -3 et $+3$. Par exemple, la probabilité que z soit inférieur à 1, $z < 1.0$, est égal à .841, ce qui indique que 84.1 % du temps une valeur tirée aléatoirement de la distribution va se révéler être inférieure à 1.0. Notez que la probabilité pour $z < 0$, la moyenne de cette distribution particulière, est égale à .5, ce qui veut dire que nous nous attendons à ce que 50 % des observations soient inférieures à zéro et 50 % des observations supérieures à zéro. Les tables de la distribution normale sont disponibles dans plusieurs livres de statistique et la plupart des programmes informatiques possèdent d'ailleurs des fonctions qui permettent de générer les probabilités requises.

Pour trouver la proportion attendue d'observations qui se situent entre deux valeurs particulières, nous devons simplement soustraire les probabilités associées. Par exemple, la proportion d'observations qui se situent entre 0 et 1 est égale à .841 − .500 = .341. L'Encadré 3.10 présente la proportion attendue d'observations entre divers points critiques.

Nous n'allons pas beaucoup utiliser la table z de l'Encadré 3.9. Au lieu de cela, nous allons utiliser des tables similaires pour certaines distributions spéciales. Pour la plupart des situations, il suffit de se rappeler qu'environ 68 % des observations d'une distribution normale standardisée tombent entre -1 et $+1$, environ 95 % tombent entre -2 et $+2$, et quasiment toutes (environ 99.7 %) tombent entre -3 et $+3$. Les queues de la distribution normale s'étendent théoriquement à $+\infty$ et $-\infty$. Toutefois, des observations plus grandes quc 3 sont très peu fréquentes et des observations plus grandes que 4 sont extrêmement rares.

Les distributions normales avec des moyennes autres que 0 et/ou des variances autres que 1 peuvent être facilement comparées à la distribution de référence de l'Encadré 3.9. Supposons que Y est une observation de la distribution normale avec moyenne μ et variance σ^2. Soustraire μ de Y va faire glisser la distribution le long de l'axe horizontal de telle façon que la moyenne de la variable construite sera égale à 0. Bien que ce ne soit pas évident, on peut montrer que diviser $Y - \mu$ par σ va changer l'étalement de la distribution de façon à ce qu'elle coïncide avec notre distribution de référence. (Notez que nous divisons par σ, pas par σ^2.) La division par σ ré-échelonne la variable originale de telle manière qu'elle est mesurée en unités d'écart-type. Par conséquent, si Y est issue d'une distribution normale avec moyenne μ et variance σ^2, alors z est défini par :

$$z = \frac{Y - \mu}{\sigma}$$

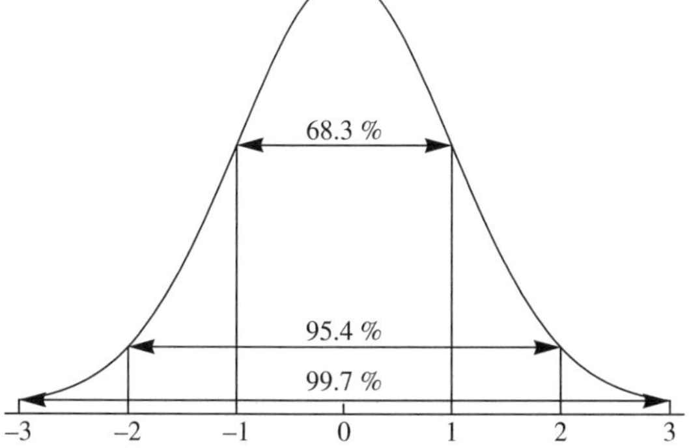

Encadré 3.10
Courbe de distribution normale, avec $\mu = 0$, $\sigma^2 = 1$

a une distribution normale avec moyenne 0 et variance 1. Les valeurs calculées sur base de cette formule sont connues comme étant les *scores z* ou, du fait de leur référence à la distribution standard de référence, les *écart-types normaux*. Les « écarts » réfèrent à la taille de l'écart mesuré en unités d'écart-type. Par exemple, les scores de test d'intelligence (les scores de QI) sont étalonnés de telle façon que $\mu = 100$ et $\sigma = 15$. Pour trouver la proportion d'étudiants qui, d'après nos attentes, devraient avoir un score de QI inférieur ou égal à 127, tenant compte du fait que les scores de QI sont distribués normalement, nous devons d'abord calculer le score z correspondant. Dans ce cas de figure :

$$z = \frac{127 - 100}{15} = 1.8$$

Autrement dit, un score de QI de 127 se situe à 1.8 unités (i.e., 1.8 écart-type) au-dessus de la moyenne (de 100). Dans l'Encadré 3.9, la probabilité cumulée associée pour $z = 1.8$ est de .964, ce qui signifie que nous nous attendrions à ce qu'environ 96 % de la population des étudiants aient un score de QI inférieur à 127.

Nous pouvons aussi convertir un score z dans son unité d'origine. Le score Y qui correspond à un z particulier est donné par :

$$Y = \mu + z\sigma$$

Toujours dans le même exemple de QI, si nous désirions connaître le score QI correspondant à z = 1.6 (i.e., un score qui se situe à 1.6 écart-type au-dessus de la moyenne), nous devrions calculer :

$$100 + 1.6(15) = 124$$

2.2. *Les distributions d'échantillonnage revues et corrigées*

Maintenant que nous avons explicité notre postulat concernant la distribution des erreurs, nous pouvons ré-examiner les distributions d'échantillonnage pour les estimateurs que sont la moyenne et la médiane. Retournons à notre exemple du modèle simple dans lequel $\beta_0 = 50$. En d'autres termes, notre modèle est :

$$Y_i = 50 + \varepsilon_i$$

Nous faisons maintenant le postulat explicite que les ε_i sont aléatoirement tirés d'une distribution normale avec $\mu = 0$ et une variance constante et inconnue σ^2. Ajouter 50 à chaque valeur d'erreur a pour seule conséquence de faire glisser la distribution normale le long de l'axe horizontal, de sorte que les valeurs des données Y_i auront une distribution normale avec une moyenne $\mu = 50$ et une variance σ^2. Pour pouvoir dessiner cette distribution, nous avons supposé que $\sigma^2 = 225$. Dans ce cas, la distribution des Y_i aurait comme courbe théorique la courbe large dépeinte à l'Encadré 3.11.

Si nous devons calculer la moyenne des échantillons de taille n, la distribution théorique de ces moyennes aurait également une distribution normale. La moyenne de la distribution d'échantillonnage des moyennes est égale à la moyenne de la distribution théorique d'origine, c'est-à-dire 50 dans ce cas précis. Les mathématiciens qui s'occupent de statistiques ont montré que la variance de cette distribution d'échantillonnage serait égale à : $\frac{\sigma^2}{n}$ si les boules d'erreur sont tirées d'une distribution normale. Dans notre exemple, si la taille des échantillons était 20, alors la variance de la distribution d'échantillonnage des moyennes vaudrait $225/20 = 11.25$. Si nous devions constituer un très grand nombre d'échantillons de taille 20, et calculer la moyenne pour chaque échantillon, la distribution d'échantillonnage de ces moyennes aurait approximativement l'allure de la distribution étroite reprise dans l'Encadré 3.11. Notez que, comme c'était déjà le cas lorsque nous avons simulé une distribution d'échantillonnage, l'étalement pour les moyennes est nettement moindre que l'éta-

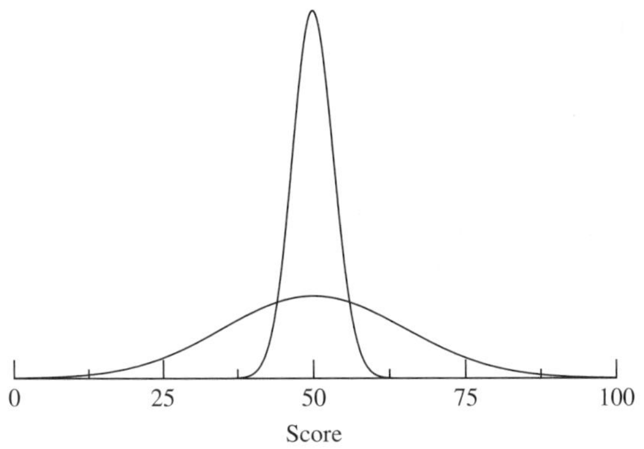

Encadré 3.11
Distribution normale des observations et distribution d'échantillonnage de la moyenne pour $n = 20$

lement original. Si nous devions constituer des échantillons de plus grande taille, la distribution d'échantillonnage de la moyenne serait encore plus étroite parce que nous diviserions σ^2 par une valeur plus grande pour déterminer sa variance.

Les statisticiens ont aussi montré que la variance de la distribution d'échantillonnage de la médiane pour des échantillons de taille n est approximativement égale à:

$$\frac{\pi}{2}\frac{\sigma^2}{n}$$

si les boules d'erreur sont extraites d'une distribution normale. Il s'agit donc de la même valeur que pour la moyenne si ce n'est qu'elle est multipliée par $\pi/2$ (ce qui équivaut environ à 1.57), ce qui a pour effet que la variance de la distribution d'échantillonnage de la médiane est plus grande. Autrement dit, la médiane est moins efficiente lorsque les erreurs sont issues d'une distribution normale. Plus exactement, la variance de la distribution d'échantillonnage de la moyenne est environ $2/\pi$ = 64 % plus petite que la variance de la distribution d'échantillonnage de la médiane. Une autre façon de dire la même chose est que calculer la médiane d'un échantillon de taille 100 a la même efficience que de recourir à la moyenne d'un échantillon de taille 64. Comme notre simulation antérieure le suggérait, sans le prouver, la moyenne est clairement préférable à la médiane lorsque la distribution des erreurs est normale. Il n'en reste pas moins vrai que pour certaines distributions d'erreurs qui ne sont pas normales, la médiane peut s'avérer plus efficiente que la moyenne.

3. Le choix d'un estimateur et indice d'ERREUR

Maintenant que nous avons fait un postulat explicite sur la distribution des erreurs, nous pouvons choisir un estimateur et la définition correspondant de l'ERREUR agrégée. Nous voulons un estimateur qui soit dénué de biais, consistant et efficient.

On peut faire la démonstration mathématique que, si la distribution des erreurs est normale, alors la moyenne est un estimateur plus efficient que n'importe quel autre estimateur dénué de biais (voir le Chapitre 2). En d'autres termes, la moyenne est plus efficiente que la médiane, le mode ou toute autre statistique dont la distribution d'échantillonnage serait centrée sur la valeur du paramètre spécifié dans le modèle simple. La moyenne est aussi un estimateur consistant. Dès lors, nous allons la choisir comme notre meilleur estimateur. Nous allons aussi adopter la définition d'erreur agrégée qui lui correspond et qui est la somme des carrés des erreurs (SCE).

Outre les raisons théoriques basées sur le postulat que les erreurs ε_i ont une distribution normale, il y a d'autres bonnes raisons de sélectionner SCE et la moyenne. Une raison très importante est le caractère pratique de ce choix. La très grande majorité des techniques statistiques ont, en effet, été développées pour SCE. En conséquence, il y a de très bonnes procédures informatisées pour réaliser des tests statistiques qui s'appuient sur SCE. Il n'est guère étonnant d'assister à une telle prolifération de procédures statistiques basées sur SCE. Il est effectivement beaucoup plus facile de faire des démonstrations mathématiques en s'appuyant sur des carrés que sur des valeurs absolues. Calculer une moyenne est aussi généralement plus facile que de ranger toutes les données pour trouver la donnée qui se trouve à mi-parcours. De façon plus importante, pour les modèles complexes comprenant de nombreux paramètres, la seule manière d'estimer les meilleures valeurs de paramètres en utilisant des indices d'ERREUR agrégée, telle que la somme des erreurs absolues (SEA), est la force brutale et donc des algorithmes itératifs de recherche. Au contraire, dans le cas du recours à SCE, nous avons quasiment toujours l'opportunité de recourir à des formules explicites pour calculer les meilleurs estimateurs des paramètres. Pire, les paramètres basés sur SEA ne sont pas nécessairement uniques. En d'autres termes, il y a parfois plusieurs valeurs pour les paramètres qui sont susceptibles de produire la même valeur minimale de SEA. Cela ne s'avère jamais être le cas avec SCE.

3.1. *Autres distributions des ERREURS*

Il est important de se souvenir que notre choix de la moyenne et de SCE dépend en tout premier lieu de notre postulat selon lequel la distribution des ERREURS est une distribution normale. Si les ERREURS répondent à une autre distribution, le choix de la moyenne et de SCE n'est sans doute pas approprié. L'Encadré 3.12 présente une autre distribution possible des ERREURS. Des distributions penchées comme celle-là sont des distributions dites asymétriques. Notez que, dans ce cas, des erreurs positives très importantes sont plus probables que des erreurs négatives très importantes. De nombreuses situations peuvent produire une distribution asymétrique. Par exemple, dans toutes les situations nécessitant la mesure de temps de réponses, les scores les plus petits sont nécessairement tenus d'être supérieurs à zéro, mais il n'y a aucune contrainte sur la taille positive de ces scores. Cela produira un éparpillement des observations dans la queue de la distribution. En général, la médiane est un meilleur estimateur pour des distributions asymétriques. Au Chapitre 13, nous discutons de procédures permettant de détecter et de corriger les distributions asymétriques et d'autres distributions problématiques des ERREURS.

Une des distributions d'erreurs parmi les plus problématiques est celle dont la forme générale est celle de la distribution normale, si ce n'est que les queues de la distribution sont plus « épaisses ». Autrement dit, des erreurs extrêmes, et surtout des valeurs très extrêmes, apparaissent plus souvent que ce à quoi on pourrait s'attendre dans le cas d'une distribution normale. Ces erreurs extrêmes produisent des observations extrêmes qui peuvent avoir des effets délétères sur la moyenne. Comme nous l'avons montré au Chapitre 2, une observation saugrenue peut causer un changement dramatique dans la moyenne. Le problème est que SCE accorde une grande attention aux observations extrêmes, afin de réduire les erreurs très importantes. Les estimateurs sont donc fortement entraînés dans la direction des observations extrêmes. C'est tellement vrai que la

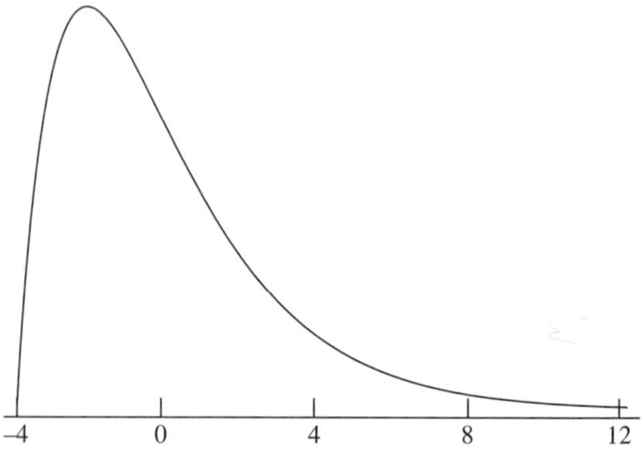

Encadré 3.12
Exemple de distribution asymétrique

moyenne peut ne pas s'avérer un bon estimateur de la tendance centrale lorsqu'il y a quelques observations extrêmes. La médiane est bien plus résistante aux effets de ces observations saugrenues ou « aberrantes », mais nous devons abandonner beaucoup d'efficience en échange de cette robustesse. De manière générale, nous allons nous en tenir à la moyenne et à SCE, mais nous devrons bien garder en mémoire que ces dernières ne sont pas très résistantes aux observations aberrantes. Afin de nous assurer que quelques observations extrêmes ne dénaturent pas nos résultats, nous devrons donc soigneusement vérifier la présence d'observations aberrantes chaque fois que nous utilisons des procédures statistiques basées sur SCE. Un nombre de procédures de vérification très utiles ont été développées précisément pour ce type de mission et nous allons les examiner au Chapitre 13.

3.2. *Autres critères pour les estimateurs*

Nous avons adopté l'absence de biais, l'efficience et la consistance comme critères raisonnables pour un estimateur. Ces critères ont été choisis par un très grand nombre de statisticiens. Toutefois, tous les statisticiens ne sont pas d'accord sur le caractère désirable de ces critères ou, plus précisément, sur leur désirabilité relative. Par exemple, certains statisticiens estiment que nous devrions accepter un peu de biais afin d'assurer une plus grande efficience de notre estimateur. Pour certains des modèles complexes que nous allons considérer plus loin, il existe des estimateurs biaisés qui ont une plus grande efficience que les estimateurs non biaisés que nous présentons. D'autres statisticiens estiment que la moyenne et SCE sont tellement sensibles aux problèmes des observations aberrantes que des estimateurs qui sont un peu moins efficients, mais davantage robustes devraient être préférés. En général, notre approche est de nous en tenir à la moyenne et SCE tout en vérifiant de façon scrupuleuse la manière dont les résultats peuvent être affectés par d'éventuelles observations aberrantes.

3.3. *Autres postulats concernant les erreurs*

Dans la discussion précédente de notre modèle des erreurs et la métaphore de Dame Nature tirant des boules d'erreur de l'urne, nous avons fait un certain nombre de postulats implicites. Nous devons maintenant rendre ces postulats explicites de manière à pouvoir comprendre de quels postulats il s'agit et pour que nous puissions être attentifs à d'éventuelles violations de ces derniers. Ci-dessous, nous passons en revue trois postulats classiques à savoir que les ε_i sont indépendants les uns des autres, qu'ils sont identiquement distribués et que leur moyenne est nulle. Ces postulats seront spécialement importants lorsque nous examinerons les distributions d'échantillonnage pour des statistiques développées plus loin dans le texte, en particulier au Chapitre 4.

3.3.1. Les erreurs sont indépendantes

Formellement, ce premier postulat précise que chaque erreur est indépendante de la valeur de toute autre erreur. Dans les termes de notre métaphore, cela signifie que chaque boule d'erreur est sélectionnée aléatoirement d'une urne et puis replacée dans l'urne avant d'effectuer un nouveau tirage. La violation de l'indépendance se produit lorsque la valeur inscrite sur une boule d'erreur nous permet de deviner la valeur inscrite sur une autre boule. Dans les termes de notre métaphore, le postulat serait violé si les boules d'erreur venaient attachées l'une à l'autre en paires, de telle manière que le tirage d'une boule entraîne automatiquement le tirage d'une autre. Comme exemple concret, supposez que nos données soient les chiffres annuels d'accidents automobiles mortels, pour chaque département et sur plusieurs années. Si le niveau d'accidents mortels d'un département est au-dessus de la moyenne ou de la médiane une année, il est alors probable que le niveau sera supérieur à la moyenne ou à la médiane pour d'autres années. Par conséquent, lorsqu'on a recours au modèle simple, toutes les erreurs pour ce département sont susceptibles d'être positives et probablement environ de taille équivalente. Autrement dit, connaître l'erreur pour ce département pour une année nous permet de deviner ce que seraient les erreurs les autres années. Le résultat est que les erreurs ne sont pas indépendantes. Ceci est un exemple de données de *séries temporelles*, c'est-à-dire que les mêmes unités sont observées ou mesurées à travers différentes périodes de temps.

Les séries temporelles ont rarement des erreurs qui satisfont au postulat d'indépendance. Comme exemple du même genre, supposez que nous ayons deux scores d'attitude de chaque sujet, un score mesuré avant que le sujet ne lise une communication persuasive et l'autre mesuré après que le sujet ait lu la communication. Cette situation est connue comme étant un plan *intra-sujet*. De nouveau, il est probable que quelqu'un qui se situe en-dessous de la moyenne ou de la médiane sur la première mesure (le « prétest ») sera aussi en-dessous de la moyenne ou de la médiane sur la seconde mesure (le « post-test »). Ainsi, si le modèle simple est utilisé, les erreurs pour chaque sujet seront susceptibles d'être toutes les deux positives ou toutes les deux négatives, violant encore une fois le postulat d'indépendance. Comme dernier exemple, imaginez une enquête demandant aux maris et aux épouses quelle proportion de tâches ménagères chacun d'entre eux accomplit. Pour un couple donné, si le mari, par exemple, indique qu'il réalise une petite proportion d'une tâche particulière, il est probable que sa femme dise qu'elle réalise une grande proportion de cette même tâche. Si nous tentions d'utiliser un modèle simple pour toutes les données, il est probable que l'indépendance serait violée pour les données appartenant à un même couple. Savoir que l'erreur est négative pour un des époux (i.e., la proportion annoncée se situe en-dessous la moyenne ou la médiane) nous conduirait à attendre une erreur positive pour l'autre époux (i.e., la proportion annoncée se situe au-dessus la moyenne ou la médiane). Notez que cette dépendance, à l'inverse de ce que nous avons vu dans les autres exemples, est une dépendance négative parce que les signes des erreurs pour chaque époux sont susceptibles d'aller en sens opposé.

Contrairement au postulat concernant la distribution normale des erreurs qui est très robuste, le postulat selon lequel les erreurs sont indépendantes les unes des autres n'est pas du tout robuste. Autrement dit, notre inférence statistique sera sérieusement affectée si le postulat d'indépendance est incorrect. Nous devons donc être spécialement attentifs à des dépendances éventuelles entre les erreurs. Si le postulat d'indépendance est violé, tout n'est pas forcément perdu. Nous montrons aux Chapitres 11 et 12 comment analyser de telles données de façon à ce que, suite à des transformations et à d'autres modifications, l'indépendance soit satisfaite.

3.3.2. Les erreurs sont identiquement distribuées

Un autre postulat très important est que les erreurs sont issues de la même distribution. Pour revenir à notre métaphore, ce postulat serait violé si Dame Nature avait deux urnes contenant des boules d'erreurs, l'une contenant des valeurs de taille raisonnable et l'autre contenant des valeurs beaucoup plus grandes. Si Dame Nature puise en majorité dans la première urne, alors la plupart des données auront des valeurs de taille raisonnable. Mais si Dame Nature puise occasionnellement des boules dans la seconde urne, nous observerons certaines valeurs « saugrenues » qui seront très différentes des autres observations. De telles valeurs sont connues comme étant des *observations aberrantes*. En d'autres mots, la violation de ce postulat se produit lorsque la plupart des erreurs sont tirées d'une distribution normale avec variance σ^2 et quelques erreurs sont tirées d'une distribution avec une variance très différente de σ^2. Même si cela reste une difficulté si la seconde variance est beaucoup plus petite que la première, le vrai problème surgit lorsque la seconde variance est beaucoup plus grande que la première.

Un type légèrement différent de violation du postulat se produit, par exemple, dans les expériences où la manipulation elle-même fait que la variance de l'erreur change. En général, il y a un problème chaque fois que la taille de la variance dépend de la moyenne. Dans ce contexte, le postulat de distribution identique revient à postuler que les variances sont égales, ce qui est parfois appelé *l'homogénéité des variances* ou encore *l'homoscédasticité*. Lorsqu'il y a *hétérogénéité des variances* ou *hétéroscédasticité*, le postulat est violé.

Le postulat de distribution identique est relativement robuste. Les variances doivent être très différentes avant que des problèmes importants ne se fassent jour pour l'analyse des données. Le problème le plus sérieux découle de la présence d'observations aberrantes – quelques observations qui ont une erreur extraite d'une distribution dont la variance est nettement plus grande. Au Chapitre 13, nous passons en revue des procédures permettant de détecter les observations aberrantes et nous voyons ce qu'il y a lieu de faire à leur propos. Nous développons également des techniques visant à détecter l'hétérogénéité des variances et nous abordons les transformations qui ramènent cette hétérogénéité dans des limites acceptables.

3.3.3. Les erreurs sont dénuées de biais

Le dernier postulat important est que les erreurs sont dénuées de biais ou, ce qui revient au même, que la valeur attendue ou la moyenne de la distribution dont sont issues les erreurs est égale à zéro. Autrement dit, notre postulat est que, en moyenne, les erreurs ne modifient pas les paramètres du modèle. Si, au lieu de cela, les erreurs ne sont pas aléatoires mais systématiques, de telle sorte que les erreurs sont en moyennes, disons, inférieures à zéro, alors un biais systématique émergerait dans le MODÈLE plutôt que dans l'ERREUR. Considérons, par exemple, des données portant sur les accidents de voiture mortels. Supposons que les systèmes d'information sont tels que les décès qui se produisent plusieurs semaines après l'accident ne sont pas attribués correctement. Dans ce cas, toute estimation du véritable niveau d'accidents mortels serait sous-estimée. Dans les faits, la sous-estimation systématique de l'erreur serait représentée dans le MODÈLE et pas dans l'ERREUR. Au niveau de l'analyse des données, il n'est pas grand chose que nous puissions faire pour détecter un biais systématique dans l'ERREUR en examinant les DONNEES. Ceci signifie qu'il incombe à la personne qui récolte les DONNEES de s'assurer que les ERREURS sont effectivement aléatoires avec une moyenne de zéro. Selon le domaine, s'assurer que les ERREURS sont aléatoires exigera le recours à un plan expérimental, la construction de questionnaires d'enquête, des procédures d'entretien, la fiabilité des instruments de mesure, etc. Nous ne traitons pas ces aspects dans cet ouvrage, car ceux-ci sont hautement spécifiques aux divers domaines de recherche. Nous n'offrons pas de remèdes pour traiter ces problèmes d'erreur systématique. Nous allons tout simplement postuler que les erreurs sont extraites d'une distribution dont la moyenne est zéro.

3.4. *Estimateur de σ^2*

Une dernière chose que nous devons examiner concerne l'estimateur de σ^2. Nous savons que la moyenne est un estimateur de la moyenne vraie mais inconnue de la population μ ou β_0. Il se trouve que le carré moyen des erreurs (CME) est, quant à lui, un estimateur non biaisé de la variance vraie mais inconnue de la population σ^2. CME est une mesure de la manière dont les DONNÉES deviennent des valeurs qui sont prédites par le MODÈLE. Pour le modèle simple qui prédit la moyenne ($Y_i = b_0 + e_i$), CME porte également le nom plus spécifique de *variance* et correspond au symbole s^2. Dès lors, pour le modèle simple qui prédit la moyenne, l'expression :

$$\text{CME} = \text{Variance} = s^2 = \frac{\text{SCE}}{n-1} = \frac{\sum_{i=1}^{n}\left(Y_i - \widehat{Y}_i\right)^2}{n-1} = \frac{\sum_{i=1}^{n}\left(Y_i - \bar{Y}\right)^2}{n-1}$$

estime la variance de l'erreur de la population σ^2. Pour des modèles plus complexes avec p paramètres, l'expression :

$$\text{CME} = \frac{\text{SCE}}{n-p} = \frac{\sum_{i=1}^{n}\left(Y_i - \widehat{Y}\right)^2}{n-p}$$

estime σ^2.

Notez que CME est une mesure des erreurs *au carré* entre les DONNÉES et les valeurs prédites par le MODÈLE. Un indice plus aisé à interpréter est la racine carrée de CME (RCME). La RCME estime l'écart-type de l'erreur dans la population σ. Pour le modèle simple qui prédit la moyenne, la RCME porte également le nom plus spécifique d'*écart-type* et correspond au symbole s. En résumé, la moyenne $\bar{Y}$, la variance s^2 et l'écart-type s calculés à partir d'un échantillon de données fournissent des estimateurs des paramètres μ, σ^2 et σ qui caractérisent une distribution normale.

3.5. *Estimation du maximum de vraisemblance*

Après avoir détaillé les postulats concernant la distribution des erreurs, et notamment que ces dernières sont distribuées de manière normale et sont indépendantes, il est possible de nous tourner vers une autre façon d'estimer les paramètres des modèles. Nous avons vu plus haut que si nous minimisons la somme des carrés des erreurs en estimant β_0, alors la moyenne s'avère être notre meilleur estimateur. Autrement dit, la moyenne est le meilleur estimateur des moindres carrés dans le sens où elle minimise la somme des carrés. Il se fait que, pour ce modèle très simple, c'est aussi ce qu'on appelle l'estimateur du maximum de vraisemblance, c'est-à-dire la valeur de l'estimateur qui maximise la probabilité conjointe de toutes les données dans l'échantillon, étant donné une distribution normale des erreurs avec une variance σ^2.

Pour décortiquer cette dernière phrase, imaginons que nous postulions que les données dans un échantillon proviennent en réalité d'une distribution normale. Si cette distribution sous-jacente se caractérise par les valeurs μ et σ, il est possible de calculer la probabilité de chaque point de donnée. Cette probabilité est fournie par la fonction de densité de la distribution normale présentée précédemment :

$$f(x) = \frac{1}{\sigma\sqrt{2\pi}} e^{-(x-\mu)^2/2\sigma^2}$$

Si l'on postule que toutes les données d'un échantillon spécifique sont issues de la même distribution et sont indépendantes les unes des autres, alors on peut calculer la probabilité conjointe de toutes les données en prenant les produits de toutes les probabilités des données individuelles. Un estimateur du maximum de vraisemblance est cet estimateur de β_0 ou μ qui maximise cette probabilité conjointe, étant donné une valeur de σ. Et il se fait que, pour peu que les données soient en fait distribuées normalement, le meilleur estimateur est $\bar{Y}$, la moyenne de l'échantillon.

À titre d'illustration, considérons l'échantillon de 20 données que Dame Nature a tirées, dont la vraie valeur de β_0 est 50 et pour lesquelles une valeur d'erreur est attachée à chaque donnée. Ces 20 données sont reprises ci-dessous :

41	78	33	72	85
38	27	51	60	61
56	26	31	24	19
46	58	70	36	48

Posons maintenant que la déviation standard des termes d'erreur dans l'urne de Dame Nature soit 15. Il devient alors possible de calculer la probabilité de chaque point de donnée sur base de la distribution normale en utilisant différents estimateurs de β_0 ou μ.

Par exemple, si nous démarrons en estimant μ à 55, alors la probabilité de chacun des points de donnée individuels (compte tenu de la distribution normale avec μ estimé à 55 et $\sigma = 15$) est :

.0172	.0082	.0091	.0140	.0036
.0140	.0047	.0257	.0252	.0246
.0265	.0041	.0074	.0031	.0015
.0222	.0261	.0161	.0119	.0239

Chacune de ces probabilités est calculée en exploitant la fonction ci-dessus pour résoudre $f(x)$. Et la probabilité de l'ensemble des 20 données est 6.695×10^{-40} (le produit des 20 probabilités individuelles), un nombre incroyablement petit !

Nous pourrions ensuite essayer d'autres estimateurs de μ et recalculer la probabilité de chacune des données ainsi que leur probabilité conjointe. Ce que nous aimerions, c'est trouver le meilleur estimateur de β_0 ou μ qui maximise la probabilité conjointe. Et il se fait que le meilleur estimateur est la moyenne de l'échantillon, ce qui correspond à 48 pour cet échantillon. La probabilité conjointe de ces 20 données avec l'estimateur 48 est 5.909×10^{-39}, ce qui reste tout de même un nombre très petit. Mais le point important est que cette probabilité conjointe est plus grande que celle que nous avons estimée en recourant à l'estimateur 55 et est en réalité plus grande qu'avec tout autre estimateur que nous souhaiterions utiliser.

Dans cc modèle simple, l'estimateur du maximum de vraisemblance, puisqu'il s'avère que c'est $\bar{Y}$, est le même que l'estimateur des moindres carrés. Dans la plupart des modèles considérés dans cet ouvrage, ce sera effectivement le cas. En d'autres termes, de manière générale, l'estimateur qui minimise la somme des carrés des écarts dans un échantillon de données est aussi l'estimateur du maximum de vraisemblance. En revanche, plus loin dans le livre, lorsque nous considérerons des modèles pour des données qui sont dichotomiques (Chapitre 14) ou pour des données pour lesquelles il y a plusieurs sources d'erreur (Chapitre 12), nous devrons nous tourner vers des estimateurs du maximum de vraisemblance plutôt que vers des estimateurs des moindres carrés.

Résumé

En raison des fluctuations aléatoires dans les DONNÉES, les statistiques d'échantillon sont peu susceptibles d'être égales aux paramètres vrais de la population qu'elles sont supposées estimer. En d'autres mots, différents échantillons auront habituellement des moyennes (et des médianes) différentes, même si ces échantillons émanent de la même population.

Les distributions d'échantillonnage révèlent les distributions de statistiques basées sur un nombre très important d'échantillons d'une certaine taille. Ainsi, par exemple, nous pourrions tirer un millier d'échantillons au sein de la même population, calculer la moyenne de chaque échantillon et représenter l'ensemble de 1000 moyennes. La moyenne de cette distribution d'échantillonnage serait égale à la moyenne de la distribution théorique originale, mais la distribution d'échantillonnage serait plus étroite. Les distributions d'échantillonnage deviennent plus étroites à mesure qu'augmentent les tailles des échantillons sur lesquels on calcule la statistique. La variance de la distribution d'échantillonnage de la moyenne est égale à σ^2/n.

Une comparaison des distributions d'échantillonnage de la moyenne et de la médiane indique que toutes les deux sont des estimateurs sans biais et consistants de la vraie moyenne et de la vraie médiane de la population. Par contre, la moyenne est généralement plus efficiente que la médiane. Pour cette raison, mais aussi pour des raisons pratiques, nous utilisons la moyenne pour estimer β_0 dans le modèle simple et son index agrégé associé d'ERREUR, la somme des erreurs au carré, pour estimer σ^2. Par contre, il est important de se souvenir que la conclusion selon laquelle la moyenne est plus efficiente que la médiane est basée sur le fait que l'on suppose les ERREURS normalement distribuées. Si la distribution des ERREURS est biaisée ou recèle des valeurs inhabituelles, la moyenne peut ne pas être un bon estimateur de la tendance centrale.

Toutes les distributions normales ont la même forme et sont donc décrites en référence à la distribution normale type pour laquelle $\mu = 0$ et $\sigma^2 = 1$. Les distributions normales qui ont d'autres moyennes et/ou variances peuvent être comparées à la distribution normale type en calculant les scores z et les écarts-type normaux. Environ 68 % des observations d'une distribution normale se situent entre des scores z de –1 à +1, environ 95 % se situent entre des scores z de –2 et +2, et presque toutes (environ 99.7 %) se situent entre des scores z de –3 et +3.

Outre le fait d'être distribuées normalement, les ERREURS sont supposées être indépendantes les unes des autres, identiquement distribuées et non biaisées (i.e., avoir zéro comme moyenne). Les analyses de données ne peuvent pas déterminer si les ERREURS sont dénuées de biais. Nous abordons dans les chapitres suivants les moyens de déterminer si les postulats de normalité, d'indépendance et d'identité de distribution ont été violés, ainsi que certains remèdes.

Enfin, de même que la moyenne est un estimateur de la moyenne vraie, mais inconnue de la population μ ou β_0, le carré moyen de l'erreur (CME) est un estimateur non biaisé de la variance d'erreur vraie mais inconnue de la population σ^2. Dans le même ordre d'idée, RCME, la racine de CME, est un estimateur non biaisé de l'écart-type d'erreur vrai mais inconnu de la population σ. Dans le cas du modèle simple qui prédit la moyenne, le CME est connu comme la variance s^2 et la RCME est connue comme l'*écart-type s*.

CHAPITRE 4

Modèles simples : inférences statistiques à propos des valeurs de paramètres

SOMMAIRE

Dans le Chapitre 2, nous avons présenté différentes façons d'obtenir une mesure agrégée de l'ERREUR en nous référant à l'équation :

$$\text{DONNÉES} = \text{MODÈLE} + \text{ERREUR}$$

Bien que la somme des erreurs absolues et la somme des carrés des erreurs soient des alternatives raisonnables, nous avons décidé, au Chapitre 3, de définir l'ERREUR comme étant la somme des carrés des erreurs. Rappelons-nous que nous avons fait ce choix pour des raisons pratiques, d'efficacité et de tradition. Dans les modèles les plus simples, ceux dans lesquels nous n'estimons qu'un seul paramètre, le choix de la somme des carrés des erreurs comme définition de l'ERREUR implique que le meilleur estimateur est la moyenne de l'échantillon (comme nous l'avons démontré dans le Chapitre 2).

Dans ce chapitre, nous développons des procédures nous permettant de nous poser certaines questions ou de tester des hypothèses dans le cadre du modèle simple. Définir des questions intéressantes et y répondre est le but même de l'analyse des données. Nous présenterons l'ensemble de la logique permettant de répondre à ces questions dans le cadre du modèle simple, et ce, pour deux raisons. D'une part, parce qu'il est plus facile de se focaliser sur cette logique quand les modèles sont simples et, d'autre part, parce que cette logique se généralise très simplement à des modèles plus complexes. En réalité, le test statistique qui sera présenté au cours de ce chapitre est l'équivalent de ce que l'on nomme habituellement « le test t pour échantillon unique ». Nous ne dérivons pas ce test en utilisant les termes habituels de la statistique t ; au lieu de cela, nous préférons construire ce test en utilisant des concepts et des procédures qui seront identiques à ceux que nous utiliserons pour les modèles plus complexes que nous traitons plus loin.

Le problème générique dans le cadre du modèle simple est que nous avons un ensemble de DONNÉES pour lesquelles nous avons calculé b_0, l'estimateur de β_0, qui se trouve être la moyenne. La question que nous allons donc traiter est de savoir si β_0 est égal à une valeur donnée. Par exemple, nous pourrions vouloir savoir si la température corporelle d'un groupe de patients à qui un certain médicament a été administré, diffère de la température corporelle normale de 37 °C. Dans un tel cas, nous attribuons à B_0 la valeur qui correspond à notre question. L'affirmation :

$$\beta_0 = B_0$$

représente notre *hypothèse* à propos de la vraie valeur de β_0. Une telle affirmation est souvent désignée sous le terme d'*hypothèse nulle*. Bien entendu, la valeur b_0 que nous allons calculer ne sera quasiment jamais exactement égale à B_0, la valeur hypothétique de β_0. En d'autres termes, le modèle compact :

$$\text{MODÈLE C}: Y_i = B_0 + \varepsilon_i$$

pour lequel aucun paramètre n'est estimé, produira quasiment toujours une ERREUR plus grande que le modèle augmenté :

$$\text{MODÈLE A}: Y_i = \beta_0 + \varepsilon_i$$

pour lequel β_0 est estimé par la valeur b_0, la moyenne de notre ensemble de DONNÉES. À partir de ces deux modèles, nous allons calculer PRE, l'indice de la proportion de réduction de l'erreur que nous avons présenté au Chapitre 1 et qui nous permet de savoir dans quelle mesure les prédictions faites par le MODÈLE A sont meilleures que celles du MODÈLE C. La question de départ n'est donc plus exactement : « est-ce que le MODÈLE A est meilleur que le MODÈLE C ? », mais plutôt : « est-ce que le MODÈLE A est *suffisamment meilleur* que le MODÈLE C pour que nous rejetions l'hypothèse selon laquelle $\beta_0 = B_0$? ». La question de savoir quelle valeur de PRE est « suffisamment meilleure » est l'essence même de l'inférence statistique et sera l'objet de ce chapitre.

Afin d'être un peu moins abstraits, nous allons traiter un exemple en détail. Supposons que 20 personnes passent un test de mathématiques composé de 100 questions ayant chacune deux réponses possibles: une bonne et une mauvaise. Ici, on peut se demander combien de mauvaises réponses donneront ces participants. Dans ce test, la valeur attendue ou espérée si les participants répondent au hasard à chacune des questions serait de 50 mauvaises réponses. Nous pouvons néanmoins faire l'hypothèse que le test est tellement difficile que les participants donneront plus de mauvaises réponses que s'ils répondaient au hasard, ce qui les amènerait à avoir plus de mauvaises réponses que la valeur attendue en cas de réponses données au hasard (c'est-à-dire 50). Fort heureusement, nous pouvons également faire l'hypothèse que les individus réussiront mieux le test que s'ils répondaient au hasard, ce qui les amènerait à avoir moins de mauvaises réponses que la valeur attendue en cas de réponses au hasard. De manière formelle, nous sommes en train de comparer ces deux modèles:

$$\text{MODÈLE A: Mauvaise Rép.} = \beta_0 + \varepsilon_i$$

$$\text{MODÈLE C: Mauvaise Rép.} = 50 + \varepsilon_i$$

Supposons que les 20 participants à ce test aient obtenu les nombres de mauvaises réponses suivants:

41	50	51	28	29
24	82	37	42	37
45	50	37	22	52
25	53	29	65	51

Ces données sont présentées dans l'Encadré 4.1 au sein de ce que l'on appelle un diagramme en tiges et feuilles. La colonne de gauche indique le chiffre de gauche de chaque nombre de mauvaises réponses (les dizaines) et les chiffres de la colonne de droite indiquent le second chiffre de chaque nombre de mauvaises réponses (autrement dit, il y a six nombres de mauvaises réponses dans la vingtaine: 22, 24, 25, 28, 29 et un autre 29).

Le nombre moyen de mauvaises réponses est de 42.5, ce qui est clairement plus modeste que la valeur attendue de 50. Néanmoins, nous voulons savoir si ces nombres de mauvaises réponses sont réellement différents de 50 ou si la moyenne de ces nombres de mauvaises réponses est inférieure à 50 uniquement à cause de variations aléatoires dans les données. En d'autres termes, même si en réalité les individus répondaient effectivement au hasard, il serait très peu probable que le nombre de mauvaises réponses moyen, dans notre exemple d'échantillon, soit *parfaitement égal* à 50. Ainsi, nous devons déterminer si la valeur moyenne du nombre de mauvaises réponses que nous avons obtenue, 42.5, est *suffisamment* différente de 50 pour que nous acceptions de conclure que, en moyenne, les gens donnent moins de mauvaises réponses que la valeur attendue s'ils répondaient au hasard. Dans cet exemple, β_0 représente le *vrai* nombre de mauvaises réponses que les gens donnent typiquement dans ce test. Nous ne savons pas, et nous ne saurons jamais, quelle est exactement cette valeur (sauf à faire passer ce test à l'ensemble de la population d'intérêt, ce qui sera très rarement possible). La valeur *hypothétique* pour β_0 est B_0 et, dans cet exemple, elle est égale à 50, la valeur attendue si les participants répondent au hasard. Notez bien que la valeur de 50 n'a pas été estimée à partir des données. En effet, cette valeur de 50 est plutôt une valeur hypothétique fixée a priori: il s'agit d'une valeur spécifique qui a été déterminée avant même de regarder les

```
2 245899
3 777
4 125
5 001123
6 5
7
8 2
Largeur des tiges = 10,00
```

Encadré 4.1
Diagramme en tiges et feuilles pour les 20 nombres de mauvaises réponses

données. La valeur *estimée* de β_0 est b_0 et, dans ce cas, elle est égale à 42.5, c'est-à-dire à la moyenne des 20 nombres de mauvaises réponses. En effet, comme nous l'avons vu, la moyenne est la valeur qui minimise la somme des carrés des erreurs. En d'autres termes, pour le modèle compact (qui représente l'hypothèse nulle) la prédiction nous est donnée par :

$$\text{MODÈLE C}: \hat{Y}_i = 50$$

et pour le modèle augmenté (dans lequel β_0 est estimé à partir des données) la prédiction nous est donnée par :

$$\text{MODÈLE A}: \hat{Y}_i = 42.5$$

Par conséquent, notre question est de savoir si la prédiction faite par le MODÈLE A est suffisamment meilleure pour inférer que le MODÈLE C n'est pas raisonnable.

Afin de répondre à cette question, nous devons calculer un PRE. Pour ce faire, nous devons tout d'abord calculer l'ERREUR pour chacun des modèles. Les calculs nécessaires sont présentés dans l'Encadré 4.2. Pour le modèle compact, $\hat{Y}_{iC} = 50$, donc la somme des carrés des erreurs pour ce modèle, SCE(C), nous est donnée par :

$$\text{SCE (C)} = \sum_{i=1}^{n} \left(Y_i - \hat{Y}_{iC}\right)^2 = \sum_{i=1}^{20} (Y_i - 50)^2 = 5392$$

Les erreurs au carré pour chacun des nombres de mauvaises réponses, dans le cadre du modèle compact, apparaissent dans la troisième colonne de l'Encadré 4.2. Au bas de cette colonne, nous pouvons voir que la somme de ces erreurs au carré, SCE(C), est égale à 5392. Pour le modèle augmenté, $\hat{Y}_{iA} = 42.5$, donc :

$$\text{SCE (A)} = \sum_{i=1}^{n} \left(Y_i - \hat{Y}_{iA}\right)^2 = \sum_{i=1}^{20} (Y_i - 42.5)^2 = 4267$$

Les erreurs au carré pour chacun des nombres de mauvaises réponses, dans le cadre du modèle augmenté, apparaissent dans la quatrième colonne de l'Encadré 4.2. Au bas de cette colonne, nous pouvons voir que la somme de ces erreurs au carré, SCE(A), est égale à 4267. Ainsi, la proportion de réduction de l'erreur, lorsque nous utilisons le MODÈLE A au lieu du MODÈLE C, est égale à :

$$\frac{\text{SCE (C)} - \text{SCE (A)}}{\text{SCE (C)}} = \frac{5392 - 4267}{5392} = .209$$

Autrement dit, le MODÈLE A utilisant b_0, la valeur estimée de β_0, entraine 20.9 % d'ERREUR en moins que le MODÈLE C utilisant B_0, la valeur *hypothétique* de β_0. Plus loin dans le chapitre, nous déterminerons si une valeur de 20.9 % d'ERREUR en moins est suffisante pour nous permettre de rejeter le MODÈLE C (50 mauvaises réponses) à la faveur du MODÈLE A.

Notons, au passage, que pour le MODÈLE A, une observation (le participant 7) est responsable d'une part substantielle de la SCE. Bien que la présentation formelle de la procédure permettant de rechercher des sujets déviants doive attendre le Chapitre 13, d'importantes erreurs associées à peu d'observations devraient, toutefois, nous amener à suspecter la présence de sujets déviants. Or, rappelons-nous que SCE et les estimateurs qui lui sont associés (par exemple, la moyenne) résistent très mal à la présence de ces sujets déviants.

Encadré 4.2
Nombre de mauvaises réponses au test et calculs des erreurs pour les 20 participants au test hypothétique

Numéro de participant	Nombre de mauvaises réponses Y_i	Erreurs au carré	
		Compact $(Y_i - B_0)^2$	Augmenté $(Y_i - b_0)^2$
1	41	81	2.25
2	50	0	56.25
3	51	1	72.25
4	28	484	210.25
5	29	441	182.25
6	24	676	342.25
7	82	1024	1 560.25
8	37	169	30.25
9	42	64	0.25
10	37	169	30.25
11	45	25	6.25
12	50	0	56.25
13	37	169	30.25
14	22	784	420.25
15	52	4	90.25
16	25	625	306.25
17	53	9	110.25
18	29	441	182.25
19	65	225	506.25
20	51	1	72.25
Somme	850.00	5 392.00	4 267.00
Moyenne	42.50		

1. Décomposition de la SCE

Au point où nous en sommes, il est utile d'introduire un tableau permettant de résumer l'analyse réalisée jusqu'à présent. La réduction de la somme des carrés (SCR) est définie par :

$$\text{SCR} = \text{SCE(C)} - \text{SCE(A)}$$

et représente la quantité d'ERREUR que nous réduisons en utilisant le MODÈLE A plutôt que le MODÈLE C. Il est donc également évident que :

$$\text{SCE(C)} = \text{SCR} + \text{SCE(A)}$$

En d'autres termes, l'ERREUR originale SCE(C) peut être décomposée en deux composants : (a) la réduction de l'ERREUR due au MODÈLE A (c'est-à-dire, SCR) et (b) les ERREURS qui restent lorsqu'on utilise le MODÈLE A (c'est-à-dire, SCE(A)). Il est assez commun de résumer les résultats d'une telle analyse au sein d'un tableau comportant des lignes distinctes pour SCR, SCE(A) et SCE(C). L'Encadré 4.3 fait apparaître la présentation générique d'un tableau de ce type, tableau qu'on appelle communément tableau d'analyse de la variance ou tableau d'ANOVA, du fait qu'il analyse (c'est-à-dire, qu'il sépare ou qu'il partitionne) la variance originale de l'ERREUR en différents composants. L'Encadré 4.4 présente le tableau résumé d'ANOVA pour notre exemple. Notez que la SC (somme des carrés) pour la ligne « total », qui représente SCE(C), est en effet la somme de SCR et SCE(A) ; dans notre exemple, 5392 = 1125 + 4267. La valeur du PRE s'obtient aisément à partir de la colonne des SC en utilisant la formule :

Encadré 4.3
Présentation générique d'un tableau d'ANOVA

Source	SC	PRE
Réduction avec Modèle A	SCR	$\frac{\text{SCR}}{\text{SCE(C)}}$
Erreur pour Modèle A	SCE(A)	
Total	SCE(C)	

Encadré 4.4
Tableau résumé d'ANOVA pour l'exemple du test de mathématiques

Source	SC	PRE
Réduction (avec β_0)	1125	.209
Erreur (avec β_0)	4267	
Total (Erreur avec B_0)	5392	

$$\text{PRE} = \frac{\text{SCR}}{\text{SCE(C)}}$$

Nous utiliserons ces tableaux, qui présentent la décomposition de la somme des carrés, comme résumé de base de tous nos tests statistiques. Plus tard, nous ajouterons à ces tableaux des colonnes d'une grande utilité.

SCR se comprend facilement et se calcule aisément en tant que différence entre SCE(C) et SCE(A). Néanmoins, il existe une autre présentation de SCR et celle-ci nous apportera un éclairage supplémentaire sur la comparaison entre les MODÈLES C et A. Il peut être démontré (ce que, dans le fond, nous avons déjà fait au Chapitre 2 pour le cas du modèle simple; la démonstration plus générale n'apportant pas d'éclairage très utile, nous l'omettrons) que:

$$\text{SCR} = \sum_{i=1}^{n} (\widehat{Y}_{iC} - \widehat{Y}_{iA})^2 \qquad \text{Équation 4.1}$$

où $\widehat{Y}_{iC}$ et $\widehat{Y}_{iA}$ sont, respectivement, les prédictions pour la $i^{\text{ème}}$ observation lorsqu'on utilise le MODÈLE C et le MODÈLE A. Cette formule sera utile plus tard pour calculer certains SCR qui ne seront pas présentés automatiquement dans les logiciels. Le plus important reste, néanmoins, l'éclairage qu'elle nous apporte. Nous savons déjà que pour une valeur fixe de SCE(C), plus le SCR sera grand, plus le PRE sera grand et plus l'amélioration que nous procure le MODÈLE A par rapport au MODÈLE C sera importante. Or, cette formule nous indique que SCR sera petit lorsque les MODÈLES C et A génèrent des prédictions similaires pour chaque observation. Pour le cas extrême où les MODÈLES C et A sont identiques (c'est-à-dire, ils produisent les mêmes prédictions), SCR = 0 et PRE = 0. À l'inverse, SCR sera d'autant plus grand que les MODÈLES C et A génèrent des prédictions *différentes*. Ainsi, SCR est une mesure directe de la différence entre les MODÈLES C et A, et PRE = SCR / SCE(C) est une mesure qui nous indique dans quelle proportion ces deux modèles sont différents.

L'Équation 4.1 est utile pour calculer le SCR des modèles simples dont nous traitons dans ce chapitre. Bien que nous évitions, autant que possible, de multiplier les formules pour un seul et même concept, nous présentons celle-ci car beaucoup de programmes informatiques ne nous donnent pas facilement les informations nécessaires pour calculer les PREs, tels que nous les présentons. Nous allons illustrer l'utilisation de l'Équation 4.1 en calculant le SCR de notre exemple du test de mathématiques. La valeur prédite par le MODÈLE A est $\widehat{Y}_{iA} = \overline{Y} = 42.5$ et la valeur prédite par le MODÈLE C est la valeur hypothétique $\widehat{Y}_{iC} = B_0 = 50$. Ainsi, si nous utilisons l'Équation 4.1 :

$$\text{SCR} = \sum_{i=1}^{n} \left(\widehat{Y}_{iC} - \widehat{Y}_{iA}\right)^2 = \sum_{i=1}^{20} (50 - 42.5)^2 = \sum_{i=1}^{20} (7.5)^2 = 20(56.25) = 1125$$

Autrement dit, SCR est égale à la constante $7.5^2 = 56.25$ dont nous ferions la somme 20 fois. Par conséquent, SCR = 20(56.25) = 1 125, ce qui correspond à la valeur que nous avions obtenue dans l'Encadré4.3 en calculant SCR directement avec la formule SCE(C) — SCE(A). Il apparaît donc que pour les modèles simples, qui comparent un MODÈLE A estimant un paramètre avec un MODÈLE C qui n'en estime aucun, la formule suivante est souvent pratique pour pouvoir calculer SCR quand :

$$\text{SCR} = \sum_{i=1}^{n} \left(B_0 - \overline{Y}\right)^2 = n\left(B_0 - \overline{Y}\right)^2 \qquad \text{Équation 4.2}$$

Comme nous le verrons, nous aurons l'occasion d'utiliser l'Équation 4.2 à de multiples reprises.

2. Distribution d'échantillonnage de PRE

Il semblerait évident qu'une différence de paramètres estimés de 50 – 42.5 = 7.5 et un PRE = 20.9 % sont « suffisamment importants » pour inférer que le MODÈLE C n'est pas raisonnable en comparaison du MODÈLE A. Malheureusement, une telle conclusion n'est pas nécessairement fondée d'un point de vue statistique et il est important de comprendre pourquoi. Pour cela, nous devons nous concentrer sur le terme d'erreur ε_i qui apparaît dans l'expression complète du MODÈLE C :

$$\text{MODÈLE C} : Y_i = B_0 + \varepsilon_i$$

Comme nous l'avons déjà noté, ce modèle indique qu'en dehors des perturbations aléatoires que représente ε_i, tous les Y_i s seraient exactement égaux à B_0. Au Chapitre 3, nous avons pris le parti de supposer que les ε_i sont échantillonnés de manière aléatoire et indépendante, à partir d'une distribution normale de moyenne 0 et de variance σ^2. Au cours de ce même chapitre, nous avons pu voir que la valeur exacte prise par la moyenne calculée, à partir d'un échantillon de taille n, dépendait de l'échantillon d'erreurs dont nous disposions. Il s'ensuit que, parfois, la moyenne calculée sera au-dessus de la vraie valeur B_0 et parfois au-dessous. Ainsi, il y aurait une distribution d'échantillonnage pour la moyenne. De fait, même si le MODÈLE C était correct, la moyenne de l'échantillon serait parfois plus grande que 50 et, à d'autres occasions, elle serait plus petite ; mais en tout état de cause cette moyenne serait très rarement égale à 50. Par exemple, nous aurions obtenu une moyenne différente si les nombres de mauvaises réponses avaient été collectés avant le déjeuner, un jour avant ou un jour plus tard, car le pattern des perturbations aléatoires aurait été différent.

De la même manière qu'il existe une distribution d'échantillonnage pour la moyenne, il existe également une distribution d'échantillonnage pour le PRE. Ainsi, de la même manière que b_0, calculée sur la base des DONNÉES, est une estimation du vrai paramètre β_0 qui nous est inconnu, PRE, calculé sur la base des DONNÉES, est également une estimation de la vraie proportion de réduction de l'erreur que l'on appelle η^2 et qui nous est également inconnue. Pour le moment, admettons que le MODÈLE C est correct (c'est-à-dire, que $\beta_0 = B_0$) et posons-nous la question de savoir à quoi devrait ressembler la distribution d'échantillonnage pour le PRE. En d'autres termes, nous commençons en faisant comme si l'hypothèse nulle était vraie. Si tel est le cas, $\eta^2 = 0$ revient à dire que le MODÈLE C est correct et que le MODÈLE A n'apporte aucune amélioration en comparaison au

MODÈLE C. Nous avons vu au cours du Chapitre 3 que b_0 possède une distribution d'échantillonnage, de fait, même si le MODÈLE C est correct, nous ne nous attendrions pas à ce que notre estimateur b_0 soit exactement égal à B_0. Par contre, nous savons que b_0 produit la plus petite somme des carrés des erreurs possible et il s'ensuit que SCE(A), lorsque nous utilisons b_0, sera toujours au moins un tout petit peu plus petit que SCE(C), qui lui utilise B_0. Par exemple, pour les données du test de mathématiques, la moyenne sera très rarement exactement égale à 50, même si le vrai paramètre était 50. Par conséquent, SCE calculée en utilisant la moyenne de l'échantillon sera toujours un petit peu plus petit que SCE(C) (voir la démonstration dans le Chapitre 2). Ainsi, même si la vraie proportion de réduction de l'erreur $\eta^2 = 0$ (ce qui doit être le cas lorsque le MODÈLE C est correct), le PRE calculé sera toujours au moins un petit peu plus grand que 0, jamais plus petit. PRE est donc un estimateur biaisé de η^2, car le PRE surestimera toujours la vraie valeur de η^2. Plus tard, nous reviendrons sur le problème du biais dans le calcul du PRE. Pour l'instant, l'élément à retenir est que nous ne pouvons pas nous attendre à ce que le PRE calculé soit égal à 0, même si en réalité le MODÈLE A n'apporte pas d'amélioration par rapport au MODÈLE C. Par conséquent, nous ne pouvons pas baser notre décision concernant la validité du MODÈLE C uniquement sur le fait que le PRE soit égal à zéro ou non.

Si nous ne pouvons pas utiliser PRE $\neq 0$ comme critère pour rejeter le MODÈLE C, il nous faut alors prendre en considération la distribution d'échantillonnage de PRE pour déterminer si la valeur du PRE calculée est une valeur *probable, sous l'hypothèse d'un MODÈLE C qui serait correct*. Si la valeur calculée pour le PRE est une valeur qui reste probable, alors nous ne devrions pas rejeter le MODÈLE C et l'hypothèse nulle $\beta_0 = B_0$ qui lui est équivalente. En revanche, si la valeur du PRE calculée n'est pas une valeur probable sous l'hypothèse d'un MODÈLE C qui serait correct, alors nous devrions rejeter le MODÈLE C au profit du MODÈLE A. Pour revenir à notre exemple, il nous faut prendre en considération la distribution d'échantillonnage du PRE pour déterminer si, dans une telle situation, un PRE = .209 est une valeur probable, sous l'hypothèse d'un MODÈLE C qui serait correct (c'est-à-dire, avec $\beta_0 = 50$). Si cette valeur est probable, alors nous ne devrions pas rejeter le MODÈLE C et l'hypothèse qui lui correspond selon laquelle $\beta_0 = B_0 = 50$; il n'y aurait pas d'éléments suffisants pour penser que les nombres de bonnes réponses au test de mathématiques sont différents de ce que nous devrions attendre si l'hypothèse nulle était correcte. Si PRE = .209 est une valeur inattendue, alors nous devrions rejeter le MODÈLE C et son hypothèse au profit du MODÈLE A et de son estimateur selon lequel $\beta_0 = b_0 = 42.5$; en d'autres termes, nous conclurions que les nombres de mauvaises réponses au test de mathématiques étaient significativement plus modestes que la valeur attendue de 50 correspondant à des réponses au hasard.

Afin de déterminer la distribution d'échantillonnage de PRE dans cet exemple, nous pourrions utiliser la même stratégie de simulation que nous avons utilisée au chapitre précédent. Ainsi, nous pourrions mettre des boules d'erreurs de la taille appropriée dans une grande urne et ensuite procéder à un grand nombre de tirages de simulation. Pour chacun de ces tirages de simulation, nous sélectionnerions aléatoirement 20 boules d'erreurs, nous ajouterions 50 à chacune d'entre elles et nous calculerions un PRE. Le seul problème avec cette stratégie, renvoie au fait que nous ne connaissons pas la taille des boules d'erreurs qu'il faudrait placer dans le sac. En d'autres termes, nous ne connaissons pas la variance σ^2 de la distribution normale des erreurs. Toutefois, comme nous l'avons noté au chapitre précédent, le carré moyen des erreurs nous procure une estimation de σ^2. Plus précisément, pour le MODÈLE A avec un paramètre, cet estimateur est :

$$s^2 = \frac{\text{SCE}}{n-1} = \frac{\sum_{i=1}^{n}\left(Y_i - \overline{Y}\right)^2}{n-1} = \frac{4267}{19} = 224.58$$

Nous pourrions donc réaliser la simulation en échantillonnant des valeurs d'erreur à partir d'une distribution normale de moyenne 0 et de variance 224.58. Les 100 boules d'ERREURS présentées dans l'Encadré 3.1 ont été échantillonnées à partir d'une telle distribution normale et pourrait donc être utilisées comme urne de boules d'ERREURS pour cette simulation.

Afin de voir à quoi ressemblerait un tirage de simulation, voici un exemple de 20 boules d'ERREURS extraites de l'Encadré 3.1 :

17	31	-2	-6	-17
-4	28	29	17	1
-12	-6	3	-25	2
24	15	-20	4	-3

Ces différents termes d'erreur, auxquels nous avons ajouté la valeur $B_0 = 50$ du MODÈLE C, nous donnent les 20 scores suivants:

67	81	48	44	33
46	78	79	67	51
38	44	53	25	52
74	65	30	54	47

La moyenne des 20 scores qui résultent de cette procédure est égale à 53.8. En outre, SCE(C), lorsque l'on utilise 50 comme prédiction du modèle pour toutes les observations, et SCE(A), lorsque l'on utilise 53.8 comme prédiction du modèle, peuvent aisément être calculés et donnent respectivement 5554 et 5265.2. Par conséquent:

$$\text{PRE} = \frac{5554 - 5265.2}{5554} = .052$$

À partir de cet exemple, il est clair qu'un nouvel échantillon de valeurs d'ERREUR produirait une moyenne différente et un PRE différent. Conceptuellement, ces simulations pourraient être répétées jusqu'à ce qu'il y ait suffisamment de valeurs de PRE pour créer une distribution d'échantillonnage de PRE.

Hélas, la stratégie de simulations que nous venons de voir et qui consiste à générer une distribution d'échantillonnage de PRE ne fonctionnerait pas car $s^2 = 224.58$ est seulement une *estimation* de la vraie variance des erreurs σ^2. Or, de la même manière qu'il est peu probable que $\bar{Y}$ (= b_0, la moyenne calculée pour un échantillon, autrement dit $\bar{Y} = b_0$ avec un tel modèle) soit exactement égal à B_0, il est peu probable que la variance calculée s^2 soit exactement égale à σ^2. En d'autres termes, nous sommes incertains quant à la taille exacte des boules d'ERREURS qu'il faudrait mettre dans le sac.

Nous pourrions mettre en place des simulations d'échantillonnage plus complexes pour prendre en compte cette incertitude quant à la taille des boules d'ERREURS. Néanmoins, il serait fastidieux de devoir faire une nouvelle itération de simulation pour chaque analyse des données. Par chance, ce ne sera pas nécessaire, car les statisticiens ont pu déterminer la distribution d'échantillonnage de PRE, sur la base des postulats présentés au Chapitre 3 et qui concernaient le comportement des ERREURS ε_i. Ainsi, même si en réalité nous ne ferons pas de simulations pour générer une distribution d'échantillonnage, il est important de se rappeler que la formule mathématique utilisée pour obtenir cette distribution est dérivée de postulats concernant des valeurs d'ERREUR sélectionnées aléatoirement dans une distribution de moyenne 0 et de variance σ^2 et dont les échantillonnages pourraient être compris comme le fait de tirer des boules d'ERREURS à l'intérieur d'une grande urne.

L'Encadré 4.5 présente un tableau représentant la distribution d'échantillonnage du PRE pour le cas particulier d'échantillons de taille 20, partant à nouveau du postulat selon lequel le MODÈLE C est valide. Ainsi, si le MODÈLE C était correct (dans notre cas, $\beta_0 = 50$) et si nous comparions le MODÈLE C ($\hat{Y} = 50$) avec le MODÈLE A ($\hat{Y} = b_0 = \bar{Y}$) avec de tels échantillons, le tableau présenté dans l'Encadré 4.5 pourrait être utilisé pour trouver les proportions et les proportions cumulées

Encadré 4.5
Tableau de la distribution d'échantillonnage de PRE pour le test du modèle simple avec 20 observations

Plage de PRE	Proportion	Proportion Cumulée
.00 -.01	.334	.334
.01 -.02	.125	.459
.02 -.03	.088	.547
.03 -.04	.068	.615
.04 -.05	.055	.670
.05 -.06	.045	.716
.06 -.07	.038	.754
.07 -.08	.032	.786
.08 -.09	.028	.814
.09 -.10	.024	.838
.10 -.11	.021	.858
.11 -.12	.018	.876
.12 -.13	.016	.892
.13 -.14	.014	.905
.14 -.15	.012	.917
.15 -.16	.010	.928
.16 -.17	.009	.937
.17 -.18	.008	.945
.18 -.19	.007	.952
.19 -.20	.006	.958
.20 -.21	.005	.963
.21 -.22	.005	.968
.22 -.23	.004	.972
.23 -.24	.004	.976
.24 -.25	.003	.979
.25 -.26	.003	.982
.26 -.27	.002	.984
.27 -.28	.002	.986
.28 -.29	.002	.988
.29 -.30	.002	.990
.30 -.31	.001	.991
.31 -.32	.001	.993
.32 -.33	.001	.994
.33 -.34	.001	.995
.34 -.35	.001	.995
.35 -.36	.001	.996
.36 -.37	.001	.997
.37 -.38	.001	.997
.38 -.39	.000	.998
.39 -.40	.000	.998

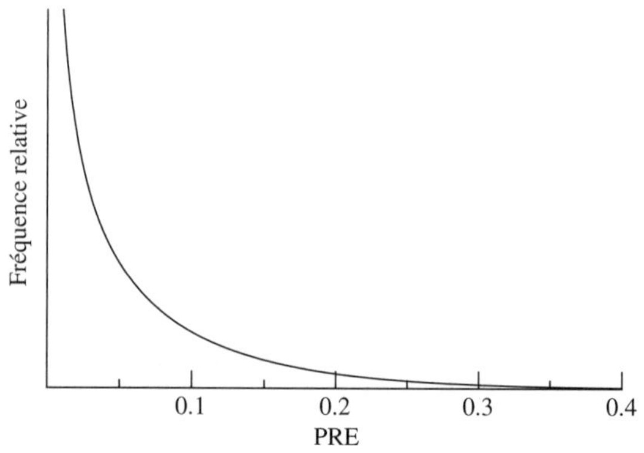

Encadré 4.6
Distribution d'échantillonnage du PRE pour le test du modèle simple avec 20 observations

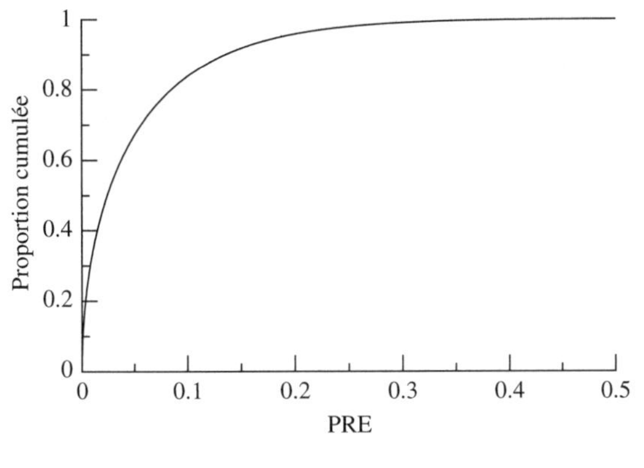

Encadré 4.7
Proportions cumulées pour $n - PA = 19$

pour chaque plage de PRE. Les proportions sont représentées graphiquement dans l'Encadré 4.6. Comme nous aurions pu nous y attendre, la distribution d'échantillonnage de l'Encadré 4.5 fait apparaître que les valeurs de PRE proches de zéro sont les plus probables. Cet encadré fait également apparaître que les valeurs de PRE plus grandes que .20 sont très rares.

Les proportions cumulées sont généralement plus pratiques que les proportions pour chacune des étendues de valeurs. La proportion cumulée représente simplement le total des proportions pour une plage de PRE allant de zéro à la valeur d'intérêt. Par exemple, pour trouver la proportion cumulée correspondant à la plage de 0 à .03, nous ajoutons simplement les proportions des trois plages qui composent cette plage plus large: 0 à .01, .01 à .02 et .02 à .03. Ainsi, pour cette plage, .334 + .125 + .088 = .547. Il en résulte, que 54.7 % des valeurs de PRE simulées sont inférieures ou égales à .03. Les proportions cumulées qui apparaissent dans la dernière colonne de l'Encadré 4.5 sont représentées graphiquement dans l'Encadré 4.7. A partir du tableau de cette proportion cumulée, comme de son graphique, nous pouvons voir, par exemple, qu'un PRE est inférieur à .1 dans 84 % du temps.

Nous pouvons maintenant nous poser la question de savoir si une valeur de PRE de .209 est probable si le MODÈLE C est correct. À partir du tableau présenté dans l'Encadré 4.5, nous voyons qu'environ 96 % du temps, la valeur du PRE sera plus petite que .209. Ou, en d'autres termes, si le MODÈLE C était correct un PRE aussi grand que .209 n'apparaitrait qu'environ 4 % du temps. Maintenant, nous pouvons donc enfin répondre à notre question: il est peu probable (moins de 5 % de chances) d'obtenir un PRE aussi important, si le MODÈLE C était correct. Nous pouvons donc raisonnablement rejeter le MODÈLE C au profit du MODÈLE A. Ceci revient à rejeter l'hypothèse nulle selon laquelle $\beta_0 = B_0 = 50$. En substance, ces données nous indiquent donc que les participants donnaient moins de mauvaises réponses que la valeur attendue s'ils répondaient au hasard.

3. Les valeurs critiques

À partir des équations mathématiques décrivant la distribution d'échantillonnage de PRE, nous pouvons déterminer, pour notre exemple de données, que si le MODÈLE C était correct (et donc que $\eta^2 = 0$) nous nous attendrions à ce que 95 % des valeurs simulées pour le PRE soient en dessous de la valeur très précise de .187. Cette distribution d'échantillonnage est présentée dans l'Encadré 4.8. Dans le champ des sciences sociales, on a coutume de considérer qu'une valeur de PRE sera surprenante, si elle apparaît moins de 5 % du temps lorsque l'hypothèse nulle est vraie. Ainsi, .187 représente la *valeur critique* pour cet exemple; toute valeur de PRE > .187 nous amènerait donc à rejeter le MODÈLE C. En utilisant les équations mathématiques, nous pouvons calculer, pour un nombre donné d'observations, la valeur du PRE pour laquelle nous nous attendrions à ce que 95 % des PRE simulés soient en dessous de ladite valeur, si le MODÈLE C était correct. L'Encadré 4.9 présente les valeurs critiques à 95 % et à 99% pour différentes tailles d'échantillons.

Encadré 4.8
Distribution de PRE pour n – PA = 19 et le postulat selon lequel $\eta^2 = 0$

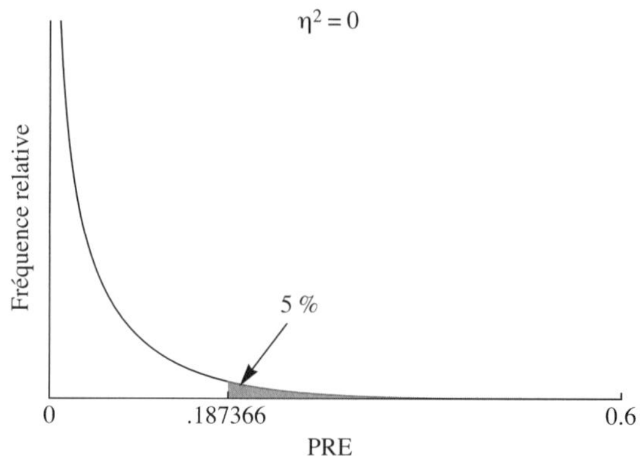

n - *PA*	95 %		99 %	
	PRE	***F***	**PRE**	***F***
1	.994	161.45	1.000	4052.18
2	.903	18.51	.980	98.50
3	.771	10.13	.919	34.12
4	.658	7.71	.841	21.20
5	.569	6.61	.765	16.26
6	.499	5.99	.696	13.75
7	.444	5.59	.636	12.25
8	.399	5.32	.585	11.26
9	.362	5.12	.540	10.56
10	.332	4.97	.501	10.04
11	.306	4.84	.467	9.65
12	.283	4.75	.437	9.33
13	.264	4.67	.411	9.07
14	.247	4.60	.388	8.86
15	.232	4.54	.367	8.68
16	.219	4.49	.348	8.53
17	.208	4.45	.331	8.40
18	.197	4.41	.315	8.29
19	.187	4.38	.301	8.19
20	.179	4.35	.288	8.10
22	.164	4.30	.265	7.95
24	.151	4.26	.246	7.82
26	.140	4.23	.229	7.72
28	.130	4.20	.214	7.64
30	.122	4.17	.201	7.56
35	.105	4.12	.175	7.42
40	.093	4.09	.155	7.31
45	.083	4.06	.138	7.23
50	.075	4.03	.125	7.17
55	.068	4.02	.115	7.12
60	.063	4.00	.106	7.08
80	.047	3.96	.080	6.96
100	.038	3.94	.065	6.90
150	.025	3.90	.043	6.81
200	.019	3.89	.033	6.76
500	.008	3.86	.013	6.69
∞		3.84		6.63

Encadré 4.9
Valeurs critiques (95 % et 99 %) de PRE et *F* pour le test de modèles ayant un paramètre de différence

4. La statistique *F*

Les tables présentant les valeurs critiques de PRE sont rares dans les livres de statistiques. Il est beaucoup plus commun, surtout pour des raisons historiques, de trouver des tables de *F*, un indice statistique étroitement lié au PRE. Comme nous allons le voir, le *F* est directement fonction du PRE, donc si nous connaissons le PRE, le nombre d'observations et le nombre de paramètres dans les MODÈLES C et A, nous connaissons alors également le *F* et vice versa. Étant une ré-expression du PRE, le *F* nous procure également un certain nombre d'éclaircissements concernant la proportion de l'erreur réduite. C'est pourquoi nous nous tournons maintenant vers les motivations présidant au calcul du *F*. Nous traiterons ensuite de sa distribution d'échantillonnage.

Les deux raisons pour calculer un *F* sont : (a) examiner la proportion de réduction de l'erreur *par paramètre additionnel* ajouté dans le modèle et (b) comparer la proportion d'erreur qui a été réduite (PRE) avec la proportion d'erreur qu'il reste (1 − PRE). Dans le contexte du modèle simple dont nous traitons dans ce chapitre, le PRE est obtenu en ajoutant un seul paramètre. Néanmoins, plus tard, nous voudrons prendre en considération l'amélioration produite par des modèles qui ajoutent plus qu'un seul paramètre. Afin d'éviter d'avoir à présenter différentes formules au fur et à mesure que le modèle devient plus complexe, nous présentons d'ores et déjà la définition générale du *F*. Ici, l'idée clef est qu'un PRE de telle ou telle valeur (par exemple .35) est plus impressionnant quand nous l'obtenons en ajoutant un seul paramètre plutôt que plusieurs paramètres. Nous voulons donc prendre en considération le PRE *par paramètre*. Ainsi, nous divisons le PRE par le nombre de paramètres additionnels utilisés dans le MODÈLE A et qui ne sont pas utilisés dans le MODÈLE C. Ici, nous utiliserons PA et PC pour représenter respectivement le nombre de paramètres estimés dans le MODÈLE A et le MODÈLE C. De fait, le nombre de paramètres additionnels nous est simplement donné par la formule PA − PC. Par conséquent, *F* est basé sur la quantité :

$$\frac{\text{PRE}}{\text{PA} - \text{PC}}$$

qui est simplement la proportion de réduction de l'erreur par paramètre additionnel. Pour les modèles simples, dont nous traitons dans ce chapitre, nous n'estimons aucun paramètre pour le MODÈLE C et un seul pour le MODÈLE A, donc PC = 0, PA = 1 et PA − PC = 1.

De la même manière, nous devons prendre en considération ce qu'il reste de proportion d'erreur, 1 − PRE, en prenant en compte le nombre de paramètres additionnels que nous *pourrions* ajouter pour réduire cette erreur. Comme nous l'avons noté au Chapitre 1, le nombre maximum de paramètres que nous pouvons avoir est un paramètre par observation Y_i. Ainsi, si nous avons *n* observations et que nous avons déjà utilisé PA paramètres dans le MODÈLE A, le nombre maximum de paramètres que nous pouvons encore ajouter à des modèles plus complexes est égal à un n − PA. Il s'ensuit que :

$$\frac{1 - \text{PRE}}{n - \text{PA}}$$

est la proportion de l'erreur restante par paramètre que nous *pourrions* ajouter au modèle. En d'autres termes, il s'agit de l'erreur restante moyenne par paramètre additionnel. Si nous avions ajouté un paramètre au MODÈLE en le sélectionnant au hasard, même un paramètre qui n'est pas réellement utile, nous nous attendrions au moins à une certaine réduction de l'erreur. La proportion de l'erreur restante par paramètre ou la moyenne de l'erreur restante nous indique la valeur du PRE que nous pouvons espérer avec de tels paramètres inutiles. Bien évidemment, si le ou les paramètres ajoutés au MODÈLE sont réellement utiles, alors le PRE par paramètre que nous obtiendrions réellement serait substantiellement plus important que le PRE par paramètre attendu pour des facteurs inutiles sélectionnés aléatoirement. Une manière simple de comparer le PRE par paramètre obtenu avec le PRE par paramètre attendu est de calculer un ratio de ces deux quantités; ceci nous donne la définition du F de telle sorte que:

$$F = \frac{\text{PRE}/(\text{PA} - \text{PC})}{(1 - \text{PRE})/(n - \text{PA})} \qquad \text{Équation 4.3}$$

Pour comprendre cette formule, on peut donc voir le numérateur du F comme une indication de la proportion de réduction de l'erreur moyenne par paramètre ajouté et le dénominateur comme la proportion de réduction de l'erreur moyenne que nous pourrions obtenir en ajoutant tous les paramètres possibles restants. Pour que le MODÈLE A soit significativement meilleur que le MODÈLE C, il faut donc que la réduction moyenne de l'erreur pour les paramètres ajoutés soit bien supérieure à la réduction que nous aurions obtenue en ajoutant le nombre de paramètres qui restent possibles. Ainsi, si F est proche de 1, nous ne faisons donc pas mieux que ce que l'on pourrait attendre en moyenne (avec des paramètres choisis aléatoirement). Des valeurs de F proches de 1 suggèrent donc que nous ne devrions pas rejeter le MODÈLE C. Des valeurs de F bien plus grandes que 1, en revanche, impliquent que le PRE moyen par paramètre ajouté dans le MODÈLE A est bien plus important que la moyenne que nous pourrions obtenir en ajoutant encore d'autres paramètres. Si tel est le cas, nous pourrions rejeter le MODÈLE C (et ses postulats implicites) en faveur du MODÈLE A. Pour notre exemple de l'Encadré 4.2 où PRE = .209 et $n = 20$:

$$F = \frac{\text{PRE}/(\text{PA} - \text{PC})}{(1 - \text{PRE})/(n - \text{PA})} = \frac{.209/(1 - 0)}{.791/(20 - 1)} = \frac{.209}{.0416} = 5.02$$

En d'autres termes, en utilisant le MODÈLE A nous avons obtenu une réduction de l'erreur de 20.9 % par paramètre et la réduction que nous pourrions attendre en ajoutant d'autres paramètres serait en moyenne de 4.16 % par paramètre. Leur ratio de 5.02 suggère que l'ajout au MODÈLE C de ce paramètre qu'est β_0, et qui est estimé à partir de la moyenne, entraine un PRE substantiellement plus grand (5 fois plus grand) que ce que nous pourrions espérer en ajoutant aléatoirement un paramètre parmi le nombre de paramètres encore possibles. Ceci veut dire que la plus grande complexité du MODÈLE A en vaut la peine. Mais, à nouveau, nous allons devoir prendre en compte une distribution d'échantillonnage, cette fois celle de F, pour déterminer si une valeur de 5.02 est effectivement « surprenante ».

Il existe des équations mathématiques pour décrire la distribution d'échantillonnage de F, mais, une nouvelle fois, uniquement si nous restons dans le cadre des postulats présentés au Chapitre 3. Ainsi, si nous faisons le postulat que les erreurs ε_i sont indépendantes les unes des autres et qu'elles se distribuent de manière identique et normale, alors F suit ce que l'on appelle une *distribution de F*. Les valeurs critiques de F permettant de tester des modèles simples pour 95 % et 99 % sont présentées dans l'Encadré 4.9, à coté des valeurs de PRE correspondantes. F et PRE sont redondants au sens où l'un de ces indices dépassera sa valeur critique si et seulement si l'autre la dépasse également. Par exemple, PRE = .209 dépasse sa valeur critique de .187 et ceci implique nécessairement que le $F = 5.02$, qui lui correspond, dépasse également sa valeur critique de 4.38. Par conséquent, ces deux indices nous indiquent de manière équivalente qu'il faudrait rejeter le MODÈLE C et son postulat selon lequel $\beta_0 = B_0 = 50$. Notons que pour l'essentiel des cas où le nombre d'observations serait raisonnable, la valeur critique de F à 95 % est aux environs de 4. Si nous ignorons la partie décimale de F, il se dégage une règle pratique qui diminue le besoin de se référer trop fréquemment aux tables statistiques. Cette règle consistera à rejeter le MODÈLE C au profit du MODÈLE A à chaque fois que le F sera plus grand que 5. Lorsque F sera compris entre 4 et 5, vous serez probablement obligés de regarder dans la table. Enfin, si la valeur de F est en dessous de 4, il n'y aura que peu d'espoir, sauf si le nombre d'observations est extrêmement grand. Les valeurs critiques de PRE et de F que l'on utilisera pour tester des MODÈLES A plus complexes, qui diffèrent du MODÈLE C par plus d'un paramètre, sont présentés en Annexes. Ces tables prennent en compte PA – PC, ce que l'on appelle souvent le « degré de liberté du numérateur », car il apparaît dans le numérateur de la formule du *F* (Équation 4.3), et *n* – PA, souvent appelé le « degré de liberté du dénominateur » car il apparaît dans le dénominateur de la formule du *F*.

Il est utile d'ajouter les degrés de liberté (dl) et le *F* au tableau de résumé que nous avons commencé plus tôt. L'Encadré 4.10 présente un tel tableau pour notre exemple. Comme nous l'avons déjà dit, nous préférons, en règle générale, éviter de multiplier les formules pour les mêmes quantités, et ce, pour favoriser une seule et même formule conceptuelle. Néanmoins, nous devons faire une entorse à cette règle, car *F* est traditionnellement calculé avec une formule différente, bien qu'équivalente. Cette formule est basée sur le tableau présenté dans l'Encadré 4.10. Les présentations reposant sur cette formule alternative du *F* sont omniprésentes, donc le lecteur n'aura pas d'autres choix que d'apprendre cette formule alternative en plus de celle présentée plus haut. Cette formule alternative est :

$$F = \frac{\text{SCR}/(\text{PA} - \text{PC})}{\text{SCE(A)}/(n - \text{PA})} = \frac{\text{CMR}}{\text{CME}}$$

Pour notre exemple, ceci nous donne :

$$F = \frac{\text{SCR}/(\text{PA} - \text{PC})}{\text{SCE(A)}/(n - \text{PA})} = \frac{1125/(1 - 0)}{4267/(20 - 1)} = \frac{1125}{224.58} = 5.01$$

Le résultat est en accord avec le calcul présenté précédemment, à une petite erreur d'arrondi prêt. CMR représente la réduction du carré moyen ou *carré moyen réduit* et CME représente le *carré moyen de l'erreur*. Afin de faciliter ce calcul, nous avons coutume de rajouter la colonne CM (pour Carré Moyen) dans les tableaux de résumé. La dernière colonne, la colonne « *p* », nous indique la probabilité d'obtenir un PRE ou un *F* aussi grand ou plus grand si $\eta^2 = 0$. Dans le cas présent, PRE et *F* dépassent la valeur critique à 95 %, ceci implique que la probabilité d'obtenir un PRE ou un *F* aussi grand, si le MODÈLE C était correct, est plus petite que .05. L'Encadré 4.11 fait apparaître ces nouvelles colonnes et présente donc un résumé détaillé de notre analyse des nombres de mauvaises réponses au test de mathématiques.

Encadré 4.10

Tableau d'analyse de la variance : décomposition de la somme des carrés

Source	*SC*	*dl*	*CM*	*F*	*PRE*	*p*
Réduction, Modèle A	SCR	PA – PC	$\text{CMR} = \frac{\text{SCR}}{\text{SCE(C)}}$	$\frac{\text{CMR}}{\text{CME}}$	$\frac{\text{SCR}}{\text{SCE(C)}}$	
Erreur pour Modèle A	SCE(A)	*n* – PA	$\text{CME} = \frac{\text{SCE(A)}}{n - \text{PA}}$			
Total	SCE(C)	*n* – PC				

Encadré 4.11

Tableau ANOVA pour l'exemple du test de mathématiques

Source	*SC*	*dl*	*CM*	*F*	*PRE*	*p*
Réduction, Modèle A	1125	1	1125.00	5.01	.209	.037
Erreur pour Modèle A	4267	19	224.58			
Total	5392	20				

5. Décisions statistiques

Nous avons maintenant défini l'essence de l'inférence statistique: si PRE et F dépassent leurs valeurs critiques respectives alors le modèle le plus simple, le MODÈLE C, est rejeté en faveur du modèle plus complexe, le MODÈLE A. Nous avons donc maintenant une règle pour résoudre la tension, inhérente à l'analyse des données, entre le fait de vouloir réduire l'erreur autant que possible et le fait de vouloir garder le MODÈLE de nos DONNÉES le plus parcimonieux possible. Il est important de se rendre compte, néanmoins, que l'inférence statistique est probabiliste et que, par conséquent, elle n'est pas infaillible. Autrement dit, lorsque le MODÈLE C est en réalité le modèle correct, nous aurons tout de même 5 % du temps des valeurs de PRE et de F qui dépassent leurs valeurs critiques à 95 %. Or, nous avons décidé de rejeter le MODÈLE C lorsque ces deux indices statistiques dépassent leurs valeurs critiques à 95 %; donc, dans de telles situations nous aurions fait une erreur en rejetant le MODÈLE C. Il n'y a aucun moyen d'éviter qu'occasionnellement nous fassions ce type d'erreur. En adoptant une valeur critique de 95 %, nous acceptons implicitement de prendre le risque de rejeter le MODÈLE C alors qu'il est correct dans 5 % des cas. Les erreurs de ce type sont souvent appelées erreurs de *Type I.* Le choix de 5 % comme taux d'erreur de Type I acceptable est par nature arbitraire. Si nous voulions prendre moins de risques, nous pourrions choisir un taux de 1 % ou, si nous acceptions au contraire de prendre plus de risques, nous pourrions choisir un taux de 10 %.

Nous pouvons également commettre des erreurs de *Type II.* Une erreur de ce type apparaît lorsque le MODÈLE C est incorrect, mais que les valeurs obtenues de PRE et de F ne dépassent pas leurs valeurs critiques. Ainsi, une erreur de Type II apparaît quand nous ne sommes pas parvenus à rejeter le MODÈLE C, alors que nous devrions le faire. Autrement dit, le MODÈLE C est incorrect et le MODÈLE A est significativement meilleur, mais nous n'avons pas eu de chance en ce qui concerne les boules d'erreurs et nous ne parvenons donc pas à voir cette différence. L'Encadré 4.12 résume les décisions statistiques auxquelles nous pouvons être confrontés et définit les différentes manières selon lesquelles de bonnes et de mauvaises décisions peuvent être prises. L'inférence statistique peut être vue comme un jeu avec Dame Nature. C'est Dame Nature qui détermine si le MODÈLE C est correct ou incorrect. Le but de la personne qui analyse les données est de « deviner » s'il se trouve dans le premier ou le second cas de figure. La personne qui analyse des DONNÉES va donc les utiliser pour faire un choix éclairé. Pour être plus précis, si le PRE et le F dépassent leurs valeurs critiques, alors la décision est de « rejeter le MODÈLE C »; sinon, la décision est de ne pas « rejeter le MODÈLE C ». Si Dame Nature a déterminé que le MODÈLE C est correct, alors, en utilisant une valeur critique à 95 %, nous déciderons de le rejeter à raison 95 % du temps et nous nous tromperons (c'est-à-dire, nous ferons une erreur de Type I) 5 % du temps. La probabilité de faire une erreur de Type I se désigne souvent par la lettre grecque α, que l'on appelle également le *niveau de significativité.*

À l'inverse, si Dame Nature a déterminé que le MODÈLE C est incorrect, alors nous prendrons une décision correcte aussi souvent (en proportion) que le PRE et le F dépasseront leurs valeurs critiques et nous prendrons une décision incorrecte (c'est-à-dire, nous ferons une erreur de Type II) aussi souvent que le PRE et le F seront en dessous de leurs valeurs critiques. La probabilité de faire

Encadré 4.12
Décisions statistiques et les deux types d'erreur

Décision Statistique	État réel de la Nature	
	MODÈLE C Correct	**MODÈLE C Incorrect**
« Rejet MODÈLE C »	Erreur de Type I	Décision Correcte
« Non Rejet MODÈLE C »	Décision Correcte	Erreur de Type II

une erreur de Type II est souvent désignée par la lettre β. Notons que le choix de cette lettre est un peu problématique car il ne faudra pas la confondre avec β_0, β_1, etc. que nous avons utilisé pour représenter les paramètres dans un MODÈLE. La probabilité de prendre une décision correcte lorsque Dame Nature a déterminé que le MODÈLE C était incorrect, $1 - \beta$, est souvent appelée la puissance du test statistique.

6. Estimer la puissance statistique

Afin de déterminer la probabilité d'erreur de Type II ou de déterminer la puissance, nous avons besoin de connaître la distribution d'échantillonnage de PRE et de F, *sachant que le MODÈLE C est incorrect.* En général, nous ne pouvons pas déterminer une telle distribution d'échantillonnage parce que dire que le MODÈLE C est incorrect revient seulement à dire que la vraie proportion de réduction de l'erreur η^2 est plus grande que zéro. Néanmoins, en utilisant les équations que sont parvenus à nous fournir les statisticiens, nous pouvons aisément déterminer les distributions d'échantillonnage pour les valeurs spécifiques de η^2 auxquelles nous nous intéressons. Pour notre exemple où PA − PC = 1 et n − PA = 19, l'Encadré 4.13 nous fournit des représentations graphiques de distributions d'échantillonnage de PRE, lorsque nous postulons des valeurs de PRE réel, c'est-à-dire η^2, de plus en plus grandes. Nous pouvons voir dans cet encadré qu'avec $\eta^2 = .1$, la probabilité d'obtenir un PRE plus grand que la valeur critique, et donc de rejeter le MODÈLE C, est de 29 %. En revanche, cette probabilité est seulement de 5 % si le MODÈLE C est correct et que

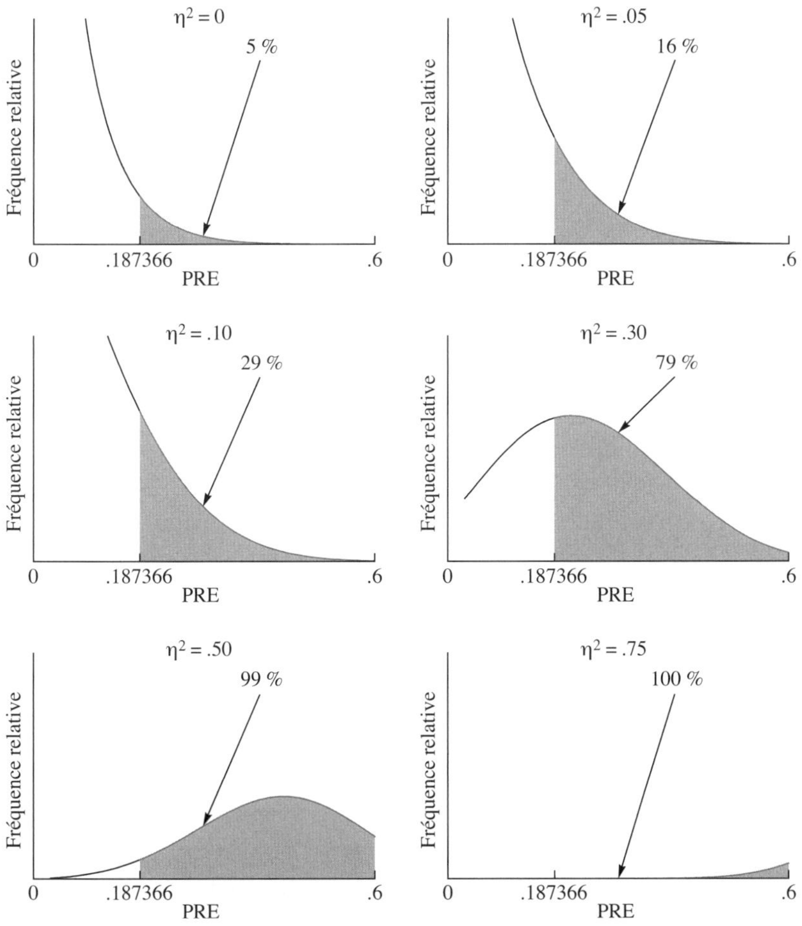

Encadré 4.13
Distribution du PRE pour PA − PC = 1 et n − PA = 19 pour différentes valeurs de η^2

Encadré 4.14
Distributions cumulées d'échantillonnage du PRE pour différentes valeurs de η^2 quand PA – PC = 1 et n – PA = 19

PRE	Vrai PRE, η^2					
	0	.05	.1	.3	.5	.75
.00	.00	.00	.00	.00	.00	.00
.05	.67	.47	.31	.03	.00	.00
.10	.84	.65	.49	.08	.00	.00
.15	.92	.78	.63	.16	.01	.00
.20	.96	.86	.74	.25	.02	.00
.25	.98	.92	.83	.37	.04	.00
.30	.99	.95	.89	.49	.08	.00
.35	1.00	.97	.94	.61	.14	.00
.40	1.00	.99	.96	.72	.23	.00
.45	1.00	.99	.98	.81	.35	.00
.50	1.00	1.00	.99	.88	.48	.00
.55	1.00	1.00	1.00	.93	.62	.01
.60	1.00	1.00	1.00	.97	.75	.04
.65	1.00	1.00	1.00	.99	.86	.11
.70	1.00	1.00	1.00	1.00	.94	.25
.75	1.00	1.00	1.00	1.00	.98	.47
.80	1.00	1.00	1.00	1.00	.99	.73
.85	1.00	1.00	1.00	1.00	1.00	.92
.90	1.00	1.00	1.00	1.00	1.00	.99
.95	1.00	1.00	1.00	1.00	1.00	1.00

$\eta^2 = 0$. L'Encadré 4.14 présente la distribution des probabilités cumulées pour d'autres valeurs observées de PRE, si nous postulons que η^2 est égal à 0, .05, .1, .3, .5 et .75, mais attention, toujours pour les valeurs particulières de notre exemple, c'est-à-dire PA – PC = 1 et n – PA = 19. D'autres distributions d'échantillonnage seraient obtenues si nous utilisions des combinaisons de PA – PC et n – PA différentes. La colonne $\eta^2 = 0$ correspond exactement à la distribution des probabilités cumulées de l'Encadré 4.5. Chaque entrée de l'Encadré 4.14 représente la probabilité pour qu'un PRE calculé à partir des DONNÉES soit inférieur à la valeur du PRE spécifique à cette ligne. Par exemple, la valeur de .08 au sein de la ligne correspondant à PRE = .30 et à la colonne pour laquelle $\eta^2 = .50$, nous indique que si η^2 (c'est-à-dire, le vrai PRE) était réellement de .50, alors la probabilité d'obtenir un PRE (calculé à partir des DONNÉES) de .30 ou plus faible sera de 8 %.

Nous pouvons utiliser les distributions de probabilités cumulées de PRE, pour différentes valeurs de η^2, afin de réaliser des analyses de type « que se passerait-il si ». Par exemple, nous pouvons nous demander « quelle serait la probabilité de faire une erreur de Type II, si $\eta^2 = .3$? » Pour répondre à cette question, nous devons d'abord décider les risques d'erreur de Type I que nous sommes prêts à prendre. Si nous adoptons la valeur classique en sciences sociales de α .= 05 alors, comme auparavant, nous sélectionnerons la valeur critique de PRE de telle sorte que la valeur calculée du PRE ait une probabilité de .05 de dépasser la valeur critique si $\eta^2 = 0$. Si tel est le cas, nous pouvons voir dans l'Encadré 4.14 que la probabilité d'obtenir un PRE inférieur ou égal à .20 est égale à .96, ce qui veut dire que seules 4 % des valeurs observées de PRE devraient être supérieures à .20 si $\eta^2 = 0$. N'oubliez pas que $\eta^2 = 0$ implique que les MODÈLES C et A sont identiques, donc notre règle de décision sera de rejeter le MODÈLE C au profit du MODÈLE A si PRE > .20. Maintenant, nous pouvons utiliser la colonne correspondant à $\eta^2 = .3$ pour répondre à notre question de type « que se passerait-il si ». La valeur que nous observons dans le tableau, pour cette colonne et pour la ligne de PRE = .20, révèle que la probabilité qu'un PRE calculé soit inférieur à .20 est de .25. Autrement dit, même si $\eta^2 = .3$ (c'est-à-dire, il existe une différence réelle entre le MODÈLE C et le MODÈLE A), il y a toujours 25 % de chances pour que nous obtenions une valeur de PRE en dessous de la valeur critique et donc que nous ne rejetions pas le MODÈLE C. En d'autres termes, la probabilité de faire une erreur de Type II est égale à .25. En contrepartie, 1 − .25 = .75 correspond à la probabilité d'obtenir un PRE > .20 et donc de rejeter le MODÈLE C au profit du MODÈLE A si η^2 = .3. En d'autres termes, la puissance (c'est-à-dire probabilité de ne pas faire une erreur de Type II) est de .75.

Nous pouvons facilement faire des analyses de type « que se passerait-il si » pour d'autres valeurs de η^2. Par exemple, si η^2 = .05, ce qui implique une petite différence entre les MODÈLES C et A, alors la puissance est égale à 1 − .86 = .14. Ainsi, pour cette petite différence entre les deux modèles les chances d'obtenir un PRE suffisamment grand pour pouvoir rejeter le MODÈLE C au profit du MODÈLE A seront seulement de 14 %. À l'inverse, si η^2 = .75, ce qui implique une grande différence entre les MODÈLES C et A, alors la puissance est égale à 1 − .00 = 1. Ainsi, pour cette

Encadré 4.15
Table de puissance pour α = .05 quand PC = 0 et PA = 1

			***Prob*(PRE > *Valeur critique*)**							
n	***Valeur***	***Critique***	**Vrai PRE, η^2**							
	F	**PRE**	***0***	***.01***	***.03***	***.05***	***.075***	***.1***	***.2***	***.3***
2	161.45	.994	.05	.05	.05	.05	.05	.06	.06	.07
3	18.51	.903	.05	.05	.05	.06	.06	.07	.08	.11
4	10.13	.771	.05	.05	.06	.06	.07	.08	.11	.15
5	7.71	.658	.05	.05	.06	.07	.08	.09	.14	.21
6	6.61	.569	.05	.05	.06	.07	.09	.10	.17	.26
7	5.99	.499	.05	.06	.07	.08	.10	.12	.20	.31
8	5.59	.444	.05	.06	.07	.09	.11	.13	.23	.36
9	5.32	.399	.05	.06	.08	.09	.12	.14	.26	.41
10	5.12	.362	.05	.06	.08	.10	.13	.16	.29	.46
11	4.96	.332	.05	.06	.08	.11	.14	.17	.32	.50
12	4.84	.306	.05	.06	.09	.11	.15	.18	.35	.54
13	4.75	.283	.05	.06	.09	.12	.16	.20	.38	.58
14	4.67	.264	.05	.06	.09	.13	.17	.21	.41	.62
15	4.60	.247	.05	.07	.10	.13	.18	.23	.44	.66
16	4.54	.232	.05	.07	.10	.14	.19	.24	.46	.69
17	4.49	.219	.05	.07	.10	.14	.20	.25	.49	.72
18	4.45	.208	.05	.07	.11	.15	.21	.27	.52	.74
19	4.41	.197	.05	.07	.11	.16	.22	.28	.54	.77
20	4.38	.187	.05	.07	.12	.16	.23	.29	.56	.79
22	4.32	.171	.05	.07	.12	.18	.25	.32	.61	.83
24	4.28	.157	.05	.08	.13	.19	.27	.35	.65	.87
26	4.24	.145	.05	.08	.14	.20	.29	.37	.69	.89
28	4.21	.135	.05	.08	.15	.22	.31	.40	.72	.92
30	4.18	.126	.05	.08	.15	.23	.33	.42	.75	.93
35	4.13	.108	.05	.09	.17	.26	.37	.48	.82	.96
40	4.09	.095	.05	.10	.19	.29	.42	.54	.87	.98
45	4.06	.085	.05	.10	.21	.32	.46	.59	.91	.99
50	4.04	.076	.05	.11	.23	.36	.51	.64	.93	**
55	4.02	.069	.05	.11	.25	.39	.55	.68	.95	**
60	4.00	.064	.05	.12	.27	.42	.58	.72	.97	**
80	3.96	.048	.05	.14	.34	.53	.71	.84	.99	**
100	3.94	.038	.05	.17	.41	.62	.81	.91	**	**
150	3.90	.026	.05	.23	.57	.80	.93	.98	**	**
200	3.89	.019	.05	.29	.70	.90	.98	**	**	**
500	3.86	.008	.06	.61	.98	**	**	**	**	**

** puissance > .995

différence importante, nous serions théoriquement certains d'obtenir un PRE suffisamment grand pour pouvoir rejeter le MODÈLE C au profit du MODÈLE A.

Les distributions d'échantillonnages cumulés sont lourdes et seul un petit nombre de ces valeurs sont en réalité nécessaires pour réaliser des analyses de type « que se passerait-il si ». Par conséquent, une « table de puissance » qui nous donnerait uniquement les probabilités de puissance pour des niveaux spécifiques de η^2 serait plus utile. L'Encadré 4.15 présente justement les probabilités de puissance pour différentes valeurs de η^2 et n, pour PC = 0, PA = 1 et $\alpha = .05$. Nous pouvons utiliser cette table de puissance pour faire les mêmes analyses de « que se passerait-il si » que nous avons réalisées précédemment, mais également un grand nombre de questions du même type. Dans le problème que nous avons présenté comme illustration, nous avons simplement utilisé la ligne correspondant à $n = 20$: pour $\eta^2 = .05$, puissance = .16 et pour $\eta^2 = .3$, puissance = .79. (La petite différence pour le calcul de puissance ci-dessus est due au fait que pour le PRE nous utilisons une valeur critique plus précise de .187 au lieu de .20).

La table de puissance nous permet de traiter une autre question de type « que se passerait-il si » : « quelle serait la puissance, si la taille de l'échantillon augmentait ? » Par exemple, de combien augmenterait la puissance si les nombres de mauvaises réponses pour le test de mathématiques étaient évalués avec 30 participants au lieu de 20 ? Si $\eta^2 = .05$, on peut voir que la puissance est égale à .23, ce qui est mieux que le .16 que nous avions pour 20 nombres de mauvaises réponses, mais qui reste peu satisfaisant. Si $\eta^2 = .3$, alors la puissance est égale à .93, ce qui est nettement au-dessus du .79 que nous avions pour 20 nombres de mauvaises réponses et nous donne de bonnes chances de rejeter le MODÈLE C au profit du MODÈLE A. Notez que pour $n = 50$, nous sommes théoriquement certains de rejeter le MODÈLE C pour toutes valeurs du vrai PRE η^2 supérieures ou égales à .3.

Trop de recherches sont encore réalisées sans se préoccuper de la puissance (la question du « que se passerait-il si ») avant de collecter les données. Il s'ensuit que souvent des recherches sont menées alors qu'il n'existe théoriquement aucune chance de rejeter le MODÈLE C, même si l'idée ayant motivé l'étude est correcte. Avec des tables de puissance telles que celle présentée dans l'Encadré 4.15 (la plupart des logiciels statistiques comme R ou SAS ont par ailleurs des procédures faciles d'accès permettant de calculer la puissance), traiter la question de la puissance est tellement simple qu'il n'y aucune excuse pour ne pas se poser ces questions avant de collecter des données. Il reste qu'on peut tout naturellement se poser la question de savoir à quel niveau de puissance nous devons travailler. Cohen (1977) suggérait que cette puissance doit être au moins de .8. Néanmoins, la question est plutôt de savoir dans quelle mesure le chercheur est prêt à accepter le risque de trouver un résultat non significatif, même si les idées ayant motivé la recherche sont correctes.

Maintenant que nous savons comment répondre à la question du « que se passerait-il si » de la puissance, il nous faut apprendre à déterminer les valeurs appropriées du vrai PRE ou de η^2 que nous allons utiliser pour répondre à ces questions. Il existe plusieurs manières d'obtenir la valeur appropriée du η^2 à utiliser pour l'analyse de puissance : (a) utiliser les valeurs de PRE obtenues dans des recherches similaires ; (b) utiliser les valeurs « petite », « moyenne » et « grande » suggérées par Cohen (1977) ; et (c) calculer des valeurs attendues de PRE à partir d'intuition sur les valeurs des paramètres. Nous allons aborder chacune de ces stratégies tour à tour.

La première stratégie repose sur le fait qu'avec suffisamment d'expérience dans un domaine, les chercheurs savent bien souvent à quelle valeur de PRE on doit s'attendre. Ces valeurs de PRE, acquises sur la base de l'expérience du domaine, peuvent être utilisées directement dans la table de puissance. Par exemple, si nous pensons que certains effets (comme l'effet du nombre de mauvaises réponses au test de mathématiques) produisent des valeurs de PRE supérieures ou égales à .1, alors nous pouvons utiliser la colonne de $\eta^2 = .1$ dans la table de puissance. Ainsi, si nous voulions nous assurer d'avoir une puissance > .8, nous pourrions voir, en regardant plus bas dans cette même colonne, qu'une puissance > .8 requiert une taille d'échantillon comprise entre 60 et 80, probablement 73. Nous pouvons remarquer que nous sommes ici largement au-dessus du nombre de participants que nous avions dans notre étude testant l'idée que les gens donnent significativement moins de mauvaises réponses que la valeur attendue s'ils avaient répondu au hasard dans le test de mathématiques.

Lorsque nous utilisons les résultats d'études précédentes pour choisir un η^2 approprié en vue de faire une analyse de puissance, nous devons nous rappeler que les valeurs de PRE calculées sont biaisées car, en moyenne, elles surestiment η^2. La simple formule que voici permet d'éliminer le biais contenu dans le PRE:

$$\text{L'estimation non biaisée de } \eta^2 = 1 - (1 - \text{PRE})\left[\frac{n - \text{PC}}{n - \text{PA}}\right]$$

Dans notre exemple, la valeur calculée pour le PRE est égale à .209; donc, l'estimation non biaisée de η^2 est égale à:

$$1 - (1 - .209)\left[\frac{20 - 0}{20 - 1}\right] = 1 - .791\left[\frac{20}{19}\right] = .167$$

Ainsi, bien que la valeur de PRE calculée à partir des DONNÉES soit de .209, la meilleure estimation que nous puissions faire de la valeur non biaisée est seulement de .167 et c'est cette valeur que nous utiliserons pour planifier les recherches suivantes. Notons que cette correction visant à atténuer le biais aura un effet plus important pour des petites valeurs de n – PA que pour de grandes valeurs. En effet, l'essence même de cet ajustement est de corriger la tendance que peut avoir la méthode des moindres carrés à s'appuyer sur la chance pour faire apparaître des effets dans le cas de petits échantillons. C'est pourquoi ces estimations non biaisées sont parfois qualifiées de valeurs ajustées.

La deuxième stratégie permettant de déterminer les valeurs appropriées de η^2 est liée à la première et consiste à utiliser les valeurs suggérées par Cohen (1977) pour distinguer les effets de « petites » (η^2 = .02), « moyennes » (η^2 = .13) et « grandes » (η^2 = .26) tailles. Ici, nous partirons donc du présupposé que l'effet attendu est petit, moyen ou grand. La table de puissance présentée dans le livre ne comporte pas de colonnes pour ces valeurs spécifiques de η^2, mais à la place nous pouvons utiliser .03, .1 et .3. Bien que les valeurs suggérées par Cohen (1977) soient intrinsèquement arbitraires, elles représentent bien l'expérience acquise au travers d'un large spectre de disciplines des sciences sociales. Si vous avez suffisamment d'expérience dans votre domaine pour considérer que ces valeurs ne sont pas raisonnables, il vous suffira d'utiliser les valeurs qui vous semblent raisonnables sur base de cette expérience. Le but de l'analyse de puissance, lorsqu'on la réalise avant la collecte des données, n'est pas de calculer exactement la puissance statistique, mais d'avoir une indication sur le fait de savoir si nous avons une chance de détecter l'effet d'intérêt avec la taille d'échantillon que nous avons prévu d'utiliser. Si une étude n'a que peu de chances de distinguer le MODÈLE C du MODÈLE A même pour un effet de grande taille (η^2 = .26 ou .3), il y a alors très peu de raisons de réaliser cette étude.

Afin d'illustrer cette approche, estimons la puissance que nous aurions pour détecter des effets de tailles petites, moyennes et grandes dans notre exemple du test de mathématiques avec 20 nombres de mauvaises réponses. En utilisant la ligne n = 20 et les colonnes correspondant à η^2 = .03, .1 et .3 dans la table de puissance, nous pouvons observer que les puissances correspondantes sont respectivement de .12, .29 et .79. En d'autres termes, nous n'aurions que très peu de chances de détecter des effets de tailles petites et moyennes, mais une chance décente de détecter un effet de grande taille. Si nous voulions être capables de détecter un effet de taille moyenne, il nous faudrait alors augmenter le nombre de participants dans notre étude.

La troisième approche pour trouver la valeur appropriée du η^2 à utiliser pour l'analyse de puissance implique d'essayer de deviner les valeurs des paramètres et de la variance. Être capable d'avoir des estimations raisonnables pour les valeurs de paramètres et de variance requiert autant, voire plus, d'expérience dans le domaine de recherche que de connaître les valeurs typiques de PRE. De fait, cette dernière approche est généralement moins utile que les deux premières. Nous la présentons tout de même pour être complets, mais également parce que les dérivations utilisées dans cette approche vont nous permettre d'introduire des éclairages bien utiles concernant le sens de PRE et de η^2. En outre, cette approche nécessite de décrire dans le détail les données que nous espérons obtenir et cet exercice peut souvent être utile pour identifier des biais dans les plans de nos recherches.

Commençons avec notre définition habituelle du PRE:

$$\text{PRE} = \frac{\text{SCE(C)} - \text{SCE(A)}}{\text{SCE(C)}} = \frac{\text{SCR}}{\text{SCE(C)}}$$

Nous avons indiqué auparavant que SCE(C) = SCE(A) + SCR (c'est-à-dire, les erreurs obtenues avec le modèle compact comportent toutes les erreurs du modèle augmenté plus les erreurs qui ont pu être réduites grâce à l'inclusion des nouveaux paramètres du modèle augmenté). Ainsi, si nous substituons SCE(C) par sa valeur, nous obtenons:

$$\text{PRE} = \frac{\text{SCR}}{\text{SCE(A)} + \text{SCR}} = \frac{1}{\text{SCE(A)}/\text{SCR} + 1}$$

Afin d'obtenir une définition de la vraie proportion de réduction de l'erreur η^2, nous estimons simplement SCE(A) et SCE(C) en utilisant, non pas les données, mais les valeurs des paramètres B_0 et β_0, qui nous intéressent.

Pour notre exemple, nous avons vu précédemment que:

$$\text{SCR} = \sum_{i=1}^{n} \left(\widehat{Y}_{iC} - \widehat{Y}_{iA}\right)^2$$

Si nous pensons que l'effet des compétences en mathématiques est de diminuer la moyenne du nombre de mauvaises réponses de 50 à 40, $\widehat{Y}_{iC} = B_0 = 50$ représente l'hypothèse nulle et $\widehat{Y}_{iA} = \beta_0 = 40$ représente une hypothèse alternative que nous voulons tester. Dans un tel cas de figure, nous *attendrions*:

$$\text{SCR} = \sum_{i=1}^{20} (50 - 40)^2 = \sum_{i=1}^{20} 10^2 = \sum_{i=1}^{20} 100 = 2000$$

En d'autres termes, le SCR que nous attendons est simplement la valeur 100 que nous additionnons 20 fois (une par nombre de mauvaises réponses). Nous avons vu au Chapitre 2 que SCE/(n – PA) était une estimation de la variance σ^2. Si nous utilisons notre valeur attendue de $\beta_0 = 40$ pour calculer SCE(A), aucun paramètre n'est donc estimé à partir des données et PA est donc égale à 0. Ainsi, cette formule devient SCE (A)/$n = \sigma^2$, donc la valeur que nous nous *attendons* à obtenir nous est donnée par:

$$\text{SCE(A)} = n\sigma^2$$

Il découle de tout cela que si nous avons une prédiction raisonnable pour la variance, nous pouvons aisément calculer la valeur de SCE(A) que nous pouvons attendre. Avoir une bonne intuition concernant la variance à laquelle s'attendre est souvent aussi difficile, voire plus difficile, que de connaître le PRE auquel on peut s'attendre. Dans les deux cas, ces prédictions sont basées sur l'expérience acquise dans un domaine de recherche. De bonnes prédictions concernant la variance dépendent souvent de l'expérience antérieure acquise avec telle ou telle mesure *Y*. Dans le cas de notre exemple, supposons que des données précédentes dans le domaine des tests de mathématiques nous amènent à attendre un σ^2 aux alentours de 400 ; nous pourrions alors nous attendre à ce que :

$$\text{SCE(A)} = n\sigma^2 = (20)400 = 8000$$

Nous pouvons maintenant retourner à notre formule du PRE pour calculer la valeur que nous attendons pour la vraie proportion de réduction de l'erreur η^2 (sur base de nos prédictions concernant B_0, β_0 et σ^2).

$$\eta^2 attendu = \frac{1}{\text{SCE (A)/SCR} + 1} = \frac{1}{8000/2000 + 1} = \frac{1}{4 + 1} = .2$$

En d'autres termes, $\eta^2 = .2$ correspond à nos prédictions concernant B_0, β_0 et σ^2. Nous pouvons maintenant utiliser la table de puissance pour trouver la puissance que nous aurions pour comparer le MODÈLE C, qui prédit que la moyenne des nombres de mauvaises réponses sera de 50, avec le MODÈLE A, qui prédit que la moyenne des nombres de mauvaises réponses sera de 40, le tout pour une variance aux environs de 400. Grâce à l'Encadré 4.15, nous pouvons voir qu'avec 20 observations, la probabilité de rejeter le MODÈLE C (c'est-à-dire de décider que les nombres de mauvaises réponses au test de mathématiques étaient plus modestes que la valeur attendue pour des réponses au hasard) est seulement de .56, même si nous pensons qu'en moyenne les nombres de mauvaises réponses seront inférieurs de 10 par rapport à la valeur attendue de 50. Cela veut dire que le chercheur dispose d'à peine plus d'une chance sur deux de décider que les nombres de mauvaises réponses au test sont plus modestes que la valeur attendue pour des réponses au hasard, et ce, alors qu'en réalité, nous savons que ces nombres de mauvaises réponses sont réellement inférieures de 10. En utilisant la table de puissance, nous pouvons voir qu'en doublant le nombre de personnes participant à cette étude, nous augmenterions la puissance de manière substantielle pour atteindre .87. Dans ce cas de figure, il semble donc préférable de tester notre hypothèse avec un échantillon plus important, plutôt que de le faire avec un échantillon qui offre peu d'espoir de trouver notre effet. Nous pourrions traiter de la même manière d'autres questions de type « que se passerait-il si », et ce, pour d'autres valeurs de B_0, β_0 et σ^2.

7. Augmenter la puissance

La relative faiblesse de la puissance (c'est-à-dire la forte probabilité de faire une erreur de Type II) de la situation que nous avons traitée jusqu'à maintenant peut étonner. D'autant plus que cette situation pouvait malgré tout apparaître comme une situation de test raisonnable. Malheureusement, la faiblesse de la puissance est un problème qui nuit à l'analyse des données bien plus fréquemment qu'on ne le réalise habituellement. Une faible puissance crée de sérieuses difficultés. À titre d'exemple, pensez aux tracas que peuvent rencontrer des chercheurs essayant d'évaluer l'efficacité d'une forme d'enseignement révolutionnaire ou d'une nouvelle thérapie pour une maladie mortelle. Ainsi, si la puissance pour détecter cet effet est aux alentours d'une chance sur deux, le risque est grand de conclure que cette nouvelle forme d'enseignement ou cette thérapie ne sont pas efficaces alors qu'en réalité, elles le sont. Si nous prenons en considération le temps et l'argent qui peuvent être investis dans de telles recherches – sans même mentionner les bénéfices potentiels pour les individus et l'avancement de la science – il n'y a aucun sens à planifier et conduire des études qui n'ont que peu de chances de trouver des effets, même si ces effets existent réellement. Dans notre exemple, la valeur du PRE que nous avons obtenue nous a permis de rejeter l'hypothèse selon laquelle $\beta_0 = 50$; soit nous avons été chanceux, soit la vraie valeur de β_0 était considérablement plus faible que la valeur alternative de 50 que nous avons traitée plus haut. En général, néanmoins, nous voulons augmenter la puissance de l'inférence statistique. Il existe trois stratégies fondamentales pour améliorer cette puissance: réduire l'ERREUR, augmenter α et/ou augmenter le nombre d'observations. Nous allons traiter chacune de ces stratégies tour à tour.

7.1. *Réduire l'ERREUR*

Un moyen de réduire l'ERREUR consiste à contrôler le plus de perturbations aléatoires possibles. Dans notre exemple du test de mathématiques, nous pourrions réduire l'ERREUR, et donc augmenter la puissance de notre test statistique, en donnant des instructions claires aux participants, en s'assurant que ces participants sont bien reposés, en éliminant les sources de distractions dans l'environnement où nous enregistrons les réponses ou encore en utilisant la procédure d'enregistrement des réponses la plus fiable possible. En d'autres termes, l'ERREUR est réduite quand les DONNÉES sont de meilleures qualités. Dans l'équation:

DONNÉES = MODÈLE + ERREUR

le MODÈLE rendra compte d'une plus grande proportion des DONNÉES, si les DONNÉES sont de meilleure qualité et comportent donc moins d'ERREUR. Ainsi, avoir moins d'ERREUR nous permet d'avoir un regard plus puissant sur nos DONNÉES. Bien que le fait de réduire l'ERREUR de cette manière soit peut-être la meilleure méthode pour améliorer la puissance, les techniques à utiliser pour y parvenir sont habituellement spécifiques au domaine et donc en dehors du propos de ce livre.

Un autre moyen de réduire l'ERREUR consiste à augmenter la qualité du MODÈLE. Si nous revenons à l'équation:

DONNÉES = MODÈLE + ERREUR

l'ERREUR sera plus modeste, à qualité de DONNÉES constante, si le MODÈLE peut être amélioré pour rendre compte d'une plus grande part des DONNÉES. Gérer des modèles plus complexes que le modèle simple, modèle que nous avons traité dans ces premiers chapitres, sera le sujet du reste du livre. C'est pourquoi nous ne pouvons pas donner trop de détails ici. Notons tout de même que l'idée générale est de construire des modèles faisant des prédictions conditionnellement à des informations supplémentaires dont nous disposons à propos des observations. Dans le cas du test de mathématiques, nous pourrions par exemple savoir quels sont les participants qui ont déjà participé à ce type de test dans le passé et, parmi ceux-ci, quels sont ceux qui ont déjà reçu un entrainement pour ce type de test standardisé. Ainsi, si le fait d'avoir déjà participé à des tests de ce type fait une différence quant au nombre de mauvaises réponses, nous pouvons alors faire différentes prédictions conditionnelles au fait que les participants ont ou n'ont pas déjà passé ce type de tests (voire même à quelle fréquence ils l'ont déjà fait). Ce faisant, nous aurons donc inclus dans le MODÈLE ce qui relevait auparavant de perturbations aléatoires et qui, à ce titre, apparaissait dans l'ERREUR. À nouveau, ceci est important car diminuer l'ERREUR nous donnera un regard plus puissant (et donc plus précis) sur nos DONNÉES. Dans les chapitres suivants, nous traitons explicitement de l'ajout de paramètres dans le MODÈLE lorsque le but est d'augmenter la puissance.

7.2. *Augmenter α*

Un autre moyen d'améliorer la puissance consiste à augmenter α, c'est-à-dire la probabilité de faire une erreur de Type I. En effet, les probabilités des erreurs de Type I et II sont liées de telle manière que si nous choisissons une valeur critique qui augmente (diminue) α, alors nous diminuons (augmentons) dans le même temps et nécessairement la probabilité d'erreurs de Type II. En ce qui concerne les données du test de mathématiques avec $n = 20$, l'Encadré 4.16 illustre les variations de la puissance en fonction de η^2 et α. Nous pouvons voir qu'à mesure que α augmente de .001

Encadré 4.16
Puissance pour PA = 1, PC = 0 et n = 20 à différents niveaux de α.

α	*Valeur*	*Critique*	***Prob*(PRE > Valeur critiques)**							
			***Vrai* PRE, η^2**							
	F	PRE	0	.01	.03	.05	.075	.1	.2	.3
.001	15.08	.443	.00	.00	.00	.01	.01	.02	.09	.22
.005	10.07	.346	.01	.01	.02	.03	.05	.07	.21	.43
.01	8.18	.301	.01	.02	.03	.05	.08	.11	.30	.54
.025	5.92	.238	.03	.04	.07	.10	.15	.20	.44	.69
.05	4.38	.187	.05	.07	.12	.16	.23	.29	.56	.79
.1	2.99	.136	.10	.13	.20	.26	.34	.42	.70	.88
.25	1.41	.069	.25	.29	.38	.46	.55	.63	.85	.96

à .25, les valeurs critiques de F et de PRE diminuent. Il devient évidemment plus facile pour les valeurs de F et de PRE, calculées à partir des DONNÉES, de dépasser ces valeurs critiques. Par conséquent, la puissance augmente à mesure qu'augmente α. Par exemple, si nous faisons une analyse de puissance de type « que se passerait-il si » avec $\eta^2 = .2$, la puissance est de .56 lorsque $\alpha = .05$, mais si nous élevons α à .1, la puissance augmente pour atteindre .70.

Les directeurs de revues scientifiques sont généralement méfiants en ce qui concerne les erreurs de Type I et accepteront très rarement d'utiliser $\alpha > .05$ pour les inférences statistiques. Il existe pourtant beaucoup de problèmes empiriques dans l'analyse des données pour lesquels utiliser un α plus élevé pour augmenter la puissance serait justifié. Les caractéristiques de ces situations sont (a) l'augmentation de la puissance par un autre moyen est impossible, (b) le rejet du MODÈLE C, s'il est effectivement incorrect, aurait d'importantes conséquences pratiques et (c) le coût associé à une erreur de Type I, n'est pas très important. Prenons comme exemple le problème de la décision statistique que rencontre une chercheuse testant l'efficacité d'une méthode innovante d'enseignement. Il pourrait être difficile pour cette chercheuse de contrôler toutes les sources d'ERREUR pour augmenter la puissance. De plus, il est très certainement important d'identifier une méthode d'enseignement qui améliore l'apprentissage des élèves. Une erreur de Type I aurait probablement pour conséquence d'entrainer d'autres tests de l'usage de cette méthode avec un certain nombre de classes l'année suivante, ce qui pourrait ne pas représenter un coût trop significatif. De fait, la chercheuse pourrait adopter un α plus haut pour choisir les valeurs critiques de F et de PRE qu'elle utilisera pour ces inférences statistiques.

À l'inverse, notez que le fait de réduire α, réduit également la puissance. Dans l'exemple du test de mathématiques, diminuer α jusqu'à la valeur de .01 augmenterait notre protection contre les erreurs de Type I, mais cela réduirait également notre puissance à moins de .28, un niveau auquel il ne vaut probablement pas la peine de faire l'étude. Si le coût d'une erreur de Type I est très élevé – par exemple si les résultats d'une recherche dans le domaine de l'éducation impliquent de reprendre totalement la formation des enseignants – alors l'utilisation d'une valeur très contraignante de α pourrait être appropriée. Néanmoins, dans certains cas, notamment lorsque la taille de l'échantillon est très modeste comme dans notre exemple du test de mathématiques, diminuer α réduirait tellement la puissance qu'il ne vaudrait plus la peine de conduire cette étude – les chances de voir quelque chose avec un « microscope » aussi peu puissant seraient trop faibles.

7.3. *Augmenter n*

La technique probablement la plus commune pour augmenter la puissance des tests statistiques consiste à accroître le nombre d'observations. L'Encadré 4.17 est une représentation graphique des

Encadré 4.17
Valeurs critiques de PRE en fonction du nombre d'observations

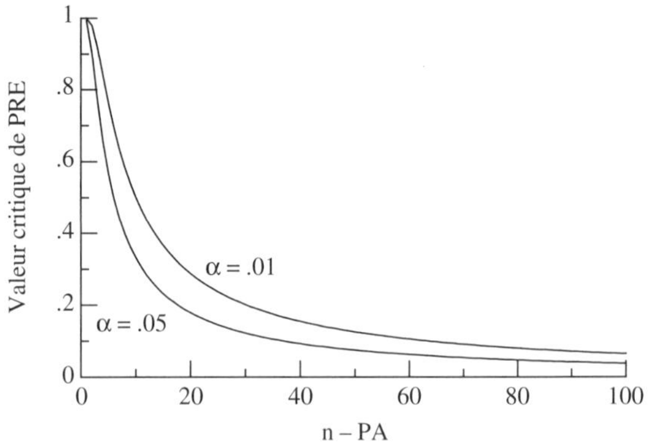

valeurs critiques du PRE à 95 % (α = .05) et à 99 % (α = .01) qui étaient présentées dans l'Encadré 4.9, en fonction du nombre d'observations. On peut voir que les valeurs requises de PRE pour rejeter le MODÈLE C chutent nettement à mesure que le nombre d'observations augmente. À titre d'exemple, s'il y avait eu 51 participants au lieu de 20 dans notre étude sur le test de mathématiques, un simple PRE de .075 (α = .05), au lieu de .187 précédemment, aurait été nécessaire pour rejeter le MODÈLE C, qui postulait que $B_0 = 50$. Comme nous l'avons noté plusieurs fois, ces chutes des valeurs critiques de PRE et de F nécessaires pour rejeter le MODÈLE C correspondent à une augmentation de la puissance. Ainsi, et toujours à titre d'exemple, pour $\eta^2 = .2$ comme valeur de « que se passerait-il si » concernant la vraie proportion de réduction de l'erreur, la puissance pour 20 observations est de .54 (voir Encadré 4.15) alors que cette puissance atteint .93 avec 51 observations.

Il existe néanmoins deux raisons pour ne pas utiliser systématiquement un grand nombre d'observations. D'une part, ceci est parfois impossible à cause du coût que cela représente ou à cause de contraintes liées à la possibilité même d'obtenir plus d'observations. D'autre part, la puissance pourrait être tellement grande que certains résultats statistiquement significatifs pourraient être trompeurs. En augmentant à un niveau très élevé la puissance de notre microscope statistique métaphorique, nous risquons de détecter des imprécisions dans le MODÈLE C qui seraient statistiquement significatives, mais qui seraient triviales d'un point de vue théorique. Par exemple, avec 120 observations, toutes les valeurs de PRE supérieures à .032 amèneraient à rejeter le MODÈLE C au profit du MODÈLE A. Néanmoins, une réduction de 3.2 % veut dire que le MODÈLE A est peut-être une amélioration insignifiante par rapport au MODÈLE C. C'est pour cette raison qu'il faut toujours reporter, non seulement les inférences statistiques concernant le rejet ou non du MODÈLE C, mais également les valeurs de PRE et F observées pour que le lecteur puisse évaluer l'importance de l'amélioration du MODÈLE A par rapport au MODÈLE C. Toutes choses égales par ailleurs, une plus grande puissance statistique est toujours préférable ; nous devons juste rester prudents quant à l'importance que nous attribuons aux effets observés lorsque la puissance est très importante.

Il est également important de ne pas ignorer un PRE significatif, uniquement parce qu'il est petit. Le rejet du MODÈLE C au profit du MODÈLE A peut être important théoriquement, même si le MODÈLE A ne procure qu'une légère amélioration. Le fait de savoir si un PRE donné est intéressant théoriquement dépendra de la théorie et de ce que nous ont appris les recherches précédentes dans ce domaine particulier.

8. Intervalles de confiance

Les intervalles de confiance fournissent une façon alternative de considérer l'inférence statistique. Bien que, comme nous allons le voir, les intervalles de confiance soient parfaitement équivalents à l'inférence statistique telle que nous l'avons vue jusqu'à maintenant, ils réorganisent l'information d'une façon qui peut nous procurer des éclaircissements utiles quant aux DONNÉES et à notre MODÈLE.

Un *intervalle de confiance* représente simplement l'ensemble des valeurs possibles pour lesquelles nous ne rejetterions pas le MODÈLE C, si ces valeurs étaient utilisées pour définir le MODÈLE C. Par exemple, la moyenne des 20 nombres de mauvaises réponses pour le test de mathématique est de 42.5 et ne fournit qu'une estimation du paramètre β_0 de notre MODÈLE A. En réalité, nous savons déjà que 50 n'est pas dans l'intervalle de confiance de β_0, car lorsque nous avons utilisé 50 comme prédiction pour le MODÈLE C, nous avons obtenu une valeur peu probable de PRE qui serait apparue moins de 5 % du temps. Toute valeur encore plus grande que 50 produirait donc un PRE encore plus grand. Par conséquent, aucune de ces valeurs ne seront inclues dans l'intervalle de confiance. Dans l'absolu, nous pourrions trouver les bornes de l'intervalle de confiance en gardant le même MODÈLE A et utilisant dans le MODÈLE C des valeurs de B_0 de plus en plus grandes, et ce, jusqu'à ce que nous trouvions une valeur de B_0 produisant un PRE qui ne nous amènerait pas à rejeter le MODÈLE C. Ainsi, si nous avions essayé $B_0 = 45$, les sommes des carrés des erreurs pour les MODÈLES C et A seraient respectivement de 4392 et 4267, ce qui donnerait un PRE = .028, soit une valeur inférieure à la valeur critique pour $\alpha = .05$; de fait, 45 est inclus dans l'intervalle de confiance de β_0 et cette borne supérieure de l'intervalle de confiance doit être quelque part entre 45 et 50. Nous aurions également besoin de rechercher la borne inférieure qui se trouverait nécessairement au-dessous de 42.5. Nous pouvons éviter cette recherche par itération, car il peut être montré que ces bornes peuvent être calculées avec :

$$b_0 \pm \sqrt{\frac{F_{\text{crit};1,n-1;\alpha}\text{CME}}{n}} \qquad \text{Équation 4.4}$$

Pour le modèle simple des nombres de mauvaises réponses au test de mathématiques, le CME = s^2 = SCE/$(n-1)$ = 4267/19 = 224.58. Le $F_{\text{crit};1,n-1;\alpha}$ est la valeur critique au seuil α pour un F à 1 degré de liberté au numérateur (c'est-à-dire la différence entre le nombre de paramètres estimés dans les deux modèles) et $n-1$ degrés de liberté au dénominateur (c'est-à-dire le nombre d'observations moins le nombre de paramètres dans le MODÈLE A). Pour $\alpha = .05$, les tables de valeurs critiques nous donnent $F_{1,19;.05} = 4.38$. En outre, pour ces DONNÉES, nous avons b_0 = la moyenne = 42.5, donc les bornes de l'intervalle de confiance sont égales à :

$$42.5 \pm \sqrt{\frac{(4.38)\,224.58}{20}} \qquad \text{ou} \qquad 42.5 \pm 7.01$$

Ainsi, la borne inférieure est égale à 42.5 − 7.01 = 35.49 et la borne supérieur à 42.5 + 7.01 = 49.51. Par conséquent, nous sommes confiants à 95 % $(1-\alpha)$ que la vraie valeur de β_0 est comprise dans l'intervalle [35.49, 49.51]. Avec ces DONNÉES, chaque B_0 qui n'apparaît pas dans cet intervalle produirait, si on l'utilisait pour le MODÈLE C, des valeurs de PRE et de F qui nous amèneraient à rejeter le MODÈLE C. Chaque B_0 apparaissant dans cet intervalle produirait des valeurs de PRE et de F qui seraient en dessous des valeurs critiques, donc nous ne rejetterions pas les MODÈLE C.

Dans la Section 4.6, nous avons vu comment réaliser des analyses de puissance a priori. Ces questions d'analyse de puissance de type « que se passerait-il si » sont nécessairement inexactes. Les intervalles de confiance sont également utiles pour déterminer a posteriori la puissance statistique réelle quant à la précision des paramètres estimés. En effet, des intervalles de confiance très étendus représentent une faible puissance statistique et des intervalles de confiance plus étroits représentent une forte puissance statistique.

9. Équivalence avec le test t

Dans cette section plus optionnelle, nous démontrons l'équivalence entre le test statistique du modèle simple développé dans ce chapitre et le traditionnel test *t* pour échantillon unique présenté dans la plupart des manuels de statistiques. Nous le faisons pour permettre aux lecteurs déjà exposés aux manuels traditionnels de faire la comparaison entre les deux approches.

Le test *t* pour échantillon unique répond à la question de savoir si la moyenne d'un échantillon est égale à une valeur donnée que spécifie l'hypothèse nulle. La formule du test *t* pour échantillon unique est :

$$t_{n-1} = \frac{\sqrt{n}\left(\bar{Y} - B_0\right)}{s}$$

où n est le nombre d'observations, $\bar{Y}$ est la moyenne calculée, B_0 est la valeur que spécifie l'hypothèse nulle et s est l'écart-type de l'ensemble de données. Si nous adoptons les postulats appropriés pour Y – le même ensemble de postulats que nous avons fait concernant la distribution et l'indépendance des ε_i – les valeurs de t peuvent être comparées avec les valeurs critiques de *distribution du t de Student*. Des tables de cette distribution sont disponibles dans beaucoup de manuels de statistiques. Néanmoins, des tables spécifiques ne sont pas vraiment nécessaires car le fait de mettre t au carré avec $n - 1$ degrés de liberté nous donne un F avec 1 et $n - 1$ degrés de liberté. De ce fait, les tables de F présentées en Annexe peuvent être utilisées.

Afin de démontrer l'équivalence entre F, tel que nous l'avons vu dans ce chapitre, et le test t habituel, nous commençons par la définition du F dans le cadre du modèle simple ; autrement dit :

$$F_{1,n-1} = \frac{\text{PRE}/1}{(1 - \text{PRE})/(n-1)}$$

Nous savons que PRE = SCR/SCE(C) et il est aisé de démontrer que :

$$1 - \text{PRE} = 1 - \frac{\text{SCR}}{\text{SCE(C)}} = \frac{\text{SCE(C)} - \text{SCR}}{\text{SCE(C)}} = \frac{\text{SCE(A)}}{\text{SCE(C)}}$$

Si nous substituons ces valeurs dans la définition du F, nous obtenons :

$$F_{1,n-1} = \frac{\text{SCR}/\text{SCE(C)}}{[\text{SCE(A)}/\text{SCE(C)}]/(n-1)} = \frac{\text{SCR}}{\text{SCE(A)}/(n-1)}$$

En outre, à partir de l'Équation 4.2, nous savons que, pour le modèle simple, SCR peut être remplacé par $n(B_0 - \bar{Y})^2$ et dans le Chapitre 2, nous avons vu que SCE(A)/$(n - 1)$ est égale à s^2, la variance d'un ensemble d'observations. En substituant ces valeurs, nous obtenons :

$$F_{1,n-1} = \frac{n\left(B_0 - \bar{Y}\right)^2}{s^2}$$

Or, la racine carrée de cette dernière équation nous donne le résultat final :

$$\sqrt{F_{1,n-1}} = t_{n-1} = \frac{\sqrt{n}\left(\bar{Y} - B_0\right)}{s}$$

Nous présentons cette démonstration, non pas pour introduire une formule de plus, mais pour illustrer le fait que notre approche de l'inférence statistique en termes de comparaison de modèles est statistiquement identique à l'approche traditionnelle. L'utilisation du PRE et du F pour comparer des modèles n'est rien d'autre qu'une reformulation de l'approche traditionnelle. Cette reformulation a comme conséquence importante de rendre aisée la généralisation à des modèles et des questions d'analyses de données plus complexes. Ainsi, nous pourrons utiliser PRE et F pour l'inférence statistique – de la même manière que nous l'avons fait dans ce chapitre – tout au long du livre. Le test t traditionnel est, quant à lui, loin d'être aussi facilement généralisable. Notons également que, bien que le test t produise nécessairement la même conclusion quant à l'hypothèse nulle, il ne procure pas automatiquement une mesure de l'ampleur du résultat. Dans notre approche, le PRE, pour sa part, nous fournit automatiquement une mesure utile de la taille de cet effet.

10. Un exemple

Dans cette section, nous illustrons les techniques de ce chapitre en utilisant les données de l'accès à Internet présentées dans l'Encadré 1.1. Supposons que des chercheurs en marketing aient prédit qu'en 2013, 75 % des ménages auraient accès à Internet. Une telle prédiction était-elle exagérément optimiste? Cette question revient à comparer les deux modèles suivants:

$$\text{MODÈLE A}: Y_i = \beta_0 + \varepsilon_i$$

$$\text{MODÈLE C}: Y_i = 75 + \varepsilon_i$$

Nous savons que la moyenne est $\bar{Y} = 72.806$ (voir Chapitre 2) et donc que l'estimation du MODÈLE A devient:

$$\hat{Y}_i = 72.806$$

Afin de procéder à l'inférence statistique, nous devons calculer PRE et F à partir de SCE(A) et SCE(C). Nous savons également que la variance, autrement dit CME, est égale à 27.654 (voir Chapitre 2). Sachant que CME = SCE(A)/(n – 1), nous pouvons aisément obtenir SCE(A) en multipliant CME par n – 1; ainsi, SCE(A) = 27.654 (49) = 1355.046; cette valeur apparaît également dans l'Encadré 2.9. Nous pouvons également calculer SCR en utilisant:

$$\text{SCR} = n(B_0 - \bar{Y})^2 = 50(75 - 72.806)^2 = 240.682$$

À partir de ces deux valeurs, nous pouvons obtenir SCE(C) à partir de la formule: SCE(C) = SCE(A) + SCR = 1355.046 + 240.682 = 1595.728

Le calcul de PRE et de F est alors très facile.

$$\text{PRE} = \frac{\text{SCR}}{\text{SCE (C)}} = \frac{240.682}{1595.728} = .151$$

et

$$F_{1,49} = \frac{\text{PRE}/1}{(1 - \text{PRE})/(n-1)} = \frac{.151}{.849/49} = 8.71$$

À partir des tables présentées en Annexes, nous pouvons avoir accès aux valeurs critiques de PRE et F (pour α = .05) qui sont respectivement d'environ .075 et 4.03. Les valeurs obtenues sont clairement au-dessus de ces valeurs critiques, nous pouvons donc rejeter le MODÈLE C à la faveur du MODÈLE A. Ainsi, la réduction de l'erreur de 15.1 % que nous obtenons en utilisant l'estimateur b_0 = 72.806 au lieu de l'hypothèse nulle selon laquelle B_0 = 75 est statistiquement significative. Nous pouvons par conséquent conclure que le pourcentage de foyers ayant un accès à Internet est significativement inférieur à que ce que les chercheurs en marketing avaient prévu. Dans un article de journal, nous pourrions résumer nos résultats de la manière suivante:

En moyenne, le pourcentage de foyers, à travers les différents États des États-Unis, ayant accès à Internet en 2013 ($M = 72.806$) est significativement plus faible que la valeur attendue sur la base de la projection de 75 %, PRE = .151, $F(1, 49) = 8.71$, $p < .05$.

Il est également assez facile de calculer, à partir de ces différentes valeurs, une intervalle de confiance à 95 % pour β_0, la vraie moyenne du pourcentage de foyers ayant accès à Internet, à travers les États des États-Unis. Ainsi, en substituant les valeurs adéquates, l'Équation 4.4 nous donne :

$$72.806 \pm \sqrt{\frac{4.03\,(27.654)}{50}} \quad \text{ou} \quad 72.806 \pm 1.493$$

ce qui nous donne un intervalle de [71.313, 74.299]. Notez qu'en utilisant cet intervalle, nous pouvons facilement répondre à d'autres questions. Par exemple, si les chercheurs en marketing avaient projeté une valeur de $B_0 = 73$, nous n'aurions pas conclu que le pourcentage réel de foyers ayant accès à Internet est significativement inférieur à la précision. En effet, 73 est compris dans l'intervalle de confiance à 95 %.

Résumé

Au Chapitre 1, nous avons noté que l'équation

DONNÉES = MODÈLE + ERREUR

implique une tension – inhérente à l'analyse des données – entre réduire l'ERREUR autant que possible et garder le MODÈLE aussi simple et parcimonieux que possible. À chaque fois que nous considérons la possibilité de rajouter un paramètre au MODÈLE, afin que ce modèle corresponde mieux aux DONNÉES, et par conséquent réduise l'ERREUR, nous devons nous demander si la plus grande complexité du modèle en vaut la peine. Dans ce chapitre, nous avons justement présenté l'appareillage inférentiel permettant de savoir si cette plus grande complexité en vaut la peine ou non.

Afin de décider si les bénéfices apportés par l'ajout de paramètres dans le MODÈLE A surpassent les bénéfices de la parcimonie et de la simplicité du MODÈLE C, nous calculons tout d'abord SCE(A) et SCE(C), soit respectivement les sommes des carrés des erreurs pour le modèle augmenté (qui comporte les paramètres additionnels) et pour le modèle compact (qui ne comporte pas ces paramètres). La réduction de la somme des carrés des erreurs, SCR, est simplement la différence entre ces deux sommes des carrés.

SCR = SCE(C) – SCE(A)

Ensuite, nous calculons la proportion de réduction de l'erreur qui peut être attribuée aux paramètres additionnels, ce qui nous est donné par :

$$\text{PRE} = \frac{\text{SCE(C)} - \text{SCE(A)}}{\text{SCE(C)}} = \frac{\text{SCR}}{\text{SCE(C)}}$$

Un autre indice statistique, lié au premier, est le ratio de la proportion de réduction de l'erreur par paramètre ajouté sur la proportion de réduction potentielle de l'erreur par paramètres restant à ajouter, ce qui nous est donné par :

$$F = \frac{\text{PRE}/(\text{PA} - \text{PC})}{(1 - \text{PRE})/(n - \text{PA})}$$

Nous comparons ensuite les valeurs calculées de PRE et de F avec la distribution des valeurs que nous attendrions si le MODÈLE C, le modèle compact, *était correct*. Si les valeurs calculées de PRE et F s'avèrent peu probables dans l'hypothèse d'un MODÈLE C correct, alors nous rejetons le MODÈLE C et concluons que la plus grande complexité du MODÈLE A en vaut la peine. À l'inverse, si les valeurs calculées font partie des valeurs qu'il serait raisonnable d'attendre si le MODÈLE C était correct, alors nous ne rejetons pas le MODÈLE C, et nous n'acceptons pas la plus grande complexité du MODÈLE A.

Cet outillage inférentiel est simplement un guide de décision et n'est pas infaillible. En l'occurrence, nous pouvons faire deux types d'erreur. Une erreur de Type I apparaît lorsque le MODÈLE C est en réalité correct, mais que nous avons trouvé par hasard des valeurs inhabituelles de PRE et de F, valeurs qui nous ont amené à rejeter ce MODÈLE C. La probabilité de faire une erreur de Type I est dénommée α et définit dans quelle mesure PRE et F doivent être inhabituels pour que nous rejetions le MODÈLE C. Une erreur de Type II apparaît lorsque le MODÈLE C est réellement incorrect ou moins performant que le MODÈLE A, mais que nous avons trouvé par hasard des valeurs de PRE et F qui ne sont pas assez inhabituelles pour pouvoir rejeter le MODÈLE C. En règle général, nous choisirons une valeur d'α, la probabilité de commettre des erreurs de Type I, et nous essayerons de réduire les erreurs de Type II en collectant de meilleures DONNÉES, contenant le moins d'ERREUR possible et en augmentant le nombre d'observations. Notons que le fait de réduire les erreurs de Type II revient à augmenter la puissance statistique d'une inférence.

Nous avons présenté cet outillage inférentiel dans le contexte de questions que nous pouvions traiter avec le modèle simple. Néanmoins, nous pourrons utiliser *exactement* la même procédure pour tous les modèles plus complexes que nous traitons dans les chapitres à venir. Dans ce chapitre, nous avons appris tout ce que nous devons savoir de l'inférence statistique pour remplir notre rôle « d'analyseurs de données ». Le reste de notre tâche sera d'apprendre à construire des modèles plus complexes et plus intéressants pour nos données.

CHAPITRE 5

Régression simple : estimer des modèles avec un seul prédicteur continu

SOMMAIRE

Nous avons utilisé le modèle simple à un seul paramètre pour expliquer l'utilisation des modèles, la notion d'erreur et les procédures d'inférence à utiliser pour comparer les modèles compact et augmenté. Nous nous sommes concentrés sur le modèle à un seul paramètre de manière aussi détaillée parce que les procédures d'estimation et d'inférence, que nous avons développées dans ce cadre très simple, peuvent être généralisées à des modèles beaucoup plus compliqués. Autrement dit, quelle que soit la complexité du modèle, l'estimation passera toujours par le biais de la minimisation de la somme des carrés des erreurs, comme nous l'avons fait dans le cas d'un seul paramètre, et l'inférence s'appuiera sur la comparaison entre les modèles compact et augmenté en utilisant PRE et *F*. Ainsi, le détail des modèles à un paramètre était nécessaire, car nous souhaitions présenter dans un contexte simple tous les outils statistiques que nous exploiterons dans les situations plus complexes.

Toutefois, nous devons bien admettre que les modèles à un seul paramètre n'ont que très rarement un intérêt sur le plan théorique. À bien des égards, l'exemple du chapitre précédent qui testait l'hypothèse selon laquelle les participants répondaient au hasard, soit une valeur attendue de 50 mauvaises réponses sur 100 questions, est inhabituel dans les sciences comportementales. Le plus souvent, de telles valeurs a priori n'existent pas et nous pouvons, au lieu de cela, vouloir vérifier si la moyenne d'un groupe de répondants (par exemple, des répondants ayant reçu une formation en mathématiques) diffère de celle d'un autre groupe (par exemple, des répondants n'ayant pas reçu une telle formation). De même, pour retourner à nos données sur l'accès à Internet, même s'il est très possible que nous trouvions intéressant de savoir si un certain pourcentage a priori (par exemple, 75 %) est un bon estimateur du niveau moyen d'accès à Internet, il est plus probable que nous voulions identifier les déterminants ou les corrélats du niveau d'accès à Internet. En d'autres mots, notre intérêt est plus susceptible de se centrer sur des tentatives d'explication des données collectées à propos de l'accès à Internet, que sur des tests de valeurs alternatives pour le niveau d'accès moyen.

Pour examiner ce type de questions, nous allons devoir traiter des modèles disposant de plus d'un paramètre. Pour commencer, nous allons seulement nous pencher sur des modèles à deux paramètres de la forme suivante :

$$Y_i = \beta_0 + \beta_1 X_i + \varepsilon_i$$

La définition exacte des termes des modèles à deux paramètres sera fournie ultérieurement de manière plus détaillée. Pour le moment, et en supposant que β_1 prenne une valeur autre que zéro, notons simplement que nous faisons des prédictions à propos de Y_i conditionnellement à une autre variable X_i, puisque les prédictions de ce modèle à deux paramètres changent lorsque X_i change.

Il existe en réalité deux versions de ce modèle à deux paramètres et chacune d'entre elles est illustrée par un des deux exemples que nous venons d'évoquer. Dans le premier exemple, le fait d'avoir reçu une formation en mathématiques a des chances d'influencer le nombre de mauvaises réponses. Nous voulons donc savoir si ceux qui ont reçu une telle formation donnent plus ou moins de mauvaises réponses que ceux qui n'ont pas suivi de formation. Cela revient à se demander si nous avons besoin de faire des prédictions différentes dérivées du modèle pour les deux groupes de répondants ou si une seule prédiction suffit, que la formation ait été suivie ou non. En d'autres termes, nous voulons comparer un modèle dans lequel des prédictions sont conditionnelles au fait qu'un répondant donné ait suivi la formation ou non avec un modèle dans lequel la prédiction est la même quel que soit le répondant. Pour cette comparaison, le modèle augmenté est un modèle à deux paramètres qui définit X_i de façon à ce qu'il indique si le répondant a suivi ou non une formation. Nous pourrions, par exemple, définir X_i de la manière suivante :

$X_i = -1$, si le répondant n'a pas suivi la formation

$X_i = +1$, si le répondant a suivi la formation

Si la valeur estimée pour β_1 dans ce modèle à deux paramètres est différente de zéro, cela signifie que le modèle fournit des valeurs prédites différentes pour les répondants de ces deux groupes. Par exemple, si b_0, la valeur estimée de β_0, est égale à 46 et b_1, la valeur estimée de β_1, est égale à 3, alors la prédiction pour les répondants qui n'ont pas suivi la formation (codés -1) est :

$$\hat{Y} = b_0 + b_1 X_i = 46 + 3(-1) = 46 - 3 = 43$$

et la prédiction pour les répondants qui ont suivi la formation (codés 1) est :

$$\hat{Y} = b_0 + b_1 X_i = 46 + 3(1) = 46 + 3 = 49$$

Notez que, dans cet exemple, il y a seulement deux valeurs possibles de X_i et il y aura donc seulement deux valeurs prédites : Les répondants ont suivi ou non la formation et notre décision concernant les valeurs numériques utilisées pour représenter cette formation est arbitraire. Par exemple, si nous avions défini X_i différemment, en donnant aux répondants formés une valeur de 2 et aux répondants non formés une valeur de 4, le modèle à deux paramètres aurait malgré tout généré des prédictions différentes pour les deux groupes d'étudiants, en supposant toujours que la valeur estimée de β_1 n'est pas égale à zéro[1].

Tournons-nous maintenant vers le second exemple. Supposons que nous voulions expliquer les variations des données de l'accès à Internet et que nous suspections que le niveau d'instruction moyen des habitants des différents États, mesuré par le pourcentage d'habitants ayant obtenu un diplôme universitaire, soit en fait un candidat raisonnable pour expliquer ces données. En d'autres termes, nous pensons que le niveau d'accès à Internet sera plus élevé dans les États où une plus grande partie de la population dispose d'un diplôme universitaire. Pour ce faire, nous pourrions utiliser notre modèle à deux paramètres afin de proposer des prédictions pour les États, conditionnellement au pourcentage de diplômés, défini comme X_i. Cette variable peut prendre une multitude de valeurs et il serait improbable que deux États aient exactement le même pourcentage de diplômés et donc exactement les mêmes valeurs de X_i. Dès lors, au lieu de faire deux prédictions différentes, comme dans l'exemple du test de mathématiques, notre modèle est maintenant susceptible de faire des prédictions différentes pour chaque État, puisque chaque État aura probablement une valeur unique de X_i. Une autre différence entre ce modèle à deux paramètres et l'exemple du test de mathématiques est qu'ici les valeurs de X_i ne sont pas arbitraires, alors qu'elles l'étaient dans l'exemple du test. De fait, chaque État a effectivement un certain pourcentage de diplômés et, si nous voulions représenter cette valeur par X_i, nous aurions alors peu de choix dans la valeur X_i que nous pourrions assigner à chaque État.

La différence entre ces deux exemples concerne ce que l'on appelle l'échelle de mesure de la variable prédictrice, c'est-à-dire la variable qui conditionne les prédictions. Dans l'exemple du test de mathématiques, le fait d'avoir suivi ou non la formation est mesuré sur une échelle nominale. Cela signifie que, si X_i permet de coder la distinction entre les deux conditions de formation, le fait de savoir quel groupe de répondants reçoit la valeur la plus élevée de X_i n'a pas grande importance. De même, les valeurs spécifiques utilisées pour ce codage importent peu. Quant au pourcentage de diplômés, celui-ci est mesuré sur une échelle de rapport. Cela veut dire que, même si aucun État n'a un niveau zéro, une telle valeur continue à avoir du sens. L'unité de mesure, et donc la différence entre les valeurs, a tout autant de sens. En effet, les valeurs que nous utilisons pour X_i ne sont pas du tout arbitraires, mais dictées par le souhait de préserver toute l'information contenue dans les données du pourcentage de diplômés.

Alors que toutes les procédures permettant de construire des modèles, estimer des paramètres et comparer les modèles augmenté et compact peuvent être exploitées sans prêter attention à la nature catégorielle ou continue de la variable prédictrice (ou des variables prédictrices), il est

1. Comme on le verra plus tard, les valeurs estimées des paramètres seraient différentes dans ce cas, alors que les valeurs prédites pour les deux groupes resteraient les mêmes.

conceptuellement utile de traiter les modèles avec des variables prédictrices catégorielles (c'est-à-dire sur une échelle nominale) séparément des modèles dont les variables prédictrices sont supposées être mesurées sur des échelles continues (c'est-à-dire sur des échelles d'intervalles ou de rapports). Dans un premier temps, nous allons traiter des modèles qui contiennent seulement des prédicteurs dont on pense qu'ils sont mesurés sur des échelles d'intervalles ou de rapports.

Dans ce chapitre, nous traiterons des modèles à deux paramètres disposant d'une seule variable prédictrice continue. Ensuite, au cours des Chapitres 6 et 7, nous abordons les modèles à plusieurs prédicteurs mesurés de manière continue. Dans le jargon statistique traditionnel, ces trois Chapitres (5, 6 et 7) portent donc sur les régressions simple et multiple, y compris les modèles de régression modérée et polynomiale. Nous porterons ensuite notre attention, dans les Chapitres 8 et 9, sur les modèles comportant des prédicteurs catégoriels. De nouveau en jargon statistique traditionnel, ces chapitres qui traitent des prédicteurs codés nominalement portent sur l'analyse de variance. Enfin, dans le Chapitre 10, nous examinerons des modèles pour lesquels certaines variables sont catégorielles et d'autres continues. Ces modèles sont typiquement présentés sous le nom de modèles d'analyse de covariance. Néanmoins, notre approche de chaque type de modèle sera uniforme. Plutôt que de décrire des techniques statistiques apparemment différentes pour la régression multiple, l'analyse de variance et l'analyse de covariance, nous allons estimer des paramètres, exactement comme nous l'avons fait dans le cas simple du modèle à un seul paramètre, et nous allons tester des hypothèses en comparant les modèles augmenté et compact. En somme, même si nous allons traiter les prédicteurs catégoriels dans des chapitres différents de ceux qui seront consacrés aux prédicteurs continus, les mêmes procédures seront exploitées tout au long de ce livre.

1. Définir un modèle linéaire à deux paramètres

Nous allons maintenant centrer notre attention sur des modèles à deux paramètres avec une seule variable prédictrice continue. Pour illustrer notre propos, nous allons exploiter les données de l'Encadré 5.1 pour nous demander si les différences entre les États, en ce qui concerne leur accès à Internet, peuvent être prédites à partir de leur pourcentage de diplômés. Comme nous l'avons annoncé précédemment, il semble raisonnable de penser que l'accès à Internet est supérieur dans les États où la population est relativement bien éduquée.

Les données apparaissent dans l'Encadré 5.1 et sont représentées sous la forme d'un nuage de points dans l'Encadré 5.2. L'axe vertical représente l'accès à Internet et l'axe horizontal représente le pourcentage de diplômés. Chaque point dans le graphique représente un des 50 États. La question que nous souhaitons poser est de savoir si nous pouvons utiliser le pourcentage de diplômés pour prédire l'accès à Internet. Autrement dit, nos prédictions de l'accès à Internet sont-elles meilleures si elles sont réalisées conditionnellement à l'information portant sur le pourcentage de diplômés ?

Nous allons utiliser un modèle linéaire simple pour générer ces prédictions conditionnelles. Sur base de ce qui précède, ce modèle correspond à :

$$Y_i = \beta_0 + \beta_1 X_i + \varepsilon_i$$

où Y_i représente l'accès à Internet d'un État et X_i son pourcentage de diplômés. Si nous revenons à notre équation générale :

DONNÉES = MODÈLE + ERREUR

nous voyons que, dans cette équation à deux paramètres, le modèle est représenté par :

$$\beta_0 + \beta_1 X_i$$

État	Accès à Internet	Pourcentage de diplômés
AK	79.0	28.0
AL	63.5	23.5
AR	60.9	20.6
AZ	73.9	27.4
CA	77.9	31.0
CO	79.4	37.8
CT	77.5	37.2
DE	74.5	29.8
FL	74.3	27.2
GA	72.2	28.3
HI	78.6	31.2
IA	72.2	26.4
ID	73.2	26.2
IL	74.0	32.1
IN	69.7	23.8
KS	73.0	31.1
KY	68.5	22.6
LA	64.8	22.5
MA	79.6	40.3
MD	78.9	37.4
ME	72.9	28.2
MI	70.7	26.9
MN	76.5	33.5
MO	69.8	27.0
MS	57.4	20.4
MT	72.1	29.0
NC	70.8	28.4
ND	72.5	27.1
NE	72.9	29.4
NH	80.9	34.6
NJ	79.1	36.6
NM	64.4	26.4
NV	75.6	22.5
NY	75.3	34.1
OH	71.2	26.1
OK	66.7	23.8
OR	77.5	30.7
PA	72.4	28.7
RI	76.5	32.4
SC	66.6	26.1
SD	71.1	26.6
TN	67.0	24.8
TX	71.8	27.5
UT	79.6	31.3
VA	75.8	36.1
VT	75.3	35.7
WA	78.9	32.7
WI	73.0	27.7
WV	64.9	18.9
WY	75.5	26.6

Encadré 5.1
Accès à Internet et pourcentage de diplômés universitaires

Encadré 5.2
Nuage de points de l'accès Internet et du pourcentage de diplômés universitaires pour chacun des 50 États des États-Unis d'Amérique

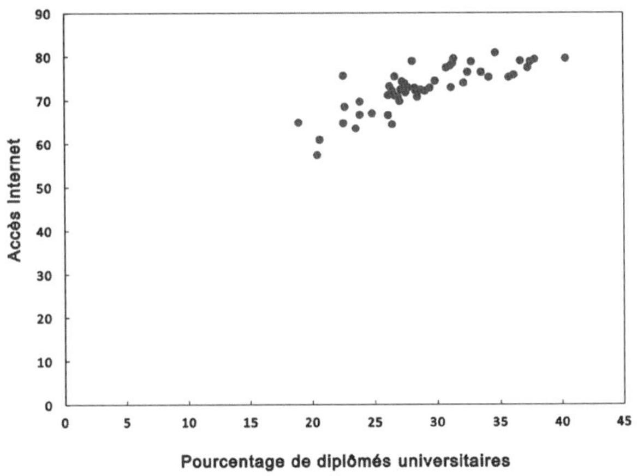

Si nous voulons reformuler ce modèle en termes de valeurs estimées des paramètres, les prédictions faites par ce modèle pour l'accès à Internet de chaque État sont fournies par :

$$\hat{Y}_i = b_0 + b_1 X_i$$

L'ERREUR est comme toujours égale aux DONNÉES moins le MODÈLE, de sorte que les résidus de ce modèle à deux paramètres peuvent être exprimés de la manière suivante :

$$\begin{aligned} e_i &= Y_i - \hat{Y}_i \\ &= Y_i - (b_0 + b_1 X_i) \end{aligned}$$

Examinons chacun des paramètres estimés de ce modèle et voyons ce que chacun d'eux nous apprend. Regardons tout d'abord b_0. Dans le modèle à un paramètre, nous avons vu que b_0 est égal à la valeur moyenne de Y_i, pour peu que nous ayons défini l'erreur comme la somme des carrés des erreurs. Pour exprimer cela d'une autre manière, dans le modèle à un paramètre, b_0 est notre valeur prédite pour chaque État. Toutefois, dans ce modèle à deux paramètres, nous souhaitons tenir compte d'informations supplémentaires pour effectuer notre prédiction à propos de chaque État. Nous souhaitons ainsi prédire l'accès à Internet de chaque État conditionnellement à son pourcentage de diplômés. Dès lors, b_0 n'est pas la valeur prédite pour chaque État parce que les prédictions varient en fonction du pourcentage de diplômés :

$$\hat{Y}_i = b_0 + b_1 X_i$$

Il existe toutefois un cas où le modèle prédit un accès à Internet égal à b_0. De toute évidence, cela se produit lorsque X_i est égal à zéro. En effet, lorsque tel est le cas :

$$\hat{Y}_i = b_0 + b_1 (0) = b_0$$

Ceci fournit l'interprétation du paramètre estimé b_0 dans ce modèle à deux paramètres. Ainsi, dans ce modèle, b_0 est notre prédiction de Y_i lorsque X_i est égal à zéro. Comme nous le verrons dans le cadre de notre exemple, cette prédiction peut ne pas être très utile dans la mesure où les données pour lesquelles nous estimons ce paramètre ne contiennent pas de valeurs de X_i proches de zéro. Dans la terminologie de la régression simple, b_0 est appelé l'ordonnée à l'origine (en anglais, *intercept*) pour des raisons que nous discutons plus loin.

Le second paramètre estimé de notre modèle, b_1, nous indique de quelle façon nos prédictions changent en fonction des variations de X_i. Supposons que nous ayons deux observations qui diffèrent d'une unité sur X_i. Autrement dit, le X_i de la première observation est une unité plus grande que le X_i de la seconde observation. Selon le modèle, nos prédictions pour ces deux valeurs de X_i vont différer de b_1 puisque :

$$\begin{aligned}\widehat{Y}_1 - \widehat{Y}_2 &= (b_0 + b_1 X_1) - (b_0 + b_1 X_2)\\ &= b_1 X_1 - b_1 X_2\\ &= b_1 (X_1 - X_2)\\ &= b_1\end{aligned}$$

Ainsi, b_1 nous indique de combien nos prédictions de Y_i changent lorsque X_i change d'une unité. Notez que dans cette dérivation, nous n'avons pas spécifié les valeurs effectives de X_1 et de X_2. Nous avons seulement indiqué que ces valeurs étaient éloignées l'une de l'autre d'une unité. Dès lors, cela signifie que, dans ce modèle à deux paramètres, b_1 est constant, quel que soit le niveau de X_i. C'est la raison pour laquelle nous avons qualifié ce type de modèle à deux paramètres de modèle linéaire. Lorsque la valeur de X_i change, nos prédictions de Y_i changent d'une façon constante, quelle que soit la valeur de X_i. Dans la terminologie de la régression simple, b_1 est appelée la *pente*.

Pour récapituler, l'ordonnée à l'origine (b_0) et la pente (b_1) nous disent des choses très différentes. L'ordonnée à l'origine est la valeur prédite (soit $\widehat{Y}_i$) pour une valeur particulière de X_i, à savoir lorsque X_i est égal à zéro. Par ailleurs, la pente n'est pas une valeur prédite, mais correspond à la différence entre deux valeurs prédites lorsqu'on passe d'un X_i à un autre X_i plus grand d'une unité.

Examinons ce modèle à deux paramètres de façon graphique, et ce, avec l'exemple de l'accès à Internet selon le pourcentage de diplômés. L'Encadré 5.3 présente le graphique de ce modèle sur base des données recueillies. Toutes les prédictions $\widehat{Y}_i$ se trouvent sur une droite définie par le modèle, c'est-à-dire la droite de régression. Comme c'est le cas dans le modèle à un paramètre, les erreurs de prédictions, e_i, sont définies comme les distances verticales entre la droite et chaque observation. Autrement dit, une erreur ou un résidu est la différence entre Y_i et $\widehat{Y}_i$. L'ordonnée à l'origine b_0 est la valeur de $\widehat{Y}_i$ lorsque X_i est égal à zéro. Cela correspond à la valeur sur l'axe des ordonnées lorsque la droite prédite croise ou « intercepte » cet axe. La pente b_1 est la différence en $\widehat{Y}_i$ pour chaque augmentation d'une unité sur X_i. Sur le plan algébrique, il s'agit donc, pour n'importe quel ensemble de deux points de la droite de régression, de la différence en termes de valeurs prédites divisée par la différence en termes de X_i. En d'autres termes, nous divisons l'ascension par la distance :

$$b_1 = \frac{(\widehat{Y}_2 - \widehat{Y}_1)}{(X_2 - X_1)}$$

où les indices désignent deux points quelconques sur la droite. Notez que la pente peut prendre n'importe quelle valeur positive ou négative. Si la pente est positive, cela signifie que le modèle

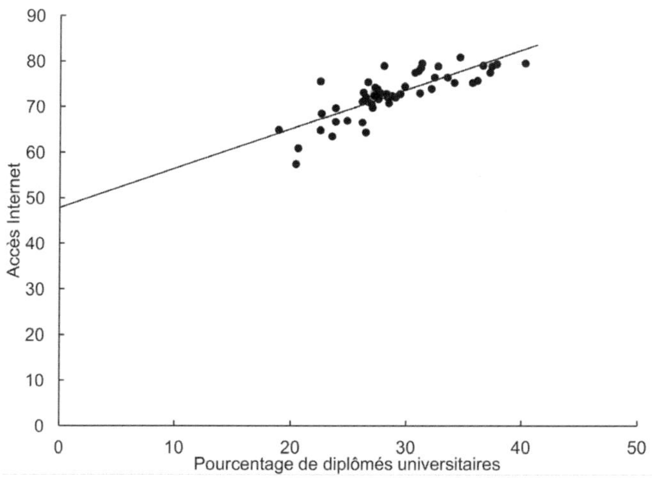

Encadré 5.3
Représentation des données du modèle à deux paramètres prédisant l'accès Internet à partir du pourcentage de diplômés universitaires sous la forme d'un nuage de points

prédit des valeurs de Y_i plus grandes à mesure que X_i augmente. Si la pente est négative, le modèle prédit des valeurs de Y_i plus grandes à mesure que X_i diminue.

2. Estimer un modèle linéaire à deux paramètres

À partir d'un échantillon de données, comment estime-t-on les paramètres de ce genre de modèle ? Ce que nous voudrions faire, c'est exploiter notre échantillon de données pour générer des valeurs de b_0 et b_1 dans l'équation :

$$\hat{Y}_i = b_0 + b_1 X_i$$

Ces valeurs b_0 et b_1 devront être de bons estimateurs des vrais paramètres (mais inconnus) de la population β_0 et β_1. Pour ce faire, nous avons décidé au Chapitre 3 que, pour le modèle à un seul paramètre, nous utiliserions des estimateurs qui minimisent la somme des carrés des erreurs. Ce choix était dicté par le fait que, pour autant que les erreurs soient distribuées normalement, les paramètres estimés basés sur les moindres carrés sont dénués de biais, consistants et relativement efficients. C'est toujours le cas dans le contexte du modèle à deux paramètres et cela continuera à l'être dans les modèles plus complexes qui comprennent un grand nombre de paramètres et que nous verrons dans les chapitres suivants. Pour l'heure, nous voulons identifier des valeurs estimées de β_0 et β_1 qui minimisent $\sum(Y_i - \hat{Y}_i)^2$. Ces paramètres estimés des moindres carrés sont fournis par les formules :

$$b_1 = \frac{\sum (X_i - \overline{X})(Y_i - \overline{Y})}{\sum (X_i - \overline{X})^2}$$

$$b_0 = \overline{Y} - b_1 \overline{X}$$

La démonstration algébrique de ces estimateurs est donnée dans l'Encadré ci-dessous.

Démonstration algébrique des estimateurs des moindres carrés de β_0 et β_1

$$\text{SCE} = \sum (Y_i - \hat{Y}_i)^2 = \sum (Y_i - b_0 - b_1 X_i)^2$$

Étant donné que $\hat{Y}_i = b_0 + b_1 X_i$. Nous ajoutons maintenant $\bar{Y} - \bar{Y}$ et $b_1 (\bar{X} - \bar{X})$ à l'intérieur des parenthèses. Puisque ces expressions sont toutes deux égales à zéro, nous n'avons pas changé l'égalité. Ainsi,

$$\text{SCE} = \sum (Y_i - \overline{Y} + \overline{Y} - b_0 - b_1 X_i + b_1 \overline{X} - b_1 \overline{X})^2$$

En regroupant les termes, on trouve l'expression équivalente :

$$\text{SCE} = \sum [(Y_i - \overline{Y}) + (\overline{Y} - b_0 - b_1 \overline{X}) - b_1 (X_i - \overline{X})]^2$$

Si nous élevons au carré le terme entre parenthèses et distribuons le signe d'addition, cela donne l'expression :

$$\begin{aligned} \text{SCE} = & \sum (Y_i - \overline{Y})^2 + 2 (\overline{Y} - b_0 - b_1 \overline{X}) \sum (Y_i - \overline{Y}) \\ & - 2b_1 \sum (Y_i - \overline{Y})(X_i - \overline{X}) + n (\overline{Y} - b_0 - b_1 \overline{X})^2 \\ & - 2b_1 (\overline{Y} - b_0 - b_1 \overline{X}) \sum (X_i - \overline{X}) + b_1^2 \sum (X_i - \overline{X})^2 \end{aligned}$$

Puisque tant $\sum (Y_i - \overline{Y})$ que $\sum (X_i - \overline{X})$ valent zéro, cette expression se simplifie en :

$$\text{SCE} = \sum (Y_i - \overline{Y})^2 - 2b_1 \sum (Y_i - \overline{Y})(X_i - \overline{X}) + n(\overline{Y} - b_0 - b_1\overline{X})^2 + b_1^2 \sum (X_i - \overline{X})^2$$

Comme le troisième terme dans cette expression, $n(\bar{Y} - b_0 - b_1\bar{X})^2$, est nécessairement positif, nous aimerions le réduire à zéro pour minimiser SCE. Nous souhaitons des valeurs de b_0 et b_1 telles que :

$$n(\bar{Y} - b_0 - b_1\bar{X}) = 0$$

Si on divise les deux termes de l'égalité par n, on trouve :

$$\bar{Y} - b_0 - b_1\bar{X} = 0$$

ou, de façon équivalente,

$$b_0 = \bar{Y} - b_1\bar{X}$$

En supposant que l'on veuille minimiser SCE, nous avons maintenant réduit notre expression à :

$$\begin{aligned} \text{SCE} &= \sum (Y_i - \overline{Y})^2 - 2b_1 \sum (Y_i - \overline{Y})(X_i - \overline{X}) + b_1^2 \sum (X_i - \overline{X})^2 \\ &= \sum (Y_i - \overline{Y})^2 + \sum (X_i - \overline{X})^2 \left[b_1^2 - 2b_1 \frac{\sum (Y_i - \overline{Y})(X_i - \overline{X})}{\sum (X_i - \overline{X})^2} \right] \end{aligned}$$

Nous allons maintenant ajouter et soustraire de cette expression la quantité suivante :

$$\sum (X_i - \overline{X})^2 \left(\frac{\sum (X_i - \overline{X})(Y_i - \overline{Y})}{\sum (X_i - \overline{X})^2} \right)^2$$

$$\begin{aligned} \text{SCE} = & \sum (Y_i - \overline{Y})^2 \\ & + \sum (X_i - \overline{X})^2 \left[b_1^2 - 2b_1 \frac{\sum (X_i - \overline{X})(Y_i - \overline{Y})}{\sum (X_i - \overline{X})^2} + \left(\frac{\sum (X_i - \overline{X})(Y_i - \overline{Y})}{\sum (X_i - \overline{X})^2} \right)^2 \right] \\ & - \sum (X_i - \overline{X})^2 \left(\frac{\sum (X_i - \overline{X})(Y_i - \overline{Y})}{\sum (X_i - \overline{X})^2} \right)^2 \end{aligned}$$

Réarranger les termes et prendre la racine carrée de ce qui est entre parenthèses donne :

$$\begin{aligned} \text{SCE} = & \sum (Y_i - \overline{Y})^2 - \sum (X_i - \overline{X})^2 \left(\frac{\sum (X_i - \overline{X})(Y_i - \overline{Y})}{\sum (X_i - \overline{X})^2} \right)^2 \\ & + \sum (X_i - \overline{X})^2 \left[b_1 - \frac{\sum (X_i - \overline{X})(Y_i - \overline{Y})}{\sum (X_i - \overline{X})^2} \right]^2 \end{aligned}$$

Le dernier terme dans cette expression pour SCE est forcément positif. Dès lors, pour minimiser SCE, nous voulons que ce terme soit égal à zéro. C'est le cas lorsque :

$$b_1 = \frac{\sum (X_i - \overline{X})(Y_i - \overline{Y})}{\sum (X_i - \overline{X})^2}$$

Nous pouvons aborder la formule de la pente estimée selon plusieurs points de vue. Une première façon consiste à diviser le numérateur et le dénominateur de la formule par $n - 1$:

$$\begin{aligned} b_1 &= \frac{\sum (X_i - \overline{X})(Y_i - \overline{Y})/(n-1)}{\sum (X_i - \overline{X})^2 / (n-1)} \\ &= \frac{s_{XY}}{s_X^2} \end{aligned}$$

Encadré 5.4
Représentation des données sous la forme d'un nuage de points avec une ligne horizontale à $\bar{Y}$ et une ligne verticale à $\bar{X}$

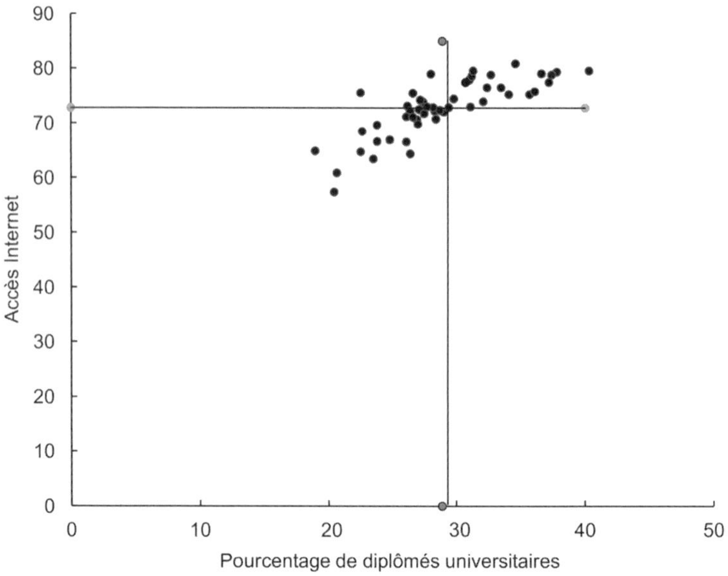

Dans cette dernière expression, le numérateur de la pente, s_{XY}, représente ce que l'on appelle la covariance de X et Y, et le dénominateur est, bien sûr, la variance de X.

Nous pouvons réfléchir un instant à ce que signifie conceptuellement la covariance entre les deux variables. Pour ce faire, pensez aux produits croisés de $(X_i - \bar{X})(Y_i - \bar{Y})$ pour une observation donnée. Pour vous aider, l'Encadré 5.4 ajoute au nuage de points une ligne horizontale située à la moyenne de Y et une ligne verticale à la moyenne de X. Une observation donnée aura une valeur positive de produit croisé si elle se trouve, soit dans le quadrant supérieur droit du nuage de points, soit dans le quadrant inférieur gauche, les quadrants étant définis par l'intersection des lignes aux deux moyennes. Les valeurs positives de produit croisé proviennent donc d'observations qui sont soit au-dessus des moyennes des deux variables, soit en dessous des moyennes des deux variables. Par ailleurs, les observations qui seront associées à des valeurs négatives de produit croisé se situeront dans les deux autres quadrants, avec des valeurs en dessous de la moyenne pour une variable et au-dessus de la moyenne pour l'autre. La covariance est une (sorte de) moyenne de tous ces produits croisés individuels. Étant donné que la valeur du dénominateur de la pente est toujours positive, le signe de la pente est déterminé par le signe de la covariance. Cela signifie que la pente sera positive si la plupart des observations dans le nuage de points sont situées au-dessus des moyennes des deux variables ou en dessous des moyennes des deux variables. En revanche, la pente sera négative lorsque la plupart des observations tombent dans un des deux autres quadrants, à savoir au-dessus de la moyenne pour une variable et en dessous de la moyenne pour l'autre. On obtient une pente proche de zéro lorsque les observations sont réparties de façon équivalente dans les quatre quadrants.

Une autre façon de penser à la signification de la pente implique de soumettre à un peu d'algèbre la formule originale de la pente fournie précédemment. Ceci nous donne :

$$b_1 = \sum w_i \left[\frac{Y_i - \bar{Y}}{X_i - \bar{X}} \right] \text{ où } w_i = \frac{(X_i - \bar{X})^2}{\sum (X_i - \bar{X})^2}$$

Dans cette équation, on peut voir le terme entre parenthèses comme la pente suggérée par chaque observation individuelle – c'est l'ascension divisée par la distance pour une observation particulière et la moyenne des deux variables. Dans l'Encadré 5.5, nous avons rapporté quelques-unes de ces « pentes » individuelles pour une série d'observations. On peut concevoir le coefficient w_i comme un poids assigné à chaque observation, ce poids représentant la part de la somme totale des

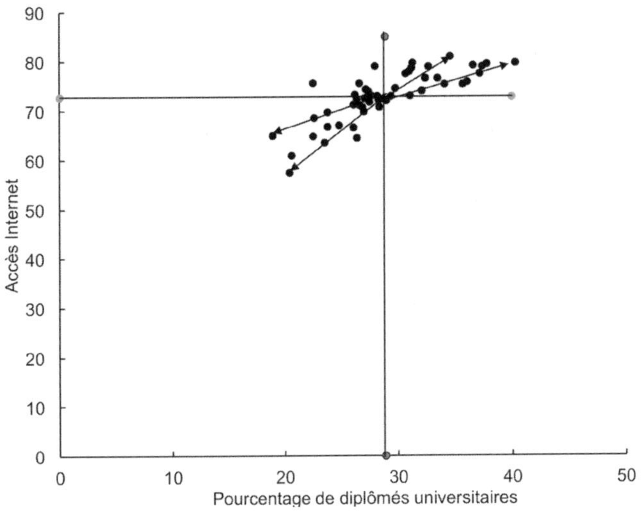

Encadré 5.5
Représentation des données sous la forme d'un nuage de points avec les pentes individuelles

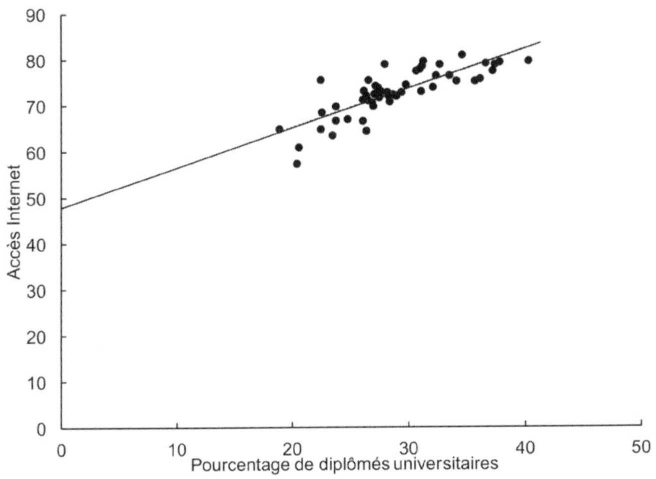

Encadré 5.6
Représentation des données sous la forme d'un nuage de points avec le modèle à deux paramètres $\hat{Y}_i = 47.912 + 0.862X_i$

carrés de X qui s'avère imputable à l'observation en question. Au fond, on peut imaginer que chaque observation possède une pente propre (entre cette observation et la moyenne) qui entre dans une certaine mesure en ligne de compte pour la détermination de la pente de l'ensemble des observations. Plus l'observation est extrême sur X, plus sa pente propre intervient dans la pente globale.

Si nous utilisons les formules vues précédemment pour calculer les paramètres estimés, b_0 et b_1, ou mieux, si nous recourons à un programme de régression disponible dans un des nombreux logiciels statistiques courants, nous pouvons estimer l'ordonnée à l'origine et la pente pour le modèle dans lequel nous régressons l'accès à Internet sur le pourcentage de diplômés (notons au passage que, dans la terminologie de la régression, on régresse Y sur X, pas le contraire). Le modèle à deux paramètres estimé pour ces données nous donne :

$$\hat{Y}_i = 47.912 + 0.862\ X_i$$

Cette fonction de prédiction est représentée graphiquement dans l'Encadré 5.6 et apparaît sous la forme d'une droite dans le nuage de points que nous avons vu précédemment.

Interprétons chacun des coefficients de régression, b_0 et b_1, de cette équation. Le premier est égal à 47.912. C'est la valeur prédite par le modèle pour un État, si personne dans cet État n'a obtenu un diplôme universitaire. Même si cette ordonnée à l'origine est le meilleur estimateur basé sur un modèle linéaire de ces données, c'est manifestement aussi une valeur qui n'a pas beaucoup de sens puisqu'aucun État dans l'échantillon ne présente un taux de diplômés qui s'approche de zéro.

La valeur de la pente, 0.862, révèle que, si nous trouvions deux États qui diffèrent de 1 % au niveau de leur pourcentage de diplômés, notre modèle prédirait que l'accès à Internet serait plus élevé de 0.862 % dans l'État le plus éduqué des deux.

Dans l'Encadré 5.7, nous présentons, pour chaque État, les valeurs Y_i, X_i, $\hat{Y}_i$, les résidus et les résidus au carré. La somme de ces résidus au carré, $\sum (Y_i - \hat{Y}_i)^2$, sur l'ensemble des 50 États apparaît également en bas de cet encadré. Le fait d'avoir utilisé le critère des moindres carrés pour estimer les paramètres de ce modèle nous assure que, pour ces données, aucune autre valeur de b_0 et b_1 ne nous donnerait une somme de résidus au carré plus petite.

Afin de calculer le carré moyen de l'erreur, nous pouvons maintenant diviser la somme des carrés des erreurs par les degrés de liberté qui restent pour cette erreur, $n - p$ (ce qui dans le cas présent est égal à $n - 2$):

$$\text{CME} = \frac{\sum (Y_i - \hat{Y}_i)^2}{n - 2} = \frac{480.14}{48} = 10.00$$

De la même manière que b_0 et b_1 sont des estimateurs non biaisés de β_0 et β_1 sous le critère des moindres carrés, le carré moyen de l'erreur est un estimateur non biaisé de la variance de ε_i. CME estime la variation des erreurs de prédiction à chaque niveau de X_i. Comme nous allons le voir, nous postulons que cette variance des erreurs est constante aux différentes valeurs de X_i. La racine carrée de ce carré moyen de l'erreur est souvent appelée *l'erreur standard de prédiction.*

Nous allons travailler sur un nouvel exemple, en exploitant deux autres variables portant sur les États américains. Pour cet exemple, nous examinerons si la densité de population (mesurée en 2010 aux États-Unis, avec comme unité les centaines de personnes par mile carré) peut être utilisée pour prédire le taux d'accidents mortels dans l'État (mesuré la même année en nombre d'accidents mortels par 100 millions de miles parcourus). On peut sans doute s'attendre à avoir plus d'accidents de voiture dans les États ayant une population plus dense, mais il n'est pas certain que ces accidents donnent forcément lieu à des décès. D'une part, si le taux d'accident est plus élevé dans les États à forte densité de population, on pourrait prédire un taux d'accidents mortels plus important. De l'autre, il se pourrait que, dans les États à forte densité de population, une plus grande proportion de ces accidents implique de la tôle froissée plutôt que des collisions à grande vitesse, et donc que les accidents soient moins souvent mortels.

Les paramètres estimés du modèle de régression font clairement apparaître la façon dont sont reliées ces variables:

$$\hat{Y}_i = 1.28 - 0.05X_i$$

Interprétons les deux paramètres estimés de ce modèle. Cela clarifiera le fait que cette interprétation dépend de l'échelle selon laquelle les deux variables sont mesurées. Tout d'abord, l'ordonnée à l'origine, 1.28, représente le nombre de décès prédit (par 100 millions de miles parcourus) si la densité de population d'un État était de zéro. Bien entendu, ce nombre n'est pas informatif dans la mesure où aucun État n'a une densité de population de zéro. Il reste néanmoins que c'est la meilleure prédiction linéaire pour ces données, même si on se situe en dehors des limites des valeurs de densité rencontrées dans les données. La pente, −0.05, est négative, ce qui signifie que les taux d'accidents mortels sont plus bas dans les États à forte densité de population. L'interprétation exacte est que, pour chaque augmentation de 100 personnes par mile carré au niveau de la densité de population (l'échelle de X_i), nous prédisons une baisse du taux d'accidents mortels de .05 par 100 millions de miles parcourus (l'échelle de Y_i).

État	Y_i	X_i	$\hat{Y}_i$	e_i	e_i^2
AL	63.5	23.5	68.169	-4.669	21.780
AK	79.0	28.0	72.048	6.952	48.330
AZ	73.9	27.4	71.531	2.369	5.612
AR	60.9	20.6	65.669	-4.769	22.743
CA	77.9	31.0	74.634	3.266	10.667
CO	79.4	37.8	80.496	-1.096	1.201
CT	77.5	37.2	79.978	-2.478	6.140
DE	74.5	29.8	73.600	0.900	0.810
FL	74.3	27.2	71.358	2.942	8.655
GA	72.2	28.3	72.307	-0.107	0.011
HI	78.6	31.2	74.806	3.794	14.394
ID	73.2	26.2	70.496	2.704	7.312
IL	74.0	32.1	75.582	-1.582	2.503
IN	69.7	23.8	68.428	1.272	1.618
IA	72.2	26.4	70.669	1.531	2.344
KS	73.0	31.1	74.720	-1.720	2.958
KY	68.5	22.6	67.393	1.107	1.225
LA	64.8	22.5	67.307	-2.507	6.285
ME	72.9	28.2	72.220	0.680	0.462
MD	78.9	37.4	80.151	-1.251	1.565
MA	79.6	40.3	82.651	-3.051	9.309
MI	70.7	26.9	71.100	-0.400	0.160
MN	76.5	33.5	76.789	-0.289	0.084
MS	57.4	20.4	65.497	-8.097	65.561
MO	69.8	27.0	71.186	-1.386	1.921
MT	72.1	29.0	72.910	-0.810	0.656
NE	72.9	29.4	73.255	-0.355	0.126
NV	75.6	22.5	67.307	8.293	68.774
NH	80.9	34.6	77.737	3.163	10.005
NJ	79.1	36.6	79.461	-0.361	0.130
NM	64.4	26.4	70.669	-6.269	39.300
NY	75.3	34.1	77.306	-2.006	4.024
NC	70.8	28.4	72.393	-1.593	2.538
ND	72.5	27.1	71.272	1.228	1.508
OH	71.2	26.1	70.410	0.790	0.624
OK	66.7	23.8	68.428	-1.728	2.986
OR	77.5	30.7	74.375	3.125	9.766
PA	72.4	28.7	72.651	-0.251	0.063
RI	76.5	32.4	75.841	0.659	0.434
SC	71.1	26.1	70.410	-3.810	14.516
SD	67.0	26.6	70.841	0.259	0.063
TN	71.8	24.8	69.290	-2.290	5.244
TX	79.6	27.5	71.617	0.183	0.033
UT	75.3	31.3	74.893	4.707	22.156
VT	75.8	35.7	78.685	-3.385	11.458
VA	78.9	36.1	79.030	-3.230	10.433
WA	64.9	32.7	76.099	2.801	7.846
WV	73.0	18.9	64.204	0.696	0.484
WI	75.5	27.7	71.789	1.211	1.467
WY	75.5	26.6	70.841	4.659	21.706
					SCE = 480.003

Encadré 5.7
Valeurs prédites et résidus pour les données d'accès à Internet par État

3. Une spécification alternative

Par la suite, il va s'avérer utile de pouvoir spécifier des modèles de régression au sein desquels les variables prédictrices ont été « centrées » c'est-à-dire après qu'on ait calculé les écarts par rapport à la moyenne (*mean-deviated*). Cela signifie que, pour chaque observation, nous prenons la valeur de la variable et lui retirons la valeur moyenne (sur l'ensemble des observations) de cette même variable. Ainsi, si la variable prédictrice est X_i, la variable centrée sera $(X_i - \bar{X})$. Cette variable centrée aura nécessairement une moyenne de zéro, c'est-à-dire $(\bar{X} - \bar{X}) = 0$. Nous allons régresser Y_i sur $(X_i - \bar{X})$ plutôt que sur X_i:

$$Y_i = b'_0 + b'_1 (X_i - \bar{X})$$

La question est de savoir dans quelle mesure, après qu'on ait centré le prédicteur, les nouveaux paramètres estimés diffèrent de l'estimation envisagée jusqu'ici, à savoir avec un prédicteur non centré :

$$\hat{Y}_i = b_0 + b_1 X_i$$

Pour répondre à cette question, nous pouvons examiner les formules des paramètres estimés présentées plus haut mais, cette fois, avec un X_i centré :

$$b'_1 = \frac{\sum(((X_i - \overline{X}) - (\overline{X} - \overline{X}))(Y_i - \overline{Y}))}{\sum((X_i - \overline{X}) - (\overline{X} - \overline{X}))^2}$$

$$b'_0 = \overline{Y} - b_1(\overline{X} - \overline{X})$$

Puisque $(\bar{X} - \bar{X}). = 0$, il s'ensuit que :

$$b'_1 = \frac{\sum(X_i - \overline{X})(Y_i - \overline{Y})}{\sum(X_i - \overline{X})^2} = b_1$$

$$b'_0 = \overline{Y}$$

En d'autres termes, centrer le prédicteur n'a aucun effet sur la pente, c'est-à-dire $b'_1 = b_1$, mais cela change l'ordonnée à l'origine. L'ordonnée à l'origine avec un prédicteur centré sera la moyenne de Y_i.

Conceptuellement, si nous pensons au nuage de points et à la droite de régression, tout ce que nous avons fait en centrant les données revient à changer l'échelle de l'axe X_i dans le nuage de points, redéfinissant la valeur de X_i de telle sorte que sa moyenne soit égale à zéro. Un tel nuage de points, reprenant l'axe X_i centré, est présenté dans l'Encadré 5.8. Comme on peut le constater, nous n'avons en rien modifié les observations dans le nuage de points, mais nous avons tout simplement fait glisser le point d'origine dans la représentation. Notre droite de régression n'a fondamentalement pas changé. La même droite, avec la même pente, minimise les carrés des erreurs de prédiction. Le seul changement découle du changement de localisation du point zéro sur l'axe horizontal. Le point zéro se situe maintenant à la moyenne de X_i et, dès lors, la valeur de l'ordonnée à l'origine (c'est-à-dire la valeur de Y_i où la droite de régression croise l'axe vertical) change. Cette valeur est maintenant $\bar{Y}$. De toute évidence, cela signifie que la droite de régression passe obligatoirement par le point défini par les moyennes conjointes des deux variables.

Dans le cas du modèle estimé prédisant le taux d'accès à Internet à partir du pourcentage de diplômés centré, les paramètres estimés basés sur les moindres carrés sont :

$$\bar{Y} = 72.806 + 0.862 (X_i - \bar{X})$$

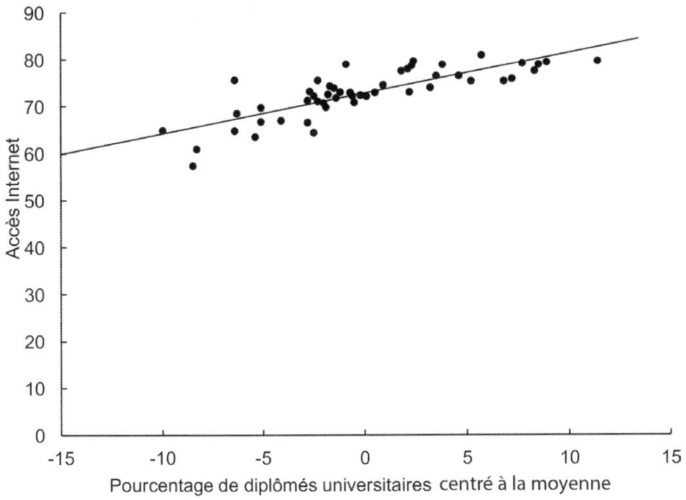

Encadré 5.8
Représentation des données sous la forme d'un nuage de points et droite de régression avec le X_i centré

Comme on peut le voir, le fait de centrer X_i n'a pas influencé la pente, mais l'ordonnée à l'origine a changé. Ainsi, l'ordonnée à l'origine n'est plus égale à 47.912, mais elle est maintenant égale à $\bar{Y}$, soit 72.806. On peut toujours interpréter l'ordonnée à l'origine de manière conventionnelle, puisqu'il s'agit toujours de la valeur prédite lorsque le prédicteur est égal à zéro, c'est-à-dire quand $(X_i - \bar{X})$ est égal à zéro. Et bien sûr, $(X_i - \bar{X})$ est égal à zéro quand $X_i = \bar{X}$.

Puisque la seule chose qui a changé, après avoir centré le prédicteur, concerne le point zéro sur l'axe horizontal du nuage de points, nous sommes toujours fondamentalement face aux mêmes données et à la même droite de régression et nous faisons toujours les mêmes prédictions pour chaque observation. Sans surprise, donc, le fait de centrer le prédicteur n'affecte pas le carré moyen de l'erreur du modèle. Les résultats de la régression demeurent donc fondamentalement inchangés après cette transformation.

4. Inférence statistique dans les modèles à deux paramètres

Maintenant que les bases sont claires en ce qui concerne l'estimation et l'interprétation dans les modèles de régression simple, nous nous tournons vers le thème de l'inférence statistique, pour nous poser des questions sur les valeurs des paramètres dans de tels modèles. Notre approche de l'inférence statistique, dans le cas de modèles à deux paramètres, sera identique à celle que nous avons adoptée dans le cas des modèles à un seul paramètre. Autrement dit, nous allons comparer un modèle augmenté (dans lequel les deux paramètres sont estimés à partir des données) à un modèle compact (dans lequel un ou plus d'un paramètre sont fixés à une valeur a priori). Nous allons calculer la somme des carrés des erreurs associée avec les modèles augmenté et compact. À partir de là, nous allons ensuite calculer la valeur PRE, c'est-à-dire la proportion de réduction de l'erreur quand on passe du modèle compact au modèle augmenté. Si l'on postule la normalité, l'égalité des variances et l'indépendance des résidus, cette valeur PRE et sa statistique associée F peuvent alors être comparées à leurs valeurs critiques. Une telle comparaison fournit un test de l'hypothèse nulle selon laquelle les valeurs des paramètres fixées dans le modèle compact sont les valeurs vraies inconnues des paramètres. En d'autres termes, cela revient à tester si les valeurs des paramètres estimés dans le modèle augmenté sont significativement différentes des valeurs a priori spécifiées dans le modèle compact.

Dans la mesure où le modèle augmenté pour de telles comparaisons est maintenant le modèle de régression simple à deux paramètres, on peut se baser sur différents modèles compacts pour faire la comparaison. D'une part, on peut vouloir poser des questions à propos de la pente et comparer le modèle augmenté à un modèle compact dans lequel le paramètre de la pente a été fixé à une certaine valeur a priori. D'autre part, il existe des situations dans lesquelles on souhaite en fait tester une hypothèse nulle sur l'ordonnée à l'origine dans ce modèle à deux paramètres et comparer le modèle augmenté à un modèle compact dans lequel l'ordonnée à l'origine a été fixée a priori à une certaine valeur. Nous examinons ces deux cas à tour de rôle.

4.1. *Inférences sur β_1*

Les questions d'inférence statistique sur la pente sont en fait des questions qui portent sur des associations : quand la variable prédictrice augmente ou diminue, pouvons-nous conclure que notre variable dépendante augmente ou diminue et dans quelle mesure ? Pour répondre à de telles questions, notre modèle augmenté à deux paramètres est celui dont nous parlons depuis le début de ce chapitre :

$$\text{MODÈLE A}: Y_i = \beta_0 + \beta_1 X_i + \varepsilon_i$$

Le modèle compact avec lequel nous allons réaliser la comparaison est, dans sa forme générale :

$$\text{MODÈLE C}: Y_i = \beta_0 + \text{B}_1 X_i + \varepsilon_i$$

où B_1 est une valeur a priori quelconque, valeur à laquelle nous avons fixé le paramètre de la pente. Comme précédemment, l'hypothèse nulle que nous allons tester avec la comparaison entre ces deux modèles correspond à :

$$H_0 : \beta_1 = B_1$$

En clair, ce test inférentiel pose la question de savoir si la pente diffère de façon significative d'une valeur a priori.

Dans la forme la plus courante que prend cette comparaison, la valeur a priori de la pente dans le modèle compact est égale à zéro. Dans ce cas, le modèle compact devient :

$$\text{MODÈLE C}: Y_i = \beta_0 + 0X_i + \varepsilon_i$$
$$Y_i = \beta_0 + \varepsilon_i$$

et l'hypothèse nulle est donc :

$$H_0 : \beta_1 = 0$$

La question posée est donc de savoir si X_i est un prédicteur utile de Y_i. Si c'est le cas, alors les valeurs prédites de Y_i devraient changer, soit en augmentant soit en diminuant, en fonction des changements de X_i. Si le modèle augmenté, où la pente est estimée à partir des données ne se révèle pas meilleur que le modèle compact, où la pente est fixée à zéro, alors cela signifie que les deux variables ne sont pas liées. Dans ce cas, prédire la même valeur pour tous les Y_i, quelle que soit la valeur X_i d'une observation, vaut mieux que d'exploiter des prédictions conditionnelles.

Il est important de noter que, dans le cadre de cette comparaison de modèles, le modèle compact est celui qui était considéré comme le modèle augmenté au chapitre précédent. Ce genre de situation se présentera souvent dans la suite de ce livre, lorsque nous considérerons des modèles plus complexes et que nous aborderons de nouvelles questions inférentielles : un modèle augmenté pour une question devient le modèle compact pour une autre question. Ainsi, au Chapitre 4, nous avons testé des hypothèses nulles concernant une valeur prédite constante pour chaque observation. Nous voulons maintenant tester si nous devons faire des prédictions conditionnelles et, ici, le modèle compact est le modèle où, à partir des données, nous prédisons une valeur constante pour chaque observation. Bien entendu, lorsque nous estimons b_0 dans le MODÈLE C à partir des données, cette valeur prédite constante ne sera pas la même que l'ordonnée à l'origine dans le MODÈLE A. Le meilleur estimateur des moindres carrés de β_0 dans le MODÈLE C sera la moyenne de Y_i, exactement comme c'était le cas au Chapitre 4 (lorsque nous avons traité ce modèle comme notre modèle augmenté). Par contre, dans le modèle augmenté estimé (avec deux paramètres), l'estimateur de β_0 ne sera en général pas la moyenne de Y_i (sauf, bien sûr, si le prédicteur a été centré). Cela met en évidence un autre point important qui sera toujours vrai même lorsque nous examinerons des modèles plus complexes dans les chapitres suivants: de manière générale, le meilleur estimateur pour un paramètre dépend des autres paramètres qui sont estimés dans le modèle. Dans le modèle compact à un seul paramètre que nous considérons ici, le meilleur estimateur de β_0 ne sera normalement pas le même que le meilleur estimateur de β_0 dans le modèle augmenté à deux paramètres.

Déterminer si la pente est égale à zéro, et donc si X_i est un prédicteur utile de Y_i, est la question inférentielle la plus courante que l'on puisse poser à propos de la pente. Ce n'est toutefois pas la seule question à laquelle on peut s'intéresser. À l'occasion, d'autres MODÈLES C, avec d'autres valeurs de B_1, et donc d'autres hypothèses nulles, peuvent s'avérer pertinents. Par exemple, comme on va le voir, il se peut que nous soyons intéressés par le fait de tester l'hypothèse nulle selon laquelle:

$$H_0: \beta_1 = 1$$

Dans ce cas, le modèle augmenté est toujours le même modèle de régression simple à deux paramètres, mais le MODÈLE C devient:

$$\text{MODÈLE C: } Y_i = \beta_0 + 1X_i + \varepsilon_i$$

En retraduisant toutes les questions d'inférence statistique sous la forme de comparaisons entre un MODÈLE A et un MODÈLE C, tester une hypothèse nulle comme celle qui précède devient entièrement faisable, même si les textes statistiques et les logiciels statistiques habituels ne fournissent pas systématiquement de tels tests.

4.1.1. Tester l'hypothèse nulle selon laquelle $\beta_1 = 0$

Dans le contexte de notre modèle prédisant le taux d'accès à Internet des États à partir de leur pourcentage de diplômés, testons d'abord la première des hypothèses nulles qui précèdent. Nous vérifierons donc si, comparées à un modèle compact qui fixe la pente à zéro et fait donc une prédiction constante pour l'accès à Internet de tous les États, les prédictions de l'accès à Internet sont meilleures si on se base sur le pourcentage de diplômés.

En termes de paramètres, les deux modèles que nous comparons sont:

$$\text{MODÈLE A: } Y_i = \beta_0 + \beta_1 X_i + \varepsilon_i$$
$$\text{MODÈLE C: } Y_i = \beta_0 + \varepsilon_i$$

Ces modèles sont estimés par:

$$\text{MODÈLE A: } \hat{Y}_i = 47.912 + 0.862X_i$$
$$\text{MODÈLE C: } \hat{Y}_i = 72.806$$

Dans les Encadrés 5.9 et 5.10, nous présentons les résultats de ces deux modèles pour chaque État. Les deux premières colonnes de valeurs de l'Encadré 5.9 fournissent les valeurs de Y_i (taux d'accès à Internet) et de X_i (pourcentage de diplômés) pour chaque État. Les trois colonnes suivantes nous donnent les résultats du MODÈLE C. La première d'entre elles reprend les valeurs prédites, $\hat{Y}_{iC}$.

Encadré 5.9
Comparaison de modèles pour les données d'accès à Internet

État	Accès Internet	Diplômés	$\widehat{Y}_{iC}$	e_{iC}	e_{iC}^2	$\widehat{Y}_{iA}$	e_{iA}	e_{iA}^2	$(\widehat{Y}_{iA} - \widehat{Y}_{iC})^2$
AL	63.5	23.5	72.806	-9.306	86.602	68.169	-4.669	21.780	21.502
AK	79.0	28.0	72.806	6.194	38.366	72.048	6.952	48.330	0.575
AZ	73.9	27.4	72.806	1.094	1.197	71.531	2.369	5.612	1.626
AR	60.9	20.6	72.806	-11.906	141.753	65.669	-4.769	22.743	50.937
CA	77.9	31.0	72.806	5.094	25.949	74.634	3.266	10.667	3.342
CO	79.4	37.8	72.806	6.594	43.481	80.496	-1.096	1.201	59.136
CT	77.5	37.2	72.806	4.694	22.034	79.978	-2.478	6.140	51.438
DE	74.5	29.8	72.806	1.694	2.870	73.600	0.900	0.810	0.630
FL	74.3	27.2	72.806	1.494	2.232	71.358	2.942	8.655	2.097
GA	72.2	28.3	72.806	-0.606	0.367	72.307	-0.107	0.011	0.249
HI	78.6	31.2	72.806	5.794	33.570	74.806	3.794	14.394	4.000
ID	73.2	26.2	72.806	0.394	0.155	70.496	2.704	7.312	5.336
IL	74.0	32.1	72.806	1.194	1.426	75.582	-1.582	2.503	7.706
IN	69.7	23.8	72.806	-3.106	9.647	68.428	1.272	1.618	19.167
IA	72.2	26.4	72.806	-0.606	0.367	70.669	1.531	2.344	4.567
KS	73.0	31.1	72.806	0.194	0.038	74.720	-1.720	2.958	3.663
KY	68.5	22.6	72.806	-4.306	18.542	67.393	1.107	1.225	29.301
LA	64.8	22.5	72.806	-8.006	64.096	67.307	-2.507	6.285	30.239
ME	72.9	28.2	72.806	0.094	0.009	72.220	0.680	0.462	0.343
MD	78.9	37.4	72.806	6.094	37.137	80.151	-1.251	1.565	53.949
MA	79.6	40.3	72.806	6.794	46.158	82.651	-3.051	9.309	96.924
MI	70.7	26.9	72.806	-2.106	4.435	71.100	-0.400	0.160	2.910
MN	76.5	33.5	72.806	3.694	13.646	76.789	-0.289	0.084	15.864
MS	57.4	20.4	72.806	-15.406	237.345	65.497	-8.097	65.561	53.422
MO	69.8	27.0	72.806	-3.006	9.036	71.186	-1.386	1.921	2.624
MT	72.1	29.0	72.806	-0.706	0.498	72.910	-0.810	0.656	0.011
NE	72.9	29.4	72.806	0.094	0.009	73.255	-0.355	0.126	0.202
NV	75.6	22.5	72.806	2.794	7.806	67.307	8.293	68.774	30.239
NH	80.9	34.6	72.806	8.094	65.513	77.737	3.163	10.005	24.315
NJ	79.1	36.6	72.806	6.294	39.614	79.461	-0.361	0.130	44.289
NM	64.4	26.4	72.806	-8.406	70.661	70.669	-6.269	39.300	4.567
NY	75.3	34.1	72.806	2.494	6.220	77.306	-2.006	4.024	20.250
NC	70.8	28.4	72.806	-2.006	4.024	72.393	-1.593	2.538	0.171
ND	72.5	27.1	72.806	-0.306	0.094	71.272	1.228	1.508	2.353
OH	71.2	26.1	72.806	-1.606	2.579	70.410	0.790	0.624	5.741
OK	66.7	23.8	72.806	-6.106	37.283	68.428	-1.728	2.986	19.167
OR	77.5	30.7	72.806	4.694	22.034	74.375	3.125	9.766	2.462
PA	72.4	28.7	72.806	-0.406	0.165	72.651	-0.251	0.063	0.024
RI	76.5	32.4	72.806	3.694	13.646	75.841	0.659	0.434	9.211
SC	66.6	26.1	72.806	-6.206	38.514	70.410	-3.810	14.516	5.741
SD	66.6	26.6	72.806	-1.706	2.910	70.841	0.259	0.063	3.861
TN	71.1	24.8	72.806	-5.806	33.710	69.290	-2.290	5.244	12.362
TX	67.0	27.5	72.806	-1.006	1.012	71.617	0.183	0.033	1.414
UT	71.8	31.3	72.806	6.794	46.158	74.893	4.707	22.156	4.356
VT	79.6	35.7	72.806	2.494	6.220	78.685	-3.385	11.458	34.563
VA	75.3	36.1	72.806	2.994	8.964	79.030	-3.230	10.433	38.738
WA	75.8	32.7	72.806	6.094	37.137	76.099	2.801	7.846	10.844
WV	78.9	18.9	72.806	-7.906	62.505	64.204	0.696	0.484	73.994
WI	64.9	27.7	72.806	0.194	0.038	71.789	1.211	1.467	1.034
WY	75.5	26.6	72.806	2.694	7.258	70.841	4.659	21.706	3.861

Ces dernières ont forcément la même valeur pour chaque État, puisque le MODÈLE C prédit simplement un taux d'accès à Internet moyen pour chaque État. Ensuite, nous trouvons l'erreur, e_i, et l'erreur au carré, e_i^2, pour chaque État. Si nous additionnons toutes les erreurs au carré, à travers les 50 États, la somme des erreurs au carré que nous obtenons pour le MODÈLE C est 1355.028.

Ce modèle possède un seul paramètre, d'où $n - PC$ est égal à 49 (avec 50 États). Par conséquent, le carré moyen de l'erreur du MODÈLE C est égal à :

$$1355.028/49 = 27.654$$

Étant donné que c'est là le modèle à un paramètre le plus simple qui soit, comme nous l'avons défini dans le chapitre précédent, ce carré moyen de l'erreur est aussi appelé la variance de Y_i.

Les trois colonnes suivantes de l'Encadré 5.9. donnent les résultats parallèles pour le MODÈLE A, avec tout d'abord les valeurs prédites, $\hat{Y}_{iA}$, ensuite les erreurs de prédiction, puis les erreurs au carré. Notez qu'ici les valeurs prédites ne sont pas constantes, mais représentent plutôt une fonction linéaire de la valeur de X_i pour chaque État. Encore une fois, la somme des carrés des erreurs à travers les 50 États correspond à la SCE pour le MODÈLE A. Ici, elle est égale à 480.00. Puisque nous avons deux paramètres estimés dans le MODÈLE A, PA est égal à 2, n – PA est égal à 48 et le carré moyen de l'erreur pour ce modèle est 10.00.

Dans la mesure où le MODÈLE A exploite un paramètre de plus pour modéliser les données, il fait nécessairement mieux que le MODÈLE C en termes de sommes des carrés des erreurs. En revanche, cela ne veut pas forcément dire que, pour chaque État, la prédiction faite par le MODÈLE A soit meilleure que celle faite sur base du MODÈLE C. Regardez par exemple l'État du Kansas (KS). Son taux d'accès à Internet est de 73.0 % et le MODÈLE C prédit que ce taux sera le taux moyen, 72.806. Cela nous donne une différence de 0.194. Le MODÈLE A, par contre, réalise une prédiction conditionnelle et annonce un taux de 74.720, ce qui donne un écart de 1.720. Pour cet État en particulier, la prédiction du MODÈLE A n'est pas aussi précise que celle du MODÈLE C. Pourtant, en moyenne à travers les États, les carrés des erreurs de prédiction doivent être au moins aussi bas dans le MODÈLE A que dans le MODÈLE C parce qu'un paramètre supplémentaire a été estimé.

L'Encadré 5.10 présente les résultats de manière graphique. La ligne horizontale superposée aux points de données est la droite de régression du MODÈLE C. L'autre ligne est la droite de régression du MODÈLE A. La question inférentielle que nous souhaitons maintenant poser est de savoir si la réduction opérée dans la SCE en allant du MODÈLE C au MODÈLE A vaut la peine, étant donné la réduction dans les degrés de liberté de l'erreur résultant de l'estimation d'un paramètre supplémentaire. Pour le dire graphiquement : fait-on suffisamment mieux avec la droite pentue par rapport à la droite de régression horizontale pour justifier la complexité accrue ? Afin de répondre à

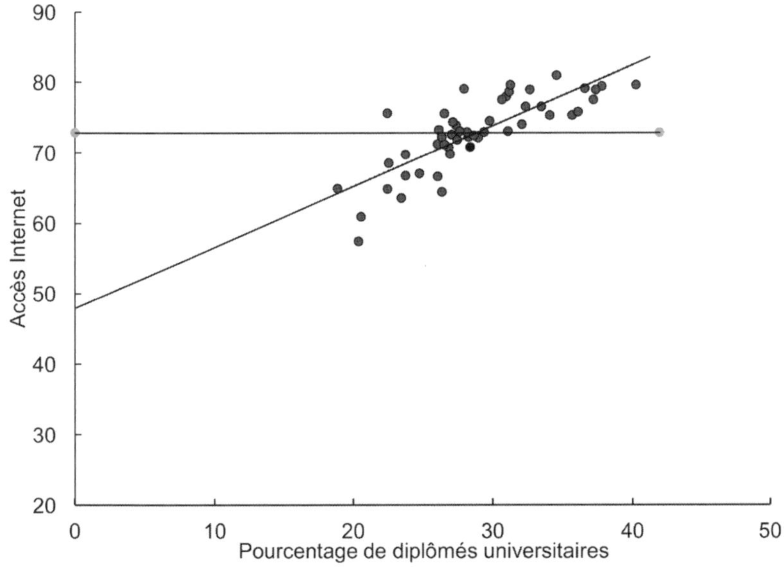

Encadré 5.10
MODÈLE C et MODÈLE A

cette question, nous calculons PRE, la réduction proportionnelle de l'erreur en passant du MODÈLE C au MODÈLE A :

$$\text{PRE} = \frac{\text{SCE(C)} - \text{SCE(A)}}{\text{SCE(C)}} = \frac{1355.028 - 480.003}{1355.028} = .6458$$

Ainsi, lorsque nous faisons des prédictions conditionnelles dans cet exemple, les erreurs totales de prédiction sont réduites de plus de 64 % par rapport à la situation où nous prédisons seulement le niveau moyen d'accès à Internet pour chaque État. Le numérateur de PRE est la somme des carrés réduite (SCR) et peut aussi être calculé directement en prenant les carrés des différences entre la valeur prédite par le MODÈLE A et celle prédite par le MODÈLE C, et en les additionnant sur l'ensemble des 50 États :

$$\text{SCR} = \text{SCE(C)} - \text{SCE(A)} = \sum \left(\widehat{Y}_{iA} - \widehat{Y}_{iC}\right)^2$$

Dans la dernière colonne de l'Encadré 5.9, nous présentons les carrés de ces différences au niveau des valeurs prédites pour chaque État. La somme des nombres de cette dernière colonne est forcément égale à la différence entre les sommes des carrés des erreurs des deux modèles, c'est-à-dire 1355.028 - 480.003 ou 875.025.

Nous pouvons aussi calculer la statistique *F* associée à la comparaison entre ces deux modèles. C'est ce que nous faisons ci-dessous avec deux expressions équivalentes de *F*, l'une en termes de PRE et l'autre en termes de sommes de carrés des deux modèles :

$$\begin{aligned} F &= \frac{\text{PRE}/(\text{PA} - \text{PC})}{(1 - \text{PRE})/(n - \text{PA})} = \frac{0.6458/1}{(1 - .6458)/48} = 87.50 \\ &= \frac{\text{SCR}/(\text{PA} - \text{PC})}{\text{SCE}(A)/(n - \text{PA})} = \frac{875.025/1}{480.003/48} = 87.50 \end{aligned}$$

À supposer que les postulats de normalité, d'égalité des variances et d'indépendance des erreurs soient satisfaits, nous comparons les valeurs calculées de PRE ou de *F* avec leurs valeurs critiques à l'aide des tables appropriées qui sont reprises à la fin du livre. Les valeurs critiques à α = .05 (avec 1 et 48 degrés de liberté) sont d'environ .08 pour PRE et 4.04 pour *F*. De toute évidence, nos valeurs calculées dépassent ces valeurs critiques et nous pouvons donc rejeter le MODÈLE C en faveur de nos prédictions conditionnelles basées sur le modèle à deux paramètres. Notre conclusion est que, dans ces données, la fréquentation des universités s'avère être un prédicteur utile du taux d'accès à Internet. Qui plus est, une fois que nous avons rejeté l'hypothèse nulle de l'absence de relation entre ces deux variables, nous pouvons émettre des conclusions quant à la direction de la relation entre elles en nous basant sur le signe de la pente estimée : dans les États où le pourcentage de gens qui sont diplômés universitaires est plus important, le taux d'accès à Internet est plus élevé.

L'Encadré 5.11 résume les résultats de l'analyse statistique dans un tableau du même type que ceux que nous avons développés au Chapitre 4. La première ligne fournit l'information à propos de

Encadré 5.11
Tableau ANOVA Test de $H_0 : \beta_1 = 0$ dans le contexte d'une régression simple

Source	SC	dl	CM	F	p	PRE
Réduction (avec $b_1 = 0.862$)	875.025	1	875.025	87.50	< .001	0.646
Erreur (avec $b_1 = 0.862$)	480.003	48	10.000			
Erreur totale (avec $b_1 = 0$)	1355.028	49	27.654			

la réduction dans l'erreur obtenue par l'inclusion de X_i comme prédicteur dans le modèle (c'est-à-dire par l'utilisation du MODÈLE A au lieu du MODÈLE C). L'entrée dans la colonne SC pour cette ligne est le SCR calculé précédemment. Associé à ce SCR apparaît le degré de liberté unique, PA − PC = 1 pour cette comparaison. La ligne suivante donne l'information concernant l'erreur qui subsiste dans le MODÈLE A, ainsi que les degrés de liberté qui y sont associés (n − PA). La dernière ligne procure la même information pour le MODÈLE C. Le calcul de CM = SC/dl fournit la base pour le calcul de F, selon la formule des sommes de carrés présentée plus haut. Dans la colonne p, on retrouve l'information selon laquelle le PRE et le F calculés sont plus grands que leur valeur critique avec $\alpha = .05$. Enfin, on trouve la valeur de PRE, calculée à partir de la division du SCR par la SCE du MODÈLE C.

Un dernier commentaire s'impose concernant les statistiques que nous venons de calculer. Tout au long de ce livre, nous allons utiliser PRE pour parler de la proportion de réduction de l'erreur correspondant au passage d'un modèle compact à un modèle augmenté. Dans une telle acception, PRE est une statistique très générale qui nous renseignera, quelles que soient les spécificités des modèles qui entrent dans la comparaison. Toutefois, il se fait que dans l'histoire des statistiques inférentielles, une variété de noms spécifiques a été proposée pour PRE dans le cas de comparaisons particulières de modèles. Pour le cas qui nous occupe, à savoir déterminer si la pente dans un modèle à un seul prédicteur est différente de zéro, la racine carrée de PRE est connue sous le nom de Coefficient de corrélation de Pearson, également appelée la corrélation ou r. On peut donc aisément montrer que le test inférentiel que nous venons d'effectuer est équivalent à un test qui examine si la corrélation vraie entre deux variables est différente de zéro. Si PRE et F ne dépassent pas leur valeur critique, cela signifie que la vraie valeur de PRE, η^2, est vraisemblablement égale à zéro. Et η^2 est tout simplement le carré de la vraie corrélation, symbolisée par ρ. En fait, puisque la statistique F que nous avons calculée n'a qu'un seul degré de liberté au numérateur, sa racine carrée est une statistique t avec n − PA ($n - 2$ dans le cas présent) degrés de liberté. Un peu d'algèbre suffit pour montrer que la racine carrée de la formule de F que nous avons donnée est la même que celle du t dont les textes statistiques traditionnels recommandent l'utilisation lorsqu'on veut tester si la corrélation entre deux variables est significativement différente de zéro:

$$t_{n-2} = \frac{r}{\sqrt{\frac{1-r^2}{n-2}}}$$

Tout ceci fait que la conclusion selon laquelle le MODÈLE A fait significativement mieux que le MODÈLE C revient à conclure que les deux variables sont liées, que β_1 est différent de zéro, que la vraie corrélation ρ est différente de zéro et que le vrai PRE, η^2, est différent de zéro.

4.1.2. Tester des hypothèses nulles pour d'autres valeurs de β_1

Dans certains cas, la théorie du chercheur fait des prédictions fortes sur des valeurs particulières de la pente, des prédictions différentes de zéro. Par exemple, lorsqu'une variable est mesurée de manière répétée, nous pouvons vouloir vérifier s'il y a eu changement au cours du temps. Une des formes que peut prendre cette hypothèse est que les deux variables, mesurées avec la même échelle, n'ont pas une pente de 1 lorsqu'on régresse une variable sur l'autre. Pour illustrer la manière dont il est possible de tester une valeur a priori pour la pente qui est autre que zéro, continuons à exploiter l'exemple de l'accès à Internet et du pourcentage de diplômés. Puisque ces deux variables sont mesurées dans la même échelle (pourcentage de personnes dans l'État qui possèdent l'accès à Internet et pourcentage de personnes dans l'État qui sont diplômées universitaires), nous allons poser la question de savoir si, en moyenne à travers les États, une augmentation d'un pourcent dans le pourcentage de diplômés est associée à une augmentation d'un pourcent dans le taux d'accès à Internet. De toute évidence, nous n'avons pas vraiment de théorie forte qui nous incite à faire cette prédiction, mais nous entendons ici simplement illustrer les choses.

Le MODÈLE C et le MODÈLE A pour cette comparaison sont :

$$\text{MODÈLE A}: Y_i = \beta_0 + \beta_1 X_i + \varepsilon_i$$
$$\text{MODÈLE C}: Y_i = \beta_0 + 1 X_i + \varepsilon_i$$

et l'hypothèse nulle correspondante est évidemment que $\beta_1 = 1$.

Peu de logiciels permettent d'estimer les paramètres d'un modèle dans lequel certains paramètres sont fixés à des valeurs autres que 0. En revanche, dans le cas présent, nous pouvons facilement estimer β_0 dans le MODÈLE C en notant que si l'on soustrait X_i de chaque côté du MODÈLE C on obtient $Y_i - X_i = \beta_0 + \varepsilon_i$ et la moyenne de la nouvelle variable $Y_i - X_i = 43.922$ estime β_0. Les modèles estimés sont donc :

$$\text{MODÈLE A}: Y_i = 47.912 + 0.862\, X_i + \varepsilon_i$$
$$\text{MODÈLE C}: Y_i = 43.922 + 1 X_i + \varepsilon_i$$

La SCE du MODÈLE C est égale à 502.486, à nouveau avec n – PC égal à 49. Le MODÈLE A fait des prédictions à peine meilleures puisque nous avons vu plus haut que la somme des carrés des erreurs de ce modèle est égale à 480.003. Ainsi, la SCR est égale à 22.483, avec PRE et F calculés comme :

$$\text{PRE} = \frac{22.483}{502.486} = .045$$
$$F_{1,48} = \frac{22.483/1}{502.483/48} = 2.15$$

Ces valeurs ne sont pas supérieures à leurs valeurs critiques respectives. Nous ne pouvons donc pas rejeter l'hypothèse nulle – il n'y a donc pas d'éléments pour conclure que la vraie pente est différente de 1.00.

4.1.3. Les intervalles de confiance de β_1

Nous avons vu au Chapitre 4 que l'intervalle de confiance définit l'étendue des valeurs du paramètre pour lesquelles nous ne pourrions pas rejeter l'hypothèse nulle. En d'autres termes, si nous testions une hypothèse nulle selon laquelle le paramètre est égal à une valeur comprise dans l'intervalle de confiance, nous ne pourrions rejeter cette hypothèse nulle. Si l'hypothèse nulle qui est testée concerne une valeur qui tombe en dehors de l'intervalle de confiance, nous rejetterions l'hypothèse nulle. En ce sens, l'intervalle de confiance et les tests inférentiels sur la valeur d'un paramètre sont totalement redondants.

Pour le cas de β_1, dans un modèle à deux paramètres, qui nous occupe, son intervalle de confiance est donné par :

$$b_1 \pm \sqrt{\frac{F_{\text{crit};1,n-2;\alpha}\text{CME}}{(n-1)\,s_X^2}}$$

où $F_{\text{crit};1,n-2;\alpha}$ est la valeur critique de F au seuil α, avec PA – PC = 1 et n – PA = n – 2 degrés de liberté. CME est le carré moyen de l'erreur du modèle augmenté, de nouveau basé sur n – 2 degrés de liberté. Et s_X^2 est la variance de la variable prédictrice.

Pour l'exemple de l'accès à Internet et du pourcentage de diplômés, le F critique avec 1 et 48 degrés de liberté, avec $\alpha = .05$, est égal à 4.04, le CME du MODÈLE A est égal à 10.00 et la variance de la variable prédictrice, le pourcentage de diplômés, est égal à 24.04. Par conséquent, l'intervalle de confiance pour β_1 est égal à :

$$0.862 \pm \sqrt{\frac{4.04\ (10.00)}{49\ (24.04)}} = 0.862 \pm 0.185$$

ou

$$.0677 \leq \beta_1 \leq 1.047$$

Sur la base de ces données, nous pouvons donc dire, avec une confiance de 95 %, que la vraie valeur de la pente, dans ce modèle de régression à deux paramètres visant à prédire l'accès à Internet à partir du pourcentage de diplômés, se situe entre 0.677 et 1.047. Notez que zéro se situe en dehors de cet intervalle et que 1.00 se trouve à l'intérieur. Ces deux résultats sont consistants avec les conclusions déjà tirées pour nos deux hypothèses nulles : l'hypothèse nulle selon laquelle le paramètre est égal à zéro a été rejetée, contrairement à l'hypothèse nulle selon laquelle le paramètre est égal à 1.00.

Si nous déplorions le fait que la plupart des logiciels statistiques ne permettent pas d'estimer des modèles dans lesquels les valeurs de paramètres sont fixées à des valeurs autres que zéro, l'intervalle de confiance permet une approche générale pour tester n'importe quelle hypothèse nulle à propos de la pente. Si la valeur spécifiée dans l'hypothèse nulle se trouve à l'intérieur de l'intervalle, alors cette dernière ne sera pas rejetée. Les autres hypothèses nulles le seraient quant à elles.

La formule de l'intervalle de confiance est également très informative car elle donne à voir les divers facteurs qui influencent la puissance statistique – la probabilité de rejeter l'hypothèse nulle quand elle est fausse – et comment l'augmenter. L'idée générale est que, plus l'intervalle de confiance est resserré, plus les tests de valeurs a priori du paramètre sont puissants : nous sommes davantage susceptibles d'exclure de l'intervalle des valeurs peu raisonnables. Inversement, plus l'intervalle est large, plus il est probable que ce dernier comprenne une large gamme de valeurs qui devraient s'avérer non raisonnables si l'on avait davantage de puissance. Au regard de la formule, quels sont les facteurs qui affectent la largeur de l'intervalle et, dès lors, la puissance ?

Un premier facteur affectant la largeur de l'intervalle renvoie à la valeur critique de F. Si nous utilisons un seuil α plus petit, réduisant les erreurs de Type I, les valeurs critiques de F augmentent, élargissant ainsi l'intervalle de confiance, ce qui conduit à moins de puissance et à une plus grande probabilité de faire des erreurs de Type II. Nous voyons ici le compromis sous-jacent entre les erreurs statistiques de Type I et de Type II.

La largeur de l'intervalle de confiance est également affectée par le carré moyen de l'erreur du modèle augmenté. L'intervalle de confiance se rétrécit à mesure que la variabilité des erreurs de prédiction est réduite. Ainsi, tout ce qui nous permet de réduire l'erreur, comme par exemple améliorer la qualité de la mesure de Y_i, est de nature à augmenter la puissance.

En troisième lieu, toutes choses étant égales par ailleurs, la puissance augmente à mesure que n augmente. Ceci se manifeste par le fait que $n - 1$ apparaît dans le dénominateur de l'intervalle de confiance.

Enfin, la variance de la variable prédictrice, X_i, apparaît dans le dénominateur. À mesure que X_i devient plus variable, l'intervalle rétrécit et la puissance augmente. Pour une variable prédictrice donnée, nous pourrons examiner son impact comme prédicteur avec davantage de précision (dans le cadre d'un modèle linéaire) si nous nous assurons de pouvoir disposer d'un échantillon large parmi ses valeurs.

4.1.4. Analyse de puissance dans les tests de régression simple

Au Chapitre 4, nous avons réalisé des analyses de puissance « et si » pour le modèle simple où nous faisions une prédiction constante pour chaque observation. Nous pouvons utiliser exactement la même procédure pour poser le même type de question avec le modèle de régression simple reposant sur une variable prédictrice. Ainsi, nous réalisons des analyses de puissance « et si » pour des valeurs particulières de vraie proportion de réduction de l'erreur, η^2, qui présentent un intérêt, exactement de la même manière que précédemment. Par exemple, pour les données de l'accès à Internet, nous pourrions vouloir connaître la puissance de détection d'une relation entre cette variable et un prédicteur – détecter le fait que la pente de ce prédicteur est différente de zéro – si nous pensons que $\eta^2 = .20$. Comme c'était le cas au Chapitre 4, PA – PC = 1 pour cette comparaison MODÈLE A / MODÈLE C et nous pouvons donc utiliser la même table de puissance, l'Encadré 4.15. Avec n – PA = 48 et $\eta^2 = .20$, nous trouvons que la puissance est d'environ .92 (entre .91 pour n – PA = 45 et .93 pour n – PA = 50). Autrement dit, si nous devions conduire une étude avec un n de 50 et espérer trouver une relation entre un prédicteur et Y_i avec un vrai PRE de .20, nous aurions approximativement 92 % de chances de rejeter correctement l'hypothèse nulle.

Puisque nous connaissons maintenant la procédure permettant de déterminer la puissance avec laquelle nous pouvons vérifier si une variable est significativement reliée à une autre dans un modèle de régression simple, nous devons savoir quelles valeurs de η^2 sont appropriées et attendues pour de telles comparaisons. Comme précédemment, l'expérience antérieure dans un domaine de recherche fournit des valeurs de PRE qui peuvent être utilisées directement dans la table de puissance. Dans le cas de la régression simple, nous pourrions avoir des estimateurs de PRE, disponibles dans la recherche antérieure, sous forme de corrélation entre deux variables plutôt que PRE en tant que tel. Dans ce cas, nous devons élever le coefficient de corrélation au carré pour obtenir un estimateur de PRE, puisque PRE = r^2. Comme avant, il nous faudrait convertir les valeurs empiriques de PRE en estimateurs non biaisés de η^2 en exploitant la même formule d'ajustement à savoir :

$$\text{Estimateur non-biaisé de } \eta^2 = 1 - \frac{(1 - \text{PRE})(n - \text{PC})}{n - \text{PA}}$$

À titre illustratif, imaginez que la recherche révèle une corrélation entre deux variables de .33 basée sur une taille d'échantillon de 30. Nous comptons mener une étude pour examiner la relation entre ces mêmes variables, mais nous entendons recourir à un n de 50. Nous aimerions connaître la puissance de l'étude que nous projetons de réaliser en supposant que les variables sont aussi fortement liées que ce que rapporte la recherche antérieure. Pour ce faire, nous convertissons d'abord la corrélation en PRE en l'élevant au carré : $.33^2 = .11$. Nous convertissons ensuite ce PRE en un estimateur non biaisé de η^2 en recourant à la formule ci-dessus et la taille d'échantillon de l'étude qui renseigne la corrélation de .33 :

$$\text{Estimateur non-biais de } \eta^2 = 1 - \frac{(1 - .11)(29)}{28} \approx .075$$

Nous allons ensuite consulter l'Encadré C.5 pour estimer notre puissance dans cette nouvelle étude que nous souhaitons réaliser. Avec un n de 50, $n - PA$ sera 48 pour notre étude, et grâce à la table, avec un η^2 attendu de .075, nous voyons que notre puissance se situe quelque part entre .46 et .51. Au vu de ce résultat, nous pourrions vouloir réfléchir un peu plus à notre étude et tenter d'augmenter sa puissance, soit en exploitant un échantillon plus important, soit en procédant encore autrement.

Si nous n'avons pas d'expérience sur laquelle nous appuyer pour estimer η^2, nous pouvons utiliser les valeurs suggérées au Chapitre 4 pour des effets « petits » ($\eta^2 = .03$), « intermédiaires » ($\eta^2 = .10$) et « grands » ($\eta^2 = .30$). Grâce à ces valeurs et au n planifié pour la nouvelle étude, on peut alors déterminer la puissance approximative.

Une troisième et dernière approche permettant de trouver une valeur appropriée de η^2, afin de réaliser des analyses de puissance dans un modèle de régression simple, implique de deviner les valeurs de paramètre et les variances, exactement comme au Chapitre 4. Encore une fois, formuler des attentes raisonnables quant aux valeurs de paramètre et aux variances requiert généralement autant d'expérience dans un domaine de recherche que ce qui est nécessaire pour connaître des valeurs typiques de PRE. Toutefois, nous présentons cette approche afin d'être exhaustif.

Même si la formule permettant de relier les vraies valeurs des paramètres à η^2, la vraie valeur de PRE, est relativement facile à dériver, nous la présentons ici sans démonstration :

$$\eta^2 = \beta_1^2 \frac{\sigma_X^2}{\sigma_Y^2}$$

où β_1 est la vraie valeur de paramètre pour la pente, σ_x^2 est la vraie variance de la variable prédictrice et σ_y^2 est la vraie variance de la variable dépendante. En d'autres termes, étant donné une hypothèse alternative qui précise ce que nous pensons être la valeur correcte de la pente, β_1, si nous voulons déterminer la puissance de notre test de l'hypothèse nulle selon laquelle la pente β_1 est égale à zéro, nous pouvons calculer le η^2 correspondant en recourant à l'expression ci-dessus, pour peu que nous ayons des estimateurs des variances de X_i et Y_i. Nous pouvons ensuite prendre cette valeur et le $n - 2$ attendu dans l'étude projetée, afin d'estimer la puissance dans l'Encadré 4.15.

4.2. *Inférences à propos de β_0*

Jusqu'ici, notre discussion a exclusivement porté sur les inférences concernant la pente dans un modèle de régression simple à deux paramètres. Mais on peut certainement comparer ce modèle augmenté à deux paramètres avec un modèle compact qui donne une valeur a priori à l'ordonnée à l'origine plutôt qu'à la pente :

$$\text{MODÈLE A} : Y_i = \beta_0 + \beta_1 X_i + \varepsilon_i$$

$$\text{MODÈLE C} : Y_i = B_0 + \beta_1 X_i + \varepsilon_i$$

où B_0 représente une valeur a priori pour l'ordonnée à l'origine. L'hypothèse nulle testée dans cette comparaison est dès lors :

$$H_0 : \beta_0 = B_0$$

Une forme particulière de ce modèle compact, même si celle-ci ne présente pas souvent un intérêt théorique dans les sciences comportementales, est appelée « régression par l'origine » et fixe l'ordonnée à l'origine à zéro :

$$\text{MODÈLE C} : Y_i = 0 + \beta_1 X_i + \varepsilon_i$$

Rappelez-vous que l'ordonnée à l'origine est définie comme la valeur prédite par le modèle lorsque X_i est égal à zéro. Ainsi, la régression par l'origine signifie que la droite passe par le point (0,0) sur la représentation graphique.

De manière importante, les tests d'hypothèse nulle portant sur l'ordonnée à l'origine sont d'une nature fondamentalement différente de ceux concernant la pente. Lorsque nous faisons des inférences à propos de la pente, nous voulons déterminer le taux de changement dans les valeurs prédites. En outre, lorsque nous testons si la pente est égale à zéro, nous cherchons à déterminer s'il y a du changement dans les valeurs prédites quand les valeurs du prédicteur changent, c'est-à-dire est-ce que X_i et Y_i sont liés ? De leur côté, les inférences sur l'ordonnée à l'origine sont des inférences à propos des valeurs prédites, pas des inférences à propos des changements dans les valeurs prédites. Plus précisément, nous voulons savoir si la valeur prédite de Y_i *lorsque X_i est égal à zéro* diffère de façon significative d'une valeur a priori quelconque, qu'il s'agisse de zéro (dans la régression par l'origine) ou d'une autre valeur.

Dans bien des cas, la valeur prédite de Y_i lorsque X_i est égal à zéro n'a aucun intérêt réel. Une des raisons en est que la valeur zéro peut se trouver en dehors de l'étendue des valeurs de X_i présentes dans le lot de données. C'était le cas dans les données que nous avons utilisées où aucun État ne se retrouvait avec un pourcentage de diplômés aux alentours de zéro. Même si zéro est une valeur qui se situe parmi les valeurs de X_i contenues dans le lot de données, ce point peut ne présenter qu'un intérêt théorique limité. Par contre, par le biais de transformations simples de X_i, comme lorsqu'on centre les valeurs (comme nous en avons discuté précédemment), la valeur de zéro peut présenter un intérêt théorique considérable. Plus tôt dans ce chapitre, nous avons vu que, lorsque X_i est centré, alors l'ordonnée à l'origine dans le modèle estimé sera égale à la moyenne de Y_i, $\bar{Y}$. Dès lors, avec un prédicteur centré, la comparaison MODÈLE A / MODÈLE C qui suit revient à poser des questions à propos de la moyenne de Y_i:

$$\text{MODÈLE A: } Y_i = \beta_0 + \beta_1(X_i - \bar{X}) + \varepsilon_i$$
$$\text{MODÈLE C: } Y_i = B_0 + \beta_1(X_i - \bar{X}) + \varepsilon_i$$

avec l'hypothèse nulle suivante:

$$H_0: \beta_0 = B_0 \text{ ou } \mu_Y = B_0$$

où μ_Y est la vraie moyenne de Y_i.

Illustrons ce type de test avec les données sur l'accès à Internet que nous avons exploitées tout au long de ce chapitre. Nous posons ici la même question que celle déjà posée à la fin du chapitre précédent: est-ce que la projection d'un taux moyen de 75 % pour l'année 2013 est exagérément optimiste? Mais cette fois, nous allons poser cette question dans le contexte d'un modèle de régression simple qui fait des prédictions conditionnelles de l'accès à Internet en se basant sur le pourcentage de diplômés. Nous allons ensuite comparer le test de ce modèle avec nos résultats du Chapitre 4 pour voir en quoi ce test-là diffère du précédent.

Si nous estimons un modèle dans lequel l'accès à Internet est régressé sur le pourcentage de diplômés, avec cette dernière variable centrée, nous obtenons les estimateurs suivants:

$$\text{MODÈLE A: } \hat{Y}_i = 72.806 + 0.862\,(X_i - \bar{X})$$

avec une somme des carrés des erreurs de 480.003. Comme nous l'avons déjà expliqué, l'ordonnée à l'origine de ce modèle est maintenant la valeur moyenne pour la variable de l'accès à Internet tandis que la pente n'a pas changé si l'on compare avec le modèle dans lequel X_i n'était pas centré. En outre, ce modèle est essentiellement le même que celui où X_i n'est pas centré, dans le sens où il fait les mêmes prédictions et a dès lors exactement la même somme des carrés des erreurs.

Pour tester l'hypothèse nulle selon laquelle la vraie moyenne de Y_i est égale à 75, il nous faut comparer ce modèle à un modèle compact dans lequel l'ordonnée à l'origine a été fixée à 75:

$$\text{MODÈLE C: } \hat{Y}_i = 75 + b_1\,(X_i - \bar{X})$$

Cette comparaison permet un test de l'hypothèse nulle:

$$H_0: \beta_0 = 75 \text{ ou } \mu_Y = 75$$

Comme nous l'avons mentionné plus haut, la plupart des logiciels d'analyse des données n'autorisent pas les modèles dans lesquels les paramètres ont été fixés à une valeur autre que zéro. SAS constitue une exception à cet égard. En réalité, avec un prédicteur centré, on peut montrer que le meilleur estimateur des moindres carrés pour β_1 ne change pas, même si nous utilisons pour l'ordonnée à l'origine une valeur quelconque fixée a priori[2]. En conséquence, le MODÈLE C est estimé comme:

$$\text{MODÈLE C: } \hat{Y}_i = 75 + 0.862\,(X_i - \bar{X})$$

---

2. L'estimateur de la pente restera constant indépendamment du fait que l'ordonnée à l'origine est estimée ou fixée à une valeur a priori, uniquement dans le cas d'un prédicteur centré dans les modèles de régression simple. Ce ne sera généralement pas le cas sauf si les prédicteurs sont centrés.

Bien que SAS puisse fournir la somme des carrés des erreurs associée avec ce modèle, nous montrons comment l'obtenir en calculant la somme des carrés réduite (SCR) quand on passe du MODÈLE C au MODÈLE A.

Rappelez-vous que SCR = $\sum (Y_{iA} - Y_{iC})^2$ et donc:

$$SCR = \sum ((72.806 + 0.862(X_i - \bar{X})) - (75 + 0.862(X_i - \bar{X})))^2$$

Puisque les deux valeurs prédites ont la même pente pour le prédicteur centré, cette équation devient:

$$SCR = \sum ((72.806) - (75))^2 = 50\ (-2.194)^2 = 240.682$$

Dès lors, la somme des carrés des erreurs du modèle compact peut être calculée comme:

$$SCE(C) = SCE(A) + SCR = 480.003 + 240.682 = 720.685$$

Maintenant que nous disposons de la somme des carrés des erreurs, nous pouvons calculer PRE et F pour la comparaison et le test de l'hypothèse nulle:

$$PRE = \frac{SCR}{SCE(C)} = \frac{240.682}{720.685} = .334$$

$$F = \frac{240.682\ /1}{480.003\ /48} = 24.07$$

Tout ceci est résumé dans le tableau ANOVA repris à l'Encadré 5.12.

Comparons maintenant ces résultats avec le test de la même hypothèse nulle mentionné à la fin du Chapitre 4, dans le cadre d'un modèle à un seul paramètre le plus simple qui soit. À ce moment-là, les MODÈLES C et A étaient:

$$\text{MODÈLE C: } \hat{Y}_i = 75$$

$$\text{MODÈLE C: } \hat{Y}_i = 72.806$$

La somme des carrés des erreurs associée au MODÈLE A était 1355.046, c'est-à-dire la somme des carrés totale de Y_i autour de sa moyenne. Comme SCR, nous trouvions:

$$SCR = \sum ((72.806) - (75))^2 = 50\ (-2.194)^2 = 240.682$$

Les résultats de ce test de la même hypothèse nulle produisent le tableau ANOVA repris dans l'Encadré 5.13

De toute évidence, si les deux tests donnent lieu au rejet de l'hypothèse nulle, les deux approches diffèrent de manière substantielle en termes du PRE et du F obtenus. Dans le contexte du modèle de régression simple avec deux paramètres, ces valeurs atteignent presque le double de que ce qu'elles sont pour le même test dans le contexte du modèle à un seul paramètre du Chapitre 4. De plus, cette différence est entièrement attribuable à la différence dans la somme des carrés des erreurs du MODÈLE A (et la différence concomitante dans n − PA). La somme des carrés des erreurs du MODÈLE A dans le contexte du modèle de régression simple est égale à 480.003, avec n − PA égal à 48. Les mêmes valeurs dans le contexte du modèle à un seul paramètre du Chapitre 4 sont SCE = 1355.046 et n − PA = 49. En conséquence, les valeurs des CM des erreurs (dénominateurs de F) sont radicalement différentes: 10.00 (pour le modèle de régression simple) versus

Encadré 5.12
Tableau ANOVA Test de H_0 : $\beta_0 = \mu_Y = 75$ dans le contexte d'une régression simple

Source	*SC*	*dl*	*CM*	*F*	*p*	*PRE*
Réduction (avec $b_0 = 72.806$)	240.682	1	240.682	24.07	< .001	.334
Erreur (avec $b_0 = 72.806$)	480.003	48	10.00			
Erreur totale (avec $b_0 = 75$)	720.685	49	14.712			

Encadré 5.13
Tableau ANOVA Test de H_0 : $\beta_0 = \mu_Y = 75$ dans un modèle à un paramètre (du Chapitre 4)

Source	*SC*	*dl*	*CM*	*F*	*p*	*PRE*
Réduction (avec $b_0 = 72.806$)	240.682	1	240.682	8.71	< .01	.151
Erreur (avec $b_0 = 72.806$)	1355.046	49	27.654			
Erreur totale (avec $b_0 = 75$)	1595.728	50	32.566			

27.654 (pour le modèle à un seul paramètre du Chapitre 4). De manière importante, le numérateur de F est le même dans les deux tests, avec SCR égal à 240.682 et PA – PC = 1.

La différence en termes de sommes des carrés des erreurs des MODÈLES A dans les deux tableaux est, sans surprise, égale à la somme des carrés que l'on peut attribuer à la variable prédictrice, le pourcentage de diplômés, sur la base de laquelle des prédictions conditionnelles sont faites dans le modèle de régression simple. Autrement dit, nous avons indiqué plus haut que 875.025 était la SCR obtenue avec un MODÈLE A qui fonde ses prédictions de l'accès à Internet sur le pourcentage de diplômés comme prédicteur et un MODÈLE C qui prédit la valeur moyenne de Y_i. Cette SCR correspond exactement à la différence entre les deux MODÈLES A qui sont utilisés dans ces deux tests. Le MODÈLE A dans la version à un seul paramètre du Chapitre 4 fait des prédictions inconditionnelles de Y_i; le MODÈLE A dans la version de régression simple du test fait des prédictions conditionnellement à X_i (centré). Évidemment, faire de telles prédictions conditionnelles signifie que le MODÈLE A, dans le contexte de la régression simple, a un degré de liberté en moins pour l'erreur (n – PA = 48) par rapport au MODÈLE A dans la version du test du Chapitre 4 (où n – PA = 49). Néanmoins, la perte en degrés de liberté a été plus que compensée par la différence substantielle entre les sommes des carrés des erreurs des deux MODÈLES A. Au bout du compte, le test effectué dans le contexte de modèle de la régression simple conditionnelle a nettement plus de puissance statistique que le même test conduit dans le contexte du modèle à un seul paramètre du Chapitre 4.

Au Chapitre 4, nous avons mentionné que le test réalisé à ce moment-là était connu sous le nom de test t sur un seul échantillon (ou échantillon unique). L'avantage de notre approche de comparaison de modèles est que nous avons été en mesure de généraliser ce test à des cas où les prédictions conditionnelles sont faites en termes de modèles comparés entre eux. Dans le jargon habituellement utilisé dans la littérature de l'inférence statistique, nous avons simplement réalisé un test sur un seul échantillon en contrôlant pour une « covariable ».

Un autre avantage de notre approche est qu'elle nous permet de faire des tests inférentiels sur des valeurs prédites autres que la moyenne. Supposez, par exemple, que nous ayons des raisons de nous interroger sur l'utilisation d'Internet dans les États où le pourcentage de diplômés est de 70 %. Plutôt que de centrer le prédicteur autour de la moyenne, on pourrait alors examiner les déviations du prédicteur autour de la valeur 70. On pourrait ainsi estimer un MODÈLE A dans lequel la variable prédictrice est cette nouvelle variable :

$$\text{MODÈLE A} : Y_i = \beta_0 + \beta_1 (X_i - 70) + \varepsilon_i$$

Fondamentalement, nous serions face au même modèle conditionnel ; nous avons simplement placé le point zéro sur l'axe X là où la valeur originale était 70. Dès lors, la pente reste la même, tandis que l'ordonnée à l'origine estimée par le modèle serait la valeur prédite de Y_i lorsque X_i est égal à 70. Ce modèle pourrait alors être comparé à un MODÈLE C avec la même variable transformée, mais qui aurait fixé l'ordonnée à l'origine à une valeur a priori présentant un intérêt quelconque[3].

4.2.1. Intervalle de confiance pour l'ordonnée à l'origine

L'intervalle de confiance de l'ordonnée à l'origine représente la gamme des valeurs de l'ordonnée à l'origine qui ne seraient pas rejetées par un test statistique inférentiel. Dans les modèles de régression simple, qui recourent à une seule variable prédictrice, l'intervalle de confiance pour l'ordonnée à l'origine est :

$$b_0 \pm \sqrt{\frac{F_{\text{crit};1,n-2;\alpha}\text{CME}\left(\sum X_i^2\right)}{n\sum\left(X_i - \overline{X}\right)^2}}$$

Ceci correspond à l'intervalle de confiance de l'ordonnée à l'origine que le prédicteur ait été ou non recalculé par rapport à une valeur donnée. Bien entendu, s'il y a eu transformation, le terme X_i dans l'intervalle de confiance représente alors les nouvelles valeurs après transformation.

Quand on a affaire à un prédicteur centré, qui représente donc les écarts à la moyenne, la valeur $\overline{X}$ du prédicteur centré est égale à zéro et la formule devient :

$$b_0 \pm \sqrt{\frac{F_{\text{crit};1,n-2;\alpha}\text{CME}}{n}}$$

ce qui équivaut à la formule que nous donnions au Chapitre 4 pour l'intervalle de confiance pour β_0 dans un modèle à un seul paramètre (si ce n'est que la valeur critique de F avait 1 et $n-1$ degrés de liberté). Bien sûr, avec dans le modèle une variable prédictrice qui s'avère être un prédicteur utile de Y_i, le CME dans le numérateur de cet intervalle de confiance sera considérablement plus petit que le CME du numérateur de l'intervalle de confiance du modèle sans prédicteur au Chapitre 4. Cette différence reflète l'augmentation de puissance lorsqu'on réalise un test sur la moyenne en s'appuyant sur un prédicteur utile par rapport au même test réalisé en s'appuyant sur un seul paramètre comme au Chapitre 4.

Comme illustration, si on prend le prédicteur centré du modèle de régression simple utilisé dans ce chapitre, l'intervalle de confiance pour β_0 (ou, de manière équivalente, pour μ_Y) est égal à :

$$72.806 \pm \sqrt{\frac{4.04\,(10.00)}{50}}$$

$$71.907 \leq \beta_0 \leq 73.705$$

3. De manière importante, la pente estimée dans un tel MODÈLE C sera différente de la pente dans le MODÈLE A. Comme nous l'avons déjà dit, ce n'est que lorsque la variable prédictrice est centrée que la pente estimée restera la même selon que l'ordonnée à l'origine est fixée ou estimée. Dans tous les autres cas, l'estimateur de la pente variera. En conséquence, lorsque le prédicteur est recalculé à partir d'une autre valeur que la moyenne, le MODÈLE C devra être estimé à partir des données en recourant à un programme comme SAS qui permet une estimation avec des paramètres fixes.

Par ailleurs, dans le contexte du modèle à un seul paramètre du Chapitre 4, le même intervalle de confiance est égal à :

$$72.806 \pm \sqrt{\frac{4.03\ (27.654)}{50}}$$
$$71.313 \leq \beta_0 \leq 74.299$$

Il apparaît clairement que l'intervalle de confiance pour la moyenne de Y_i est plus petit dans le contexte du modèle de régression simple, ce qui reflète l'augmentation substantielle de puissance résultant de l'inclusion de la variable prédictrice (avec sa réduction associée dans les erreurs de prédiction).

En utilisant la formule générale pour l'intervalle de confiance de β_0, dans le modèle à deux paramètres évoqué plus haut :

$$b_0 \pm \sqrt{\frac{F_{\text{crit};1,n-2;\alpha}\text{CME}\left(\sum X_i^2\right)}{n\sum\left(X_i - \overline{X}\right)^2}}$$

nous pouvons générer les intervalles de confiance pour les valeurs prédites à tous les niveaux possibles du prédicteur (en centrant le prédicteur autour de chacun de ces niveaux et en calculant les intervalles de confiance pour ces différentes ordonnées à l'origine). L'Encadré 5.14 fait apparaître les intervalles de confiance pour les valeurs prédites de l'accès à Internet pour des valeurs du prédicteur (pourcentage de diplômés) qui vont de 10 % à environ 45 %. La ligne droite au centre de l'Encadré représente les valeurs prédites et les lignes courbées au-dessus et en dessous représentent les limites de confiance supérieure et inférieure. Ce que cet encadré met à jour, c'est que l'intervalle de confiance est plus étroit autour de la valeur moyenne du prédicteur, là où la valeur prédite est la moyenne de la variable dépendante, et qu'il s'élargit à mesure qu'on s'éloigne de cette moyenne. Ainsi, nous bénéficions d'une précision plus grande pour inférer les valeurs prédites lorsque nous nous trouvons près de la moyenne conjointe des deux distributions que lorsque nous nous déplaçons le long de l'axe horizontal.

4.3. *Les comparaisons de modèles à deux paramètres*

Pour conclure ce chapitre sur les modèles de régression simple à deux paramètres, nous devrions noter que les comparaisons entre MODÈLE A et MODÈLE C sont en fait également pos-

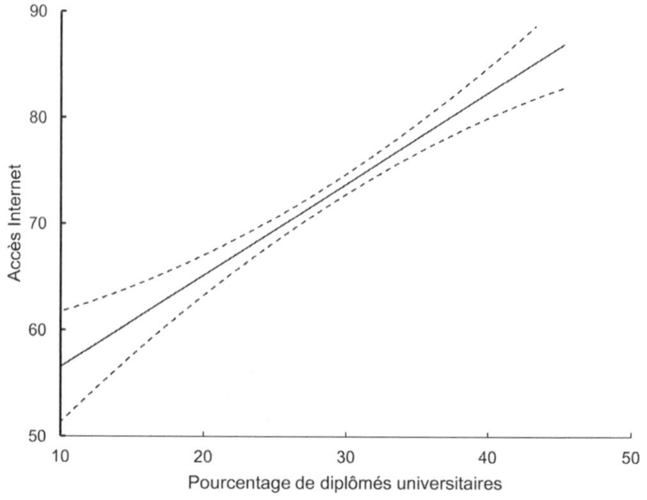

Encadré 5.14
Intervalles de confiance des valeurs prédites

sibles pour des PA – PC plus grands que 1. Par exemple, supposez que vous vouliez vous interroger en même temps, à propos de certaines valeurs a priori pour l'ordonnée à l'origine et pour la pente :

$$\text{MODÈLE A}: Y_i = \beta_0 + \beta_1 X_i + \varepsilon_i$$

$$\text{MODÈLE C}: Y_i = B_0 + B_1 X_i + \varepsilon_i$$

où tant B_0 que B_1 sont des valeurs fixées a priori (zéro ou une autre valeur quelconque). L'hypothèse nulle qui correspond à cette comparaison possède deux composants

$$H_0: \beta_0 = B_0; \beta_1 = B_1$$

Pour illustrer une situation où ce genre de comparaison de modèles pourrait s'avérer intéressante, supposez que nous ayons des données sur les tailles de chaque membre de couples père-fils. Et imaginez que nous voulions examiner dans quelle mesure ces deux tailles sont liées. Nous pourrions estimer un MODÈLE A prédisant la taille de chaque fils sur base de la taille de son père, estimant la pente et l'ordonnée à l'origine comme dans le MODÈLE A ci-dessous. Ce modèle pourrait alors être comparé à un MODÈLE C où l'ordonnée à l'origine est fixée à zéro et la pente à un, ce qui donne la comparaison de modèle et l'hypothèse nulle suivantes :

$$\text{MODÈLE A}: Y_i = \beta_0 + \beta_1 X_i + \varepsilon_i$$

$$\text{MODÈLE C}: Y_i = X_i + \varepsilon_i$$

$$H_0: \beta_0 = 0; \beta_1 = 1$$

Une telle comparaison vise à savoir si les fils et les pères se ressemblent parfaitement en matière de taille. Erreurs mises à part, le MODÈLE C suppose que les tailles des fils sont identiques aux tailles des pères.

Sur le plan statistique, une telle comparaison de modèle et son hypothèse nulle composée ne présentent aucun problème. Le PRE et le F associés seraient calculés exactement comme avant, si ce n'est qu'il y aurait n – PA = 2 degrés de liberté pour le numérateur. Puisqu'il n'y a rien à estimer dans le MODÈLE C, les valeurs prédites et la somme des carrés des erreurs de ce modèle sont faciles à calculer.

Le problème surgit dans l'interprétation des résultats. Si le MODÈLE C est rejeté en faveur du MODÈLE A, c'est-à-dire si l'hypothèse nulle est rejetée, nous ne connaissons pas les raisons qui nous conduisent à la rejeter. Il se peut que ce soit la valeur a priori pour l'ordonnée à l'origine qui soit fausse dans le MODÈLE C. Il se peut aussi que ce soit la valeur a priori pour la pente qui soit fausse dans le MODÈLE C. Enfin, il se peut que les deux valeurs a priori soient fausses. Tout ce que nous pouvons dire, c'est que le MODÈLE A est préféré au MODÈLE C, mais nous ne saurons pas pourquoi.

C'est pour cette raison que nous préférons les comparaisons de modèles où PA – PC = 1, c'est-à-dire où le numérateur de la statistique F n'a qu'un seul degré de liberté. Bien sûr, il n'y a rien de mauvais dans les tests statistiques qui impliquent plus d'un degré de liberté dans le numérateur de F, et nous allons en parler à l'occasion et même parfois les recommander. Par contre, de manière générale, nous allons nous retenir de faire des comparaisons qui ne sont pas ciblées. Nous notons seulement que, pour la première fois, ces tests deviennent possibles dans le contexte du modèle de régression avec deux paramètres.

Résumé

Ce chapitre nous a permis de nous pencher sur des MODÈLES avec un seul prédicteur mesuré de manière plus ou moins continue. Nous avons commencé en examinant les définitions de l'ordonnée à l'origine et de la pente dans le cadre de tels modèles. Ainsi, alors que la première est une valeur particulière de la variable prédite (lorsque le prédicteur est égal à zéro), la seconde concerne l'impact d'une différence d'une unité au sein de la variable prédictrice sur les valeurs. Nous avons ensuite fourni des formules permettant d'estimer ces paramètres et nous les avons utilisées pour mettre en évidence des manières alternatives de penser la signification de la pente. Enfin, nous nous sommes penchés sur les modèles dans lesquels le prédicteur est centré. Dans de tels cas, la pente de la régression reste inchangée alors que l'ordonnée à l'origine est égale à la moyenne de la variable Y.

La seconde moitié du chapitre a été consacrée aux comparaisons de modèles en prenant le modèle à deux paramètres et un seul prédicteur comme MODÈLE A, et en le comparant à différents MODÈLES C, pour faire des inférences à propos de la pente et de l'ordonnée à l'origine (ou les deux à la fois). Les tests inférentiels de la pente impliquent fréquemment des comparaisons avec un MODÈLE C qui fixe la pente à zéro, testant ainsi l'hypothèse nulle selon laquelle le prédicteur n'est pas utile ou, ce qui revient au même, que le prédicteur et Y ne sont pas liés l'un à l'autre. Il existe des cas, en revanche, où d'autres hypothèses nulles concernant la pente paraissent pertinentes et nous en avons fourni quelques illustrations. Les inférences concernant l'ordonnée à l'origine s'avèrent les plus appropriées lorsque le prédicteur a été centrée, ce qui permet ainsi des inférences sur la moyenne de Y. Exploiter un prédicteur pour tester des hypothèses sur la moyenne de Y se fait avec une puissance d'autant plus grande que l'on se trouve en présence d'un prédicteur qui est utile, c'est-à-dire lorsqu'on est face à un prédicteur qui explique une part significative de la variation dans Y. C'est ce que nous avons illustré en prenant comme point de repère les comparaisons de modèles les plus simples vues au Chapitre 4.

CHAPITRE 6

Régression multiple : modèles à plusieurs prédicteurs continus

SOMMAIRE

Au cours des chapitres précédents, nous avons traité du modèle simple prédisant la même valeur pour toutes les observations contenues dans les DONNÉES, ainsi que des modèles de régression simple. Nous allons maintenant augmenter la complexité en traitant de MODÈLES amenant à des prédictions conditionnelles sur la base de plusieurs prédicteurs. À titre d'exemple, lors de notre discussion concernant le taux d'accès à Internet, nous avions suggéré un certain nombre de variables qui pourraient prédire l'usage d'Internet dans chacun des États américains. Nous avions ainsi évoqué la proportion de personnes ayant un master, le fait que ces États soient plutôt urbains ou ruraux et la densité de la population. Le modèle de régression simple nous a obligés à ne tester qu'un seul prédicteur à la fois. Pour tester nos différentes hypothèses concernant ces prédicteurs de l'accès à Internet en utilisant le modèle de régression simple, nous devrions tester un premier modèle avec un prédicteur, par exemple la proportion de personnes ayant un master, puis tester un autre modèle à un prédicteur, par exemple la densité de la population. Il est bien évidemment plus efficace de tester plusieurs prédicteurs simultanément. En outre, et c'est certainement plus important, une bonne compréhension des différences entre États concernant l'utilisation d'Internet nécessitera très probablement le recours à plus d'un prédicteur. Par exemple, nous pourrions devoir fonder nos prédictions *à la fois* sur la proportion de personnes ayant un master et sur la densité de la population. La solution que nous traitons dans ce chapitre est dès lors la *régression multiple.*

La régression multiple est très similaire à la régression simple. Néanmoins, il existe quelques différences importantes. Nous commencerons donc par traiter brièvement des similarités et des différences qui existent au niveau du modèle lui-même. Cela nous amènera à traiter un nouveau problème, qui concerne la redondance entre les prédicteurs, et ensuite l'inférence statistique. Dans un second temps, nous traiterons un exemple de manière très détaillée, afin d'illustrer la façon dont il convient d'interpréter les paramètres lorsqu'on utilise un modèle de régression multiple.

1. Le modèle de régression multiple

Ici nous allons vouloir traiter des MODÈLES de type :

$$Y_i = \beta_0 + \beta_1 X_{i1} + \beta_2 X_{i2} + \cdots + \beta_{p-1} X_{i,p-1} + \varepsilon_i \qquad (6.1)$$

où, comme précédemment, Y_i représente la valeur observée pour une donnée et ε_i représente l'erreur de prédiction. X_{ij} représente la valeur de la $i^{\text{ème}}$ observation sur la $j^{\text{ème}}$ variable prédictrice et β_j est le *coefficient de régression partiel* représentant le poids que nous devrions donner à la valeur X_{ij}, lorsque nous faisons nos prédictions conditionnellement à valeur de X_{ij}. En d'autres termes, les coefficients de régression partiels nous indiquent dans quelle mesure nous ajustons notre prédiction $\widehat{Y}_i$ en fonction de la valeur X_{ij} prise par chaque observation. Dans le contexte de la régression multiple, les coefficients sont qualifiés de coefficients de régression partiels car, comme nous le verrons plus loin, la valeur d'un paramètre, par exemple β_1, pourrait bien dépendre du fait qu'un autre prédicteur X_{i2} et son paramètre β_2 soient également inclus dans le modèle. Afin de nous rappeler que le sens de β_j est conditionné par les autres variables prédictrices introduites dans l'équation, nous utilisons parfois la notation $\beta_{j.123...p-1}$. Le chiffre de l'indice présenté avant le point représente la variable à laquelle est associé le coefficient de régression β et les chiffres présentés après le point représentent les autres variables qui sont incluses simultanément dans l'équation du MODÈLE. Cette notation étant très lourde, nous utiliserons le plus souvent, comme les programmes informatiques, la seule notation β_j. Nous garderons néanmoins à l'esprit que le sens de ce paramètre dépend de tous les autres paramètres et prédicteurs également inclus dans le modèle.

Nous utiliserons souvent le terme de modèle de régression multiple ou parfois celui de modèle linéaire général pour nous référer au modèle présenté dans l'Équation 6.1. Le terme « linéaire » signifie que chacun des composants distincts est simplement additionné aux autres, après avoir été pondéré par son β_j particulier. Le modèle linéaire général est en effet très général et constitue un outil très important de l'analyse des données. Comme nous le verrons dans les chapitres suivants, même le qualificatif de « linéaire » n'est pas une réelle restriction, car beaucoup de modèles ne semblant pas linéaires peuvent être représentés en utilisant les termes de l'Équation 6.1. Pour ce faire, il suffira de choisir les variables prédictrices appropriées. Il est également clair que les modèles abordés dans les chapitres précédents sont tout simplement des cas particuliers du modèle de régression multiple. En réalité, en construisant intelligemment les variables prédictrices X_{ij}, un très grand nombre de procédures statistiques peuvent être représentées dans les termes de l'Équation 6.1. Les chapitres suivants traitent de considérations relatives à un certain nombre de cas particuliers spécialement intéressants et très importants, comme l'analyse de la variance. Nous aborderons également, dans le contexte de ce modèle, un certain nombre de problèmes spécifiques comme la violation du postulat selon lequel les termes d'erreurs ε_i sont indépendants les uns des autres. Au cours de ce chapitre, nous présentons les éléments essentiels du modèle général – éléments essentiels que nous utiliserons maintes et maintes fois par la suite.

1.1. *Redondance*

La puissance et le niveau de généralité du modèle de régression multiple ne vont pas sans s'accompagner d'un certain coût ; ce coût est une incontestable augmentation de la complexité et l'introduction de problèmes spécifiques qu'on ne rencontre pas dans le cas des modèles simples que nous avons traités précédemment. L'un de ces problèmes renvoie à la redondance entre ces prédicteurs. Supposons, par exemple, que nous essayions de prédire le poids d'un échantillon d'enfants d'école primaire en utilisant deux variables prédictrices : la taille mesurée en pouces et la taille mesurée en centimètres. Nos deux prédicteurs sont bien évidemment totalement redondants — chacun d'eux serait tout aussi efficace pour prédire le poids et, si nous avions déjà utilisé l'un des deux comme prédicteur, il n'y aurait clairement aucun bénéfice à ajouter le second prédicteur.

Bien évidemment, la redondance entre des variables prédictrices est rarement aussi extrême que le fait de mesurer la taille en pouces et en centimètres. Un exemple plus typique serait de vouloir prédire le poids de l'échantillon d'enfants d'école primaire en utilisant la taille et l'âge comme prédicteurs. La taille et l'âge sont clairement liés – si nous connaissons l'âge d'un enfant, nous pouvons faire une prédiction raisonnable quant à sa taille – mais ils ne sont pas totalement redondants, car notre prédiction de la taille d'un enfant à partir de son âge ne serait pas parfaite. Cela veut dire que la taille et l'âge ont en commun une partie de leur capacité à réduire l'erreur concernant la prédiction du poids. Si, nous avions utilisé d'abord la taille comme prédicteur, nous améliorerions nos prédictions (et nous réduirions notre erreur) à peu près de la même manière que si nous avions commencé par utiliser l'âge comme prédicteur. Identifier l'effet de chacune des variables prédictrices, ainsi que leur importance relative, sera clairement plus difficile s'il existe de la redondance entre nos prédicteurs. La règle générale est qu'il y aura de la redondance entre nos prédicteurs lorsqu'il est possible de prédire, au moins dans une certaine mesure, un ou plusieurs des X_{ij} à partir d'une combinaison des autres variables prédictrices. Lorsque nous aurons recours à des modèles de régression multiple, il nous faudra prendre garde à la redondance et, lorsque redondance il y aura, être très prudents quant à nos interprétations du modèle. Nous allons avoir l'occasion d'aborder des techniques spécialement conçues à cet effet.

1.2. *Inférences statistiques*

Bien que le recours à de multiples variables prédictrices nous donne un choix plus vaste de modèles à comparer et à tester, le modèle de régression multiple ne pose pas de nouveaux problèmes concernant l'inférence statistique. Afin de faire des inférences statistiques, nous utiliserons ce qui est maintenant notre procédure opérationnelle standard pour chaque modèle statistique. Ainsi, nous continuerons à ajuster notre MODÈLE à nos DONNÉES en estimant les paramètres de façon à minimiser l'ERREUR. Ensuite, nous calculerons le PRE pour notre modèle augmenté (MODÈLE A), en comparaison avec le modèle compact (MODÈLE C) de notre choix, ce dernier modèle étant défini par l'hypothèse nulle que nous souhaitons tester. Après avoir calculé le PRE, nous calculerons le F, un indice évaluant la quantité de PRE que nous gagnons par paramètre ajouté. Enfin, les deux valeurs calculées pour ces deux indices statistiques (le PRE et le F) seront comparées avec leurs valeurs critiques, valeurs critiques obtenues à partir de distributions d'échantillonnages de PRE et de F, et reflétant des valeurs qui seraient surprenantes si le MODÈLE C (et les hypothèses nulles qu'il implique) était correct. Si les valeurs de PRE et de F obtenues sont surprenantes, nous rejetterons alors le MODÈLE C à la faveur du MODÈLE A. En revanche, si les valeurs de PRE et F obtenues ne sont pas surprenantes, nous ne rejetterons pas le MODÈLE C. Nous traiterons tour à tour chacune de ces étapes, mais seuls les détails concernant l'estimation des paramètres seront réellement nouveaux. Le processus d'inférence statistique lui-même reste *exactement* le même que précédemment.

2. Estimation de paramètres dans le contexte de la régression multiple

Au niveau conceptuel, la problématique de l'estimation des paramètres en régression multiple est exactement la même que pour les modèles que nous avons traités jusqu'à maintenant. Nous voulons trouver les estimateurs des moindres carrés de β_0, β_1, ..., β_{p-1} qui minimiseront la SCE, la somme des carrés des erreurs. Ainsi, nous voulons trouver les estimateurs b_0, b_1, ..., b_{p-1} dans le modèle estimé

$$\widehat{Y}_i = b_0 + b_1 X_{i1} + \cdots + b_{p-1} X_{i,p-1}$$

de telle sorte que

$$\text{SCE} = \sum (Y_i - \widehat{Y}_i)^2$$

soit le plus petit possible. En ce sens, nous nous assurerons donc que le MODÈLE s'ajuste aux DONNÉES le mieux possible en ramenant l'ERREUR (telle que mesurée avec SCE) à la plus petite valeur possible.

S'il n'existe aucune redondance entre nos prédicteurs, les procédures utilisées au Chapitre 5 pour estimer les pentes dans le cadre de la régression simple produiront les bons paramètres estimés, même dans le cadre du modèle de régression multiple. Ainsi, le meilleur estimateur de chaque pente nous est donné par :

$$b_j = \frac{\sum \left(X_{ij} - \overline{X}_j\right)\left(Y_i - \overline{Y}\right)}{\sum \left(X_{ij} - \overline{X}_j\right)^2}$$

et le meilleur estimateur de l'ordonnée à l'origine correspond à :

$$b_0 = \overline{Y} - b_1 \overline{X}_j - b_2 \overline{X}_j - \cdots - b_{p-1} \overline{X}_{p-1}$$

Ces formules pourront s'appliquer dès lors qu'il n'existe aucune redondance entre les prédicteurs. Notons que le fait de dire qu'il n'existe aucune redondance revient à dire que la corrélation entre chaque paire de prédicteurs est égale à zéro. Or, à moins que les variables prédictrices aient été spécifiquement construites pour satisfaire cette condition (comme c'est le cas dans les plans expérimentaux), il existera toujours un minimum de redondance entre les prédicteurs. En présence d'une telle redondance, dériver mathématiquement les paramètres estimés issus de la méthode des moindres carrés est considérablement plus compliqué. Nous ne pouvons plus utiliser la procédure décrite dans le Chapitre 5 et la formule de b_j que nous venons de rappeler pour estimer ces paramètres. Il existe des algorithmes clairement définis permettant de trouver les estimateurs uniques correspondant à la méthode des moindres carrés, dans le cas où nous sommes en présence de redondance entre les prédicteurs. Néanmoins, ces algorithmes sont extrêmement fastidieux à réaliser à la main, même lorsque nous n'avons que peu de prédicteurs. En outre, ces calculs ne nous apportent pas d'éclairage conceptuel particulier et ne nous aideraient pas à mieux comprendre la régression multiple. Nous laisserons donc l'ordinateur s'occuper du calcul des paramètres estimés, sachant que tous les logiciels de statistiques comportent un module de régression multiple capable d'estimer les paramètres de tous les modèles que nous traiterons dans ce livre.

Même si nous abandonnerons ensuite tous ces calculs à l'ordinateur, il est néanmoins important que nous ayons une compréhension solide des concepts sous-jacents. Pour le modèle ne comportant qu'un seul paramètre, nous avons trouvé l'unique valeur b_0 (qui géométriquement représente un point) qui minimise la SCE. Pour la régression simple, nous avons trouvé deux valeurs b_0 et b_1 définissant une droite. Ainsi, b_0 représente l'ordonnée à l'origine de cette droite et b_1 représente sa pente. Pour la régression multiple à deux prédicteurs, les trois estimateurs b_0, b_1 et b_2 définissent un plan. Un exemple est présenté dans l'Encadré 6.1. Les deux variables prédictrices définissent deux des axes dans un espace à trois dimensions (les deux dimensions horizontales) et les données (les Y_i) définissent l'axe vertical. L'erreur est représentée graphiquement par la distance verticale entre chaque observation et le plan qui représente le modèle.

Dans le cadre de la régression simple, ce que nous faisions revenait conceptuellement à bouger la droite, en changeant sa pente et son ordonnée à l'origine, jusqu'à ce que nous trouvions la position de la droite minimisant la somme totale des erreurs. De manière assez similaire, pour la régression multiple, nous faisons bouger le plan jusqu'à ce que nous trouvions la position minimisant la somme totale des erreurs. En réalité, nous voulons minimiser les erreurs au carré, mais pour ne pas compliquer l'image présentée dans l'Encadré 6.1 nous n'avons pas ajouté les carrés de ces erreurs; conceptuellement, l'idée reste la même. L'intersection entre ce plan et l'axe Y définit b_0, la pente du plan sur la dimension définie par X_{i1} et Y_i représente b_1, et la pente du plan sur la dimension définit

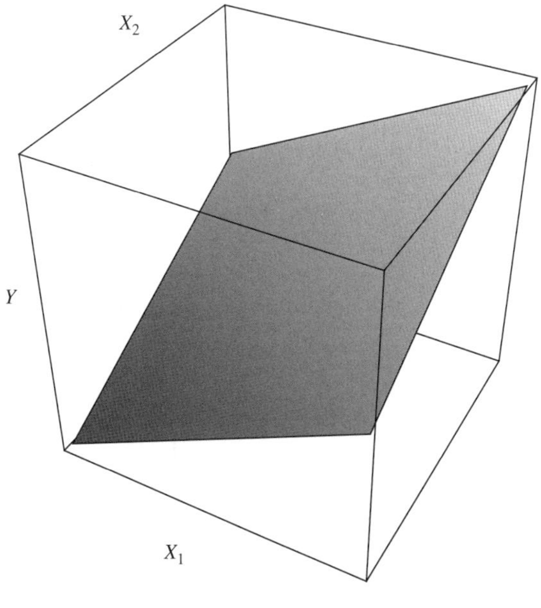

Encadré 6.1
Plan défini par un modèle de régression multiple à deux prédicteurs

par X_{i2} et Y_i représente b_2. Conceptuellement, l'algorithme assez complexe utilisé par l'ordinateur ne fait que trouver le plan qui minimise la somme des carrés des erreurs, et ce, avec les erreurs étant définies comme la distance verticale entre chaque observation et le plan défini par le modèle. Lorsque nous avons plus de deux prédicteurs, le modèle est équivalent à un hyperplan dans des espaces à, au moins, quatre dimensions. Bien qu'il soit impossible de dessiner de tels hyperplans, l'idée reste tout à fait identique : la meilleure position pour l'hyperplan est celle qui minimise la somme des carrés des erreurs ; et l'ordonnée à l'origine de cet hyperplan, ainsi que ses pentes, définissent les paramètres estimés.

3. Interprétation des paramètres dans une régression multiple

Nous allons utiliser un examen détaillé des DONNÉES de l'Encadré 6.2 afin de développer notre compréhension du sens des coefficients de régression partiels dans le cadre d'un modèle de régression multiple. Cette base de données, qui apparaît dans beaucoup d'exemples du logiciel SAS, mais également dans bon nombre d'exemples trouvés sur le Web, contient le poids, la taille, l'âge et le sexe de 19 élèves du collège et du lycée. Cet exemple est particulièrement utile pour travailler notre compréhension des coefficients de régression partiels, car nous avons tous d'assez bonnes intuitions concernant les relations entre ces différentes variables. Notre objectif sera de développer un MODÈLE permettant de prédire la variable poids. Nous nous attendons à ce que le poids des garçons soit supérieur à celui des filles, sauf si les filles sont bien plus âgées ou plus grandes que les garçons. Nous nous attendons également à ce que les enfants les plus âgés soient plus lourds, sauf si les enfants les plus jeunes sont exceptionnellement grands. Nous verrons que ce type d'intuition sous-tend l'interprétation des modèles de régression multiple.

Nous commencerons en traitant de l'Age et la Taille comme prédicteurs du poids (*Pd*). Ceci implique que notre modèle est le suivant :

$$Pd_i = \beta_0 + \beta_1 Age_i + \beta_2 Tl_i + \varepsilon_i$$

Encadré 6.2

Nom	Sexe	Age	Taille (pouces)	Poids (livres)
Alfred	M	14	69	112.5
Antonia	F	13	56.5	84
Barbara	F	13	65.3	98
Camella	F	14	62.8	102.5
Henry	M	14	63.5	102.5
Jamal	M	12	57.3	83
Jane	F	12	59.8	84.5
Janet	F	15	62.5	112.5
Jayden	M	13	62.5	84
John	M	12	59	99.5
Joyce	F	11	51.3	50.5
Judy	F	14	64.3	90
Louise	F	12	56.3	77
Mary	F	15	66.5	112
Philip	M	16	72	150
Robert	M	12	64.8	128
Sequan	M	15	67	133
Thomas	M	11	57.5	85
William	M	15	66.5	112

où β_1 nous indique de combien nous devons ajuster, vers le haut ou vers le bas, l'estimation du poids de chaque personne en fonction de son âge et β_2 nous indique de combien nous devons ajuster, vers le haut ou vers le bas, l'estimation du poids de chaque personne en fonction de sa taille. L'Encadré 6.3 présente les données pour le poids, la taille et l'âge de nos 19 élèves par le biais d'un un nuage de points en trois dimensions. Afin de permettre de nous repérer, ce graphique fait apparaître les points correspondant à Philip (mesurant 72 pouces, âgé de 16 ans et pesant 150 livres) et Joyce (mesurant 51.3 pouces, âgée de 11 ans et pesant 50.5 livres). Il est facile de voir que les points présentés dans l'Encadré 6.3 ne se répartissent pas aléatoirement, mais ont plutôt tendance à former un plan. De façon encore plus évidente, il est facile de voir que les élèves les plus âgés et les plus grands ont tendance à être plus lourds. Une autre façon classique de présenter des données lorsque nous avons plusieurs prédicteurs, tout spécialement quand le fait d'avoir plus de deux prédicteurs nous empêche de pouvoir représenter nos données sous la forme d'un nuage de points à *n* dimensions, consiste à présenter une matrice composée de nuages de points en deux dimensions. C'est ce que nous avons fait dans l'Encadré 6.4. Dans la dernière ligne de cet encadré, nous

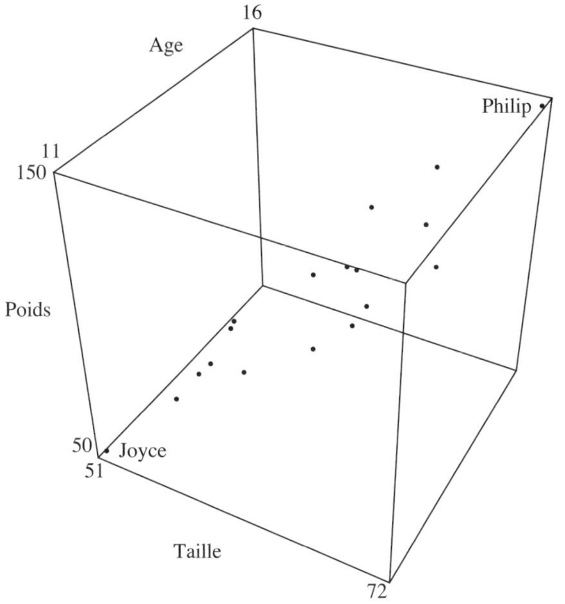

Encadré 6.3
Représentation sous la forme d'un nuage de points en trois dimensions de la relation entre âge et taille d'une part et poids d'autre part

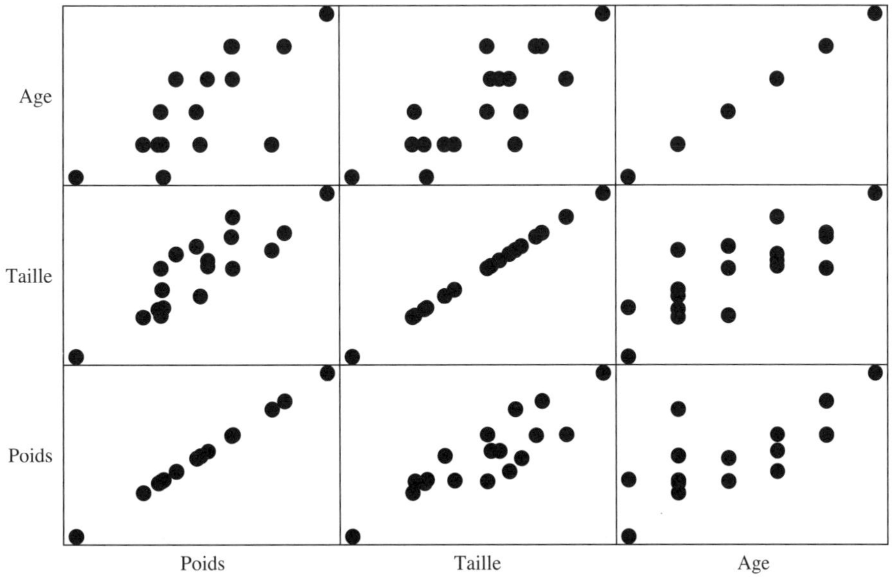

Encadré 6.4
Matrice des nuages de points en deux dimensions pour les relations entre âge, taille et poids

pouvons voir que les élèves plus grands ont tendance à être plus lourds et que les élèves les plus âgés ont également tendance à être plus lourds. Dans la matrice des nuages de points la plus à droite de la deuxième ligne, nous pouvons également voir que les élèves les plus âgés ont également tendance à être les plus grands ; en d'autres termes, la taille et l'âge sont des prédicteurs redondants. À cause de cette redondance, nous ne pourrons donc pas utiliser la formule la plus simple pour obtenir les paramètres estimés. Heureusement, tous les programmes de régression multiple nous procureront les estimations des paramètres du modèle :

$$\widehat{Pd_i} = -141.22 + 1.28\ Age_i + 3.60 Tl_i$$

Mais qu'est-ce que veulent dire exactement ces coefficients de régression partiels ? Nous allons utiliser une série de modèles simples et de régression simple pour nous aider à en comprendre le sens.

3.1. *Un modèle du Poids*

Nous commençons par traiter du modèle simple pour le poids de ces élèves. Autrement dit,

$$Pd_i = \beta_0 + \varepsilon_i$$

Il est maintenant évident pour nous que le meilleur estimateur pour ce modèle simple est la moyenne. Nous avons donc :

$$\widehat{Pd}_i = \overline{Pd} = 100.03$$

Les poids des 19 élèves apparaissent dans l'Encadré 6.5. Les élèves disposés le long de l'axe des X dans le même ordre que dans l'Encadré 6.2. La ligne horizontale à 100.03 représente le modèle simple pour ces données. Là encore, les points correspondant à Philip, le plus lourd des élèves, et à Joyce, la plus légère d'entre eux, sont présentés afin de servir de points de référence. Les erreurs ou les résidus peuvent facilement se calculer en utilisant la formule :

$$e_i = Pd_i - 100.03$$

À titre d'exemple, les erreurs pour Philip et Joyce sont respectivement de 151 − 100.03 = +50.97 et 50.5 − 100.03 = −49.53. Nous allons examiner les erreurs pour un certain nombre de modèles, tout au long de cette section et des sections ultérieures, nous introduisons donc la notation *Pd.0* pour représenter les erreurs produites lorsque nous utilisons le modèle simple pour le Poids. Vous pouvez lire « *Pd.0* » comme « la part du Poids qu'il reste à expliquer après avoir utilisé un modèle reposant sur β_0 ». La partie droite de l'Encadré 6.5 présente ces valeurs de *Pd.0*. Une valeur positive (c'est-à-dire les points qui se trouvent au-dessus de la ligne horizontale symbolisant le 0) de *Pd.0* indique que l'élève est plus lourd que la moyenne des élèves et une valeur négative (c'est-à-dire les points en dessous de la ligne) indique que l'élève est plus léger que la moyenne des élèves.

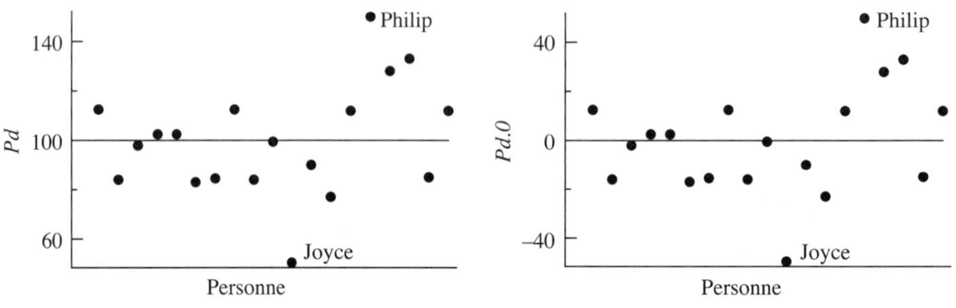

Encadré 6.5 Un MODÈLE simple du Poids

3.2. *Un modèle de Pd.0 sur la base de l'Age*

Les valeurs de *Pd.0* apparaissant dans la partie droite de l'Encadré 6.5 nous indiquent dans quelle mesure le Poids des élèves est étonnamment lourd en comparaison avec notre modèle simple du Poids. Si nous voulons progresser par rapport au modèle simple, nous devons alors trouver une variable qui nous aidera à prédire sous quelle condition le poids d'un élève sera exceptionnellement lourd ou léger par rapport à ce groupe d'élèves. La variable Age est un candidat tout désigné pour nous le permettre. Pour des raisons de cohérence et pour faciliter l'interprétation ultérieure, nous allons calculer *Age.0* de la même manière que nous avons calculé *Pd.0*. Autrement dit, un modèle simple de l'Age correspond à :

$$Age_i = \beta_0 + \varepsilon_i$$

et le meilleur estimateur de ce modèle est la moyenne. Nous avons donc :

$$\widehat{Age_i} = \overline{Age} = 13.32$$

Ensuite, nous pouvons calculer les erreurs ou les résidus en utilisant :

$$e_i = Age.0_i = Age_i - 13.32$$

À titre d'exemple, les *Age.0* pour Philip et Joyce renvoient respectivement à 16 – 13.32 = 2.68 et 11 – 13.32 = –2.32. La valeur *Age.0* pour Philip indique qu'il est plus vieux de 2.68 années par rapport à l'élève moyen (ou typique) de ce groupe. La valeur négative pour Joyce indique qu'elle est plus jeune de 2.32 années que l'élève typique.

Il devient maintenant naturel de nous demander si un élève plus vieux que la moyenne est également plus lourd que la moyenne. Cette question revient à utiliser un modèle pour lequel l'*Age.0* prédit *Pd.0*, soit :

$$Pd.0_i = \beta_1 \, Age.0_i + \varepsilon_i$$

Notez que dans ce modèle nous avons omis l'ordonnée à l'origine β_0. En effet, nous savons que les moyennes de *Pd.0* et de *Age.0* sont nécessairement égales à zéro. Sachant que la droite de régression doit passer par les deux moyennes, nous savons donc que l'ordonnée à l'origine sera nécessairement égale à zéro. Il n'y a donc aucune raison d'inclure l'ordonnée à l'origine dans ce modèle. L'Encadré 6.6 fait apparaître toutes les valeurs de *Pd*, *Pd.0*, Age et *Age.0* pour les 19 élèves. Notre question est donc de savoir si le fait d'être plus vieux que la moyenne prédit le fait d'être plus lourd que la moyenne. En d'autres termes, est-ce que *Age.0* prédit *Pd.0* ? L'Encadré 6.7 présente le nuage de points correspondant à ces deux variables. On peut clairement y voir qu'à mesure que *Age.0* s'accroît, *Pd.0* s'accroît également. Afin d'estimer ce modèle, nous pouvons soit utiliser la formule de la pente que nous avons vue au Chapitre 5, soit recourir à un programme de régression simple (nous conseillons vivement au lecteur d'effectuer ce calcul et les régressions ultérieures en utilisant une calculatrice ou en utilisant un programme informatique). Le modèle correspondant nous donne :

$$Pd.0 = 11.31 \, Age.0$$

En d'autres termes, pour chaque année de plus (ou de moins) par rapport à la moyenne, nous nous attendons à ce que l'élève pèse 11.31 livres de plus (ou de moins) que la moyenne.

Pour quelqu'un comme Philip qui est âgé de 16 ans, soit 2.68 années de plus que l'élève moyen, nous nous attendons, selon le modèle, à ce qu'il pèse 11.31(2.68) = 30.31 livres de plus que l'élève moyen. En réalité, il pèse 49.97 livres de plus que lui. Ainsi, après avoir utilisé à la fois l'ordonnée à l'origine dans le modèle de base et l'âge comme prédicteur, l'erreur est égale à *Pd.0,Age* = 49.97 – 30.31 = 19.66 livres. Une autre façon de formuler cela est de dire que Philip, après avoir

Encadré 6.6
Valeur de *Pd*, *Pd.0*, *Age*, *Age.0*

Nom	*Pd*	*Pd.0*	*Age*	*Age.0*
Alfred	112.5	12.47	14	0.68
Alice	84	–16.03	13	–0.32
Barbara	98	–2.03	13	–0.32
Carol	102.5	2.47	14	0.68
Henry	102.5	2.47	14	0.68
James	83	–17.03	12	–1.32
Jane	84.5	–15.53	12	–1.32
Janet	112.5	12.47	15	1.68
Jeffrey	84	–16.03	13	–0.32
John	99.5	–0.53	12	–1.32
Joyce	50.5	–49.53	11	–2.32
Judy	90	–10.03	14	0.68
Louise	77	–23.03	12	–1.32
Mary	112	11.97	15	1.68
Philip	150	49.97	16	2.68
Robert	128	27.97	12	–1.32
Ronald	133	32.97	15	1.68
Thomas	85	–15.03	11	–2.32
William	112	11.97	15	1.68
Moyenne	100.03	0	13.32	0

Encadré 6.7
Relation entre *Age.0* et *Pd.0*.

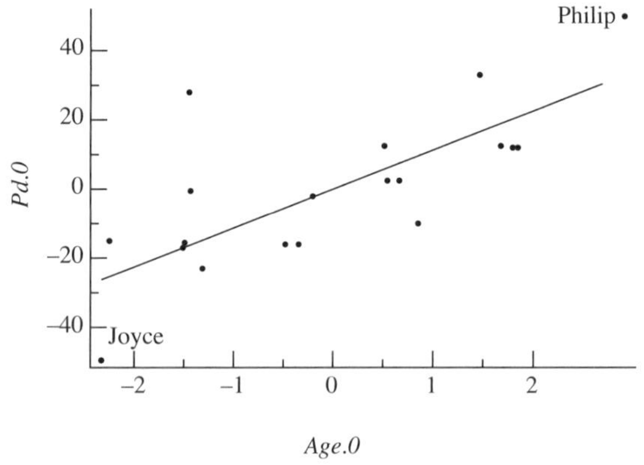

« ajusté » ou « contrôlé » son âge, pèse 19.66 livres de plus que ce que nous pourrions attendre. De la même manière, nous nous attendons à ce que Joyce, qui est plus jeune que l'élève moyen de 2.32 années, soit plus légère de 11.31(–2.32) = –26.24 livres que lui. Néanmoins, nous savons qu'en réalité, elle pèse 49.53 livres de moins, ce qui veut dire qu'elle pèse *Pd.0,Age* = – 49.53 – (–26.24) = 23.29 livres c'est-à-dire 23.29 de moins que ce qu'on pourrait attendre pour son âge. Les valeurs de *Pd.0,Age* pour chacun des 19 élèves apparaissent dans l'Encadrée 6.8 (des erreurs d'arrondis liées au calcul à la main expliquent que ces valeurs soient légèrement différentes de celles présentées à l'instant). Notez que, même si la plupart des erreurs deviennent plus modestes (c'est-à-dire *Pd.0,Age* < *Pd.0*), en réalité les erreurs pour certains élèves ont augmenté. Par exemple, bien que le poids de John soit proche du poids moyen (c'est-à-dire son *Pd.0* = – 0.53), il pèse 14.35 livres de plus que ce que nous pourrions attendre sur base de son âge qui est relativement jeune puisqu'il n'a que 12 ans (c'est-à-dire son *Pd.0,Age* = 14.35). Il reste qu'au total les erreurs sont plus modestes, donc la somme des carrés des erreurs a pu être atténuée en faisant des prédictions conditionnellement à l'Age. Comme on peut le voir sur l'Encadré 6.8, la somme des carrés pour *Pd.0* (c'est-à-dire la SCE pour le modèle simple faisant la même prédiction pour tout le monde) est égale à 9335.74, mais décroît pour atteindre 4211.25 avec *Pd.0,Age* (c'est-à-dire la SCE pour un modèle faisant des

Nom	*Pd*	*Pd.0*	*Pd.0,Age*	*Tl.0,Age*
Alfred	112.5	12.47	4.74	4.76
Antonia	84	-16.03	-12.46	-4.96
Barbara	98	-2.03	1.54	3.84
Camella	102.5	2.47	-5.26	-1.44
Henry	102.5	2.47	-5.26	-0.74
Jamal	83	-17.03	-2.15	-1.37
Jane	84.5	-15.53	-0.65	-1.13
Janet	112.5	12.47	-6.56	-4.53
Jayden	84	-16.03	-12.46	1.04
John	99.5	-0.53	14.35	0.33
Joyce	50.5	-49.53	-23.35	-4.58
Judy	90	-10.03	-17.76	0.06
Louise	77	-23.03	-8.15	-2.37
Mary	112	11.97	-7.06	-0.53
Philip	150	49.97	19.63	2.18
Robert	128	27.97	42.85	6.13
Sequan	133	32.97	13.94	-0.03
Thomas	85	-15.03	11.15	1.62
William	112	11.97	-7.06	-0.53
Moyenne	100.03	0	0	0
SC		9335.74	4211.25	
PRE			.55	

Encadré 6.8.
SCE pour les modèles simples et conditionnel

prédictions conditionnellement à l'Âge) ; la proportion de réduction de l'erreur correspondante est de .55. En d'autres termes, PRE = .55 pour la comparaison de modèles suivante :

$$\text{MODÈLE A}: Pd_i = \beta_0 + \beta_1\, Age + \varepsilon_i$$

$$\text{MODÈLE C}: Pd_i = \beta_0 + \varepsilon_i$$

Vérifier que cette valeur de PRE est correcte en utilisant un programme de régression simple sera un exercice utile pour le lecteur.

3.3. *Un modèle de Pd.0,Age reposant sur Tl.0,Age*

On peut maintenant se demander pourquoi, par exemple, Philip est plus lourd et Joyce est plus légère que ce qui est attendu sur la base de leurs âges respectifs. Il n'est pas impossible que Philip soit exceptionnellement grand pour son âge et que Joyce soit exceptionnellement petite pour son âge. Nous pourrions alors être tentés de tout simplement rentrer la taille dans le modèle. Néanmoins, notre intuition et l'inspection du nuage de points représentant la Taille et l'Age suggèrent que ces deux variables sont partiellement redondantes. Autrement dit, Taille et Age ont en commun une partie des informations qui pourrait être utilisée pour prédire le Poids. La seule part d'information apportée par la Taille qui pourrait présenter un intérêt concerne les informations qui ne sont pas redondantes avec l'Age. Nous pouvons facilement extraire cette partie de l'information en utilisant l'Age pour prédire la Taille dans le modèle suivant :

$$Tl = \beta_0 + \beta_1\, Age + \varepsilon_i$$

et en calculant les résidus :

$$e_i = Tl.0, Age_i = Tl_i - \widehat{Tl}_i$$

La régression simple correspondante nous apprend que :

$$\widehat{Tl}_i = 25.22 + 2.79\ Age_i$$

En d'autres termes, nous prédisons que la taille de ces élèves augmente de 2.79 pouces chaque année. Pour être plus spécifique, ce modèle prédit que la taille de Philip (qui a 16 ans) devrait être égale à 25.22 + 2.79(16) = 69.9 pouces, alors qu'en réalité il mesure 72 pouces. Ainsi, il est en effet exceptionnellement grand pour son âge puisqu'il dépasse la prédiction de *Tl.0,Age* = 72 – 69.9 = 2.1 pouces. Du fait que cet élève est plus grand que son âge, nous pourrions vouloir utiliser un modèle qui nous permet d'ajuster la prédiction de son poids en la rehaussant. En ce qui concerne Joyce, son âge de 12 ans nous amène à prédire qu'elle mesure 25.22 + 2.79(11) = 55.9 pouces. Toutefois, elle ne mesure que 51.3 pouces, soit *Tl.0,Age* = 51.3 – 55.9 = – 4.6 pouces de moins que ce qui est attendu pour son âge. Ici, nous pourrions donc vouloir ajuster la prédiction de son poids en la réévaluant vers le bas. La question plus générale revient donc à savoir si les élèves qui se révèlent plus grands que leur âge (autrement dit, quand nous « ajustons pour » ou « contrôlons » leur âge) ont également tendance à être plus lourds que ce qui est attendu pour leur âge. En d'autres termes, nous nous demandons s'il existe une relation entre *Tl.0,Age* (la part de variable Taille qui n'est pas liée à l'Age) et *Pd.0,Age* (la part de la variable Poids qui n'est pas liée à l'Age). Les valeurs de *Tl.0,Age* correspondant aux 19 élèves apparaissent dans l'Encadré 6.8. Nous voulons traiter du modèle :

$$Pd.0, Age_i = \beta_1\, Tl.0, Age_i + \varepsilon_i$$

L'Encadré 6.9 présente, sous la forme d'un nuage de points, les données permettant de répondre à cette question. Cet encadré fait effectivement apparaître que les élèves plus grands que ce qui est attendu pour leur âge (*Pd.0,Age* est élevé) sont également plus lourds que ce qui est attendu pour leur âge (*Tl.0,Age* est élevé également). Le modèle estimant cette relation nous donne :

$$\widehat{Pd.0,Age}_i = 3.6\, Tl.0,Age_i$$

Comme pour toute pente, cela nous indique qu'à chaque fois que *Tl.0,Age* augmente d'une unité, la prédiction pour *Pd.0,Age* augmente de 3.6 livres. Mais soyons un peu plus précis, même si cette reformulation est un peu plus lourde : pour chaque pouce que les élèves auront en plus par rapport à ce qui est attendu pour leur âge, nous pourrons nous attendre à ce qu'ils pèsent 3.6 livres de plus que ce qui est attendu pour leur âge. Une autre manière de formuler ceci serait de dire qu'après avoir ajusté la taille et le poids en fonction de l'âge, chaque augmentation d'un pouce nous amène à prédire une augmentation de 3.6 livres. Notons que, pour les élèves dont la taille correspond exactement à ce que nous attendions sur la base de leur âge (c'est-à-dire *Tl.0,Age* = 0), nous nous attendrions à ce qu'ils pèsent exactement ce que nous attendions sur base de leur âge (c'est-à-dire *Pd.0,Age* = 0). Philip mesure 2.1 pouces de plus que ce qui est attendu pour son âge, nous nous attendons donc à ce qu'il pèse 3.6(2.1) = 7.6 livres de plus que ce qui est attendu pour son âge. Or,

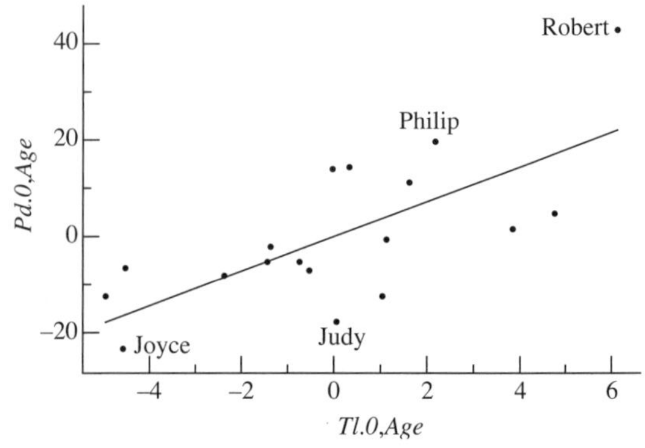

Encadré 6.9
Relation entre *Tl.0,Age* et *Pd.0,Age*

nous avons vu par ailleurs que Philip pèse en réalité 19.6 livres de plus que ce qui est attendu pour son âge. Ainsi, Philip pèse *Pd.0,Age,Tl* = 19.6 − 7.6 = 12 livres de plus que ce que nous attendrions sur la base d'un modèle reposant à la fois sur l'Age et la Taille. De la même manière, Joyce, mesurant 4.6 pouces de moins que ce qui est attendu pour son âge, pèse *Pd.0,Age,Tl* = −23 − 3.6(−4.6) = −23 − (−16.6) = −6.4 livres de moins que ce que nous attendrions sur la base de son âge et de sa taille. Lorsque nous prenons le poids en considération, Philip et Joyce sont respectivement, et de loin, les élèves les plus lourds et les plus légers; nous aurions même naïvement pu croire qu'ils étaient proches du surpoids ou de la sous-alimentation, du fait qu'ils étaient tellement éloignés du poids moyen des élèves. Néanmoins, après avoir tenu compte de (ou ajusté pour) leur âge et leur taille, Philip et surtout Joyce sont proches du poids attendu. En revanche, Robert et Judy (tous deux apparaissant dans l'Encadré 6.9), qui ne semblaient pas extrêmes quand nous ne prenions que le poids en considération, sont les plus éloignés par rapport aux poids que nous attendrions sur la base de leur taille et de leur âge. Notez que Robert est exceptionnellement grand pour son âge de 12 ans, mais il reste nettement plus lourd (d'environ 21 livres) que ce que nous pourrions attendre sur la base de sa grande taille. Judy, quant à elle, mesure presque exactement ce que nous pourrions attendre pour son âge de 14 ans, mais elle reste plus légère de 16 livres par rapport à ce que nous pourrions attendre pour son âge et sa taille. En d'autres termes, ce n'est qu'après avoir ajusté nos prédictions du poids en fonction de l'âge et de la taille que nous devenons capables de voir qui est réellement en surpoids (nettement au-dessus de la droite de régression de l'Encadré 6.9) ou qui est réellement trop maigre (nettement en-dessous de la droite de régression).

L'Encadré 6.10 énumère le poids de chacun des 19 élèves, ainsi que leurs résidus pour les différents modèles que nous avons traités jusqu'à maintenant. Prenons comme référence la ligne correspondant aux valeurs de Philip. Son poids de 150 livres est supérieur à la moyenne d'environ 50 (*Pd.0*) livres, supérieur d'environ 19.6 (*Pd.0,Age*) livres à la moyenne des élèves de son âge et seulement supérieur de 12 (*Pd.0,Age,Tl*) livres par rapport à ce que qu'on pourrait attendre pour quelqu'un de son âge et de sa taille. Ainsi, la déviation ou l'ERREUR entre le poids réel de Philip (DONNÉES) et

Nom	*Pd*	*Pd.0*	*Pd.0,Age*	*Pd.0,Age,Tl*
Alfred	112.5	12.47	4.74	-12.38
Antonia	84	-16.03	-12.46	5.38
Barbara	98	-2.03	1.54	-12.27
Camella	102.5	2.47	-5.26	-0.08
Henry	102.5	2.47	-5.26	-2.6
Jamal	83	-17.03	-2.15	2.78
Jane	84.5	-15.53	-0.65	-4.71
Janet	112.5	12.47	-6.56	9.73
Jayden	84	-16.03	-12.46	-16.2
John	99.5	-0.53	14.35	13.16
Joyce	50.5	-49.53	-23.35	-6.88
Judy	90	-10.03	-17.76	-17.98
Louise	77	-23.03	-8.15	0.37
Mary	112	11.97	-7.06	-5.15
Philip	150	49.97	19.63	11.79
Robert	128	27.97	42.85	20.8
Sequan	133	32.97	13.94	14.05
Thomas	85	-15.03	11.15	5.32
William	112	11.97	-7.06	-5.15
Moyenne	100.03	0	0	0
SC		9335.74	4211.25	2121.04
PRE			.55	.50

Encadré 6.10
Poids et résidus des élèves pour chacun des trois modèles

notre MODÈLE du poids décroît progressivement pour passer de 50 à 20 puis de 20 à 12. De manière générale, bien qu'il y ait des exceptions (comme Judy), les erreurs décroissent à mesure que nous ajoutons des prédicteurs dans le modèle (c'est-à-dire *Pd.0,Age* < *Pd.0,Age*,Tl). De façon encore plus importante pour notre propos, la somme des carrés des erreurs diminue également progressivement. Comme nous l'avions vu précédemment, l'erreur au carré du modèle simple est réduite de 55 % lorsque nous ajoutons l'Age. À présent, l'erreur au carré du modèle comportant l'Age est réduite de 50 % lorsque nous ajoutons la part de la taille qui n'est pas redondante avec l'Age. Au final, en comparaison avec le modèle simple de Poids, le fait d'utiliser l'Age et la Taille permet de réduire l'erreur de 77 % :

$$\text{PRE} = \frac{9335.74 - 2121.04}{9335.74} = .77$$

par rapport à l'erreur au carré de départ. Nous reviendrons à ces valeurs de PRE correspondant aux différentes comparaisons de modèles quand nous traiterons, plus loin dans ce chapitre, l'inférence statistique dans le cas de la régression multiple.

3.4. *Conclusion : interprétation des coefficients de régression partiels*

Le but de cette série de régressions simples utilisant des résidus est de mieux comprendre le sens des coefficients de régression. Maintenant que cet examen détaillé nous a apporté une bonne compréhension des données, il est temps de retourner à notre objectif de départ. Précédemment, nous avons noté que l'estimation du modèle sur la base de la régression multiple nous donnait :

$$\widehat{Pd}_i = -141.22 + 1.28\ Age_i + 3.60 Tl_i$$

Le coefficient de 3.60 correspondant à Tl est *exactement* égal à la pente que nous avions dans l'Encadré 6.9 et renvoie au coefficient dans un modèle où *Pd.0,Age* est prédit à partir de *Tl.0,Age*. Il s'ensuit que le sens de 3.60 dans la régression multiple est exactement le même que ce que nous avons vu auparavant : pour chaque pouce en plus par rapport à ce qui est attendu pour leur âge, nous nous attendons à ce que les élèves pèsent 3.60 livres de plus que ce qui est attendu pour leur âge. De manière équivalente, nous pourrions dire qu'après avoir ajusté la taille et le poids en fonction de l'âge, chaque augmentation d'un pouce pour la taille nous amène à prédire que l'élève pèse 3.60 de plus. En d'autres termes, le coefficient de 3.60 que nous donne la régression multiple décrit la relation entre la part de la Taille qui n'est pas redondante ou commune avec l'Age et la part du Poids qui n'est pas redondante ou commune avec l'Age. Il est fréquent, lorsque l'on reporte les résultats d'une régression multiple, d'écrire quelque chose d'assez simple comme « Après avoir contrôlé l'Age, le Poids augmente de 3.60 pour chaque augmentation d'un pouce pour la Taille. » Néanmoins, il reste important de se souvenir du sens plus précis que prennent ces coefficients de régression, sens que nous avons présenté dans la section précédente et qui renvoie à la pente dans le nuage de points des deux ensembles de résidus présentés dans l'Encadré 6.9. Pour se référer à des figures comme l'Encadré 6.9, les statisticiens et les logiciels de statistiques utilisent souvent le terme de *graphique de régression partielle* du fait qu'ils sont à la base de la définition même des pentes ou coefficients de régression partiels. Une pratique sage de l'analyse des données nous amènera à examiner régulièrement ces graphiques de régression partielle dont les nombreux bénéfices comprennent (a) une visualisation graphique des coefficients de régression et (b) une possibilité de repérer visuellement toutes les observations ou patterns inhabituels (comme c'était le cas de Robert et Judy).

Afin d'interpréter le coefficient de 1.28 correspondant à l'Age dans l'équation de régression multiple, nous n'avons pas besoin de refaire une série de régressions simples du même type que celles déjà effectuées précédemment. À la place, il nous suffit d'inverser les rôles de Taille et d'Age dans la formulation précédente permettant d'interpréter le coefficient correspondant à la Taille. En outre, nous pouvons examiner le graphique de régression partielle présenté dans l'Encadré 6.11, graphique représentant la relation de *Age.0,Tl* vers *Pd.0,Tl.* Ainsi, pour chaque année supplémentaire par rapport à ce qui est attendu sur la base de leur taille, nous prédisons que les élèves pèsent 1.28 livre de plus que ce qui est attendu sur la base de leur taille. Ou, là encore, nous pourrions dire qu'après avoir ajusté l'âge et le poids en fonction de la taille, chaque augmentation d'une année nous amène à prédire que l'élève pèse 1.28 de plus. Une autre formulation pourrait être: après avoir ramené statistiquement deux élèves à la même taille, autrement dit « après avoir tenu la taille constante », nous nous attendons à ce qu'un élève plus âgé d'un an pèse 1.28 livre de plus qu'un élève plus jeune. Dans ce contexte, 1.28 livre ne semble pas être une valeur très importante; en effet, la pente que l'on peut voir dans l'Encadré 6.11 apparaît suffisamment plate pour qu'elle ne diffère pas significativement d'une pente de zéro (ce que nous vérifierons plus tard).

Notez que, comme on devrait s'y attendre, Robert et Judy ont les résidus les plus importants (c'est-à-dire les plus grandes distances par rapport aux droites de régression dans les deux graphiques de régression partielle) du fait que Robert est exceptionnellement lourd et Judy exceptionnellement légère pour leur taille et leur âge. Et à nouveau, Philip et Joyce, quant à eux, sont plus proches du poids qui est attendu (c'est-à-dire plus proches des droites de régression) sur base de leur taille et de leur âge. En d'autres termes, *Pd.0,Age,Tl = Pd.0,Tl,Age.* Bien que les prédictions globales du Poids se soient améliorées, il reste une part d'erreur considérable. Nous pourrions maintenant nous demander s'il existe des variables qui permettraient de prédire dans quelles conditions les élèves seraient exceptionnellement lourds (ou légers) pour leur taille et leur âge. Un rapide coup d'œil aux noms qui se trouvent au-dessus de la droite de régression (c'est-à-dire les observations exceptionnellement lourdes pour leur taille et leur âge) et à ceux qui se trouvent en dessous de cette même droite (c'est-à-dire les observations exceptionnellement légères pour leur taille et leur âge) suggère une variable qu'il est bien évidemment important de prendre en compte.

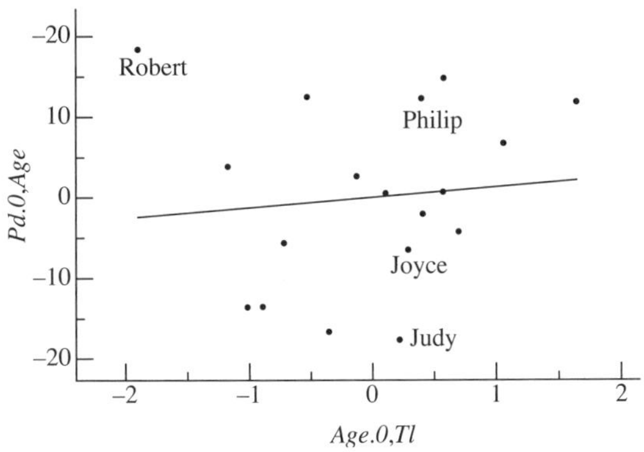

Encadré 6.11
Graphique de régression partielle pour *Age.0,Tl* et *Pd.0,Tl.*

4. L'inférence statistique dans le cadre de la régression multiple

Maintenant que nous comprenons le sens des coefficients de régression partiels, il nous reste à savoir comment déterminer si ces coefficients sont significativement différents de zéro et comment comparer différents modèles impliquant de multiples prédicteurs. La stratégie générale concernant l'inférence statistique ou les questionnements que nous pourrions avoir par rapport aux DONNÉES reste identique à celle que nous avons vu auparavant. Ainsi, les calculs du PRE et du *F* ne devraient poser aucune difficulté dans la mesure où ils se définissent exactement de la même manière que précédemment. La seule différence est que les paramètres que nous ajoutons dans l'équation de régression multiple nous donnent beaucoup plus de liberté quant à la définition des MODÈLES C et A. Comme nous le verrons, ces différentes possibilités de comparaison de modèles nous permettent de poser des questions variées et donc de tester des hypothèses diverses. La seule difficulté renverra à la sélection des modèles compact et augmenté les plus appropriés pour tester une hypothèse spécifique. Une fois que nous aurons choisi les modèles appropriés, l'estimation des paramètres (en utilisant un logiciel de statistiques) et les calculs du PRE et du F ne présenteront aucune difficulté particulière. Chaque question aura son propre PRE et son propre F.

Pour chaque ensemble de DONNÉES, il existera donc un grand nombre de questions possibles. Néanmoins, un certain nombre de types de questions génériques apparaissent fréquemment avec les modèles de régression multiple. Nous traiterons chacun de ces grands types de questions séparément.

4.1. *Test du modèle global*

Nous voulons parfois savoir si nos prédicteurs *pris dans leur ensemble* font un meilleur travail de prédiction que le modèle simple, qui n'utilise aucun prédicteur et prédit la moyenne pour toutes les observations. À titre d'exemple, les services gérant l'admission des étudiants dans les universités américaines se posent souvent la question pratique de savoir si un certain nombre de variables prédisent la réussite à l'université. Parmi ces variables, on trouve parfois le classement de ces étudiants dans leur lycée d'origine ou leur score à un test standardisé des compétences scolaires, ce que l'on appelle le SAT (pour « Scholastic Aptitude Tests » ou Test d'Aptitudes Scolaires), un test qui traite à la fois des compétences verbales et quantitatives. Pour savoir si ces variables prédisent la réussite universitaire, nous pouvons comparer un modèle faisant des prédictions quant à la réussite générale en première année (l'équivalent de la première année de Licence en Europe) en fonction du classement au lycée, du SAT verbal et du SAT quantitatif et, d'autre part, un modèle simple faisant une seule et unique prédiction, non conditionnelle, sur la base de la moyenne générale des étudiants de première année.

Plus généralement, ce type de question revient à comparer les MODÈLES A et C suivant :

$$\text{MODÈLE A}: Y_i = \beta_0 + \beta_1 X_{i1} + \beta_2 X_{i2} + \cdots + \beta_{p-1} X_{i,p-1} + \varepsilon_i$$

$$\text{MODÈLE C}: Y_i = \beta_0 + \varepsilon_i$$

Afin de représenter un test du modèle global, le MODÈLE C doit être le modèle simple à un seul paramètre. L'hypothèse nulle testée – autrement dit, que le MODÈLE C est suffisant – revient à dire qu'il n'est pas utile de faire des prédictions conditionnellement à l'ensemble des $p - 1$ prédicteurs, pris en tant que groupe. Formellement,

$$H_0: \beta_1 = \beta_2 = \ldots = \beta_{p-1} = 0$$

Le MODÈLE C comporte un paramètre et le MODÈLE A comporte p paramètres – un pour chacun des $p - 1$ prédicteurs, plus un paramètre pour l'ordonnée à l'origine (β_0). Les sommes des carrés des erreurs appropriées nous sont données par :

$$\text{SCE(C)} = \sum (Y_i - \overline{Y})^2 \quad \text{et} \quad \text{SCE(A)} = \sum (Y_i - \widehat{Y}_{Ai})^2$$

où

$$\widehat{Y}_{Ai} = b_0 + b_1 X_{i1} + b_2 X_{i2} + \cdots + b_{p-1} X_{i,p-1}$$

En outre, la différence entre ces deux SCE, c'est-à-dire SCR, nous est donné par :

$$\text{SCR} = \text{SCE(C)} - \text{SCE(A)} = \sum \left(\widehat{Y}_{Ai} - \widehat{Y}_{Ci}\right)^2 = \sum \left(\widehat{Y}_{Ai} - \overline{Y}\right)^2$$

Le PRE correspondant à la comparaison entre le modèle global et le modèle simple prédisant la moyenne (c'est-à-dire les modèles A et C présentés ci-dessus) porte parfois le nom plus spécifique de « coefficient de détermination multiple » et il est souvent représenté par le symbole R^2. Tous les logiciels réalisant des régressions multiples nous procureront le R^2 directement en plus des paramètres. Il sera donc très rare de devoir calculer le PRE à la main pour le modèle global. Il est cependant très important de se souvenir que le R^2 n'est rien d'autre qu'un PRE pour ce cas particulier où nous testons le modèle global contre le modèle simple prédisant la moyenne. Pour beaucoup d'autres questions que nous voudrons traiter à propos de nos DONNÉES, le logiciel de statistiques ne nous donnera pas directement le PRE correspondant à la comparaison de modèles qui nous intéresse ; il reste donc important de savoir comment calculer le PRE, directement à partir de SCE(A) et SCE(C).

Une fois que nous savons que PRE = R^2, le calcul du F pour ce cas particulier devient assez simple puisqu'il s'agit de :

$$F = \frac{\text{PRE}/(\text{PA} - \text{PC})}{(1 - \text{PRE})/(n - \text{PA})} = \frac{R^2/(p - 1)}{(1 - R^2)/(n - p)}$$

De manière alternative, en termes de sommes des carrés :

$$F = \frac{\text{SCR}/(\text{PA} - \text{PC})}{\text{SCE(A)}/(n - \text{PA})}$$

Si nous faisons, encore une fois, les postulats selon lesquels les erreurs ε_i qui ont une moyenne de zéro, sont extraites d'une même distribution normale et sont indépendantes, nous pouvons alors comparer le F que nous avons calculé avec la distribution d'échantillonnage de la statistique F avec $p - 1$ et $n - p$ degrés de liberté. Notons que la plupart des logiciels reportant le R^2 reporteront également le F qui lui est associé. Beaucoup présenteront également le « niveau de significativité de F », qui est simplement la probabilité, si l'hypothèse nulle était vraie (MODÈLE C), de trouver une valeur de F aussi grande ou plus grande. Si cette probabilité est plus modeste que notre niveau désiré de α (la probabilité d'erreur de Type I), nous pouvons alors rejeter H_0 selon laquelle aucun des prédicteurs n'est utile.

Les tables de probabilité de PRE et de F que nous avons présentées dans le Chapitre 4 correspondent au cas particulier où le nombre de paramètres dans les MODÈLES A et C diffère exactement de un (c'est-à-dire PA – PC = 1). Néanmoins, le MODÈLE A pourrait avoir beaucoup plus de paramètres que le modèle simple prédisant la moyenne, qui nous sert ici de MODÈLE C. Nous avons donc besoin de nouvelles tables. La logique permettant de construire ces tables est exactement la même que celle permettant de construire la table présentée dans le Chapitre 4. Les Encadrés A.2 et A.4 présentées en annexe, font apparaitre les valeurs critiques de PRE et F, pour α = .05 et pour différentes valeurs de PA – PC.

4.1.1. Exemple d'un test du modèle global

Prendre un exemple concret va nous aider à rendre la procédure d'inférence statistique propre au modèle global moins abstraite. Pour ce faire, revenons à la question qui nous intéressait précédemment : le bureau d'admission de l'université veut savoir si certaines informations dont il dispose concernant les étudiants prédisent leur performance à l'université. Ces informations concernent notamment leur classement au lycée et leurs scores, à la fois verbal et quantitatif, au Test d'Aptitudes Scolaires (SAT). Dans cet exemple, nous disposons des scores obtenus en première année d'université au GPA (« grade point average » ou note moyenne), du classement au lycée (CLLyc) et des SAT verbaux (SATV) et mathématique (SATM) pour 414 étudiants en ingénierie d'une université d'État. Nous voulons savoir si nous pouvons utiliser ces variables pour faire des prédictions conditionnelles utiles concernant le score obtenu au GPA par chaque étudiant ou si nous ferions une prédiction tout aussi bonne en faisant une prédiction non conditionnelle reposant tout simplement sur la moyenne du groupe au GPA. En d'autres termes, la question est de savoir si le MODÈLE A, utilisant toutes les variables prédictrices, fait un meilleur travail de prédiction que le MODÈLE C, qui n'utilise aucun des prédicteurs. Pour revenir aux équations, cette question revient à comparer les modèles suivants :

$$\begin{aligned}\text{MODÈLE A : } GPA_i &= \beta_0 + \beta_1 CLLyc_i + \beta_2 SATV + \beta_3 SATM_i + \varepsilon_i \\ \text{MODÈLE C : } GPA_i &= \beta_0 + \varepsilon_i\end{aligned}$$

Dans le cas de cette comparaison, PA = 4 et PC = 1. En outre, le MODÈLE A et le MODÈLE C seraient identiques si β_1, β_2 et β_3 étaient tous égaux à zéro. Ainsi, comparer les modèles A et C revient à tester l'hypothèse nulle selon laquelle :

$$H_0 : \beta_1 = \beta_2 = \beta_3 = 0.$$

Les logiciels informatiques nous fournissent les modèles estimés suivants, ainsi que les SCE qui leur sont associées :

$$\begin{aligned}\text{MODÈLE A : } \widehat{GPA}_i &= -1.74 + 0.027CLLyc_i & \text{SCE(A)} = 172.99 \\ &\quad +0.011SATV_i + 0.022SATM_i & \\ \text{MODÈLE C : } \widehat{GPA}_i &= 2.70 & \text{SCE(C)} = 221.78\end{aligned}$$

Bien que le logiciel produisant ces estimations nous procure également un PRE = R^2 = .22 et F = 38.54 avec $p < .001$, nous allons les calculer afin de renforcer notre compréhension de la procédure générale qui s'applique à toutes les comparaisons de modèles impliquant de multiples prédicteurs :

$$\text{PRE} = \frac{\text{SCE(C)} - \text{SCE(A)}}{\text{SCE(C)}} = \frac{221.78 - 172.99}{221.78} = \frac{48.79}{221.78} = .22$$

Il est maintenant clair pour nous que 48.79, la différence entre les deux sommes des carrés des erreurs, est équivalente à SCR. Nous pouvons donc calculer :

$$\begin{aligned}F_{\text{PA-PC},n-\text{PA}} = F_{3,410} &= \frac{\text{PRE}/(\text{PA} - \text{PC})}{(1 - \text{PRE})/(n - \text{PA})} = \frac{.22/3}{.78/410} = \frac{.073}{.0019} = 38.54 \\ &= \frac{\text{SCR}/(\text{PA} - \text{PC})}{\text{SCE(A)}/(n - \text{PA})} = \frac{48.79/3}{172.99/410} = \frac{16.26}{.422} = 38.54\end{aligned}$$

En d'autres termes, la proportion de réduction de l'erreur par paramètre ajouté dans le modèle global, qui équivaut à .073, surpasse d'un facteur de 38.5 la proportion de réduction de l'erreur de .0019 que nous nous attendrions à avoir si nous utilisions des prédicteurs inutiles. Un rapide coup d'œil aux tables présentées en annexe nous indique que pour α = .05, PA – PC = 3 et n – PA = 200 (200 étant la valeur la plus importante à laquelle nous avons accès dans la table pour un n – PA inférieur à 410), nous trouvons que le PRE et le F obtenus à partir de nos données dépassent facilement leurs valeurs critiques respectives de .038 et 2.65. Nous pouvons donc rejeter le MODÈLE C au profit du MODÈLE A et conclure que le modèle global est, en effet, significativement meilleur que le modèle simple prédisant la valeur moyenne. De manière équivalente, nous pourrions dire que nous rejetons l'hypothèse nulle selon laquelle tous les prédicteurs sont égaux à zéro.

4.1.2. Problèmes avec les tests de modèles globaux

En règle générale, les tests de modèles globaux comme celui-ci ne sont pas particulièrement utiles, et ce, pour deux raisons. La première raison renvoie au fait qu'il est facile, quand nous testons un modèle global comprenant beaucoup de variables, de se trouver dans une position où nous risquons de chercher une aiguille dans une botte de foin. À titre d'exemple, imaginons que nous testions un modèle important au sein duquel un seul prédicteur est réellement utile; tous les autres prédicteurs ont été ajoutés plus ou moins par inadvertance et n'ont aucune utilité pour réduire l'ERREUR. Dans une telle situation, nous obtiendrions approximativement la même valeur de PRE si nous testions le modèle global ou si nous testions le modèle de régression simple pour lequel nous utiliserions uniquement le bon prédicteur. Néanmoins, le PRE par paramètre (le numérateur du F) serait nettement plus faible pour le modèle global, car nous diviserions, à peu de choses près, le même PRE par un nombre important de paramètres inutiles. Dans le même temps, l'erreur restant à expliquer (1 − PRE) par paramètre (autrement dit, le dénominateur du F) serait plus importante pour le modèle global incluant les prédicteurs additionnels inutiles, car nous serions amenés à diviser approximativement la même erreur résiduelle par un nombre plus restreint de paramètres potentiels non utilisés ($n - p$ au lieu de $n - 2$). La conjonction de ces deux effets va entrainer un F considérablement plus modeste que ce qu'il aurait pu être sans l'ajout de ces paramètres inutiles. À partir des tables présentées en annexe nous pouvons voir que la taille des valeurs critiques de F décroît à mesure que les degrés de liberté du numérateur augmentent, il arrivera donc parfois que le F reste significatif. De plus, en règle générale, nous risquons de ne plus retrouver l'aiguille — le bon prédicteur — dans la botte de foin des prédicteurs inutiles. L'essence même de ce problème tient au fait qu'en ajoutant des paramètres inutiles de manière inconsidérée, nous perdons de la puissance statistique.

La seconde raison d'éviter les tests globaux de nos modèles est que les résultats de ce type de tests sont souvent ambigus. Si l'hypothèse nulle est rejetée, cela nous apprend juste qu'au moins un des coefficients de régression partiels n'est pas égal à zéro, mais nous ne savons pas quels sont les prédicteurs réellement utiles. À titre d'exemple, pour les données du GPA, nous avons conclu que β_1, β_2 et β_3 ne sont pas tous égaux à zéro, mais nous ne savons pas précisément lequel ou lesquels ne sont pas égaux à zéro. En réalité, cette hypothèse nulle globale peut être fausse de sept manières différentes:

$$\beta_1 \neq 0,\ \beta_2 \neq 0,\ \beta_3 \neq 0$$
$$\beta_1 \neq 0,\ \beta_2 \neq 0$$
$$\beta_1 \neq 0,\ \beta_3 \neq 0$$
$$\beta_2 \neq 0,\ \beta_3 \neq 0$$
$$\beta_1 \neq 0$$
$$\beta_2 \neq 0$$
$$\beta_3 \neq 0$$

Ainsi, CLLyc, SATV et SATM forment un prédicteur utile du GPA en tant que groupe, mais nous ne savons pas s'ils sont tous nécessaires ou quelle combinaison est la meilleure. Il se pourrait, par exemple, que SATV et SATM soient hautement redondants, ce qui impliquerait qu'un seul score de SAT soit à inclure dans l'équation de régression.

La question que nous posons avec le test du modèle global est tellement diffuse que nous ne sommes généralement pas très sûrs de ce que signifie la réponse à cette question. Ainsi, pour des raisons de puissance et pour s'affranchir des problèmes d'ambiguïté dont nous venons de parler, il est presque toujours préférable de se poser des questions plus spécifiques ou, pour reprendre les termes de Rosenthal et Rosnow (1985), des questions plus focalisées sur nos données. Ces questions focalisées se centreront la plupart du temps sur un seul prédicteur. Cela ne veut pas dire que nous ignorerons les autres prédicteurs, car, comme nous le verrons bientôt, nous pouvons nous interroger sur l'utilité d'un prédicteur en particulier, mais en prenant en compte la présence de tous les autres prédicteurs.

En résumé, pour des raisons de puissance statistique et de précision, nous préférons les hypothèses nulles ayant trait à un seul paramètre, c'est-à-dire des comparaisons de modèles pour lesquelles PA et PC ne diffèrent que de 1. Le F auquel renvoient ces hypothèses nulles aura toujours un seul degré de liberté au numérateur. Si le modèle compact représentant l'hypothèse nulle est rejeté, alors la réponse sera sans ambiguïté : le paramètre additionnel au sein du MODÈLE A est nécessaire. Dans la section qui suit, nous allons précisément traiter d'un test à un degré de liberté particulièrement important.

4.2. *Test d'un prédicteur au-delà de l'effet des autres prédicteurs*

Nous savons que la redondance vient compliquer les questions que nous nous posons à propos de prédicteurs spécifiques. Indépendamment de la question de savoir si un prédicteur est utile en lui-même au sein d'une régression simple, il nous arrive souvent de vouloir savoir s'il est utile au-delà – en plus – des autres prédicteurs présents dans le modèle. En d'autres termes, si nous avons déjà fait des prédictions conditionnelles sur base d'un ensemble de prédicteurs, une amélioration est-elle encore possible par l'ajout d'une nouvelle variable prédictrice ? Autrement dit, nous voulons comparer :

$$\text{MODÈLE A} : Y_i = \beta_0 + \beta_1 X_{i1} + \beta_2 X_{i2} + \cdots + \beta_{p-2} X_{i,p-2} + \beta_p X_{ip-1} + \varepsilon_i$$
$$\text{MODÈLE C} : Y_i = \beta_0 + \beta_1 X_{i1} + \beta_2 X_{i2} + \cdots + \beta_{p-2} X_{i,p-2} + \varepsilon_i$$

Cela veut dire que les MODÈLE C et MODÈLE A sont identiques, excepté le fait que le MODÈLE A a été augmenté d'exactement un paramètre (β_{p-1}) et d'une variable prédictrice (X_{p-1}). Il s'ensuit que le MODÈLE C comporte $p-1$ paramètres et le MODÈLE A en comporte p. On remarquera également, et c'est très important, que PA – PC = 1.

En comparant le MODÈLE A avec le MODÈLE C, nous nous demandons si nous avons besoin du prédicteur X_{p-1}, sachant que nous avons déjà utilisé les prédicteurs X_1, X_2, …, X_{p-2}. Les β de cette comparaison de modèles sont des coefficients de régression partiels dans la mesure où leur valeur dépend des autres β également présents dans le MODÈLE. Ainsi, et à titre d'exemple, la valeur estimée pour β_2 a de grandes chances de dépendre du fait que β_1 est également inclus dans le modèle. Il s'ensuit que nous devrions utiliser une notation plus complète qui nous rappelle l'existence de cette dépendance. C'est pour cette raison que le coefficient que nous ajoutons au MODÈLE A sera représenté par $\beta_{p-1.12\ldots p-2}$. L'indice qui apparaît avant le point indique de quel coefficient il est question ; les indices qui apparaissent après le point indiquent les autres coefficients également présents dans le MODÈLE. Il est clair que nous n'aurons pas besoin d'un paramètre additionnel si son coefficient de régression partiel est égal à zéro. Notre hypothèse nulle est donc :

$$H_0 : \beta_{p-1.12\ldots\, p-2} = 0$$

Notez qu'il s'agit simplement d'une généralisation du test que nous avons fait pour la régression simple à un prédicteur. À ce moment-là, nous nous demandions s'il était utile d'ajouter un prédicteur pour aller au-delà d'un modèle simple prédisant la moyenne. Maintenant, nous nous demandons s'il est utile d'ajouter un prédicteur pour aller au-delà de ce qui est déjà accompli par les prédicteurs présents dans le modèle.

Une stratégie possible pour la construction de modèles revient à commencer simplement puis à ajouter de la complexité uniquement quand cela se révèle nécessaire. De fait, une question fréquente revient à savoir si l'ajout d'un prédicteur en vaudrait la peine. Comme toujours, nous répondons à la question de savoir s'il vaut la peine de rajouter ce nouveau paramètre en estimant les paramètres du modèle en tâchant de minimiser la somme des carrés des erreurs, puis en utilisant le PRE et le F pour comparer les deux modèles. Notons ici que le PRE correspondant à l'ajout d'un seul paramètre porte la dénomination spécifique de « coefficient de détermination partielle » et il se représente ainsi :

$$r^2_{Yp-1.123\ldots\, p-2}$$

La racine carrée de ce PRE – à laquelle on associe le signe du coefficient de régression partiel – est souvent désignée sous le terme de « coefficient de corrélation partielle », car il correspond à la corrélation simple entre Y et X_{p-1}, lorsqu'on contrôle ou qu'on maintient les autres $p-2$ prédicteurs constants.

Connaissant la valeur de F, nous pouvons calculer un intervalle de confiance pour $\beta_{p-1.12...p-2}$ en utilisant la même logique que celle que nous avons appliquée au Chapitre 5 pour construire un intervalle de confiance pour β_1 dans le cas de la régression simple. Ainsi, pour chaque ensemble de données, nous pouvons déterminer les valeurs extrêmes que pourrait prendre l'hypothèse nulle de telle sorte que F (c'est-à-dire le F calculé) reste inférieur à la valeur critique de F pour un α donné et sous les postulats habituels de distribution des résidus. L'équation qui en résulte est :

$$b_{p-1.123...p-2} \pm \sqrt{\frac{F_{\text{crit};1,n-p;\alpha}\text{CME}}{(n-1)\, s^2_{X_{p-1}}(1-R^2_{p-1})}}$$

Comme précédemment, le CME correspond au carré moyen de l'erreur pour le MODÈLE A, $F_{\text{crit};1,n-p;\alpha}$ renvoie à la valeur critique du F que nous trouvons dans les tables présentées en annexe, enfin $s^2_{X_{p-1}}$ correspond à la variance de notre variable prédictrice. Il est à noter que, quelle que soit la valeur de α que nous aurons choisie, la formule précédente nous donnera l'intervalle de confiance à $(1-\alpha)\%$ pour la pente de régression partielle. La formule de cet intervalle de confiance est similaire à celle que nous avions présentée au Chapitre 5 et qui correspondait à une pente de régression simple. La seule différence entre ces formules concerne l'ajout du terme $1-R^2_p$ au dénominateur. R^2_{p-1} renvoie simplement au R^2 ou *PRE* que l'on obtient lorsque les $p-2$ autres prédicteurs sont utilisés pour prédire notre variable d'intérêt X_p. R^2_{p-1} est donc une mesure de la redondance entre X_{p-1} et les autres prédicteurs déjà inclus dans le modèle.

A contrario, le terme $1-R^2_{p-1}$, qui porte le nom de tolérance dans certaines sorties de logiciels de statistiques, est une mesure de ce qui n'est pas commun à X_{p-1} et aux autres prédicteurs, en d'autres termes, sa singularité. Or, seules les portions de X_p qui lui sont spécifiques pourront s'avérer utiles pour réduire encore un peu plus l'erreur ; si la tolérance $1-R^2_{p-1}$ est faible, il sera donc difficile pour X_{p-1} de nous être utile. Ce raisonnement se reflète dans la formule de l'intervalle de confiance en incluant ce terme au dénominateur. Une faible tolérance au dénominateur causera un intervalle de confiance relativement grand, augmentant du même coup les chances que cet intervalle de confiance comprenne la valeur zéro. Dans la mesure où une faible tolérance entraîne un intervalle de confiance plus étendu, certains logiciels reportent le facteur d'inflation de la variance (*variance inflation factor* ou VIF) qui est égal à $1/(1-R^2_{p-1})$, l'inverse de la tolérance.

Il existe une équivalence entre l'utilisation du F et celle de l'intervalle de confiance. Dans le premier cas, nous comparons le F à la valeur critique du F pour un certain niveau de α afin de tester l'ajout d'un paramètre. Dans le second, nous regardons si l'intervalle de confiance, que nous avons construit en utilisant la même valeur critique de F, contient la valeur zéro. Ces deux approches apportent des réponses identiques, car l'intervalle de confiance comprendra la valeur zéro si et seulement si F est inférieur à la valeur critique du F.

Il est rarement nécessaire de calculer à la main le F correspondant à l'ajout d'un paramètre, car la plupart des programmes de régression fourniront automatiquement cette valeur (ou parfois une valeur équivalente, c'est-à-dire $t_{n-p} = \sqrt{F_{1,n-p}}$) · Beaucoup de programmes donneront également accès à un intervalle de confiance à 95 % (ce qui correspond à $\alpha = .05$) pour $\beta_{p-1.12...p-2}$. En revanche, peu de programmes donneront accès au PRE correspondant, ce qui dans ce cas précis renvoie à la proportion de réduction de l'erreur pour l'ajout du $p-1^{\text{ième}}$ prédicteur. Cela n'est pas réellement un problème, car la quasi-totalité des programmes de régression fourniront le coefficient de corrélation partiel, et nous savons que pour un tel modèle cette valeur mise au carré sera égale au PRE. Ce qu'il est important de se rappeler ne concerne donc pas les formules que nous venons de voir, mais plutôt que le coefficient de détermination partielle, autrement dit, la corrélation partielle au carré, renvoie tout simplement au PRE dans le cas particulier où nous comparons un modèle compact avec un modèle augmenté comportant un seul prédicteur additionnel. De la même manière, les valeurs F ou t associées à cette comparaison de modèles testent si le coefficient de régression partiel correspondant à X_{p-1} est égal à zéro. Il s'ensuit que ces deux hypothèses nulles sont équivalentes :

$$H_0 : \beta_{p-1.12...p-2} = 0 \quad \text{et} \quad H_0 : r^2_{p-1.12...p-2} = 0$$

Si l'une des deux est fausse, alors l'autre sera nécessairement fausse également.

4.2.1. Exemple du test d'un prédicteur additionnel

Nous allons à nouveau utiliser les données du GPA, cette fois pour illustrer le test correspondant à l'ajout d'un prédicteur additionnel dans notre modèle. Supposons que nous voulions savoir s'il est utile d'ajouter SATM dans notre MODÈLE lorsque celui-ci comporte déjà CLLyc et SATV. Cette question n'a pas seulement une importance pratique – il serait plus simple pour les employés du bureau d'admission d'inclure seulement le CLLyc et le SATV dans leurs calculs du GPA prédit – car il y a également un intérêt théorique à savoir si les aptitudes quantitatives, telles qu'elles sont mesurées avec le SATM, représentent une contribution indépendante du CLLyc et du SATV dans la prédiction du GPA. Comme les données que nous traitons concernent des étudiants en ingénierie, on pourrait supposer que le SATM, une mesure des aptitudes quantitatives nécessaires pour suivre leurs cours, sera utile dans le modèle, même quand CLLyc et SATV, des mesures globales d'aptitudes, sont déjà incluses dans le MODÈLE. En d'autres termes, nous voulons comparer les deux modèles suivants :

$$\text{MODÈLE A} : GPA_i = \beta_0 + \beta_1 CLLyc_i + \beta_2 SATV + \beta_3 SATM_i + \varepsilon_i$$
$$\text{MODÈLE C} : GPA_i = \beta_0 + \beta_1 CLLyc_i + \beta_2 SATV + \varepsilon_i$$

Notons que PA = 4 et PC = 3, donc PA – PC = 1 ; nous traitons donc une question à un degré de liberté. Les MODÈLE A et MODÈLE C seraient équivalents si β_3 était égal à zéro. Remarquez que nous n'utilisons plus la notation plus complète $\beta_{3.12}$, mais nous garderons bien à l'esprit que chaque paramètre dépend du modèle au sein duquel il est inclus. Ainsi, cette comparaison MODÈLE A/ MODÈLE C est équivalente au test de l'hypothèse nulle :

$$H_0 : \beta_3 = 0$$

Le MODÈLE A que nous utilisons ici est identique au MODÈLE A que nous avons utilisé lorsque nous avons testé le modèle global. Il s'ensuit que nous avons déjà les paramètres estimés et la SCE du MODÈLE A. N'importe quel programme de régression nous procurera les paramètres estimés et la SCE du MODÈLE C. Ainsi :

$$\begin{aligned} \text{MODÈLE A} : \widehat{GPA}_i &= -1.74 + 0.027 CLLyc_i & \text{SCE(A)} = 172.99 \\ &\quad + 0.011 SATV_i + 0.022 SATM_i & \\ \text{MODÈLE C} : \widehat{GPA}_i &= -0.71 + 0.028 CLLyc_i & \text{SCE(C)} = 181.48 \\ &\quad + 0.018 SATV_i & \end{aligned}$$

Afin de répondre à la question de savoir si SATM est utile au-delà des effets de CLLyc et SATV, nous calculons le PRE et le F comme nous l'avons toujours fait. Autrement dit :

$$\text{PRE} = \frac{\text{SCE(C)} - \text{SCE(A)}}{\text{SCE(C)}} = \frac{181.48 - 172.99}{181.48} = \frac{8.49}{181.48} = .047$$

et

$$F_{\text{PA-PC},n-\text{PA}} = F_{1,410} = \frac{\text{PRE}/(\text{PA} - \text{PC})}{(1 - \text{PRE})/(n - \text{PA})} = \frac{.047/1}{.953/410} = \frac{.047}{.0023} = 20.4$$
$$= \frac{\text{SCR}/(\text{PA} - \text{PC})}{\text{SCE(A)}/(n - \text{PA})} = \frac{8.49/1}{172.99/410} = \frac{8.49}{0.422} = 20.4$$

Un PRE = .047 et un $F_{1,410}$ = 20.4 dépassent aisément leur valeur critique respective (pour $n - PA$ = 200, c'est-à-dire la plus grande valeur restant inférieure à 410 dans la table présentée en annexe) de .019 et 3.89. Nous pouvons donc rejeter l'hypothèse nulle selon laquelle le coefficient de régression partiel correspondant à SATM est égal à zéro et nous pouvons conclure qu'il vaut la peine d'ajouter SATM dans un modèle qui inclut déjà CLLyc et SATV. Dans ce cas précis, l'erreur restante – l'erreur qui reste après avoir utilisé CLLyc et SATV dans le modèle — est réduite de 4.7 %. La racine carrée de ce PRE est égale à .22 et représente la corrélation partielle entre GPA et SATM lorsque nous gardons constants CLLyc et SATV, autrement dit, lorsque nous retirons leurs effets. Sachant que le coefficient de régression partiel de SATM n'est pas zéro, nous devrions donc l'interpréter de la manière suivante: lorsque nous comparons des étudiants ayant des scores de CLLyc et SATV équivalents, nous prédisons que, pour chaque augmentation d'une unité sur SATM (mesurée sur une échelle de 20 à 80 classiquement utilisée dans les universités américaines pour rapporter les scores de SAT), le GPA d'un étudiant augmentera de 0.022 point. En d'autres termes, toutes choses étant égales par ailleurs, nous nous attendons à ce qu'un étudiant ayant un score de 80 au SATM ait un GPA supérieur de 0.66 (soit deux tiers d'une lettre dans la notation américaine) à celui d'un étudiant ayant un score de 50 (c'est-à-dire (80 – 50) 0.022 = 0.66).

Les ingrédients nécessaires au calcul de l'intervalle de confiance proviennent de différentes sources: CME = SCE(A)/(n – PA) = 172.99/410 = 0.42; un programme de statistiques descriptives nous indique que la variance de SATM = 46.21 ; et un programme de régression multiple nous indique que le PRE ou le $R^2_{3.12}$ obtenu lorsque l'on prédit le SATM à partir de CLLyc et SATV est égal à .11. Ainsi, le calcul de l'intervalle de confiance à 95 % pour β_3 nous donne:

$$b_{SATM} \pm \sqrt{\frac{F_{\text{crit};1,n-PA;\alpha}\text{CME}}{(n-1)s^2_{SATM}(1 - R^2_{3.12})}}$$
$$0.022 \pm \sqrt{\frac{3.87(0.42)}{413(46.21)(1 - .11)}}$$
$$0.022 \pm 0.0098$$
$$[0.012,\ 0.032]$$

Ce calcul est important, car il nous indique que, bien que notre meilleure estimation du coefficient soit 0.022, nous pouvons raisonnablement penser qu'en réalité il pourrait être aussi modeste que 0.012 ou aussi haut que 0.032.

4.3. *Le modèle global revisité*

Précédemment, nous avons souligné le fait que se limiter au test du modèle global n'est souvent pas satisfaisant, car le rejet de l'hypothèse nulle ne nous indique pas lequel des nombreux β_j diffère significativement de la valeur zéro. Le test que nous venons de voir, qui permet de tester l'ajout d'une variable, fournit une solution à ce problème. La numérotation des prédicteurs est arbitraire, nous pouvons donc traiter chaque prédicteur, l'un après l'autre, comme s'il représentait le dernier prédicteur à ajouter au MODÈLE. De cette manière, nous testerons si le coefficient de régression partiel (c'est-à-dire le coefficient du prédicteur quand toutes les autres variables sont présentes au sein du MODÈLE) de chaque prédicteur pris séparément diffère de zéro. Au niveau conceptuel, cela impliquerait que nous soyons contraints de réaliser différentes analyses de régression pour lesquelles nous entrerions tout d'abord les autres variables prédictrices et qu'ensuite nous testions s'il est utile d'ajouter la dernière de ces variables. En pratique, il n'est pas nécessaire de réaliser l'analyse de régression spécifique à chaque variable, car l'information dont nous avons besoin est directement disponible lorsque le programme statistique réalise les calculs correspondant au modèle global. Les résultats de ces calculs sont souvent résumés au sein d'un tableau d'analyse de la variance tel que celui présenté dans l'Encadré 6.12.

Nous allons examiner en quoi un tel tableau résume les tests statistiques que nous avons faits pour (a) le modèle global et (b) l'ajout de SATM au-delà des autres variables présentes dans le modèle. Ensuite, nous verrons en quoi ce tableau nous apporte l'information nécessaire pour tester ce qui se passerait si nous rentrions SATV ou CLLyc en dernier dans le modèle. Lors de notre test du modèle global, nous avons trouvé que

$$\begin{aligned} \text{MODÈLE A} : \widehat{GPA}_i &= -1.74 + 0.027CLLyc_i & \text{SCE(A)} = 172.99 \\ &\quad + 0.011SATV_i + 0.022SATM_i & \\ \text{MODÈLE C} : \widehat{GPA}_i &= 2.70 & \text{SCE(C)} = 221.78 \end{aligned}$$

Les deux sommes des carrés des erreurs, SCE(A) = 172.99 et SCE(C) = 221.78, correspondent respectivement aux valeurs que l'on retrouve dans la colonne *SC* pour l'*Erreur* et pour le *Total*. Leur différence est SCR = 221.78 – 172.99 = 48.79, que nous avons utilisé pour calculer le PRE :

$$\text{PRE} = \frac{\text{SCE(C)} - \text{SCE(A)}}{\text{SCE(C)}} = \frac{221.78 - 172.99}{221.78} = \frac{48.79}{221.78} = 0.22$$

Notez que ce SCR apparaît dans la colonne SC de l'Encadré 6.12 pour la ligne Régression. Les valeurs apparaissant dans la colonne *dl* pour Régression, Erreur et Total correspondent respectivement à PA – PC, n – PA et n – PC. Les autres valeurs de la ligne Régression résument le test du modèle global contre le modèle simple. Notez que les lignes Régression, Erreur et Total de l'Encadré 6.12 jouent le même rôle que celui qu'elles jouaient dans l'Encadré 5.11 présentant la régression simple. La seule différence concerne le fait que, maintenant, la ligne Régression décrit la réduction de l'erreur réalisée en permettant à toutes les pentes de régression partielles de différer de la valeur zéro. En outre, la ligne Erreur correspond à l'erreur qui demeure lorsqu'on permet à ces pentes de prendre d'autres valeurs que zéro. Enfin, la ligne Total décrit l'erreur obtenue lorsque toutes ces pentes sont fixées à zéro.

À la différence du tableau ANOVA correspondant à la régression simple (Encadré 5.11), celui correspondant à la régression multiple (Encadré 6.12) comporte une ligne par variable incluse dans le modèle. Afin de comprendre le contenu de chacune de ces lignes, retournons à l'exemple précé-

Encadré 6.12
Tableau résumé de l'analyse de la variance pour les données du GPA

Source	*SC*	*dl*	*CM*	*F*	*PRE*	*p*
Régression	48.789	3	16.263	38.5	.220	.0001
SATV	2.779	1	2.779	6.6	.016	.0106
SATM	8.483	1	8.483	20.1	.047	.0001
CLLYC	29.209	1	29.209	69.2	.144	.0001
Erreur	172.994	410	0.422			
Total	221.783	413				

dant où nous testions l'intérêt d'ajouter SATM à un modèle proposant déjà des prédictions conditionnelles pour le GPA sur la base de CLLyc et de SATV. Voici ce que nous avions trouvé :

$$\begin{aligned} \text{MODÈLE A} : \widehat{GPA}_i = & -1.74 + 0.027CLLyc_i & \text{SCE(A)} = 172.99 \\ & + 0.011SATV_i + 0.022SATM_i & \\ \text{MODÈLE C} : \widehat{GPA}_i = & -0.71 + 0.028CLLyc_i & \text{SCE(C)} = 181.48 \\ & + 0.018SATV_i & \end{aligned}$$

La différence entre ces deux sommes des carrés des erreurs, 181.48 – 172.99 = 8.48, apparaît dans la colonne SC pour la ligne SATM. Les autres colonnes de la ligne pour SATM nous procurent les indices statistiques permettant de comparer les MODÈLES A et C présentés ci-dessus. Nous avions précédemment calculé le PRE directement à partir de ces valeurs, mais il est assez pratique, lorsqu'on travaille avec un tableau résumé comme celui de l'Encadré 6.12, d'utiliser la formule alternative suivante :

$$\text{PRE} = \frac{\text{SCR}}{\text{SCR} + \text{SCE(A)}} = \frac{8.483}{8.483 + 172.994} = \frac{8.483}{181.477} = .047$$

On peut voir ce calcul comme l'expression du fait que si SATM n'était pas inclus dans le modèle, l'erreur qu'il permet de réduire (c'est-à-dire SCR) devrait être réintégrée à l'erreur du modèle (c'est-à-dire SCE(A)) – ce qui correspond au dénominateur de ce calcul. En d'autres termes, le dénominateur de ce calcul correspond à l'erreur totale pour un modèle qui inclurait toutes les variables excepté SATM.

Une fois que nous avons cette compréhension du tableau résumé de l'analyse de variance, il est aisé de réaliser d'autres comparaisons de modèles. À titre d'exemple, nous voudrions peut-être savoir si, pour ces étudiants ingénieurs, le fait de connaître leurs scores de SATV améliore notre prédiction du GPA au-delà d'un modèle basé uniquement sur CLLyc et SATM. En d'autres termes, notre comparaison de modèles serait

$$\text{MODÈLE A} : GPA_i = \beta_0 + \beta_1 CLLyc_i + \beta_2 SATV_i + \beta_3 SATM_i + \varepsilon_i$$
$$\text{MODÈLE C} : GPA_i = \beta_0 + \beta_1 CLLyc_i + \beta_3 SATM_i + \varepsilon_i$$

Au lieu d'estimer ces deux modèles et de calculer leurs sommes des carrés des erreurs, nous pouvons obtenir ces valeurs dans l'Encadré 6.12. Le MODÈLE A étant le même que précédemment, nous savons, grâce à la ligne Erreur du tableau, que SCE(A) = 172.994. De plus, la valeur de SC = 2.779 qui apparaît dans la ligne SATV correspond au SCR de la comparaison de modèle présentée ci-dessus. Ainsi, SCE(C) = 2.779 + 172.994 = 175.773. Nous obtenons donc le PRE correspondant à cette comparaison de modèles en calculant :

$$\text{PRE} = \frac{\text{SCR}}{\text{SCR} + \text{SCE(A)}} = \frac{2.779}{2.779 + 172.994} = \frac{2.779}{175.773} = .016$$

Nous pouvons également calculer le F correspondant à cette comparaison de modèles, soit en utilisant la formule basée sur la valeur du PRE, soit en utilisant la formule en termes de sommes des carrés (à partir du tableau) :

$$F_{\text{PA}-\text{PC},n-\text{PA}} = F_{1,410} = \frac{\text{SCR}/(\text{PA} - \text{PC})}{\text{SCE}/(n - \text{PA})} = \frac{\text{CMR}}{\text{CME}} = \frac{2.779}{0.422} = 6.6$$

Les valeurs clés correspondant à CMR et CME apparaissent dans la colonne CM de l'Encadré 6.12. Les logiciels utilisés pour réaliser des analyses de régression présentent très souvent les valeurs de probabilité qui apparaissent ici dans la dernière colonne du tableau résumé. Dans ce cas précis, la probabilité d'obtenir un PRE ou un F aussi grand ou plus grand si le MODÈLE C était correct est seulement de .016. Si nous utilisons le seuil habituel de 0.05, nous rejetterions le MODÈLE C au profit du MODÈLE A ; en d'autres termes, nous pourrions conclure que SATV est un prédicteur utile au-delà de CLLyc et de SATM.

Maintenant que nous comprenons les informations présentées dans le tableau résumé, nous pouvons facilement réaliser la comparaison de modèles permettant de traiter la question de savoir si CLLyc est utile au-delà de l'information prédictrice apportée par SATV et SATM. Ainsi, lorsque nous comparons :

$$\text{MODÈLE A} : GPA_i = \beta_0 + \beta_1 CLLyc_i + \beta_2 SATV_i + \beta_3 SATM_i + \varepsilon_i$$
$$\text{MODÈLE C} : GPA_i = \beta_0 + \beta_2 SATV_i + \beta_3 SATM_i + \varepsilon_i$$

nous voyons que SCR = 29.209, PRE = .144 et $F_{1,410} = 69.2$ avec $p < .0001$. Il est donc clair que CLLyc réduit significativement l'erreur de prédiction de GPA au-delà de la réduction de l'erreur apportée par SATV et SATM. Nous pourrions donc dire que les informations relatives à la performance (CLLyc) nous apportent des informations utiles au-delà de ce que nous apportaient les informations relatives à l'aptitude (les scores de SAT).

Le tableau ANOVA de l'Encadré 6.12 nous permet de noter un autre élément important : lorsque nous faisons la somme des SCR correspondant aux différentes variables, cette somme (2.779 + 8.483 + 29.209 = 40.471) est plus modeste que le SCR total que nous obtenons quand nous utilisons toutes les variables prédictrices prises comme un ensemble (48.789). L'explication de cette non-équivalence tient à la redondance qui peut exister entre les différents prédicteurs. Les SCR correspondant à l'ajout de chaque prédicteur capturent la contribution à la réduction de l'erreur qui est spécifique à ce seul prédicteur, au-delà de la contribution des autres prédicteurs. Il s'ensuit que la part de contribution qui est commune à plusieurs prédicteurs apparaît dans le SCR total, mais pas dans le SCR spécifique à une variable donnée. En revanche, s'il n'y avait aucune redondance entre les différents prédicteurs, la somme des différents SCR serait égale au SCR du modèle global. On notera que, dans certaines configurations comportant des corrélations positives et négatives entre les prédicteurs, il est même possible que la somme des SCR spécifiques dépasse le SCR total ; une telle situation porte parfois le nom un peu ambigu de « suppression ». Il reste que le fait que la somme des SCR soit plus modeste ou plus grande que la SCR globale n'est pas particulièrement important. Il suffira de garder à l'esprit que les SCR spécifiques s'interprètent simplement comme la contribution spécifique de chaque variable à la réduction de l'erreur et que la SCR globale représente le total de réduction de l'erreur lorsque nous utilisons un modèle comportant toutes les variables.

4.4. *Tester d'autres questions de modèle*

Jusqu'alors les questions auxquelles nous nous sommes intéressés concernaient le modèle global et chaque variable prise séparément lorsqu'elle était ajoutée en dernier dans le modèle. De plus, nous avons vu la façon dont ces tests sont résumés au sein du tableau ANOVA présenté dans l'Encadré 6.12. Néanmoins, ces tests ne représentent qu'une petite partie des questions intéressantes que nous pourrions vouloir traiter. Une autre question assez commune est de savoir s'il est utile d'ajouter un ensemble de variables dans le modèle. À titre d'exemple, nous avons vu que l'information relative à la performance (CLLyc) apportait une information utile pour la prédiction, au-delà de ce que nous apprenons grâce aux informations relatives à l'aptitude (les scores aux tests). Si nous voulons traiter la question inverse correspondant au fait de savoir si l'information relative à l'aptitude, en tant qu'ensemble de variables, apporte des éléments utiles pour la prédiction, au-delà des informations liées à la performance, il nous faudrait alors comparer ces deux modèles :

$$\text{MODÈLE A} : GPA_i = \beta_0 + \beta_1 CLLyc_i + \beta_2 SATV_i + \beta_3 SATM_i + \varepsilon_i$$
$$\text{MODÈLE C} : GPA_i = \beta_0 + \beta_1 CLLyc_i + \varepsilon_i$$

Avec une telle comparaison de modèles, l'hypothèse nulle renvoie au fait que les paramètres associés à SATV et SATM sont égaux à zéro. Autrement dit :

$$H_0: \beta_2 = \beta_3 = 0$$

Afin de répondre à cette question, il nous suffit de trouver les SCE appropriées. Si nous utilisons un programme de régression assez rudimentaire, nous pouvons simplement estimer les deux modèles, obtenir leur SCE et calculer les valeurs de PRE et de F manuellement. Les programmes de régression un peu plus sophistiqués, quant à eux, disposent généralement d'une option permettant de tester directement des ensembles de paramètres. Ici, nous allons utiliser l'approche la plus rudimentaire :

$$\begin{aligned}
\text{MODÈLE A} : \widehat{GPA}_i &= -1.74 + 0.027CLLyc_i & \text{SCE(A)} = 172.99 \\
&\quad + 0.011SATV_i + 0.022SATM_i & \\
\text{MODÈLE C} : \widehat{GPA}_i &= 0.18 + 0.028CLLyc_i & \text{SCE(C)} = 189.11
\end{aligned}$$

$$\text{PRE} = \frac{189.11 - 172.99}{189.11} = \frac{16.121}{189.11} = .085 \quad F_{2,410} = \frac{.085/2}{(1 - .085)/410} = 19.04$$

Ces valeurs de PRE et de F dépassent aisément leurs valeurs critiques et nous pouvons donc conclure qu'en tant qu'ensemble de variables les scores aux tests de SATV et SATM permettent de diminuer significativement notre erreur de prédiction, au-delà de l'effet de CLLyc.

Comme autre exemple de questions que nous pourrions traiter, en dehors des questions courantes auxquelles répondent la plupart des programmes de régressions multiples, nous pourrions nous demander si SATV et SATM doivent se voir accorder la même pondération dans notre prédiction. En d'autres termes, nous nous demandons si les poids de 0.011 et de 0.022 que nous avons observés dans le modèle global, respectivement pour SATV et SATM, sont significativement différents l'un de l'autre. Sachant que nous cherchons à prédire le GPA de première année pour des étudiants en ingénierie, nous pourrions suspecter qu'un poids plus important devrait être attribué au SATM. Répondre à cette question implique la comparaison de modèles suivante :

$$\begin{aligned}
\text{MODÈLE A} &: GPA_i = \beta_0 + \beta_1 CLLyc_i + \beta_2 SATV_i + \beta_3 SATM_i + \varepsilon_i \\
\text{MODÈLE C} &: GPA_i = \beta_0 + \beta_1 CLLyc_i + \beta_2 SATV_i + \beta_2 SATM_i + \varepsilon_i
\end{aligned}$$

Au premier abord, nous pourrions penser que ces deux modèles sont équivalents. Il n'en est rien. En effet, nous pouvons voir que la seule différence entre ces deux modèles concerne le fait que le même coefficient (β_2) est utilisé pour SATV *et* pour SATM au sein du MODÈLE C, alors que le MODÈLE A utilise deux coefficients distincts (β_2 et β_3). Notons que cela respecte notre règle concernant la comparaison MODÈLE A/MODÈLE C, car les paramètres utilisés dans le MODÈLE C représentent un sous-ensemble de ceux utilisés dans le MODÈLE A. Dans une telle situation, l'hypothèse nulle correspond à :

$$H_0: \beta_2 = \beta_3$$

À la différence du test précédent où nous voulions savoir si ces deux coefficients étaient égaux à zéro, nous cherchons maintenant à savoir s'ils sont égaux l'un à l'autre, mais pas nécessairement égaux à zéro. Une autre façon d'exprimer cette hypothèse nulle est de dire que c'est leur différence qui est égale zéro ; autrement dit :

$$H_0: \beta_2 - \beta_3 = 0$$

Certains programmes de régressions multiples assez sophistiqués permettent de spécifier des hypothèses nulles aussi complexes que celle qui nous occupe ici. Lorsque ce n'est pas le cas, une certaine dose d'ingéniosité sera nécessaire afin d'obtenir la SCE permettant cette comparaison de modèles. Pour ce faire, commençons par remarquer, grâce à une réorganisation algébrique assez simple, que le MODÈLE C est équivalent à :

$$GPA_i = \beta_0 + \beta_1 CLLyc_i + \beta_2(SATV_i + SATM_i) + \varepsilon_i$$
$$GPA_i = \beta_0 + \beta_1 CLLyc_i + \beta_2(SATTOT_i) + \varepsilon_i$$

avec SATTOT = SATV + SATM. Ainsi, nous pouvons obtenir la SCE(C) en régressant GPA sur CLLyc et SATTOT.

$$\text{MODÈLE A} : \widehat{GPA}_i = -1.74 + 0.027CLLyc_i + 0.011SATV_i + 0.022SATM_i \qquad \text{SCE(A)} = 172.99$$
$$\text{MODÈLE C} : \widehat{GPA}_i = -1.63 + 0.027CLLyc_i + 0.016SATV_i + 0.016SATM_i \qquad \text{SCE(C)} = 173.86$$

$$\text{PRE} = \frac{173.86 - 172.99}{173.86} = \frac{0.87}{173.86} = .005 \quad F_{1,410} = \frac{.005}{(1 - .005)/410} = 2.06$$

À partir des tables nous pouvons voir que même avec $n - PA = 500$, ces valeurs n'excédent pas les valeurs critiques respectives de .008 et 3.86 pour $\alpha = .05$. Ainsi, ces données ne permettent pas de conclure que SATV et SATM devraient se voir attribuer un poids différent, lorsque nous cherchons à prédire le GPA d'étudiants de première année d'ingénierie.

Ces deux illustrations ne sont que deux exemples des multiples questions spécifiques auxquelles nous pourrions vouloir soumettre nos données et qui ne trouvent pas leur réponse parmi les informations classiquement fournies dans les sorties de résultats des programmes de régressions multiples. D'autres questions potentiellement intéressantes pourraient être de savoir si, pour décider de l'admission de ces étudiants, le nouveau modèle est significativement meilleur que l'ancien modèle que nous aurions pu utiliser. Nous pourrions également vouloir traiter de questions relatives au GPA moyen de ces étudiants, auquel cas nous convertirions nos variables pour les centrer et réaliserions des comparaisons de modèles similaires à celles que nous avons utilisées au Chapitre 5 pour tester l'ordonnée à l'origine. L'élément important à retenir est que vous pouvez traiter toutes sortes de questions à propos de vos données, en traduisant ces questions en termes de comparaisons de MODÈLE A/MODÈLE C, en obtenant les SCE de ces modèles et en calculant le PRE et le F.

5. Quelques précautions dans l'usage de la régression multiple

La régression multiple est probablement l'une des procédures statistiques les plus utilisées en sciences sociales. Il s'ensuit que c'est également l'une des procédures les plus mal utilisées. Dans cette section, nous allons aborder certaines des précautions qu'il est important de prendre lorsque nous utilisons et plus encore lorsque nous interprétons les résultats de régressions multiples.

5.1. *Conclusions causales à partir de données non expérimentales*

Comme nous avons pu le voir, nous interprétons les coefficients de régression partiels b_j en disant qu'ils représentent la quantité de changement de notre valeur prédite : $\widehat{Y}_i$ pour chaque augmentation d'une unité de nos variables prédictrices, et ce, en contrôlant les autres variables introduites dans le MODÈLE. Il est important de se souvenir qu'il ne s'agit que d'une prédiction basée sur les données dont nous disposons et que cela pourrait très bien ne pas représenter une relation causale entre X_j et Y. Les utilisateurs de la régression multiple oublient parfois cet état de fait et supposent, de façon erronée, que le fait de manipuler X_j pourra *causer* des changements dans les valeurs de Y.

L'exemple qui suit souligne l'ambiguïté inhérente au raisonnement causal lorsque nous avons affaire à des données que nous ne faisons qu'observer. Dans quasiment chaque ville connaissant des variations de températures saisonnières, il est aisé de démontrer que le nombre de glaces vendues au cours d'un mois est un bon prédicteur du nombre de suicides au cours de ce même mois : plus le nombre de glaces vendues sera important, plus le nombre de suicides sera grand également. Néanmoins, il serait grotesque de suggérer que le fait d'interdire la vente de glaces devrait permettre de réduire le nombre de suicides. Le problème avec une telle conclusion renvoie au fait que les glaces ne causent pas de suicides ; il est bien plus probable que cette variable ne fasse qu'approximer une autre variable plus pertinente : la température. Ainsi, on peut penser que c'est l'augmentation de la température qui cause à la fois l'augmentation des ventes de glaces et le nombre de suicides. Il est même probable que la température ne fasse elle-même qu'approximer des variables telles que l'inconfort ou le désagrément qui peuvent avoir amené une personne dépressive au bord du gouffre.

L'erreur en termes de raisonnement causal est évidente dans le cas des ventes de glaces. Il reste que, lorsque les données ne sont qu'observées (ce que l'on appelle parfois des données corrélationnelles), le danger lié au fait de penser que la manipulation de la variable prédictrice causera des changements de Y n'est pas moins sérieux, du simple fait qu'une analyse de régression est utilisée. Beaucoup de chercheurs ne sont pas assez conscients de ce problème.

De la même manière, il est également faux de croire que l'on ne peut jamais conclure de façon causale lorsque l'on utilise les analyses de régression. Si le chercheur détermine les valeurs prises (c'est-à-dire ses modalités) par les variables prédictrices et qu'il assigne les observations de façon aléatoire au sein de ces différentes modalités, il est tout à fait justifié d'avancer que le fait de faire varier les variables prédictrices devrait causer des changements sur la variable Y. Un tel type de plan, impliquant l'assignation aléatoire au sein des différents niveaux du prédicteur, est souvent désigné sous le nom de plan expérimental. À titre d'exemple, une banque pourrait vouloir savoir si ses clients sont influencés par la somme d'argent qu'elle leur prélève lorsqu'ils retirent de l'argent liquide dans les distributeurs des banques concurrentes. Afin de le savoir, cette banque pourrait assigner aléatoirement certains de ses clients à cinq niveaux de pénalités différents. Si une analyse de régression révèle que le niveau de ces pénalités est un prédicteur significatif de la quantité d'argent retirée dans les distributeurs de banques concurrentes, il deviendrait possible d'affirmer que la manipulation du niveau de pénalités affecte de manière causale le comportement de ses clients.

Il existe d'autres plans de recherche, ce que Campbell et Stanley (1963) ont à l'origine qualifié de *quasi-expériences*, pour lesquels, moyennant quelques précautions, des conclusions causales restent possibles sur la base de régressions menées sur des données corrélationnelles. Pour un traitement plus approfondi de ce problème, le lecteur pourra se référer aux ouvrages de Shadish, Cook et Campbell (2002) ou de Judd et Kenny (1981). En règle générale, néanmoins, on restera extrêmement prudent sur le fait de présenter des conclusions de type causal sur la base d'analyses de régression appliquées à des données non expérimentales.

5.2. *Importance relative des variables prédictrices*

Beaucoup de chercheurs sont tentés de faire des inférences concernant l'importance relative des variables prédictrices introduites dans un modèle de régression multiple. Il devrait apparaître évident à tout le monde qu'il n'est pas raisonnable de comparer directement l'importance relative des b_j, car ceux-ci dépendent clairement de leur unité de mesure. Ainsi, en réduisant l'unité de mesure d'une variable prédictrice (par exemple en utilisant les millimètres au lieu d'utiliser les centimètres pour mesurer la taille), nous pouvons arbitrairement diminuer la taille de notre b_j, sans changer l'impact réel de cette variable dans notre modèle.

Il arrive que les variables prédictrices soient mesurées sur la même échelle (dans la même métrique), ce qui permet d'avoir la même unité de mesure pour les différentes variables. Par exemple, si nous voulions essayer de modéliser l'attitude vis-à-vis d'un parti politique donné en fonction du statut socio-économique. Nous pourrions alors raisonnablement utiliser le salaire et l'argent placé en banque comme variables prédictrices. Dans les deux cas, nous pourrions aisément mesurer les deux variables en euros, de façon à être sûrs que nous utilisons la même unité. Néanmoins, même dans une telle situation, la comparaison des b_j comme mesure d'importance ne serait pas appropriée, car l'étendue des valeurs possibles pour ces deux variables serait trop différente. Une variable pourrait avoir un b_j plus modeste – c'est-à-dire nous amener à prédire un changement plus modeste de Y pour une augmentation d'une unité de X_j – mais avoir tout de même un impact global plus important du fait que l'étendue des valeurs possibles sur lesquelles elle peut varier est plus important.

Le fait que l'effet global d'une variable prédictrice dépende de l'étendue de ses valeurs suggère qu'il nous faudrait peut-être normaliser les coefficients de régression partiels en les multipliant par leur étendue ou, plus typiquement, par leur écart-type respectif. Cela permet en effet de changer l'unité de mesure, car l'unité de mesure deviendrait ainsi l'étendue dans le premier cas et l'écart-type dans le second. Traditionnellement, les *coefficients de régression standardisés* sont également normalisés de façon à prendre en compte l'écart-type de Y. Pour ce faire, la formule suivante est utilisée :

$$b_j^* = b_j \left[\frac{s_{X_j}}{s_Y} \right]$$

Certains ouvrages et certains logiciels utilisent assez maladroitement le symbole β_j ou le terme « coefficients beta » pour se référer aux coefficients de régression standardisés. Nous préférons utiliser b_j^* afin d'éviter la confusion avec les coefficients réels (qui resteront la plupart du temps inconnus) de nos MODÈLES et également pour souligner que les coefficients de régression standardisés sont de simples transformations de nos coefficents de régression partiels b_j.

Malheureusement, les coefficients de régression standardisés ne résolvent pas les problèmes liés à l'inférence concernant l'importance relative des variables prédictrices, et ce, pour au moins deux raisons. La première raison renvoie au fait que ces coefficients de régression standardisés dépendent toujours de l'étendue et de la distribution de la variable en question au sein d'un ensemble de données donné. Si la distribution venait à changer pour une raison ou une autre – par exemple si le chercheur venait à prendre en compte une étendue plus large de valeurs –, les coefficients de régression standardisés pourraient alors être amenés à changer de façon drastique, même si la relation sous-jacente entre le prédicteur et les données reste inchangée (c'est-à-dire si le coefficient de régression partiel reste inchangé). Une telle dépendance vis-à-vis des caprices d'un ensemble donné d'observations ne nous fournit pas une base très saine quant à l'inférence concernant l'importance relative des variables prédictrices. La seconde raison renvoie au fait que l'importance relative de ces variables est également brouillée par les problèmes de redondance. Un coefficient de régression (standardisé ou non) peut fort bien être faible, non pas parce que la variable prédictrice qui lui est associée n'est pas liée à Y, mais parce que cette variable prédictrice est au moins en partie redondante avec les autres prédicteurs. Ainsi, les coefficients de régression standardisés ne nous permettent pas réellement, alors qu'ils étaient censés le faire, d'effectuer des comparaisons relatives entre les prédicteurs. Le problème de fond est qu'il ne nous est pas possible de questionner l'importance relative en termes de comparaison de MODÈLE A et de MODÈLE C, car les deux modèles comporteraient nécessairement les mêmes prédicteurs. Il s'ensuit que notre machinerie d'inférence statistique ne peut pas traiter la question de l'importance relative.

En résumé, la question de l'importance relative des variables prédictrices est un concept assez délicat. Chaque affirmation concernant l'importance relative doit donc être accompagnée d'un avertissement concernant le fait que cette affirmation s'applique à cette variable donnée, avec cette étendue donnée et dans cette situation donnée. Il s'ensuit que ces affirmations sont, selon nous, rarement utiles. Aussi, même s'il est tentant de vouloir comparer l'importance relative des prédicteurs d'une régression multiple, il est quasiment toujours préférable de ne pas s'y aventurer.

5.3. *Élaboration automatique de modèles*

Beaucoup de programmes de régression disposent de procédures permettant d'élaborer automatiquement des modèles. La procédure de ce type la plus communément utilisée est la régression pas-à-pas, qui, comme son nom l'indique, élabore un modèle en procédant étape après étape. À chacune de ces étapes, une variable prédictrice est ajoutée ou retirée du modèle. La plupart du temps, le critère permettant d'ajouter ou de retirer une variable est défini sur base du F ou du PRE, en faisant comme s'il s'agissait de la dernière variable incluse dans le modèle. Lors de la première étape, le programme inclut la variable associée au F le plus important (si tant est que ce F dépasse un seuil minimum présélectionné). Lors des étapes suivantes, le programme inclura la variable qui n'est pas encore dans le modèle, mais qui est associée au F le plus important, ou alors le programme retirera du modèle la variable pour laquelle le F n'a pas réussi à atteindre la valeur seuil. Ce dernier cas de figure peut survenir pour cause de redondance. Une variable prédictrice, qui disposait d'un F important lorsque le modèle ne comportait que quelques variables, peut avoir un F beaucoup plus modeste lors des étapes suivantes, si un certain nombre de variables avec lesquelles elle présente une redondance partielle sont ajoutées au modèle. La procédure pas-à-pas prend fin lorsque le F de toutes les variables dépasse le seuil et que toutes les variables non incluses dans le modèle disposent de F étant inférieurs au seuil. Beaucoup de programmes permettent un ajustement de ce seuil. Des variations communes de cette procédure portent le nom de méthode ascendante – le programme commence par le modèle le plus simple et ajoute les variables dans l'ordre de leur utilité, jusqu'à ce qu'aucune autre variable n'atteigne le critère – ou de méthode descendante – le programme commence par le modèle le plus complexe comportant toutes les variables et retire ces variables en ordre décroissant d'utilité, jusqu'à ce que toutes les variables incluses dans le modèle dépassent le critère.

L'analyse de régression pas-à-pas et ses variantes représentent l'alléchante promesse de trouver le « meilleur » modèle, quasiment sans effort de la part du chercheur ou de la personne traitant les données. Néanmoins, ce charme est trompeur, car on peut montrer que, dans le cas de prédicteurs redondants, la procédure pas-à-pas ne trouvera pas toujours le meilleur modèle. À titre d'exemple, une procédure pas-à-pas pourrait être dupée par un problème de redondance et arrêter après, mettons, quatre variables prédictrices dans le modèle. Néanmoins, lorsque tous les modèles à quatre variables sont calculés, il reste possible de trouver un autre modèle ayant un PRE global plus important. La régression pas-à-pas s'est développée à une époque où les calculs par ordinateurs nécessaires pour une analyse de régression de grande envergure étaient encore très coûteux. Étant donné la vitesse des ordinateurs contemporains et les meilleurs algorithmes dont nous disposons, il est maintenant possible d'estimer tous les modèles de régression, modèles comportant tous les sous-ensembles possibles de variables. De fait, si nous voulons élaborer des modèles automatiquement, il est préférable d'utiliser des régressions testant tous les sous-ensembles plutôt que la régression pas-à-pas, afin d'éviter le piège de la redondance que nous venons de mentionner. Néanmoins, le problème se posera alors de choisir entre des modèles de tailles différentes qui n'auront pas de relation MODÈLE C/MODÈLE A, car l'un des modèles ne sera pas nécessairement un sous-ensemble de l'autre. Dans de telles situations, le modèle associé au plus haut R^2 ajusté (autrement dit, le η^2 estimé non biaisé) sera sélectionné, ou on pourra également utiliser le C_p de Mallow comme critère.

En réalité, nous ne recommandons l'utilisation d'aucune de ces procédures d'élaboration automatique de modèles pour trois raisons. La première raison est que la recherche « à l'aveugle » parmi tous les modèles possibles (ce que l'on qualifie parfois un peu péjorativement d'« aller à la pêche ») augmente les risques de capitaliser sur la chance (autrement dit, de faire des erreurs de Type I) et donc de trouver un modèle qui ne représente que des relations factices. Au cours d'un exercice que nous recommandons vivement aux lecteurs de faire eux-mêmes, nous avons généré 51 variables aléatoires comportant chacune 100 observations. Nous avons ensuite appelé aléatoirement l'une de ces variables Y et utilisé une régression pas-à-pas pour élaborer un modèle avec les 50 variables restantes comme variables prédictrices. Le modèle estimé final que nous avons obtenu est le suivant :

$$\hat{Y}_i = 0.03 + 0.25X_{i,11} - 0.29X_{i,21} - 0.35X_{i,23} + 0.26X_{i,31} - 0.21X_{i,44}$$

Le test du modèle global contre le modèle simple, qui était donc le vrai modèle car toutes ces variables étaient aléatoires, nous a donné un PRE = .31, $F_{5,94} = 8.49$, $p < .0001$. En outre, chacun de ces cinq coefficients de régression partiels était significatif, le plus modeste étant PRE = .04, $F_{1,94} = 5.78$, $p = .018$. Ainsi, la régression pas-à-pas a produit six erreurs de Type I. Étant donné qu'il existe environ 50 tests statistiques à chaque étape, les opportunités étaient grandes de faire des erreurs de Type I et il n'est donc pas surprenant que cette analyse en ait produit six.

La deuxième raison renvoie au fait que, comme nous l'avons appris dans ce chapitre, l'interprétation des coefficients et le sens des questions que nous posons dépendent des autres variables qui sont introduites dans le modèle. Par exemple, tester s'il existe une relation entre l'âge et le poids est une question différente que de tester s'il existe une relation entre l'âge et le poids après avoir contrôlé ou ajusté cette relation en fonction des différences de taille. Il semble peu avisé de laisser un algorithme automatique déterminer les questions que nous posons ou ne posons pas à propos de nos données. Un jour, il existera peut-être des procédures d'intelligence artificielle dans les logiciels de statistiques, mais pour l'heure les procédures d'élaboration automatique de modèles n'en font pas partie.

La troisième raison est liée à notre expérience et à notre intime conviction selon lesquelles de meilleurs modèles et une meilleure compréhension des données résultent d'analyses de données plus focalisées et guidées par la théorie. Pour une illustration intéressante de la supériorité des analyses de données guidées par la théorie, par rapport à l'élaboration automatique de modèles, nous pouvons nous tourner vers Henderson et Velleman (1981). Ces auteurs proposent un principe fondamental de leur philosophie de l'analyse des données, un principe auquel nous adhérons et selon lequel « la personne qui analyse les données en sait plus que l'ordinateur ». Ne pas savoir utiliser cette connaissance produit une analyse des données inadéquate et souvent foncièrement erronée.

6. Puissance statistique et régression multiple

La discussion que nous avons eue précédemment concernant la puissance statistique dans le contexte de la régression simple (c'est-à-dire une régression utilisant une seule variable prédictrice) se généralise très facilement au cas de la régression multiple (c'est-à-dire une régression utilisant plusieurs prédicteurs). Si nous disposons d'une estimation de la vraie proportion de réduction de l'erreur, η^2, pour n'importe quelle comparaison de modèles d'intérêt, nous pouvons alors utiliser les tables présentées en annexe pour estimer la puissance statistique correspondant à un nombre donné d'observations. Les sources habituelles d'estimation de la vraie proportion de réduction de l'erreur seront encore de mise dans le cas qui nous occupe : les études passées ou l'expérience dans un domaine de recherche, les valeurs de Cohen concernant des effets petits, moyens ou importants, ou enfin des estimations calculées à partir des valeurs attendues pour les paramètres.

Les complexifications intéressantes, dans le cadre d'une discussion de la puissance en présence de multiples prédicteurs, découlent justement de la présence des autres prédicteurs dans le modèle.

Comme nous l'avons déjà abordé, le dénominateur de l'intervalle de confiance du coefficient d'un prédicteur donné inclut la tolérance de ce prédicteur. De fait, à mesure que la tolérance décroît, l'intervalle de confiance correspondant à ce coefficient de régression augmente en taille. Par conséquent, à mesure que la tolérance d'un prédicteur décroît (autrement dit, à mesure qu'il devient plus redondant par rapport aux autres prédicteurs du modèle), les tests de son coefficient de régression deviendront moins puissants.

La présence d'autres prédicteurs dans un modèle de régression multiple peut également augmenter la puissance des tests d'un coefficient de régression. Pour le comprendre, rappelons-nous que le numérateur d'un intervalle de confiance contient le carré moyen de l'erreur (CME) du modèle augmenté. Ainsi, à mesure que le carré moyen de l'erreur diminue en taille, c'est-à-dire à mesure que les prédicteurs du modèle augmenté font un meilleur travail de prédiction de Y_i, la taille de l'intervalle de confiance diminue. Les facteurs qui réduisent le carré moyen de l'erreur augmentent donc la puissance des tests des coefficients de régression inclus dans le modèle. La puissance de toutes les questions de comparaison de modèles est augmentée dans toutes les situations où des prédicteurs non redondants et réduisant l'erreur sont ajoutés à la fois dans le modèle augmenté et dans le modèle compact. Lorsque les variables ajoutées au modèle sont redondantes par rapport aux variables d'intérêts, l'effet de ces variables dépendra de l'équilibre entre deux forces : d'un côté, le gain de puissance induit par le réduction du CME et, de l'autre, la réduction de la puissance due à la redondance. Il est difficile a priori de savoir si la seconde de ces forces compensera le gain de la première. L'effet sur la puissance du test est donc difficile à prévoir. Néanmoins, il reste clair que, pour augmenter la puissance, il nous faudra essayer d'ajouter des prédicteurs fiables mais non redondants dans notre modèle, tout en veillant à ce que la présence de ces prédicteurs ait du sens sur le plan théorique. De fait, la présence dans les modèles compact et augmenté de prédicteurs qui ne seraient pas liés de manière fiable avec Y amènerait en une perte de puissance, car les degrés de liberté de l'erreur pour ces deux modèles seraient réduits et entraîneraient une augmentation du CME.

Résumé

Au cours de ce chapitre, nous avons abordé des modèles comportant de multiples prédicteurs continus, ce qu'on appelle traditionnellement des modèles de régression multiple. De tels modèles permettent de traiter de questions complexes concernant le rôle simultané de multiples prédicteurs partiellement redondants dans l'explication des variations de la variable dépendante. Le problème principal venant compliquer l'interprétation des paramètres estimés au sein de ces modèles concerne la redondance partielle qui peut exister entre les prédicteurs. Par conséquent, nous avons passé un temps considérable à développer des notions nous permettant de bien comprendre comment interpréter des coefficients de régression partiels et plus particulièrement comment examiner l'effet d'un prédicteur en contrôlant les autres prédicteurs présents dans le modèle.

Notre approche de comparaison des modèles de l'inférence statistique, dans le cas de tels modèles, est identique à l'approche des chapitres précédents où nous comparions un modèle augmenté et un modèle compact. Dans le contexte de modèles comportant de multiples prédicteurs, le nombre de comparaisons de modèles d'intérêt est considérablement plus important que dans le cas des modèles plus simples, que nous avons traités dans les chapitres précédents. Nous avons vu certaines des comparaisons de modèles possibles pouvant présenter un intérêt et beaucoup d'entre elles font partie des résultats habituellement présentés par les programmes standard de régressions multiples. Parmi les résultats les plus fréquemment rapportés, on trouve les tests du modèle global et les tests de chacun des coefficients de régression partiels. Néanmoins, il existe beaucoup d'autres possibilités qui ne sont pas automatiquement fournies dans les résultats des logiciels standard de régression. L'avantage de l'approche de comparaison de modèles est qu'à chaque fois que nous aurons à gérer des modèles augmenté et compact, nous pourrons les estimer séparément et ensuite comparer leurs sommes des carrés des erreurs. De fait l'étendue des questions que nous pourrons traiter à partir de nos données dépasse considérablement le nombre des questions auxquelles les concepteurs de logiciels ont pu penser lorsqu'ils ont écrit les logiciels standard de régression multiple.

CHAPITRE 7

Modèle de régression modulée et non linéaire

SOMMAIRE

Au Chapitre 6, nous avons examiné en détail des modèles qui incluent plusieurs variables prédictrices. Dans ce chapitre, nous généralisons ces modèles en considérant l'ajout de prédicteurs qui sont eux-mêmes le produit d'autres prédicteurs. Comme nous le montrons, de tels modèles vont nous permettre d'étendre de façon notable l'éventail des questions auxquelles nous pouvons répondre à l'aide de nos données. Dans les modèles du Chapitre 6, nos questions concernant des variables prédictrices individuelles avaient la forme générique suivante :

« Est-ce qu'un prédicteur est utile au-delà de (ou contrôlant) l'ensemble des autres prédicteurs dans le modèle ? »

Dans ce chapitre, nous allons poser des questions assez différentes à propos des prédicteurs. Les questions abordées prennent la forme générique suivante :

« Est-ce que l'utilité d'une variable en tant que prédicteur dépend de la valeur d'une autre variable, voire de ces propres valeurs ? »

À ce stade, la raison pour laquelle cette seconde sorte de question générique peut s'avérer intéressante n'est peut-être pas entièrement claire. Il n'est sans doute même pas évident de savoir ce que signifie exactement cette seconde question. Pour clarifier les choses, nous commençons ce chapitre par un exemple détaillé qui utilise de nouvelles données. Nous revenons d'abord sur certains des points essentiels du Chapitre 6 en utilisant un langage un peu différent et en expliquant une fois de plus le genre de questions que nous avons posées à ce moment-là. Nous montrons ensuite comment les questions que nous posons par rapport à nos données avec les modèles développés dans ce chapitre-ci diffèrent des questions que nous avions traitées antérieurement. Notre objectif, dans cette section introductive, sera d'éclairer le second type de question mentionné ci-dessus et d'améliorer encore un peu plus la compréhension du type de question déjà examiné au Chapitre 6.

Les modèles que nous examinons dans ce chapitre sont connus sous divers noms. Ils sont parfois appelés modèles de *régression modulée* ou *modérée*. On les présente aussi comme des modèles *polynomiaux, interactifs, non additifs* ou *non linéaires*. Quel que soit le nom utilisé, ce chapitre a pour objectif d'aborder l'estimation, l'interprétation et le test de modèles qui incluent, comme prédicteurs, des produits d'autres prédicteurs.

Tournons-nous maintenant vers les données qui permettront d'illustrer notre propos. Ce sont des données hypothétiques, prétendument recueillies sur quatre-vingts joggeurs américains. Trois variables ont été mesurées. La première variable (Temps) est le dernier temps réalisé durant une épreuve de 5 kilomètres, mesuré en minutes. Nous avons ensuite l'âge du coureur (Age). La dernière variable est la distance moyenne, mesurée en miles, que chaque joggeur accomplit lorsqu'il s'entraîne pour la course (Miles). Les données sont présentées dans l'Encadré 7.1.

1. Modèle simple et additif prédisant le temps de course

Par le biais de ces données, nous nous intéresserons à la manière dont l'âge du joggeur et le niveau d'entraînement sont liés au temps de course dans l'épreuve de 5 kilomètres. Commençons, grâce aux modèles développés au Chapitre 5, par examiner la manière dont ces deux variables sont liées individuellement au temps de course. Ainsi, si nous régressons Temps sur Age, nous obtenons l'équation de régression simple suivante :

$$\widehat{\text{Temps}} = 14.955 + 0.217\text{Age}$$

La somme des carrés des erreurs pour ce modèle est égale à 1714.720. La somme des carrés des erreurs pour un modèle compact à un paramètre dans lequel nous prédisons le temps moyen pour chaque observation est, quant à elle, égale à 2211.091. Le test de l'hypothèse nulle selon laquelle

Encadré 7.1
Données des joggeurs

Temps	Age	Miles
24.91	29	10
21.82	25	20
21.54	27	40
23.03	25	50
25.35	37	20
22.84	31	40
30.16	43	10
27.00	44	20
16.42	46	40
24.87	53	20
24.95	58	40
18.32	30	30
16.66	27	50
25.08	36	20
16.53	32	40
35.29	45	10
26.41	45	30
22.48	48	50
34.38	55	10
19.00	53	30
21.86	24	10
22.11	24	30
17.45	25	40
24.58	34	20
19.97	36	40
34.34	45	10
25.22	49	30
20.52	44	50
29.98	55	20
21.62	57	40
19.35	29	20
20.45	24	40
16.07	28	50
23.06	38	20
20.94	31	40
28.77	42	10
29.86	46	30
22.96	46	50
25.62	56	20
24.98	55	40

Temps	Age	Miles
29.68	22	10
20.36	24	30
18.07	22	40
28.78	39	10
18.80	39	30
14.87	39	50
32.19	47	20
19.46	40	30
35.32	58	10
20.83	59	30
22.69	27	20
15.69	24	40
30.89	32	10
23.11	34	30
19.17	35	50
26.09	41	20
21.81	50	40
37.75	51	10
30.30	51	20
22.95	51	40
20.14	20	20
15.23	24	40
18.53	22	50
24.96	35	30
19.21	31	50
25.07	41	20
20.99	43	40
29.94	59	10
23.08	59	30
21.52	53	50
21.38	27	30
19.52	28	50
27.00	37	10
17.61	39	30
15.19	39	50
26.03	45	20
21.51	42	40
34.53	58	10
23.68	56	30
23.50	53	50

l'âge est un prédicteur significatif du temps de course nous donne une valeur de PRE de .224, ce qui donne un F de 22.58 avec 1 et 78 degrés de liberté. Ces valeurs indiquent qu'Age est un prédicteur significatif de Temps.

Le résultat de cette régression simple est présenté dans l'Encadré 7.2. La pente positive indique clairement que, sur base de ces données, notre meilleure prédiction est que le temps de course augmente avec l'âge. Dans la mesure où ce modèle est une régression simple et qu'aucune autre variable prédictrice n'a été incluse dans le modèle, nous sommes incapables de répondre à la ques-

Encadré 7.2
Relation simple Temps-Age

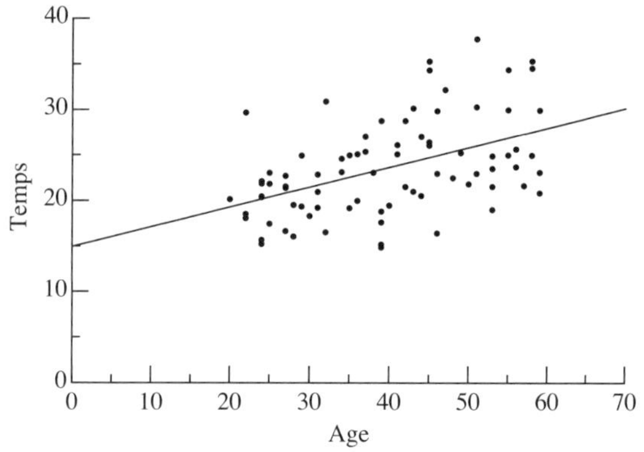

tion de savoir si d'autres variables sont liées au Temps ou de dire ce qui se passerait si nous contrôlions une autre variable comme Miles. Il se peut qu'Age et Miles soient redondants ou confondus dans ces données, ce qui serait le cas si les joggeurs plus âgés s'entraînent en effectuant moins de miles. Si tel était le cas, il se pourrait alors que l'inclusion de Miles dans le modèle, et donc le contrôle de cette variable, nous fasse aboutir à des conclusions assez différentes quant au lien entre Age et Temps.

Si nous utilisons la méthode des moindres carrés, la relation simple entre Temps et Miles est représentée par l'équation de régression simple :

$$\widehat{\text{Temps}} = 31.911 - 0.280\text{Miles}$$

La somme des carrés des erreurs de ce modèle est égale à 1029.013. Afin de déterminer si Miles et Temps sont liés de manière fiable, nous comparons la somme des carrés des erreurs de ce modèle à la somme des carrés des erreurs d'un modèle compact à un paramètre. Ce modèle compact est le même que celui que nous avons exploité pour tester si l'Age est lié au Temps. Sa somme des carrés des erreurs est égale à 2211.091. La valeur de PRE que nous obtenons en comparant les deux modèles est .535, ce qui donne une statistique F de 89.60, avec 1 et 78 degrés de liberté. À nouveau, cette valeur de F est significative et nous concluons que Miles et Temps sont vraisemblablement liées. La relation simple est présentée dans l'Encadré 7.3.

Lorsque nous régressons Temps à la fois sur Miles et Age, nous obtenons la régression multiple suivante :

$$\widehat{\text{Temps}} = 24.605 + 0.167\text{Age} - 0.257\text{Miles}$$

La somme des carrés des erreurs pour ce modèle à trois paramètres est égale à 741.195, ce qui donne un PRE de .665 lorsqu'on compare ce modèle à un modèle compact qui n'inclut aucun prédicteur. La statistique globale F, comparant ce modèle à trois paramètres au modèle à un seul paramètre, est égale à 76.35 avec 2 et 77 degrés de liberté.

Nous pouvons également comparer ce modèle à trois paramètres aux différents modèles de régression simple afin de déterminer si chacune des variables prédictrices augmente de façon significative la précision de nos prédictions lorsque nous contrôlons l'autre variable prédictrice. La valeur de PRE lorsqu'on compare les modèles compact et augmenté sans et avec Age est égale à .280, ce qui donne un F de 29.92 avec 1 et 77 degrés de liberté. La valeur de PRE lorsqu'on compare les modèles compact et augmenté sans et avec Miles est égale à .568, ce qui donne un F de 101.20 avec 1 et 77 degrés de liberté. Nous pouvons donc conclure que chacune des variables prédictrices augmente de façon significative nos prédictions de Temps, même lorsque l'autre variable est contrôlée. Le tableau repris à l'Encadré 7.4 récapitule les résultats des tests d'inférence que nous venons d'effectuer en utilisant un modèle de régression multiple.

Il est instructif de représenter cette équation de régression multiple comme nous l'avons fait dans le cas des équations simples. L'Encadré 7.5 présente le plan de régression que ce modèle génère

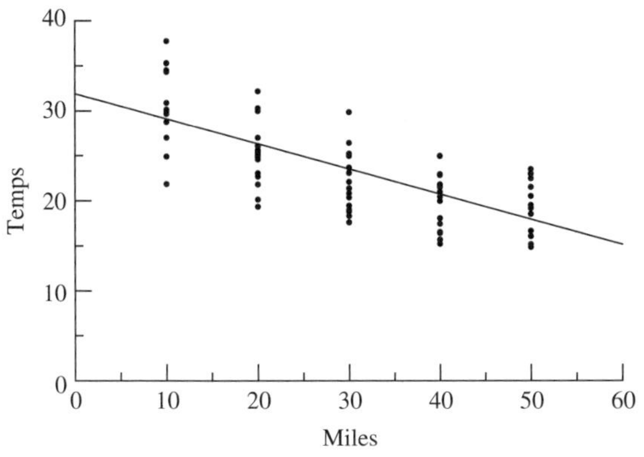

Encadré 7.3
Relation simple Temps-Miles

Source	*SC*	*dl*	*CM*	*F*	*PRE*	*p*
Modèle	1469.90	2	734.95	76.35	.665	< .001
Age	288.13	1	288.13	29.92	.289	< .001
Miles	974.56	1	974.56	101.20	.568	< .001
Erreur	741.19	77	9.63			

Encadré 7.4
Tableau de régression multiple

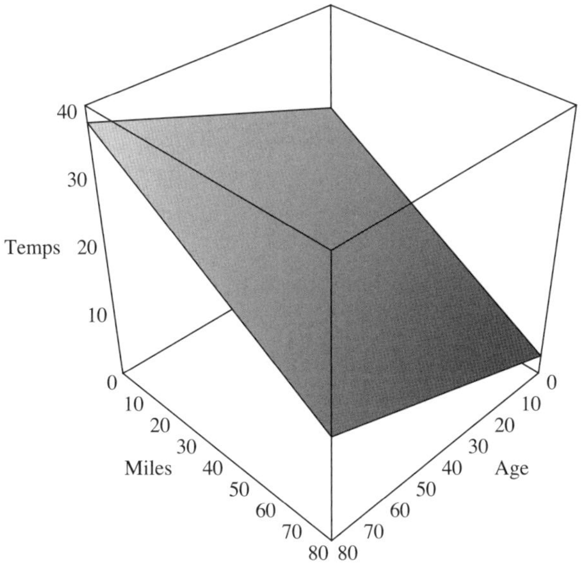

Encadré 7.5
Plan de régression de la régression multiple : Prédiction du Temps par Miles et Age

dans un espace tridimensionnel où l'axe vertical correspond au Temps et les axes horizontaux à Miles et Age. Comme le montre cet encadré, le modèle prédit une valeur spécifique de Temps pour chaque paire de valeurs sur Miles et Age. Les points de données individuels pourraient également être représentés sur l'encadré et les erreurs de prédiction correspondraient simplement aux distances verticales entre chaque point de donnée et le plan de régression.

1.1. *Réexpressions « simples » du modèle additif*

Afin de simplifier quelque peu la présentation de ce modèle, nous pourrions aussi examiner des tranches de ce plan de régression en utilisant Age comme prédicteur (il apparaîtrait donc sur l'axe horizontal) et en reproduisant les droites de régression Temps – Age à différents niveaux de Miles.

Si nous regroupons les termes de l'équation de régression multiple un peu différemment, nous obtenons la nouvelle expression :

$$\widehat{\text{Temps}} = (24.605 - 0.257\text{Miles}) + 0.165\text{Age}$$

Nous pouvons concevoir cette nouvelle expression comme étant la relation « simple » entre Temps et Age, lorsqu'on permet à l'ordonnée à l'origine de changer à mesure que Miles change. Autrement dit, supposons que nous voulions prédire le temps de course à partir de l'âge d'un joggeur qui s'entraîne 20 miles par semaine. Nous substituerions 20 pour Miles dans l'expression qui précède et nous trouverions :

$$\widehat{\text{Temps}} = (24.605 - 0.257\,(20)) + 0.165\text{Age}$$
$$= 19.465 + 0.165\text{Age}$$

Pour un joggeur qui s'entraîne 30 miles par semaine, notre relation « simple » entre Temps et Age deviendrait :

$$\widehat{\text{Temps}} = (24.605 - 0.257\,(30)) + 0.165\text{Age}$$
$$= 16.895 + 0.165\text{Age}$$

Nous appelons ces nouvelles expressions des relations « simples » pour signifier que nous faisons comme si nous examinions un modèle de régression « simple » entre Age et Temps pour des valeurs particulières de l'autre variable, c'est-à-dire Miles.

Si nous représentions la relation Temps – Age de cette équation de régression multiple dans laquelle nous utilisons également Miles comme prédicteur, nous obtiendrions plusieurs droites de régression « simples » impliquant Temps et Age, une pour chacune des valeurs possibles de Miles. Quelques-unes de ces droites sont représentées dans l'Encadré 7.6. Il est important de remarquer que ces relations « simples » ont toutes la même pente. Elles sont donc parallèles et ne diffèrent que par leur ordonnée à l'origine. En d'autres termes, cette équation de régression multiple suggère que la pente ou « l'effet simple » de la variable Age sur la variable Temps est identique quel que soit le niveau de la variable Miles. Ainsi, à mesure qu'Age augmente, nous prédirions le même changement pour Temps indépendamment du niveau de Miles.

Puisque Miles est théoriquement une variable continue, notre représentation de la relation Temps – Age aux différents niveaux de Miles contient une infinité de droites, avec une droite pour chacun des niveaux possibles de Miles. Toutes ces droites de régression « simple » se combinent pour constituer le plan de régression de l'Encadré 7.5.

Retournons maintenant la régression et représentons la relation « simple » entre Temps et Miles à différents niveaux d'Age. Si nous réécrivons notre équation de régression multiple, nous obtenons :

$$\widehat{\text{Temps}} = (24.605 + 0.165\text{Age}) - 0.257\text{Miles}$$

Nous avons représenté cette droite de régression dans l'Encadré 7.7, pour des valeurs représentatives de la variable Age en mettant cette fois Miles sur l'axe horizontal. Encore une fois, nous voyons que l'ordonnée à l'origine de la relation « simple » Temps — Miles change à mesure qu'Age change, mais pas la pente. Autrement dit, l'« effet simple » de Miles sur Temps (c'est-à-dire sa pente) est supposée être le même quel que soit l'Age.

2. Interactions entre variables prédictrices

Le postulat que nous faisons dans cette équation de régression multiple, et que ces encadrés rendent apparent, est connu sous le nom de postulat d'*additivité*. Exprimé de façon légèrement plus

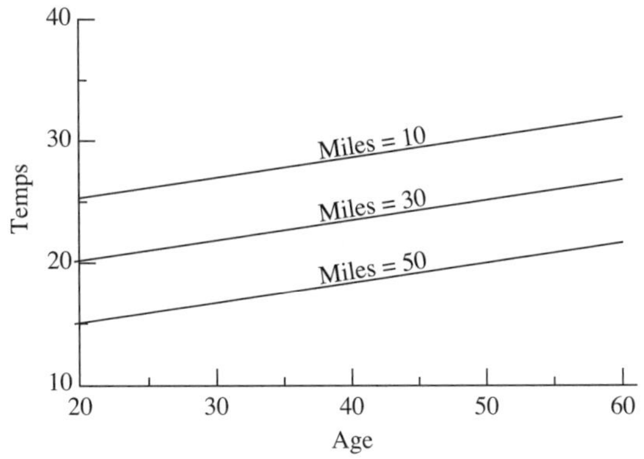

Encadré 7.6
Relations « simples » Temps-Age

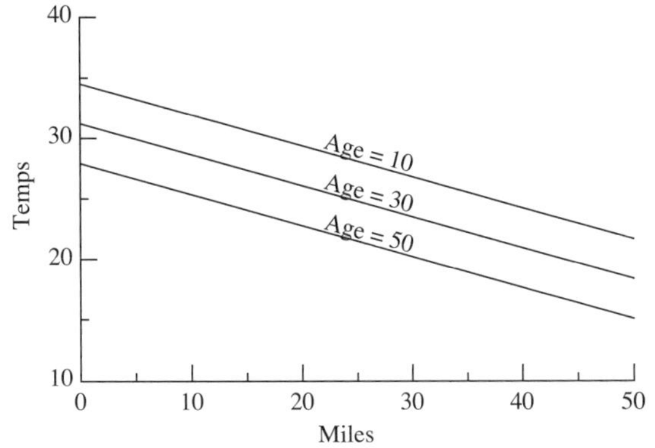

Encadré 7.7
Relations « simples » Temps-Miles

abstraite, si nous régressons une variable Y_i sur des prédicteurs X_{1i} et X_{2i}, nous supposons que la contribution de chaque prédicteur à la prédiction des valeurs Y_i ne dépend pas de la valeur sur l'autre prédicteur. Les deux contributions sont donc additives en ce sens que la relation (c'est-à-dire la pente) entre Y_i et X_{2i} ne change pas en fonction du niveau de X_{1i}. De la même façon, la relation entre Y_i et X_{1i} est supposée ne pas changer selon le niveau de X_{2i} auquel on se situe. Nous pouvons purement et simplement « additionner » les « effets » des deux prédicteurs pour trouver Y_i. Ainsi, pour connaître la contribution de chacun des prédicteurs aux valeurs de Y_i, nous n'avons pas besoin de nous inquiéter du niveau ou de la valeur de l'autre prédicteur.

Ce postulat est-il raisonnable ? La réponse est que son caractère raisonnable dépend de la question que l'on traite. Pour les variables examinées ici, il ne semble pas que ce soit un postulat très crédible. Par exemple, il paraît raisonnable de penser que les différences de temps de course dues à l'âge soient plus importantes lorsqu'on a affaire à des personnes qui ne s'entraînent pas beaucoup que lorsqu'on se penche sur des personnes qui courent beaucoup. On peut exprimer cette hypothèse autrement en disant que l'entraînement peut sans doute réduire la relation entre Age et Temps, de telle manière que les différences de temps de course associées à l'âge seront d'autant plus réduites que l'entraînement est intense. Cette hypothèse est représentée dans l'Encadré 7.8. Notez que la pente de la droite de régression liant Age et Temps est supposée être plus forte lorsque la valeur de Miles est petite que lorsqu'elle est grande. Ceci correspond à l'hypothèse selon laquelle la relation entre Age et Temps est plus forte lorsque Miles est petit que lorsque Miles est grand.

Nous suggérons donc que, plutôt que d'avoir Miles et Age qui se combinent additivement pour prédire la meilleure valeur de Temps, ces deux variables peuvent en fait interagir pour déterminer le temps. On parlera d'*interaction* entre des variables (par exemple, X_{1i} et X_{2i}) à chaque fois que l'« effet simple » (autrement dit, la pente) de l'une d'entre elles (par exemple X_{1i}) sur la variable dépendante Y_i varie en fonction (ou dépend) de la valeur de l'autre variable (X_{2i} dans cet exemple).

Encadré 7.8
Relations « simples » hypothétiques Temps-Age

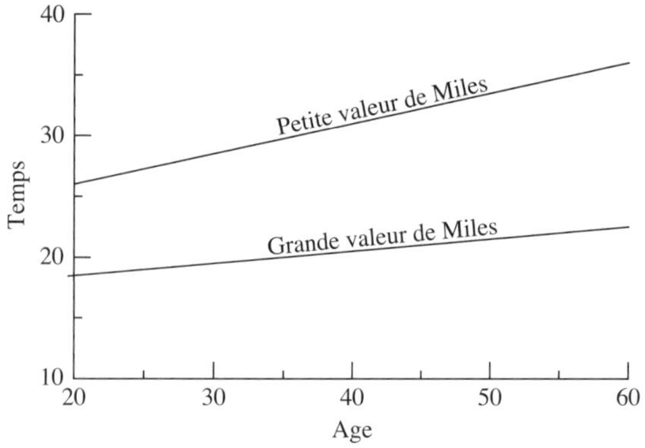

Dans le cas présent, nous faisons l'hypothèse que la relation entre Age et Temps dépend de ou varie selon le nombre de Miles accomplis lors de l'entraînement.

Le fait qu'il y ait ou non une interaction entre deux variables dans la prédiction d'une troisième est un élément totalement indépendant de la question de savoir si les deux variables prédictrices sont ou non corrélées ou redondantes l'une avec l'autre. Suggérer qu'Age et Miles puissent interagir pour prédire Temps, c'est proposer que la relation « simple » entre Age et Temps puissent dépendre de ou varier avec Miles. Cela peut être vrai que les variables Age et Miles soient ou non elles-mêmes des prédicteurs corrélés ou redondants.

Afin de tester l'hypothèse de l'interaction entre Age et Miles, il nous faut comparer notre modèle à trois paramètres à un modèle dans lequel la pente « simple » d'une variable prédictrice est autorisée à changer en fonction des changements (ou des niveaux) de l'autre variable prédictrice. Nous avons vu plus haut que le modèle additif prévoit que l'ordonnée à l'origine « simple » d'une variable prédictrice change en fonction de l'autre variable prédictrice. Toutefois, ce n'était pas le cas pour la pente « simple ». Par exemple, la pente « simple » de l'Age demeurait inchangée à travers les changements de Miles. Pour permettre aux pentes de changer, nous devons construire un modèle qui, dans ses réécritures de l'équation de régression, permet des variations de l'ordonnée à l'origine, mais également de la pente.

Tout d'abord, considérons le modèle additif :

$$\widehat{\text{Temps}} = b_0 + b_1\text{Age} + b_2\text{Miles}$$

et ses deux réécritures : la première qui se centre sur la relation « simple » entre Temps et Age aux différents niveaux de Miles et la seconde qui se focalise sur la relation « simple » entre Temps et Miles aux différents niveaux d'Age :

$$\widehat{\text{Temps}} = (b_0 + b_2\text{Miles}) + b_1\text{Age}$$

$$\widehat{\text{Temps}} = (b_0 + b_2\text{Age}) + b_1\text{Miles}$$

Nous voudrions maintenant modifier ces expressions « simples » de telle manière que les ordonnées à l'origine « simples » aussi bien que les pentes varient en fonction de l'autre variable. En d'autres termes, nous voudrions que ces réécritures « simples » aient les formes suivantes :

$$\widehat{\text{Temps}} = (b_0 + b_2\text{Miles}) + (b_1 + b_3\text{Miles})\ \text{Age}$$

$$\widehat{\text{Temps}} = (b_0 + b_1\text{Age}) + (b_2 + b_3\text{Age})\ \text{Miles}$$

Dans la première des deux expressions, celle qui examine la relation « simple » entre Temps et Age aux différents niveaux de Miles, l'ordonnée à l'origine « simple », $b_0 + b_2$Miles, varie en fonction de Miles et c'est également le cas de la pente « simple », $b_1 + b_3$Miles. À mesure que Miles change, la pente « simple » pour Age varie d'autant plus que b_3 diffère de zéro. De même, dans la seconde des deux expressions, qui se concentre sur la relation « simple » entre Temps et Miles aux différents niveaux d'Age, tant l'ordonnée à l'origine « simple », $b_0 + b_1$Age, que la pente « simple », $b_2 + b_3$Age, varient en fonction de la variable Age.

Ces deux expressions « simples » sont en réalité symétriques et peuvent être écrites comme :

$$\widehat{\text{Temps}} = b_0 + b_1\text{Age} + b_2\text{Miles} + b_3\,(\text{Age} * \text{Miles})$$

Ceci nous renseigne sur la manière d'estimer des modèles pour lesquels nous autorisons des interactions, à savoir des modèles pour lesquels la pente « simple » de chaque variable est autorisée à varier en fonction de la valeur de l'autre variable. Il nous suffit pour cela de former une nouvelle variable qui est le produit des deux prédicteurs et d'estimer un modèle qui inclut cette variable comme un prédicteur supplémentaire, en plus des deux variables prédictrices qui la composent. En outre, la symétrie des deux expressions des effets « simples » et leur équivalence avec le modèle qui inclut le produit comme prédicteur signifie que les interactions peuvent être interprétées de deux manières. Si le produit est un prédicteur utile, au-delà des variables qui le composent, il est alors possible de l'interpréter soit comme indiquant que « la pente simple de l'Age dépend de la valeur de Miles » ou que « la pente simple de Miles dépend de la valeur de l'Age ».

En somme, dans le modèle :

$$\widehat{\text{Temps}} = b_0 + b_1\text{Age} + b_2\text{Miles} + b_3\,(\text{Age} * \text{Miles})$$

il est possible de proposer deux interprétations différentes, mais tout aussi correctes l'une que l'autre, des différents coefficients de régression en fonction de ce sur quoi on souhaite se focaliser. Si on songe au modèle dans le contexte de la relation « simple » Temps – Age :

$$\widehat{\text{Temps}} = (b_0 + b_2\text{Miles}) + (b_1 + b_3\text{Miles})\,\text{Age}$$

alors on peut faire l'interprétation suivante :

b_0 : l'ordonnée à l'origine de la relation « simple » Temps – Age lorsque Miles est égal à zéro.

b_1 : la pente de la relation « simple » Temps – Age lorsque Miles est égal à zéro.

b_2 : le changement dans l'ordonnée à l'origine de la relation « simple » Temps – Age lorsque Miles augmente d'une unité.

b_3 : le changement dans la pente de la relation « simple » Temps – Age lorsque Miles augmente d'une unité.

Par ailleurs, si nous pensons au modèle en termes de la relation « simple » Temps – Miles :

$$\widehat{\text{Temps}} = (b_0 + b_1\text{Age}) + (b_2 + b_3\text{Age})\,\text{Miles}$$

alors on peut faire l'interprétation suivante :

b_0 : l'ordonnée à l'origine de la relation « simple » Temps – Miles lorsque Age est égal à zéro.

b_1 : la pente de la relation « simple » Temps – Miles lorsque Age est égal à zéro.

b_2 : le changement dans l'ordonnée à l'origine de la relation « simple » Temps – Miles lorsque Age augmente d'une unité.

b_3 : le changement dans la pente de la relation « simple » Temps – Miles lorsque Age augmente d'une unité.

Bien que ces deux ensembles d'interprétations sonnent de manière assez différente, ils sont fondamentalement équivalents. Dans un contexte particulier, il est probable qu'un ensemble d'interprétations, et par conséquent une relation « simple », sera plus parlant(e) que l'autre. Toutefois, sur un plan formel, les deux ensembles demeurent tout aussi acceptables en dépit de cette préférence.

2.1. *Estimation et interprétation du modèle interactif*

Illustrons maintenant ce modèle interactif et les interprétations possibles qui lui sont associées, avec les données dont nous disposons. Nous avons déjà estimé les trois paramètres du modèle linéaire additif qui comportait tant Age que Miles comme prédicteurs.

$$\widehat{\text{Temps}} = 24.605 + 0.167\text{Age} - 0.257\text{Miles}$$

Estimons maintenant les quatre paramètres du modèle interactif. Pour ce faire, nous devons calculer une nouvelle variable prédictrice qui est le produit d'Age et de Miles. Nous appelons cette variable AgeMiles. Sa valeur, pour chaque observation, est le produit de la valeur du joggeur pour Age fois la valeur pour Miles. Nous régressons ensuite Temps sur Age, Miles et cette nouvelle variable prédictrice, AgeMiles.

$$\widehat{\text{Temps}} = 18.899 + 0.308\text{Age} - 0.069\text{Miles} - 0.005\text{AgeMiles}$$

La somme des carrés des erreurs pour ce modèle est égale à 697.625.

Comparons ce modèle aux résultats que nous avions déjà observés pour le modèle additif. Nous pouvons faire cela de deux manières : d'abord en comparant les modèles pour savoir si le modèle interactif fait significativement mieux que le modèle additif plus simple. Ensuite, nous pouvons comparer les coefficients estimés par les deux modèles et leur interprétation.

Afin de comparer la qualité des prédictions des deux modèles, nous traitons le modèle additif comme MODÈLE C et le modèle interactif comme MODÈLE A :

$$\text{MODÈLE C}: \text{Temps} = \beta_0 + \beta_1\text{Age} + \beta_2\text{Miles} + \varepsilon_i$$
$$\text{MODÈLE A}: \text{Temps} = \beta_0 + \beta_1\text{Age} + \beta_2\text{Miles} + \beta_3\text{AgeMiles} + \varepsilon_i$$

Ce qui nous permet de tester l'hypothèse nulle selon laquelle le paramètre associé à ce prédicteur supplémentaire (le produit AgeMiles) est égal à zéro :

$$H_0: \beta_3 = 0$$

Le modèle additif a une somme des carrés des erreurs de 741.195 avec 77 degrés de liberté pour l'erreur, puisque nous avons estimé trois paramètres. Nous avons vu plus haut que le modèle interactif a une somme des carrés des erreurs de 697.625 avec 76 degrés de liberté. Par conséquent, la comparaison de ces deux modèles donne une SCR de 43.570 (c'est-à-dire 741.195 – 697.625) avec PA – PC = 1. Les valeurs de PRE et F qui résultent de cette comparaison sont donc :

$$\text{PRE} = \frac{43.570}{741.195} = .059$$

$$F_{1,76} = \frac{.059/1}{(1-.059)/76} = \frac{43.570/1}{697.625/76} = 4.75$$

Ces deux valeurs dépassent leur valeur critique. Au vu de ce résultat, le modèle interactif, qui inclut le produit comme prédicteur, prédit significativement mieux les données que le modèle additif plus simple. En d'autres termes, le produit comme prédicteur est un prédicteur utile, au-delà des deux variables qui le composent, c'est-à-dire au-delà des variables Age et Miles.

Pour bien comprendre ce que signifie cette conclusion et pour appréhender de façon précise la manière dont ce modèle diffère du modèle additif, il est important de comparer les modèles au niveau des interprétations que l'on peut faire des estimateurs de paramètres. C'est ce que nous allons faire dans le contexte des réécritures « simples » des modèles, telles que nous les avons définies plus haut. En général, nous encourageons fortement le lecteur à interpréter les paramètres estimés dans le cadre des réécritures « simples », particulièrement dans le cas des modèles interactifs.

Nous avons déjà interprété les divers paramètres estimés du modèle additif à deux reprises, une fois lorsque nous avons examiné la relation « simple » Temps – Age au sein des niveaux de Miles et une fois lorsque nous avons examiné la relation « simple » Temps – Miles aux différents niveaux de la variable Age. Comme nous l'avons vu, lorsque nous nous sommes penchés sur la relation « simple » Temps – Age, le coefficient estimé pour Miles, 0.257, correspondait au changement dans l'ordonnée à l'origine « simple » à mesure que Miles augmente, alors que le coefficient estimé pour Age, 0.167, était la pente « simple » pour Age, pente « simple » qui ne change pas selon le niveau de Miles. Lorsque que nous avons examiné la relation « simple » Temps – Miles, le coefficient estimé pour Age, 0.167, correspondait au changement dans l'ordonnée à l'origine « simple » à mesure que Age augmente, alors que le coefficient estimé pour Miles, 0.257, était la pente « simple » pour Miles, la pente « simple » qui ne change pas aux différents niveaux d'Age.

Des interprétations parallèles peuvent être faites pour le modèle interactif. Si l'on se penche tout d'abord sur la relation « simple » Temps – Age aux différents niveaux de Miles, nous réécrivons le modèle interactif de la manière suivante :

$$\widehat{\text{Temps}} = (18.899 - 0.069\text{Miles}) + (0.308 - 0.005\text{Miles})\ \text{Age}$$

Évaluons maintenant cette réécriture « simple » à divers niveaux de Miles. Nous commençons par la valeur zéro. De façon évidente, nous devons être prudents lorsque nous parlons de la relation « simple » Temps – Age pour cette valeur précise. Toutefois, sur base du modèle, nous pouvons substituer la valeur de zéro pour Miles dans la formule ci-dessus. Notre prédiction de la relation « simple » Temps – Age pour cette valeur de Miles devient alors :

$$\widehat{\text{Temps}} = 18.899 + 0.308\text{Age}$$

Par conséquent, si on prend le point de vue de la relation « simple » Temps – Age, l'ordonnée à l'origine du modèle interactif, 18.899, nous donne le meilleur estimateur de l'ordonnée à l'origine pour la relation « simple » Temps – Age lorsque Miles est égal à zéro. Le coefficient pour Age dans le modèle interactif, 0.308, nous donne l'estimateur de la pente « simple » pour la relation Temps – Age lorsque Miles est égal à zéro. Notez que cette interprétation est très différente de l'interprétation donnée pour le coefficient de régression associé à Age dans le modèle additif. À ce moment-là, le coefficient de régression pour Age était interprété comme la pente de la relation Temps – Age aux différents niveaux de Miles, *quelle que soit* la valeur de Miles. En d'autres termes, la valeur de cette pente « simple » ne changeait pas en fonction du changement de Miles.

Dans le modèle interactif, par contre, la pente « simple » pour Age change en fonction de la valeur de Miles. Supposons que nous soyons intéressés par la relation « simple » Temps – Age pour des joggeurs qui s'entraînent en moyenne 30 miles par semaine. La droite de régression pour ces joggeurs devient :

$$\begin{aligned}\widehat{\text{Temps}} &= (18.899 - 0.069\ (30)) + (0.308 - 0.005\ (30))\ \text{Age} \\ &= 16.829 + 0.158\text{Age}\end{aligned}$$

De toute évidence, cette relation « simple » entre Temps et Age n'est pas ce qu'elle était pour la droite de régression lorsque Miles était égal à zéro. Avec l'augmentation de Miles, l'ordonnée à l'origine « simple » et la pente « simple » pour Age ont toutes les deux diminué. Pour chaque changement d'une unité de Miles, l'ordonnée à l'origine « simple » a diminué de 0.069 unité. Et pour chaque changement d'une unité de Miles, la pente « simple » a diminué de 0.005.

Si nous nous focalisons sur la relation « simple » Temps – Age dans ce modèle interactif, nous pouvons maintenant interpréter l'ensemble des quatre paramètres. Ainsi, l'ordonnée à l'origine de ce modèle, 18.899, est l'ordonnée à l'origine « simple » quand Miles est égal à zéro. Le coefficient estimé pour Miles, – 0.069, est le changement de cette ordonnée à l'origine « simple » quand Miles augmente d'une unité. Le coefficient estimé pour Age, 0.308, est la pente « simple » pour Age quand

Miles est égal à zéro. Enfin, le coefficient pour le produit comme prédicteur, – 0.005, est le changement de cette pente « simple » quand Miles augmente d'une unité.

L'Encadré 7.9 nous montre quelques-unes des droites de régression « simples » Temps – Age, pour des valeurs représentatives de Miles. Il apparaît clairement que les ordonnées à l'origine, mais également les pentes de ces droites de régression « simples » varient en fonction de Miles. Ainsi, l'ordonnée à l'origine varie de – 0.069 par augmentation d'une unité de Miles et la pente varie de – 0.005 par augmentation d'une unité de Miles. Si l'on compare avec la représentation de cette même relation simple dans le cadre du modèle additif (présentée à l'Encadré 7.6), on peut voir que nous autorisons maintenant des droites de régression « simples » non parallèles. Notre conclusion statistique précédente, selon laquelle le produit comme prédicteur améliore de façon significative la qualité de nos prédictions faites sur base du modèle, revient à dire que les droites de régression « simples » présentées à l'Encadré 7.9 sont significativement non parallèles. En substance, l'interaction représentée grâce à ces droites à différents niveaux de Miles nous amène à la conclusion que, même s'il est vrai que le temps de course pour parcourir les 5 kilomètres est plus long pour les joggeurs âgés que pour les joggeurs jeunes, cette différence due à l'âge est moins prononcée si le joggeur s'entraîne davantage.

Nous nous tournons maintenant vers l'autre réécriture « simple » de ce modèle interactif en nous centrant cette fois sur la relation « simple » Temps – Miles aux différents niveaux de la variable Age et en interprétant les coefficients dans ce contexte. Le modèle interactif réécrit de la sorte correspond à :

$$\widehat{\text{Temps}} = (18.899 + 0.308\text{Age}) + (-\ 0.069 - 0.005\text{Age})\ \text{Miles}$$

La valeur estimée de l'ordonnée à l'origine, 18.899, est l'ordonnée à l'origine « simple » quand Age est égal à zéro. Le coefficient estimé pour le prédicteur Age est le changement de cette ordonnée à l'origine « simple » quand Age augmente d'une unité. Le coefficient estimé pour Miles, – 0.069, est la pente « simple » pour Miles quand Age est égal à zéro. Enfin, le coefficient estimé pour le produit comme prédicteur, – 0.005, est le changement de cette pente « simple » pour Miles quand Age augmente d'une unité.

Encore une fois, nous avons fourni dans l'Encadré 7.10 quelques exemples de droites de régression issues de cette réécriture « simple ». À nouveau, le test statistique qui compare le modèle compact additif au modèle augmenté interactif pose essentiellement la question de savoir si ces droites de régression « simples » sont significativement non parallèles. Concrètement, la conclusion que nous pouvons tirer sur base de cet encadré représentant les droites de régression « simples » concerne l'effet de l'entraînement et la manière dont cet effet varie en fonction de l'âge. Alors que les joggeurs qui s'entraînent davantage courent plus rapidement les 5 kilomètres, le bénéfice découlant de l'entraînement est plus important parmi ceux qui sont âgés que parmi ceux qui sont jeunes.

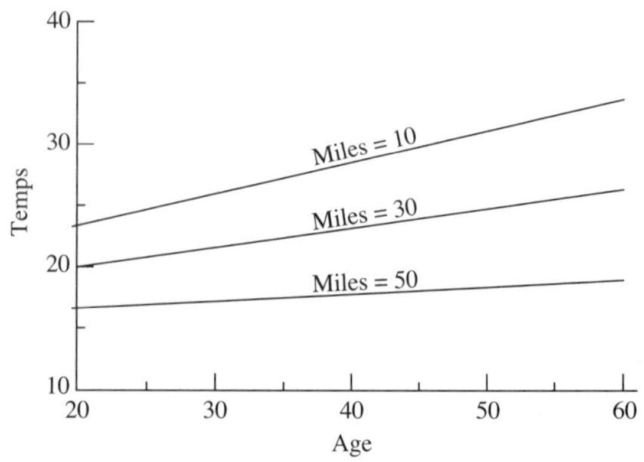

Encadré 7.9
Relation « simple » Temps-Age pour le modèle interactif

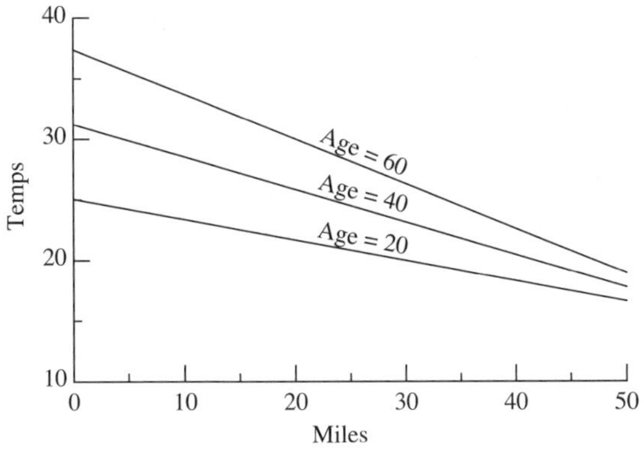

Encadré 7.10
Relation « simple » Temps-Miles dans le modèle interactif

Comme le montre bien ce que nous venons de dire, chacun des coefficients de régression estimé dans le modèle interactif se prête à plusieurs interprétations (qui sont toutes fondamentalement équivalentes). Ainsi, le coefficient associé avec le prédicteur Age peut être interprété soit comme la pente « simple » pour Age lorsque Miles est égal à zéro ou comme le changement de l'ordonnée à l'origine de la relation « simple » Temps – Miles à mesure que Age augmente. De même, le coefficient estimé pour le prédicteur Miles peut être interprété comme la pente « simple » pour Miles lorsque Age est égal à zéro ou comme le changement de l'ordonnée à l'origine de la relation « simple » Temps – Age à mesure que Miles augmente. Enfin, le coefficient associé au produit comme prédicteur peut être interprété soit comme le changement dans la pente « simple » pour Age quand Miles augmente ou comme le changement dans la pente « simple » pour Miles quand Age augmente.

Si le choix de l'interprétation du coefficient associé au produit est largement arbitraire, nous avons une préférence pour une des deux interprétations portant sur les coefficients associés avec les variables qui composent ce produit. En général, nous trouvons qu'il est plus facile de penser en termes de pentes « simples » que d'ordonnées à l'origine « simples ». Dès lors, pour le cas qui nous occupe, nous préférons interpréter le coefficient estimé pour Age comme sa pente « simple » lorsque Miles est égal à zéro et le coefficient estimé pour Miles comme sa pente « simple » quand Age est égal à zéro. Les deux interprétations portant sur le coefficient estimé du produit renvoient à des pentes « simples », à savoir la manière dont la pente « simple » pour Age varie en fonction de Miles ou la manière dont la pente « simple » pour Miles varie en fonction de la variable Age. Dans ce cas, la préférence pour l'une ou l'autre des deux interprétations dépend entièrement de considérations théoriques relatives à la question de savoir laquelle des deux variables prime sur l'autre et laquelle modifie, ou module, l'impact de l'autre. Dans le cas présent, nous avons une légère préférence pour dire que la différence de temps de course due à l'âge diminue à mesure qu'augmente

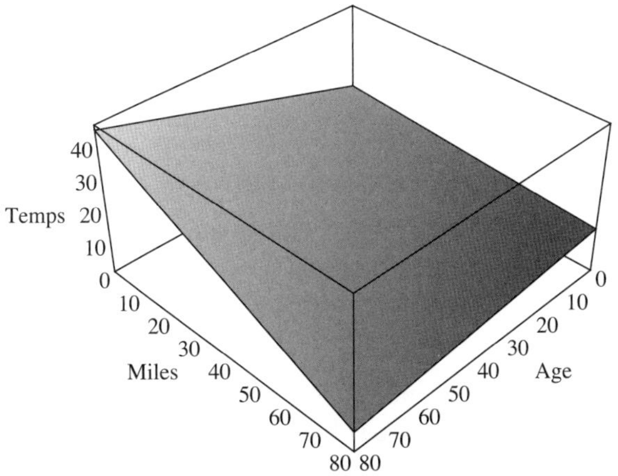

Encadré 7.11
Prédictions du modèle interactif

l'entraînement. Mais quelqu'un d'autre pourrait préférer dire que la différence de temps de course due à l'entraînement augmente chez les joggeurs plus âgés. Ces deux interprétations constituent deux façons tout aussi acceptables l'une que l'autre d'exprimer l'interaction présente dans les données.

L'Encadré 7.11 propose une représentation tridimensionnelle du plan de régression généré par ce modèle interactif. Comme le montrent clairement les représentations des relations « simples » des Encadrés 7.9 et 7.10, si nous prenons des tranches de ce plan de régression parallèlement à un des axes horizontaux, on peut voir changer la pente des droites de régression concernées. Ainsi, à mesure qu'on avance sur l'axe horizontal de la variable Age, la pente du plan devient de plus en plus négative. Comparé au plan de régression généré par le modèle additif, représenté à l'Encadré 7.5, ce plan de prédiction semble se tordre au fur et à mesure qu'on parcourt les valeurs sur un des axes horizontaux.

2.2. *Tests d'autres paramètres dans le modèle interactif*

Nous avons déjà testé l'hypothèse nulle selon laquelle la valeur de β_3 est égale à zéro lorsque nous avons comparé le modèle augmenté interactif au modèle compact additif. Ce test, qui détermine si le paramètre associé au produit est différent de zéro, est formellement un test d'interaction : est-ce que l'« effet » de la variable Age dépend de la variable Miles ou, de manière équivalente, est-ce que l'« effet » de la variable Miles dépend de la variable Age ? De façon importante, cette comparaison de modèles doit inclure les deux prédicteurs qui composent le produit tant dans le MODÈLE A que dans le MODÈLE C. Un test de produit est un test d'interaction si et seulement si les deux variables prédictrices qui le composent sont elles aussi présentes dans les modèles.

Vu la multiplicité des prédicteurs dans le modèle interactif, il y a bien sûr d'autres MODÈLES C avec lesquels il est possible de comparer le modèle interactif, outre le modèle additif qui ignore le produit. Par exemple, supposez que nous construisions un modèle compact dans lequel le paramètre associé avec le prédicteur Age est fixé à zéro et que nous comparions ce modèle au modèle augmenté interactif. Cette comparaison teste l'hypothèse nulle selon laquelle la composante Age n'est pas un prédicteur utile au-delà de Miles et du produit de deux variables. Les modèles A et C pour cette comparaison sont les suivants :

$$\text{MODÈLE C: Temps} = 31.542 - 0.416\text{Miles} - 0.004\text{AgeMiles}$$

$$\text{MODÈLE A: Temps} = 18.889 + 0.308\text{Age} - 0.069\text{Miles} - 0.005\text{AgeMiles}$$

Comme nous l'avons vu précédemment, le modèle interactif a une somme des carrés des erreurs de 697.625. Le modèle compact a, quant à lui, une somme des carrés des erreurs de 869.153. Leur comparaison révèle une valeur de PRE de .197 et un F de 18.688, avec 1 et 76 degrés de liberté. Il est donc clair que nous devons rejeter l'hypothèse nulle selon laquelle, dans le modèle interactif, le paramètre associé à Age a une valeur de zéro.

Nous pouvons aussi tester l'hypothèse nulle selon laquelle le paramètre associé à Miles dans le modèle interactif est égal à zéro. Si l'on estime un modèle compact comportant uniquement Age et AgeMiles comme prédicteurs, on trouve :

$$\text{MODÈLE C: Temps} = 16.784 - 0.357\text{Age} - 0.006\text{AgeMiles}$$

avec une somme des carrés des erreurs de 702.953. À nouveau, si nous comparons ce modèle au modèle augmenté interactif, nous trouvons un PRE = .008 et un F de 0.581, avec 1 et 76 degrés de liberté. Nous ne pouvons donc pas rejeter l'hypothèse nulle selon laquelle le paramètre associé à Miles dans le modèle interactif est égal à zéro.

Au tout début de ce chapitre, nous avons testé des hypothèses nulles concernant les paramètres associés avec Age et avec Miles dans le modèle additif qui n'inclut pas le terme de produit. Quand nous avons testé si le coefficient de régression pour Age différait significativement de zéro dans le modèle additif, nous avons trouvé une valeur de PRE de .280 et un *F* de 29.899, avec 1 et 77 degrés de liberté. Quand nous avons testé si le coefficient de régression pour Miles différait significativement de zéro dans le modèle additif, nous avons trouvé une valeur de PRE de .568 et un *F* de 101.143, avec 1 et 77 degrés de liberté. De toute évidence, ces tests des paramètres Age et Miles dans le modèle additif ne donnent pas les mêmes résultats que les tests des paramètres associés à ces mêmes variables dans le modèle interactif. Pour les tests du paramètre Age, la valeur résultante de PRE dans le modèle additif était 0.280 alors qu'elle était de 0.197 dans le modèle interactif. Pour les tests du paramètre Miles, la valeur résultante de PRE était .568 dans le modèle additif alors que dans le modèle interactif elle atteint seulement .008. Pourquoi cette différence ?

Sur un plan général, nous avons déjà évoqué la raison qui sous-tend cette différence. Comme nous l'avons montré au Chapitre 6, l'interprétation d'un coefficient de régression partiel dépend des autres prédicteurs qui sont inclus dans le modèle. Puisque le modèle interactif inclut un ensemble de prédicteurs différent de celui qu'on retrouve dans le modèle additif, on devrait donc s'attendre à ce que le coefficient de régression partiel pour un prédicteur donné soit différent dans les deux modèles.

Dans le cas présent, il est très important de répondre à cette question de la différence de façon plus spécifique, même si en réalité cette réponse n'est rien d'autre qu'une reformulation de la réponse générale donnée au Chapitre 6 et rappelée dans le paragraphe qui précède. Ainsi, les coefficients de régression partiels pour Age et Miles doivent être interprétés de manière très différente dans le modèle interactif et dans le modèle additif, comme nous n'avons cessé de le répéter en présentant le modèle interactif. Dès lors, tester s'ils sont significativement différents de zéro dans les deux modèles revient à tester des hypothèses fondamentalement différentes. Dans le modèle additif, le paramètre Age correspond à la pente pour Age à travers les différents niveaux de Miles, autrement dit, en gardant Miles constant. Mais, dans ce modèle additif, cette pente est supposée ne pas changer si Miles change. On peut donc interpréter cette pente comme la moyenne de la pente Temps – Age aux différents niveaux de Miles. D'autre part, le coefficient de régression pour Age dans le modèle interactif correspond à la pente pour Age *quand et seulement quand* Miles est égal à zéro.

Ainsi, dans le modèle additif, quand nous testons le paramètre Age pour vérifier s'il est égal à zéro, nous regardons si Temps et Age sont liés de façon significative en moyenne sur les différents niveaux de Miles, autrement dit en tenant Miles constant. Par contre, dans le modèle interactif, nous testons si Temps et Age sont liés de façon significative *quand Miles est égal à zéro.* De la même façon, lorsque nous testons si le coefficient de régression pour Miles est égal à zéro dans les modèles additif et interactif, nous testons des hypothèses fondamentalement différentes. Dans le cas du modèle additif, nous vérifions si la pente de Miles diffère significativement de zéro en moyenne sur les différents niveaux de Age, c'est-à-dire en tenant Age constant. D'autre part, dans le modèle interactif, vérifier si le paramètre Miles diffère de zéro revient à tester si Temps et Miles sont liés de façon significative *quand Age est égal à zéro.*

Dans le cas présent, bien entendu, poser des questions sur des pentes « simples » d'une variable prédictrice quand l'autre variable est égale à zéro est totalement sans intérêt et ne nous apprend rien, puisque nos données n'incluent aucune observation dont la valeur est zéro sur ces variables. Puisque nous avons déjà pu voir que le modèle interactif est meilleur que l'additif, et que la pente « simple » d'une variable change donc en fonction de l'autre, il semble improbable que nous ayons envie de tester une pente « simple » pour des valeurs qui se situent en dehors des limites de nos données.

Notre expérience, acquise en donnant des conseils en matière d'analyse des données et en expertisant des articles scientifiques qui rapportent des résultats de modèles de régression multiple, nous a révélé que l'erreur d'interprétation que nous rencontrons le plus souvent est celle qui porte sur les coefficients de régression associés aux variables prédictrices qui composent les interactions. L'idée générale est que, lorsqu'un produit est introduit dans un modèle, ainsi que ses composants, les coefficients associés à chaque composant estiment l'effet « simple » de ce composant lorsque l'autre composant avec lequel il est multiplié pour générer le produit est égal à zéro. Puisque les valeurs de zéro sont rarement d'un quelconque intérêt théorique et peuvent même ne pas être des valeurs possibles des données, interpréter ces coefficients n'a pas beaucoup de sens. En tout état de cause, ils ne représentent pas des effets « globaux » ou « nets » des prédicteurs. En effet, la recherche d'un estimateur de l'« effet global » d'un composant est généralement futile. La nature même d'une interaction significative entre une variable et une autre signifie que l'« effet » de l'une « dépend » de l'autre. Il n'y a tout simplement pas d'« effet » global. Au lieu de cela, l'ampleur (et/ou la direction) de l'effet dépend du niveau de l'autre variable qui compose le produit.

2.3. *Centrer les prédicteurs impliqués dans un produit*

Il reste possible d'obtenir et de tester des pentes « simples » ayant une signification beaucoup plus intéressante que précédemment. Pour ce faire, nous allons recourir à des transformations qui changent la valeur zéro des prédicteurs impliqués dans nos produits. Rappelez-vous le Chapitre 5 où nous avons montré qu'en centrant un prédicteur, l'ordonnée à l'origine des modèles de régression simple devenait ainsi égale à la valeur prédite au niveau moyen du prédicteur, ce qui revenait à la même chose que la moyenne de Y_i. Il devenait ainsi possible de comparer les modèles augmenté et compact pour poser des questions potentiellement intéressantes à propos de la moyenne de Y_i. Dans les modèles interactifs, de manière identique, il est souvent sensé de centrer les variables qui composent le produit pour rendre les coefficients de régression plus intéressants. Il est important de centrer les variables prédictrices avant de calculer le produit. En d'autres termes, la variable produit qui est incluse comme prédicteur dans le modèle interactif devra être le produit de deux prédicteurs centrés. Si un tel modèle interactif est estimé, alors les coefficients de régression de chacune des variables prédictrices correspondront à la pente « simple » pour un prédicteur lorsque l'autre prédicteur centré est égal à zéro, c'est-à-dire lorsque l'autre prédicteur égal à sa moyenne. Si l'on doit bien admettre qu'on ne peut pas obtenir un effet global ou « net » de chacun des prédicteurs composant le produit dans le contexte d'une interaction significative, on peut néanmoins vouloir se poser la question de l'effet « simple » moyen d'un prédicteur, c'est-à-dire son effet au niveau moyen de l'autre variable prédictrice.

Illustrons tout ceci avec les données dont nous disposons. Dans ces données, l'Age moyen est 39.662 et la moyenne de Miles est 29.875. Nous calculons de nouvelles versions, centrées, des deux variables, Age_0 et Miles_0, en soustrayant leur moyenne respective à chacune des valeurs brutes des observations (à titre d'exemple, le première observation ayant un âge de 29, son score pour la nouvelle variable Age_0 sera donc de 29 − 39.662, soit −10.662). L'indice 0 est utilisé pour indiquer que chaque variable, dans sa version centrée, a maintenant une moyenne de 0. Nous calculons ensuite une nouvelle variable produit, $\text{Age}_0\text{Miles}_0$[4], en multipliant ensemble les deux composants. Nous estimons alors une nouvelle fois le modèle interactif, en utilisant cette fois les prédicteurs centrés et leur produit.

$$\widehat{\text{Temps}} = 23.431 + 0.166\text{Age}_0 - 0.258\text{Miles}_0 - 0.005\text{Age}_0\text{Miles}_0$$

Ce modèle interactif est essentiellement le même que celui que nous avons estimé précédemment, sans les variables centrées. Nous avons simplement déplacé les valeurs zéro sur les deux axes horizontaux de l'Encadré 7.11, plaçant le zéro aux valeurs moyennes des variables Age et Miles. Les données elles-mêmes ou les valeurs prédites par le modèle, à savoir le plan de régression repris à l'Encadré 7.11, n'ont pas changé. Ainsi, la somme des carrés des erreurs pour ce modèle, 697.625, est identique à ce qu'elle était pour le modèle interactif estimé sur base de toutes les variables dans leur forme non centrée.

4. Alors que cette variable est le produit de deux variables centrées, elle n'est pas nécessairement elle-même centrée. Ce qui est important, c'est que le produit soit calculé à partir de deux variables centrées et pas que le produit soit lui-même centré.

Remarquez que tous les coefficients estimés, à l'exception de celui associé au produit, ont maintenant changé. La raison en est que, dans le contexte de ce modèle interactif, ils estiment des choses différentes. L'ordonnée à l'origine, 23.431, est la valeur prédite lorsque les trois prédicteurs sont égaux à zéro, ce qui correspond aux moyennes de Age_0 et de $Miles_0$ (mais pas nécessairement de Age_0Miles_0[5]). Le coefficient de régression associé à Age, 0.166, est la pente « simple » pour Age lorsque Miles est égal à zéro, c'est-à-dire pour des joggeurs qui s'entraînent en courant un nombre moyen de Miles dans notre lot de données. De la même façon, le coefficient de régression associé à Miles, – 0.258, est la pente « simple » pour Miles lorsque Age est égal à zéro, c'est-à-dire pour des joggeurs qui ont l'âge moyen dans notre lot de données. Puisque, dans ce modèle interactif, chacune de ces pentes « simples » change en fonction de l'autre variable, ce modèle donnera lieu à des valeurs différentes des pentes « simples » estimées quand on utilise des prédicteurs non centrés. En outre, l'importance de l'écart avec les pentes « simples » non centrées est directement fonction du coefficient de régression associé au prédicteur produit. C'est pourquoi ce coefficient estimé est celui qui reste inchangé dans le modèle: il continue à renseigner la mesure dans laquelle la pente « simple » pour Age change à mesure que Miles augmente ou, de manière équivalente, la mesure dans laquelle la pente « simple » de Miles change à mesure que la variable Age augmente. Sur le plan graphique, les coefficients de régression associés aux prédicteurs qui composent le produit dans le modèle interactif (Age et Miles dans le modèle original *ou* Age_0 et $Miles_0$ dans le modèle centré) sont des pentes du plan de régression à des valeurs particulières le long des deux axes horizontaux (c'est-à-dire là où les valeurs sont zéro), tandis que le coefficient associé au produit correspond au changement de ces pentes simples, c'est-à-dire la mesure dans laquelle le plan de régression se tord avec le changement de valeur le long de l'axe horizontal.

Les tests des coefficients de régression associés aux variables prédictrices qui composent le produit dans le modèle interactif centré sont nettement plus informatifs que les tests équivalents dans la version non centrée du modèle. La comparaison du modèle interactif avec un modèle compact qui fixe le coefficient pour Age_0 à zéro donne une SCR de 283.351, un PRE de .289 et un F de 30.91, avec 1 et 76 degrés de liberté. La comparaison du modèle interactif avec un modèle compact qui fixe le coefficient pour $Miles_0$ à zéro donne une SCR de 976.934, un PRE de .583 et un F de 106.50, avec 1 et 76 degrés de liberté. Les conclusions de ces tests suggèrent que, dans le cadre de ce modèle interactif, qui autorise le changement des pentes « simples », l'effet de chacune des variables prédictrices composant le produit est significatif au niveau moyen de l'autre prédicteur.

Notez que les résultats de ces tests « simples » sont similaires, même s'ils ne sont pas identiques, aux tests de chacun des prédicteurs dans le modèle additif à trois paramètres examiné au début de ce chapitre. À ce moment-là, le test statistique pour l'effet additif de la variable Age donnait un PRE de .280 et un F de 29.92, avec 1 et 77 degrés de liberté et celui de l'effet additif de la variable Miles donnait un PRE de .568 et un F de 101.20, avec 1 et 77 degrés de liberté. Même si ces résultats sont très semblables, ils renvoient à des questions fondamentalement différentes. Dans le contexte du modèle additif, nous investiguions seulement l'« effet » de chacune des variables en contrôlant l'autre. Dans le contexte du modèle interactif centré, nous posons la question de l'« effet simple » de chacune des variables pour la valeur moyenne de l'autre, tout en permettant à ces « effets simples » de varier en fonction du changement de valeur de l'autre prédicteur.

Puisque le coefficient de régression associé au produit n'a pas changé du fait d'avoir centré ses composants et puisque cette version centrée du modèle interactif est essentiellement identique à la version non centrée, il est normal que la comparaison MODÈLE A / MODÈLE C visant à vérifier si le paramètre associé au produit est égal à zéro donne le même résultat dans la version centrée que dans le cas non centré examiné plus haut, à savoir, un PRE de .059 et un F de 4.75, avec 1 et 76 degrés de liberté. En d'autres termes, que l'on centre ou non Age et Miles, le test de régression

5. Encore une fois, le produit de deux variables centrées n'est pas nécessairement lui-même centré. Si les trois variables avaient été centrées, alors l'abscisse à l'ordonnée aurait nécessairement été égale à 23.552, la valeur moyenne de Temps.

de leur produit teste toujours si la pente « simple » d'une variable varie lorsque la valeur de l'autre variable change, et ce, *pour autant que les deux variables impliquées dans le produit, Age et Miles ou* Age_0 *et* Miles_0, *soient incluses également comme prédicteurs séparés dans le modèle augmenté.* Les italiques soulignent le fait que le coefficient de régression d'un produit de deux variables prédictrices estime l'effet de l'interaction entre ces variables uniquement lorsque le coefficient est partiel, c'est-à-dire lorsqu'il tient compte ou contrôle les variables qui ont été multipliées pour donner ce produit. Tant que les composants sont inclus dans le modèle comme prédicteurs distincts, un test du coefficient de régression du produit sera invariant à travers les transformations linéaires des composants (Cohen, 1978).

L'utilité de la transformation qui consiste à centrer Age et Miles, afin de faciliter l'interprétation des coefficients de régression, peut être étendue à d'autres transformations qui s'appuient sur des écarts afin de tester des hypothèses concernant des relations « simples » particulières auxquelles on peut vouloir s'intéresser. Par exemple, supposez que, dans le modèle interactif dans lequel on autorise différentes relations « simples » Temps — Age à différents niveaux de Miles, nous voulions savoir si Temps et Age sont significativement liés pour des joggeurs qui s'entraînent en moyenne 50 miles par semaine. Puisque dans le modèle interactif le coefficient pour Age estime la pente « simple » Temps — Age lorsque l'autre prédicteur avec lequel il interagit est égal à zéro, nous pourrions transformer Miles en soustrayant 50 de la valeur de Miles pour chaque observation, ce qui donnerait une transformation définie comme :

$$\text{Miles}_{50} = \text{Miles} - 50$$

Ensuite, si nous régressons Temps sur Age_0, Miles_{50}, ainsi que le produit $\text{Age}_0\text{Miles}_{50}$, on trouve :

$$\widehat{\text{Temps}} = 18.244 + .070\text{Age}_0 - .258\text{Miles}_{50} - .005\text{Age}_0\text{Miles}_{50}$$

Notez que, si le coefficient associé à Miles_{50} n'a pas changé du fait de sa transformation (c'est toujours la même valeur que lorsque les deux prédicteurs étaient centrés à la moyenne), le coefficient pour Age_0 a changé de manière considérable et n'est d'ailleurs plus significatif, et PRE = .022, et $F_{1,76} = 1.69$. Ce coefficient estime l'« effet simple » de la variable Age pour les joggeurs qui s'entraînent en moyenne 50 miles par semaine (c'est-à-dire lorsque Miles_{50} est égal à zéro). Cet « effet simple » estimé n'est pas significatif dans les données : nous ne pouvons pas conclure qu'il existe une différence dans le temps de course sur 5 kilomètres due à l'âge parmi les joggeurs qui s'entraînent 50 miles par semaine.

Notez l'implication aussi curieuse qu'exacte de cet exercice de transformation : une transformation linéaire d'une variable prédictrice dans un modèle interactif (et un nouveau calcul du produit) n'affecte pas le coefficient de régression associé à ce prédicteur, mais modifie par contre le coefficient de régression associé à l'autre prédicteur. Ce phénomène curieux résulte de la définition des composants comme des pentes « simples » pour chaque composant quand l'autre est égal à zéro. Si la valeur de zéro d'une variable est modifiée, alors la pente « simple » de l'autre change, du moins s'il existe une interaction entre les deux variables.

2.4. *Considérations sur la puissance dans les modèles interactifs*

Au Chapitre 6, nous avons présenté la formule générale pour les intervalles de confiance d'un coefficient de régression dans la régression multiple. Cette formule, reprise ici du Chapitre 6, est

$$b_{p.12...p-1} \pm \sqrt{\frac{F_{crit}\,(\text{CME})}{\sigma_p^2\,(n-1)\left(1-R_p^2\right)}}$$

où $b_{p.12...p-1}$ est le coefficient de régression pour la p^{me} variable prédictrice, F_{crit} est la valeur critique de la statistique F avec 1 et n − PA degrés de liberté, CME est le carré moyen des erreurs du modèle, σ_p^2 est la variance du p^{me} prédicteur et $1 - R_p^2$ est sa tolérance. Cette formule est la bonne, quelle que soit la nature de la variable prédictrice. Elle fournit donc les intervalles de confiance des coefficients de régression des produits et de leurs composants dans les modèles interactifs aussi bien que dans les modèles additifs.

Les éléments qui affectent la puissance des tests dans les modèles additifs font de même dans les modèles interactifs. Ainsi, les facteurs qui ont tendance à augmenter la taille de l'intervalle de confiance ont pour effet de diminuer la puissance du test de l'hypothèse nulle selon laquelle le paramètre estimé est égal à une certaine valeur. En revanche, les facteurs qui diminuent la taille de l'intervalle de confiance augmentent la puissance. En conséquence, le test d'inférence des paramètres est d'autant plus puissant que le carré moyen de l'erreur du modèle diminue, que la variance du $p^{ième}$ prédicteur augmente et que la tolérance du $p^{ième}$ prédicteur augmente.

Toutefois, dans le contexte des modèles interactifs, la question de la puissance prend un tour inattendu et intéressant dans la mesure où le produit est calculé sur base des autres variables prédictrices et dépend donc de ces dernières. Examinez par exemple les deux variables suivantes et leur produit :

X_1	X_2	X_1X_2
3	2	6
1	3	3
4	5	20
2	1	2
5	4	20

Si nous voulions régresser une variable dépendante Y_i sur ces trois prédicteurs, l'intervalle de confiance du coefficient de régression du produit serait fonction de la valeur critique du F, du carré moyen de l'erreur du modèle, de la variance du produit, de sa tolérance et de la taille d'échantillon. Regardons maintenant ces trois derniers termes, tous trois présents dans le dénominateur de la formule de l'intervalle de confiance. Si l'on multiplie la variance du produit par $n - 1$, on trouve la somme des carrés des erreurs du produit. La tolérance du produit est obtenue en régressant ce dernier sur ces deux composants et en faisant 1 moins le R^2 qui en résulte. Dans le cas présent, la somme des carrés des erreurs du produit est égale à 328.80 et sa tolérance est égale à .0097 (notez que le produit et ses composants sont ici extrêmement redondants). Si nous multiplions ces deux valeurs, nous obtenons 3.175[6], ce qui correspond à la somme des carrés des erreurs dans le modèle où le produit est régressé sur ces deux composants. Il s'agit là de la valeur du dénominateur dans la formule de l'intervalle de confiance.

Examinons maintenant ce qui se passe si nous centrons X_1 et X_2, en soustrayant leurs valeurs moyennes, 3 dans les deux cas, et en calculant le produit de ces variables transformées :

X_{1c}	X_{2c}	$X_{1c}X_{2c}$
0	−1	0
−2	0	0
1	2	2
−1	−2	2
2	1	2

6. C'est le produit des deux si on n'arrondit pas les valeurs (comme c'est le cas dans le texte).

La variance de la variable produit est maintenant égale à 1.2, $n - 1$ est toujours égal à 4 et la tolérance du produit est égale à .6615. Suite aux transformations subies par X_{10} et X_{20}, leur produit est nettement moins variable et relativement moins redondant (d'un point de vue linéaire) par rapport à ces deux composants. Ceci étant, la multiplication de ces trois termes entre eux fournit toujours un dénominateur de l'intervalle de confiance égal à 3.175 (et, encore une fois, ce nombre est la somme des carrés des erreurs dans le modèle où le produit des deux variables centrées est régressé sur ces deux composants centrés). C'est exactement ce à quoi il fallait s'attendre puisque, comme nous l'avons vu, le test du coefficient de régression d'un produit n'est pas affecté par les transformations linéaires de ces composants, du moins tant que ces composants sont inclus comme prédicteurs dans le modèle.

En revanche, ce qui est intéressant à propos de ce résultat c'est que les transformations linéaires ont un impact sur la tolérance du produit et sur sa redondance linéaire avec ses composants. Dans le même temps, toutefois, la largeur de l'intervalle de confiance de son coefficient de régression se montre insensible à ce phénomène dans la mesure où le changement de tolérance est très exactement compensé par le changement dans la variance du produit. C'est une exception intéressante à la règle générale donnée au chapitre précédent selon laquelle la redondance entre les prédicteurs tend à réduire la puissance. Lorsqu'un prédicteur est le produit d'un autre prédicteur, alors diverses transformations peuvent influencer radicalement sa redondance avec ses composants. Par contre, ces transformations n'ont aucun effet sur la puissance du test qui concerne le coefficient de régression de ce produit, si tant est que les variables composant le produit sont incluses comme prédicteurs dans le modèle.

Pour les données concernant la course, nous calculons l'intervalle de confiance du coefficient de régression pour le produit du modèle interactif, d'abord avec les composants dans leur métrique originale et puis après les avoir centrés. Dans les deux modèles, la valeur critique de F, avec 1 et 76 degrés de liberté, est 3.96 et le CME des deux modèles est égal à 9.18.

Dans le modèle original non centré, la variance du produit, AgeMiles, est égale à 380387.09, sa tolérance ($1 - R^2$ lorsqu'on régresse sur Age et Miles) est égale à .064 et l'intervalle de confiance du coefficient du produit est égal à :

$$.005 \pm \sqrt{\frac{3.96 * 9.18}{380387.09 * 79 * .064}}$$

$$.005 \pm \sqrt{\frac{36.35}{1917017.84}}$$

$$.005 \pm .004$$

Et lorsque les deux composants sont centrés et qu'ils sont inclus dans le modèle interactif en même temps que leur produit, l'intervalle de confiance du coefficient du produit est égal à :

$$.005 \pm \sqrt{\frac{3.96 * 9.18}{24276.01 * 79 * .999}}$$

$$.005 \pm \sqrt{\frac{36.35}{1917017.84}}$$

$$.005 \pm .004$$

La leçon de tout ceci est que, même si un produit peut s'avérer très redondant, de façon linéaire, avec ses composants, et si des transformations de ses composants peuvent réduire cette redondance, ces transformations n'auront pas d'effet sur l'inférence statistique concernant le coefficient de régression associé à ce produit, et ce, tant que les composants sont inclus dans le modèle.

3. Une procédure générale pour la dérivation des pentes « simples »

Comme nous le disions, nous trouvons plus facile d'interpréter les paramètres estimés de modèles contenant des produits en pensant les choses en termes de pentes « simples ». Jusqu'à présent, nous nous sommes appuyés sur une heuristique simple pour dériver ces pentes « simples » : nous avons simplement réarrangé les termes du modèle. Avec des modèles plus complexes, cette approche ne fonctionne pas. Dans cette section, nous présentons une procédure plus générale pour dériver des pentes « simples », en nous basant sur la notion algébrique de dérivée ou de dérivée partielle d'une fonction par rapport à une variable donnée.

Une dérivée *est* une pente « simple », exactement au sens où nous en avons parlé jusqu'ici. Nous pouvons exprimer n'importe quelle équation de régression multiple dans les termes généraux suivants :

$$\hat{Y}_i = F(X_1, X_2, X_3, \ldots, X_p)$$

signifiant seulement que nos valeurs prédites sont fonction d'un ensemble de variables prédictrices. La pente « simple » associée à une de ces variables, disons X_j, est la dérivée partielle de la fonction par rapport à cette variable.

$$\frac{\Delta \hat{Y}}{\Delta X_j}$$

Cette notion standard pour une dérivée signifie que c'est une pente, au sens où « Δ » indique un changement ou une différence : nous posons la question de la différence « simple » dans les valeurs prédites en fonction d'une différence d'une unité sur un prédicteur particulier, X_j.

Même si l'on est peu familiarisé avec l'algèbre, il est facile de calculer des dérivées partielles de fonctions telles que celles qui nous intéressent dans ce livre. Trois règles simples suffisent :

1. La dérivée partielle d'une somme, par rapport à X_j, est égale à la somme des dérivées partielles des composantes de cette somme.
2. La dérivée partielle de aX_j^m par rapport à X_j est $am\ X_j^{m-1}$, où a peut être soit une constante, soit une autre variable (ou le produit des deux).
3. La dérivée partielle de la composante d'une somme, par rapport à X_j, où la composante ne contient pas X_j, est égale à zéro.

Prenons le modèle interactif utilisé jusqu'à présent dans le chapitre et appliquons ces règles afin de dériver les pentes « simples » des variables Age et Miles à des niveaux particuliers de l'autre variable.

La fonction est :

$$\widehat{\text{Temps}} = b_0 + b_1\text{Age} + b_2\text{Miles} + b_3\text{AgeMiles}$$

Afin d'évaluer la pente « simple » pour Age, nous prenons la dérivée partielle des quatre composants de cette expression par rapport à Age. Les dérivées partielles du premier composant, b_0, comme du troisième composant, b_2, sont égales à zéro. La dérivée partielle de b_1Age est b_1 sur base de la seconde règle énoncée plus haut. Toujours sur base de cette seconde règle, la dérivée partielle de b_3AgeMiles est b_3Miles. Cela donne la dérivée partielle suivante pour Age :

$$\frac{\Delta\widehat{\text{Temps}}}{\Delta\text{Age}} = b_1 + b_3\text{Miles}$$

Cette dérivée partielle de la pente « simple » de la variable Age est bien sûr identique à celle que nous avons discutée plus haut : b_1 est la pente « simple » quand Miles est égal à zéro et b_3 est le changement de cette pente « simple » à mesure que Miles augmente. Sans surprise, un processus parallèle donne la pente « simple » pour Miles identifiée précédemment, à savoir $b_2 + b_3$Age.

Tournons-nous maintenant vers un modèle, que nous expliquerons plus loin, impliquant le produit d'un prédicteur avec lui-même :

$$\widehat{Y}_i = b_0 + b_1 X_i + b_2 X_i^2$$

Cherchons la dérivée par rapport à X_i, ce qui permet d'obtenir sa pente « simple » :

$$\frac{\Delta \widehat{Y}_i}{\Delta X_i} = b_1 + 2b_2 X_i$$

Qu'est-ce que cela signifie ? Ce résultat correspond à la pente « simple » pour une valeur particulière de X_i et nous indique que cette pente « simple » dépend de la valeur même de X_i. À des valeurs plus élevées de X_i, la pente « simple » est différente de ce qu'elle est à des valeurs plus basses. Cette expression définit une relation curvilinéaire entre X_i et Y_i de telle sorte que la pente « simple » varie en fonction de X_i lui-même. Cette pente « simple » est donc la pente de la droite (en fait la courbe) à une valeur particulière de X_i, avec la pente changeant continuellement à mesure que X_i augmente. Pour vous aider, pensez à cette pente simple, et donc à la dérivée, comme la pente d'une tangente à la courbe que l'on obtient si on représente graphiquement les valeurs prédites du modèle estimé :

$$\widehat{Y}_i = b_0 + b_1 X_i + b_2 X_i^2$$

Nous illustrerons ce point sous peu avec des données illustratives. Enfin, examinez un modèle bien plus compliqué :

$$\widehat{Y}_i = b_0 + b_1 X_{1i} + b_2 X_{2i} + b_3 X_{1i}^2 + b_4 X_{1i} X_{2i}$$

Encore une fois, nous nous préoccuperons plus tard des détails d'un tel modèle. Pour l'heure, nous dérivons simplement les pentes « simples » de X_{1i} et de X_{2i} :

$$\frac{\Delta \widehat{Y}_i}{\Delta X_{1i}} = b_1 + 2b_3 X_{1i} + b_4 X_{2i}$$
$$\frac{\Delta \widehat{Y}_i}{\Delta X_{2i}} = b_2 + b_4 X_{1i}$$

Ainsi, aux termes de ce modèle, la pente « simple » de X_{1i} dépend à la fois de sa valeur et de la valeur de X_{2i} alors que la pente « simple » de X_{2i} dépend seulement de la valeur de X_{1i}.

4. Puissances de variables prédictrices

Une généralisation de ce que nous avons appris sur les interactions entre deux variables peut nous aider à comprendre les modèles qui incluent des puissances d'une variable prédictrice. Supposez, par exemple, que pour les données dont nous disposons, nous pressentions que la relation entre Temps et Miles dépend du niveau de Miles. Nous suspectons que, lorsqu'on ne s'entraîne guère, la relation entre l'entraînement et le temps de course risque d'être bien plus forte que lorsqu'on s'entraîne beaucoup. En d'autres termes, faire 5 miles d'entraînement supplémentaires par semaine est susceptible d'avoir plus d'impact sur le temps de course, si au départ on fait 10 miles par semaine que si au départ on fait 50 miles par semaine. Une telle prédiction revient à s'interroger sur le changement de la relation « simple » Temps – Miles. Mais, cette fois, nous ne prétendons pas que l'ampleur de cette relation « simple » change à mesure que change Age. Au lieu de cela, nous faisons l'hypothèse que la relation « simple » Temps – Miles change en fonction des changements de Miles. Au fond, nous faisons l'hypothèse d'une interaction de la variable Miles avec elle-même pour prédire la variable Temps.

Nous utilisons la même forme d'équation que précédemment pour incorporer une telle interaction dans notre modèle. Concrètement, nous incluons le produit des deux variables dont nous pensons qu'elles interagissent comme un prédicteur distinct dans le modèle de régression. Mais puisque c'est la variable Miles qui est cette fois censée interagir avec elle-même, nous incluons un produit qui est Miles * Miles.

$$\widehat{\text{Temps}} = b_0 + b_1\text{Miles} + b_2\text{Miles}^2$$

Avec les données dont nous disposons, ce modèle est estimé comme étant :

$$\widehat{\text{Temps}} = 37.479 - 0.754\text{Miles} + 0.008\text{Miles}$$

avec une somme des carrés des erreurs de 894.190.

Pour interpréter ce modèle et ce que signifient ses paramètres, nous faisons deux choses. Tout d'abord, nous calculons et représentons les valeurs prédites de Temps en fonction de Miles. Ensuite, nous interprétons ces paramètres en nous focalisant sur la pente « simple » de Miles. Puisque la valeur maximale de Miles dans nos données est 50, nous calculons des valeurs prédites pour Temps en fonction de la variable Miles qui va de 0 à 50. Par exemple, lorsque Miles est égal à 0, la valeur prédite de Temps est égale à :

$$37.479 - 0.754\,(0) + 0.008\,(0^2) = 37.479.$$

Et quand Miles est égal à 10, la valeur prédite de Temps est égale à :

$$37.479 - 0.754\,(10) + 0.008\,(10^2) = 30.739.$$

Une fois que nous avons un ensemble suffisant de ces valeurs prédites, nous les représentons graphiquement comme dans l'Encadré 7.12. Comme on peut le voir, ces valeurs prédites qui dépendent de Miles ne se trouvent plus sur une ligne droite. Même si notre modèle est toujours formellement un modèle linéaire, la droite (ou, mieux, la fonction) de régression est maintenant une courbe. Et, comme nous nous y attendions, la forme de cette courbe est telle que la pente est nettement plus marquée à des niveaux inférieurs de Miles qu'aux niveaux supérieurs. S'entraîner un mile de plus par semaine fait plus pour réduire le temps de course si on s'entraîne peu que si on s'entraîne déjà beaucoup.

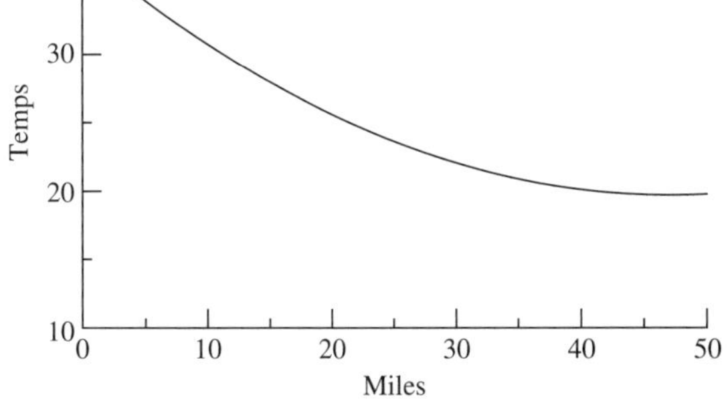

Encadré 7.12
Modèle non linéaire Temps-Miles

Afin d'interpréter les coefficients de ce modèle, on peut partir de l'ordonnée à l'origine, 37.479. Ce nombre représente ce qu'il a toujours représenté, à savoir la valeur prédite lorsque tous les prédicteurs sont égaux à zéro. En l'occurrence, il s'agit du temps de course prédit pour quelqu'un qui s'entraîne zéro mile par semaine.

Afin d'interpréter les estimateurs des deux pentes de ce modèle, nous dérivons la pente « simple » pour Miles en ayant recours à la procédure présentée à la section précédente pour obtenir la dérivée de cette fonction par rapport à Miles :

$$\frac{\widehat{\text{Temps}}}{\Delta\text{Miles}} = 0.754 + (2)0.008\text{Miles}$$

De toute évidence, cette pente « simple » de Miles varie en fonction de Miles. Cela équivaut à la pente des droites qui sont tangentes à la courbe de prédiction qui apparaît dans l'Encadré 7.12, et ce, aux différents points le long de l'axe horizontal de Miles. Ainsi, par exemple, lorsque Miles est égal à zéro, la pente « simple » de la courbe est égale à − 0.754. Lorsqu'on parle de quelqu'un qui court environ 10 miles par semaine, la pente « simple » de la courbe devient − 0.754 + (2) 0.008(10) = − 0.594. Au point de la courbe où Miles est égal à 20, la pente « simple » est − 0.754 + (2) 0.008(20) = − 0.434. Et lorsqu'on arrive à quelqu'un qui court 40 miles par semaine, la pente « simple » est − 0.754 + (2) 0.008(40) = − 0.114.

Soyons très clairs concernant ce que sont et ce que ne sont pas ces pentes « simples ». Elles ne sont pas des valeurs prédites de Temps. Les valeurs prédites sont celles que nous avons représentées à l'Encadré 7.12. Ces pentes « simples » sont plutôt des pentes de la courbe à chacun des différents points le long de l'axe Miles. Elles nous informent sur le bénéfice que l'on peut attendre sur le temps nécessaire pour parcourir 5 kilomètres si l'on s'entraîne un mile de plus par semaine, étant donné que l'on s'entraîne déjà un certain nombre de miles par semaine. Il se peut qu'il soit difficile d'imaginer la pente de cette courbe à des endroits précis, dans la mesure où cette dernière change continuellement. Dès lors, pensez à la pente des tangentes à la courbe à différentes valeurs de Miles. Les pentes de ces droites, aux différentes valeurs de Miles, sont les pentes « simples ».

Le coefficient associé à Miles, − 0.754, est la pente « simple » à un seul point de la courbe, à savoir lorsque Miles est égal à zéro. Dans l'Encadré 7.12, c'est la pente de la courbe à l'ordonnée à l'origine, lorsque la courbe est la plus marquée. Et à mesure que Miles augmente, la pente « simple » devient de moins en moins négative. Pour chaque augmentation d'une unité sur Miles, la pente devient 2 × 0.008 moins négative. Ce résultat fournit l'interprétation du coefficient de régression associé à Miles^2 : 0.008 est la moitié du changement dans la pente « simple » de Miles lorsque Miles augmente d'une unité. En somme, c'est l'index du degré de non-linéarité de la courbe représentée à l'Encadré 7.12.

Nous pouvons nous demander si ce modèle, avec sa pente « simple » changeante et sa fonction de régression quadratique, fait mieux que le modèle linéaire simple ayant Miles comme seul prédicteur. Dans ce cas, notre modèle de comparaison est :

$$\text{MODÈLE A : Temps} = \beta_0 + \beta_1\text{Miles} + \beta_2\text{Miles}^2 + \varepsilon_i$$
$$\text{MODÈLE C : Temps} = \beta_0 + \beta_1\text{Miles} + \varepsilon_i$$

et l'hypothèse nulle est $H_0 : \beta_2 = 0$. En d'autres termes, l'hypothèse nulle est que la relation Temps – Miles est seulement linéaire et il n'y a pas de diminution additionnelle du temps nécessaire pour courir 5 kilomètres par miles d'entraînement supplémentaire.

Au tout début de ce chapitre, nous avons vu les estimateurs pour le MODÈLE C :

$$\widehat{\text{Temps}} = 31.911 - 0.280\text{Miles}$$

avec une sommes des carrés des erreurs de 1029.13, autrement dit, SCE(C) 1029.013. Nous venons également de voir que le modèle incluant également le produit de Miles avec lui-même nous a donné

SCE(A) = 894.190. Ainsi, la valeur de SCR pour cette comparaison est 134.823, ce qui se traduit par un PRE de .131 et un *F* de 11.61, avec 1 et 77 degrés de liberté. Le MODÈLE A doit donc être préféré au MODÈLE C et nous pouvons conclure qu'une fonction de régression quadratique s'ajuste mieux aux données qu'une fonction linéaire. On peut donc dire que s'entraîner un mile de plus par semaine est d'autant moins bénéfique, pour le temps que l'on mettra à courir 5 kilomètres, que l'on s'entraîne déjà beaucoup.

Nous pourrions aussi, bien entendu, comparer ce modèle augmenté non linéaire à un modèle compact dans lequel β_1 est fixé à zéro et régresser Temps seulement sur Miles^2. Les estimateurs pour un tel modèle sont :

$$\widehat{\text{Temps}} = 28.101 - 0.004\text{Miles}^2$$

avec une somme des carrés des erreurs égale à 1222.243. Cette comparaison donne un PRE de .268 et un *F* de 28.25 avec 1 et 77 degrés de liberté. Nous pouvons donc conclure que le paramètre associé à Miles dans ce modèle augmenté n'est pas égal à zéro. Mais que testons-nous exactement ici ? Avons-nous testé l'effet linéaire général de Miles sur Temps ? La réponse est clairement « non » puisque, dans ce modèle augmenté, l'effet de Miles sur Temps varie en fonction de Miles, comme on peut le voir avec la pente « simple » de Miles, soit − 0.754 + (2)0.008Miles. Ce que nous avons testé n'est pas l'effet linéaire « général » de Miles, mais plutôt l'effet « simple » de Miles quand et seulement quand Miles est égal à zéro. Sur base de ces données et en autorisant Miles à être lié de manière non linéaire à Temps, nous pouvons conclure que courir un mile de plus par semaine diminue le temps de course lorsqu'on ne s'entraîne pas encore. Mais comme le bénéfice lié au fait de courir davantage de miles dépend du nombre de miles que l'on court déjà par semaine, ce test ne nous dit rien sur le bénéfice qu'il y a à s'entraîner davantage quel que soit l'entraînement hebdomadaire habituel. En outre, puisque la valeur de zéro sur la variable Miles tombe en dehors des limites des valeurs contenues dans cet ensemble de données, nous ne devrions probablement pas avoir confiance dans cette prédiction même si elle est statistiquement significative.

Comme c'était le cas pour le modèle interactif discuté précédemment, l'interprétation des pentes des variables qui composent le prédicteur est facilitée quand les composants sont centrés et le produit est ensuite calculé en utilisant ces composants centrés. Lorsque nous centrons Miles et régressons Temps sur Miles_0 et Miles_0^2 (c'est-à-dire la variable centrée et son carré), on trouve les estimateurs de paramètres suivants :

$$\widehat{\text{Temps}} = 22.054 - 0.279\text{Miles}_0 + 0.008\text{Miles}_0^2$$

Bien entendu, ce modèle est fondamentalement le même que celui estimé plus haut, avant que nous ne centrions le prédicteur. Tout ce que nous avons fait, c'est bouger le point zéro sur l'axe horizontal de l'Encadré 7.12, de telle manière que le zéro se trouve maintenant à la valeur moyenne de Miles, soit 29.875. À cet endroit, la pente « simple » de Miles dans ce modèle est 0.279. L'interprétation du coefficient de Miles_0 dans ce modèle centré est la suivante : il s'agit de la pente « simple » lorsque Miles_0 est égal à zéro, ce qui équivaut évidemment à la moyenne de Miles[7].

Une comparaison de ce modèle avec un MODÈLE C qui fixe β_1 à zéro vise à déterminer si l'effet « simple » de Miles est différent de zéro lorsqu'on a affaire à des joggeurs qui s'entraînent un nombre moyen de miles par semaine (la moyenne dans les données). Le MODÈLE C estimé est :

$$\widehat{\text{Temps}} = 22.021 + 0.008\text{Miles}_0^2$$

7. Cette valeur peut être calculée directement à partir de l'expression de la pente « simple » de Miles fournie plus haut avec l'estimation du modèle non linéaire, avant que nous n'ayons centré Miles. Là, la pente « simple » était calculée comme −0.754 (2)0.008Miles. Si nous substituons le niveau moyen de Miles, 29.875, dans cette expression nous trouvons −0.754 + (2)0.008 (29.875) = −0.276 qui est, moyennant l'erreur d'arrondi, le coefficient estimé pour Miles_0 dans le modèle centré.

avec une somme des carrés des erreurs de 2070.265. Cette comparaison donne un PRE de .568 et un F de 101.264, avec 1 et 77 degrés de liberté. Au niveau moyen de Miles dans les données, il y a donc une relation Temps — Miles significative : courir un mile de plus par semaine donne lieu à un temps plus court pour accomplir les 5 kilomètres.

Même si cette différence est subtile, il faut noter que cette analyse, dans ses détails et dans ses conclusions, traite d'une question différente que celle qui était traitée par la régression simple, à savoir la question d'une relation linéaire globale entre Temps et Miles. Ici, nous nous penchons sur une relation linéaire « simple » au niveau moyen de Miles, dans le contexte d'un modèle quadratique global. Lorsque nous cherchons à savoir si Miles est lié au Temps dans un modèle de régression simple, nous postulons l'existence d'une relation Temps – Miles linéaire et donc constante.

Nous venons de fournir les tests des pentes « simples » quand Miles est égal à zéro et quand Miles est égal à sa moyenne. Bien entendu, nous pourrions réestimer ce modèle non linéaire en calculant les écarts de Miles par rapport à n'importe quelle valeur pour laquelle la pente « simple » présente un intérêt particulier. Imaginez, par exemple, quelqu'un qui s'entraîne 40 miles par semaine et veut savoir si, sur cette base, les données dont nous disposons suggèrent que s'entraîner un mile de plus a un effet significatif. Pour tester la pente « simple » de Miles quand Miles est égal à 40 à l'aide de ce modèle non linéaire, nous réestimerions le modèle avec un nouveau prédicteur, Miles_{40}, représentant l'écart entre la valeur d'origine de Miles et 40 (ce qui plus concrètement nous donnerait $\text{Miles}_{40} = \text{Miles} - 40$), ainsi que son carré :

$$\widehat{\text{Temps}} = 20.042 - 0.118\text{Miles}_{40} + 0.008\text{Miles}_{40}^2$$

Encore une fois, ceci est fondamentalement la même fonction de régression non linéaire. Dans le cas présent, le coefficient associé à Miles_{40} estime la pente « simple » pour Miles, quand Miles est égal à 40. En outre, une comparaison de ce modèle augmenté avec un MODÈLE C qui omet le prédicteur Miles_{40} fournit un test de cette pente « simple ». Le PRE qui résulte de cette analyse est de .057, ce qui donne un F de 4.62, avec 1 et 77 degrés de liberté. Nous pouvons conclure qu'il y a un effet « simple » significatif de Miles lorsque Miles est égal à 40 et que nous autorisons une relation non linéaire entre Temps et Miles. Comme nous l'avons évoqué lors de notre discussion des modèles interactifs, le coefficient pour Miles^2 est resté le même au travers des trois modèles quadratiques que nous avons estimés (avec Miles dans sa métrique originale, avec Miles centré et avec Miles moins 40). De plus, les tests de signification concernant ce prédicteur livrent les mêmes résultats dans tous les cas. À nouveau, pour peu que le composant soit inclus dans le modèle, le test du coefficient du produit est insensible aux transformations de son composant. Il continue de porter sur les changements de la pente « simple » à mesure qu'évolue la valeur de Miles.

5. Modèles plus complexes comprenant des produits

Dans notre tentative de prédire les temps de course sur 5 kilomètres, nos données révèlent la présence tant d'une interaction entre Age et Miles que d'un effet quadratique de Miles. Pour des raisons didactiques, nous avons examiné séparément deux effets non linéaires, plutôt que de les inclure dans un seul modèle. Examinons maintenant un modèle plus complet qui incorpore aussi bien l'interaction Age par Miles que le terme quadratique lié à Miles. Le modèle estimé est :

$$\widehat{\text{Temps}} = 25.578 + 0.273\text{Age} - 0.565\text{Miles} + 0.008\text{Miles}^2 - 0.004\text{AgeMiles}$$

La somme des carrés des erreurs pour ce modèle est égale à 579.724. Si nous comparons ce modèle à un modèle qui omet le prédicteur Miles^2, le PRE qui en résulte est égale à .169 et le F est égal à 15.30 avec 1 et 75 degrés de liberté. Autrement dit, la non-linéarité dans la relation Temps – Miles demeure significative même si nous contrôlons l'Age et l'interaction entre Age et Miles. Par contre, quand nous comparons ce modèle à celui qui omet le terme d'interaction AgeMiles, le PRE (.039) et le *F* (3.06) ne sont pas significatifs. Ainsi, alors que nous trouvions que les variables Age et Miles interagissaient de façon significative pour prédire Temps lorsque Miles^2 n'était pas contrôlé, cet effet cesse d'être significatif dans le modèle plus complet.

Continuons toutefois à interpréter les divers coefficients de ce modèle, afin de clarifier l'interprétation de fonctions non linéaires plus complexes. Comme précédemment, nous allons faire deux choses pour interpréter ce modèle. D'abord, nous calculons des valeurs prédites de Temps pour toutes les combinaisons des variables Age et Miles, et nous les représentons dans l'Encadré 7.13 par le biais d'un espace tridimensionnel. Ensuite, dans le contexte de cette représentation des valeurs prédites et pour interpréter les coefficients de régression du modèle, nous calculons les pentes « simples » des variables Age et Miles à l'aide du modèle :

$$\frac{\Delta \widehat{\text{Temps}}}{\Delta \text{Age}} = 0.273 - 0.004\text{Miles}$$
$$\frac{\Delta \widehat{\text{Temps}}}{\Delta \text{Miles}} = -0.565 + (2)0.008\text{Miles} - 0.004\text{Age}$$

En premier lieu, interprétons le coefficient associé avec Age dans le modèle, soit 0.273. Selon la pente « simple » calculée plus haut pour Age, il s'agit de la pente « simple » pour Âge quand et seulement quand Miles est égal à zéro. Dans la représentation tridimensionnelle de l'Encadré 7.13, on peut imaginer que l'on sélectionne des tranches du plan de régression parallèlement à l'axe Age. Ces tranches sont des droites de régression qui dépendent de la variable Age, à des valeurs particulières de Miles. On peut trouver une de ces tranches à la valeur zéro de Miles et la pente de cette tranche (ou droite) est 0.273. En substance, on peut dire que sans entraînement, une augmentation d'une année sur la variable Age conduit à une augmentation du temps de course sur 5 kilomètres de 0.273 minute.

Le coefficient associé au prédicteur Miles, −0.565, peut être interprété dans le cadre de la pente « simple » calculée plus haut pour Miles. Il s'agit de la pente « simple » pour Miles, mais uniquement lorsque *tant* les variables Age que Miles sont égales à zéro. Graphiquement, cela correspond à la pente du plan par rapport à Miles à l'endroit où les variables Age et Miles sont toutes les deux égales à zéro. Si nous devions rencontrer un joggeur qui est âgé de zéro année et qui ne s'entraîne tout simplement pas, nous prédirions que s'entraîner un mile de plus par semaine résulterait en un gain de 0.565 minutes pour accomplir les 5 kilomètres ! Il est clair que ni ce coefficient, ni celui associé au prédicteur Age ne traite d'une pente « simple » d'un grand intérêt vu les données dont nous

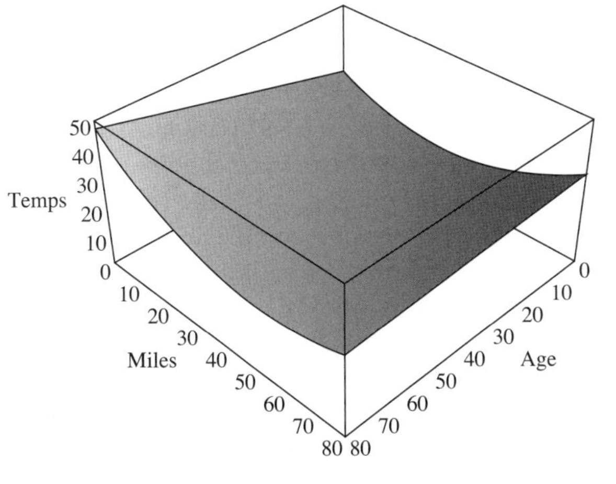

Encadré 7.13
Prédictions du modèle comprenant Miles au carré et l'interaction entre Miles-Age

disposons. Nous reviendrons sur ces coefficients, après avoir centré les variables, une fois que nous aurons interprété les deux autres coefficients de ce modèle.

Le coefficient de $Miles^2$ dans ce modèle, 0.008, correspond à la moitié de la pente « simple » pour Miles à mesure que Miles augmente. De nouveau, si l'on examine le plan de régression de l'Encadré 7.13 et que l'on prend des tranches parallèles à l'axe Miles, nous obtenons une série de courbes. Ce coefficient nous indique dans quelle mesure ces courbes s'écartent de la linéarité. La pente « simple » de Miles n'est pas constante, mais change à mesure que Miles augmente, devenant de moins en moins négative. Cette interprétation est similaire à celle donnée précédemment pour le coefficient de $Miles^2$ dans le modèle qui ne comprend ni Age, ni AgeMiles. La différence est que nous estimons le degré de non-linéarité dans la relation « simple » Temps-Miles, en contrôlant pour Age et pour son interaction avec Miles.

Enfin, le coefficient associé avec le produit AgeMiles, −0.004, peut être interprété dans le contexte de l'une ou de l'autre des pentes « simples » calculées plus haut. Du point de vue de la variable Age, on peut constater le changement dans la pente « simple » Age à mesure que Miles augmente. Dans l'Encadré 7.13, si l'on prend des tranches du plan de régression parallèlement à l'axe Age, nous pouvons voir que la pente « simple » pour Age n'est pas constante. Elle paraît plus accentuée (c'est-à-dire plus positive : les joggeurs plus âgés prennent plus de temps pour effectuer les 5 kilomètres) lorsque Miles est relativement bas que lorsque la valeur de Miles est plus grande. Du point de vue de la pente « simple » de Miles, on remarque le changement de cette pente « simple » à mesure que la variable Age augmente. Si l'on prend des tranches du plan de régression parallèlement à l'axe Miles, les prédictions diminuent à mesure que Miles augmente (c'est-à-dire des temps de course plus rapides avec plus d'entraînement). Mais ce phénomène est plus marqué chez les joggeurs âgés que chez les jeunes. L'effet linéaire de Miles est plus important parmi les joggeurs plus âgés que parmi les plus jeunes.

Si nous centrons Age et Miles et régressons Temps sur les prédicteurs centrés et leurs produits, il s'avère intéressant de deviner quels coefficients du modèle changeraient et lesquels ne changeraient pas. De toute évidence, tout ce que nous ferions, c'est modifier la position de la valeur zéro sur les axes Age et Miles. Tout coefficient qui fait référence à la valeur zéro d'une variable ou de l'autre devrait donc changer. En conséquence, si nous réestimons le modèle après avoir centré les deux variables et recalculé les produits, il n'est guère surprenant que nous trouvions ce qui suit :

$$\widehat{Temps} = 22.044 + 0.167Age_0 - 0.257Miles_0 + 0.008Miles_0^2 - 0.004Age_0Miles_0$$

Les coefficients associés à Age_0 et à $Miles_0$ ont maintenant des valeurs différentes. Le premier est la pente « simple » pour Age lorsque Miles est égal à sa valeur moyenne. Le second est la pente « simple » pour Miles lorsque les variables Miles et Age sont toutes les deux égales à leur valeur moyenne. Les coefficients associés à $Miles_0^2$ et Age_0Miles_0 n'ont pas changé puisqu'ils ne font pas référence aux valeurs zéro de ces deux axes. De fait, ces coefficients indiquent les changements dans les pentes « simples » ; ce ne sont pas des pentes « simples » quand une autre variable est égale à zéro. À ce stade, vous ne devez plus être surpris de voir que ce modèle « centré » a la même somme des carrés des erreurs que le modèle « non centré » estimé précédemment.

Même si les données exploitées tout au long de ce chapitre ne sont pas consistantes avec des fonctions non linéaires plus complexes que celles déjà investiguées, nous pourrions étendre ce modèle à une version plus compliquée si nos théories devaient suggérer que des formes de relations plus sophistiquées sont probables. Interpréter des modèles non linéaires plus complexes ne recèle rien d'intrinsèquement plus difficile, aussi longtemps que l'on garde bien à l'esprit les principes de base que nous avons expliqués. L'idée générale est qu'il nous faudra générer des valeurs prédites en fonction des valeurs possibles des prédicteurs, puis les représenter graphiquement. Quant à l'interprétation des coefficients estimés, elle est plus facile à réaliser dans le contexte de pentes « simples ». En outre, une telle façon de procéder est consistante avec le principe général selon lequel le coefficient associé à une variable prédictrice qui est un composant d'un ou de plusieurs produits inclus dans le modèle estime la pente « simple » de cette variable, quand et seulement quand les autres composants de ces produits sont égaux à zéro. Ainsi, dans l'exemple discuté à l'instant, le coefficient estimé pour Age est la pente « simple » pour Age quand Miles est égal à zéro parce que la variable Age est un composant du produit AgeMiles inclus dans le modèle. De la même manière, le coefficient associé à Miles est la pente « simple » pour Miles quand les variables Age et Miles sont égales à zéro, car Miles est un composant tant des produits $Miles^2$ que AgeMiles, tous deux inclus dans le modèle.

En outre, si l'interprétation d'un coefficient est formulé en termes d'un effet « simple » au niveau zéro d'une autre variable qui compose le produit, alors les transformations qui affectent le niveau zéro vont altérer le coefficient obtenu. Seuls les coefficients des prédicteurs contenus dans le modèle, qui ne sont pas eux-mêmes des composants de produits, resteront insensibles à de telles transformations.

Nous terminons ce chapitre par un dernier modèle qui inclut le produit de trois variables prédictrices différentes :

$$\begin{aligned}\widehat{Y}_i &= b_0 + b_1X_{1i} + b_2X_{2i} + b_3X_{3i} + b_4X_{1i}X_{2i}\\ &\quad + b_5X_{1i}X_{3i} + b_6X_{2i}X_{3i} + b_7X_{1i}X_{2i}X_{3i}\end{aligned}$$

Comme précédemment, chaque fois que nous avons un produit dans le modèle, nous devons être certains que nous incluons tous les composants de ces produits comme prédicteurs. Et c'est bien le cas ici. Notons que, dans le cas présent, inclure tous les composants du triple produit $X_{1i}\,X_{2i}\,X_{3i}$ implique d'inclure non seulement les variables prédictrices prises isolément, par exemple, X_{1i}, mais aussi les produits de deux des trois prédicteurs, par exemple, $X_{1i}\,X_{2i}$. Pour aider à l'interprétation des coefficients, nous allons postuler que toutes les variables ont été centrées et que les produits ont été calculés à l'aide des composants centrés.

Avec un modèle de ce genre, une seule représentation graphique n'est pas possible parce qu'on ne peut représenter que trois dimensions à la fois. Au lieu de cela, nous pourrions générer des graphiques tridimensionnels distincts à différents niveaux de la quatrième variable. Par exemple, nous pourrions placer X_{1i} et X_{2i} sur l'axe horizontal et représenter les valeurs prédites de Y_i dans un graphique à une valeur choisie de X_{3i} et créer des graphiques supplémentaires pour d'autres valeurs deX_{3i}.

Afin d'interpréter les différents paramètres estimés, nous générons les expressions des effets « simples » :

$$\frac{\Delta\widehat{Y}_i}{\Delta X_{1i}} = b_1 + b_4X_{2i} + b_5X_{3i} + b_7X_{2i}X_{3i}$$
$$\frac{\Delta\widehat{Y}_i}{\Delta X_{2i}} = b_2 + b_4X_{1i} + b_6X_{3i} + b_7X_{1i}X_{3i}$$
$$\frac{\Delta\widehat{Y}_i}{\Delta X_{3i}} = b_3 + b_5X_{1i} + b_6X_{2i} + b_7X_{1i}X_{2i}$$

Ces pentes « simples » nous informent tout d'abord au sujet des estimateurs des coefficients qui sont associés aux trois variables elles-mêmes, b_1, b_2 et b_3. Ce sont là de toute évidence les effets « simples » de chacune des variables au niveau moyen (la valeur zéro après avoir centré la variable) de chacun des deux autres prédicteurs. Chacun des estimateurs des coefficients qui sont associés avec les produits de deux des trois variables, b_4, b_5 et b_6, peut être interprété dans le contexte de deux pentes « simples » différentes. Ces coefficients estiment des interactions de premier ordre « simple » entre les deux variables impliquées dans le produit au niveau moyen (et donc le niveau zéro) de la troisième variable. Par exemple, b_4 peut être interprété soit comme le changement dans la pente « simple » de X_{1i} à mesure que X_{2i} augmente quand X_{3i} est égal à la moyenne, soit comme le changement de la pente « simple » de X_{2i} à mesure que X_{1i} augmente quand X_{3i} est égal à la moyenne. Enfin, il y a trois interprétations possibles du coefficient associé avec le triple produit, b_7. La meilleure manière d'illustrer ces trois interprétations possibles consiste sans doute à calculer les pentes « simples » pour chacun des triples produits :

$$\frac{\Delta \widehat{Y}_i}{\Delta X_{1i} X_{2i}} = b_4 + b_7 X_{3i}$$
$$\frac{\Delta \widehat{Y}_i}{\Delta X_{1i} X_{3i}} = b_5 + b_7 X_{2i}$$
$$\frac{\Delta \widehat{Y}_i}{\Delta X_{2i} X_{3i}} = b_6 + b_7 X_{1i}$$

Ces pentes sont calculées exactement comme nous l'avons expliqué pour les pentes « simples » de variables prédictrices individuelles, mais nous appliquons maintenant ces règles à un prédicteur qui s'avère être un produit. Dans ce contexte, b_7 peut être interprété des trois manières équivalentes suivantes :

1. le changement dans l'effet de l'interaction X_{1i} X_{2i} à mesure que X_{3i} augmente ;
2. le changement dans l'effet de l'interaction X_{1i} X_{3i} à mesure que X_{2i} augmente ;
3. le changement dans l'effet de l'interaction X_{2i} X_{3i} à mesure que X_{1i} augmente.

De toute évidence, ces interprétations impliquent que l'on ait déjà interprété les interactions « simples » de premier ordre au niveau moyen de la troisième variable, comme évoqué plus haut. En somme, le processus d'interprétation d'un modèle qui, comme celui-ci, contient une interaction entre trois variables se déroule en plusieurs étapes. D'abord, on tente de donner du sens aux effets « simples » des variables individuelles, au niveau moyen des deux autres, puis aux interactions de premier ordre, au niveau moyen de la troisième variable (c'est-à-dire, comme l'effet « simple » d'une variable dépend d'une autre, au niveau moyen de la troisième) et, finalement, on interprète l'interaction de second ordre en parlant de la manière dont une interaction « simple » de premier ordre est influencée par les changements dans la troisième variable.

Comme nous l'avons dit, il existe deux interprétations tout aussi valables pour une interaction de premier ordre (« l'effet simple de X_{1i} dépend de la valeur de X_{2i} » ou « l'effet simple de X_{2i} dépend de la valeur deX_{1i} »), mais l'une d'entre elles est susceptible d'être intuitivement plus parlante que l'autre. De la même façon, avec une interaction de second ordre et ces trois interprétations possibles, une des trois interprétations s'impose généralement par rapport aux deux autres.

Un dernier avertissement s'impose concernant le genre de modèle que nous avons exploré dans ce chapitre. Avec trois variables dans un modèle, on pourrait estimer trois interactions de premier ordre et une interaction de deuxième ordre. Avec quatre variables prédictrices, il y a potentiellement six interactions de premier ordre, quatre interactions de deuxième ordre et une interaction de troisième ordre. Et avec un nombre croissant de variables prédictrices, le nombre d'interactions possibles augmente de manière géométrique. Et encore, ce décompte ne tient pas compte des possibilités qui découlent de l'inclusion des termes quadratiques et des puissances plus élevées de prédicteurs (et des interactions avec ces autres prédicteurs).

Même si nous avons expliqué l'approche générale permettant de tester et d'interpréter les modèles incluant des produits, il est important que l'inclusion de ces prédicteurs soit basée sur des attentes théoriques fortes. Nous n'encourageons pas l'inclusion de prédicteurs dans les modèles sauf s'il existe de telles attentes. La construction de modèles de plus en plus complexes n'est pas notre objectif, même si nous disposons des outils pour les interpréter.

Résumé

Les modèles examinés dans ce chapitre étendent considérablement la panoplie des questions que l'on peut se poser à propos des données, et ce, en autorisant les pentes des variables prédictrices à varier en fonction des valeurs des variables elles-mêmes, mais aussi d'autres variables. Dans le cas le plus fréquent, ces modèles autorisent donc des interactions statistiques entre les variables prédictrices, c'est-à-dire qu'ils vérifient si l'effet d'une variable dépend de la valeur d'une autre variable. Ces modèles autorisent aussi des effets non linéaires, vérifiant par exemple si l'effet d'une variable change à mesure que sa propre valeur change.

En général, ces effets interactifs et non linéaires sont estimés en incluant des produits de prédicteurs comme variables prédictrices additionnelles tout en s'assurant que tous les composants des produits sont eux-mêmes inclus comme prédicteurs. L'interprétation de tels modèles peut s'avérer compliquée et nous avons recommandé une procédure en deux étapes. Il s'agit d'abord de représenter les valeurs prédites et ensuite de dériver les pentes « simples » et d'interpréter les paramètres estimés dans le contexte de ces pentes simples. En se focalisant sur les pentes simples, il devient clair que le paramètre associé à un prédicteur qui compose un produit de prédicteur(s) estime l'effet « simple » de prédicteur quand et seulement quand les autres composants du produit valent zéro. De manière générale, pour rendre ces paramètres davantage interprétables, nous avons conseillé de centrer les variables avant le calcul des produits de prédicteurs.

Même si des modèles tels que ceux qui ont été abordés dans ce chapitre, à savoir des modèles qui autorisent des interactions et des effets non linéaires, augmentent de façon dramatique le spectre des questions que l'on peut se poser à propos des données, leur complexité peut parfois nous dépasser. C'est pourquoi nous encourageons les analystes à examiner de tels effets seulement s'il existe de bonnes raisons théoriques de le faire. Ajouter des produits au modèle « au petit bonheur la chance » ne peut que conduire à des erreurs de Type I et à des modèles exagérément compliqués.

CHAPITRE 8

ANOVA à un facteur : modèles à un seul prédicteur catégoriel

SOMMAIRE

Jusqu'à maintenant, nous avons abordé des modèles de régression pour lesquels les variables prédictrices étaient traitées comme des variables continues. Notre objectif dans ce chapitre et les deux suivants est de présenter notre approche générale de l'analyse des données lorsque les prédicteurs sont des variables catégorielles. Si nous reprenons le vocabulaire des livres de statistiques traditionnels, les chapitres précédents traitaient de la régression multiple ; ce chapitre traite de l'analyse de variance à un facteur (ANOVA) ou, ce qui est équivalent, de modèles comportant un seul prédicteur catégoriel. Dans le chapitre suivant, nous aborderons des modèles comportant de multiples prédicteurs catégoriels, autrement dit, des modèles ANOVA de plus hauts niveaux. Le Chapitre 10, quant à lui, sera dévolu aux modèles comprenant des prédicteurs catégoriels et des prédicteurs continus. De tels modèles sont traditionnellement appelés des modèles d'analyse de covariance. En intégrant ces modèles au sein d'une approche commune, nous n'explorerons pas seulement ces thèmes traditionnels, mais nous aborderons également d'autres questions qui étendent considérablement le type de problèmes que nous sommes capables de traiter à partir de nos données lorsque nos modèles intègrent des variables prédictrices catégorielles. Tout au long de ces chapitres, nous continuerons à utiliser notre approche générale de l'inférence statistique en testant des hypothèses nulles grâce à la comparaison entre modèles augmenté et compact.

1. Le cas d'un prédicteur catégoriel à deux niveaux

L'Encadré 8.1 présente les données hypothétiques d'une étude dans laquelle serait évalué l'impact d'un cours d'entraînement au SAT. Dans cette étude imaginaire, 20 élèves de lycée ont été placés aléatoirement soit dans un groupe recevant un cours d'entraînement de deux semaines, cours spécialement étudié pour augmenter les performances au SAT, soit dans un groupe contrôle ne recevant pas ce cours. Comme nous pouvons le voir, chacun de ces deux groupes comprenait ainsi dix élèves. Après une période de deux semaines, l'ensemble des 20 élèves a passé le SAT et leurs performances ont été collectées. Nous voudrions maintenant examiner l'impact de ce cours

Élèves	Groupe	SAT
1	cours	580
2	cours	560
3	cours	660
4	cours	620
5	cours	600
6	cours	580
7	cours	590
8	cours	640
9	cours	620
10	cours	600
11	pas de cours	580
12	pas de cours	530
13	pas de cours	590
14	pas de cours	550
15	pas de cours	610
16	pas de cours	590
17	pas de cours	600
18	pas de cours	530
19	pas de cours	590
20	pas de cours	600

Encadré 8.1
Données SAT en fonction des deux groupes

sur les performances. Notre question est donc de savoir si nous pouvons prédire de manière fiable la performance au SAT, en fonction du fait que les élèves étaient dans le groupe Cours ou dans le groupe Pas de cours.

Si nous souhaitons demander à l'ordinateur d'identifier un modèle dans lequel la performance au SAT serait prédite par le fait de savoir que l'élève appartenait à tel ou tel groupe, nous devons adopter un moyen de coder ou de représenter numériquement la variable groupe. Cette variable est catégorielle et non numérique ou continue, ce qui veut dire que les élèves des deux groupes diffèrent du fait qu'ils ont assisté au cours ou non. Ici, il n'existe donc pas de représentation numérique naturelle de cette différence. De telles variables requièrent donc un système de codage pour pouvoir les représenter numériquement et pouvoir être utilisées en tant que variables prédictrices dans nos modèles. Il se trouve que n'importe quelle représentation numérique de ces groupes fonctionnera, à condition que nous utilisions cette représentation numérique de manière systématique. Par utilisation systématique nous voulons dire que si une valeur donnée représente numériquement un groupe (par exemple le groupe « Cours »), alors tous les élèves de ce groupe devront se voir attribuer cette même valeur et aucun membre de l'autre groupe (dans cet exemple, le groupe Pas de cours) ne pourra se la voir attribuer.

À titre d'illustration, supposons que nous ayons créé une variable X_i représentant numériquement la variable Groupe. Pour ce faire, nous avons arbitrairement attribué la valeur -1 pour les élèves du groupe Pas de cours et la valeur $+ 1$ pour les élèves du groupe Cours. Sachant que chaque élève est dans un groupe ou dans l'autre, tous les élèves ont comme valeur -1 ou $+ 1$ sur la variable X_i. Notons que notre objectif, lors de la création de cette variable, est simplement de différencier ces deux groupes numériquement. Dans la mesure où la variable groupe est catégorielle, notre système de codage n'aura pas besoin de préserver d'informations relatives au classement ou à la distance entre les groupes. Ainsi, nous aurions tout aussi bien pu attribuer la valeur de -1 au groupe Cours et 1 au groupe Pas de cours. De la même manière, nous aurions pu donner la valeur de 203 aux élèves du groupe Cours et la valeur de -20.5 à ceux du groupe Pas de cours. Ce qu'il faut retenir, c'est que les valeurs qui représentent la variable catégorielle sont définies arbitrairement, mais doivent être utilisées de manière systématique.

Tout au long du livre, nous utiliserons la même convention de codage pour les variables prédictrices nominales; cette convention de codage est connue sous le nom de *codes de contraste*. Ces codes de contrastes ne sont qu'un des systèmes de codage arbitraires possibles qui peuvent être utilisés pour représenter numériquement les prédicteurs catégoriels. Deux conditions définissent les codes de contrastes et les différencient d'autres systèmes de codage. Pour l'instant, nous n'allons définir qu'une seule de ces deux conditions. L'autre condition n'est pertinente que lorsque la variable catégorielle dispose de plus de deux catégories et sera présentée plus tard dans ce chapitre. Commençons par poser le fait que chaque valeur d'une variable catégorielle X_i, représentée par un code de contraste, se verra attribuer la valeur λ_k, où l'indice k indique le niveau de la variable catégorielle que nous sommes en train de coder. Dans le cas qui nous occupe, k se réfère aux deux niveaux de la variable groupe: Cours et Pas de cours. Cela étant posé, la première condition définissant un code de contraste stipule qu'au travers des différents niveaux k, autrement dit, au travers des différentes catégories de la variable, un code de contraste vérifiera la règle selon laquelle:

$$\sum_k \lambda_k = 0$$

Notons qu'ici nous faisons la somme des différents niveaux ou catégories plutôt que la somme des observations individuelles. En d'autres termes, cette condition implique que les différentes valeurs de la variable traduite en codes de contraste forment une somme de zéro, au travers des deux catégories, mais pas nécessairement au travers des observations individuelles qui constituent ces deux catégories.

Dans notre exemple, les valeurs de −1 pour les élèves du groupe Pas de cours et de + 1 pour les élèves du groupe Cours constituent bien des valeurs correspondant à une variable en codes de contraste, car la somme de ces valeurs sur les deux conditions est bien égale à zéro. Un autre code de contraste valide pourrait utiliser les valeurs de −0.5 pour le groupe Pas de cours et de +0.5 pour le groupe Cours. Notons, néanmoins, que les valeurs de −20.5 pour le groupe Pas de cours et 203 pour le groupe Cours ne satisfont pas la condition permettant de faire d'une variable, une variable en codes de contraste. Notons également que, dans cet exemple, les valeurs d'une variable utilisant un code de contraste, par exemple −1 et + 1, ont une somme de zéro, non seulement au niveau des catégories, mais également au niveau des 20 élèves de ces catégories. Cela sera toujours le cas lorsqu'une variable en codes de contraste est utilisée et qu'il y a un nombre équivalent d'observations au sein des deux groupes ou catégories. Si nous avions plus d'élèves dans l'un des deux groupes, alors la somme des valeurs serait égale à zéro au niveau des groupes, mais pas au niveau des élèves.

Dans les sections suivantes, nous utiliserons deux prédicteurs différents, tous deux reposant sur des codes de contraste, afin d'estimer l'effet du groupe sur la performance au SAT sur la base des données présentées dans l'Encadré 8.1. Nous utiliserons tout d'abord les valeurs de −1 et + 1, puis les valeurs de −0.5 et 0.5. Ces valeurs formant des prédicteurs en codes de contraste ne sont que deux exemples parmi un nombre infini de valeurs qui pourraient être utilisées. Plus loin, nous évoquerons rapidement l'estimation de modèles reposant sur des conventions de codage qui ne sont pas des codes de contrastes.

1.1. *Estimation et inférence pour des modèles utilisant des prédicteurs en codes de contraste*

Nous allons commencer en estimant un modèle au sein duquel nous prédisons la performance au SAT à partir d'un prédicteur en codes de contraste ayant pour valeur −1 pour le groupe Pas de cours et + 1 pour le groupe Cours. La performance au SAT est donc notre variable Y_i et notre prédicteur, X_i, est un prédicteur en codes de contraste. Notre modèle est le modèle de régression simple avec une seule variable prédictrice que nous avons vu au Chapitre 5. Nous allons donc vouloir comparer ce modèle, faisant des prédictions pour SAT conditionnellement à X_i, avec un modèle compact dans lequel nous prédisons la même valeur pour tous les élèves, indépendamment du fait qu'ils aient été assignés au groupe Pas de cours ou au groupe Cours :

$$\text{MODÈLE A}: Y_i = \beta_0 + \beta_1 X_i + \varepsilon_i$$

$$\text{MODÈLE C}: Y_i = \beta_0 + \varepsilon_i$$

Si nous postulons que $\beta_1 \neq 0$, le modèle augmenté fait donc des prédictions pour la performance au SAT, conditionnellement au fait que les élèves étaient dans le groupe Pas de cours ou dans le groupe Cours. En revanche, le modèle compact fait la même prédiction pour tous les élèves, indépendamment du groupe.

Les estimations utilisant les moindres carrés pour ces deux modèles nous donnent :

$$\text{MODÈLE A}: \hat{Y}_i = 591 + 14X_i$$

$$\text{MODÈLE B}: \hat{Y}_i = 591$$

Ces deux modèles, ainsi que les données sur lesquelles ils sont basés, sont représentés graphiquement dans l'Encadré 8.2. La fonction de prédiction horizontale représente le MODÈLE C, alors que la ligne de prédiction proposant des prédictions différentes selon les groupes représente le MODÈLE A. Les sommes des carrés des erreurs pour ces deux modèles sont de 16060 pour le MODÈLE A et de 19980 pour le MODÈLE C.

Les calculs donnant lieu à ces deux sommes des carrés sont présentés dans l'Encadré 8.3. Nous y calculons, pour chaque observation, la valeur prédite à partir du modèle, le résidu et le résidu au carré. Les sommes de ces résidus au carré, présentées dans la dernière ligne de cet encadré, représentent les sommes des carrés des erreurs pour les deux modèles.

La comparaison de ces deux modèles, testant si les prédictions conditionnelles du prédicteur en codes de contraste sont meilleures que les prédictions non conditionnelles, nous donne :

$$\text{PRE} = \frac{19980 - 16060}{19980} = \frac{3920}{19980} = .196$$

Le MODÈLE A comporte deux paramètres et le MODÈLE C un seul, de fait PA – PC est égal à 1 et n – PA est égale à 18. Par conséquent, nous pouvons calculer la statistique F pour cette compa-

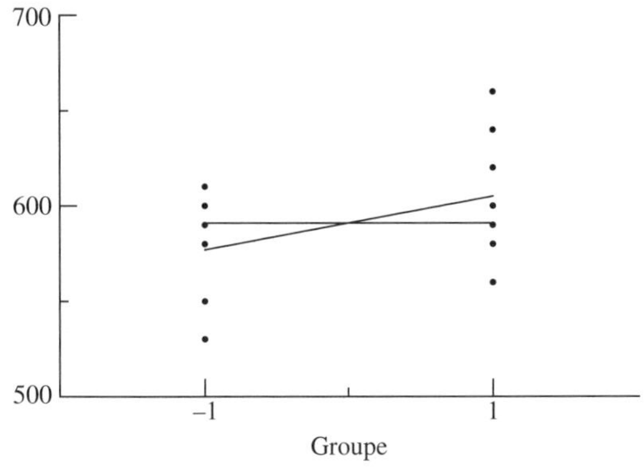

Encadré 8.2
MODÈLE A et MODÈLE C pour les données SAT

				Compact			Augmenté		
Élèves	**Groupe**	X_i	**SAT**(Y_i)	$\hat{Y}_i$	e_i	e_i^2	$\hat{Y}_i$	e_i	e_i^2
1	Cours	1	580	591	–11	121	605	–25	625
2	Cours	1	560	591	–31	961	605	–45	2025
3	Cours	1	660	591	69	4761	605	55	3025
4	Cours	1	620	591	29	841	605	15	225
5	Cours	1	600	591	9	81	605	–5	25
6	Cours	1	580	591	–11	121	605	–25	625
7	Cours	1	590	591	–1	1	605	–15	225
8	Cours	1	640	591	49	2401	605	35	1225
9	Cours	1	620	591	29	841	605	15	225
10	Cours	1	600	591	9	81	605	–5	25
11	Pas de cours	–1	580	591	–11	121	577	3	9
12	Pas de cours	–1	530	591	–61	3721	577	–47	2209
13	Pas de cours	–1	590	591	–1	1	577	13	169
14	Pas de cours	–1	550	591	–41	1681	577	–27	729
15	Pas de cours	–1	610	591	19	361	577	33	1089
16	Pas de cours	–1	590	591	–1	1	577	13	169
17	Pas de cours	–1	600	591	9	81	577	23	529
18	Pas de cours	–1	530	591	–61	3721	577	–47	2209
19	Pas de cours	–1	590	591	–1	1	577	13	169
20	Pas de cours	–1	600	591	9	81	577	23	529
					SCE(C) = 19980			SCE(A) = 16060	

Encadré 8.3
Calculs du SCE pour les MODÈLES C et A

raison de modèles, soit en partant de la valeur de PRE que nous venons de calculer, soit à partir des valeurs des sommes des carrés :

$$F_{1,18} = \frac{\text{PRE}/(\text{PA} - \text{PC})}{(1 - \text{PRE})/(n - \text{PA})} = \frac{.196/1}{(1 - .196)/18} = 4.39$$

$$F_{1,18} = \frac{\text{SCR}/(\text{PA} - \text{PC})}{\text{SCE(A)}/(n - \text{PA})} = \frac{3920/1}{16060/18} = 4.39$$

Ces indices statistiques ratent de peu leurs valeurs critiques respectives à 1 et 18 degrés de liberté avec α fixé à .05. Ainsi, nous ne sommes pas en mesure de conclure que les prédictions conditionnelles de la performance au SAT sont significativement meilleures que la prédiction non conditionnelle proposée par le MODÈLE C.

Jusqu'ici, après avoir appliqué un certain codage au prédicteur catégoriel, il n'y a pas de différence entre ce modèle de régression simple et les modèles que nous avons utilisés pour les prédicteurs continus, traités au cours du Chapitre 5. L'estimation des paramètres du modèle, ainsi que les calculs de PRE et de F se font exactement de la même façon. Dans la mesure où les conditions d'application autorisant l'utilisation des valeurs critiques de PRE et de F concernent la distribution de Y_i, ou plus exactement de ε_i, et dans la mesure où la nature catégorielle de X_i n'a aucun effet sur la distribution de cet ε_i, aucune des conditions d'application autorisant cette analyse n'a été modifiée par l'utilisation de prédicteurs catégoriels.

Ce qui a changé quelque peu, néanmoins, concerne l'interprétation des paramètres estimés et, par conséquent, l'interprétation des résultats de l'inférence statistique. Cela ne veut pas dire que la façon d'interpréter que nous avons vue jusqu'à maintenant (et plus précisément au cours du Chapitre 5) n'est plus correcte. En effet, la valeur de 591 que nous obtenons pour l'ordonnée à l'origine est toujours la valeur prédite pour Y_i quand X_i est égal à zéro et le coefficient de 14 pour la variable prédictrice X_i représente toujours la pente – c'est-à-dire la quantité de changement dans la valeur prédite de Y_i pour chaque augmentation d'une unité sur X_i. En outre, le PRE et le F traitent toujours la réduction de l'erreur de prédiction. Ce qui a changé, c'est qu'avec un prédicteur catégoriel de nouvelles interprétations de ces statistiques sont possibles.

Afin de comprendre ces nouvelles interprétations, il est utile de s'arrêter un instant sur les valeurs prédites par le modèle augmenté. Celles-ci apparaissent déjà dans l'Encadré 8.3. Ainsi, si nous avons affaire à un élève du groupe Cours, la valeur prédite par le modèle augmenté est égale à :

$$\hat{Y}_{+1} = 591 + 14(+1) = 605$$

En revanche, si nous avons affaire à un élève du groupe Pas de cours, la valeur prédite par le modèle augmenté est égale à :

$$\hat{Y}_{+1} = 591 + 14(-1) = 577$$

Ces valeurs prédites se trouvent être les moyennes des scores au SAT pour les dix élèves de chacun des deux groupes. Autrement dit, 605 correspond à la moyenne au SAT des élèves ayant assisté au cours et 577 correspond à la moyenne au SAT des élèves n'ayant pas assisté au cours. En outre, étant donné que nous avons utilisé les valeurs de + 1 et −1 comme valeurs pour le prédicteur en codes de contraste, la pente qui lui est associée équivaut à la moitié de la différence entre les moyennes des deux groupes :

$$\begin{aligned} \bar{Y}_C - \bar{Y}_{NC} &= \hat{Y}_{+1} - \hat{Y}_{-1} = 605 - 577 \\ &= (591 + 14\,(+1)) - (591 + 14\,(-1)) \\ &= 14\,(+1) - 14\,(-1) = 2\,(14) \end{aligned}$$

Plus généralement, lorsqu'on utilise la méthode des moindres carrés avec un code de contraste, le paramètre estimé, ou la pente, nous est donné(e) par la formule :

$$b = \frac{\sum_k \lambda_k \overline{Y}_k}{\sum_k \lambda_k^2}$$

ce qui, dans notre exemple, nous donne :

$$\frac{(-1)\,577 + (+1)\,605}{(-1)^2 + (+1)^2} = \frac{28}{2} = 14$$

Cette formule est très générale et très utile pour interpréter la pente associée à un prédicteur en codes de contraste. Le numérateur représente une comparaison entre les moyennes des groupes, dans ce cas la différence entre la moyenne du groupe Cours et celle du groupe Pas de cours, et le dénominateur permet de prendre en compte l'échelle utilisée, celui-ci dépend donc des valeurs spécifiques que nous avons choisies pour le prédicteur en codes de contraste. L'élément à retenir concerne le fait que le coefficient de régression associé au prédicteur en codes de contraste nous indique la différence entre les moyennes des groupes, la direction de cette différence étant déterminée par le groupe ayant reçu un codage positif et par celui ayant reçu un codage négatif.

L'estimation de l'ordonnée à l'origine, 591, est égale, comme toujours, à la valeur prédite pour Y_i quand X_i est égal à zéro. Étant donné que X_i est égal à zéro à mi-chemin entre les deux valeurs de -1 et $+1$ codant les deux groupes, la valeur estimée pour l'ordonnée à l'origine est nécessairement égale à la moyenne des moyennes des deux groupes. Ce résultat apparaît clairement dans le graphique du modèle qui est représenté dans l'Encadré 8.2. On peut également le montrer de façon algébrique de la manière suivante :

$$\begin{aligned}\widehat{Y}_{+1} &= \overline{Y}_C = 591 + 14\,(+1)\\ \widehat{Y}_{-1} &= \overline{Y}_{PC} = 591 + 14\,(-1)\end{aligned}$$

Ajouter ces deux égalités nous donne :

$$\begin{aligned}\overline{Y}_C + \overline{Y}_{PC} &= (591 + 14\,(+1)) + (591 + 14\,(-1))\\ \overline{Y}_C + \overline{Y}_{PC} &= (2)591\\ \frac{\overline{Y}_C + \overline{Y}_{PC}}{2} &= 591\end{aligned}$$

Notons que cette interprétation de l'ordonnée à l'origine au sein du modèle augmenté, modèle reposant sur un prédicteur en codes de contraste, diffère de l'interprétation de l'ordonnée à l'origine au sein du modèle compact, modèle faisant une prédiction non conditionnelle. L'ordonnée à l'origine dans le modèle compact est estimée à partir de la moyenne de toutes les observations, ce que l'on peut appeler la moyenne générale, $\overline{Y}$, définie comme :

$$b_{0C} = \overline{Y} = \frac{\sum_i Y_i}{n}.$$

Par contre, l'ordonnée à l'origine dans le modèle augmenté renvoie à la moyenne des moyennes des différents groupes. Elle se définit donc comme :

$$b_{0A} = \frac{\sum_k \overline{Y}_k}{m}$$

où m est le nombre total de groupes, dans le cas présent égal à 2.

Dans le cas des données utilisées dans notre exemple les deux valeurs d'ordonnée à l'origine, celle concernant le modèle compact et celle concernant le modèle augmenté, sont identiques, c'est-à-dire 591. Cela s'explique par le fait que nous avons ici le même nombre d'élèves dans les deux groupes. En règle générale, néanmoins, ces deux valeurs estiment deux choses conceptuellement différentes. L'ordonnée à l'origine au sein du modèle compact, celui faisant une prédiction non conditionnelle, représente la moyenne de toutes les observations. L'ordonnée à l'origine au sein du modèle augmenté, celui faisant des prédictions conditionnellement aux groupes, représente la moyenne des moyennes des groupes.

Un dernier résultat reste important à connaître lorsqu'on utilise des prédicteurs en codes de contraste. Si un coefficient de régression correspondant à un prédicteur en codes de contraste peut être représenté en termes de comparaison de moyennes avec la formule suivante :

$$b = \frac{\sum_k \lambda_k \overline{Y}_k}{\sum_k \lambda_k^2}$$

nous pouvons également représenter la SCR associée avec un tel prédicteur d'une manière assez similaire. Comme toujours, la SCR associée à un prédicteur renvoie à la différence entre la SCE(A) et la SCE(C), respectivement pour les modèles augmenté et compact avec et sans ce prédicteur. De plus, là aussi comme toujours, cette SCR est égale à :

$$SCR = \sum \left(\widehat{Y}_{iA} - \widehat{Y}_{iC}\right)^2$$

Comme nous l'avons vu, dans le cas d'un prédicteur catégoriel, les valeurs prédites pour le modèle augmenté renvoient aux moyennes des groupes ou catégories, $\overline{Y}_k$. En ce qui concerne la valeur prédite par le modèle compact, il s'agit de la moyenne générale de toutes les observations, $\overline{Y}$. Il en résulte qu'il est possible de montrer que la SCR, associée à tous les prédicteurs en codes de contraste, peut s'exprimer en fonction des moyennes des catégories (et du nombre d'observations dans chaque groupe, n_k) grâce à la formule suivante :

$$\text{SCR} = \frac{\left(\sum_k \lambda_k \overline{Y}_k\right)^2}{\sum_k \left(\lambda_k^2 / n_k\right)}$$

Dans le cas qui nous occupe, nous avons vu que SCE(C) est égale à 19 980 et SCE(A) est égale à 16 060, ce qui nous donne une valeur de 3920 pour la SCR associée à ce prédicteur en codes de contraste. Comme nous venons de le voir, nous pouvons retrouver cette même valeur en utilisant la formule précédente :

$$\frac{((-1)\,577 + (+1)\,605)^2}{\left((-1)^2/10\right) + \left((+1)^2/10\right)} = 3920$$

1.2. *Estimation pour des valeurs alternatives de codes de contraste*

Un codage de contraste alternatif à celui que nous venons d'utiliser aurait pu consister à attribuer la valeur −0.5 pour le groupe Pas de cours et la valeur +0.5 pour le groupe Cours. L'estimation d'un tel modèle nous aurait donné :

$$\text{MODÈLE A} : \widehat{Y}_i = 591 + 28X'_i$$

avec X'_i représentant le nouveau prédicteur en codes de contraste. Il est important de noter que ce modèle fait exactement les mêmes prédictions que précédemment pour les élèves des deux groupes. En effet, nous savons que, là encore, il s'agit des moyennes respectives des deux groupes :

$$\widehat{Y}_{+.5} = 591 + 28\,(+\,0.5) = 605 = \overline{Y}_C$$
$$\widehat{Y}_{-.5} = 591 + 28\,(-\,0.5) = 577 = \overline{Y}_{PC}$$

Il s'ensuit que, dans le fond, il s'agit du même modèle augmenté que celui que nous avons utilisé auparavant et il va donc également de soi que nous retrouvons la même somme des carrés des erreurs. La pente correspondant à ce prédicteur en codes de contraste est maintenant égale à 28 au lieu de 14. Cela ne doit pas nous surprendre, car sur cette nouvelle variable X'_i nous avons maintenant une unité de différence entre les deux groupes (de −0.5 à 0.5), au lieu des deux unités de différence qui les séparaient avec la variable X_i (de −1 à + 1). La conséquence de ce changement est également que la pente est maintenant égale à la différence entre les moyennes des deux groupes :

$$b_1 = \frac{\sum_k \lambda_k \overline{Y}_k}{\sum_k \lambda_k^2} = \frac{(-0.5)\,577 + (+0.5)\,605}{(-\,0.5)^2 + (+0.5)^2} = \frac{0.5\,(605 - 577)}{0.5} = 605 - 577 = 28$$

Étant donné qu'en réalité ce MODÈLE A est identique à celui reposant sur le prédicteur utilisant les valeurs de −1 et + 1, il n'est pas étonnant de voir que la comparaison de ce modèle avec le modèle compact, faisant la même prédiction indépendamment du groupe, nous donne exactement les mêmes statistiques SCR, PRE et *F*. Et en effet, si nous utilisons la formule du SCR en termes de moyennes de groupes et l'appliquons à la comparaison des modèles utilisant ces nouveaux codes de contraste, nous obtenons :

$$\frac{((-0.5)\,577 + (+0.5)\,605)^2}{\left((-\,0.5)^2/10\right) + \left((+0.5)^2/10\right)} = 3920$$

1.3. *Équivalence entre l'ANOVA et le test t pour deux échantillons indépendants*

La pente observée dans le modèle augmenté – celui faisant des prédictions conditionnelles – nous informe sur la différence entre les moyennes des deux groupes (indépendamment des valeurs de λ_k utilisées pour construire le prédicteur en codes de contraste). Ainsi, la comparaison de ce modèle augmenté avec le modèle compact, faisant des prédictions non conditionnelles, traite tout autant la question de savoir si le paramètre associé au prédicteur en codes de contraste diffère de zéro, que celle de savoir si les moyennes de deux groupes diffèrent l'une de l'autre. En d'autres termes, la comparaison de modèles que nous venons de traiter renvoie de façon équivalente à ces deux hypothèses nulles:

$$H_0: \beta_1 = 0$$

$$H_0: \mu_C = \mu_{PC}$$

où μ_C et μ_{PC} correspondent aux vraies moyennes des deux groupes, moyennes qui nous sont inconnues.

Dans les manuels traditionnels de statistiques, le test de l'hypothèse nulle concernant la différence entre les moyennes de deux groupes est habituellement réalisé en ayant recours à une ANOVA à un facteur ou à un test *t* pour deux échantillons indépendants. Il est donc important de montrer que notre comparaison de modèles, et les statistiques PRE et *F* qui lui sont associées, sont identiques à celles générées par ces approches plus traditionnelles.

Dans l'Encadré 8.4, nous présentons le tableau d'ANOVA correspondant à la comparaison de modèles que nous venons de réaliser, en utilisant les formules développées au cours du Chapitre 5 et dans ceux qui précèdent. Nous présentons également le tableau reportant les valeurs numériques obtenues avec les données de notre exemple.

La formule présentée précédemment et correspondant à la SCR de notre comparaison de modèles indique que:

$$\text{SCR} = \sum_i \left(\hat{Y}_A - \hat{Y}_C\right)^2$$

cette somme étant calculée sur l'ensemble des observations individuelles. Dans le cas présent, $\hat{Y}_C$ est la moyenne de toutes les observations, $\bar{Y}$, et les valeurs prédites par le modèle augmenté, $\hat{Y}_A$, sont les moyennes des deux groupes: $\bar{Y}_C$ et $\bar{Y}_{PC}$. Afin d'avoir une représentation plus générique pour représenter les moyennes de ces groupes, utilisons Y_k; celui-ci indiquera donc la moyenne du k^{me} groupe. Cela nous permet de reprendre l'expression précédente correspondant à la somme des carrés; cette expression devient donc:

$$\text{SCR} = \sum_i \left(\hat{Y}_A - \hat{Y}_C\right)^2 = \sum_i \left(\bar{Y}_k - \bar{Y}\right)^2 = \sum_k n_k \left(\bar{Y}_k - \bar{Y}\right)^2$$

où n_k est le nombre d'observations dans le k^{me} groupe.

Nous pouvons également réexprimer les formules correspondant à SCE(A) et SCE(C) en fonction des moyennes, car ces moyennes correspondent justement aux prédictions de chaque modèle:

$$\text{SCE(A)} = \sum_i \left(Y_i - \hat{Y}_{iA}\right)^2 = \sum_i \left(Y_i - \bar{Y}_k\right)^2$$

$$\text{SCE(C)} = \sum_i \left(Y_i - \hat{Y}_{iC}\right)^2 = \sum_i \left(Y_i - \bar{Y}\right)^2$$

En accord avec ces réexpressions, les formules présentées dans le tableau utilisé jusqu'à maintenant pour résumer les calculs de PRE et *F* (ces formules apparaissant dans l'Encadré 8.4) peuvent être présentées également, dans ce cas, avec les formules utilisées dans les manuels traditionnels de statistiques pour calculer une analyse de la variance comparant des moyennes de groupes. Cette version révisée du tableau résumé est présentée dans l'Encadré 8.5.

Les noms donnés aux différentes lignes du tableau ont été changés, afin de reproduire ceux classiquement utilisés dans l'analyse de la variance. Ainsi, la réduction de la somme des carrés et son carré moyen sont traditionnellement appelés somme des carrés et carré moyen intergroupes. De même, la somme des carrés et le carré moyen du MODÈLE A sont traditionnellement appelés somme des carrés et carré moyen intragroupe. Mais il reste important de réaliser que dans le fond

Source	*SC*	*dl*	*CM*	*F*	*p*	*PRE*
Réduction	SCR	PA – PC	CMR	$\frac{\text{CMR}}{\text{CME}(A)}$		$\frac{\text{SCR}}{\text{SCE(C)}}$
Erreur	SCE(A)	n – PA	CME(A)			
Total	SCE(C)	n – 1	CME(C)			

Source	*SC*	*dl*	*CM*	*F*	*p*	*PRE*
Réduction	3920	1	3920.00	4.39	.051	.196
Erreur	16060	18	892.22			
Total	19980	19	1051.58			

Encadré 8.4
Tableaux ANOVA

Source	*SC*	*dl*	*CM*	*F*	*p*	*PRE*
Inter	$\sum_k n_k \left(\overline{Y}_k - \overline{Y}\right)^2$	1	CMinter	$\frac{CMinter}{CMintra}$		$\frac{SCinter}{SCT}$
Intra	$\sum_i \left(Y_i - \overline{Y}_k\right)^2$	$n - 2$	CMintra			
Total	$\sum_i \left(Y_i - \overline{Y}\right)^2$	$n - 1$	CMT			

Encadré 8.5
Tableau résumé ANOVA

et au niveau algébrique, il s'agit du même tableau résumé, donnant exactement les mêmes F et PRE que ceux auxquels nous sommes maintenant plus habitués et qui apparaissent dans l'Encadré 8.4.

Par ailleurs, la racine carrée de F correspond à la statistique t (ce qui est possible du fait que $n - PA = 1$), avec $n - 2$ degrés de liberté, qui est traditionnellement appelée test t pour deux échantillons indépendants.

Tout le cheminement que nous venons de faire a pour simple but de démontrer que l'approche intégrative de l'inférence statistique, reposant sur des comparaisons de modèles estimés avec n'importe quel programme de régression, donne les mêmes résultats que les recettes de cuisine présentées dans les manuels de statistiques plus traditionnels. Ainsi, nous venons de voir que la comparaison de modèles qui nous occupe ici, testant si le coefficient de régression d'un prédicteur en codes de contraste diffère de zéro, est parfaitement identique à un test t pour deux échantillons indépendants, testant si les moyennes de deux groupes diffèrent l'une de l'autre.

1.4. *Intervalle de confiance pour la pente d'un prédicteur en codes de contraste*

La formule que nous avons donnée au Chapitre 6, permettant de calculer l'intervalle de confiance pour un coefficient de régression, reste applicable dans une situation où les variables prédictrices sont en codes de contraste. Ainsi, l'intervalle de confiance correspondant à la pente de toutes les variables prédictrices nous est donné par :

$$b \pm \sqrt{\frac{F_{crit}\text{CME}}{(n-1)\, s_X^2\, (tol)}}$$

Sachant que la pente d'un prédicteur en codes de contraste nous informe sur l'amplitude de la différence entre deux moyennes, son intervalle de confiance nous renseigne également sur l'intervalle de confiance associé à cette différence de moyennes. Afin d'illustrer ce principe, prenons le cas du prédicteur en codes de contraste utilisant les valeurs de –0.5 pour le groupe Pas de cours et 0.5 pour le groupe Cours. La pente obtenue dans ce cas était égale à 28 et l'intervalle de confiance de cette pente correspond à :

$$28 \pm \sqrt{\frac{4.41\,(892.22)}{19\,(0.263)\,1}}$$

$$28 \pm 28.06$$

où 4.41 renvoie à la valeur critique de F avec 1 et 18 degrés de liberté, 892.22 est le carré moyen de l'erreur pour notre MODÈLE A, $n - 1$ est égal à 19, la variance des 20 individus sur le prédicteur en codes de contraste est égale à 0.263, et sa tolérance est évidemment de 1 dans la mesure où c'est le seul prédicteur du modèle. Cet intervalle de confiance peut également être écrit sous la forme :

$$-0.06 \leq \beta_1 \leq 56.06$$

Sachant que le paramètre qui est estimé ici avec un prédicteur en codes de contraste est également une estimation de la vraie différence de moyennes entre deux groupes, cet intervalle de confiance peut aussi être exprimé :

$$-0.06 \leq \mu_C - \mu_{PC} \leq 56.06$$

Lorsque le prédicteur en codes de contraste reposant sur les valeurs −1 et + 1 était utilisé à la place de −0.5 à 0.5, la pente estimée représentait la moitié de la différence entre les deux moyennes de groupes, c'est-à-dire 14, son intervalle de confiance peut être calculé avec :

$$14 \pm \sqrt{\frac{4.41\,(892.22)}{19\,(1.052)\,1}}$$

$$14 \pm 14.03$$

le terme qui diffère dans cet intervalle (outre la valeur de pente estimée elle-même) renvoie à la variance du prédicteur (codé −1 et + 1) qui devient 1.052 au lieu de 0.263.

Dans ce cas de figure, l'intervalle de confiance peut également être présenté comme :

$$-0.03 \leq \beta_1 \leq 28.03$$

$$-0.03 \leq \frac{\mu_C - \mu_{PC}}{2} \leq 28.03$$

Ainsi, cette expression continue de traiter de l'intervalle de confiance renvoyant à la différence de moyennes, excepté qu'avec l'utilisation de ces codes il s'agit maintenant, plus précisément, de l'intervalle de confiance correspondant à la moitié de cette différence. Si nous multiplions cette expression par 2, nous retrouvons l'intervalle de confiance correspondant à la différence de moyennes.

2. Prédicteurs catégoriels à plus de deux niveaux

Supposons qu'une psychologue développementaliste s'intéresse à l'effet des feedback de performance sur la motivation à persévérer dans la tâche. Elle formule l'hypothèse selon laquelle la motivation des enfants déclinera s'ils apprennent qu'ils viennent d'échouer dans la tâche. Afin de tester cette hypothèse, elle assigne aléatoirement les enfants dans trois conditions. Dans une première condition, on leur apprend qu'ils ont échoué dans la tâche. Dans une deuxième condition, on ne leur donne pas de feedback. Enfin, dans la troisième condition, on leur apprend qu'ils ont réussi. L'expérimentatrice surveille ensuite le nombre de tâches que les enfants complètent, après avoir reçu l'une ou l'autre des inductions. Au total, 24 enfants participent à cette expérience, 8 dans

	Échec	Pas de feedback	Succès
	2	4	4
	2	3	6
	2	4	5
	3	5	4
	4	5	6
	4	2	4
	3	4	3
	4	3	3
$\bar{Y}_k$	3.000	3.750	4.375

Encadré 8.6
Données expérimentales fictives pour les trois conditions (les valeurs présentées dans le tableau représentent le nombre de tâches complétées pour chacun des sujets)

chacune des trois conditions. Les données brutes de cette étude fictives sont présentées dans l'Encadré 8.6.

2.1. *Codes de contraste pour les prédicteurs de niveaux multiples*

Afin d'examiner l'effet du feedback sur le nombre de tâches complétées, nous devons nous munir d'un système de codage nous permettant de représenter les trois niveaux de la variable feedback, c'est-à-dire une variable catégorielle. Nous pourrions penser qu'une seule variable attribuant un code à chacune des trois conditions pourrait être appropriée. Ici, nous donnerions aux observations de la condition Succès une valeur plus importante sur cette variable qu'aux observations de la condition Pas de feedback, à qui nous donnerions, à leur tour, une valeur plus importante qu'aux observations de la condition Échec. Nous pourrions alors regarder si cette variable ainsi codée prédirait Y_i. Le problème avec l'utilisation d'une seule variable servant à coder les trois niveaux de cette variable catégorielle renvoie au fait qu'avec un tel système de codage, nous postulons que les catégories peuvent être ordonnées a priori et que la relation entre les valeurs de cette unique variable prédictrice et Y_i est une relation linéaire. Bien que nous puissions avoir des raisons de nous attendre à ce que Y_i soit plus modeste dans la condition d'Échec que dans les deux autres conditions, nous n'avons pas de raison pour attribuer des valeurs particulières aux différents groupes. Nous n'avons donc pas de raison d'espérer une prédiction linéaire en fonction de ces valeurs particulières. En d'autres termes, une unique variable prédictrice codant les trois conditions en ayant recours à des valeurs particulières n'a pas réellement de sens, car nous sommes en train de traiter d'une variable catégorielle dont les niveaux ne sont pas, à proprement parler, ordonnés de façon linéaire.

Se demander si nous pouvons prédire Y_i en fonction de variables catégorielles ayant m niveaux ou groupes revient à se poser la question de savoir s'il existe des différences entre les moyennes des m groupes ($\bar{Y}_k$), à travers ces différents niveaux (avec k variant de 1 à m). Pour répondre à cette question, nous devons employer dans notre modèle $m - 1$ variables prédictrices en codes de contraste. Nous serons alors capables de nous interroger sur l'existence de différences entre les moyennes des groupes, et ce, en autorisant tous les ordres possibles entre ces moyennes. Afin de définir ces $m - 1$ prédicteurs en codes de contraste, il est temps d'introduire la seconde condition définitoire des codes de contraste. Rappelons-nous que la première condition était que, pour une variable en codes de contraste, la somme des λ sur l'ensemble des groupes ou niveaux de la variable catégorielle devait être égale à zéro: $\sum_k \lambda_k = 0$. Lorsque nous utilisons plus d'un seul prédicteur en codes de contraste pour coder une variable catégorielle ayant plus de deux niveaux, la seconde condition qui doit être remplie renvoie au fait que sur l'ensemble des niveaux de la variable catégorielle, toutes les paires de codes de contrastes doivent être orthogonales les unes par rapport aux autres. Sachant que la première condition est remplie, cette seconde condition, liée à l'orthogonalité, sera remplie dès lors que la somme (sur l'ensemble des k niveaux de la variable catégorielle) des produits des valeurs λ issues des paires de codes de contraste est égale à zéro.

Dans notre exemple, nous disposons d'une variable catégorielle à trois niveaux. Nous utiliserons donc deux codes de contraste pour la coder. Chaque valeur de λ a maintenant deux indices, le premier désigne de quel contraste nous parlons et le second désigne le niveau de la variable catégorielle (k). La condition relative à l'orthogonalité est remplie lorsque :

$$\sum_k \lambda_{1k}\lambda_{2k} = 0$$

Afin de rendre plus compréhensible la seconde condition définitoire des codes de contraste, prenons pour illustration des codes qui remplissent ou ne remplissent pas cette condition, dans le cas de notre exemple. Dans l'Encadré 8.7, nous présentons deux ensembles de codes avec deux codes par ensemble, chacun de ces ensembles de codes permettant de décomposer les trois niveaux de la variable catégorielle : Échec, Pas de feedback et Succès.

Chacun de ces quatre codes remplit la première condition définitoire d'un code de contraste, car la somme des λ pour chaque code, calculée sur l'ensemble des trois niveaux de la variable catégorielle, est égale à zéro. La seconde condition définitoire, cependant, n'est remplie que par les codes de l'Ensemble A. En effet, si nous multiplions la valeur de λ_{1k} par la valeur de λ_{2k} pour chaque niveau de la variable catégorielle et si nous sommons le résultat de chacun de ces trois produits, nous obtenons une somme de 0 pour l'Ensemble A $(0 + (-1) + 1 = 0)$, alors que pour les codes de l'Ensemble B, nous obtenons une somme de 1 $(0 + 0 + 1 = 1)$. Par conséquent, seuls les codes de l'Ensemble A peuvent légitimement être appelés des codes de contraste.

Cette seconde condition définitoire implique qu'un code donné ne peut être défini comme code de contraste isolément. À titre d'exemple, nous ne pourrions pas regarder le code correspondant à λ_{1k} de l'Ensemble A et savoir s'il s'agit d'un code de contraste, à moins que nous ne regardions également l'autre ou les autres codes avec lesquels il est utilisé pour coder la variable prédictrice catégorielle. Toujours à titre d'exemple, si nous avions changé les valeurs de λ_{2k} à l'intérieur de l'Ensemble A et que celles-ci étaient devenues -1, -1 et 2 pour les conditions Échec, Pas de feedback et Succès, alors l'Ensemble A ne serait plus un ensemble de codes de contraste, bien que nous n'ayons pas changé les valeurs λ du premier code. Cet ensemble ne serait plus un ensemble de codes de contraste, car la somme des produits des λ sur l'ensemble de niveaux ne serait plus égale à zéro.

Si notre variable catégorielle avait quatre niveaux, nous aurions besoin de trois codes de contraste pour la coder totalement. Dans une telle situation, la seconde condition définitoire des codes de contraste serait remplie si la somme des produits des λ, pour l'ensemble des paires possibles de codes, était égale à zéro. Supposons, par exemple, que nous ayons une variable catégorielle à quatre niveaux, comme celle qui apparaît dans l'Encadré 8.8. Nous définissons dans cet encadré trois codes de contraste ayant pour valeurs λ_{1k}, λ_{2k} et λ_{3k}.

Nous avons maintenant trois paires de codes possibles ($\lambda_{1k}*\lambda_{2k}$, $\lambda_{1k}*\lambda_{3k}$ et $\lambda_{2k}*\lambda_{3k}$) et pour chacune de ces paires la somme des produits des λ doit être égale à zéro. Pour les Codes 1 et 2, la somme

Encadré 8.7
Ensembles de codes pour le prédicteur catégoriel à trois niveaux

	Échec	Pas de feedback	Succès
Ensemble A			
λ_{1k}	–2	1	1
λ_{2k}	0	–1	1
Ensemble B			
λ_{1k}	–1	0	1
λ_{2k}	0	–1	1

des produits des λ_{jk} est égale à (−3)0 + 1(−2) + 1(1) + 1(1) = 0. Pour les Codes 1 et 3, la somme des produits des λ_{jk} est égale à (−3)0 + 1(0) + 1(−1) + 1(1) = 0. Enfin, pour les Codes 2 et 3, la somme des produits des λ_{jk} est égale à 0(0) + 0(−2) + 1(−1) + 1(1) = 0.

Ainsi, avec un prédicteur catégoriel à trois niveaux, nous avons besoin de deux codes de contraste et la seule et unique somme des produits des λ doit être égale à zéro. Avec un prédicteur catégoriel à quatre niveaux, nous avons besoin de trois codes de contraste. Ces trois codes de contraste donnent lieu à trois paires de codes possibles et il s'ensuit que trois sommes de produits de λ doivent être égales à zéro. De manière plus générale, nous savons qu'avec une variable catégorielle à m niveaux, nous avons besoin de $m - 1$ codes de contraste pour la coder. En outre, sur la base de ces $m - 1$ codes de contraste, il existe $(m - 1)(m - 2)/2$ paires de codes. C'est donc tout autant de sommes de produits de λ qui devront être égales à zéro, pour remplir la seconde condition définitoire des codes de contraste.

Pour chaque prédicteur catégoriel donné, il existe un nombre infini d'ensembles de codes de contraste pouvant être utilisés. Le choix des codes utilisés doit être guidé, autant que possible, par des considérations théoriques concernant la façon dont les groupes, définis par la variable prédictrice catégorielle, sont censés différer sur la variable dépendante. Par exemple, dans notre illustration, nous nous attendions à ce que les sujets de la condition d'Échec aient un score plus bas que ceux des deux autres conditions. En outre, comme nous l'avons vu dans le cas d'un prédicteur catégoriel à seulement deux modalités, le coefficient de régression pour un code de contraste permet de tester la différence entre les moyennes d'observations ayant différentes valeurs sur le code de contraste. Par conséquent, il semble sensé d'utiliser un code qui examinera précisément cette prédiction concernant ces différences de moyennes sur la variable dépendante. En d'autres termes, sachant que nous voulons savoir si les observations de la condition d'Échec ont des scores plus bas que les observations des deux autres conditions, le premier code de contraste de l'Ensemble A (voir l'Encadré 8.7) est un choix tout désigné.

Comme dans le cas d'une variable catégorielle à deux niveaux codée avec un seul prédicteur, le coefficient de régression associé à un prédicteur en codes de contraste pour une variable catégorielle à plus de deux niveaux, nous indique s'il existe des différences entre les moyennes des différents groupes ou niveaux de cette variable. Le coefficient correspondant à ce test peut s'obtenir en utilisant la formule suivante :

$$b = \frac{\sum_k \lambda_k \overline{Y}_k}{\sum_k \lambda_k^2}$$

Mais attention, cela sera vrai *uniquement* si un ensemble complet de $m - 1$ prédicteurs en codes de contraste est inclus dans le modèle et *uniquement* si les codes de contraste utilisés répondent à la condition d'orthogonalité que nous venons de définir. Plus loin dans ce chapitre, nous aborderons l'estimation des paramètres en présence de prédicteurs relevant de codes non orthogonaux. Pour l'instant, l'élément important à retenir est que les pentes testeront des différences de moyennes entre les catégories, uniquement si nous utilisons un ensemble complet de codes et uniquement si ces codes sont orthogonaux.

	Niveau 1	**Niveau 2**	**Niveau 3**	**Niveau 4**
λ_{1k}	−3	1	1	1
λ_{2k}	0	−2	1	1
λ_{3k}	0	0	−1	1

Encadré 8.8
Codes pour un prédicteur catégoriel à quatre niveaux

Sur la base des considérations théoriques évoquées plus haut, nous nous intéressons donc à la comparaison effectuée par le premier contraste de l'Ensemble A de l'Encadré 8.7. Notre variable catégorielle ayant trois niveaux et un premier code ayant été choisi, nous serons contraints d'utiliser un code tel que le second code de l'Ensemble A, c'est-à-dire un code comparant les conditions Pas de feedback et Succès. En règle générale, avec des variables catégorielles à m niveaux et $m-1$ codes de contraste, le choix du dernier code sera contraint par la règle d'orthogonalité, dès lors que les $m-2$ premiers codes auront été définis.

Nous pouvons utiliser ces deux codes pour définir deux variables prédictrices, X_{1i} basée sur les codes -2, 1, 1 (respectivement pour les conditions Échec, Pas de feedback et Succès) et X_{2i} basée sur les codes 0, -1, 1, et ensuite estimer un modèle de régression où elles sont utilisées simultanément comme prédicteurs de Y_i. Ce faisant, nous pouvons spécifier très précisément les différences de moyennes estimées par les deux pentes qui en résultent ; il nous faut pour cela utiliser la formule correspondant à la pente d'un prédicteur en codes de contraste, dans le contexte d'un modèle composé d'un ensemble complet de prédicteurs en codes de contrastes orthogonaux :

$$b_{X_1} = \frac{\sum_k \lambda_{1k}\overline{Y}_k}{\sum_k \lambda_{1k}^2} = \frac{(-2)\,\overline{Y}_E + (1)\,\overline{Y}_{PF} + (1)\,\overline{Y}_S}{(-2)^2 + (1)^2 + (1)^2}$$

$$= \frac{(\overline{Y}_{PF} + \overline{Y}_S) - 2\overline{Y}_E}{6} = \frac{\left(\frac{\overline{Y}_{PF}+\overline{Y}_S}{2}\right) - \overline{Y}_E}{3}$$

$$b_{X_2} = \frac{\sum_k \lambda_{2k}\overline{Y}_k}{\sum_k \lambda_{2k}^2} = \frac{(0)\,\overline{Y}_E + (-1)\,\overline{Y}_{PF} + (1)\,\overline{Y}_S}{(0)^2 + (-1)^2 + (1)^2} = \frac{\overline{Y}_S - \overline{Y}_{PF}}{2}$$

En règle générale, de telles pentes nous renseigneront sur les différences entre les moyennes des catégories, et ce, en fonction des codes utilisés. Le numérateur des expressions présentées ci-dessus représente la différence de moyennes et le dénominateur fixe l'échelle. Notons que les moyennes des groupes correspondant à des niveaux codés avec une valeur λ de 0, sur un prédicteur en codes de contraste donné, disparaissent du numérateur de la pente. Par conséquent, les moyennes de ces groupes ne figurent pas dans la comparaison qui est calculée. Ainsi, dans notre exemple, la moyenne de la condition Échec ne joue aucun rôle dans l'estimation de la pente correspondant à la seconde variable en codes de contraste (c'est-à-dire b_{X2}).

Afin de démontrer l'impact de l'échelle fixée dans le dénominateur du calcul de la pente, regardons ce qu'il advient de ces pentes si nous utilisons des fractions pour les valeurs de λ ($-\frac{2}{3}$, $\frac{1}{3}$, $\frac{1}{3}$ pour X'_{1i} et 0, $-\frac{1}{2}$, $\frac{1}{2}$ pour X'_{2i}), plutôt que les valeurs définies précédemment. Les formules présentées plus haut nous donneraient maintenant :

$$b_{X'_1} = \frac{\sum_k \lambda_{1'k}\bar{Y}_k}{\sum_k \lambda_{1'k}^2} = \frac{\left(-\frac{2}{3}\right)\bar{Y}_E + \left(\frac{1}{3}\right)\bar{Y}_{PF} + \left(\frac{1}{3}\right)\bar{Y}_S}{\left(-\frac{2}{3}\right)^2 + \left(\frac{1}{3}\right)^2 + \left(\frac{1}{3}\right)^2} = \left(\frac{\bar{Y}_{PF} + \bar{Y}_S}{2}\right) - \bar{Y}_E$$

$$b_{X'_2} = \frac{\sum_k \lambda_{2'k}\bar{Y}_k}{\sum_k \lambda_{2'k}^2} = \frac{(0)\,\bar{Y}_E + \left(-\frac{1}{2}\right)\bar{Y}_{PF} + \left(\frac{1}{2}\right)\bar{Y}_S}{(0)^2 + \left(-\frac{1}{2}\right)^2 + \left(\frac{1}{2}\right)^2} = \bar{Y}_S - \bar{Y}_{PF}$$

L'avantage de tels codes en fraction renvoie au fait que leurs pentes seront directement égales aux différences de moyennes (plutôt qu'à des fractions des différences de moyennes, comme c'était le cas précédemment).

Sans pratique, il peut sembler difficile d'identifier un ensemble de codes de contraste orthogonaux, particulièrement lorsque nous avons affaire à des variables catégorielles à plus de deux modalités. Notre conseil serait de commencer par créer des codes représentant les comparaisons de moyennes faisant le plus de sens théorique et ensuite de générer les codes restants qui préservent l'orthogonalité. Une façon d'y parvenir, une fois qu'un ou plusieurs codes ont été définis, consiste à construire de nouveaux codes de contraste qui comparent les moyennes de catégories ayant reçu les mêmes valeurs de λ sur les codes déjà créés. Avec un peu de pratique, générer des codes orthogonaux devient une tâche relativement aisée.

En l'absence de comparaisons particulièrement motivées, il reste toujours possible, quel que soit le nombre de niveaux, d'utiliser une convention de codage que l'on appelle les codes de Helmert, un algorithme très simple qui permet de générer ces codes. Ainsi, si une variable catégorielle comporte m niveaux, nous générons le premier des $m - 1$ codes de contraste en assignant la valeur de $m - 1$ au premier niveau et la valeur de -1 à chacun des $m - 1$ niveaux restants. Pour le second code de contraste, le premier niveau reçoit la valeur de 0, le deuxième niveau reçoit la valeur de $m - 2$ et tous les niveaux restants reçoivent la valeur de -1. Pour le troisième code de contraste, les deux premiers niveaux reçoivent la valeur de 0, le troisième niveau reçoit la valeur de $m - 3$ et tous les niveaux restants reçoivent la valeur de -1. Nous continuerons de cette manière pour définir l'ensemble des $m - 1$ codes de contraste, le dernier d'entre eux ayant une valeur de 0 pour tous les niveaux exceptés les deux derniers. Ces deux derniers niveaux recevront comme valeurs 1 et -1. Les valeurs de codes résultant d'une telle procédure sont présentées dans l'Encadré 8.9.

2.2. *Estimation et inférence avec un prédicteur catégoriel à plusieurs niveaux*

Nous avons donc utilisé les données présentées dans l'Encadré 8.6 pour estimer les paramètres du modèle suivant ayant X_{1i} et X_{2i} comme prédicteurs en codes de contraste, ceux-ci étant définis selon les valeurs de λ définies dans l'Ensemble A de l'Encadré 8.7 :

$$\text{MODÈLE A} : Y_i = \beta_0 + \beta_1 X_{1i} + \beta_2 X_{2i} + \varepsilon_i$$

Les paramètres estimés sont :

$$\text{MODÈLE A} : \hat{Y}_i = 3.7083 + 0.3542X_{1i} + 0.3125X_{2i}$$

et la somme des carrés des erreurs est de 23.375.

Il n'est pas surprenant de voir que les valeurs prédites par ce modèle correspondent aux moyennes des trois catégories (qui apparaissent dans l'Encadré 8.6) de notre variable indépendante catégorielle :

$$\hat{Y}_E = 3.7083 + 0.3542(-2) + 0.3125(0) = 3.000$$
$$\hat{Y}_{PF} = 3.7083 + 0.3542(1) + 0.3125(-1) = 3.750$$
$$\hat{Y}_S = 3.7083 + 0.3542(1) + 0.3125(1) = 4.375$$

	Niveau de la catégorie						
Code	**1**	**2**	**3**	**…**	**$m-2$**	**$m-1$**	**m**
λ_{1k}	m–1	–1	–1	…	–1	–1	–1
λ_{2k}	0	m – 2	–1	…	–1	–1	–1
λ_{3k}	0	0	m – 3	…	–1	–1	–1
⋮	⋮	⋮	⋮	…	⋮	⋮	⋮
λ_{m-2k}	0	0	0	…	2	–1	–1
λ_{m-1k}	0	0	0	…	0	1	–1

Encadré 8.9
Codes de contraste de Helmert

Comme nous l'avons dit précédemment, un modèle reposant sur une variable indépendante catégorielle fera comme prédictions les moyennes des groupes ou catégories, à chaque fois que nous utiliserons comme prédicteurs un ensemble complet de $m - 1$ codes.

Nous avons déjà abordé l'interprétation en termes de moyennes des catégories pour les deux paramètres estimés qui sont associés aux prédicteurs en codes de contrastes. Revenons, néanmoins, sur cette interprétation, maintenant que nous disposons des estimations numériques.

$$b_{X_1} = \frac{\sum_k \lambda_k \overline{Y}_k}{\sum_k \lambda_k^2} = \frac{\left(\frac{\overline{Y}_{PF}+\overline{Y}_S}{2}\right) - \overline{Y}_E}{3} = \frac{\left(\frac{3.750+4.375}{2}\right) - 3.00}{3} = 0.3542$$

$$b_{X_2} = \frac{\sum_k \lambda_k \overline{Y}_k}{\sum_k \lambda_k^2} = \frac{\overline{Y}_S - \overline{Y}_{PF}}{2} = \frac{4.375 - 3.750}{2} = 0.3125$$

En outre, comme nous l'avions vu avec un prédicteur catégoriel à deux niveaux, l'estimation de l'ordonnée à l'origine est, dans ce modèle également, la moyenne des moyennes des catégories ; la seule différence est qu'elles sont cette fois au nombre de trois :

$$b_0 = \frac{\sum_k \overline{Y}_k}{m} = \frac{3.000 + 3.750 + 4.375}{3} = 3.7083$$

Bien que ces interprétations des coefficients de régression, pour les modèles comportant des prédicteurs en codes de contraste, soient généralement les plus utiles, les interprétations des paramètres estimés que nous avons présentées précédemment dans le cadre des modèles de régression multiple restent tout à fait correctes. Ainsi, les pentes pour un prédicteur peuvent être interprétées en tant que différences sur $\hat{Y}_i$ pour chaque augmentation d'une unité du prédicteur, et ce, en gardant constants les autres prédicteurs. Dans le cas de la pente de X_{1i}, lorsque nous passons d'un score de -2 (c'est-à-dire la condition Échec) à un score de + 1 (c'est-à-dire les conditions Pas de feedback et Succès), les valeurs prédites vont de la moyenne de la condition d'Échec (3.000) aux moyennes des conditions Pas de feedback et Succès (3.750 et 4.375) ou, plus exactement, à la moyenne de ces deux moyennes (4.0625). Ainsi, pour une augmentation de trois unités sur X_{1i}, nous passons d'une valeur prédite de 3.000 à une valeur prédite de 4.0625, ce qui veut dire que l'augmentation, en termes de valeurs prédites pour une augmentation d'une seule unité de X_{1i}, est égale à 0.3542. En ce qui concerne X_{2i}, lorsque nous passons d'un score de -1 à un score de 1, la valeur prédite passe de 3.75 à 4.375. Par conséquent, pour chaque augmentation d'une unité de X_{2i}, nous prédisons une augmentation de 0.3125 sur $\hat{Y}_i$. Enfin, l'ordonnée à l'origine est égale à la valeur prédite lorsque les deux codes de contraste sont égaux à zéro. Se pose alors la question de savoir quand ces deux prédicteurs sont égaux à zéro. La réponse renvoie à la première condition que nous avons utilisée pour définir des codes de contraste : la moyenne de chaque code de contraste, sur l'ensemble des catégories, est égale à zéro. Il s'ensuit que l'ordonnée à l'origine n'est autre que la valeur prédite pour la moyenne de toutes les catégories (3.7083 dans notre exemple).

Il existe, bien évidemment, de multiples MODÈLES C avec lesquels nous pourrions comparer ce modèle pour tester différents types d'hypothèses nulles. Une comparaison assez évidente correspond au modèle le plus simple à un seul paramètre, c'est-à-dire celui n'estimant que l'ordonnée à l'origine :

$$\text{MODÈLE C} : Y_i = \beta_0 + \varepsilon_i$$

et prédisant la moyenne générale, $\overline{Y}$, pour toutes les observations. Dans la mesure où, dans cet exemple, chaque niveau de la variable catégorielle comporte le même nombre d'observations, la moyenne générale des 24 observations est identique à la moyenne des moyennes des catégories.

Ainsi, dans le cas de ce MODÈLE C, le paramètre estimé correspondant à l'ordonnée à l'origine sera identique à celui du MODÈLE A à trois paramètres auquel nous le comparons:

$$\text{MODÈLE C}: \hat{Y}_i = 3.7083$$

L'estimation de ce MODÈLE C nous donne une somme des carrés des erreurs de 30.9583.

Mais quelle est exactement l'hypothèse nulle testée avec une telle comparaison de modèles? Il s'agit évidemment de l'hypothèse selon laquelle les deux prédicteurs ont une pente de zéro, c'est-à-dire que le fait de les utiliser comme prédicteurs n'améliore pas la qualité de nos prédictions:

$$H_0: \beta_1 = \beta_2 = 0$$

Cette hypothèse nulle, cependant, peut également être exprimée en termes d'égalité entre les moyennes des catégories, car le MODÈLE C prédit la moyenne générale, $\bar{Y}$, pour toutes les observations, alors que le MODÈLE A propose des prédictions conditionnelles à la catégorie d'appartenance. Autrement dit, le MODÈLE A prédit la moyenne de la catégorie, $\bar{Y}_k$, pour chacune des observations. Par conséquent, l'hypothèse nulle peut également s'exprimer sous la forme:

$$H_0: \mu_E = \mu_{PF} = \mu_S$$

où ces valeurs sont les moyennes réelles, mais inconnues, correspondant aux trois niveaux de la variable indépendante catégorielle.

La comparaison de ces modèles produit les valeurs de PRE et F suivantes:

$$\text{PRE} = \frac{30.9583 - 23.3750}{30.9583} = .245$$

$$F_{2,21} = \frac{\text{PRE}/(\text{PA} - \text{PC})}{(1 - \text{PRE})/(n - \text{PA})} = \frac{.245/2}{(1 - .245)/21} = 3.406$$

$$F_{2,21} = \frac{\text{SCR}/(\text{PA} - \text{PC})}{\text{SCE(A)}/(n - \text{PA})} = \frac{7.583/2}{23.375/21} = 3.406$$

Or ces valeurs sont légèrement en dessous des valeurs critiques correspondant à des degrés de liberté de 2 et 21. Ainsi, nous ne pouvons pas rejeter l'hypothèse nulle selon laquelle il n'y a pas de différence de moyennes entre les trois catégories ou conditions.

Bien entendu, cette conclusion n'implique pas que nous devions accepter l'hypothèse nulle selon laquelle il n'existe aucune différence entre ces moyennes. De plus, sachant que, dans ce cas, nous avions clairement des attentes concernant le fait que la moyenne de la condition Échec devrait être plus modeste que la moyenne des deux autres conditions, il est légitime de poursuivre en testant directement cette hypothèse, hypothèse qui correspond à la comparaison effectuée par le premier prédicteur en codes de contraste. Dans la tradition de l'analyse de variance, on entend parfois que nous pouvons nous permettre des comparaisons spécifiques entre les moyennes des catégories, uniquement si le test global à plusieurs degrés de liberté, que nous venons de réaliser, nous amène à rejeter l'hypothèse nulle selon laquelle il n'y a pas de différence entre les moyennes des catégories. Nous sommes en complet désaccord avec ce point de vue. Pour les raisons que nous avons évoquées précédemment, nous aimons généralement assez peu les comparaisons de modèles pour lesquelles PA − PC est supérieur à 1. L'un des avantages indéniables d'une approche basée sur la régression, par rapport aux procédures plus traditionnelles d'analyse de la variance, renvoie au fait que nous sommes obligés de dériver des comparaisons spécifiques à un degré de liberté, autrement dit, des contrastes entre moyennes de groupes. Beaucoup de logiciels traditionnels d'ANOVA ne donnent un accès automatique qu'aux tests omnibus à plusieurs degrés de liberté et nous pensons qu'il s'agit là d'une spécificité préjudiciable.

Comme nous l'avons vu, les coefficients de régression pour X_{1i} et X_{2i} estiment des différences spécifiques entre les moyennes des catégories, le premier comparant la moyenne de la condition Échec avec la moyenne des moyennes des conditions Pas de feedback et Succès, et le second comparant les moyennes de conditions Pas de feedback et Succès. Ainsi, les comparaisons de modèles qui testent si ces deux paramètres diffèrent de zéro sont tout autant des tests de différences entre les moyennes des trois conditions. Plus spécifiquement, une des comparaisons de modèles teste la question de savoir si le paramètre associé à X_{1i} est égal à zéro :

$$\text{MODÈLE A}: Y_i = \beta_0 + \beta_1 X_{1i} + \beta_2 X_{2i} + \varepsilon_i$$
$$\text{MODÈLE C1}: Y_i = \beta_0 + \beta_2 X_{2i} + \varepsilon_i$$

avec les deux hypothèses nulles correspondantes (ces deux hypothèses étant parfaitement équivalentes) :

$$H_0 : \beta_1 = 0$$
$$H_0 : \mu_F = \frac{\mu_{PF} + \mu_S}{2}$$

L'autre comparaison de modèles teste la question de savoir si le paramètre associé à X_{2i} est égal à zéro :

$$\text{MODÈLE A}: Y_i = \beta_0 + \beta_1 X_{1i} + \beta_2 X_{2i} + \varepsilon_i$$
$$\text{MODÈLE C2}: Y_i = \beta_0 + \beta_1 X_{1i} + \varepsilon_i$$

avec les deux hypothèses nulles correspondantes :

$$H_0 : \beta_2 = 0$$
$$H_0 : \mu_{PF} = \mu_S$$

Le MODÈLE A, pour chacune de ces deux comparaisons, est le même modèle augmenté à trois paramètres que nous avons estimé auparavant. Nous savons que sa somme des carrés des erreurs est de 23.375. Le MODÈLE C1 correspondant à la première comparaison donne l'estimation suivante :

$$\text{MODÈLE C1}: \hat{Y}_i = 3.7083 + 0.3125X_{2i}$$

avec une somme des carrés des erreurs de 29.396. Enfin, le MODÈLE C2 correspondant à la seconde comparaison donne l'estimation suivante :

$$\text{MODÈLE C2}: \hat{Y}_i = 3.7083 + 0.3542X_{1i}$$

avec une somme des carrés des erreurs de 24.937. Notons que les valeurs estimées pour l'ordonnée à l'origine et la pente de ces modèles sont inchangées par rapport à ce qu'elles étaient dans le MODÈLE A à deux prédicteurs. Cela résulte de la conjonction de deux éléments : d'une part, nous avons employé des prédicteurs en codes de contraste qui, par définition, sont orthogonaux au niveau des trois catégories ; d'autre part, nous avons exactement le même nombre d'observations dans chacune des trois conditions. La conséquence de ces deux éléments est que les prédicteurs en codes de contraste ne sont pas corrélés les uns avec les autres, sur l'ensemble des 24 observations individuelles. Leur tolérance au sein du MODÈLE A est donc de 1.00.

Le premier modèle, celui testant β_1 contre la valeur zéro, produit les statistiques PRE et F suivantes :

$$\text{PRE} = \frac{29.396 - 23.375}{29.936} = .205$$
$$F_{1,21} = 5.41$$

Cette statistique F dépasse la valeur critique de F pour un α de .05. Ainsi, nous concluons que β_1 diffère significativement de zéro. De manière équivalente, nous concluons que la valeur moyenne de Y_i dans la condition d'Échec est significativement différente de la moyenne des moyennes des conditions Pas de feedback et Succès. Sachant que la moyenne observée dans la condition Échec est plus modeste que celles des deux autres conditions moyennées, nous concluons que dans cette étude, un feedback d'Échec diminue les performances, comparativement à la moyenne de feedback de Succès et absence de feedback.

Le test de la seconde hypothèse nulle, celle selon laquelle β_2 est égale à zéro, produit les statistiques PRE et F suivantes :

$$\text{PRE} = \frac{24.937 - 23.375}{24.937} = .063$$

$$F_{1,21} = 1.40$$

Dans la mesure où ce F ne dépasse pas sa valeur critique, nous concluons que β_2 ne diffère pas significativement de zéro. De manière équivalente, nous ne pouvons pas conclure que la performance moyenne de la condition Pas de feedback est différente de celle observée dans la condition Succès.

Plus tôt dans ce chapitre, nous avons présenté une formule générale correspondant à la SCR associée à un prédicteur en codes de contraste, le tout exprimé en fonction des moyennes des catégories :

$$\text{SCR} = \frac{\left(\sum_k \lambda_k \overline{Y}_k\right)^2}{\sum_k \left(\lambda_k^2 / n_k\right)}$$

Cette formule de la SCR pour un prédicteur en codes de contraste continue à s'appliquer pour une variable catégorielle à plus de deux niveaux, mais uniquement si un ensemble de $m - 1$ prédicteurs en codes de contraste est inclus dans le MODÈLE A. Ainsi, dans le cas présent, nous avons vu que la SCR correspondant à la comparaison MODÈLE A/MODÈLE C testant si β_1 est égal à zéro pouvait s'obtenir avec :

$$\text{SCR}_{X1} = \text{SCE(C1)} - \text{SCE(A)} = 29.396 - 23.375 = 6.021$$

Or, cette valeur peut également s'obtenir sur la base des moyennes des catégories :

$$\frac{((-2)\,3.00 + (+1)\,3.750 + (+1)\,4.375)^2}{(-2)^2/8 + (+1)^2/8 + (+1)^2/8} = 6.021$$

De la même manière, nous avons vu que la SCR correspondant à la comparaison MODÈLE A/MODÈLE C2 testant si β_2 est égal à zéro pouvait s'obtenir avec :

$$\text{SCR}_{X2} = \text{SCE(C2)} - \text{SCE(A)} = 24.937 - 23.375 = 1.562$$

Or, là encore, cette valeur peut également s'obtenir sur la base des moyennes des catégories :

$$\frac{(0)\,3.00 + (-1)\,3.750 + (+1)\,4.375}{(0)^2/8 + (-1)^2/8 + (+1)^2/8} = 1.562$$

Nous avons donc réalisé trois tests différents, chacun comparant le modèle augmenté incluant les deux prédicteurs en codes de contraste à son modèle compact respectif. Les résultats de ces trois tests peuvent être présentés dans le tableau résumé qui apparaît dans l'Encadré 8.10.

Notons qu'entre les parenthèses, nous avons donné un label pour chaque test, afin d'indiquer la question qu'il examine en termes de comparaison de moyennes des groupes. Le premier test que nous avons réalisé était un test à deux degrés de liberté comparant le MODÈLE A à un MODÈLE C qui prédisait la moyenne générale pour toutes les observations. Il s'agissait donc d'un test dit omnibus testant l'existence de différences entre les moyennes des groupes. Le deuxième test, comparant des modèles avec et sans X_{1i} comme prédicteur, traitait la question de savoir si la moyenne de la condition d'Échec différait de la moyenne des deux autres conditions. Enfin, le troisième test, comparant des modèles avec et sans X_{2i} comme prédicteur, traitait la question de savoir si les moyennes des conditions Pas de feedback et Succès différaient l'une de l'autre. Nous tenons à souligner à nouveau qu'en dépit du fait que le test à 2 degrés de liberté était non significatif, nous avons pourtant trouvé une différence de moyennes significative quand nous avons testé le contraste plus spécifique représenté par X_{1i}. Comme toujours, nous encourageons fortement les comparaisons de modèles plus spécifiques ou focalisés pour lesquelles PA − PC = 1.

Comme l'indiquent les sommes des carrés qui apparaissent dans le tableau résumé, la somme des SCR associées à chaque variable prédictrice est égale à la SCR de la première comparaison de modèles pour laquelle le modèle augmenté général était comparé à un modèle compact à un seul paramètre, prédisant la moyenne générale pour toutes les observations. Comme nous l'avons vu au Chapitre 6, tel sera le cas à chaque fois que nos prédicteurs seront totalement non redondants et auront donc des tolérances de 1.0. Dans le cas présent, cela s'explique par la conjonction de deux conditions : nous avons utilisé des prédicteurs en codes de contraste qui sont, par définition, orthogonaux au niveau des groupes ou catégories, et nous avions le même nombre d'observations dans chacune de ces catégories.

2.3. Présentation succincte de codes de contraste alternatifs

Nous avons affirmé plus haut qu'il existait beaucoup d'autres ensembles de codes de contraste pouvant être utilisés pour coder un prédicteur catégoriel. Afin d'illustrer cette idée, examinons les mêmes données, mais en utilisant un ensemble de codes différent. Supposons que, maintenant, nous définissons nos codes de contraste de la manière suivante :

	Échec	Pas de feedback	Succès
λ_{1k}	−1	0	1
λ_{2k}	−1	2	−1

Afin de bien différencier ces codes de l'ensemble de codes précédent, définissons Z_{1i} et Z_{2i} comme nouveaux prédicteurs en codes de contraste. Nous assignerons donc aux différents individus les valeurs que nous venons de spécifier et qui représentent leur appartenance catégorielle. Nous régressons ensuite Y_i sur Z_{1i} et Z_{2i}, ce qui nous donne les paramètres estimés suivants :

$$\widehat{Y}_i = 3.7083 + 0.6875Z_{1i} + 0.0208Z_{2i}$$

Encadré 8.10
Tableau résumé

Source	*b*	*SC*	*dl*	*CM*	*F*	*PRE*
Modèle (inter-conditions)		7.583	2	3.792	3.406	.245
X_1 (E versus PF, S)	0.3542	6.021	1	6.021	5.409	.205
X_2 (PF versus S)	0.3125	1.562	1	1.562	1.403	.063
Erreur	23.375	21	1.113			
Total	30.958	23				

Bien que les paramètres estimés associés aux prédicteurs en codes de contraste soient très différents de ceux obtenus avec l'autre ensemble de codes, il reste que, dans le fond, ce modèle est équivalent à celui que nous avions développé avec l'ancien ensemble de codes. Ainsi, en substituant les valeurs de Z_{1i} et Z_{2i}, nous voyons que les moyennes des groupes ou conditions continuent d'être les prédictions proposées par le modèle pour toutes les observations :

$$\begin{aligned}\widehat{Y}_E &= 3.7083 + 0.6875(-1) + 0.0208(-1) = 3.000\\ \widehat{Y}_{PF} &= 3.7083 + 0.6875(0) + 0.0208(+2) = 3.750\\ \widehat{Y}_S &= 3.7083 + 0.6875(+1) + 0.0208(-1) = 4.375\end{aligned}$$

Dans la mesure où le modèle fait les mêmes prédictions que le modèle précédent pour toutes les observations, la somme des carrés est nécessairement identique à ce qu'elle était précédemment, c'est-à-dire 23.375.

Les coefficients de régression associés aux prédicteurs en codes de contraste ont changé, car, par rapport à l'ancien ensemble de codes, les nouveaux codes de contraste effectuent des comparaisons différentes entre les moyennes. Le prédicteur en codes de contraste Z_{1i} compare maintenant les moyennes des conditions Échec et Succès et la valeur de son coefficient de régression est égale à la moitié de la différence entre les moyennes de ces deux groupes. Le second prédicteur en codes de contraste, Z_{2i}, compare la moyenne de la condition Pas de feedback avec la moyenne des deux autres conditions. Son coefficient de régression est égal à un tiers de la différence entre la condition Pas de feedback et la moyenne des deux autres moyennes. Ces valeurs des coefficients de régression peuvent être facilement calculées en utilisant la formule que nous avons donnée précédemment correspondant aux coefficients de régression des prédicteurs en codes de contraste. Ces valeurs découlent aussi assez facilement, une fois que nous prenons conscience des comparaisons effectuées par les contrastes et du nombre d'unités qui séparent les observations des différentes conditions de Z_{1i} et Z_{2i}. L'ordonnée à l'origine n'a pas changé de valeur avec l'utilisation de ce nouvel ensemble de codes, car elle est toujours égale à la moyenne des moyennes des trois conditions. Cela sera toujours le cas lorsque nous utiliserons un ensemble complet de prédicteurs en codes de contraste.

Sachant que le changement de codes n'a influencé ni les valeurs prédites, ni la somme des carrés des erreurs de ce modèle, un test de l'hypothèse nulle, selon laquelle β_1 et β_2 sont tous les deux égaux à zéro, produit les mêmes valeurs de PRE et de F que celles produites avec l'ancien ensemble de codes. Le modèle compact à un seul paramètre est toujours :

$$\text{MODÈLE C} : \widehat{Y}_i = 3.7083$$

avec une somme des carrés des erreurs de 30.958. PRE, quant à lui, continue à valoir .245 et équivaut à un F, avec 2 et 21 degrés de liberté, de 3.406. Ainsi, le test omnibus de l'hypothèse nulle, selon laquelle toutes les moyennes sont égales les unes aux autres, amène à la même conclusion, indépendamment de notre choix concernant les codes de contraste.

Néanmoins, les tests à un degré de liberté relatifs à la question de savoir si β_1 ou β_2 sont égaux à zéro, nous amènent à des conclusions tout à fait différentes qu'auparavant. Ces coefficients de régression estiment maintenant des comparaisons de moyennes totalement différentes de celles estimées avec l'ensemble de codes de contraste précédent. Un test de β_1 contre zéro équivaut maintenant à un test comparant les moyennes des conditions Échec et Succès, le modèle compact pour ce test étant :

$$\text{MODÈLE C1} : \widehat{Y}_i = 3.7083 + 0.0208Z_{2i}$$

avec une somme des carrés des erreurs de 30.938. Le PRE qui en résulte équivaut à :

$$\frac{30.938 - 23.375}{30.938} = .244$$

ce qui correspond à une statistique *F*, avec 1 et 21 degrés de liberté, de 6.793. Dans la mesure où ces valeurs excèdent leurs valeurs critiques, notre test révèle à la fois que β_1 est significativement différent de zéro et que la moyenne de la condition Succès est significativement plus haute que la moyenne de la condition Échec. Comme précédemment, la SCR associée avec ce prédicteur en codes de contraste peut être calculée en fonction des moyennes impliquées dans cette comparaison :

$$\mathrm{SCR}_{Z_1} = \frac{[(-1)\,3.00 + (0)\,3.750 + (+1)\,4.375]^2}{(-1)^2/8 + (0)^2/8 + (+1)^2/8} = 7.562$$

Un test de β_2 contre la valeur zéro est équivalent à un test de la moyenne de la condition Pas de feedback contre la moyenne des conditions Échec et Succès. Le modèle compact d'un tel test est :

$$\text{MODÈLE C2}: \hat{Y}_i = 3.7083 + 0.6875 Z_{1i}$$

avec une somme des carrés des erreurs de 23.396. Le PRE qui en résulte est égal à .001, ce qui correspond à un *F*, à nouveau avec 1 et 21 degrés de liberté, de 0.019. Il est donc assez clair que la différence entre la moyenne de la condition Pas de feedback et la moyenne des deux autres conditions n'est pas significative. Comme précédemment, la SCR de cette comparaison peut être calculée directement à partir des moyennes des conditions :

$$\mathrm{SCR}_{Z_2} = \frac{[(-1)\,3.00 + (+2)\,3.750 + (-1)\,4.375]^2}{(-1)^2/8 + (+2)^2/8 + (-1)^2/8} = 0.021$$

Dans la mesure où ces deux nouveaux prédicteurs en codes de contraste sont non redondants, comme les deux précédents, les deux SCR expliquées par chaque prédicteur au-delà de l'autre peuvent être additionnées pour retrouver la SCR expliquée par ces deux prédicteurs pris en tant qu'ensemble. Les trois tests que nous venons de réaliser peuvent, là encore, être présentés dans le tableau résumé de l'Encadré 8.11.

Notons que les seuls changements qui apparaissent dans ce tableau résumé, en comparaison avec celui utilisant l'ensemble de codes de contraste précédent (Encadré 8.10), concernent les deux lignes testant les comparaisons spécifiques prises en charge par les coefficients associés avec Z_{1i} et Z_{2i}. Ainsi, ce que nous avons fait correspond simplement à un découpage différent de la somme des carrés inter-conditions (7.583), un découpage se focalisant sur un ensemble de contrastes différent. Comme nous l'avons précisé auparavant, avec *m* niveaux de catégories, il n'existe que $m - 1$ contrastes orthogonaux (autrement dit, des comparaisons orthogonales) que nous pouvons utiliser. De plus, le fait d'utiliser ces codes ou ceux utilisés précédemment repose uniquement sur des considérations théoriques.

Encadré 8.11
Tableau résumé

Source	*b*	*SC*	*dl*	*CM*	*F*	*PRE*
Modèle (inter-conditions)		7.583	2	3.792	3.406	.245
Z_1 (E vs. S)	0.6875	7.562	1	7.562	6.793	.244
Z_2 (PF vs. F, S)	0.0208	0.021	1	0.021	0.019	.001
Erreur		23.375	21	1.113		
Total		30.958	23			

2.4. *Problèmes et écueils dans l'utilisation de codes non orthogonaux*

Supposons que nous ayons besoin de traiter les deux questions suivantes, sur la base de nos données, questions relevant de l'ensemble de codes suivant :

	Échec	Pas de feedback	Succès
λ_{1k}	−2	+1	+1
λ_{2k}	−1	0	+1

La première de ces questions est de savoir si la moyenne de la condition d'Échec diffère de la moyenne des moyennes des deux autres conditions. Cette question correspond au premier code utilisé dans notre premier exemple d'ensemble de codes de contraste. C'est ce code que nous avions utilisé pour créer le prédicteur X_{1i}. La seconde question est de savoir si les moyennes des conditions Échec et Succès diffèrent l'une de l'autre. Cette question correspond au premier code utilisé dans notre deuxième exemple d'ensemble de codes de contraste. C'est ce code que nous avions utilisé pour créer le prédicteur Z_{1i}. Comme nous l'avons vu, il s'agit là de questions parfaitement légitimes que nous pourrions vouloir traiter grâce à nos données. Néanmoins, dans le cas présent, ce ne sont pas des questions orthogonales en termes de comparaison de moyennes, ce qui transparaît du fait que la seconde condition définitoire des codes de contraste n'est pas respectée, si nous utilisons ces deux codes simultanément :

$$\sum_k \lambda_{1k}\lambda_{2k} = (-2)(-1) + (+1)(0) + (+1)(+1) = +3$$

C'est pour cette raison que nous n'avons pas qualifié ces codes de codes de contraste lorsqu'ils forment un ensemble. Mais, bien entendu, il s'agit là de questions parfaitement valides qui peuvent être traitées avec nos données, même si ces questions ne sont pas orthogonales.

Si nous étions intéressés par ces deux questions, nous pourrions être tentés d'utiliser simultanément les deux prédicteurs qui résultent de l'application de ces codes, X_{1i} et Z_{1i}, pour prédire Y_i, et ce, en dépit du fait que ces codes eux-mêmes ne soient pas orthogonaux. Le modèle qui en résulterait serait le suivant :

$$\widehat{Y}_i = 3.7083 + 0.0417X_{1i} + 0.6250Z_{1i}$$

Dans le fond, ce modèle, même avec des codes non orthogonaux, reste similaire aux modèles précédents dans la mesure où il fait les mêmes prédictions, c'est-à-dire la moyenne de la condition pour chacune des observations :

$$\widehat{Y}_E = 3.7083 + 0.0417(-2) + 0.6250(-1) = 3.000$$
$$\widehat{Y}_{PF} = 3.7083 + 0.0417(+1) + 0.6250(0) = 3.750$$
$$\widehat{Y}_S = 3.7083 + 0.0417(+1) + 0.6250(+1) = 4.375$$

Il s'ensuit que ce modèle produit la même somme des carrés des erreurs de 23.375. Une comparaison de modèles entre celui-ci, en tant que MODÈLE A, et le MODÈLE C à un seul paramètre, faisant la même prédiction pour toutes les observations, produira donc une nouvelle fois le test omnibus à 2 degrés de liberté testant la question de savoir s'il existe des différences entre les moyennes des catégories. Le test global qui en résulte apparaît dans la première ligne du tableau résumé présenté dans l'Encadré 8.12, PRE = .245, $F_{2,21}$ = 3.406. Remarquons que cette ligne et les deux dernières lignes de ce tableau sont identiques à ce qu'elles étaient dans les tableaux résumés précédents, établis à partir de ces mêmes données.

Encadré 8.12
Tableau résumé pour l'utilisation de codes non orthogonaux

Source	*b*	*SC*	*dl*	*CM*	*F*	*PRE*
Modèle (inter-conditions)		7.583	2	3.792	3.406	.245
X_1	0.0417	0.021	1	0.021	0.019	.001
Z_1	0.6250	1.562	1	1.562	1.403	.063
Erreur		23.375	21	1.113		
Total		30.958	23			

Néanmoins, quand nous estimons ce modèle grâce à un programme de régression et que nous examinons les coefficients de régression correspondant aux variables prédictrices, ainsi que leur SCR respectives (informations qui apparaissent dans la table résumée de l'Encadré 8.12), ces valeurs ne correspondent pas à ce que nous pourrions attendre.

Ainsi, le coefficient associé à X_{1i}, lorsqu'il était intégré à un ensemble orthogonal de prédicteurs en codes de contraste (c'est-à-dire avec X_{2i}), était égal à 0.3542, ce qui, nous l'avons vu, correspondait à :

$$\frac{\frac{\overline{Y}_{PF}+\overline{Y}_S}{2}-\overline{Y}_E}{3}$$

En outre, la SCR qui lui était associée était 6.021, dont nous avons montré qu'elle était égale à :

$$\frac{\left((-2)\,\overline{Y}_E+(+1)\,\overline{Y}_{PF}+(+1)\,\overline{Y}_S\right)^2}{(-2)^2/8+(+1)^2/8+(+1)^2/8}$$

Cependant, maintenant qu'il est utilisé pour prédire Y_i, en même temps qu'un prédicteur qui ne lui est pas orthogonal, Z_{1i}, la valeur estimée de son coefficient devient 0.0417 et sa SCR est égale à 0.021.

De la même manière, le coefficient associé à Z_{1i} dans ce modèle est égale à 0.625, alors que son coefficient, lorsqu'il était utilisé dans un ensemble orthogonal (c'est-à-dire avec Z_{2i}), était égal à 0.687, ce qui équivalait à la moitié de la différence entre $\overline{Y}_S$ et $\overline{Y}_{PF}$. De plus, sa SCR est maintenant égale à 1.562, alors que précédemment, lorsqu'il était utilisé dans un ensemble orthogonal (c'est-à-dire avec Z_{2i}), sa SCR était de 7.562, dont nous avons montré qu'elle était égale à :

$$\frac{\left((-1)\,\overline{Y}_E+(0)\,\overline{Y}_{PF}+(+1)\,\overline{Y}_S\right)^2}{(-1)^2/8+(0)^2/8+(+1)^2/8}$$

L'élément important à retenir concerne le fait que les prédicteurs codant les niveaux d'une variable indépendante catégorielle ne produiront pas les coefficients qui correspondent aux différences de moyennes attendues et les SCR qui leur sont associées, à moins d'utiliser un ensemble complet de prédicteurs orthogonaux en codes de contraste. En d'autres termes, les égalités fondamentales suivantes *ne seront pas correctes*, si notre modèle augmenté n'inclut pas un ensemble complet de prédicteurs en codes de contraste :

$$b=\frac{\sum_k \lambda_k \overline{Y}_k}{\sum_k \lambda_k^2}$$

$$\text{SCR}=\frac{\left(\sum_k \lambda_k \overline{Y}_k\right)^2}{\sum_k \left(\lambda_k^2/n_k\right)}$$

De sérieuses erreurs d'interprétation peuvent être commises si l'on pense qu'un prédicteur catégoriel code une différence de moyennes donnée, lorsqu'il est inclus dans un ensemble non orthogonal. Il est important de noter qu'ici, l'orthogonalité dépend uniquement du respect de la seconde condition définitoire des codes de contraste, c'est-à-dire le fait que la somme des produits de leurs valeurs de codes est égale à zéro sur l'ensemble des niveaux de catégories. Comme nous le verrons bientôt, un nombre non équivalent d'observations dans certains groupes peut produire des prédicteurs en codes de contraste redondants, redondance qui se situe au niveau des observations, mais cela n'induit pas de problèmes interprétatifs, tant que les codes utilisés forment eux-mêmes des contrastes orthogonaux.

Étant donné ce que nous venons de voir, comment devrait-on procéder si l'on voulait réellement tester les questions non orthogonales qui correspondent au fait de savoir si la moyenne de la condition Échec diffère de la moyenne des conditions Pas de feedback et Succès (c'est-à-dire la question implicitement posée par les codes de X_{1i}) et si les moyennes des conditions Échec et Succès diffèrent l'une de l'autre (c'est-à-dire la question implicitement posée par les codes de Z_{1i})? Il est bien évident qu'une première solution serait de tester séquentiellement les deux modèles, celui utilisant X_{1i} et X_{2i} comme prédicteurs et celui utilisant Z_{1i} et Z_{2i} comme prédicteurs, exactement comme nous l'avons fait dans les sections précédentes. De manière alternative, il est également possible de se fier à deux éléments d'information qui vont nous permettre de tester les différences de moyennes impliquées par ces contrastes, sans devoir effectuer ces deux estimations. D'une part, comme nous venons de le voir, la SCE(A) associée à un MODÈLE A incorporant n'importe quel ensemble complet de prédicteurs en codes de contraste sera identique, indépendamment des prédicteurs utilisés. D'autre part, nous avons vu également que si un prédicteur en codes de contraste était inclus dans un ensemble complet de prédicteurs en codes de contraste, sa SCR pourrait être obtenue avec la formule suivante:

$$\text{SCR} = \frac{\left(\sum_k \lambda_k \overline{Y}_k\right)^2}{\sum_k \left(\lambda_k^2 / n_k\right)}$$

Par conséquent, dans le cas qui nous occupe, si nous avions uniquement estimé le modèle incluant X_{1i} et X_{2i} comme prédicteurs, nous saurions que la SCE(A), pour un modèle incluant un ensemble complet de prédicteurs en codes de contraste, serait égale à 23.375 avec 21 degrés de liberté. Nous pourrions alors calculer la SCR associée à Z_{1i}, s'il était inclus dans un ensemble complet de prédicteurs en codes de contraste, c'est-à-dire:

$$\text{SCR} = \frac{\left(\sum_k \lambda_k \overline{Y}_k\right)^2}{\sum_k \left(\lambda_k^2 / n_k\right)} = \frac{\left((-1)\,\overline{Y}_E + (0)\,\overline{Y}_{PF} + (+1)\,\overline{Y}_S\right)^2}{(-1)^2/8 + (0)^2/8 + (+1)^2/8} = 7.562$$

À partir de ces deux valeurs, nous pourrions alors calculer les valeurs de PRE et de F qui résulteraient du test de Z_{1i}, dans le contexte d'un ensemble complet de prédicteurs en codes de contraste:

$$\text{PRE} = \frac{7.562}{23.375 + 7.562} = .244$$

$$F_{1,21} = \frac{7.562/1}{23.375/21} = 6.793$$

Ce faisant, il resterait important de garder à l'esprit que les questions représentées par ces deux codes de contraste ne sont pas des questions indépendantes l'une de l'autre. La question de savoir si la moyenne de la condition Échec diffère de la moyenne des conditions Pas de feedback et Succès n'est pas entièrement indépendante de la question de savoir si les moyennes des conditions Échec et Succès diffèrent l'une de l'autre. La réponse à la première question apporte un élément d'information quant à la réponse de la seconde question.

2.5. *Codes arbitraires*

Il existe une autre convention de codage, connue sous le nom de codes arbitraires (en anglais « dummy coding »), très largement utilisée dans certaines littératures. Cette convention de codage requiert que l'un des groupes définis par la variable catégorielle se voie attribuer la valeur zéro sur l'ensemble des $m - 1$ codes, et que les autres groupes se voient attribuer la valeur zéro sur tous les codes sauf un. Ainsi, dans le cas qui nous occupe, les codes suivants seraient un exemple d'ensemble de codes en accord avec cette convention de codage.

	Échec	Pas de feedback	Succès
λ_{1k}	0	+1	0
λ_{2k}	0	0	+1

Il est bien évident que les codes arbitraires ne satisfont pas les conditions définitoires des codes de contraste. Il sera donc important de faire particulièrement attention à l'interprétation ; lorsque de tels codes sont utilisés pour créer des variables prédictrices. Ainsi, on pourrait penser que le prédicteur utilisant le premier code ci-dessus comparerait le groupe Pas de feedback avec la moyenne des deux autres groupes et qu'un prédicteur utilisant le second code comparerait le groupe Succès avec la moyenne des deux autres. Ce n'est pas du tout le cas. En réalité, les coefficients de régression de ces deux prédicteurs, s'ils étaient inclus simultanément, testeraient la question de savoir si le groupe codé zéro sur les deux codes diffère du groupe codé 1 sur le prédicteur en question. Ainsi, le prédicteur associé au premier code testerait la différence entre les conditions Échec et Pas de feedback et le prédicteur associé au second code testerait la différence entre les conditions Échec et Succès.

Du fait que des erreurs d'interprétation peuvent survenir de par l'utilisation de codes arbitraires, sauf bien entendu lorsqu'on s'est familiarisé avec leur utilisation, nous recommandons fortement aux chercheurs d'adopter plutôt la convention en codes de contraste que nous avons vue ici dans le détail et que nous utiliserons dans la suite de ce livre.

3. Codes de contraste avec un nombre d'observations différent dans les conditions

Historiquement, la procédure d'ANOVA appliquée à la détection de différences entre moyennes a été développée pour des plans expérimentaux où le nombre d'observations dans chaque condition du plan était identique. Cette procédure a donc été développée comme un raccourci arithmétique permettant de simplifier les calculs et reposant sur le postulat que les prédicteurs étaient non redondants. De nos jours, la grande accessibilité des logiciels permettant l'estimation de modèles de régression linéaire incluant des prédicteurs redondants rend ce postulat inutile et, comme nous l'avons montré, l'ANOVA peut facilement s'implémenter au sein de procédures générales de régression multiple, même lorsque le nombre d'observations varie d'une condition à une autre.

Au cours de cette section, nous présentons un nouvel exemple comprenant quatre niveaux d'une variable catégorielle, chaque niveau ou groupe ne comportant pas le même nombre d'observations. Le message à retenir sera que, tant que l'estimation sera faite sur la base d'un ensemble complet de prédicteurs en codes de contraste, toutes les interprétations que nous avons vues précédemment continueront à s'appliquer, même si, avec un nombre variable d'observations par condition, ces prédicteurs seront partiellement redondants au niveau des observations.

Faisons comme si vous étiez membre d'un département de psychologie d'une grande université comportant quatre filières pour les doctorats : Clinique, Développementale, Cognitive et Sociale. Le

	Filière Clinique	Développementale	Expérimentale	Sociale
	750	700	640	690
	730	630	660	720
	710	620	710	750
	690		620	670
	670			650
	770			
$\overline{Y}_k$	720	650	657.5	696
n_k	6	3	4	5
λ_{1k}	3	−1	−1	−1
λ_{2k}	0	2	−1	−1
λ_{3k}	0	0	1	−1

Encadré 8.13
Scores hypothétiques au GRE, moyennes de groupes et codes de contraste

nombre d'étudiants admis varie d'une filière à l'autre. La question qui vous intéresse est de savoir s'il existe des différences entre les moyennes des compétences verbales des étudiants admis dans ces quatre filières, compétences mesurées avec le GRE verbal. Les données de l'année que nous allons étudier sont présentées dans l'Encadré 8.13, en même temps que les moyennes des quatre groupes et les prédicteurs en codes de contraste que nous allons utiliser. Ici nous dérivons nos codes à partir de la convention de codage de Helmert, car nous n'avons pas d'attentes fortes concernant les différences de moyennes que nous pourrions trouver.

Étant donné que nous avons quatre groupes, nous créons donc trois prédicteurs en codes de contraste, X_{1i}, X_{2i} et X_{3i}, en utilisant les codes présentés dans l'Encadré 8.13. Nous passons ensuite à l'estimation du MODÈLE A utilisant ces trois prédicteurs pour prédire les scores au GRE verbal:

$$\hat{Y}_i = 680.875 + 13.042X_{1i} - 8.917X_{2i} - 19.250X_{31}$$

Ce modèle dispose d'une somme des carrés des erreurs de 21 595 et prédit les moyennes de leur catégorie respective pour chacune des observations.

Les paramètres estimés de ce modèle peuvent être interprétés comme nous l'avons fait précédemment, même si ces prédicteurs sont maintenant partiellement redondants (leurs tolérances seront inférieures à 1.0), du fait du nombre variable d'observations d'une condition à une autre.

L'ordonnée à l'origine, 680.875, correspond à la moyenne des moyennes des quatre groupes. En revanche, il ne s'agit pas de la moyenne des 19 observations qui est égale à 687.778. Les valeurs des trois pentes correspondent à des différences entre les moyennes des catégories, suivant les formules suivantes:

$$b_1 = \frac{\sum_k \lambda_{1k}\overline{Y}_k}{\sum_k \lambda_{1k}^2} = \frac{(3)\,\overline{Y}_C + (-1)\,\overline{Y}_D + (-1)\,\overline{Y}_E + (-1)\,\overline{Y}_S}{12}$$

$$= \frac{\overline{Y}_C - \frac{\overline{Y}_D + \overline{Y}_E + \overline{Y}_S}{3}}{4} = 13.042$$

$$b_2 = \frac{\sum_k \lambda_{2k}\overline{Y}_k}{\sum_k \lambda_{2k}^2} = \frac{(0)\,\overline{Y}_C + (2)\,\overline{Y}_D + (-1)\,\overline{Y}_E + (-1)\,\overline{Y}_S}{6}$$

$$= \frac{\overline{Y}_D - \frac{\overline{Y}_E + \overline{Y}_S}{2}}{3} = -8.917$$

$$b_3 = \frac{\sum_k \lambda_{3k}\overline{Y}_k}{\sum_k \lambda_{3k}^2} = \frac{(0)\,\overline{Y}_C + (0)\,\overline{Y}_D + (1)\,\overline{Y}_E + (-1)\,\overline{Y}_S}{2}$$

$$= \frac{\overline{Y}_E - \overline{Y}_S}{2} = -19.250$$

L'Encadré 8.14 présente le tableau résumé qui résulte de la comparaison de ce MODÈLE A avec quatre MODÈLES C différents. La première ligne de ce tableau renvoie à la comparaison entre ce MODÈLE A et le MODÈLE C à un seul paramètre prédisant la moyenne générale pour toutes les observations. L'hypothèse nulle de cette comparaison est que toutes les moyennes des groupes sont égales les unes aux autres. La deuxième ligne nous donne la comparaison entre ce MODÈLE A et un MODÈLE C omettant le prédicteur X_{1i}. L'hypothèse nulle est ici que β_1 est égal à zéro ou, de manière équivalente, que la moyenne du groupe Clinique est égale à la moyenne des trois autres groupes. La troisième ligne nous donne la comparaison entre ce MODÈLE A et un MODÈLE C omettant le prédicteur X_{2i}. L'hypothèse nulle est ici que β_2 est égal à zéro ou, de manière équivalente, que la moyenne du groupe Développementale est égale à la moyenne des groupes Expérimentale et Sociale. Enfin, la quatrième ligne nous donne la comparaison de ce MODÈLE A avec un MODÈLE C omettant le prédicteur X_{3i}. L'hypothèse nulle est ici que β_3 est égal à zéro ou, de manière équivalente, la moyenne du groupe Expérimentale est égale à celle du groupe Sociale. Toutes les SCR résultant de ces comparaisons à un degré de liberté peuvent être exprimées en fonction de leurs moyennes grâce à la formule que nous avons déjà utilisée fréquemment :

$$\text{SCR} = \frac{\left(\sum_k \lambda_k \overline{Y}_k\right)^2}{\sum_k \left(\lambda_k^2 / n_k\right)}$$

En résumé, toutes les interprétations et tous les calculs que nous avons parcourus dans ce chapitre concernant l'analyse de variables indépendantes catégorielles s'appliquent indépendamment du fait qu'il y ait le même nombre d'observations au sein des différents niveaux des variables catégorielles, si tant est, *encore une fois*, qu'un ensemble complet de prédicteurs en codes de contraste soit utilisé. La seule chose qui diffère dans cet exemple, du fait de la variabilité des n_k, concerne les sommes des carrés pour les différents tests à un degré de liberté du tableau précédent : celles-ci ne peuvent plus être additionnées pour retrouver la SCR du modèle global. Dans le cas présent, la somme des SCR relatives aux comparaisons à un seul degré de liberté est égale à 15 625.89, alors que le test global du modèle produit une SCR de 14 516. Cette différence est due au fait que les prédicteurs sont quelque peu redondants au niveau des observations. Néanmoins, toutes les comparaisons de modèles et les interprétations restent ce qu'elles ont été tout au long de ce chapitre.

Source	*b*	*SC*	*dl*	*CM*	*F*	*PRE*
Modèle (inter-groupes)		14516.00	3	4838.70	3.14	.40
X_1 (C vs. D, E, S)	13.04	10727.00	1	10727.00	6.95	.33
X_2 (D vs. E, S)	-8.92	1605.00	1	1605.00	1.04	.07
X_3 (E vs. S)	-19.25	3293.89	1	3293.89	2.14	.13
Erreur		21595.00	14	1542.5		
Total		36111.00	17			

Encadré 8.14
Tableau résumé pour l'analyse des scores au GRE

4. Codes de contraste polynomiaux

Il arrive que les observations s'inscrivent au sein des catégories discrètes d'une variable indépendante d'intérêt, même si la variable sous-jacente peut en réalité être vue comme un continuum. Supposons, par exemple, que nous nous intéressions aux différences liées à l'âge parmi des enfants d'école primaire, différences en termes de performance sur un test d'arithmétique standardisé. Pour ce faire, nous faisons passer ce test standardisé à des enfants issus de trois classes d'école primaire : CE2, CM1 et CM2. Nous voulons ensuite savoir s'il existe des différences de moyennes entre les classes. Ici, notre variable indépendante théorique d'intérêt concerne l'âge des enfants, mais nous mesurons plus exactement leur classe et les observations sont clairement réparties dans trois catégories distinctes de cette variable mesurée.

Imaginons que nous obtenions les données des 14 enfants présentées dans l'Encadré 8.15.

Dans un cas comme celui-ci, il existe un ensemble particulier de codes de contraste qui se révèle parfois utile pour évaluer des tendances parmi des moyennes de catégories. Ces codes sont des codes de contraste classiques, mais ils portent le nom plus spécifique de « polynomiaux » lorsque les valeurs de la variable indépendante catégorielle peuvent être ordonnées sur un continuum sous-jacent, comme c'est clairement le cas ici. L'Encadré 8.16 présente les codes de contraste polynomiaux pour des prédicteurs catégoriels ayant jusqu'à cinq niveaux.

Comme nous l'indiquons dans ce tableau, ces codes portent des noms faisant référence aux tendances prises par les moyennes des catégories, et ce, sur l'ensemble des niveaux de la variable indépendante catégorielle qu'ils prennent en compte. Ainsi, avec une variable catégorielle à deux niveaux, nous pouvons uniquement regarder si les moyennes vont en augmentant ou en diminuant, ce qui en fin de compte revient à ajuster une fonction linéaire à nos moyennes. Avec trois niveaux, nous pouvons non seulement ajuster une tendance linéaire aux trois moyennes, mais également nous demander si la moyenne du niveau intermédiaire est plus haute ou plus basse que ce qu'elle devrait être sous la contrainte d'un simple ordonnancement linéaire (la tendance quadratique). Avec quatre niveaux, nous pouvons ajuster non seulement une tendance linéaire et une tendance quadratique, mais également une tendance cubique ayant deux points d'inflexion plutôt qu'un seul. Et ainsi de suite.

Sachant que nous avons une variable catégorielle à trois niveaux dans nos données, nous allons utiliser les deux codes des contrastes orthogonaux polynomiaux qui permettent d'ajuster nos données aux tendances linéaire et quadratique. Nous créons donc deux prédicteurs en codes de contraste, X_{1i} et X_{2i}, en reprenant les codes spécifiés dans l'Encadré 8.16 pour une variable catégorielle à trois niveaux (le CE2 sera le niveau de Catégorie 1, etc.). Le modèle estimé ayant recours à ces prédicteurs pour prédire les scores au test standardisé nous donne

$$\hat{Y}_i = 72.96 + 3.73X_{1i} - 0.98X_{2i}$$

		Classe	
	CE2	CM1	CM2
	68	68	80
	72	75	75
	76	68	78
	65	72	
	70	65	
	80		
	69		
$\bar{Y}_k$	70.20	71.00	77.67
n_k	5	7	3

Encadré 8.15
Scores hypothétiques au test d'arithmétique standardisé

Encadré 8.16
Codes de contraste polynomiaux

Tendance	Catégories				
		1	2		
Linéaire		–1	1		
	1	2	3		
Linéaire	–1	0	1		
Quadratique	–1	2	–1		
	1	2	3	4	
Linéaire	–3	–1	1	3	
Quadratique	1	–1	–1	1	
Cubique	–1	3	–3	1	
	1	2	3	4	5
Linéaire	–2	–1	0	1	2
Quadratique	2	–1	–2	–1	2
Cubique	–1	2	0	–2	1
Quartique	1	–4	6	–4	1

avec un somme des carrés des erreurs de 237.47. Bien entendu et comme toujours, ce modèle et son ensemble complet de codes de contraste prédit exactement les moyennes des groupes :

$$\bar{Y}_{CE2} = 72.96 + 3.73\,(-1) - 0.98\,(-1) = 70.20$$
$$\bar{Y}_{CM1} = 72.96 + 3.73\,(0) - 0.98\,(+2) = 71.00$$
$$\bar{Y}_{CM2} = 72.96 + 3.73\,(+1) - 0.98\,(-1) = 77.67$$

Là aussi, comme toujours, les paramètres estimés peuvent être interprétés en termes de moyennes de groupes. L'ordonnée à l'origine, 72.96, représente la moyenne des trois moyennes, 3.73 représente la moitié de la différence entre $\bar{Y}_{CM2}$ et $\bar{Y}_{CE2}$, et −0.98 représente un tiers de la différence entre Y_{CM1} et la moyenne des moyennes des deux autres groupes. Le tableau résumé regroupant ces analyses est présenté dans l'Encadré 8.17.

Jusqu'ici, il n'y a rien de nouveau avec ce modèle ou son interprétation. Alors pourquoi nous sommes-nous référés à ces codes en les qualifiant de contrastes polynomiaux ? Cette raison tient au fait que la pente du premier code correspond à la pente que nous obtiendrions si nous ajustions une droite aux trois moyennes des groupes, et ce, en allant du CE2 au CM2. De plus, la pente du second prédicteur en codes de contraste estime dans quelle mesure la moyenne des CM1 s'écarte de cette droite de prédiction, autrement dit, dans quelle mesure cette fonction de prédiction s'écarte d'une droite qui prédit les trois moyennes des trois groupes. Étant donné que le coefficient associé à X_{1i} est significatif, mais pas celui de X_{2i}, nous pouvons conclure qu'il existe une augmentation linéaire de la performance au test standardisé à mesure que nous allons des enfants de CE2 aux enfants de CM2.

La question qui s'impose souvent dans une telle situation concerne le fait de savoir dans quelle mesure ces résultats différeraient de ce que nous obtiendrions si nous avions simplement régressé Y_i sur la variable classe, traitée comme une variable continue, en lui donnant comme valeurs numériques 3, 4 et 5 (les CE2, CM1 et CM2 étant respectivement les troisième, quatrième et cinquième classes de l'école primaire). Un tel modèle serait un modèle de régression simple testant la question de savoir s'il existe une relation linéaire entre la classe et la performance au test. Son estimation nous donne :

$$\hat{Y}_i = 59 + 3.38\,Classe_i$$

Source	b	SC	dl	CM	F	PRE
Modèle (inter-groupes)		119.47	2	59.73	3.019	.34
X_1	3.73	104.506	1	104.506	5.28	.31
X_2	–0.98	31.17	1	31.17	1.57	.12
Erreur		237.47	12	19.79		
Total		356.93	14			

Encadré 8.17
Tableau résumé de l'analyse des scores au test d'arithmétique

avec une somme des carrés des erreurs de 268.62. Le test ayant trait à l'existence d'une relation linéaire entre la classe et la performance produit une SCR de 88.31, un PRE = .25 et un $F_{1,13} = 4.27$. Dans ce modèle, la pente associée avec le prédicteur classe nous indique de combien la performance prédite au test augmente pour chaque augmentation d'une unité sur la classe, autrement dit, du CE2 au CM1 et du CM1 au CM2.

Bien que ces modèles soient évidemment différents pour de multiples raisons, la différence conceptuelle la plus importante concerne le fait qu'avec celui reposant sur les codes de contraste polynomiaux, nous prédisons les moyennes des groupes et testons des différences entre les moyennes des groupes. En revanche, avec le modèle de régression simple utilisant la classe comme prédicteur, nous ne faisons qu'ajuster une fonction linéaire à l'ensemble des observations individuelles, plutôt qu'aux moyennes des groupes. Étant donné que la taille des groupes est très inégale, modéliser les moyennes des groupes ou modéliser les observations individuelles produit des résultats différents.

5. Taux d'erreurs de Type I et tests de différences de moyennes

Précédemment, nous avons vu la stratégie générale permettant de tester toutes les différences de moyennes qui pourraient nous intéresser dans des plans à plusieurs niveaux (m) d'une variable indépendante catégorielle. Il convient, pour ce faire, de dériver un ensemble complet de codes de contraste (soit $m - 1$ contrastes) et de les utiliser pour estimer un modèle augmenté, modèle prédisant les moyennes des différentes catégories. Ce modèle donne directement accès aux tests correspondant aux différences de moyennes spécifiées par les codes utilisés comme prédicteurs. De manière importante, ce modèle fournit également la SCE(A) et le carré moyen des erreurs pour tous modèles utilisant un ensemble complet de codes, indépendamment de l'ensemble choisi. Ensuite, pour chaque comparaison de moyennes additionnelle qui pourrait se révéler d'intérêt, il est possible de calculer la SCR associée au contraste correspondant, comme s'il était utilisé comme prédicteur au sein d'un ensemble complet de prédicteurs en codes de contraste orthogonaux :

$$\mathrm{SCR} = \frac{\left(\sum_k \lambda_k \overline{Y}_k\right)^2}{\sum_k \left(\lambda_k^2 / n_k\right)}$$

La simple division de cette SCR par le CME associé au modèle estimé précédemment, nous fournit la statistique F associée à la comparaison de moyennes d'intérêt. De plus, le PRE de cette comparaison peut être calculé avec la formule :

$$\frac{SCR}{SCE(A) + SCR}$$

Lorsque le nombre de niveaux de la variable catégorielle est supérieur à deux ou trois, le nombre de comparaisons de moyennes pouvant être potentiellement testées peut être très important. À titre d'exemple, avec seulement quatre niveaux il est possible, en théorie, de tester les moyennes de chaque condition les unes par rapport aux autres, de tester les paires de moyennes les unes par rapport aux autres, la moyenne de chaque condition par rapport à la moyenne des trois restantes, et ainsi de suite. Le problème qui surgit dans un tel contexte – contexte où un grand nombre de différences de moyennes peuvent être testées – renvoie au fait que la probabilité d'erreurs de Type I pourrait devenir bien trop importante pour être acceptable. Ainsi, en dépit d'un α fixé à .05 pour chaque comparaison de moyennes, si nous effectuons un grand nombre de comparaisons de ce type, la probabilité que nous commettions quelque part une erreur de Type I devient rapidement assez grande. À titre d'exemple, si nous avions quatre groupes et que nous cherchions à savoir si chaque moyenne diffère des autres moyennes, cela équivaudrait aux tests de six contrastes (en plus des autres contrastes inclus dans l'ensemble de codes orthogonaux initialement utilisés pour générer le MODÈLE A). Si, pour chacun des six tests, α est fixé à .05, la probabilité que nous fassions au moins une erreur de Type I est de :

$$1 - (1 - .05)^6 = 1 - .95^6 = .265$$

En d'autres termes, même si l'hypothèse nulle était correcte et que toutes les vraies moyennes étaient égales les unes aux autres, nous trouverions au moins une comparaison de moyennes significative dans plus d'un quart des tests.

La littérature spécialisée dans l'ANOVA relate un grand nombre de procédures développées pour gérer ce problème. Nous nous limiterons à deux d'entre elles. La différence cruciale qui existe entre ces deux types de procédures concerne le fait de savoir si la comparaison de moyennes testée est ce que l'on appelle une *comparaison planifiée* ou une *comparaison post hoc.*

Comparaisons planifiées. Les comparaisons planifiées sont celles que le chercheur avait des raisons théoriques de vouloir examiner *avant* de réaliser l'expérience. En d'autres termes, le chercheur a spécifié toutes les comparaisons planifiées intéressantes avant de collecter ou d'examiner les données. Idéalement, le plus grand nombre possible de ces comparaisons planifiées sera inclus dans l'ensemble de prédicteurs en codes de contraste orthogonaux utilisé pour générer le MODÈLE A initial. Indépendamment de cela, on additionnera le nombre de comparaisons que l'on a l'intention d'examiner, à la fois dans le modèle initial et dans les autres modèles ayant un intérêt théorique. Appelons c le résultat de cette somme. Afin de garder α au niveau .05 sur l'ensemble de ces c tests, il faudra comparer chacun des F obtenu à une valeur critique de F, en utilisant $\frac{\alpha}{c}$ pour déterminer cette valeur critique. Ainsi et à titre d'exemple, si six tests doivent être réalisés, il faudra utiliser une valeur critique de F à $\frac{.05}{6} = .0083$ plutôt qu'à .05[8].

Comparaisons post hoc. Les comparaisons post hoc sont celles qui ne nous apparaissent qu'*après* avoir examiné les données. Souvent, quand nous regardons nos données, certaines comparaisons que nous n'avions pas anticipées apparaissent finalement intéressantes. Il est tout naturel de vouloir tester ces contrastes intéressants, bien que non anticipés. Néanmoins, il n'est pas aisé d'utiliser la procédure que nous venons de voir avec les comparaisons planifiées, car du simple fait que nous avons regardé nos données, nous avons implicitement réalisé un grand nombre de comparaisons – toutes celles qui ne nous ont pas paru intéressantes. Toutes ces comparaisons devraient donc être incluses dans la valeur c, c'est-à-dire le nombre total de comparaisons effectuées. Au lieu de tenter de compter toutes ces comparaisons implicites, la pratique courante consiste à comparer F à la valeur critique suivante, développée par Scheffé (1959) :

$$(m - 1)\, F_{m-1, n-\mathrm{PA};\alpha}$$

8. L'utilisation de $\frac{\alpha}{c}$ au lieu de α repose sur *l'inégalité de Bonferroni*, ce qui explique que certains manuels développés pour les programmes statistiques appellent cette méthode la méthode de Bonferroni pour comparaisons multiples. Il arrive également que cette méthode soit qualifiée de méthode de Dunn.

On peut citer deux caractéristiques importantes liées au fait d'utiliser la valeur critique ajustée de Scheffé. D'une part, la probabilité générale de faire au moins une erreur de Type I restera de α, indépendamment du nombre de contrastes testés avec cette valeur critique ajustée. Ainsi, le chercheur pourra explorer et fouiller autant qu'il le voudra à l'aide des contrastes, sans pour autant prendre de risques avec les erreurs de Type I. D'autre part, il y aura au moins un contraste dont le F excédera la valeur critique ajustée de Scheffé si, et seulement si, le test omnibus comparant le MODÈLE A et le MODÈLE C prédisant la moyenne générale pour toutes les observations est statistiquement significatif. Ainsi, si le test omnibus n'est pas significatif, il sera inutile de tester des contrastes post hoc en utilisant le critère de Scheffé.

6. Analyse de puissance pour une ANOVA à un facteur

6.1. *Estimation de la puissance statistique*

L'avantage d'adhérer systématiquement à l'approche de comparaison de modèles, c'est que tout ce que nous avons appris jusqu'ici continue à s'appliquer lorsque l'on traite de nouveaux types de modèles. Ainsi, les méthodes présentées au Chapitre 6, qui nous permettaient d'estimer la puissance statistique, s'appliquent de manière identique pour l'ANOVA à un facteur. Pour être plus spécifique, vous pouvez donc, là encore, utiliser les recherches précédentes pour estimer la valeur de η^2 (la proportion de réduction de l'erreur attendue), soit du test omnibus, soit des contrastes spécifiques à un degré de liberté. Comme précédemment, il vous faudra ajuster les estimateurs empiriques de η^2 sur la base du nombre d'observations et de paramètres. Cela sera particulièrement important pour les expériences, car le nombre d'observations est souvent faible, par rapport au nombre de paramètres dans le modèle. De plus, pour notre analyse de puissance vous pourriez, comme précédemment, utiliser les valeurs petites, moyennes et grandes de Cohen ou les valeurs classiquement obtenues dans votre domaine de recherche. Par exemple, si nous voulions refaire l'étude sur l'effet de l'entraînement sur la performance au SAT avec laquelle nous avons débuté ce chapitre, mais avec un nombre plus important d'observations, nous commencerions notre analyse de puissance en ajustant le PRE de .196 que nous avons trouvé dans cette étude :

$$\widehat{\eta^2} = 1 - (1 - \text{PRE})\left[\frac{n - \text{PC}}{n - \text{PA}}\right] = 1 - (1 - .196)\left[\frac{20 - 1}{20 - 2}\right] = .15$$

Un rapide coup d'œil à la puissance associée à cette valeur suggère qu'environ 50 participants seraient nécessaires pour avoir 80 % de chance de détecter un effet de cette taille.

Plus tôt, nous avons également abordé la façon dont les estimations des valeurs des paramètres – pentes de régression et variance de l'erreur – pouvaient fournir des estimations de tailles d'effets, dans le but de conduire une analyse de puissance. Néanmoins, avec une ANOVA à un facteur, plutôt que d'avoir des intuitions sur la valeur des paramètres de régression, un chercheur aura plus souvent une notion des valeurs à attendre pour les moyennes par groupes, ce qui en retour déterminera les pentes de régression. Ainsi, il vaut la peine d'examiner la façon dont nous pouvons estimer la vraie taille de l'effet attendu, à partir de nos attentes concernant les moyennes par conditions. Pour ce faire, commençons avec notre définition habituelle du PRE :

$$\text{PRE} = \frac{\text{SCE(C)} - \text{SCE(A)}}{\text{SCE(C)}} = \frac{\text{SCR}}{\text{SCE(C)}}$$

Nous avions également relevé plus tôt que *SCE(C)* = *SCE(A)* + *SCR* (autrement dit, l'erreur du modèle compact comprend toute l'erreur du modèle augmenté plus l'erreur ayant pu être réduite par l'ajout de paramètres additionnels dans le modèle augmenté). Ainsi,

$$\text{PRE} = \frac{\text{SCR}}{\text{SCE(A)} + \text{SCR}} = \frac{1}{(\text{SCE(A)}/\text{SCR}) + 1}$$

Afin de nous ramener à une définition de η^2, nous calculons simplement SCE(A) et SCR en utilisant les valeurs des vrais paramètres (β_0, β_1, *etc.*, ε^2), au lieu des paramètres estimés (b_0, b_1, *etc.*, s^2). Pour l'ANOVA à un facteur, nous pouvons débuter avec nos attentes concernant les vraies moyennes des groupes, μ_k, et utiliser celles-ci dans la formule de SCR pour un prédicteur en codes de contraste :

$$\text{SCR pour un contraste} = \frac{\left[\sum \lambda_k \mu_k\right]^2}{\sum \lambda_k^2 / n_k}$$

Pour un modèle complet, SCE(A) dépend uniquement de σ^2, la variance intracondition. Plus précisément,

$$\text{SCE(A)} = \left(\sum_k n_k\right)\sigma^2 = n\sigma^2$$

où n est le nombre total d'observations. Ici, nous multiplions par n plutôt que par (n – PA), car nous n'avons estimé aucun paramètre à partir des données pour calculer SCE(A). Nous pouvons maintenant substituer ces valeurs de SCR et SCE(A) dans la formule du PRE. En outre, comme ces valeurs ont été calculées à partir des vrais paramètres présumés, cela nous fournit une formule pour η^2 (et non pour PRE) :

$$\widehat{\eta}^2 = \left(\frac{n\sigma^2 \left(\sum \lambda_k^2 / n_k\right)}{\left[\sum \lambda_k \mu_k\right]^2} + 1\right)^{-1}$$

Si n_k, le nombre d'observations dans chaque groupe, est équivalent pour tous les groupes et si m est le nombre de groupes, nous avons $n = mn_k$, ce qui nous permet de réduire la formule précédente et d'aboutir à :

$$\widehat{\eta}^2 = \left(\frac{m\sigma^2 \left(\sum \lambda_k^2\right)}{\left[\sum \lambda_k \mu_k\right]^2} + 1\right)^{-1}$$

formule qui ne dépend ni du nombre total d'observations, ni du nombre d'observations dans chaque groupe. Il s'ensuit que, pour trouver la valeur de η^2 à utiliser dans nos calculs de puissance, nous avons uniquement besoin de spécifier les valeurs de σ^2 et de μ_k que nous espérons obtenir dans notre étude. Bien entendu, nous devons également spécifier les valeurs de λ_k correspondant au code de contraste pour lequel nous voulons estimer la puissance statistique.

À titre d'exemple de cette approche directe de l'estimation de η^2, revenons encore une fois à l'exemple de l'étude sur le feedback que nous avons vue plus tôt dans ce chapitre. Supposons que, sur la base de l'étude précédente, le chercheur s'attende à obtenir respectivement les valeurs de 3, 4 et 4, pour les moyennes des conditions Échec, Pas de feedback et Succès. Il s'attend également à obtenir une variance intragroupe d'environ 1.5. Il s'ensuit que, pour le contraste {–2, 1, 1}, la valeur attendue pour la taille de l'effet devrait être :

$$\widehat{\eta}^2 = \left(\frac{3(1.5)6}{[(-2)3 + 4 + 4]^2} + 1\right)^{-1} = .13$$

À partir de cette valeur, nous pouvons estimer, grâce aux tables présentées en annexe, qu'un total de 60 observations, soit 20 par groupes, serait nécessaire pour nous fournir une puissance statistique de .80.

6.2. *Puissance et plans d'expériences*

Au moment de planifier des expériences, les chercheurs doivent choisir combien de groupes utiliser et combien d'observations doivent être attribuées à chacun de ces groupes. Il est important de prendre en considération les conséquences que peuvent avoir de tels choix sur la puissance statistique. Nous traitons tout d'abord les implications en termes de plans d'expériences pour les tests omnibus relatifs à l'existence d'une quelconque différence entre les moyennes et ensuite en termes de puissance pour des tests de contrastes spécifiques.

La puissance statistique du test omnibus relatif à l'existence d'une quelconque différence de moyennes entre les groupes est maximisée lorsque le nombre d'observations est le même dans chaque condition. Dans une telle situation, la statistique F omnibus est égale à la moyenne de toutes les statistiques F composant l'ensemble de contrastes orthogonaux. Cela souligne une erreur commune dans l'élaboration des plans d'expérience : si un trop grand nombre de groupes est utilisé, il y aura donc beaucoup de contrastes pour lesquels aucune différence ne sera attendue, ce qui, en retour, diminuera le F omnibus. Il arrive, néanmoins, que l'utilisation d'un grand nombre de groupes soit inévitable. À titre d'exemple, les chercheurs en psychobiologie sont parfois obligés d'utiliser de multiples groupes contrôles (par exemple, maniement de l'animal, injection d'un placebo...) qui seront comparés à un unique groupe expérimental – qu'on appelle parfois le traitement. Si aucune différence n'est attendue parmi les différents groupes contrôles, alors la taille possible de la statistique F omnibus s'en trouve mécaniquement réduite. Dans un tel cas, le F omnibus est souvent trompeur et les chercheurs devraient se centrer uniquement sur le contraste opposant le traitement aux groupes contrôles.

Les chercheurs utilisant des niveaux de catégories ordonnés, pour lesquels ils prédisent des tendances polynomiales ont souvent recours à un trop grand nombre de niveaux. Ainsi, il arrivera par exemple souvent que des chercheurs espérant une tendance linéaire, voire quadratique, commettent l'erreur de recourir à une variable contenant jusqu'à cinq niveaux. Avec un nombre d'observations équivalent pour chaque niveau, le F omnibus s'en trouve réduit, car il moyenne non seulement les contrastes linéaire et quadratique, dont on s'attend à ce qu'ils soient significatifs, mais également les contrastes cubique et quartique, dont on ne s'attendait pas à ce qu'ils soient significatifs. En réalité, la puissance est même réduite pour les tests spécifiques des tendances linéaire et quadratique, car une part des ressources les plus importantes pour l'étude – les observations – a été allouée au test des effets cubique et quartique. Dans le même temps, tester plus de tendances polynomiales que nécessaire augmente les chances de commettre des erreurs de Type I.

En ce qui concerne les contrastes spécifiques, allouer un nombre équivalent d'observations à tous les groupes attribue autant d'importance à tous les contrastes. Si un ou deux contrastes sont plus importants que les autres pour le but de la recherche, on peut vouloir allouer un nombre d'observations inégal au sein des différents groupes, afin de maximiser la puissance statistique des contrastes ayant une plus grande importance. La puissance associée à un contraste est maximisée lorsque la répartition du nombre d'observations dans les groupes est proportionnelle à la valeur absolue des poids de contrastes. Par exemple, pour un test t dont les poids de contraste sont $\{-1, +1\}$, la puissance statistique sera maximisée en allouant un nombre équivalent d'observations dans chaque groupe. Néanmoins, pour un contraste quadratique dans le cas d'une variable à trois modalités, les poids seront $\{-1, +2, -1\}$ et la puissance sera maximisée en allouant un quart des observations à chaque catégorie des extrémités et la moitié restante des observations à la catégorie intermédiaire. Le chercheur en psychobiologie voulant comparer le groupe traitement avec quatre groupes contrôles pourrait maximiser la puissance de son test en allouant la moitié de ses observations au groupe traitement et un huitième des observations à chacun des groupes contrôles.

Résumé

Au cours de ce chapitre, nous avons traité de modèles comportant un seul prédicteur catégoriel, prédicteur ayant deux ou plus de deux niveaux ou catégories. De tels prédicteurs nécessitent un codage numérique et nous avons exprimé, pour ce faire, une forte préférence en faveur de l'utilisation de codes de contrastes orthogonaux. Un ensemble complet de tels codes implique la création de $m - 1$ prédicteurs en codes de contraste, pour une variable à m niveaux de catégories. En outre, étant donné que la somme des codes utilisés pour chaque prédicteur sera égale à un, l'orthogonalité sera assurée par la création de codes pour lesquels la somme de toutes les paires de produits sera égale à zéro.

Nous avons également vu que, lorsque qu'un ensemble complet de codes est utilisé pour prédire la variable dépendante, les valeurs prédites par un tel modèle seront égales aux moyennes des catégories sur cette même variable dépendante. Il s'ensuit que toute inférence à propos des pentes est, de manière équivalente, une inférence en termes de différences entre moyennes de catégories. Ces modèles sont donc équivalents au traditionnel test t pour échantillons indépendants (pour $m = 2$) et au modèle de l'analyse de la variance à un facteur (pour m > 2). Bien que l'ANOVA à un facteur ait traditionnellement mis en avant les tests omnibus dont l'objectif est de savoir s'il existait de quelconques différences entre les moyennes des groupes ou catégories, notre préférence va très nettement à des comparaisons à un seul degré de liberté, testant des contrastes spécifiques ayant un intérêt théorique. Nous encourageons les chercheurs à tester les différences de moyennes qui les intéressent, même si ces différences ne sont pas elles-mêmes orthogonales. Nous avons présenté des procédures adaptées à ces comparaisons non orthogonales, tout en gardant à l'esprit qu'un ensemble complet de codes devait être orthogonal. Enfin, nous avons présenté des procédures permettant d'éviter une inflation des seuils α dans le contexte de multiples comparaisons de moyennes, que ces derniers soient a priori (comparaisons planifiées) ou post hoc.

CHAPITRE 9

L'ANOVA factorielle : les modèles avec plusieurs prédicteurs catégoriels et des termes de produits

SOMMAIRE

Au chapitre précédent, nous avons développé les modèles avec un prédicteur catégoriel. Dans ce chapitre-ci, nous étendons notre intérêt aux modèles comprenant deux prédicteurs catégoriels, voire davantage. Les raisons qui nous poussent à inclure plus d'une variable catégorielle comme prédicteur dans notre MODÈLE sont les mêmes que celles qui nous ont motivés à généraliser des modèles de régression simple avec un prédicteur à des modèles de régression multiple avec deux ou plus de deux prédicteurs au Chapitre 6. Les modèles dans lesquels les prédictions dépendent de deux ou plus de deux variables catégorielles peuvent être imposés par nos DONNÉES et, de manière plus importante, par le processus sous-jacent qui a généré nos DONNÉES. Exactement comme c'était le cas pour la régression multiple, le fait de contrôler une variable catégorielle en l'incluant dans le MODÈLE nous permet généralement de mieux repérer les effets d'autres variables catégorielles. De plus, comme c'est le cas en régression multiple, nous nous intéressons souvent à des modèles qui combinent les effets de deux ou plus de deux variables catégorielles. Dans le cas des variables catégorielles, nous serons particulièrement soucieux de vérifier si l'effet d'une variable catégorielle dépend des niveaux des autres variables catégorielles. Autrement dit, nous voulons savoir s'il existe ou non une interaction entre les variables catégorielles, exactement comme il pouvait exister des interactions entre les variables continues examinées en régression multiple au Chapitre 7.

La généralisation des modèles comprenant un prédicteur catégoriel (les ANOVA à un facteur du chapitre précédent) aux modèles avec deux prédicteurs catégoriels (les ANOVA à deux facteurs) et aux modèles incluant plus de deux prédicteurs catégoriels (les ANOVA à q facteurs, où q est le nombre de prédicteurs catégoriels) ne pose aucun problème. Comme nous allons le démontrer, l'analyse de variance classique avec deux ou plus de deux prédicteurs catégoriels n'est rien de plus qu'une ANOVA à un facteur avec un ensemble particulier et bien choisi de codes de contraste. En d'autres termes, la seule chose nouvelle que nous allons apprendre consiste à générer les bons ensembles de codes de contraste. Ajuster le modèle et tester les hypothèses se fait exactement comme pour l'ANOVA à un facteur présentée au Chapitre 8.

1. L'ANOVA factorielle comme ANOVA à un facteur

Nous commençons par l'examen de l'ensemble de données présenté dans l'Encadré 9.1. Dans cette expérience imaginaire, des patients dépressifs suivent un traitement psychothérapeutique (thérapie) ou non (contrôle) et prennent un médicament parmi trois (A, B ou placebo). Après six mois, chaque patient remplit un questionnaire portant sur son humeur et sur lequel les scores plus élevés révèlent une meilleure humeur (ou une dépression moindre).

Le plan expérimental présenté à l'Encadré 9.1 est habituellement dénommé plan factoriel parce que chaque niveau d'une variable catégorielle se retrouve à chaque niveau de l'autre variable catégorielle. Nous avons ici trois niveaux du facteur Médicament et deux niveaux du facteur Psychothérapie pour un total de $3 \times 2 = 6$ combinaisons différentes, chacune définissant un groupe ou une cellule dans le plan. Ce type de situation est souvent décrit en utilisant le terme de *plan* 3×2. Dans

Encadré 9.1

Données hypothétiques (scores d'humeur) dans un plan expérimental Médicament (3) par Psychothérapie (2)

Médicament	**Médicament**					
	Thérapie			**Contrôle**		
A	31	31	34	17	15	19
B	25	25	28	23	18	16
Placebo	17	18	16	9	10	8

Nom du Groupe	1 A,T	2 B,T	3 P,T	4 A,C	5 B,C	6 P,C
	31	25	17	17	23	9
	31	25	18	17	18	10
	34	28	16	19	18	8
Moyenne	32	26	17	17	19	9

Encadré 9.2 Données hypothétiques présentées sous forme d'un plan à un facteur

		Groupe					
Codes de Contraste		**1**	**2**	**3**	**4**	**5**	**6**
λ_1 1 vs. 2, 3, 4, 5, 6	Z_1	5	−1	−1	−1	−1	−1
λ_2 2 vs. 3, 4, 5, 6	Z_2	0	4	−1	−1	−1	−1
λ_3 3 vs. 4, 5, 6	Z_3	0	0	3	−1	−1	−1
λ_4 4 vs. 5, 6	Z_4	0	0	0	2	−1	−1
λ_5 5 vs. 6	Z_5	0	0	0	0	1	−1

cette étude hypothétique, on a examiné un total de 18 patients, trois d'entre eux étant assignés aléatoirement à chacun des six groupes.

Même s'il est naturel de présenter ces données dans un tableau comprenant trois lignes et deux colonnes, comme c'est le cas dans l'Encadré 9.1, on peut aussi rapporter les données en répartissant les six groupes ou cellules sur un seul facteur comme dans l'Encadré 9.2.

La présentation des données par le biais d'un seul facteur montre bien que l'on peut exploiter n'importe lequel des ensembles de codes de contraste mis au point au chapitre précédent pour analyser les données. Afin d'illustrer cette affirmation, nous allons d'abord réaliser une analyse en nous basant sur des codes de contraste qui sont corrects sur le plan statistique, mais qui ne posent pas de questions généralement considérées comme étant intéressantes. Dans ce premier ensemble de codes de contraste, nous formons le premier contraste λ_1 en comparant le Groupe 1 (Médicament A combiné à Thérapie) à tous les autres groupes. Le prédicteur correspondant à ce code de contraste est Z_1.[9] Le contraste λ_2 compare le Groupe 2 à tous les groupes restants à l'exception du Groupe 1 et ainsi de suite. Ces codes de contraste sont également fournis dans l'Encadré 9.2. Nous pouvons vérifier que ces codes sont orthogonaux en contrôlant que la somme de chaque ensemble de produits croisés est égale à zéro. Par exemple:

$$\begin{aligned}\sum_{k=1}^{6} \lambda_{1k}\lambda_{2k} &= 5(0) - 1(4) - 1(-1) - 1(-1) - 1(-1) - 1(-1)\\ &= 0 - 4 + 1 + 1 + 1 + 1\\ &= 0\end{aligned}$$

Nous pouvons régresser Y_i, les scores d'humeur, sur les variables prédictrices $Z_1, Z_2, \ldots, Z_5$ en utilisant un programme standard de régression multiple ou, de façon équivalente, nous pourrions utiliser les formules de l'ANOVA à un facteur du Chapitre 8. L'Encadré 9.3 présente la matrice des données que nous utiliserions pour régresser Y_i sur $Z_1, Z_2, \ldots, Z_5$. Notez que, parce qu'il y a un

9. Nous utilisons ici des Z en lieu et place des habituels X parce que nous allons ensuite analyser les mêmes données avec un autre ensemble de codes de contraste. Les Z sont les variables prédictrices sous forme de codes de contraste pour la première analyse et les X seront les variables prédictrices sous forme de codes de contraste pour la seconde analyse.

Encadré 9.3
Matrice de données permettant d'analyser les scores d'humeur avec une régression multiple et des prédicteurs basés sur un seul facteur.

Groupe		Scores d'humeur	Prédicteurs				
Médicament	**Psychothérapie**	**Y**	Z_1	Z_2	Z_3	Z_4	Z_5
A	T	31	5	0	0	0	0
A	T	31	5	0	0	0	0
A	T	34	5	0	0	0	0
B	T	25	−1	4	0	0	0
B	T	25	−1	4	0	0	0
B	T	28	−1	4	0	0	0
P	T	17	−1	−1	3	0	0
P	T	18	−1	−1	3	0	0
P	T	16	−1	−1	3	0	0
A	C	17	−1	−1	−1	2	0
A	C	15	−1	−1	−1	2	0
A	C	19	−1	−1	−1	2	0
B	C	23	−1	−1	−1	−1	1
B	C	18	−1	−1	−1	−1	1
B	C	16	−1	−1	−1	−1	1
P	C	9	−1	−1	−1	−1	−1
P	C	10	−1	−1	−1	−1	−1
P	C	8	−1	−1	−1	−1	−1
Moyenne		20	0	0	0	0	0

même nombre d'observations dans chaque groupe, la moyenne pour chaque prédicteur est parfaitement égale à zéro.

Ainsi, nous pouvons tester si les six moyennes de groupes sont égales en comparant les modèles :

$$\text{MODÈLE A} : Y_i = \beta_0 + \beta_1 Z_{1i} + \beta_2 Z_{2i} + \beta_3 Z_{3i} + \beta_4 Z_{4i} + \beta_5 Z_{5i} + \varepsilon_i$$
$$\text{MODÈLE C} : Y_i = \beta_0 + \varepsilon_i$$
$$H_0 : \mu_1 = \mu_2 = \mu_3 = \mu_4 = \mu_5$$

Si nous régressons les scores d'humeur des cinq prédicteurs codés sous forme de contrastes, nous trouvons l'analyse présentée dans l'Encadré 9.4. Les deux modèles estimés sont :

$$\text{MODÈLE A} : \widehat{Y}_i = 20 + 2.4Z_{1i} + 2.1Z_{2i} + 0.5Z_{3i} + 1Z_{4i} + 5Z_{5i}$$
$$\text{MODÈLE C} : \widehat{Y}_i = 20$$

Le modèle augmenté qui se base sur les cinq prédicteurs réduit l'erreur du modèle compact qui se base sur la moyenne de 960/1010 = .9505. Nous calculons F de la manière habituelle :

$$F_{5,12} = \frac{0.9505/5}{(1 - 0.9505)/12} = 46.1$$

Ce test omnibus conduit à rejeter le MODÈLE C en faveur du MODÈLE A parce que la valeur de PRE (.95) est statistiquement surprenante ($F_{5,12} = 46.1$, $p < .0001$). Ceci implique, comme c'était le

Source	b_j	SC	dl	CM	F	p	PRE
Inter-groupes		960.0	5	192.0	46.1	.0001	.95
Z_1	2.4	518.4	1	518.4	124.4	.0001	.91
Z_2	2.1	264.6	1	264.6	63.5	.0001	.84
Z_3	0.5	9.0	1	9.0	2.2	.17	.15
Z_4	1.0	18.0	1	18.0	4.3	.06	.26
Z_5	5.0	150.0	1	150.0	36.0	.0001	.75
Intra-groupe (CME)		50.0	12	4.2			
Total		1010.0	17				

Encadré 9.4
Tableau ANOVA des scores hypothétiques d'humeur sur base du modèle : $Y_i = \beta_0 + \beta_1 Z_{1i} + \beta_2 Z_{2i} + \beta_3 Z_{3i} + \beta_4 Z_{4i} + \beta_5 Z_{5i} + \varepsilon_i$

cas dans l'analyse de la variance univariée, que les moyennes des six groupes ne sont pas toutes égales les unes aux autres. Autrement dit, les six groupes ne peuvent pas être représentés de façon satisfaisante par la moyenne générale.

Mais quels sont les groupes qui diffèrent des autres ? Il est important de se souvenir que le test omnibus ne répond pas à cette question. En revanche, nous pouvons voir que le test du contraste Z_1 indique que l'estimateur $b_1 = 2.4$ est significativement différent de zéro et diminue de 91 % l'erreur qui subsiste après que tous les autres codes aient été introduits dans l'équation[10]. Rappelez-vous que ce dernier test est obtenu en comparant le modèle augmenté qui inclut tous les Z à un modèle compact qui inclut tous les Z à l'exception de Z_1. Concrètement :

$$\begin{aligned} \text{MODÈLE A} : Y_i &= \beta_0 + \beta_1 Z_{1i} + \beta_2 Z_{2i} + \beta_3 Z_{3i} + \beta_4 Z_{4i} + \beta_5 Z_{5i} + \varepsilon_i \\ \text{MODÈLE A} : Y_i &= \beta_0 + \beta_2 Z_{2i} + \beta_3 Z_{3i} + \beta_4 Z_{4i} + \beta_5 Z_{5i} + \varepsilon_i \\ H_0 : \beta_1 &= 0 \end{aligned}$$

Dans ce cas, nous pouvons rejeter le MODÈLE C en faveur du MODÈLE A et, de ce fait, rejeter l'hypothèse nulle selon laquelle $\beta_1 = 0$. Le contraste λ_1 correspondant code la comparaison entre le Groupe 1 (Médicament A avec Thérapie) et la moyenne de tous les autres groupes. Nous pouvons donc conclure que le Groupe 1 est significativement différent de la moyenne de toutes les autres cellules de cette étude.

Nous pouvons interpréter la valeur du coefficient de la même façon qu'auparavant. Ainsi, le coefficient $b_1 = 2.4$ signifie que pour chaque augmentation d'une unité de Z_1, le score d'humeur prédit augmente, en moyenne, de 2.4 points. Pour le vérifier, réexaminez l'Encadré 9.2 et constatez que la valeur de Z_1 pour tous les autres groupes est -1 tandis que pour le Groupe 1, $Z_1 = 5$. Autrement dit, il y a un changement de six unités sur Z_1 entre les deux groupes de comparaison. Le MODÈLE A prédit dès lors que la moyenne pour le Groupe 1 est $6 \times 2.4 = 14.4$ plus élevée que la moyenne dans tous les autres groupes. Or, c'est effectivement le cas : la moyenne pour le Groupe 1 est égale à 32 et la moyenne pour que tous les autres groupes combinés est égale à $(26 + 17 + 17 + 19 + 9)/5 = 17.6$, et $32 - 17.6 = 14.4$. Mais pourquoi le Groupe 1 est-il meilleur, en moyenne, que tous les autres groupes ? Est-ce à cause du Médicament A ? Ou est-ce que les patients ayant suivi une thérapie ont de meilleurs scores indépendamment du médicament pris ? Ou encore, est ce que le Médicament A est spécialement efficace chez les patients qui suivent aussi une thérapie ? Le contraste λ_1 ne peut rien nous dire à ce propos. Il signale seulement qu'il y a une différence.

On peut interpréter de la même façon les résultats pour le prédicteur en code de contraste Z_2. Le fait que l'estimateur $b_2 = 2.1$ soit significativement différent de zéro indique que le Groupe 2 (Médi-

10. Notez que les Z sont indépendants les uns des autres parce qu'ils sont basés sur des codes de contraste orthogonaux et qu'il y a un nombre égal d'observations dans chaque groupe. Dès lors, l'addition des sommes des carrés dans l'Encadré 9.4, pour les prédicteurs individuels codés sous forme de contrastes, correspond à la somme globale des sommes des carrés pour le modèle complet.

cament B administré à des patients suivant une Thérapie) est différent de la moyenne de tous les autres groupes (à l'exclusion du Groupe 1). La différence de moyennes est égale à 5 × 2.1 = 10.5. Mais, encore une fois, nous ne savons pas si les scores plus élevés d'humeur du Groupe 2 sont dus au Médicament B, à la Thérapie ou à leur combinaison.

L'autre prédicteur en code de contraste dont le coefficient est significativement différent de zéro (avec α = .05) est Z_5. Le contraste orthogonal λ_5 correspondant compare les Groupes 5 et 6, ou la différence entre le fait de prendre le Médicament B versus le Placebo pour les patients de la condition Contrôle. Dans ce cas précis, nous savons que le score moyen plus élevé du Groupe 5 (2 × 5 = 10) est dû au Médicament B par rapport au Placebo, car tous les patients impliqués dans cette comparaison sont dans le groupe contrôle qui ne suit pas de thérapie. Mais est-ce que le Médicament B est également meilleur que le Placebo pour les patients qui ont suivi une thérapie ? Aucun des contrastes Z ne nous aide à répondre à cette question.

2. Un meilleur ensemble de codes de contraste

Même si l'analyse de variance univariée s'appuyant sur les prédicteurs en codes de contraste Z est statistiquement correcte, elle ne permet pas de répondre à des questions importantes que nous souhaitons poser par rapport aux données. Une solution consisterait à utiliser les procédures de comparaisons multiples du Chapitre 8 pour traiter certaines des questions restées sans réponse. Toutefois, une stratégie bien plus efficace consiste à utiliser d'emblée un ensemble de codes de contraste qui traite la plupart des questions que nous aurions naturellement tendance à examiner. Étant donné la configuration en double entrée des données (voir Encadré 9.1), il existe plusieurs ensembles de codes qui sont plus naturels que les codes Z. Une analyse de variance à deux facteurs n'est rien de plus qu'une ANOVA univariée recourant à l'un de ces ensembles naturels de codes.

Afin de développer un ensemble de codes davantage naturel, nous commençons par considérer chacune des deux variables catégorielles séparément. La stratégie consiste à construire des codes de contraste identiques à ceux que nous utiliserions si chacune des variables catégorielles était examinée seule dans sa propre analyse de variance. Autrement dit, la première étape consiste à coder chacune des variables catégorielles comme si l'autre n'existait pas. Pour la variable Médicament, une question intéressante est de savoir si les médicaments (qu'il s'agisse de A ou de B) font en moyenne mieux que le placebo. Le code de contraste λ_1 (et son prédicteur codé en contraste X_1 correspondant) repris à l'Encadré 9.5 fait précisément cette comparaison en recourant au pattern (1, 1, −2). Ce pattern est répété pour chaque niveau de l'autre variable catégorielle (dans ce cas, Thérapie). Le code de contraste λ_2 (et son prédicteur codé en contraste X_2 correspondant) pose ensuite la question de savoir s'il y a une différence entre les Médicaments A et B. On peut vérifier que λ_1 et λ_2 sont orthogonaux en contrôlant si la somme de leurs produits croisés est bien égale à zéro. De fait :

$$\begin{aligned}\sum_{k=1}^{6} \lambda_{1k}\lambda_{2k} &= 1(1) + 1(-1) - 2(0) + 1(1) + 1(-1) - 2(0)\\ &= 1 - 1 + 0 + 1 - 1 + 0\\ &= 0\end{aligned}$$

L'orthogonalité combinée à un même nombre d'observations dans chaque cellule fait en sorte que les prédicteurs codés X_1 et X_2 sont non corrélés ou non redondants. Avec trois niveaux de la variable catégorielle Médicament, on ne peut avoir que deux codes orthogonaux, ce qui fait que λ_1 et λ_2 sont suffisants pour l'analyse univariée de cette variable. En ce qui concerne la variable catégorielle Psychothérapie, elle ne comporte que deux niveaux et nous n'avons donc besoin que d'un seul code. Dès lors, λ_3 est le code de contraste qui distingue le fait de suivre la thérapie du fait de

Label du Groupe	1 A,T	2 B,T	3 P,T	4 A,C	5 B,C	6 P,C
	31	25	17	17	23	9
	31	25	18	15	18	10
	34	28	16	19	18	8
Moyenne	32	26	17	17	19	9

Encadré 9.5

Données hypothétiques de l'Encadré 9.1 codées pour l'ANOVA à deux facteurs

		Groupe					
Codes de Contraste		**1**	**2**	**3**	**4**	**5**	**6**
λ_1 Médicament vs. Placebo	X_1	1	1	−2	1	1	−2
λ_2 Médic. A vs. Médic. B	X_2	1	−1	0	1	−1	0
λ_3 Thérapie vs. Contrôle	X_3	1	1	1	−1	−1	−1
λ_4 Interaction: $\lambda_1 \times \lambda_3$	X_4	1	1	−2	−1	−1	2
λ_5 Interaction: $\lambda_2 \times \lambda_3$	X_5	1	−1	0	−1	1	0

se trouver dans la condition contrôle. Ce code correspond à l'analyse de variance univariée de cette variable.

À ce stade, nous disposons seulement de trois codes, λ_1, λ_2 et λ_3, pour les deux analyses univariées séparées des variables catégorielles ; or cinq codes de contraste sont requis pour l'analyse complète des six groupes. Pour générer les deux codes nécessaires, nous allons simplement multiplier les codes de contraste entre les deux variables catégorielle à savoir, $\lambda_4 = \lambda_1 \times \lambda_3$ et $\lambda_5 = \lambda_2 \times \lambda_3$. Ces produits sont du même type que ceux que nous avons considérés au Chapitre 7, lorsque nous avons introduit le concept d'interaction entre variables. Dans le contexte des ANOVA à deux facteurs, ces termes de produits posent des questions particulièrement intéressantes. Le code λ_4, le produit de λ_1 et λ_3, cherche à savoir si la différence codée par λ_1 (Médicament vs. Placebo) dépend du niveau de Psychothérapie (Thérapie vs. Contrôle). En d'autres termes, l'effet de médicament est-il différent pour ceux qui ont suivi une thérapie et pour ceux qui sont dans le groupe contrôle ? De la même façon, λ_5, le produit de λ_2 et λ_3, vise à déterminer si la comparaison codée par λ_2 (Médicament A vs. Médicament B) dépend du niveau de Psychothérapie (Thérapie vs. Contrôle). L'ordre de la multiplication est arbitraire et chacune des questions pourrait être examinée en sens inverse. Autrement dit, λ_4 vise à déterminer si l'effet de la psychothérapie (la différence entre Thérapie et Contrôle) dépend du fait que le patient reçoit un médicament ou un placebo. Plus loin nous considérons l'interprétation d'interactions de ce type de manière plus détaillée.

Notez que nous ne formons pas un code en multipliant $\lambda_1 \times \lambda_2$ parce que cela fournirait un code pour la variable catégorielle Médicament qui ne serait pas orthogonal aux deux autres codes associés à cette variable. Par contre, les deux codes formés par les produits, λ_4 et λ_5, sont orthogonaux l'un par rapport à l'autre et par rapport aux autres codes. Vous pouvez, si vous le voulez, calculer certains de ces produits croisés pour vérifier cette affirmation. Cela donne un total de cinq codes de contraste orthogonaux, exactement le nombre dont nous avons besoin pour l'analyse de ces six groupes.

L'Encadré 9.6 fait apparaître la matrice de données que nous pouvons analyser à l'aide d'un programme de régression multiple afin de modéliser les scores d'humeur en fonction des variables X. Autrement dit, cette matrice de données permet de régresser Y_i sur X_1, X_2, X_3, X_4 et X_5. Notez à nouveau que la moyenne de chaque prédicteur est parfaitement égale à zéro parce que nous avons des codes de contraste et qu'il y a un nombre égal d'observations dans chaque groupe.

L'Encadré 9.7 présente les résultats de l'analyse de régression utilisant les prédicteurs codés en contrastes X. Notez que la somme des carrés du modèle augmenté incluant tous les prédicteurs, et le F et le PRE du test omnibus du modèle complet sont *exactement* les mêmes que lorsque nous

Encadré 9.6
Matrice de données pour l'analyse des scores d'humeur par la régression multiple et les prédicteurs codés en codes de contrastes.

Groupe		Scores d'humeur	Prédicteurs				
Médicament	**Psychothérapie**	**Y**	**X_1**	**X_2**	**X_3**	**X_4**	**X_5**
A	T	31	1	1	1	1	1
A	T	31	1	1	1	1	1
A	T	34	1	1	1	1	1
B	T	25	1	−1	1	1	−1
B	T	25	1	−1	1	1	−1
B	T	28	1	−1	1	1	−1
P	T	17	−2	0	1	−2	0
P	T	18	−2	0	1	−2	0
P	T	16	−2	0	1	−2	0
A	C	17	1	1	−1	−1	−1
A	C	15	1	1	−1	−1	−1
A	C	19	1	1	−1	−1	−1
B	C	23	1	−1	−1	−1	1
B	C	18	1	−1	−1	−1	1
B	C	16	1	−1	−1	−1	1
P	C	9	−2	0	−1	2	0
P	C	10	−2	0	−1	2	0
P	C	8	−2	0	−1	2	0
Moyenne		20	0	0	0	0	0

avons utilisé les prédicteurs Z. C'est nécessairement le cas car, dans chacune de ces analyses, nous avons utilisé un ensemble complet de codes. Il s'ensuit que la valeur prédite $\hat{Y}$ pour chaque groupe est la moyenne $\bar{Y}$ pour ce groupe, comme c'était le cas avec l'ANOVA univariée. Si les prédictions des deux modèles sont les mêmes, alors l'erreur totale et l'erreur totale réduite doivent elles aussi être identiques. La seule différence entre ces deux analyses concerne la manière dont cette réduction de l'erreur totale est répartie entre les différentes composantes. Les prédicteurs X posent d'autres questions que les prédicteurs Z, de telle manière que la réduction d'erreur individuelle associée à chacun des prédicteurs X diffère de celle des prédicteurs Z. Il n'en reste pas moins que la réduction totale de l'erreur doit nécessairement être la même.

L'Encadré 9.7 fait apparaître neuf valeurs de PRE et de F. Chacune correspond à une comparaison entre un MODÈLE C et un MODÈLE A. Pour comprendre la signification de chacun de ces tests, il

Encadré 9.7
Tableau ANOVA des scores hypothétiques d'humeur sur base du modèle : $Y_i = \beta_0 + \beta_1 X_{1i} + \beta_2 X_{2i} + \beta_3 X_{3i} + \beta_4 X_{4i} + \beta_5 X_{5i} + \varepsilon_i$

Source	b_j	*SC*	*dl*	*CM*	*F*	*p*	*PRE*
Inter-groupes		960	5	192.0	46.1	.0001	.95
Médicament		453	2	226.5	53.9	.0001	.90
X_1	3.5	441	1	441	105.8	.0001	.90
X_2	1.0	12	1	12	2.9	.11	.19
Psychothérapie		450	1	450	108.0	.0001	.90
X_3	5.0	450	1	450	108.0	.0001	.90
Médicament × Psychothérapie		57	2	28.5	6.8	.01	.53
X_4	0.5	9	1	9	2.2	.16	.15
X_5	2.0	48	1	48	11.5	.005	.49
Intra-groupe (CME)		50.0	12	4.2			
Total		1010.0	17				

est important de savoir précisément à quelle comparaison de modèles correspond chaque test. Le test omnibus est rapporté dans la colonne intitulée « Inter-groupes » et représente la comparaison entre les deux MODÈLES suivants :

$$\text{MODÈLE A} : Y_i = \beta_0 + \beta_1 X_{1i} + \beta_2 X_{2i} + \beta_3 X_{3i} + \beta_4 X_{4i} + \beta_5 X_{5i} + \varepsilon_i$$
$$\text{MODÈLE C} : Y_i = \beta_0 + \varepsilon_i$$
$$H_0 : \beta_1 = \beta_2 = \beta_3 = \beta_4 = \beta_5$$

Cette hypothèse nulle, qui revient à considérer que les moyennes de tous les groupes sont égales, est rejetée sur base de l'importance des valeurs de PRE et de F.

Pour chacun des X_j, les lignes comparent un MODÈLE A qui exploite l'ensemble des prédicteurs en codes de contraste à un MODÈLE C qui intègre tous les prédicteurs à l'exception de X_j. Par exemple, le PRE et le F dans la colonne étiquetée X_1 comparent :

$$\text{MODÈLE A} : Y_i = \beta_0 + \beta_1 X_{1i} + \beta_2 X_{2i} + \beta_3 X_{3i} + \beta_4 X_{4i} + \beta_5 X_{5i} + \varepsilon_i$$
$$\text{MODÈLE C} : Y_i = \beta_0 + \beta_2 X_{2i} + \beta_3 X_{3i} + \beta_4 X_{4i} + \beta_5 X_{5i} + \varepsilon_i$$
$$H_0 : \beta_1 = 0$$

Nous avons généré les prédicteurs X_1 et X_2 comme codes pour la variable catégorielle Médicament dans la matrice de données de l'Encadré 9.1. La ligne intitulée « Médicament » dans l'Encadré 9.7 rapporte les résultats du test qui oppose un modèle incluant tous les codes de contraste à un modèle qui omet les deux codes de Médicament X_1 et X_2. Nous comparons donc :

$$\text{MODÈLE A} : Y_i = \beta_0 + \beta_1 X_{1i} + \beta_2 X_{2i} + \beta_3 X_{3i} + \beta_4 X_{4i} + \beta_5 X_{5i} + \varepsilon_i$$
$$\text{MODÈLE C} : Y_i = \beta_0 + \beta_3 X_{3i} + \beta_4 X_{4i} + \beta_5 X_{5i} + \varepsilon_i$$
$$H_0 : \beta_1 = \beta_2 = 0$$

En d'autres termes, nous tentons de savoir si les prédictions s'en trouveraient affectées si nous ignorions la variable catégorielle Médicament. L'importance du PRE et du F indique que nous ne pouvons pas ignorer le médicament qu'un patient a reçu. Dans le jargon traditionnel de l'analyse de variance, ceci est connu comme le test de *l'effet principal*[11] de la variable catégorielle Médicament. Dans ce cas, nous concluons qu'il y a un effet principal statistiquement significatif de la variable catégorielle Médicament. Notez que, puisque X_1 et X_2 ne sont pas corrélés, leurs sommes des carrés s'additionnent pour produire la somme des carrés attribuable à l'ensemble X_1 et X_2.

Nous préférons les tests à un seul degré de liberté de ces comparaisons spécifiques X_1 et X_2 au test global de l'effet de médicament parce que le rejet de l'hypothèse $\beta_1 = \beta_2 = 0$ est ambigu. Nous ne savons pas quelle partie de cette hypothèse à plusieurs degrés de liberté est en cause. Il se peut que l'hypothèse globale soit rejetée parce que $\beta_1 \neq 0$, parce que $\beta_2 \neq 0$ ou parce que β_1 et β_2 sont tous les deux différents de 0. Nous présentons donc le test omnibus de la variable Médicament dans l'Encadré 9.7, non pas comme une pratique que nous recommandons, mais simplement pour montrer quelle hypothèse est testée par l'« effet principal » dans l'approche traditionnelle de l'analyse de variance. Hélas, dans l'approche traditionnelle, *seuls* les tests omnibus de l'Encadré 9.7 sont généralement présentés dans le tableau d'analyse. Cette pratique nous amène malheureusement à passer à coté d'une information plus spécifique que nous procure aisément les codes de contraste à un degré de liberté.

---

11. Comme nous le verrons à la fin de ce chapitre, il est important de ne pas confondre *effet principal* et *effet simple*. Le premier renvoie, comme ici, à l'effet d'une variable et le second renvoie à l'effet d'une variable conditionnellement à une autre variable (par exemple ici, l'effet de la variable Médicament dans la condition contrôle).

Nous pouvons évaluer de la même façon l'effet principal de la variable Psychothérapie. Dans ce cas, il n'y a qu'un seul code et le test est donc le même que le test de l'hypothèse nulle, $\beta_3 = 0$. Enfin, on peut regrouper les deux codes X_4 et X_5, que nous avons construits à partir des produits des autres codes. Chacun de ces produits implique un code de la variable catégorielle Médicament et un code de la variable catégorielle Psychothérapie. Ainsi, dans le langage traditionnel de l'analyse de variance, ces codes forment ensemble ce que l'on appelle l'« Interaction Médicament x Psychothérapie ». Tester l'interaction Médicament x Psychothérapie revient donc à comparer :

$$\begin{aligned}
\text{MODÈLE A} &: Y_i = \beta_0 + \beta_1 X_{1i} + \beta_2 X_{2i} + \beta_3 X_{3i} + \beta_4 X_{4i} + \beta_5 X_{5i} + \varepsilon_i \\
\text{MODÈLE C} &: Y_i = \beta_0 + \beta_1 X_{1i} + \beta_2 X_{2i} + \beta_3 X_{3i} + \varepsilon_i \\
H_0 &: \beta_4 = \beta_5 = 0
\end{aligned}$$

Un tableau ANOVA traditionnel semblable à celui de l'Encadré 9.7 contiendrait seulement les informations concernant Médicament, Psychothérapie, Médicament x Psychothérapie, Intragroupe (ou Erreur) et Total. Un tel tableau d'analyse, parce qu'il agrège les contrastes individuels sous forme d'effets plus globaux, omet des informations qui sont facilement disponibles via les contrastes individuels. En d'autres termes, le tableau ANOVA traditionnel ne parvient pas à analyser la variance aussi finement qu'il est possible de le faire en recourant aux comparaisons spécifiques (ou focalisées) des codes de contraste.

N'importe quel programme de régression multiple peut produire l'analyse de l'Encadré 9.7. De la même façon, on peut également utiliser les équations du Chapitre 8 pour exprimer les paramètres estimés et leurs sommes des carrés correspondantes en fonction des codes de contraste et des moyennes de cellules. Comme illustration, nous utilisons les formules pour calculer l'estimateur b_1 et sa SCR associée. Le coefficient qui estime β_1 est :

$$\begin{aligned}
b_1 &= \frac{\sum_k \lambda_{1k} \overline{Y}_k}{\sum_k \lambda_{1k}^2} \\
&= \frac{1(32) + 1(26) - 2(17) + 1(17) + 1(19) - 2(19)}{1^2 + 1^2 + (-2)^2 + 1^2 + 1^2 + (-2)^2} \\
&= \frac{42}{12} = 3.5
\end{aligned}$$

La somme des carrés réduite du fait de l'inclusion de X_1 dans le modèle en même temps que les autres prédicteurs est :

$$\begin{aligned}
SCR_{b_1} &= \frac{\left(\sum_k \lambda_{1k} \overline{Y}_k\right)^2}{\sum_k \lambda_{1k}^2 / n_k} \\
&= \frac{[1(32) + 1(26) - 2(17) + 1(17) + 1(19) - 2(9)]^2}{1^2 + 1^2 + (-2)^2 + 1^2 + 1^2 + (-2)^2} \\
&= \frac{42^2}{12/3} = 441
\end{aligned}$$

Notez que, puisque l'ANOVA à deux facteurs correspond exactement à une ANOVA à un facteur avec un ensemble bien choisi de codes, les formules et autres détails du Chapitre 8 peuvent être appliqués sans modification aucune dans le cas d'une ANOVA à deux facteurs. Autrement dit, pour ce qui concerne les paramètres estimés et les tests statistiques, il n'y a rien de neuf que l'on doive apprendre pour réaliser une ANOVA à deux facteurs – il s'agit *exactement* de la même chose qu'une ANOVA à un facteur.

3. Interprétation des coefficients

La seule nouvelle difficulté introduite par la généralisation de l'ANOVA à un facteur à l'ANOVA à deux ou à plus de deux facteurs concerne l'interprétation des coefficients. Mais il s'agit là uniquement d'un problème d'interprétation et non d'une difficulté liée aux procédures statistiques. En outre, la stratégie permettant d'interpréter les coefficients des ANOVA à deux et à plus de deux facteurs est la même que celle développée aux Chapitres 7 et 8. Cette nouvelle difficulté concerne l'interprétation des coefficients pour les variables prédictrices qui composent les interactions – les produits entre les codes des différents facteurs principaux. Les novices en matière d'analyse de variance, qu'ils aient recours à notre approche ou à des approches plus traditionnelles, éprouvent souvent des difficultés pour bien comprendre le concept d'interaction. C'est pourquoi, dans cette section, nous accordons une grande attention à l'interprétation des interactions. Pour ce faire, nous allons traiter de deux approches différentes permettant toutes deux l'interprétation des coefficients d'un modèle comprenant des codes combinant deux facteurs comme ceux repris dans l'Encadré 9.5. Ces deux approches sont (a) la réexpression des codes en termes de moyennes de cellules, comme nous l'avons fait au Chapitre 8, et (b) l'interprétation des prédicteurs produits comme des changements dans les pentes simples, comme nous l'avons fait au Chapitre 7. Dans chacune de ces approches, nous examinons aussi l'interprétation des coefficients de prédicteurs qui n'impliquent pas de produits puisque par comparaison cela permet de bien comprendre les interactions.

3.1. *Interprétation en termes de moyennes de cellules*

L'interprétation des paramètres estimés associés avec les prédicteurs X s'opère de la même façon que pour n'importe quel ensemble de prédicteurs dans les analyses à un facteur du Chapitre 8. Les valeurs étonnamment élevées, si l'on compare à un MODÈLE C qui serait correct, de $F_{1,12} = 105.8$ et PRE = .95 pour X_1 conduisent à rejeter l'hypothèse nulle selon laquelle $\beta_1 = 0$. Pour voir exactement ce que le rejet de cette hypothèse nulle signifie, nous exprimons β_1 en reprenant les termes du code de contraste. Pour ce faire, nous utilisons l'équation du Chapitre 8 exprimant le paramètre estimé en fonction des codes et des moyennes de cellules. Autrement dit, une façon équivalente d'exprimer l'hypothèse nulle $\beta_1 = 0$ est :

$$\beta_1 = \frac{\sum_k \lambda_{1k}\mu_k}{\sum_k \lambda_{1k}^2} = \frac{\mu_{AT} + \mu_{BT} - 2\mu_{PT} + \mu_{AC} + \mu_{BC} - 2\mu_{PC}}{12} = 0$$

où μ_{AT} représente la moyenne vraie, mais inconnue, du groupe qui a reçu le Médicament A et pris part à la Thérapie, etc. Un minimum d'algèbre (multiplier par 12 et déplacer les termes pour les conditions placebo à droite de l'équation) donne la formulation équivalente suivante de l'hypothèse :

$$\mu_{AT} + \mu_{AC} + \mu_{BT} + \mu_{BC} = 2(\mu_{PT} + \mu_{PC})$$

Diviser chaque côté de l'équation par 2 nous donne :

$$\frac{\mu_{AT} + \mu_{AC}}{2} + \frac{\mu_{BT} + \mu_{BC}}{2} = 2\left(\frac{\mu_{PT} + \mu_{PC}}{2}\right)$$

Si nous posons $\mu_{A.} = (\mu_{AT} + \mu_{AC})/2$, μ_A ce qui correspond donc à la moyenne des conditions Médicament A au-travers les niveaux Thérapie et Contrôle de la variable Psychothérapie (ce qui est indiqué par le . après le A). Nous pouvons de même poser $\mu_{B.} = (\mu_{BT} + \mu_{BC})/2$ et $\mu_{P.} = (\mu_{PT} + \mu_{PC})/2$. L'hypothèse nulle revient alors à :

$$\mu_{A.} + \mu_{B.} = 2\mu_{P.}$$

Diviser chaque côté de l'équation par 2 nous donne :

$$\frac{\mu_{A.} + \mu_{B.}}{2} = \mu_{P.}$$

Autrement dit, conclure que $\beta_1 \neq 0$ revient à conclure que la moyenne des conditions médicament n'est pas égale à la moyenne des groupes placebo, ignorant le fait que les patients ont suivi ou non un traitement psychothérapeutique. Ainsi, contrairement aux conclusions ambiguës auxquelles on aboutit en utilisant les codes de contraste Z, le rejet de l'hypothèse nulle associée à β_1 implique clairement que les scores d'humeur pour les groupes médicament diffèrent, en moyenne, des scores d'humeur pour les groupes placebo. L'expérience aidant, il est habituellement facile de passer directement des codes de contraste à une formulation de l'hypothèse nulle, sans devoir passer par la dérivation formelle comme on vient de le faire. Par exemple, le code (1, −1, 0) pour X_2 compare les groupes Médicament A avec les groupes Médicament B, de telle façon que l'hypothèse nulle $\beta_2 = 0$ est équivalente à l'hypothèse nulle :

$$\mu_{A.} - \mu_{B.} = 0 \text{ ou } \mu_{A.} = \mu_{B.}$$

En outre, b_j, l'estimateur de β_j, nous indique la direction et l'amplitude des différences révélées par le rejet de l'hypothèse nulle. Par exemple, pour X_1, cet estimateur est $b_1 = 3.5$. Comme pour tous les coefficients de régression, cela signifie que notre prédiction $\hat{Y}_i$ augmente en moyenne de 3.5 unités pour chaque augmentation d'unité sur X_1. Sur cette même variable X_1 le changement des groupes placebo ($X_1 = -2$) aux groupes médicament ($X_1 = 1$) correspond à un changement de 3 unités, et la différence prédite entre les groupes placebo et médicament est $3 \times 3.5 = 10.5$. De fait, la moyenne des quatre groupes médicament, $(32 + 26 + 17 + 19)/4 = 23.5$, dépasse de 10.5 la moyenne des deux groupes placebo, $(17 + 9)/2 = 13$. L'Encadré 9.8(a) dépeint graphiquement les moyennes comparées avec ce premier contraste.

Encadré 9.8
Moyennes comparées par les codes de contraste

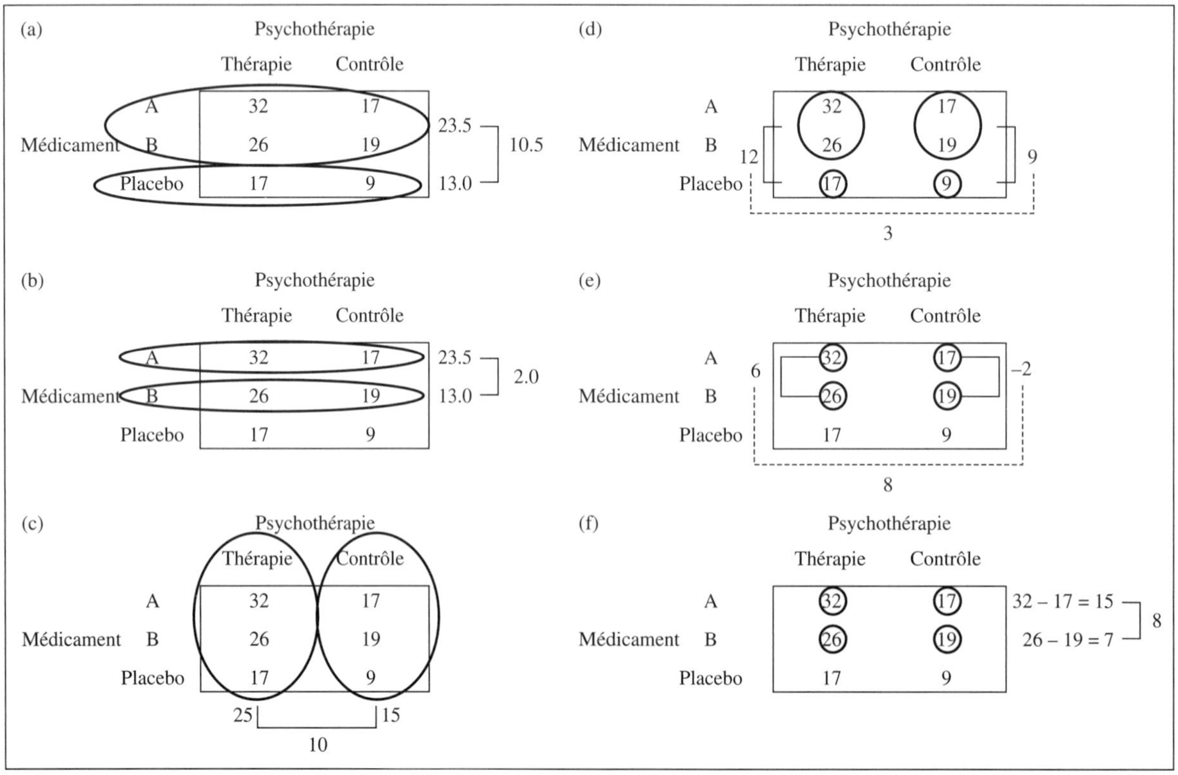

Nous ne pouvons pas conclure de cette analyse que l'estimateur de β_2, $b_2 = 1.0$, est significativement différent de zéro. En revanche, il est utile de l'interpréter pour voir quelles moyennes ne sont pas significativement différentes les unes des autres. Pour X_2, il y a une différence de deux unités entre ceux qui prennent le Médicament A et ceux qui prennent le Médicament B, indépendamment du fait que les participants aient ou non suivi la thérapie. Autrement dit, les scores d'humeur des gens qui prennent le Médicament A sont $2 \times 1 = 2$ points plus élevés que les scores d'humeur des gens qui prennent le Médicament B, mais cette différence n'est pas significative. L'Encadré 9.8(b) dépeint cette comparaison de façon graphique.

Le coefficient $b_3 = 5.0$ est significativement différent de zéro. De plus, le prédicteur X_3 code la différence entre les deux groupes de psychothérapie, de telle sorte que nous pouvons conclure qu'en moyenne il y a une différence significative entre les scores d'humeur des gens soumis à la thérapie comparés à ceux des gens du groupe contrôle. En clair, nous pouvons rejeter l'hypothèse nulle :

$$\mu_{.T} = \mu_{.C}$$

où les points dans les indices indiquent que nous avons calculé la moyenne à travers les niveaux de Médicament. Pour être plus précis en ce qui concerne l'amplitude de la différence en termes d'humeur, selon que les participants étaient ou non soumis à la thérapie, nous devons interpréter la signification de l'estimateur $b_3 = 5.0$. Nous avons une différence de 2 unités sur X_3 entre le fait d'être dans la condition Thérapie ($X_3 = 1$) ou dans la condition Contrôle ($X_3 = -1$). La différence moyenne prédite entre les deux groupes est $2 \times 5 = 10$. De fait, la moyenne des trois groupes soumis à la Thérapie, $(32 + 26 + 17)/3 = 25$, dépasse de 10 la moyenne des trois groupes Contrôle, $(17 + 19 + 9)/3 = 15$. L'Encadré 9.8(c) présente ces moyennes et leur comparaison.

Même si le coefficient pour $b_4 = 0.5$ n'est pas significativement différent de zéro, son interprétation permet une bonne introduction à la compréhension des interactions en tant que produits de codes. Nous commençons par prendre en considération l'expression de β_4 en termes de moyennes réelles mais inconnues :

$$\beta_4 = \frac{\sum_k \lambda_{4k}\mu_k}{\sum_k \lambda_{4k}^2} = \frac{\mu_{AT} + \mu_{BT} - 2\mu_{PT} - \mu_{AC} - \mu_{BC} + 2\mu_{PC}}{12} = 0$$

À l'exception des signes des trois derniers termes, cette expression ressemble furieusement à l'expression rencontrée précédemment pour β_1. Mettre les termes T et C de chaque côté de l'équation donne :

$$\frac{\mu_{AT} + \mu_{BT} - 2\mu_{PT}}{12} = \frac{\mu_{AC} + \mu_{BC} - 2\mu_{PC}}{12}$$

En outre, diviser par 2 les numérateurs et les dénominateurs de chaque côté nous donne :

$$\frac{1}{6}\left[\frac{\mu_{AT} + \mu_{BT}}{2} - \mu_{PT}\right] = \frac{1}{6}\left[\frac{\mu_{AC} + \mu_{BC}}{2} - \mu_{PC}\right]$$

Remarquez que les termes entre parenthèses sont identiques à la question posée par le premier code : y a-t-il une différence dans les scores d'humeur entre ceux qui prennent un médicament et ceux qui sont soumis au placebo ? Le premier prédicteur en codes de contraste, X_1, visait à déterminer s'il y avait une différence indépendamment du fait de savoir si le patient avait ou non suivi une thérapie. Le code d'interaction $X_4 = X_1 \times X_3$ vise à savoir si cette différence, quelle qu'elle soit, est la même pour ceux qui reçoivent un traitement psychothérapeutique :

$$\frac{\mu_{AT}+\mu_{BT}}{2} - \mu_{PT}$$

que pour ceux qui sont dans la condition contrôle :

$$\frac{\mu_{AC}+\mu_{BC}}{2} - \mu_{PC}$$

En d'autres termes, l'hypothèse nulle pour cette interaction, et toutes les autres, concerne le fait de savoir si ces deux différences sont égales. Toute différence entre ces deux différences impliquera la présence d'une interaction. L'Encadré 9.8(d) spécifie les moyennes et les différences qui sont pertinentes pour cette comparaison. Pour les groupes Thérapie, les moyennes pour les patients qui ont reçu un médicament (que ce soit A ou B) sont 32 et 26 (l'ovale en haut à gauche) et leur moyenne de 29 présente 12 points de différence avec la moyenne du groupe Thérapie soumis au Placebo (17). Pour le groupe Contrôle, la moyenne de ceux qui prennent le Médicament A ou B (l'ovale en haut à droite) est (17 + 19)/2 = 18, ce qui dépasse de 9 points la moyenne de ceux qui prennent le Placebo (9). Le test statistique pour β_4 est donc équivalent au fait de vérifier si ces deux différences – 12 pour les groupe Médicament et 9 pour le groupe Contrôle – sont significativement différentes l'une de l'autre ou, autrement dit si la différence entre ces différences (12 – 9 = 3) est significativement différente de zéro. Dans ce cas d'espèce, puisque nous n'avons pas pu rejeter l'hypothèse nulle selon laquelle $\beta_4 = 0$, nous ne pouvons pas non plus rejeter l'hypothèse nulle selon laquelle la différence entre Médicament et Placebo est la même pour le groupe Thérapie que pour le groupe Contrôle. Notez que l'algèbre montre que le coefficient estimé $b_4 = 0.5$ est égal à un sixième de la différence entre le deux différences. De fait, $0.5 \times 6 = 3$, ce qui correspond à la différence qui apparaît dans l'Encadré 9.8(d).

De prime abord, l'algèbre qui permet de déterminer quelles sont les différences comparées dans une interaction peut paraître compliquée mais, encore une fois, l'expérience fera qu'il est habituellement facile de passer du code à la spécification des différences qui sont comparées. Par exemple, $X_5 = X_2 \times X_3$ et donc l'hypothèse nulle :

$$H_0 : \beta_5 = 0$$

revient à tester si la différence codée par X_2 – la différence entre ceux qui prennent le Médicament A et ceux qui prennent le Médicament B – dépend du niveau codé par X_3, à savoir si le patient se situe dans les groupes Thérapie ou Contrôle. Ainsi, l'hypothèse nulle correspondante est :

$$H_0 : \mu_{AT} - \mu_{BT} = \mu_{AC} - \mu_{BC}$$

Exprimée en mots, l'hypothèse nulle est ici que la différence entre le Médicament A et le Médicament B est la même pour ceux qui sont en Thérapie que pour ceux qui sont dans le groupe Contrôle. Le fait que $b_5 = 2$ soit significativement différent de zéro nous permet de conclure que l'effet du médicament est différent pour ceux qui sont en Thérapie par rapport à ceux qui sont dans le groupe Contrôle. L'Encadré 9.8(e) fait apparaître cette différence ainsi que son ampleur. Pour ceux qui sont en Thérapie, la différence sur les scores d'humeur entre ceux qui prennent le Médicament A et ceux qui prennent le Médicament B équivaut à 32 – 26 = 6, tandis que pour ceux dans le groupe Contrôle, la différence va dans le sens inverse : 17 – 19 = –2. La différence des différences est de 8 et elle est significativement différente de zéro. Notez que, s'il semble que le Médicament A est meilleur pour ceux qui sont en Thérapie, mais que le Médicament B est meilleur pour ceux qui sont dans le groupe Contrôle, nous n'avons pas de test statistique de ces différences individuelles. En d'autres termes, nous ne savons pas si la différence de 6 pour le groupe Thérapie ou la différence de –2 pour le groupe Contrôle diffèrent significativement *de zéro*. Nous savons seulement que 6 est significativement différent de –2. Nous revenons plus loin sur la question de savoir s'il y a des différences significatives entre les médicaments au sein de chacune des conditions de traitement.

Au Chapitre 7, nous avons indiqué que nous pouvons toujours interpréter une interaction en nous focalisant sur l'une ou l'autre des deux variables du produit. La même chose est vraie pour les produits de prédicteurs catégoriels. Ainsi, nous pouvons également nous pencher sur le fait de savoir si la différence entre Thérapie et Contrôle est la même pour ceux qui prennent le Médicament A que pour ceux qui prennent le Médicament B. Dans ce cas, l'hypothèse nulle est :

$$H_0 : \mu_{AT} - \mu_{AC} = \mu_{BT} - \mu_{BC}$$

L'Encadré 9.8(f) reprend cette façon d'examiner la même interaction que celle présentée dans l'Encadré 9.8(e) et présente les différences ainsi comparées. Pour ceux qui prennent le Médicament A, la différence entre Thérapie et Contrôle est égale à 32-17 = 15, alors que pour ceux qui reçoivent le Médicament B, la différence est seulement de 26-19 = 7. La différence des différences est 15-7 = 8, évidemment la même que celle obtenue précédemment. En d'autres termes, la Thérapie est plus efficace si on prend le Médicament A que si on prend le Médicament B. Nous avons dès lors deux interprétations équivalentes de l'interaction qui découle du rejet de l'hypothèse nulle $\beta_5 = 0$. De fait, pour toute interaction, il existe plusieurs façons d'exprimer les choses, mais il est important de se rendre compte qu'il s'agit toujours d'énoncés équivalents du même effet.

3.2. *Interprétation en termes de pentes*

Il est également utile d'examiner les coefficients des prédicteurs d'interaction codés en contraste en utilisant les mêmes procédures que celles que nous avons développées au Chapitre 7 pour les modèles de régression multiple comprenant des produits. Nous commençons par l'équation estimée pour le MODÈLE A :

$$\hat{Y} = 20 + 3.5X_1 + X_2 + 5X_3 + 0.5X_4 + 2X_5$$

Nous substituons ensuite les définitions des produits – $X_4 = X_1\,X_3$ et $X_5 = X_2\,X_3$ – pour avoir :

$$\hat{Y} = 20 + 3.5X_1 + X_2 + 5X_3 + 0.5X_1\,X_3 + 2X_2\,X_3$$

Puis nous regroupons les termes pour exprimer la relation linéaire « simple » entre $\hat{Y}$ et un des trois prédicteurs X_1, X_2 ou X_3. Nous allons commencer par X_3. Regrouper les termes donne :

$$\hat{Y} = (20 + 3.5X_1 + X_2) + (5 + 0.5X_1 + 2X_2)X_3$$

qui exprime la relation linéaire « simple » entre $\hat{Y}$ et X_3. Le terme contenu dans les premières parenthèses représente l'ordonnée à l'origine (pour différentes valeurs spécifiques de X_1 et X_2) et le terme repris dans les secondes parenthèses représente la pente (c'est-à-dire, comme toujours, le changement de $\hat{Y}$ par changement d'unité dans X_3, pour différentes valeurs spécifiques de X_1 et X_2). Rappelez-vous que X_3 code le fait que le patient a ou n'a pas suivi de thérapie, donc cette relation linéaire reflète l'impact de la thérapie par rapport au groupe contrôle – plus la pente est marquée, plus la thérapie est efficace comparativement à ce qui se passe dans le groupe contrôle.

Pour comprendre l'équation exprimant $\hat{Y}$ en tant que fonction linéaire de X_3, nous commençons par examiner l'Encadré 9.9, qui présente la relation entre $\hat{Y}$ et X_3 quand $X_1 = 0$ et $X_2 = 0$.

X_1 et X_2 sont tous les deux des prédicteurs en codes de contraste avec un nombre égal d'observations dans chaque cellule, de telle sorte que les valeurs moyennes de X_1 et de X_2 sont égales à zéro ; de ce fait, la droite apparaissant dans l'Encadré 9.9 représente la relation moyenne entre $\hat{Y}$ et X_3. Pour $X_1 = 0$ et $X_2 = 0$, la relation entre $\hat{Y}$ et X_3 se simplifie en :

$$\hat{Y} = 20 + 5X_3$$

l'ordonnée à l'origine de 20 est, comme toujours, la valeur prédite lorsque $X_3 = 0$. Même si X_3 n'est jamais égal à zéro (les valeurs étant soit +1 soit –1), sa valeur moyenne est zéro. Dès lors, nous pouvons interpréter l'ordonnée à l'origine comme la valeur moyenne à travers les niveaux de X_3. En effet, 20 est la moyenne générale pour ces données. La pente pour X_3 est 5, ce qui implique que pour chaque changement d'une unité sur X_3 la valeur prédite de $\hat{Y}$ augmente de 5. Le changement

Encadré 9.9
Relation simple entre $\hat{Y}$ et X_3 quand $X_1 = 0$ et $X_2 = 0$

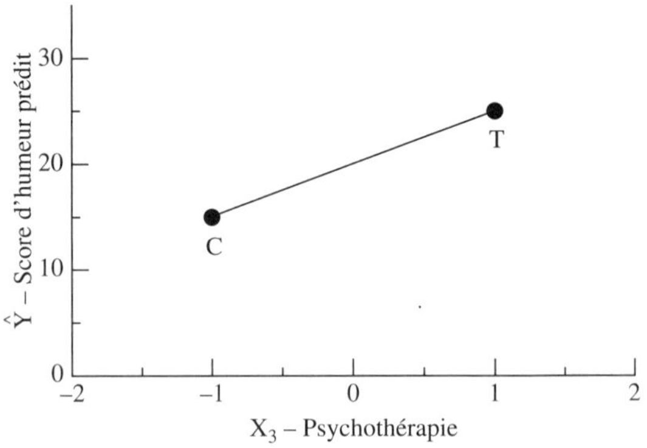

de deux unités entre $X_3 = -1$ (Contrôle) et $X_3 = +1$ (Thérapie) prédit un changement sur $\hat{Y}$ (les scores d'humeur) de $2 \times 5 = 10$ points. C'est, comme il se doit, la même interprétation que nous avons faite pour $b_3 = 5$ en termes de moyennes de cellules. En moyenne, si l'on fait fi de la condition Médicament, ceux qui reçoivent la Thérapie ont des scores d'humeur de 10 points plus élevés que ceux de la condition Contrôle.

Qu'arrive-t-il à la relation simple entre $\hat{Y}$ et X_3 si nous ne nous attardons pas à la relation moyenne, mais autorisons cette fois X_1 et X_2 à être différents de zéro ? L'ordonnée à l'origine dans la relation « simple » est :

$$(20 + 3.5X_1 + X_2)$$

donc, si $X_1 = 1$ (indiquant la prise du Médicament A ou B), alors l'ordonnée à l'origine va augmenter de 3.5 points, et si $X_1 = -2$ (indiquant le Placebo), alors l'ordonnée à l'origine va diminuer de 7 points (soit 3.5×-2). Cela correspond aux changements sur $\hat{Y}$ dus à X_1 quand X_3 est égal à zéro (ce qui est le cas en moyenne). En moyenne, $\hat{Y}$ pour les quatre groupes ayant pris un médicament doit donc se situer $3.5 + 7 = 10.5$ points plus haut que le $\hat{Y}$ pour les deux groupes placebo. Autrement dit, en moyenne, les scores d'humeur pour ceux qui reçoivent les Médicaments A ou B sont 10.5 points plus élevés que pour ceux qui sont dans le groupe Placebo. C'est nécessairement la même interprétation que celle que nous avions faite en termes de moyennes de cellules. De la même façon, l'ordonnée à l'origine augmente, reste inchangée ou diminue respectivement pour $X_2 = +1$ (Médicament A), $X_2 = 0$ (Placebo) et $X_2 = -1$ (Médicament B). Ces changements de $\hat{Y}$ (scores d'humeur) sont interprétés de façon similaire.

Tournons-nous maintenant vers la pente de la relation « simple » entre $\hat{Y}$ et X_3, et observons ce qui se passe quand X_1 et X_2 diffèrent de zéro. Le terme de la pente est :

$$(5 + 0.5X_1 + 2X_2)$$

et donc la pente qui lie $\hat{Y}$ et X_3 *change* en fonction de X_1 et de X_2. Si $X_2 = +1$ (Médicament A), alors la pente pour la prédiction augmente de $2 \times 1 = 2$ unités. Si $X_2 = -1$ (Médicament B), alors la pente diminue de $2 \times -1 = -2$ unités. La raideur de la pente pour X_3 représente l'efficacité relative de la Thérapie par rapport à la condition Contrôle. Ainsi, la pente plus raide pour le Médicament A indique que l'efficacité relative de la Thérapie versus Contrôle est plus marquée pour le Médicament A que pour le Médicament B. C'est là l'essence de n'importe quelle interaction ANOVA. S'il y a une interaction, *l'effet d'une variable catégorielle dépend du niveau d'une autre variable.* Dans le cas présent, l'efficacité relative de la Thérapie dépend du fait que le patient prend le Médicament A plutôt que le Médicament B.

De la même façon, différentes valeurs de X_1 donnent aussi différentes pentes. Si $X_1 = +1$ (la prise du Médicament A ou du Médicament B), alors la pente pour X_3 augmente légèrement de $b_4 = 0.5$ unité, et si $X_1 = -2$ (Placebo), alors la pente diminue de $0.5 \times (-2) = -1$ unité. Néanmoins,

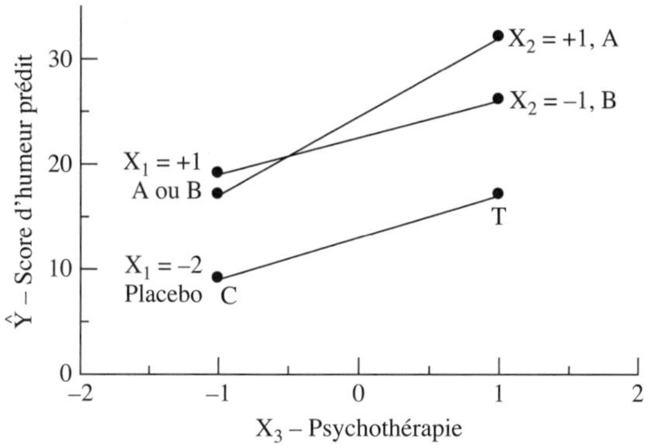

Encadré 9.10
Relation simple entre $\hat{Y}$ et X_3 pour différentes valeurs de X_1 et X_2 (les cercles représentent les moyennes des cellules)

$b_4 = 0.5$ n'est pas statistiquement différent de zéro et il n'y a donc pas de quoi décréter que la différence entre Thérapie et Contrôle dépend de l'administration d'un Médicament ($X_1 = 1$) plutôt que d'un Placebo.

L'Encadré 9.10 présente les changements de l'ordonnée à l'origine et de la pente de X_3 à mesure que X_1 et X_2 changent. Manifestement, les différentes valeurs de X_1 (Médicament versus Placebo) donnent lieu à des ordonnées à l'origine passablement différentes, alors que les changements de la pente de X_3 (Thérapie versus Contrôle) dus aux changements de X_1 sont minimaux. Même si cela n'en a pas l'air, la pente pour la droite du bas ($X_1 = -2$, ou Placebo) est légèrement plus plate que la moyenne des pentes des deux droites du haut ($X_1 = +1$, Médicaments). Par contraste, les changements de l'ordonnée à l'origine dus à X_2 (Médicament A versus Médicament B) sont notables, mais bien moindres que ceux dus à X_1 (Médicaments versus Placebo). En revanche, les changements de pente dus à X_2 sont évidents. En effet, les droites se croisent pour les valeurs rencontrées dans cette étude. Autrement dit, pour ceux qui suivent la Thérapie ($X_3 = +1$), les scores d'humeur sont plus élevés pour le Médicament A ($X_2 = +1$) que pour le Médicament B ($X_2 = -1$). Pour ceux dans la condition Contrôle ($X_3 = -1$), c'est l'inverse qui se passe : les scores d'humeur pour le Médicament B sont plus élevés que pour le Médicament A. Ces différences de pentes constituent l'essence même de ce qu'est une interaction.

Dans l'interprétation du modèle augmenté qui précède, nous nous sommes centrés sur la simple relation linéaire entre $\hat{Y}$ et X_3. De la même manière, nous pourrions proposer une interprétation en termes de simple relation linéaire entre $\hat{Y}$ et X_2. Bien que l'interprétation de l'interaction entre X_2 et X_3 doive nécessairement être équivalente, l'interprétation alternative en termes de relation entre $\hat{Y}$ et X_2 peut fournir des informations nouvelles. Nous ne proposons pas cette interprétation ici, mais nous recommandons au lecteur de faire l'exercice de construire et d'interpréter une figure similaire à celle de l'Encadré 9.10. Enfin, nous pourrions examiner l'interprétation en termes de relation linéaire simple entre $\hat{Y}$ et X_1. Cette démarche risque toutefois d'être sans intérêt pour les données traitées ici, dans la mesure où la seule interaction qui implique X_1 est $X_4 = X_1 \times X_3$ et le coefficient b_4 pour cette interaction ne s'avère pas significativement différent de zéro.

3.3. *Résumé de l'interprétation*

Bien que les deux stratégies d'interprétation fournissent le même message, chacune est utile en ce sens qu'elle donne une perspective un peu différente. Pour interpréter une analyse de la variance donnée, vous devriez exploiter autant de stratégies qu'il est possible, jusqu'à ce qu'émerge une interprétation claire du modèle. Nous présentons ci-dessous une interprétation résumée que l'on pourrait inclure dans un rapport de recherche.

En moyenne, les médicaments produisent des scores d'humeur plus élevés ($M = 23.5$) que le placebo ($M = 13$), PRE = .90, $F_{1,12} = 105.8$, $p < .0001$. Il n'y a pas de différence statistiquement significative dans les scores d'humeur moyens produits par le Médicament A ($M = 24.5$) versus le Médicament B ($M = 24.5$), PRE .19, $F_{1,12} = 2.9$, $p = .11$. À travers les trois conditions de la variable médicament, les patients soumis à un traitement psychothérapeutique ont des scores d'humeur plus élevés ($M = 25$) que ceux du groupe contrôle ($M = 15$), PRE .90, $F_{1,12} = 108$, $p < .0001$. Il y a néanmoins une interaction significative entre le type de médicament administré (A versus B) et le fait que le patient ait ou non suivi une psychothérapie, PRE .49, $F_{1,12} = 11.5$, $p < .005$. Ainsi, par rapport au Médicament B, le Médicament A produit une augmentation de 6 points dans les scores d'humeur pour ceux qui suivent une thérapie, mais une légère baisse de 2 points pour ceux qui sont dans le groupe contrôle.

Des figures reprenant les moyennes des cellules constituent des aides précieuses au résumé qui précède. Ces moyennes ne sont rien d'autre que les valeurs prédites pour le modèle complet en fonction des variables Médicament et Psychothérapie. L'Encadré 9.10, sur laquelle nous nous sommes penchés dans cette section et l'Encadré 9.11 présentent deux visions de ces mêmes données. Dans l'Encadré 9.10, les différences entre les lignes pour les conditions de médicament renvoient aux différences de « Médicament ». En particulier, la différence relativement importante entre les deux droites pour le Médicament A et le Médicament B, d'une part, et la droite pour le Placebo, d'autre part, correspond à la valeur importante de b_1, tandis que la différence assez modeste entre les deux droites du Médicament A et du Médicament B correspond à la valeur réduite de b_2. Le fait que les trois lignes pour les groupes de médicament ne sont pas parallèles – la différence entre les droites n'est pas constante – indique la présence d'une interaction entre les variables Médicament et Psychothérapie. Plus précisément, le croisement des droites du Médicament A et du Médicament B exprime la valeur statistiquement significative de b_5 ($X_5 = X_2X_3$) testant si la différence entre les droites du Médicament A et du Médicament B est constante ou dépend du fait que le patient est en condition Thérapie ou en condition Contrôle. La différence relativement importante entre les deux droites de Thérapie et de Contrôle dans l'Encadré 9.11 renvoie à la valeur non négligeable de b_3 et le non-parallélisme exprime la valeur statistiquement significative de b_5. Chacun de ces encadrés dépeint l'interaction, mais d'un autre point de vue, exactement comme nous sommes en mesure d'examiner l'interaction sous différentes perspectives grâce aux différentes stratégies interprétatives présentées plus haut.

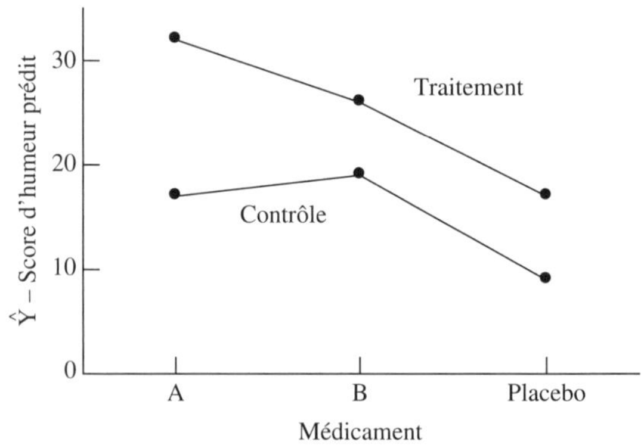

Encadré 9.11
Moyennes des cellules pour les scores d'humeur en fonction du médicament et du traitement psychothérapeutique

4. ANOVA d'ordre supérieur

La stratégie que nous avons utilisée pour l'analyse de variance à deux variables était de générer un ensemble adapté de codes de contraste, de manière à refléter la structure croisée des variables et de procéder ensuite à l'analyse statistique exactement comme nous le ferions pour une ANOVA avec une seule variable. Nous pouvons utiliser la même stratégie lorsque nous avons trois variables prédictrices catégorielles ou plus. Une fois que nous avons concocté le bon ensemble de codes de contraste pour le plan expérimental qui comprend plus de deux variables catégorielles, l'analyse peut être réalisée exactement comme nous l'avons fait précédemment. Il nous suffit dès lors de mettre au point une procédure pour générer les codes qui conviennent. Cette procédure est une généralisation de la même procédure que celle utilisée pour l'ANOVA à deux variables. Pour un plan factoriel avec q variables catégorielles, les codes de contraste appropriés sont établis en suivant les règles suivantes :

1. Pour chacune des q variables catégorielles, développer un ensemble de codes de contraste.
2. Pour chaque *paire* de variables catégorielles, construire des codes de contraste supplémentaires en multipliant toutes les paires possibles de codes de contraste, en prenant à chaque fois un code par variable catégorielle.
3. Pour chaque *triplet* de variables catégorielles, construire des codes de contraste supplémentaires en multipliant toutes les triades possibles de codes de contraste, en prenant à chaque fois un code par variable catégorielle.
4. Poursuivre cette procédure pour chaque *quadruplet*, *quintuplet*, etc., jusqu'à ce que des produits soient formés qui prennent simultanément en compte des codes des q variables catégorielles.

Si $k_1, k_2, \ldots, k_q$ sont les nombres respectifs de catégories de chacune des q variables catégorielles, alors l'algorithme qui précède produira l'ensemble complet des $k_1 \times k_2 \times \cdots \times k_q - 1$ codes de contraste orthogonaux.

Comme exemple, supposons que nous voulions utiliser le sexe du patient comme variable prédictrice dans l'étude des scores d'humeur. L'Encadré 9.12 montre le plan d'une telle étude avec 12 groupes et pour laquelle il faudra 11 codes de contraste orthogonaux.

Nous pouvons utiliser les cinq codes que nous avons déjà spécifiés pour le plan Médicament par Psychothérapie. Utilisons λ_6 comme code pour le sexe avec -1 indiquant les hommes et $+1$ indiquant les femmes. Nous devons alors former les produits entre ce code et chacun des codes des autres variables. Pour les interactions entre Médicament et Sexe :

$$\lambda_7 = \lambda_1 \times \lambda_6$$

$$\lambda_8 = \lambda_2 \times \lambda_6$$

Et pour l'interaction entre Psychothérapie et Sexe :

$$\lambda_9 = \lambda_3 \times \lambda_6$$

Enfin, pour les interactions Médicament par Psychothérapie par Sexe, nous formons les produits de chaque triplet de codes catégoriels :

$$\lambda_{10} = \lambda_1 \times \lambda_3 \times \lambda_6$$

$$\lambda_{11} = \lambda_2 \times \lambda_3 \times \lambda_6$$

	Sexe			
	Homme		Femme	
	Psychothérapie		Psychothérapie	
Médicament	**Contrôle**	**Thérapie**	**Contrôle**	**Thérapie**
A				
B				
Placebo				

Encadré 9.12
Un plan factoriel avec trois variables : Médicament (3) par Psychothérapie (2) par Sexe (2)

Encadré 9.13
Codes de contraste orthogonaux pour le plan de trois variables de l'Encadré 9.12

	Groupe											
Médicament	*A*	*B*	*P*	*A*	*B*	*P*	*A*	*B*	*P*	*A*	*B*	*P*
Thérapie	*C*	*C*	*C*	*T*	*T*	*T*	*C*	*C*	*C*	*T*	*T*	*T*
Sexe	*M*	*M*	*M*	*M*	*M*	*M*	*F*	*F*	*F*	*F*	*F*	*F*
λ_1	1	1	–2	1	1	–2	1	1	–2	1	1	–2
λ_2	1	–1	0	1	–1	0	1	–1	0	1	–1	0
λ_3	–1	–1	–1	1	1	1	–1	–1	–1	1	1	1
$\lambda_4 = \lambda_1\lambda_3$	–1	–1	2	1	1	–2	–1	–1	2	1	1	–2
$\lambda_5 = \lambda_2\lambda_3$	–1	1	0	1	–1	0	–1	1	0	1	–1	0
λ_6	–1	–1	–1	–1	–1	–1	1	1	1	1	1	1
$\lambda_7 = \lambda_1\lambda_6$	–1	–1	2	–1	–1	2	1	1	–2	1	1	–2
$\lambda_8 = \lambda_2\lambda_6$	–1	1	0	–1	1	0	1	–1	0	1	–1	0
$\lambda_9 = \lambda_3\lambda_6$	1	1	1	–1	–1	–1	–1	–1	–1	1	1	1
$\lambda_{10} = \lambda_1\lambda_3\lambda_6$	1	1	–2	–1	–1	2	–1	–1	2	1	1	–2
$\lambda_{11} = \lambda_2\lambda_3\lambda_6$	1	–1	0	–1	1	0	–1	1	0	1	–1	0

Cela donne les 11 codes de contraste orthogonaux requis pour les 12 groupes de ce plan comprenant trois variables. L'Encadré 9.13 présente les codes de chacun des 12 groupes. Sélectionnez certains codes et vérifiez que leur somme est zéro, comme il se doit pour des codes de contraste. Prenez aussi quelques paires de codes et vérifiez que la somme de leurs produits croisés est bien égale à zéro, comme il est requis en vertu de la condition d'orthogonalité.

L'interprétation des codes qui concernent une seule variable et des codes qui concernent des croisements de deux variables s'appuie sur la même stratégie que celle illustrée pour l'ANOVA à deux variables. Les codes λ_{10} et λ_{11} impliquent, quant à eux, trois variables et indiquent si une interaction de deux variables dépend du niveau de la troisième variable. Par exemple, nous pouvons reformuler $\lambda_{10} = \lambda_1\lambda_3\lambda_6$ en tant que $\lambda_1\lambda_3 \times \lambda_6$, afin de nous demander si l'interaction entre λ_1 (Médicament versus Placebo) et λ_3 (Thérapie versus Contrôle) est la même pour chaque niveau de λ_6 (Femmes versus Hommes). De la même façon, la présentation sous la forme de $\lambda_{10} = \lambda_1\lambda_6 \times \lambda_3$ indique que l'interaction triple (utilisée ici au sens d'interaction entre trois variables) examine également si l'interaction entre λ_1 (Médicament versus Placebo) et λ_6 (Femmes versus Hommes) dépend du niveau de λ_3 (Thérapie versus Contrôle). Enfin, la représentation $\lambda_{10} = \lambda_3\lambda_6 \times \lambda_1$ s'inquiète de savoir si l'interaction entre λ_3 (Thérapie versus Contrôle) et λ_6 (Femmes versus Hommes) dépend du niveau de λ_1 (Médicament versus Placebo). Fondamentalement, ces trois questions sont les mêmes. Par contre, en fonction du centre d'intérêt de l'étude (l'étude porte-t-elle sur les effets des médicaments, de la psychothérapie ou les différences sexuelles ?), l'une ou l'autre façon de présenter l'interaction triple sera plus judicieuse pour la communication de nos résultats.

Les tests globaux, comme pour l'ANOVA à une variable, ne sont généralement pas aussi utiles que les questions spécifiques représentées par les contrastes à un degré de liberté. Par contre, le test des interactions constitue une situation pour laquelle les tests globaux peuvent s'avérer utiles. La prolifération des contrastes d'interaction dans les plans factoriels rend le test et l'interprétation des contrastes individuels laborieux. L'interprétation des interactions triples ou d'ordre plus élevé s'avère souvent tellement *ad hoc* sur le plan théorique que certains analystes recommandent de n'examiner que les interactions pour lesquelles existent des prédictions théoriques *a priori*. Si les interactions d'ordre plus élevé sont inattendues et ne doivent dès lors pas être examinées, alors il est préférable de les éliminer de l'analyse et d'inclure seulement les contrastes qui doivent être examinés. Dans les faits, cela revient à inclure les codes de contraste de l'interaction que l'on a exclus dans le terme d'erreur du tableau d'analyse. Plutôt que d'éliminer purement et simplement les interactions d'ordre supérieur, une stratégie plus conservatrice, et fréquemment recommandée, consiste à faire un test global des interactions d'ordre supérieur, et de joindre ces contrastes au terme d'erreur seulement si l'hypothèse nulle du test global n'est pas rejetée. Cette stratégie protège contre le fait de passer à côté de quelque chose d'inhabituel dans les données, tout en simplifiant nettement l'analyse et la présentation des données. Un bénéfice supplémentaire concerne le fait que la puissance statistique des autres contrastes sera accrue, si le F pour les interactions d'ordre supérieur est inférieur à 1. En effet, dans une telle situation, on gagnera plus à ajouter les degrés de liberté au terme d'erreur que ce que l'on perdra à lui ajouter les sommes des carrés supplémentaires.

Lorsqu'on élimine les termes d'interaction, il faut se rappeler la règle du Chapitre 7 selon laquelle les produits représentent des interactions uniquement lorsque tous les composants du produit sont inclus dans le MODÈLE. Ceci implique, par exemple, que si les interactions triples sont retenues, alors aucun des contrastes liés à une variable ne peut être omis. De façon moins évidente, cela implique aussi qu'aucun des contrastes mettant en jeu deux variables ne peut être éliminé parce que, comme nous l'avons montré plus haut, une interaction triple peut toujours être représentée comme le produit d'une interaction entre deux variables et un des contrastes attachés à la troisième variable.

5. Détails supplémentaires dans l'ANOVA factorielle

Pour tous les autres aspects, l'ANOVA factorielle avec deux ou plus de deux variables est identique à l'ANOVA avec une variable catégorielle. Il en va ainsi des intervalles de confiance, du traitement des nombres inégaux d'observations dans les différents groupes, des tableaux d'analyse, des formules de calcul de b_j et de SCR_j pour des prédicteurs codés en contraste, des comparaisons planifiées ou *post hoc*, et de la puissance statistique. Par contre, nous fournissons ici davantage de détails sur deux aspects – poser d'autres questions et évaluer la puissance statistique – afin d'éclairer certains problèmes qui surgissent fréquemment dans le contexte de l'ANOVA factorielle.

5.1. *Poser d'autres questions*

Il est rarement possible de générer un ensemble de codes de contraste orthogonaux qui traitent l'ensemble des questions théoriques que l'on souhaite aborder avec un lot particulier de données. C'est fréquemment le cas pour les questions qui englobent deux ou plus de deux variables catégorielles. La stratégie présentée plus haut pour générer des codes pour un plan factoriel standard permet de sélectionner les codes pour chacune des variables catégorielles individuellement, mais contraint ensuite les codes d'interaction à être les produits des codes pour les variables individuelles. Ces produits peuvent ne pas poser les questions théoriques les plus pertinentes. Par exemple, dans un plan 2 × 2, il n'y a qu'un choix (+1, −1) pour chacune des variables catégorielles et il n'y a donc aucune liberté d'action pour le code d'interaction qui se doit d'être le produit de ces deux codes. Les codes pour deux variables A et B sont donc nécessairement :

	A_1B_1	A_1B_2	A_2B_1	A_2B_2
λ_1	1	1	−1	−1
λ_2	1	−1	1	−1
λ_3	1	−1	−1	1

Le code d'interaction λ_3 examine si la moyenne des groupes A_1 B_1 et A_2 B_2 est égale à la moyenne des deux autres groupes. En revanche, la question d'intérêt sur le plan théorique peut être de savoir si un des groupes, disons A_2 B_2, diffère de la moyenne trois autres groupes. Par exemple, l'hypothèse de recherche peut être que tant A_2 que B_2 doivent être présents pour que l'effet se manifeste. Dans ce cas, le code intéressant est [−1, −1, −1, 3]. Ceci n'est pas une interaction, car on ne peut pas le représenter comme le produit de deux codes de contraste, un pour chacune des variables. Toutefois, si c'est réellement la question d'intérêt, alors il faudrait la poser. Nous pouvons calculer sa SCR avec la formule habituelle, puis la comparer comme une comparaison planifiée (comme au Chapitre 8) au carré moyen de l'erreur (CME) qui résulte de l'analyse de variance utilisant λ_1 jusque λ_3. Or, si cette question est vraimen au cœur de l'étude, on peut tout simplement ignorer la structure factorielle du plan et analyser les données en utilisant des codes pour une variable comprenant 4 groupes.

D'autres questions peuvent aussi surgir au terme de l'analyse initiale des données. Nous pouvons alors exploiter les mêmes procédures *post hoc* que celles utilisées au Chapitre 8. Par exemple, dans les données des scores d'humeur, le fait que le Médicament A soit meilleur que le Médicament B dépend de ce que le patient suit également une Thérapie. Un examen des moyennes révèle que le Médicament A est plus efficace pour ceux en Thérapie, alors que le Médicament B est plus efficace pour ceux du groupe Contrôle. Cela suggère que le Médicament A, même si ce dernier est supérieur en moyenne, devrait uniquement être prescrit à ceux qui suivent également une Thérapie. Mais avant de formuler ce genre de recommandation, nous devons procéder à des comparaisons *post hoc* pour savoir si les différences entre les moyennes au sein des niveaux de Psychothérapie sont statistiquement significatives. Ce genre de comparaisons entre catégories d'une variable (Médicament A versus Médicament B) au sein d'un seul niveau d'une autre variable (Psychothérapie) est connu sous le nom d'*effets simples*. Nous faisons le calcul pour cette comparaison à titre d'exemple. Les codes pour les deux effets simples pertinents sont :

	A,T	B,T	P,T	A,C	B,C	P,C
λ_6	1	−1	0	0	0	0
λ_7	0	0	0	1	−1	0

Le code λ_6 teste s'il y a une différence entre le Médicament A et le Médicament B pour ceux qui suivent une Thérapie, tandis que le code λ_7 examine la même différence entre médicaments pour ceux dans la condition Contrôle. Dès lors :

$$\text{SCR}_6 = \frac{\left(\sum_k \lambda_k \overline{Y}_k\right)^2}{\sum_k \lambda_k^2 / n_k} = \frac{(32-26)^2}{1^2/3 + (-1)^2/3} = 54$$

Le CME (de l'Encadré 9.4 ou 9.7) est 4.2, donc :

$$F = \frac{\text{SCR}}{\text{CME}} = \frac{54}{4.2} = 12.86$$

Si ceci n'est pas une comparaison planifiée, mais s'avère une question qui découle de l'analyse des données, il est recommandé de comparer F avec la valeur critique ajustée de Scheffé qui est :

$$(m-1)F_{m-1;n-PA;\alpha} = 5F_{5,12;.05} = 5(3.11) = 15.55.$$

$F = 12.86$ se situe en deçà de la valeur critique et nous ne pourrions dès lors pas conclure de manière *post hoc* que le Médicament A est significativement meilleur que le Médicament B pour les patients qui suivent une Thérapie. La différence λ_7 est encore plus petite et nous pouvons dès lors conclure, sans même devoir effectuer les calculs, que la comparaison n'est pas statistiquement significative.

Notez que l'on se trouve face à une situation singulière dans laquelle nous savons que les effets des médicaments sont différents dans les deux conditions (l'interaction codée par λ_5 était significative, et la différence de 6 entre le Médicament A et le Médicament B pour la condition Thérapie est significativement différente de la différence −2 pour Contrôle), mais aucun des deux effets simples n'est significatif (pour Thérapie, 6 n'est pas significativement différent de 0 et pour Contrôle, −2 n'est pas significativement différent de 0). Ce sont des questions différentes et elles peuvent donc donner lieu à des réponses différentes. La solution consisterait à réaliser une étude de réplication dans laquelle on dispose de davantage de puissance ou pour laquelle les effets simples constituent légitimement des comparaisons planifiées.

5.2. *Puissance dans l'ANOVA factorielle*

Les méthodes que nous avons présentées précédemment pour estimer la puissance fonctionnent également pour estimer la puissance dans une ANOVA factorielle. Il est intéressant d'examiner comment la puissance est affectée par les questions que nous posons au sujet d'une variable données lorsque d'autres variables catégorielles sont ajoutées à l'analyse. À titre d'exemple, revenons encore une fois sur les scores d'humeur de l'Encadré 9.1. Si nous sommes essentiellement intéressés par les questions qui portent sur les effets des médicaments, nous pourrions avoir décidé de réaliser une analyse de variance à un facteur en ignorant totalement la variable Psychothérapie. Si nous devions ignorer si les patients sont dans le groupe Thérapie ou Contrôle, nous aurions trois groupes – Médicament A, Médicament B et Placebo – chacun avec 6 observations. Les moyennes respectives seraient $(32 + 17)/2 = 24.5$, $(26 + 19)/2 = 22.5$ et $(17 + 9)/2 = 13$. Les deux codes de contraste seraient $(1, 1, -2)$ et $(1, -1, 0)$. En appliquant les formules habituelles du Chapitre 8, nous obtenons $b_1 = 3.5$ avec SCR = 441 et $b_2 = 1$ avec SCR = 12, exactement les mêmes valeurs qu'auparavant. Par contre, PRE et F seraient différents parce que nous testons maintenant l'hypothèse nulle $\beta_1 = 0$ en comparant :

$$\text{MODÈLE A}: Y_i = \beta_0 + \beta_1 X_1 + \beta_2 X_2 + \varepsilon_i$$

$$\text{MODÈLE C}: Y_i = \beta_0 + \beta_2 X_2 + \varepsilon_i$$

Ceci est fondamentalement la même question que celle posée pour tester $\beta_1 = 0$ dans l'analyse complète à deux variables.

Pour bien voir comment le fait d'ignorer l'autre variable catégorielle affecte la puissance, examinons l'Encadré 9.14 qui reprend le tableau source complet de l'ANOVA à un facteur dans laquelle on néglige la variable psychothérapie. Les paramètres estimés, les sommes de carrés, les degrés de liberté et le carré moyen réduit sont exactement ce qu'ils étaient dans l'Encadré 9.7. Par contre, la somme des carrés des erreurs et les degrés de liberté du terme d'erreur ont sensiblement augmenté. La raison en est que les sommes de carrés réduites par X_3, X_4 et X_5 dans l'analyse à deux facteurs sont maintenant incluses dans l'erreur parce que ces prédicteurs ne sont pas exploités dans l'analyse. Étant donné que nous avons les mêmes SCR pour X_1 et X_2, et une SCE plus importante, alors les F et PRE doivent être considérablement plus petits qu'ils ne l'étaient auparavant. Par exemple, dans l'analyse complète à deux facteurs de l'Encadré 9.7, $F_{1,12} = 105.8$ et PRE = .90 pour X_1, alors que $F_{1,15} = 11.9$ et PRE = .44 dans l'analyse qui inclut seulement la variable Médicament. Les différences entre les moyennes pour le Médicament A, le Médicament B et le Placebo n'ont pas changé, et l'analyse à deux facteurs confère donc nettement plus de puissance statistique pour

Source	b_j	*SC*	*dl*	*CM*	*F*	*p*	*PRE*
Inter-groupes							
(Médicament)		453	2	226.5	6.1	.012	.45
X_1	3.5	441	1	441	11.9	.004	.44
X_2	1.0	12	1	12	0.3	.58	.02
Intra-groupe (CME)		557	15	37.1			
Total		1010.0	17				

Encadré 9.14
Analyse de variance à une variable sur les scores d'humeur ignorant la variable psychothérapie

tester $\beta_1 = 0$ et $\beta_2 = 0$. Cette augmentation de puissance se produit généralement dans les situations d'analyse de variance factorielle à plusieurs facteurs. Le fait d'utiliser l'une ou l'autre variable catégorielle afin de réduire SCE fournit plus de puissance pour un test d'hypothèse d'une autre variable catégorielle. La seule situation dans laquelle il y aurait une baisse de puissance statistique est celle où les F pour les codes des variables supplémentaires et les codes pour les interactions sont inférieurs à 1.0. Si $F < 1.0$ pour un contraste donné, alors la proportion de réduction dans l'erreur associée avec ce contraste est inférieure à ce qu'on attendrait pour un paramètre choisi au hasard. Dès lors, l'inclusion de ce prédicteur codé en contraste ne vaut pas la perte du degré de liberté associé à l'inclusion du paramètre et la puissance s'en ressent. Tout ceci signifie qu'il ne faut ajouter d'autres variables catégorielles dans l'espoir d'augmenter la puissance que si on s'attend à ce que ces variables et leurs interactions soient elles-mêmes susceptibles de réduire l'erreur dans la variable dépendante. Les interactions prolifèrent rapidement à mesure que d'autres variables catégorielles à plusieurs niveaux sont incluses dans le modèle. Il faut dès lors rester attentif au fait que ces interactions multiples ne réduisent pas la puissance statistique.

Résumé

Dans un plan factoriel, il y a deux ou plus de deux variables prédictrices catégorielles et tous les niveaux de chacune de ces variables catégorielles sont combinés avec tous les niveaux des autres variables catégorielles. Nous analysons les données d'un plan à deux ou plus de deux facteurs en appliquant les techniques abordées pour l'analyse de variance à un critère vues au Chapitre 8 pour confectionner un ensemble adapté de codes de contraste. Nous générons cet ensemble de codes en développant des ensembles séparés de codes de contrastes pour chacune des variables catégorielles et en formant les produits appropriés entre ces codes pour représenter les interactions entre les variables catégorielles. L'interprétation des contrastes d'interaction peut s'avérer difficile, mais les mêmes démarches interprétatives que celles déjà présentées aux Chapitres 7 et 8 peuvent encore être appliquées.

CHAPITRE 10

Modèles à prédicteurs continus et catégoriels : ANCOVA

SOMMAIRE

Le contenu abordé dans ce chapitre intègre les contenus couverts lors des Chapitres 6 et 9. Au Chapitre 6, nous avons traité des modèles avec des prédicteurs continus. Le Chapitre 9 a été consacré aux modèles à prédicteurs catégoriels. Nous allons maintenant traiter les modèles incluant les deux sortes de prédicteurs. De tels modèles sont traditionnellement présentés sous le terme d'analyse de covariance (ANCOVA). Nous trouvons l'utilisation de ce terme un peu ambigu et nous préférons voir plus simplement ces modèles comme des modèles impliquant des variables prédictrices catégorielles et continues.

Au cours du Chapitre 7, nous avons vu qu'une extension des modèles à prédicteurs continus pouvait également inclure comme prédicteur le produit de ces prédicteurs, autrement dit, une interaction entre ces prédicteurs. De la même manière, au cours du chapitre précédent nous avons traité de prédicteurs représentant des interactions entre des variables prédictrices catégorielles. Par extension, dans ce chapitre, nous aborderons également des modèles incluant, non seulement des prédicteurs catégoriels et continus, mais également des interactions entre ces deux types de variables prédictrices.

À l'origine, l'intérêt pour ce type de modèles s'est développé dans le contexte de méthodes traditionnellement ancrées dans l'analyse des plans expérimentaux et quasi-expérimentaux. Dans cette tradition, les chercheurs étaient principalement intéressés par les effets de facteurs expérimentaux, autrement dit des variables prédictrices catégorielles, et désiraient estimer ces effets en maintenant constantes, c'est-à-dire en contrôlant, des variables mesurées dans le même temps. Ces variables sont souvent appelées des *covariables* (dans certains textes, on rencontre aussi le terme *covariées*). Comme nous le détaillons plus loin, ce contrôle peut être souhaitable parce qu'il peut entraîner un gain de puissance ou parce que la covariable est redondante avec la variable catégorielle. Pourtant, les modèles impliquant à la fois des variables catégorielles et continues peuvent avoir bien d'autres applications en dehors des plans de recherche expérimentaux. Par exemple, en sociologie ou en sciences politiques, on pourrait s'intéresser simultanément à l'effet d'une variable catégorielle (par exemple, le sexe) et d'une variable continue (par exemple, les revenus personnels) sur une variable dépendante donnée, et vouloir estimer les effets de chaque variable en contrôlant l'autre variable. En d'autres termes, à la différence des plans expérimentaux, ces modèles ne se centrent pas nécessairement sur l'effet des variables catégorielles et ce qui arrive à ces effets lorsqu'une variable prédictrice continue est contrôlée. Nous pourrions donc être intéressés tout autant par les effets des variables prédictrices continues et par la façon dont ces effets changent lorsque nous contrôlons la variable catégorielle.

Étant donné que ces modèles prennent traditionnellement place dans le contexte de plans expérimentaux, nous commencerons ce chapitre en détaillant l'utilisation des modèles comportant des variables catégorielles et continues dans le cadre d'un plan expérimental où l'intérêt principal se porte sur la variable catégorielle. Nous utiliserons ce contexte pour illustrer les raisons qui peuvent nous pousser à vouloir, dans le même temps, contrôler une variable continue. Dans la dernière section de ce chapitre, nous exposons l'utilisation de ces modèles dans un contexte où l'intérêt principal du chercheur se porte sur les effets d'un prédicteur continu lorsqu'une variable catégorielle est contrôlée.

1. Contrôle d'une variable continue orthogonale dans un plan factoriel

Supposons que nous désirions évaluer une nouvelle méthode d'enseignement dans un collège. Pour ce faire, les élèves ont été assignés aléatoirement soit à l'ancienne méthode, soit à la nouvelle. En outre, chaque méthode a été enseignée par des enseignants différents et les élèves étaient assignés à l'un ou l'autre des deux enseignants, là aussi de manière aléatoire. Ainsi, le plan expérimental comporte deux facteurs croisés, avec deux niveaux pour la méthode et pour l'enseignant. Dix élèves ont été assignés aléatoirement au sein des quatre conditions qui résultent de ce plan. La variable dépendante correspond au score de l'élève sur un test d'aptitude standardisé proposé à la fin de l'enseignement. En outre, nous disposons d'une mesure de pré-test pour chaque élève, cette mesure indiquant son aptitude dans le domaine en question avant l'exposition à la nouvelle ou à l'ancienne méthode. Les données hypothétiques de cette étude apparaissent dans l'Encadré 10.1. La variable Z_i représente le score au pré-test de chaque élève. La variable X_{1i} est une variable en codes de contraste codant la méthode d'enseignement (-1 pour l'ancienne; 1 pour la nouvelle); X_{2i} est également une variable en codes de contraste codant cette fois l'enseignant (-1 pour l'enseignant A; 1 pour l'enseignant B); enfin, Y_i représente le score d'aptitude au post-test de chaque élève.

Les moyennes correspondant à Z_i et Y_i, pour chacune des quatre conditions du plan, apparaissent dans l'Encadré 10.2. Notons que les données ont été construites de sorte que les quatre moyennes de pré-test soient égales à 50. Dans la mesure où les élèves ont été assignés aléatoirement aux quatre conditions expérimentales après avoir passé le pré-test, nous nous attendrions à ce que leurs moyennes aux scores de pré-test soient très similaires même si les chances sont grandes pour qu'elles ne soient pas identiques. Nous les avons construites ici de cette manière pour des raisons didactiques.

La raison pour laquelle nous avons construit ces données de sorte que les moyennes au pré-test soient équivalentes renvoie au fait qu'il en résulte une absence totale de corrélation entre le pré-test et les conditions. Pour s'en rendre compte, imaginons que nous régressions le score au pré-test Z_i sur X_{1i}, X_{2i} et leur interaction. Avec l'ensemble des trois codes de contraste comme prédicteurs, la valeur prédite de Z_i serait égale aux moyennes de chacune des conditions. De plus, chacune de ces moyennes par condition serait égale à la moyenne générale. Ainsi, un modèle comportant l'ensemble des trois prédicteurs en codes de contraste génèrerait les mêmes valeurs prédites, pour toutes les conditions, qu'un modèle simple pour lequel nous prédirions la moyenne générale pour chaque condition. Il s'ensuit que les conditions sont parfaitement indépendantes du pré-test.

Y_i	X_{1i}	X_{2i}	Z_i	Y_i	X_{1i}	X_{2i}	Z_i
58	1	-1	50	57	1	-1	49
63	1	-1	49	61	1	-1	52
65	1	-1	53	57	1	-1	50
56	1	-1	47	67	1	-1	51
60	1	-1	53	56	1	-1	46
50	-1	-1	49	62	-1	-1	54
58	-1	-1	51	55	-1	-1	48
52	-1	-1	50	63	-1	-1	52
55	-1	-1	47	50	-1	-1	46
57	-1	-1	52	58	-1	-1	51
61	1	1	47	59	1	1	49
71	1	1	53	65	1	1	54
68	1	1	52	60	1	1	46
58	1	1	48	65	1	1	51
68	1	1	51	65	1	1	49
47	-1	1	46	62	-1	1	51
56	-1	1	51	51	-1	1	49
63	-1	1	53	54	-1	1	51
53	-1	1	48	58	-1	1	50
52	-1	1	47	54	-1	1	54

Encadré 10.1
Données expérimentales hypothétiques

Encadré 10.2
Moyennes au pré-test et au post-test par condition

Condition	$\overline{Z}_k$	$\overline{Y}_k$
Anc. Meth., Ens. A	50	56
Anc. Meth., Ens. B	50	55
Nouv. Meth., Ens. A	50	60
Nouv. Meth., Ens. B	50	64

1.1. *ANOVA des données*

Réalisons une simple ANOVA à deux facteurs sur les données du post-test en ignorant pour l'instant la variable pré-test. Nous régressons donc Y_i sur X_{1i}, X_{2i} et X_{3i}, sachant que X_{3i} est le code de contraste de l'interaction, obtenu en multipliant X_{1i} par X_{2i}. Le modèle qui en résulte est le suivant :

$$\widehat{Y}_i = 58.75 + 3.25X_{1i} + 0.75X_{2i} + 1.25X_{3i}$$

avec une somme des carrés des erreurs de 710. La valeur du coefficient de régression de X_{1i}, 3.25, est égale à la moitié de la différence entre la moyenne des deux moyennes de Y_i obtenues avec la nouvelle méthode (62) et la moyenne des deux moyennes de Y_i obtenues avec l'ancienne méthode (55.5). Le coefficient de régression de X_{2i}, 0.75, est égal à la moitié de la différence entre la moyenne des deux conditions Enseignant B (58.5) et la moyenne des deux conditions Enseignant A (59.5). Le coefficient de régression correspondant au code de contraste de l'interaction, 1.25, est égal à la moitié de la différence entre la moyenne des conditions Ancienne Méthode/Enseignant A et Nouvelle Méthode/Enseignant B et la moyenne des conditions Ancienne Méthode/Enseignant B et Nouvelle Méthode/Enseignant A. Conceptuellement, cela nous indique si la différence entre les méthodes est plus grande avec l'Enseignant B qu'avec l'Enseignant A.

Nous pouvons calculer la somme des carrés associée à chaque prédicteur en codes de contraste en estimant une série de modèles compacts omettant à chaque fois un code de contraste. De manière alternative, nous pouvons utiliser la formule présentée antérieurement et correspondant à la SCR associée à un prédicteur en codes de contraste :

$$\text{SCR} = \frac{\left(\sum_k \lambda_k \overline{Y}_k\right)}{\sum_k \lambda_k^2 / n_k}$$

L'application de cette formule, nous donne une somme des carrés expliquée par X_{1i} égale à 422.5, tandis que celle expliquée par X_{2i} est égale à 22.5 et que celle expliquée par X_{3i} est égale à 62.5. Dans la mesure où nous avons 10 observations dans chacune des quatre conditions, les trois prédicteurs sont non redondants et il s'ensuit que leurs sommes des carrés peuvent être additionnées pour trouver la somme des carrés inter-conditions. Le tableau résumé de l'ANOVA est présenté à l'Encadré 10.3.

Encadré 10.3
Tableau résumé de l'ANOVA à deux facteurs

Source	*b*	*SC*	*dl*	*CM*	*F*	*PRE*
Inter ou Modèle		507.5	3	169.17	8.58	.42
Méthode	3.25	422.50	1	422.50	21.42	.37
Enseignant	0.75	22.50	1	22.50	1.14	.03
Méthode × Enseignant	1.25	62.50	1	62.50	3.17	.08
Erreur		710.00	36	19.72		
Total		1217.50	39			

1.2. *Inclusion d'une covariable orthogonale*

Dans l'analyse précédente, nous n'avons fait aucune utilisation du pré-test Z_i. Nous pourrions décider de l'ajouter dans le modèle en tant que prédicteur pour plusieurs raisons. Nous pourrions, par exemple, être intéressés de savoir dans quelle mesure la méthode d'enseignement et l'enseignant affectent la performance au post-test, quand nous contrôlons le niveau au pré-test ou, de manière équivalente, quand nous regardons ce qui se passe à l'intérieur des niveaux du pré-test. En d'autres termes, nous pourrions être intéressés par ces effets au-delà des différences de performance existant au moment du pré-test. Une raison, en apparence différente, d'inclure cette covariable comme prédicteur dans le modèle renvoie au fait que nous pourrions nous attendre à ce qu'elle soit hautement corrélée avec le post-test, car il ne s'agit en toute vraisemblance que d'une version précédente du post-test, mesurant donc le même domaine d'aptitude. Si tel est le cas, comme nous le verrons, l'inclusion de cette covariable devrait augmenter considérablement la puissance de notre test des effets de la méthode, de l'enseignant et de leur interaction.

Dans ces données, les scores au pré-test sont hautement reliés aux scores du post-test. La somme des carrés des erreurs associée au modèle de régression simple dans lequel Y_i est régressé sur Z_i est égale à 855.57. À partir de la dernière ligne, la ligne « Total », du tableau résumé de l'Encadré 10.3, nous voyons que la somme des carrés de Y_i pour le modèle le plus simple à un seul paramètre est égale à 1217.5.

Par conséquent, une comparaison entre le modèle de régression à deux paramètres (c'est-à-dire l'ordonnée à l'origine et la pente) utilisant Z_i pour prédire Y_i et le modèle à un seul paramètre produit un PRE de .297 et un $F_{1,38} = 16.05$. Ainsi, la relation entre le pré-test et le post-test est substantielle et significative.

Comme nous l'avons vu, le pré-test Z_i n'est pas corrélé avec la variable condition, car toutes les conditions ont des moyennes identiques au pré-test. Par conséquent, la somme des carrés de Y_i qui pourrait être expliquée par Z_i sera distincte de la somme des carrés de Y_i expliquée par les trois codes de contraste de la variable condition. Du fait que la somme des carrés expliquée par ces trois prédicteurs en codes de contraste est égale à 507.5, que la somme des carrés expliquée par Z_i est égale à 361.93, et que Z_i est totalement non redondant avec les trois prédicteurs en codes de contraste, la somme des carrés expliquée par le pré-test, Z_i, *plus* les trois prédicteurs en codes de contraste, devrait être égale à 507.5 + 361.93 soit 869.43. Par conséquent, la somme des carrés pour un modèle dans lequel Y_i est régressé sur Z_i, X_{1i}, X_{2i} et X_{3i} devrait être égale à 1217.5 – 869.43 soit 348.07.

Dans le tableau résumé ANOVA présenté dans l'Encadré 10.3, le dénominateur de chaque statistique F, testant la significativité des différences entre conditions, est égal au carré moyen de l'erreur intra ou, de façon équivalente, le carré moyen de l'erreur du modèle augmenté final incluant tous les prédicteurs. Si nous incluons le pré-test Z_i comme prédicteur additionnel, ce carré moyen de l'erreur devrait être réduit substantiellement, du fait que la somme des carrés potentiellement explicable par Z_i a été contrôlée ou extraite de la somme des carrés des erreurs. Ainsi, en incluant Z_i comme prédicteur additionnel dans le modèle, nous devrions nous attendre à ce que nos tests de différences entre conditions sur Y_i soient plus puissants, produisant des valeurs de F plus importantes.

Ce nouveau modèle augmenté, incluant le pré-test et les trois prédicteurs en codes de contraste, donne lieu à l'estimation suivante :

$$\widehat{Y}_i = -4.52 + 1.27Z_i + 3.25X_{1i} + 0.75X_{2i} + 1.25X_{3i}$$

avec une somme des carrés de 348.07.

Notons que, dans ce modèle, les coefficients des trois prédicteurs en codes de contraste n'ont pas changé par rapport au modèle où Z_i n'était pas inclus comme prédicteur. Dans la mesure où Z_i ne présente aucune redondance avec l'ensemble des prédicteurs en codes de contraste, son inclusion n'a d'effet ni sur la valeur des coefficients, ni sur leur interprétation. Le coefficient de X_{1i} continue d'indiquer l'importance de la différence sur Y_i attribuable à la méthode d'enseignement. Le coefficient de X_{2i} continue d'indiquer l'importance de la différence de moyennes entre les enseignants. Enfin, le coefficient de X_{3i} continue d'indiquer dans quelle mesure la différence entre les méthodes est plus grande pour l'Enseignant B que pour l'Enseignant A.

Nous pouvons tester la fiabilité du coefficient de Z_i en comparant ce modèle augmenté avec le modèle présenté précédemment qui contenait uniquement les prédicteurs en codes de contraste. La valeur du PRE résultant de cette comparaison correspond à :

$$\text{PRE} = \frac{710.00 - 348.07}{710.00} = .510$$

avec une statistique F de :

$$F_{1,35} = \frac{.510/1}{(1 - .510)/35} = 36.39$$

Par conséquent, nous pouvons conclure qu'indépendamment des conditions, ou en moyenne à l'intérieur des conditions, les scores au pré-test sont significativement liés aux scores du post-test.

Nous pouvons vérifier si les moyennes des conditions sont différentes en testant les coefficients de régression de ce modèle, pour chacun des trois prédicteurs en codes de contraste. Commençons par le test omnibus correspondant à la question de savoir s'il existe une quelconque différence entre les moyennes des conditions sur Y_i. Afin de réaliser ce test, nous devons comparer le modèle augmenté incluant Z_i et les trois prédicteurs en codes de contraste avec un modèle compact incluant Z_i uniquement. Nous avons déjà présenté la somme des carrés des erreurs de ce modèle compact correspondant à un modèle de régression simple, cette somme des carrés des erreurs est égale à 855.57. Par conséquent, la valeur de PRE pour ce test omnibus est égale à :

$$\text{PRE} = \frac{855.57 - 348.07}{855.57} = .593$$

De plus, la statistique omnibus F, avec 3 et 35 degrés de liberté, est égale à :

$$F_{3,35} = \frac{.593/3}{(1 - .593)/35} = 17.09$$

Nous pouvons formuler une expression équivalente pour la statistique F en termes de somme des carrés :

$$F_{3,35} = \frac{507.50/3}{348.07/35} = 17.09$$

où 507.50 représente la réduction de la somme des carrés des erreurs lorsque nous passons du modèle compact au modèle augmenté et 348.07 représente la somme des carrés des erreurs du modèle augmenté.

Notons que cette statistique F est presque deux fois plus grande que la statistique F du test omnibus basé sur le modèle augmenté n'incluant pas le pré-test comme prédicteur (voir Encadré 10.3). La raison d'une telle différence tient au fait que la somme des carrés des erreurs du modèle augmenté est maintenant considérablement réduite en comparaison de ce qu'elle était quand le pré-test n'était pas inclus – ce qui amène à un F plus grand, toutes choses étant égales par ailleurs. Dans le même temps, il reste vrai que les degrés de liberté de l'erreur ont diminué suite à l'ajout d'un paramètre pour le pré-test dans le modèle augmenté – ce qui amène à un *F* plus petit, toutes choses étant égales par ailleurs. Toutefois, le fait que la somme des carrés des erreurs soit substantiellement plus petite alors que le degré de liberté n'est que légèrement réduit donne lieu, au final, à un carré moyen de l'erreur considérablement plus petit. En d'autres termes, le dénominateur du ratio composant le *F* du test omnibus, traitant la question d'une différence entre conditions quand le pré-test est inclus, est égale à 348.07/35 ou 9.94. Dans le modèle n'incluant pas le pré-test, le dénominateur du ratio du *F* pour ce même test omnibus était égal à 710.0/36 ou 19.72. Au final, inclure le pré-test comme prédicteur a donc réduit le carré moyen de l'erreur et augmenté la puissance des tests des effets liés aux conditions. Une telle augmentation de la puissance se produira à chaque fois qu'il existe une relation significative entre le prédicteur mesuré en continu (dans le cas présent le pré-test) et la variable dépendante du modèle augmenté incluant les variables prédictrices catégorielles. Le tableau de résumé complet correspondant au modèle incluant le pré-test et les trois prédicteurs en codes de contraste apparaît dans l'Encadré 10.4. Comparons ce tableau résumé d'ANCOVA avec le tableau résumé d'ANOVA de l'Encadré 10.3.

Remarquons tout d'abord que le test du modèle global – test comparant ce modèle à quatre variables prédictrices avec le modèle à un seul paramètre n'incluant aucun prédicteur – fournit des valeurs de PRE et *F* substantiellement plus grandes que le test du modèle global n'incluant pas le pré-test. Ces valeurs plus importantes sont entièrement attribuables au fait que le pré-test est fortement relié à la variable dépendante. Par conséquent, la somme des carrés attribuable au modèle, 869.43, a augmenté drastiquement par rapport au tableau ANOVA, alors que la somme des carrés de l'erreur a diminué de façon tout aussi drastique. Cela s'explique par le fait que la diminution de la somme des carrés des erreurs du modèle et, de manière équivalente, l'augmentation de la somme des carrés expliquée par le modèle, sont exactement égales à la somme des carrés associée au pré-test, c'est-à-dire 361.93.

D'autre part, nous pouvons également remarquer que les lignes correspondant aux trois variables en codes de contraste, représentant la méthode, l'enseignant et leur interaction, ont les mêmes sommes des carrés, degrés de liberté et carrés moyens qu'elles avaient dans le tableau résumé d'ANOVA. Étant donné que le pré-test n'est pas lié à la méthode, à l'enseignant et à leur interaction, ni leurs coefficients de régression, ni leurs sommes des carrés ne sont affectés par l'inclusion du pré-test dans le modèle. Néanmoins, comme nous venons de le voir, cette inclusion du pré-test a un effet majeur sur la ligne du tableau se référant à l'erreur du modèle. Il s'ensuit que toutes les statistiques *F* utilisées pour tester les effets de la méthode, de l'enseignant et de leur interaction sur la variable dépendante post-test sont substantiellement plus grandes qu'elles ne l'étaient dans le tableau résumé d'ANOVA apparaissant dans l'Encadré 10.3. Cela explique, qu'alors que l'interaction entre la méthode et l'enseignant n'était pas significative dans le tableau d'ANOVA, celle-ci l'est devenue dans le tableau résumé d'ANCOVA. Le coefficient positif associé au code de contraste de cette interaction, nous indique que la différence entre la nouvelle méthode et l'ancienne, bien que

Source	*b*	*SC*	*dl*	*CM*	*F*	*PRE*
Modèle		869.43	4	217.36	21.87	.71
Pré-test	1.27	361.93	1	361.93	36.39	.51
Inter-conditions		507.50	3	169.17	17.09	.59
Méthode	3.25	422.50	1	422.50	42.48	.55
Enseignant	0.75	22.50	1	22.50	2.26	.06
Méthode × Enseignant	1.25	62.50	1	62.50	6.28	.15
Erreur		348.07	35	9.94		
Total		1217.50	39			

Encadré 10.4
Tableau résumé de l'ANCOVA

significative sur la moyenne des enseignants, est significativement plus grande pour l'Enseignant B que pour l'Enseignant A.

Cette analyse illustre l'une des raisons majeures d'inclure une variable prédictrice mesurée continue (que l'on appelle également une covariable) au sein des plans de recherche expérimentaux. Si ce prédicteur est mesuré avant l'assignation aléatoire des participants dans les conditions, en moyenne celui-ci ne sera pas lié aux variables en codes de contraste traduisant les conditions expérimentales. L'inclusion d'une telle variable a pour but d'augmenter la puissance des analyses testant des différences entre conditions sur la variable dépendante. Si la covariable est réellement indépendante des conditions, alors, ni les coefficients de régression des différents prédicteurs en codes de contraste, ni leurs sommes des carrés ne seront affectés par son inclusion dans le modèle ; seule la somme des carrés des erreurs se verra affectée à la baisse. L'hypothèse nulle associée avec le test d'un prédicteur en codes de contraste donné restera inchangée. Indépendamment de l'inclusion de la covariable, nous serons toujours en train de tester des différences entre des moyennes des conditions sur la variable dépendante, et ce, en accord avec les codes λ utilisés. Les tests de différences entre conditions seront toujours plus puissants en présence d'une covariable lorsque le test du coefficient de régression de cette covariable, au sein du modèle augmenté, produira une statistique F significative. Lorsque la covariable n'est pas reliée à la variable dépendante, la diminution de la somme des carrés des erreurs, résultant de l'inclusion de la covariable, ne contrebalancera pas la diminution des degrés de liberté de l'erreur dans le modèle. Par conséquent, la covariable idéale sera une covariable présentant la plus grande association possible avec la variable dépendante, au sein d'un modèle incluant les variables catégorielles, autrement dit, à l'intérieur de chaque niveau de ces variables catégorielles.

Même en utilisant l'assignation aléatoire des participants au sein des conditions, après avoir mesuré la covariable, il n'arrivera quasiment jamais que la covariable soit totalement non redondante avec les codes de contraste des conditions. En d'autres termes, il sera très rare que les moyennes des différentes conditions sur nos pré-tests ou covariables soient parfaitement égales. Ainsi, notre exemple est bien évidemment artificiel, construit simplement pour illustrer ce qui se passerait avec un cas pur où la covariable est totalement indépendante des conditions. Cela veut dire que pour chaque étude donnée, il y aura probablement un certain niveau, non significatif, de relation entre la covariable et les codes de contraste représentant les conditions. Il n'en reste pas moins que l'inclusion d'une covariable augmentera la puissance statistique de nos tests de différences entre conditions, dès lors qu'elle est significativement liée à la variable dépendante au sein des différents niveaux de nos variables catégorielles.

Comme nous l'avons dit en introduction de ce chapitre, dans le contexte des plans expérimentaux, l'inclusion de variables prédictrices continues et mesurées, en même temps que des variables catégorielles, a souvent pour objectif d'examiner la façon dont évoluent les tests de différences entre conditions, lorsque nous contrôlons ces covariables. Comme nous l'avons vu, avec une covariable mesurée avant l'assignation aléatoire des participants dans les conditions, le résultat sera généralement une augmentation de la puissance statistique des tests de différences entre conditions. Il n'y a pas nécessairement de raison, toutefois, de confiner nos interprétations des modèles incluant les deux types de prédicteurs à ce type d'objectif. En d'autres termes, rien ne nous empêche de renverser cette tendance interprétative en nous concentrant, non pas sur le test des différences de moyennes en contrôlant la covariable, mais sur le test de la relation entre le pré-test et le post-test en contrôlant les différences entre conditions au post-test. Ainsi, si nous régressions simplement le post-test sur le pré-test, le coefficient de régression associé au pré-test est égal à 1.27. La somme des carrés des erreurs pour ce modèle de régression simple est égale à 855.57. Enfin, un test de la relation simple entre pré-test et post-test produit un PRE de .297 et un F de 16.05, avec 1 et 38 degrés de liberté. Lorsque nous examinons la relation entre pré-test et post-test en contrôlant la variable catégorielle, test qui apparaît dans le tableau ANCOVA de l'Encadré 10.4, le coefficient du pré-test est toujours de 1.27, mais le test traitant de la question de la fiabilité de cette relation avec le post-test produit maintenant un PRE de .51 et un F de 36.39, avec 1 et 35 degrés de liberté. Ainsi, nous pouvons également voir cette analyse comme un moyen d'accroître la puissance de test de la relation entre pré-test et post-test en contrôlant la condition expérimentale.

2. Analyse des scores de différences post-test – pré-test

Lorsque nous avons expliqué de quelle manière l'inclusion du pré-test comme prédicteur pouvait être intéressante, nous avons suggéré qu'il était sensé de vouloir examiner les effets de la méthode d'enseignement et de l'enseignant sur le post-test en contrôlant les différences au pré-test, autrement dit, en maintenant constantes les performances au pré-test. Il pourrait sembler qu'une façon alternative de faire la même analyse consisterait à examiner les différences entre conditions en termes d'amélioration du pré-test au post-test. Pour réaliser une telle analyse, nous pourrions assez logiquement créer une nouvelle variable dépendante qui serait égale à $Y_i - Z_i$, en partant du principe que Y_i et Z_i représentent deux mesures de la même chose, le pré-test étant mesuré avant l'expérience et le post-test à sa conclusion. Ce *score de différence* nous indique dans quelle mesure chaque individu a vu son aptitude progresser au cours de l'étude. Notre intérêt se porterait alors sur les différences entre conditions en termes de moyenne de scores de différence $Y_i - Z_i$. Dans la mesure où toutes les moyennes par conditions sont identiques sur la variable Z_i, les différences de moyennes entre conditions sur le score de différence $Y_i - Z_i$ seront équivalentes aux différences de moyennes entre conditions sur la variables Y_i.

Afin d'examiner l'effet des conditions sur ce score de différence, régressons-le sur les trois prédicteurs en codes de contraste définissant les conditions. L'estimation de ce modèle nous donne les paramètres estimés suivants :

$$\widehat{Y_i - Z_i} = 8.75 + 3.25X_{1i} + 0.75X_{2i} + 1.25X_{3i}$$

avec une somme des carrés des erreurs de 364.00. L'ordonnée à l'origine dans ce modèle est égale à la moyenne des moyennes des conditions sur le score de différence ou, de manière équivalente, la différence entre la moyenne des moyennes des conditions sur Y_i et la moyenne des moyennes des conditions sur Z_i. De manière peut-être un peu surprenante, les coefficients de régression correspondant aux trois prédicteurs en codes de contraste n'ont pas changé lors du passage de la variable dépendante Y_i au score de différence $Y_i - Z_i$. Ainsi, que ce soit avec l'analyse du score de différence, comme avec l'analyse ayant pour variable dépendante le post-test et le pré-test inclus comme covariable, les coefficients de régression continuent à être identiques à ceux obtenus avec la simple analyse de la variance sur Y_i comme variable dépendante et aucune utilisation du score de pré-test. Encore une fois, cette invariance est due au fait que le pré-test n'est pas lié à la variable condition.

Afin d'illustrer algébriquement les raisons qui expliquent que ces coefficients de régression n'ont pas changé, examinons l'expression algébrique correspondant aux coefficients de régression des prédicteurs en codes de contraste dans cette analyse du score de différence. Si nous utilisons notre formule standard, mais en remplaçant le terme habituel $\overline{Y}$ par le score de différence, nous obtenons :

$$\frac{\sum_k \lambda_k \left(\overline{Y - Z_k}\right)}{\sum_k \lambda_k^2} = \frac{\sum_k \lambda_k \left(\overline{Y}_k - \overline{Z}_k\right)}{\sum_k \lambda_k^2} = \frac{\sum_k \lambda_k \overline{Y}_k - \sum_k \lambda_k \overline{Z}_k}{\sum_k \lambda_k^2}$$

Dans la mesure où tous les $\overline{Z}_k$ sont identiques, l'expression $\sum_k \lambda_k \overline{Z}_k$ est égale à zéro et cette expression du coefficient de régression pour chacun des prédicteurs peut se réduire à ce qu'elle est

Encadré 10.5
Tableau ANOVA du score de différence

Source	*b*	*SC*	*dl*	*CM*	*F*	*PRE*
Inter ou Modèle		507.50	3	169.17	16.73	.58
Méthode	3.25	422.50	1	422.50	41.79	.54
Enseignant	0.75	22.50	1	22.50	2.22	.06
Méthode × Enseignant	1.25	62.50	1	62.50	6.18	.15
Erreur		364.00	36	10.11		
Total		871.50	39			

lorsque la variable dépendante du modèle est tout simplement Y_i. En résumé, ces coefficients de régression correspondent aux différences de conditions codées par les contrastes sur les scores moyens de différence $(\overline{Y - Z_k})$, ce qui est équivalent, lorsque tous les $\bar{Z}_k$ sont identiques, à ces mêmes différences de conditions sur $\bar{Y}_k$.

Cette analyse du score de différence nous donne le tableau ANOVA présenté dans l'Encadré 10.5. Notons que, de la même manière que les coefficients de régression des prédicteurs en codes de contraste pour l'analyse de ce score de différence sont équivalents à ce qu'ils étaient dans l'analyse incluant le pré-test comme variable prédictrice, nous pouvons voir que les sommes des carrés sont égales aux valeurs qu'elles ont toujours prises. Encore une fois, cette équivalence est due au fait que Z_i n'est pas corrélée avec les conditions.

Cette analyse, néanmoins, est différente de l'ANOVA et de l'ANCOVA, en ce qui concerne la somme des carrés des erreurs et la somme des carrés totale. La somme des carrés totale est maintenant égale à la somme des carrés des écarts à la moyenne du score de différence $Y_i - Z_i$, ce qui dans ce cas donne une valeur inférieure à la somme des carrés de Y_i. Sachant que cette somme des carrés totale a diminué et que la somme des carrés expliquée par les trois prédicteurs en codes de contraste est restée inchangée, la somme des carrés des erreurs dans cette analyse doit nécessairement être plus modeste que ce qu'elle était dans l'ANOVA ayant Y_i comme variable dépendante. Il s'ensuit que les statistiques PRE et *F* du test omnibus de l'existence de différences entre conditions et des trois tests à un degré de liberté sont supérieures à ce qu'elles étaient dans le tableau ANOVA de départ (voir Encadré 10.3).

Notons, néanmoins, que la somme des carrés des erreurs présentée dans le tableau résumé correspondant au score de différence est plus importante que la somme des carrés des erreurs de l'analyse incluant le pré-test comme prédicteur (voir le tableau ANCOVA de l'Encadré 10.4). Il en découle que les statistiques PRE et *F* testant les différences entre conditions sur ce score de différence sont légèrement plus modestes qu'elles ne l'étaient dans le tableau résumé de l'Encadré 10.4. En résumé, alors que dans le cas présent l'analyse du score de différence est plus puissante qu'une simple ANOVA sur Y_i, elle n'est pas plus puissante qu'une ANCOVA pour laquelle Y_i était utilisé comme variable dépendante et Z_i comme variable prédictrice.

Afin de comprendre pourquoi l'ANCOVA est plus puissante, commençons par examiner le modèle reposant sur le score de différence :

$$Y_i - Z_i = \beta_0 + \beta_1 X_{1i} + \beta_2 X_{2i} + \beta_3 X_{3i} + \varepsilon_i$$

Nous pouvons ré-exprimer ce modèle en ajoutant Z_i de chaque côté de l'équation :

$$Y_i = \beta_0 + Z_i + \beta_1 X_{1i} + \beta_2 X_{2i} + \beta_3 X_{3i} + \varepsilon_i$$

Ce modèle du score de différence ressemble maintenant beaucoup au modèle ANCOVA pour lequel le pré-test était utilisé comme variable prédictrice. Il y a toutefois une différence majeure ; au lieu d'estimer le paramètre correspondant à la variable pré-test, comme nous l'avions fait avec le modèle ANCOVA, nous avons maintenant fixé la valeur de ce paramètre pour qu'elle soit égale à 1.0.

Source	b	SC	dl	CM	F	PRE
Modèle		853.50	3	284.5	28.14	.70
Pré-test	1.00	346.0	0			
Inter-conditions		507.50	3	169.17	16.73	.58
Méthode	3.25	422.50	1	422.50	41.79	.54
Enseignant	0.75	22.50	1	22.50	2.22	.06
Méthode × Enseignant	1.25	62.50	1	62.50	6.18	.15
Erreur		364.00	36	10.11		
Total		1217.50	39			

Encadré 10.6
Tableau résumé révisé de l'ANOVA sur le score de différence

Ainsi, en faisant l'analyse du score de différence, nous avons en réalité postulé – un peu sans le savoir – que la valeur du paramètre pour le pré-test était égale à 1.0, au lieu de laisser ce paramètre varier librement, en calculant une estimation sur base de la méthode des moindres carrés.

Par définition, nous savons que les estimations basées sur les moindres carrés sont celles qui minimisent la somme des carrés des erreurs. Par conséquent, la somme des carrés des erreurs d'un modèle pour lequel le coefficient associé à la covariable est fixé à 1.0 ne peut pas être plus petite que la somme des carrés des erreurs du modèle ANCOVA, car dans ce dernier modèle le coefficient de la covariable est l'estimation reposant sur les moindres carrés. Ainsi, l'analyse du score de différence sera généralement moins puissante que l'ANCOVA. Fréquemment, l'analyse du score de différence sera même substantiellement moins puissante et pourra même, en réalité, être moins puissante qu'un simple modèle ANOVA.

Après avoir réalisé que le modèle du score de différence est identique au modèle ANCOVA, à l'exception du fait que nous fixons le coefficient de la covariable à 1.0 au lieu de l'estimer, il devient possible de réécrire le tableau résumé de l'analyse du score de différence comme nous l'avons fait dans l'Encadré 10.6. Dans ce tableau révisé, la somme des carrés totale se réfère au total de la somme des carrés de Y_i plutôt qu'au total de la somme des carrés du score de différence $Y_i - Z_i$.

Notons que, dans ce tableau résumé, le degré de liberté pour le pré-test, Z_i, est égal à zéro, car dans ce modèle son coefficient a été fixé à 1.0 au lieu d'être estimé à partir des données. La somme des carrés associée à Z_i est égale à la différence entre la somme des carrés totale de Y_i et la somme des carrés total du score de différence $Y_i - Z_i$.

Dans ces données, l'analyse du score de différence n'est qu'un petit peu moins puissante que l'ANCOVA. Cette quasi-équivalence résulte du fait que le paramètre estimé pour la covariable dans le modèle ANCOVA, 1.27, est très proche de la valeur 1.0, valeur à laquelle il est fixé dans l'analyse du score de différence. Nous pourrions d'ailleurs tester si le modèle ANCOVA produit une erreur de prédiction significativement plus faible que le modèle du score de différence. Ce test est équivalent au fait de savoir si le paramètre associé à la covariable dans le modèle augmenté, c'est-à-dire le modèle ANCOVA, diffère significativement de la valeur 1.0. Ainsi, pour un tel test, le modèle ANCOVA estimant le paramètre de la covariable est donc le modèle augmenté :

$$\text{MODÈLE A} := Y_i = \beta_o + \beta_1 Z + \beta_2 X_{1i} + \beta_3 X_{2i} + \beta_4 X_{3i} + \varepsilon_i$$

Le modèle compact, quant à lui, est le modèle du score de différence où le paramètre du pré-test est fixé à 1.0 :

$$\text{MODÈLE C} := Y_i = \beta_o + Z + \beta_1 X_{1i} + \beta_2 X_{2i} + \beta_3 X_{3i} + \varepsilon_i$$

La comparaison des sommes de carrés des erreurs de ces deux modèles nous donne :

$$\text{PRE} = \frac{364.00 - 348.07}{364.00} = .044$$

ce qui produit un F de 1.61, avec 1 et 35 degrés de liberté. Ainsi, dans ces données, nous ne pouvons pas conclure que le paramètre de la covariable est significativement différent de 1.00. Cette conclusion implique également que le modèle ANCOVA, toujours sur ces données, n'est pas significativement plus puissant que l'analyse du score de différence.

Après avoir dit que l'ANCOVA est généralement plus puissante que l'analyse du score de différence, nous devons noter que l'ANCOVA utilise un degré de liberté pour estimer le paramètre de la covariable, ce que ne fait pas l'analyse du score de différence. Si le paramètre estimé de la covariable est proche de 1.00, il est donc possible pour le carré moyen de l'erreur du modèle associé au score de différence d'être plus modeste que celui du modèle ANCOVA. Cela pourrait alors se traduire, exceptionnellement, par un test plus puissant pour l'analyse du score de différence. En outre, lorsque nous nous adressons à des personnes moins familiarisées avec les statistiques, il reste possible que l'analyse du score de différence soit plus facile à décrire que l'ANCOVA.

3. Cas d'un prédicteur continu partiellement redondant

Jusqu'ici nous avons illustré une raison majeure d'inclure une variable concomitante continue et mesurée au sein d'une analyse portant sur des différences entre conditions. En incluant une covariable mesurée avant l'aléatorisation des participants au sein de conditions, la covariable sera généralement indépendante des conditions et son inclusion dans le modèle augmentera la puissance des tests relatifs à des différences entre moyennes des conditions, et ce, uniquement si cette covariable est hautement reliée à la variable dépendante d'intérêt.

Il existe néanmoins d'autres raisons, tout aussi importantes, d'inclure une covariable de ce type au sein d'une analyse portant sur des différences de moyennes entre conditions. Ces raisons apparaissent précisément parce que la covariable est corrélée avec les conditions et que nous désirons examiner les différences entre conditions au-delà des différences sur la covariable, autrement dit, en contrôlant ces différences. Il existe principalement deux situations où ce type d'analyse pourrait être intéressant. Au niveau analytique, ces situations sont identiques – nous allons simplement estimer un modèle ANCOVA comportant une covariable partiellement redondante avec le ou les prédicteurs catégoriels – mais ils diffèrent de manière importante au niveau théorique, donnant lieu à des interprétations assez différentes.

La première situation pour laquelle le contrôle d'une covariable partiellement redondante peut trouver son intérêt émerge lorsque, pour une raison ou une autre, il existe des différences préalables entre les participants des différentes conditions du plan expérimental et que le chercheur désire examiner l'effet de la variable catégorielle (ou des variables) en dehors de ces différences. Supposons, par exemple, que dans notre illustration précédente les élèves n'aient pas été assignés aléatoirement aux quatre conditions définies par le croisement des facteurs Méthode et Enseignant. Si la décision concernant la répartition des élèves entre les deux enseignants n'était pas basée sur une règle de décision aléatoire, mais plutôt sur une règle quelconque d'assignation (par exemple, garder la classe de l'année précédente intacte), nous pourrions alors nous attendre à ce qu'il existe des différences entre les conditions sur le score de pré-test, et ce, bien avant que les élèves aient été exposés à telle méthode ou tel enseignant. Nous pourrions alors, de façon assez raisonnable, vouloir contrôler statistiquement ces différences au pré-test au moment de tester les différences entre conditions sur le post-test. En d'autres termes, dans nos analyses nous pourrions vouloir contrôler le niveau au pré-test, et ce, pour pouvoir regarder les différences entre conditions sur le post-test, en se libérant des différences pré-existantes sur le pré-test.

L'utilisation de l'ANCOVA dans le but d'ajuster ou de contrôler des différences inter-individuelles antérieures que nous aurions identifiées est particulièrement commune dans ce que l'on appelle parfois les plans quasi-expérimentaux, c'est-à-dire des plans pour lesquels l'assignation dans les conditions ne s'est pas opérée sur une base purement aléatoire (Shadish *et al.*, 2002 ; Judd & Kenny, 1981a ; Yzerbyt, Muller & Judd, 2004). Bien que cette fonction d'ajustement de l'ANCOVA (tentant de rendre les participants comparables sur une mesure de pré-test ayant révélé des différences préexistantes) soit très largement utilisée avec des plans quasi-expérimentaux, il reste important de garder à l'esprit que cette approche analytique n'est pas une solution générale au problème de l'inférence causale dans le cas de ces plans non expérimentaux. La possibilité de tirer des conclusions causales concernant les effets de telle ou telle variable indépendante ne dépend pas des analyses statistiques que nous réalisons, mais plutôt du type de plan d'expérience utilisé.

La seconde situation pour laquelle il est important de réaliser une ANCOVA, dont la covariable est partiellement redondante avec les conditions, concerne les situations où nous voulons tester un modèle de médiation (Baron & Kenny, 1986 ; Judd & Kenny, 1981b ; Judd, Yzerbyt & Muller, 2014). Supposons que nous ayons réalisé une expérience dans laquelle nous estimons l'effet d'un traitement sur une variable dépendante. S'il existe un effet des conditions expérimentales (tel qu'estimé à travers une ANOVA), il existe alors certainement un mécanisme ou processus de médiation sous-jacent responsable de cet effet. Souvent nous avons une idée concernant la nature de ce mécanisme et nous pourrions vouloir essayer de mesurer une ou plusieurs variables intervenant au sein d'une chaîne causale allant de la manipulation expérimentale à la variable dépendante finale qu'elle influence. Ces variables intermédiaires portent souvent le nom de variables médiatrices. Si, en effet, le mécanisme médiateur supposé est partiellement responsable de l'effet du traitement expérimental sur la variable dépendante finale, alors cet effet ne devrait plus apparaître une fois que nous réalisons une ANCOVA contrôlant la variable médiatrice.

Bien que les modèles analytiques utilisés dans ces deux situations soient dans le fond identiques – nous cherchons à déterminer s'il existe des différences entre conditions, une fois que nous contrôlons une autre variable dont nous savons qu'elle est corrélée avec les conditions – ils représentent des modèles théoriques différents au niveau des processus causaux sous-jacents reliant la variable indépendante catégorielle et la variable dépendante. Cette différence apparaît peut-être de la façon la plus claire lorsque l'on représente ces deux situations en termes de modèles causaux théoriques, comme nous le faisons dans l'Encadré 10.7.

Dans ces deux modèles causaux, les flèches pointant dans une seule direction sont utilisées pour représenter des effets supposés causaux d'une variable sur une autre, alors que les flèches pointant

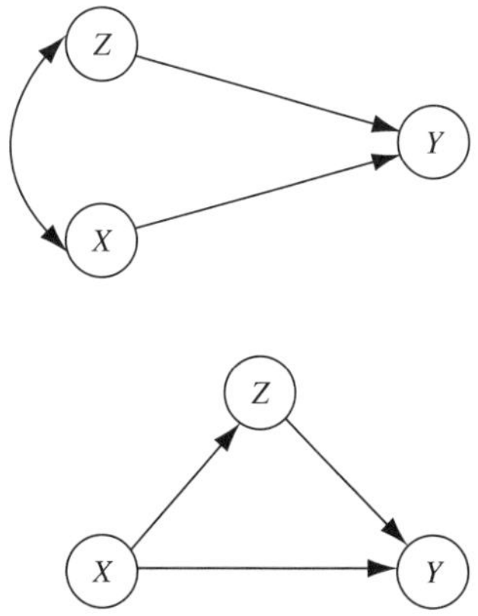

Encadré 10.7
Modèles causaux théoriques pour les deux types de covariables potentiellement redondantes

dans les deux directions sont simplement utilisées pour représenter une corrélation entre deux variables, autrement dit, sans postulat de causalité concernant le processus responsable de cette corrélation. Comme précédemment, nous utilisons X pour représenter la variable indépendante catégorielle (avec seulement deux niveaux dans le cas présent et ne nécessitant donc qu'un seul prédicteur en codes de contraste), Z pour représenter la covariable continue mesurée et Y la variable dépendante.

Le premier modèle causal a pour vocation de représenter le cas d'une quasi-expérience dans laquelle les participants ne sont pas assignés aléatoirement aux deux niveaux de la variable indépendante catégorielle. Il s'ensuit des différences entre les deux groupes sur une certaine variable continue mesurée Z (X et Z sont donc partiellement redondants l'un avec l'autre). Ici, on voudra estimer l'effet de X sur Y indépendamment de l'influence potentiellement confondue de Z sur Y. Le but est donc d'essayer de parvenir à une estimation plus précise de l'effet de X, en contrôlant ou en éliminant tout ce qui serait confondu avec la covariable.

Le second modèle causal renvoie à une situation pour laquelle les observations sont assignées aléatoirement au sein des niveaux de la variable indépendante catégorielle. En outre, on a mesuré ici la variable dépendante finale, Y, ainsi qu'une autre variable, Z, dont on pense qu'elle est affectée par X. Comme le modèle l'indique, il y a ici deux façons pour X d'exercer un effet sur Y : la première se fait *via* la variable médiatrice, Z, et la seconde se fait au-delà de l'effet *via* cette variable médiatrice. Dans ce cas, nous contrôlons la variable médiatrice, Z, dans une ANCOVA car nous nous intéressons à la question de savoir s'il existe un effet résiduel direct de X vers Y au-delà du processus médiationnel hypothétique passant par Z.

Comme nous l'avons dit, dans ces deux cas, l'approche analytique est identique : nous testons un effet en contrôlant une covariable continue mesurée qui se trouve être partiellement redondante avec la variable indépendante catégorielle. Cependant, nous présentons un exemple de chacun des deux cas, afin d'illustrer ceux-ci, ainsi que les différences d'interprétation résultant des différents modèles causaux sous-jacents.

3.1. Étude d'effets partiels dans une situation de quasi-expérience

Nous présentons dans l'Encadré 10.8 des données qui ont été quelque peu modifiées par rapport à celles que nous avons utilisées dans l'exemple présenté précédemment dans ce chapitre. Les valeurs de Y_i sont identiques à ce qu'elles étaient dans l'Encadré 10.1, comme le sont les définitions des variables prédictrices en codes de contraste, X_{1i} codant la Méthode, et X_{2i} codant l'Enseignant. Ce que nous avons légèrement modifié a trait aux valeurs de la variable de pré-test, Z_i, qui présentent maintenant des différences entre les quatre conditions du plan (résultant du croisement des deux facteurs) sur la mesure de pré-test. Les quatre moyennes des conditions sur le pré-test, Z_i, et le post-test, Y_i, sont présentées dans l'Encadré 10.9.

Avec ces nouvelles données, il existe clairement une relation entre les conditions et le pré-test Z_i, car les moyennes de ces conditions ne sont plus égales les unes aux autres. Si nous régressons Z_i sur les trois prédicteurs en codes de contraste (X_{3i} étant défini comme précédemment pour capter l'interaction entre Méthode et Enseignant), nous obtenons les paramètres estimés suivants :

$$\widehat{Z}_i = 50.25 + 1.75X_{1i} + 0.25X_{2i} + 0.75X_{3i}$$

avec une somme des carrés des erreurs de 225.94. Dans ce modèle, les pentes estimées nous indiquent les différences entre les moyennes des scores au pré-test. Ces pentes peuvent être estimées grâce à l'expression que nous avons utilisée fréquemment pour les pentes des variables prédictrices en codes de contraste :

Y_i	X_{1i}	X_{2i}	Z_i	Y_i	X_{1i}	X_{2i}	Z_i
58	1	−1	51	57	1	−1	50
63	1	−1	50	61	1	−1	53
65	1	−1	54	57	1	−1	51
56	1	−1	48	67	1	−1	52
60	1	−1	54	56	1	−1	47
50	−1	−1	48	62	−1	−1	53
58	−1	−1	50	55	−1	−1	47
52	−1	−1	49	63	−1	−1	51
55	−1	−1	46	50	−1	−1	45
57	−1	−1	51	58	−1	−1	50
61	1	1	50	59	1	1	52
71	1	1	56	65	1	1	57
68	1	1	55	60	1	1	49
58	1	1	51	65	1	1	54
68	1	1	54	65	1	1	52
47	−1	1	44	62	−1	1	49
56	−1	1	49	51	−1	1	47
63	−1	1	51	54	−1	1	49
53	−1	1	46	58	−1	1	48
52	−1	1	45	54	−1	1	52

Encadré 10.8
Données pré-test – post-test modifiées

$$\frac{\sum_k \lambda_k \overline{Z_k}}{\sum_k \lambda_k^2}$$

Afin de tester si les moyennes du pré-test diffèrent significativement les unes des autres, nous pourrions comparer ce modèle comme MODÈLE A avec un MODÈLE C prédisant simplement la moyenne générale de Z_i pour toutes les observations. Ce MODÈLE C est associé à une somme des carrés des erreurs de 373.5, ce qui donne lieu à un PRE de .40 et un F de 7.84, avec 3 et 36 degrés de liberté. Ainsi, il existe une redondance significative entre le pré-test et les variables catégorielles représentant les conditions au sein desquelles les sujets sont observés.

Si nous passons maintenant à l'analyse des scores au post-test et que nous réalisons cette analyse en ignorant le pré-test, nous obtenons exactement le même modèle que précédemment :

$$\hat{Y}_i = 58.75 + 3.25X_{1i} + 0.75X_{2i} + 1.25X_{3i}$$

et le tableau ANOVA que nous avions présenté (Encadré 10.3) serait obtenu à l'identique, car nous n'avons rien fait pour altérer la variable Y_i, lorsque nous avons modifié ces données.

Condition	$\overline{Z}_k$	$\overline{Y}_k$
Anc. Meth., Ens. A	49	56
Anc. Meth., Ens. B	48	55
Nouv. Meth., Ens. A	51	60
Nouv. Meth., Ens. B	53	64

Encadré 10.9
Moyennes modifiées pour le pré-test et le post-test

En revanche, le modèle ANCOVA, dans lequel nous contrôlons la variable partiellement redondante, c'est-à-dire le pré-test, donne cette fois des résultats très différents de ce qu'ils étaient précédemment :

$$\widehat{Y}_i = -4.84 + 1.26Z_i + 1.04X_{1i} + 0.43X_{2i} + 0.30X_{3i} \qquad \text{SCE} = 348.07$$

Les coefficients de régression des prédicteurs en codes de contraste ont été nettement affectés par l'inclusion de la variable pré-test Z_i. Ainsi, le coefficient de X_{1i} n'est plus égal à la moitié de la différence entre la moyenne des Y_i sous la nouvelle méthode et sous l'ancienne méthode. De la même manière, les coefficients de X_{2i} et X_{3i} ne peuvent plus être interprétés, comme ils l'étaient précédemment, en termes de différences entre différents $\overline{Y}_k$. Autrement dit, avec l'inclusion d'une covariable partiellement redondante dans un modèle contenant des prédicteurs en codes de contraste, les coefficients de régression de ces prédicteurs en codes de contraste ne sont plus équivalents à :

$$\frac{\sum_k \lambda_k \overline{Y}_k}{\sum_k \lambda_k^2}$$

Il s'ensuit qu'un test contre zéro des paramètres associés à ces prédicteurs en codes de contraste n'est plus un simple test de la comparaison entre les moyennes de Y_i pour différentes conditions.

Avec l'inclusion d'une covariable, le coefficient de régression d'une variable prédictrice en codes de contraste devient égal à :

$$\frac{\sum_k \lambda_k \overline{Y}_k}{\sum_k \lambda_k^2} - b_Z \frac{\sum_k \lambda_k \overline{Z}_K}{\sum_k \lambda_k^2}$$

où b_Z représente le coefficient de régression associé avec la covariable (Z_i) au sein du modèle complet, incluant à la fois la covariable et l'ensemble des prédicteurs en codes de contraste.

Afin d'illustrer cette expression, calculons la valeur du coefficient de régression de X_{1i} dans le modèle incluant Z_i. Notez que la première moitié de cette expression est égale au coefficient de régression de X_{1i} dans le modèle n'incluant pas la covariable, c'est-à-dire 3.25. La seconde moitié de cette expression renvoie toujours à la différence que codent ces poids de contraste, mais cette fois pour les moyennes des conditions sur la covariable (ici le pré-test), le tout pondéré par le coefficient de régression associé au pré-test dans notre nouveau modèle. Numériquement, la seconde partie de l'expression correspondant au coefficient de X_{1i} est égale à :

$$b_Z \frac{\sum_k \lambda_k \overline{Z}_k}{\sum_k \lambda_k^2} = 1.26\left(\frac{53 + 51 - 48 - 49}{4}\right) = 1.26(1.75) = 2.21$$

En résumé, il s'ensuit que, selon cette expression, le coefficient de régression correspondant au prédicteur en codes de contraste X_{1i} est égale à :

$$3.25 - 1.26(1.75) = 1.04$$

Cette nouvelle expression du coefficient de régression, correspondant à un prédicteur en codes de contraste en présence d'une covariable, peut donc s'interpréter facilement : il s'agit de la taille de la différence entre les $\overline{Y}_k$ telle qu'elle est codée par les codes de contraste, et ce, en ajustant ou en soustrayant la taille de cette même différence, mais cette fois entre les moyennes des conditions sur la covariable, autrement dit, les $\overline{Z}_k$. En outre, l'ampleur de l'ajustement appliqué à la comparaison entre les $\overline{Y}_k$, en fonction de cette même comparaison entre les $\overline{Z}_k$, dépend de la taille du coefficient associé à la covariable, b_Z. En résumé, les coefficients de régression associés à des prédicteurs en codes de contraste, en présence d'une covariable, décrivent la différence entre les $\overline{Y}_k$, telle qu'elle est codée par les codes de contraste, mais en ajustant cette différence par la différence qui existe en parallèle sur les moyennes des conditions de la covariable, les $\overline{Z}_k$. De plus, l'ampleur de l'application de cet ajustement dépend de la taille de la relation entre la covariable et la variable dépendante à l'intérieur des conditions, c'est-à-dire le coefficient de régression partiel associé à la covariable.

Dans le cas du coefficient de régression de X_{1i}, nous savons que la moitié de la différence entre le score Y_i moyen avec la nouvelle méthode et avec l'ancienne méthode est égale à 3.25, autrement dit, le coefficient de régression de X_{1i} lorsqu'on ne contrôle pas le pré-test. Le coefficient de régression de X_{1i} lorsqu'on contrôle le prétest est quant à lui égal à 1.04. Cette valeur est égale à la moitié de la différence sur Y_i associée à la différence entre les méthodes, en dehors de toutes différences entre méthodes sur le pré-test.

Une manière équivalente, mais légèrement différente, de comprendre le coefficient d'un prédicteur en codes de contraste en présence d'une covariable revient à considérer qu'il traite de la taille des différences entre les valeurs ajustées de $\overline{Y}_k$, l'ajustement appliqué à ces moyennes ayant pour but de s'affranchir des différences pouvant exister entre les moyennes des conditions sur la covariable. Plus précisément, pour chaque condition nous pouvons calculer la moyenne ajustée :

$$\overline{Y}'_k = \overline{Y}_k - b_Z\left(\overline{Z}_k - \overline{Z}\right)$$

où $\overline{Z}$ correspond à la moyenne des moyennes des conditions de la covariable et b_z au paramètre estimé associé à cette covariable. Nous pouvons maintenant utiliser ces moyennes ajustées pour dériver le coefficient de régression associé au prédicteur en codes de contraste dans le modèle incluant la covariable, et ce, en utilisant l'ancienne formule correspondant à un prédicteur en codes de contraste. En d'autres termes, une fois que nous avons les moyennes ajustées, le coefficient de régression correspondant à un prédicteur en codes de contraste dans un modèle incluant une covariable partiellement redondante est égal à :

$$\frac{\sum_k \lambda_k \overline{Y}'_k}{\sum_k \lambda_k^2}$$

où $\overline{Y}'_k$ correspond aux moyennes ajustées par condition, telles que nous venons de les définir.

À titre d'illustration, nous présentons dans l'Encadré 10.10 les valeurs, $\overline{Y}'_k$, de ces moyennes ajustées par condition, et ce, pour les quatre conditions de notre plan Enseignant par Méthode. Ces valeurs ont été calculées en utilisant la formule des moyennes ajustées par condition présentée ci-dessus. Ainsi, la valeur de la moyenne ajustée pour la condition Ancienne méthode/Enseignant A nous est donnée grâce au calcul suivant :

$$\overline{Y}'_k = 56 - 1.26\,(49 - 50.25) = 57.58$$

où 56 correspond à la valeur de $\overline{Y}_k$ pour cette condition, 1.26 correspond au coefficient de régression associé au pré-test dans le modèle incluant à la fois le pré-test et les prédicteurs en codes de contraste correspondant aux conditions, 49 est quant à lui égal à la moyenne observée au pré-test

Condition	$\overline{Y}'_k$
Anc. Méth., Ens. A	57.58
Anc. Méth., Ens. B	57.85
Nouv. Méth., Ens. A	59.05
Nouv. Méth., Ens. B	60.52

Encadré 10.10
Moyennes au post-test ajustées pour le pré-test ($\overline{Y}'_k$)

pour cette condition, $\bar{Z}_k$, et enfin, 50.25 est égal à la moyenne des quatre moyennes par condition observées pour le pré-test.

Nous pouvons maintenant utiliser ces $\bar{Y}'_k$ ajustés pour calculer le coefficient de régression correspondant aux prédicteurs en codes de contraste. À titre d'exemple, le coefficient associé à X_{1i} dans le modèle incluant la covariable est égal à :

$$\frac{\sum_k \lambda_k \bar{Y}'_k}{\sum_k \lambda_k^2} = \frac{(-1)57.58 + (-1)57.85 + (+1)59.05 + (+1)60.52}{4} = 1.04$$

Conceptuellement, les coefficients associés aux prédicteurs en codes de contraste, en présence d'une covariable, nous indiquent donc la taille des différences entre moyennes ajustées, ces moyennes sur la variable dépendante étant ajustées d'une quantité correspondant au degré de différence existant entre moyennes sur la covariable. Il est bien évident que, si l'ensemble des $\bar{Z}_k$ sont équivalents les uns aux autres, il n'y aura aucun ajustement, comme nous l'avons vu dans le cas d'une covariable orthogonale. En revanche, avec une covariable partiellement redondante, les différences entre les $\bar{Z}_k$ vont donner lieu à des ajustements parmi les moyennes sur la variable dépendante et ce seront ces moyennes ajustées qui seront comparées lorsque nous examinerons le coefficient de régression associé à un prédicteur en codes de contraste.

Le tableau résumé du modèle ANCOVA correspondant à ces données modifiées apparaît dans l'Encadré 10.11. Notons que les sommes des carrés et, par conséquent, les statistiques F renvoyant au test omnibus, ainsi que les tests de contrastes individuels, sont considérablement plus petits que ce qu'ils étaient dans le tableau résumé du modèle ANOVA. Cela s'explique par le fait qu'ils testent des hypothèses nulles différentes de celles qui étaient testées avec le modèle ANOVA. Avec le modèle ANOVA, le test omnibus traitait la question de savoir s'il existait des différences entre les moyennes par condition $\bar{Y}_k$. Les tests associés aux contrastes testaient des comparaisons spécifiques entre ces moyennes par condition. Avec l'inclusion du pré-test dans le modèle, le test omnibus teste maintenant la présence de différences entre les moyennes ajustées par condition. De manière similaire, les tests de contrastes testent maintenant des comparaisons spécifiques entre les moyennes ajustées par condition. En d'autres termes, les tests examinent maintenant des différences entre conditions sur $\bar{Y}_k$, mais après avoir ajusté les moyennes pour prendre en considération les différences entre conditions sur le pré-test.

Dans la mesure où le pré-test est maintenant partiellement redondant avec les différents codes de contraste codant les conditions, les sommes de carrés apparaissant dans le tableau résumé ne sont plus additives comme elles l'étaient précédemment dans le tableau ANOVA. Il s'ensuit que certaines d'entre elles doivent être dérivées grâce à l'estimation de différents modèles compacts. Afin d'obtenir la somme des carrés du test omnibus, nous devons estimer un modèle comportant uniquement le pré-test comme prédicteur, car la somme des carrés omnibus n'est plus égale à la somme

Encadré 10.11
Tableau résumé de l'ANCOVA

Source	*b*	*SC*	*dl*	*CM*	*F*	*PRE*
Modèle		869.43	4	217.36	21.87	.71
Pré-test	1.26	361.93	1	361.93	36.39	.51
Inter-conditions		34.30	3	11.43	1.15	.09
Méthode	1.04	27.81	1	27.81	2.80	.07
Enseignant	0.43	7.44	1	7.44	0.75	.02
Meth. × Ens.	0.30	3.29	1	3.29	0.33	.01
Erreur		348.07	35	9.94		
Total		1217.50	39			

des trois sommes des carrés expliquées par les trois prédicteurs en codes de contraste. Bien que les codes de contraste soient toujours orthogonaux et bien qu'il y ait toujours le même nombre d'observations dans chaque condition, les trois prédicteurs en codes de contraste peuvent différer en ce qui concerne leur degré de redondance ou de corrélation avec la covariable. Par conséquent, la somme de leurs trois sommes des carrés spécifiques n'est pas égale à la différence en termes de sommes des carrés expliquées lorsqu'ils sont tous retirés du modèle.

Les modèles comprenant deux covariables redondantes ou plus ne sont que de simples extensions du cas à une covariable que nous venons d'examiner. À titre d'exemple, la formule permettant de calculer les moyennes ajustées se contente d'ajuster, autrement dit de soustraire, les différences de moyennes pour chacune des covariables, chacune étant pondérée par son coefficient de régression. Ainsi, si Z_{1i} et Z_{2i} sont deux covariables, alors les coefficients de régression pour les prédicteurs en codes de contraste, dans un modèle incluant ces deux covariables, examineraient des comparaisons entre des moyennes de conditions ajustées (doublement) selon la formule suivante :

$$\overline{Y}'_k = \overline{Y}_k - b_{Z_1}\left(\overline{Z}_{1k} - \overline{Z}_1\right) - b_{Z_1}\left(\overline{Z}_{2k} - \overline{Z}_2\right)$$

En guise de dernier commentaire, et réitérant ce que nous avons dit précédemment, il faut rappeler que, si l'ANCOVA permet d'effectuer des comparaisons entre les moyennes de conditions, tout en ajustant pour une ou plusieurs covariables redondantes, cette technique ne doit pas être vue comme une solution générale au problème de validité interne propre aux plans de recherche dans lesquels on n'a pas eu recours à une assignation aléatoire des observations au sein des conditions. L'ajustement pour des covariables redondantes est une procédure puissante, mais elle ne résout pas les problèmes limitant la capacité à soutenir des inférences causales dans le cas de plans de recherche non expérimentaux.

3.2. *Examen d'effets partiels : le cas de la médiation*

Tout ce que nous venons de dire à propos de l'analyse de variables prédictrices catégorielles, lorsque nous contrôlons des covariables partiellement redondantes, s'applique également à la seconde situation pour laquelle de tels modèles présentent un intérêt, à savoir quand nous souhaitons examiner le processus qui médiatise les effets de variables catégorielles expérimentales sur une variable dépendante. Prenons un nouvel exemple permettant d'illustrer les interprétations qui résultent de l'application de ce type d'analyse à ce nouveau cas. Supposons que les participants ont été assignés aléatoirement à une intervention de type familial, ayant pour but de diminuer les problèmes chez des adolescents souffrant de troubles bipolaires. Ces participants bénéficient de l'intervention en plus du soutien pharmacologique habituel ou reçoivent uniquement ce soutien pharmacologique. La question est de savoir si l'intervention influence la manifestation des symptômes bipolaires, huit semaines plus tard. La variable dépendante est évaluée grâce à un psychologue clinicien, aveugle aux conditions expérimentales, évaluant ces symptômes sur une échelle en 10 points (un score élevé traduisant la présence d'un plus grand nombre de symptômes).

Le raisonnement appliqué à cette étude est le suivant : si l'intervention est efficace en termes de réduction des symptômes, c'est parce que cette intervention opère *via* une réduction des critiques formulées par les parents à l'encontre de l'adolescent bipolaire, au cours de cette période. Ainsi, au cours de la semaine 7 de cette étude, un autre psychologue clinicien, à nouveau aveugle aux conditions expérimentales, fait passer un entretien aux parents et évalue dans quelle mesure ces parents critiquent spontanément l'adolescent, cette fois en utilisant une échelle en 5 points (un score élevé traduisant un plus grand nombre de critiques). En résumé, pour chacune des 20 familles nous avons trois variables : le fait d'avoir ou non été confronté au traitement expérimental, l'évaluation des critiques parentales à 7 semaines et les symptômes de l'adolescent à 8 semaines. Les scores hypothétiques obtenus sur ces variables, pour chacune de ces familles, sont présentés dans l'Encadré 10.12.

Encadré 10.12
Données hypothétiques pour les 20 familles

	Traitement		Contrôle	
	Critiques (Ci)	**Symptômes (Si)**	**Critiques (Ci)**	**Symptômes (Si)**
	3	4	4	7
	2	3	4	8
	4	4	3	5
	2	3	2	5
	2	4	4	7
	3	5	4	6
	1	3	5	6
	2	5	3	4
	3	7	4	5
	3	5	4	6
Moyennes	2.5	4.3	3.7	5.9

Il est bien évident que l'on voudra tout d'abord évaluer si le traitement a eu un effet sur la variable finale : les symptômes à 8 semaines. Si tel est le cas, nous nous attendons, d'un point de vue théorique, à ce que cet effet soit médiatisé par la variable évaluant les critiques parentales, mesurée à 7 semaines. En d'autres termes, le raisonnement postule que le traitement fonctionne, s'il fonctionne, en affectant la manifestation des critiques des parents à l'encontre de l'adolescent, ce qui, en retour, diminuerait le niveau de symptômes.

Ces attentes théoriques impliquent les éléments suivants :

1. Il y aura un effet global du traitement sur les symptômes à 8 semaines, en ce sens que le traitement va réduire le nombre de symptômes.
2. Le traitement entraînera un plus faible niveau de critiques parentales à 7 semaines.
3. Les critiques parentales entraînent moins de symptômes à 8 semaines, en gardant constante la variable Traitement.
4. L'effet du traitement sur les symptômes sera atténué lorsque le niveau de critiques parentales est contrôlé.

Les deux premières de ces conditions seront évaluées à l'aide de deux modèles ANOVA à deux groupes : un pour la variable dépendante Symptômes à 8 semaines et un pour la variable dépendante critiques parentales à 7 semaines. Les troisième et quatrième conditions seront estimées en ayant recours à un modèle ANCOVA unique incluant à la fois le traitement et le niveau de Critiques parentales comme prédicteurs du niveau de symptômes. Ici, nous nous attendons à ce que les critiques entraînent moins de symptômes et que l'effet du traitement sur les symptômes soit atténué, en comparaison avec son effet dans le modèle ANOVA simple. Ces conditions sont les conditions classiques de la démonstration d'une médiation, telles qu'elles ont été identifiées par Judd et Kenny (1981b), puis par Baron et Kenny (1986 ; pour une présentation récente voir Judd, Yzerbyt & Muller, 2014).

Afin de réaliser ces analyses, nous commençons par créer un code de contraste pour la variable Traitement ($X_i = 0.5$ pour le traitement ; -0.5 pour le contrôle) et examinons ensuite ses effets sur les symptômes et sur les critiques, grâce à deux modèles de régression simple. Ces modèles permettent d'examiner les deux premières conditions listées ci-dessus. L'effet global du traitement sur les symptômes a pour régression :

$$\hat{S}_i = 5.10 - 1.60X_i$$

Ce modèle, prédisant les moyennes des deux groupes, possède une somme des carrés des erreurs de 27.00. En outre, étant donné les codes utilisés, la pente estimée pour X_i est directement égale à la différence entre les deux moyennes de la variable Traitement. Enfin, le test qui compare cette pente à zéro, ce qui revient donc à se poser la question de savoir si les moyennes des deux groupes diffèrent quant au niveau de symptômes, produit un PRE de .32 et un F de 8.53, avec 1 et 18 degrés de liberté. Ainsi, il y a donc un effet global du traitement tel que le niveau de symptômes mesuré après 8 semaines sera moindre.

L'effet du traitement sur le niveau de critiques est quant à lui examiné avec le modèle de régression simple suivant :

$$\widehat{C}_i = 3.10 - 1.20X_i$$

modèle ayant une somme des carrés des erreurs de 12.60. La pente associée à la variable Traitement est à nouveau égale à la différence de moyennes, mais cette fois sur la variable Critiques. Cette différence est significative, PRE = .36, $F_{1,18}$ = 10.29. Afin d'évaluer les troisième et quatrième conditions de la médiation, nous estimons le modèle ANCOVA suivant :

$$\widehat{S}_i = 2.84 - 0.72X_i + 0.73C_i$$

modèle ayant une somme des carrés des erreurs de 20.28. Au paragraphe précédent, nous avons montré que, pour la variable Critiques parentales, les moyennes des deux conditions différaient significativement. Cela démontre que les deux prédicteurs présents dans le modèle ANCOVA sont redondants l'un avec l'autre. Par conséquent, dans ce nouveau modèle, le coefficient associé au traitement n'estime plus la différence entre les moyennes de deux conditions : il estime plus exactement la différence entre les deux conditions en ajustant ou en contrôlant toutes les différences qui pourraient exister entre les moyennes sur la variable Critiques parentales :

$$b_{SX.C} = \frac{\sum_k \lambda_k \overline{S}_k}{\sum_k \lambda_k^2} - b_{SC.X} \frac{\sum_k \lambda_k \overline{C}_k}{\sum_k \lambda_k^2} = -1.60 - (0.73)(-1.20) = 0.72$$

Notons que, dans cette formule, nous associons de multiples indices à chaque estimation de paramètre du modèle : le premier indice indique la variable dépendante, le deuxième indice indique le prédicteur concerné et les indices suivants (ceux qui suivent le « . ») indiquent toutes les variables contrôlées dans le modèle. La raison expliquant l'utilisation d'une formulation aussi complète apparaîtra bientôt.

Dans ce modèle, le test de la pente associée avec la covariable, la variable Critiques parentales, est significatif, PRE = .25, $F_{1,17}$ = 5.63, alors que celui associé à la variable Traitement ne l'est plus, PRE = .08, $F_{1,17}$ = 1.40. Par conséquent, il semblerait que les quatre conditions vues précédemment et permettant d'établir une médiation sont remplies. Ainsi, le traitement a un effet global sur la variable finale et sur le médiateur. De plus, dans un modèle contrôlant le traitement, le médiateur affecte significativement la variable dépendante finale, alors que, dans le même temps, le fait de contrôler le médiateur amène à un effet non significatif du traitement sur la variable dépendante finale (c'est-à-dire les symptômes).

En d'autres mots, même si l'effet du traitement n'est plus significativement différent de zéro, il pourrait ne pas être différent de ce qu'il était dans le modèle ANOVA initial. Pour cette raison et d'autres encore, les chercheurs ont développé des tests qui visent à déterminer si le coefficient de régression partiel associé au traitement dans le modèle ANCOVA est significativement plus petit que l'effet total. Mais une telle démonstration n'implique pas nécessairement qu'il y ait une diminution significative de l'effet du traitement lorsqu'on contrôle le niveau de critiques parentales. Plutôt que de développer ces tests ici, nous référons le lecteur intéressé par cette question aux articles de MacKinnon, Lockwood, Hoffman, West et Sheets (2002), MacKinnon (2008) et Judd, Yzerbyt et Muller (2014). Il reste important de noter que ces tests reposent sur l'égalité suivante :

$$b_{SX} - b_{SX.C} = b_{SC.X} b_{CX}$$

ce qui veut dire que la réduction de l'effet global du traitement, lorsqu'on contrôle le médiateur, est égale au produit de l'effet du traitement sur le médiateur (c'est-à-dire b_{CX}) et de l'effet partiel du médiateur sur la variable dépendante finale contrôlé par le traitement (c'est-à-dire $b_{SC.X}$). Autrement dit, les tests qui ont été développés pour déterminer si l'effet du traitement est réduit de façon significative lorsqu'on contrôle pour le médiateur sont équivalents à un test du produit $b_{SC.X}b_{CX}$. Si ces tests sont significatifs (i.e., la pente de régression est significativement plus petite dans le modèle ANCOVA), la variable Traitement est réputée avoir un effet indirect sur la variable dépendante via le médiateur.

Cette égalité n'est rien d'autre que notre formule pour la pente partielle d'un prédicteur en codes de contraste, lorsqu'une covariable redondante est contrôlée. Formule qui était égale à :

$$b_{SX.C} = \frac{\sum_k \lambda_k \overline{S}_k}{\sum_k \lambda_k^2} - b_{SC.X} \frac{\sum_k \lambda_k \overline{C}_k}{\sum_k \lambda_k^2} = b_{SX} - b_{SC.X} b_{CX}$$

Une manipulation algébrique assez simple nous permet de retrouver l'égalité que nous recherchons : $b_{SX} - b_{SX.C} = b_{SC.X}b_{CX}$.

Cet exemple de médiation est évidemment assez simple et la présentation que nous venons d'en faire ne rend pas justice à la vaste littérature traitant de ce sujet. Il reste que notre but était simplement d'illustrer le fait que tout ce que nous avons dit à propos de l'ANCOVA, avec covariables partiellement redondantes, s'applique dans le cas de l'évaluation d'une médiation tout autant que dans le cas d'une simple variable confondue. Ces deux cas ne diffèrent pas en termes des analyses qui sont réalisées, mais uniquement en termes des modèles théoriques sous-jacents.

3.3. *Le postulat de l'homogénéité de la régression dans l'ANCOVA*

La plupart des textes classiques portant sur l'ANCOVA spécifient l'existence d'un postulat, que l'on appelle le postulat de l'homogénéité de la régression, qui se révèle crucial dans l'utilisation et l'interprétation des résultats d'une ANCOVA. Afin de clarifier ce postulat, de voir pourquoi il est potentiellement important et de voir ce que nous pouvons faire s'il n'est pas respecté, retournons à notre exemple présenté dans la section 10.3.1. Rappelons que dans cet exemple nous avons deux variables indépendantes, la Méthode (nouvelle versus ancienne) et l'Enseignant (A versus B), et une covariable confondue, le pré-test. Les données que nous allons utiliser sont présentées dans l'Encadré 10.8 et les moyennes par condition pour le pré-test et le post-test apparaissent dans l'Encadré 10.9. Nous utilisons ici la même notation que précédemment, à savoir que le post-test est représenté par Y_i, le pré-test est représenté par Z_i, X_{1i} est un prédicteur en codes de contraste représentant la méthode (+1 pour la nouvelle ; −1 pour l'ancienne), X_{2i} est un prédicteur en codes de contraste représentant l'enseignant (−1 pour le A ; +1 pour le B) et X_{3i} est leur produit, il représente donc l'interaction Méthode par Enseignant.

Le modèle d'ANCOVA que nous avons présenté précédemment sur la base de ces données, nous fournit les résultats suivants :

$$\hat{Y}_i = -4.84 + 1.26Z_i + 1.04X_{1i} + 0.43X_{2i} + 0.30X_{3i} \qquad \text{SCE} = 348.07$$

Nous avons vu également que les pentes associées à des prédicteurs en codes de contraste peuvent être interprétées, soit comme des différences entre moyennes de Y_i par condition, et ce, en ajustant pour les différences qui pourraient être apparues en parallèle sur les moyennes de Z_i par condition,

$$\frac{\sum_k \lambda_k \overline{Y}_k}{\sum_k \lambda_K^2} - b_Z \frac{\sum_k \lambda_k \overline{Z}_k}{\sum_k \lambda_k^2}$$

soit comme des différences entre les moyennes ajustées de Y_i, ces moyennes étant ajustées avec la formule suivante :

$$\overline{Y}'_k = \overline{Y}_k - b_Z\left(\overline{Z}_k - \overline{Z}\right)$$

Le postulat d'homogénéité de la régression qui sous-tend cette analyse, et l'interprétation de ses paramètres estimés, renvoie au fait que la relation entre le pré-test et le post-test doit être invariante au travers des quatre conditions définies par les prédicteurs en codes de contraste. Pour le comprendre, nous devons noter que, dans ces deux expressions permettant l'interprétation des pentes associées aux prédicteurs en codes de contraste, nous utilisons une seule et même pente pour le pré-test, b_Z, plutôt que différentes valeurs pour chacune des quatre conditions. Autrement dit, lorsque nous calculons les moyennes ajustées que nous allons comparer, nous utilisons une seule valeur de b_Z, indépendamment de la valeur de k. Si la relation entre la variable dépendante, Y_i, et la covariable, Z_i, diffère substantiellement en taille, au travers des différentes conditions, alors nous ne devrions pas postuler l'existence d'un seul et même poids d'ajustement b_Z. Au lieu de cela, nous devrions plutôt nous autoriser l'utilisation de différents poids d'ajustement pour les différentes conditions. Par conséquent, lorsque nous contrôlons une covariable et interprétons les paramètres estimés des prédicteurs en codes de contraste qui en résultent, il tombe sous le sens d'examiner si la relation entre Y_i et Z_i est invariante ou homogène, au travers des différentes conditions.

Suggérer que la relation entre le pré-test et le post-test dépend de la condition revient à proposer que la condition et le pré-test interagissent dans leur façon d'affecter le post-test. Il s'ensuit que, pour tester l'homogénéité de la relation entre Y_i et Z_i, au travers des différentes conditions, nous devons tester l'existence d'interactions significatives entre Z_i, d'une part, et les prédicteurs en codes de contraste définissant ces conditions d'autre part. Afin d'examiner ces interactions, nous allons suivre la procédure standard pour nous, consistant à calculer les produits des variables dont nous souhaitons tester les interactions, puis à inclure ces produits en tant que variables dans un modèle comprenant également les variables composant ces produits. Nous traitons ensuite la question de savoir si le modèle augmenté incluant ces produits génère des prédictions significativement meilleures qu'un modèle compact omettant toutes les interactions entre le pré-test et les prédicteurs en codes de contraste.

Illustrons cette procédure en utilisant les données présentées dans l'Encadré 10.8. Dans la mesure où nous avons trois codes de contraste définissant les conditions, nous aurons trois termes d'interaction ou produit à examiner pour traiter de l'interaction entre les conditions et le pré-test : $X_{1i} Z_i$, $X_{2i} Z_i$ et $X_{3i} Z_i$. Lorsque ces termes seront inclus dans le modèle, le paramètre associé avec le premier de ces termes estimera dans quelle mesure la relation entre le pré-test et le post-test est homogène au sein des deux niveaux de la variable Méthode. Le deuxième terme estimera dans quelle mesure cette relation est homogène au sein des deux niveaux de la variable Enseignant. Enfin, le troisième terme examinera l'interaction entre les trois facteurs, autrement dit, dans quelle mesure la relation pré-test – post-test est homogène au sein des niveaux de l'interaction Méthode par Enseignant.

Le modèle incluant ces trois interactions pré-test par condition donne lieu à l'estimation suivante :

$$\begin{aligned}\widehat{Y}_i = &-4.40 + 1.26Z_i + 6.11X_{1i} - 1.32X_{2i}\\ &- 3.93X_{3i} - 0.10X_{1i}Z_i + 0.03X_{2i}Z_i + 0.08X_{3i}Z_i\end{aligned}$$

$$\text{SCE} = 344.23$$

Afin de démontrer que ce modèle permet bien aux pentes de la covariable de varier d'une condition à l'autre, examinons l'expression de ce modèle en termes d'effet « simple » de la covariable au sein de chacune des différentes conditions. Pour ce faire, le modèle peut être réécrit de la façon suivante :

$$\begin{aligned}\hat{Y}_i &= (-4.40 + 6.11X_{1i} - 1.32X_{2i} - 3.93X_{3i}) \\ &\quad + (1.26 - 0.10X_{1i} + 0.03X_{2i} + 0.08X_{3i})\, Z_i\end{aligned}$$

De plus, à partir de cette expression et pour chacune des quatre conditions du plan, nous pouvons dériver le modèle de régression « simple » représentant la relation entre Y_i et Z_i. Il nous suffit pour cela de remplacer X_{1i}, X_{2i} et X_{3i} par leurs différentes valeurs de codes de contraste. À titre d'exemple, pour la condition Nouvelle méthode/Enseignant B, nous obtenons :

$$\begin{aligned}\hat{Y}_i &= (-4.40 + 6.11\,(+1) - 1.32\,(+1) - 3.93\,(+1)) \\ &\quad + (1.26 - 0.10\,(+1) + 0.03\,(+1) + 0.08\,(+1))\, Z_i\end{aligned}$$

ce qui peut se réduire et donner :

$$\hat{Y}_i = -3.54 + 1.27Z_i$$

La même opération appliquée aux trois autres conditions du plan nous donne :

$$\begin{aligned}\text{Nouvelle Méthode, Enseignant A :}\quad & \hat{Y}_i = 6.96 + 1.05Z_i \\ \text{Ancienne Méthode, Enseignant B :}\quad & \hat{Y}_i = -7.90 + 1.31Z_i \\ \text{Ancienne Méthode, Enseignant A :}\quad & \hat{Y}_i = -13.12 + 1.41Z_i\end{aligned}$$

Il est donc clair que ce modèle nous permet d'avoir différentes pentes « simples » de Z_i, pour chacune des quatre conditions du plan.

Dans la mesure où nous désirons traiter la question de savoir s'il existe des différences entre les pentes « simples » de ces conditions et dans la mesure où nous n'avons pas d'attentes spécifiques qui prédiraient de telles différences, nous pouvons réaliser un test omnibus à trois degrés de liberté pour examiner le postulat de l'homogénéité de la régression, test renvoyant à la question de savoir si ces trois termes d'interaction, pris comme un ensemble, permettent une amélioration significative de l'adéquation de notre modèle aux données. Ainsi, ce modèle interactif devient notre MODÈLE A et le modèle ANCOVA précédent devient le MODÈLE C avec lequel nous voulons le comparer. Cette comparaison nous fournit les valeurs suivantes de PRE et de F:

$$\text{PRE} = \frac{348.07 - 344.23}{348.07} = .011$$

$$F_{3,32} = \frac{.011/3}{(1 - .011/32} = \frac{3.845/3}{344.226/32} = 0.119$$

Ces valeurs révèlent qu'il n'y a aucune raison de préférer le MODÈLE A au MODÈLE C. Il n'y a donc pas, dans ces données, d'éléments indiquant que le postulat d'homogénéité de la régression aurait été violé. De manière équivalente, nous pouvons dire qu'il n'y a pas d'éléments suggérant que la relation entre le pré-test et le post-test diffère en fonction des quatre conditions du plan de recherche auquel nous nous intéressons. Ainsi, pour calculer nos quatre moyennes ajustées, nous pouvons nous contenter d'utiliser une seule et même pente, et donc un seul poids d'ajustement.

En tant que contrôle quant au postulat de l'homogénéité de la régression, cette comparaison de modèles omnibus semble suffisante. Néanmoins, dans certaines situations, nous aurons des attentes *a priori* concernant le fait que nous pourrions trouver une ou plusieurs interactions entre le pré-test et les prédicteurs en codes de contraste. À titre d'exemple, il serait possible qu'une chercheuse s'attende à trouver que la relation entre le pré-test et le post-test soit plus forte avec l'ancienne méthode qu'avec la nouvelle. Dans un tel cas, il semble justifié d'examiner la pente associée avec ce terme d'interaction, $X_{1i} Z_i$, en particulier. Pour ce faire, il conviendrait de comparer le modèle augmenté incluant les trois termes d'interaction avec un modèle compact excluant le terme d'interaction spécifié par l'hypothèse de cette chercheuse.

Si nous devions découvrir des violations du postulat d'homogénéité de la régression, soit au travers du test omnibus associant tous les termes d'interaction, soit au travers de l'examen plus spécifique de termes d'interaction dont nous suspectons *a priori* l'existence, il nous faudrait alors conserver le modèle incluant une ou plusieurs interactions entre la covariable et les conditions. Il nous faudrait, en outre, interpréter ces termes d'interactions. Il est donc important de souligner que le postulat de l'homogénéité de la régression est un postulat dont la violation implique seulement qu'un modèle plus compliqué que le modèle ANCOVA s'avère nécessaire et qu'il faudra interpréter le ou les termes d'interaction s'étant révélés significatifs. Ainsi, ce postulat n'est pas comme les postulats portant sur la distribution des résidus que nous avons vus très tôt dans ce livre, c'est-à-dire les postulats selon lesquels les résidus sont distribués normalement, ont une variance unique et sont indépendants les uns des autres. Les violations de ces postulats impliquaient que nos tests inférentiels étaient biaisés. Dans le cas présent, les violations du postulat de l'homogénéité de la régression impliquent seulement que le monde est un peu plus compliqué que prévu et que nous devons interpréter les données à la lumière des interactions obtenues entre la covariable et les conditions.

Supposons, par exemple, que dans le cas qui nous occupe, nous ayons obtenu une interaction significative entre Z_i et X_{1i}. Nous serions alors contraints de fournir des interprétations de nos résultats dans le contexte de ce modèle interactif plus complexe, modèle incluant au minimum le terme d'interaction significatif. Dans ce cas précis, l'interaction qui en résulte pourrait être interprétée en se centrant, soit sur le degré auquel la relation entre le pré-test et le post-test dépend du fait que l'on ait suivi la nouvelle ou l'ancienne méthode, soit sur le degré auquel la taille de la différence entre nouvelle et ancienne méthode dépend de la valeur obtenue au pré-test. Bien que ces deux interprétations soient fondamentalement équivalentes, le fait que notre question de départ soit liée à la différence entre les conditions implique qu'il est fort probable que la seconde interprétation soit celle que nous souhaiterons privilégier pour interpréter ce coefficient d'interaction. Nous allons donc illustrer cette interprétation avec les données qui nous occupent, et ce, en dépit du fait que le test omnibus n'a pas révélé la présence d'interaction et que le test plus spécifique à un degré de liberté, testant uniquement $X_{1i} Z_i$, est également non significatif dans ces données.

Comme nous l'avons vu au Chapitre 7, l'interprétation des paramètres estimés en présence d'interactions significatives impliquant des prédicteurs continus est un peu particulière dans le cas des pentes associées à des variables qui sont des composantes de « prédicteurs produits » (par exemple, la variable X_{1i} dans le cas du « prédicteur produit » $X_{1i} Z_i$). Dans de tels cas, ces pentes estiment les effets « simples » pour la valeur zéro de l'autre variable composant ce « prédicteur produit » (dans notre exemple, Z_i). Ainsi, dans le contexte de l'actuel MODÈLE A, la pente estimée pour X_{1i} (c'est-à-dire 6.11) nous renseigne sur la moitié de la différence entre méthodes que l'on peut attendre pour une personne ayant obtenu un score de zéro sur la variable pré-test, Z_i. Sachant que dans nos données il n'y a pas de valeur qui soit proche de zéro, les interprétations des paramètres estimés du MODÈLE A prennent considérablement plus de sens si nous centrons, ou dévions par rapport à la moyenne, la covariable utilisée dans le modèle qui inclut les produits entre les prédicteurs en codes de contraste et cette covariable centrée. Dans le cas présent, utiliser une variable centrée à la moyenne nous donne le MODÈLE A suivant :

$$\begin{aligned}\widehat{Y}_i = &\, 58.86 + 1.26Z_{Ci} + 1.00X_{1i} + 0.36X_{2i} + 0.27X_{3i} \\ &- 0.10X_{1i}Z_{Ci} + 0.03X_{2i}Z_{Ci} + 0.08X_{3i}Z_{Ci}\end{aligned}$$

où Z_{Ci} est la version centrée du pré-test (c'est-à-dire = $Z_{Ci} = Z_i - \overline{Z}$). Il est évident que ce modèle centré est identique au modèle avant d'avoir centré, car ces deux modèles font les mêmes prédictions et aboutissent à la même somme des carrés des erreurs (c'est-à-dire 344.23). Il reste que, maintenant, les pentes estimées associées aux trois prédicteurs en codes de contraste sont considérablement plus faciles à interpréter : ils estiment les différences « simples » entre conditions au niveau moyen du pré-test. Par exemple, la pente associée à X_{1i} dans ce modèle (c'est-à-dire 1.00) estime la moitié de la différence que nous prédisons entre l'ancienne et la nouvelle méthode, pour le post-test, pour une personne ayant un score moyen au pré-test et en permettant à la taille de la différence entre méthodes de dépendre des valeurs du pré-test. En outre, la mesure dans laquelle cette différence dépend en effet des valeurs du pré-test est indiqué par le paramètre estimé associé avec le « prédicteur produit » $X_{1i}\,Z_{Ci}$. Ainsi, pour chaque augmentation d'une unité sur le pré-test, la différence « simple » estimée que nous pouvons attribuer à l'ancienne méthode versus la nouvelle méthode diminue de 0.10 unité. Si cette valeur avait été significative, nous aurions conclu que l'effet de la méthode est d'autant plus important que la performance initiale est faible.

Comme nous l'avons dit, une interprétation équivalente de ce paramètre estimé peut être fournie en se centrant sur les pentes « simples » du pré-test au sein des deux conditions de la variable Méthode, pentes que nous avons calculées précédemment. Cette pente « simple » est de 1.26 en moyenne sur les deux conditions. Le paramètre estimé associé au produit $X_{1i}\,Z_{Ci}$ nous indique que cette pente « simple » est plus petite de 0.10 unité avec la nouvelle méthode et plus grande de 0.10 unité avec l'ancienne méthode. En d'autres termes, la relation entre le pré-test et le post-test est plus forte avec l'ancienne méthode qu'avec la nouvelle.

Rappelons que, dans cet exemple, nous n'avions pas réellement besoin d'interpréter les interactions entre la covariable et les conditions, car les données suggèrent que le postulat d'homogénéité de la régression n'est pas violé. Notre but était simplement d'illustrer ce qu'il faudrait faire s'il se trouvait que ce postulat *était* réellement enfreint. Comme nous venons de le voir, il suffirait alors simplement de s'accommoder de ce modèle plus complexe et d'interpréter les interactions entre la covariable et les conditions qui en résultent. Il existe, cependant, d'autres situations pour lesquelles ces interactions sont en réalité le but principal de la recherche ; quand tel sera le cas, on voudra précisément s'intéresser à la question de savoir si la taille de la relation entre une variable prédictrice continue donnée (jusqu'ici appelée covariable) et une variable dépendante dépend du niveau d'une ou plusieurs variables catégorielles. Nous nous tournons maintenant vers un exemple de ce type.

4. Modèles à prédicteurs continus et catégoriels en dehors des contextes expérimentaux

Les données utilisées ici proviennent d'une grande université publique de l'Ouest des États-Unis et se composent des informations académiques de 2740 étudiants de première année, provenant soit de la filière des Arts et Sciences, soit de la filière Ingénierie. Nous disposons de quatre variables concernant ces étudiants : le score combiné au SAT, mesuré durant la dernière année de lycée, sur une échelle de 20 à 80 (ces scores correspondant à la moyenne des SAT verbal et mathématique) ; leur GPA (« grade point average ») cumulé à la fin de la première année, leur filière et leur sexe. Nous nous intéressons à la question de savoir si le fait de connaître le score au SAT permet de prédire le score moyen en fin de première année à l'université (le GPA cumulé) et nous voulons également savoir si cette relation dépend de la filière et du sexe. Les scores moyens au SAT combiné et au GPA, pour chacun des quatre groupes définis par la filière et le sexe, sont présentés dans l'Encadré 10.13.

Commençons en examinant les différences de moyennes en fonction du sexe et de la filière, pour chacune de nos deux variables. Pour ce faire, nous utiliserons X_{1i} avec +1 pour les Femmes,

Encadré 10.13
Scores au SAT et au GPA en fonction de la filière et du sexe

	SAT		*GPA*	
	Homme	**Femme**	**Homme**	**Femme**
Ingénierie				
Moyenne	63.50	61.30	2.88	3.03
Écart-type	(6.02)	(5.60)	(0.70)	(0.63)
N	329	91	329	91
Arts et Sciences				
Moyenne	58.39	56.62	2.68	2.93
Écart-type	(6.64)	(6.54)	(0.76)	(0.67)
n	968	1352	968	1352

-1 pour les Hommes, X_{2i} avec +1 pour les Arts et Sciences, -1 pour l'Ingénierie et X_{3i} pour le produit de ces deux variables. Les deux modèles d'ANOVA, un par variable, donnent les résultats suivants :

$$\widehat{SAT}_i = 59.95 - 0.99X_{1i} - 2.44X_{2i} + 0.11X_{3i} \qquad \text{SCE} = 115139.16$$
$$\widehat{GPA}_i = 2.880 + 0.100X_{1i} - 0.077X_{2i} + 0.025X_{3i} \qquad \text{SCE} = 1355.40$$

Pour chacune de ces deux variables, nous avons un effet significatif du sexe, néanmoins, ces deux effets ont des sens opposés. Les Femmes ont ainsi des scores de SAT plus modestes que les Hommes, $F_{1,2736} = 124.71$, PRE = .04, mais elles terminent leur première année avec de meilleurs GPA, $F_{1,2736} = 58.56$, PRE = .02. Il existe également pour les deux variables une différence significative entre filières de telle sorte que les étudiants en Ingénierie ont de meilleurs scores que ceux des Arts et Sciences, sur le SAT, $F_{1,2736} = 196.53$, PRE = .07, et sur le GPA, $F_{1,2736} = 21.39$, PRE = .01.

Un modèle de régression simple, pour lequel les scores SAT sont utilisés pour prédire les GPA de ces étudiants de première année, produit les paramètres estimés suivants :

$$\widehat{GPA}_i = 1.018 + 0.031SAT_i \qquad \text{SCE} = 1269.97$$

Ainsi, il n'est pas surprenant d'observer que les étudiants disposant de scores SAT plus hauts lorsqu'ils entrent à l'université terminent leur première année avec de meilleurs GPA, $F_{1,2738} = 270.97$, PRE = .09.

Nous avons déjà pu voir que les scores au SAT sont liés significativement à nos deux variables catégorielles que sont la filière et le sexe. Par conséquent, si nous estimons ce que nous avons appelé jusqu'ici un modèle ANCOVA avec le SAT et les variables X_{1i}, X_{2i} et X_{3i} comme prédicteurs du GPA, ces prédicteurs seront partiellement redondants. L'estimation de ce modèle nous donne :

$$\widehat{GPA}_i = 0.38 + 0.136X_{1i} + 0.010X_{2i} + 0.021X_{3i} + 0.036SAT_i \qquad \text{SCE} = 1208.49$$

De plus, le tableau résumé de l'Encadré 10.14 présente les résultats statistiques qui lui sont associés.

On peut voir dans ce tableau que le SAT reste clairement un prédicteur significatif du GPA des étudiants de première année, même lorsqu'on contrôle le sexe, la filière et leur interaction. En outre, on peut voir que, parmi les prédicteurs catégoriels, seul le sexe reste significatif, une fois que le SAT est contrôlé. L'effet de la filière, qui était significatif dans le modèle ANOVA, ne l'est plus. Il n'y a donc plus de différences entre filières sur le GPA, une fois que nous avons équilibré les performances des étudiants sur le SAT. Comme dans le cas de l'analyse du modèle ANCOVA, les pentes associées aux prédicteurs en codes de contraste nous informent maintenant sur la taille des différences entre les moyennes ajustées, par condition, pour la variable GPA. Ces moyennes sont calculées grâce à la formule :

$$\overline{GPA_k}' = \overline{GPA_k} - b_{SAT}\left(\overline{SAT_k} - \overline{SAT}\right)$$

et leurs valeurs sont :

Pour les Hommes en Ingénierie :	2.69
Pour les Femmes en Ingénierie :	2.92
Pour les Hommes en Arts et Sciences :	2.68
Pour les Femmes en Arts et Sciences :	2.99

Comme nous l'avons déjà évoqué, ce modèle postule que les pentes « simples » de SAT ne varient pas d'une condition à l'autre. Autrement dit, ce modèle fait le postulat de l'homogénéité de la régression, dont nous avons discuté précédemment. Avec ces données, il est d'un intérêt central de se poser la question de savoir si la relation entre le SAT et le GPA de première année est la même au travers des quatre groupes d'étudiants. Il est possible, par exemple, que le SAT soit plus prédictif du niveau de GPA pour une filière que pour une autre. Si tel était le cas, il faudrait alors peut-être prendre en compte le plus grand pouvoir diagnostique du test dans une filière que dans une autre au moment des admissions, et ce, en donnant une plus grande pondération aux scores de SAT, lors de la prise de décision concernant les admissions de la filière où ce test joue un plus grand rôle. De la même manière, une différence de sexe en termes de pouvoir diagnostique de ce test indiquerait un biais dans les qualités prédictrices du test, ce test permettant alors de meilleures prédictions pour un sexe que pour un autre, ce qui devrait vraisemblablement être corrigé d'une manière ou d'une autre, par exemple, en essayant de corriger le test lui-même. Dans tous les cas, si les scores de SAT se trouvent être plus diagnostiques pour certains groupes, cela implique alors que le postulat de l'homogénéité de la régression est enfreint dans ces données : nous aurions alors besoin de différentes pentes de SAT pour les étudiants qui diffèrent selon leur sexe, leur filière ou l'interaction de ces deux facteurs.

Afin de tester si la relation entre le SAT et le GPA diffère au travers de ces quatre groupes, nous allons estimer un modèle incluant comme prédicteurs l'ensemble des produits de SAT avec les prédicteurs en codes de contraste codant ces quatre groupes d'étudiants : $SAT_i\ X_{1i}$, $SAT_i\ X_{2i}$ et $SAT_i\ X_{3i}$. Mais cette fois, comme nous suspectons que la performance au SAT variera dans ses capacités diagnostiques d'un groupe à l'autre, nous examinerons la contribution individuelle de chacun de ces produits, plutôt que de réaliser simplement un test omnibus traitant de la puissance explicative de ces produits en tant qu'ensemble de prédicteurs. Le MODÈLE A estimé nous donne :

$$\begin{aligned}\widehat{GPA}_i = &\ 0.200 - 0.260X_{1i} + 0.676X_{2i} + 0.289X_{3i} + 0.044SAT_i \\ &+ 0.007SAT_iX_{1i} - 0.011SAT_iX_{2i} - 0.004SAT_iX_{3i}\end{aligned}$$

$$SCE = 1204.18$$

Encadré 10.14
Tableau résumé de l'ANCOVA

Source	*SC*	*dl*	*CM*	*F*	*PRE*
Modèle	187.16	4	46.79	105.89	.13
Sexe (X_1)	18.57	1	18.57	41.99	.02
Filière (X_2)	0.10	1	0.10	0.22	.00
Sexe x Filière (X_3)	0.46	1	0.46	1.04	.00
SAT	146.91	1	146.91	332.33	.11
Erreur	1208.49	2735	0.44		
Total	1395.65	2739			

Source	*SC*	*dl*	*CM*	*F*	*PRE*
SAT x Sexe ($SATX_1$)	1.45	1	1.45	3.28	.001
SAT x Filière ($SATX_2$)	3.92	1	3.92	8.88	.003
SAT x Sexe x Filière ($SATX_3$)	0.64	1	0.64	1.46	.001
Erreur	1204.18	2732	0.44		

Encadré 10.15
Extrait du tableau résumé testant les interactions entre les prédicteurs continus et catégoriels

Les tests de chacun de ces produits en tant que prédicteurs sont résumés dans le tableau résumé partiel apparaissant dans l'Encadré 10.15.

Bien que la taille des effets ne soit pas importante dans le cas présent, les indices statistiques suggèrent clairement que la relation entre le SAT et le GPA dépend du fait que les étudiants soient des étudiants en Ingénierie ou des étudiants en Arts et Sciences.

Afin d'interpréter ces différences, ré-exprimons ce modèle en termes d'effet « simple » de SAT pour chacun des quatre groupes :

$$\begin{aligned}\widehat{GPA}_i = {} & (0.200 - 0.260X_{1i} + 0.676X_{2i} + 0.289X_{3i}) \\ & + (0.044 + 0.007X_{1i} - 0.011X_{2i} - 0.004X_{3i})\, SAT_i\end{aligned}$$

Cette réexpression peut être utilisée pour générer la fonction de prédiction GPA-SAT « simple » pour chacune des quatre conditions, en substituant les valeurs appropriées (c'est-à-dire les poids de contrastes) aux prédicteurs en codes de contraste.

Pour les Hommes de la filière Ingénierie :

$$\begin{aligned}\widehat{GPA}_i = {} & (0.200 - 0.260(-1) + 0.676(-1) + 0.289(+1)) \\ & + (0.044 + 0.007(-1) - 0.011(-1) - 0.004(+1))\, SAT_i \\ = {} & 0.073 + 0.044SAT_i\end{aligned}$$

Pour les Femmes de la filière Ingénierie :

$$\begin{aligned}\widehat{GPA}_i = {} & (0.200 - 0.260(+1) + 0.676(-1) + 0.289(-1)) \\ & + (0.044 + 0.007(+1) - 0.011(-1) - 0.004(-1))\, SAT_i \\ = {} & -1.025 + 0.066SAT_i\end{aligned}$$

Pour les Hommes de la filière Arts et Sciences :

$$\begin{aligned}\widehat{GPA}_i = {} & (0.200 - 0.260(-1) + 0.676(+1) + 0.289(-1)) \\ & + (0.044 + 0.007(-1) - 0.011(+1) - 0.004(-1))\, SAT_i \\ = {} & 0.847 + 0.031SAT_i\end{aligned}$$

et pour les Femmes de la filière Arts et Sciences :

$$\begin{aligned}\widehat{GPA}_i = {} & (0.200 - 0.260(+1) + 0.676(+1) + 0.289(+1)) \\ & + (0.044 + 0.007(+1) - 0.011(+1) - 0.004(+1))\, SAT_i \\ = {} & 0.906 + 0.036SAT_i\end{aligned}$$

Nous avons représenté graphiquement ces quatre relations « simples » dans l'Encadré 10.16. Il apparaît clairement, dans cette représentation graphique des pentes, que les pentes pour les deux groupes de la filière Ingénierie sont plus raides que les deux pentes de la filière Arts et Sciences. Cela découle en réalité de l'interaction significative entre SAT et filière, avec son coefficient, –

Encadré 10.16
Relations simples entre SAT et GPA pour les quatre groupes d'étudiants

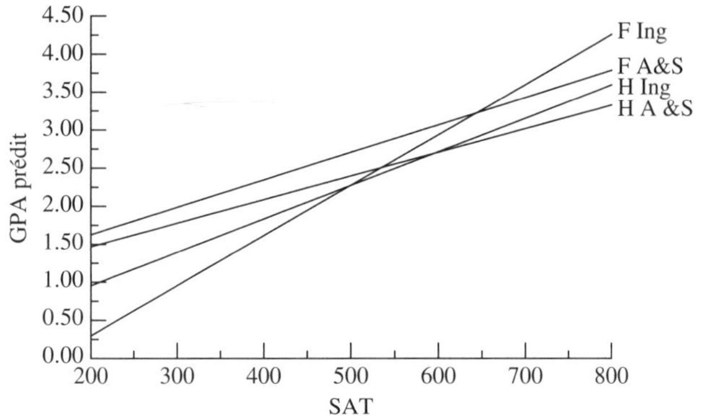

0.011, représentant la moitié de la différence entre la moyenne des deux pentes « simples » des groupes d'étudiants d'Arts et Sciences et la moyenne des deux pentes « simples » des groupes d'étudiants en Ingénierie. En d'autres, termes, lorsqu'on moyenne sur les deux groupes de sexe, la performance au SAT est plus diagnostique du GPA de première année pour les étudiants d'Ingénierie que pour ceux d'Arts et Sciences.

Un résultat qui pourrait paraître surprenant renvoie au fait que, si nous conduisions quatre régressions simples, une pour chacun des quatre groupes d'étudiants, en régressant le GPA sur les scores de SAT, nous obtiendrions exactement les paramètres estimés que nous venons de calculer et qui représentent les coefficients « simples » du modèle incluant les termes d'interaction entre SAT et les différents X. Pour ce faire, nous aurions séparé les quatre groupes et pour chaque groupe nous aurions séparément régressé le GPA sur le SAT, ce qui donnerait les résultats suivants :

Pour les Hommes de la filière Ingénierie :

$$\widehat{GPA}_i = 0.073 + 0.044SAT_i \qquad \text{SCE} = 135.75$$

Pour les Femmes de la filière Ingénierie :

$$\widehat{GPA}_i = -1.025 + 0.066SAT_i \qquad \text{SCE} = 23.77$$

Pour les Hommes de la filière Arts et Sciences :

$$\widehat{GPA}_i = 0.847 + 0.031SAT_i \qquad \text{SCE} = 520.25$$

et pour les Femmes de la filière Arts et Sciences :

$$\widehat{GPA}_i = 0.906 + 0.036SAT_i \qquad \text{SCE} = 524.41$$

Dans le fond, nous pourrions donc dire que le modèle complet incluant les trois prédicteurs en codes de contraste et leurs interactions avec le SAT est équivalent à quatre modèles de régression simples, un pour chacun des quatre groupes, régressant le GPA sur le SAT. En accord avec cette vision des choses, si nous ajoutons les quatre sommes des carrés des erreurs de ces modèles de régressions simples, nous obtenons la somme des carrés des erreurs du modèle interactif complet, soit : 135.75 + 23.77 + 520.25 + 524.41 = 1204.18.

Même si chacune de ces régressions simples par groupe nous fournit un test concernant la significativité de la relation entre SAT et GPA dans ce groupe (et chacune de ces relations est significative dans le cas présent), c'est seulement en testant les différents termes d'interaction, en utilisant l'ensemble des données, que nous serons capables de traiter statistiquement la question de savoir si les différentes pentes simples diffèrent les unes des autres au sein des quatre groupes. Dans ce cas précis, alors que les quatre pentes simples sont significatives, nous pouvons tout de même voir que les pentes des étudiants d'Ingénierie sont significativement plus grandes que celles des étudiants d'Arts et Sciences.

Ainsi, en règle générale, pour déterminer si deux variables sont plus fortement liées dans certains groupes que dans d'autres, nous encourageons la mise en œuvre du test permettant de dire si l'interaction entre le groupe et le prédicteur continu est significative au sein d'un modèle reposant sur l'ensemble des groupes. Cela pourrait s'accompagner, si besoin est, de l'estimation de modèles séparés pour chacun des différents groupes afin de tester si les pentes simples spécifiques aux groupes concernés sont différentes de zéro ou mieux encore d'analyses ayant recours à des recodages (par exemple des codes arbitraires) décalant le 0 sur la condition d'intérêt (par exemple un code de 0 pour Homme et un code de 0 pour la filière ingénierie, afin de tester la relation entre GPA et SAT pour les hommes de cette filière). Il reste que, pour déterminer si ces pentes simples sont différentes les unes des autres, le test des interactions sur l'ensemble des données est incontournable.

Avant d'en finir avec ce dernier exemple, nous allons réestimer le modèle interactif complet, mais cette fois en centrant la variable SAT sur la moyenne (cette nouvelle variable étant représentée par $SATCi$), à la fois en tant que prédicteur et également comme composant des prédicteurs produits :

$$\begin{aligned}\widehat{GPA}_i &= 2.784 + 0.124X_{1i} + 0.045X_{2i} + 0.033X_{3i} \\ &\quad + 0.044SAT_{Ci} + 0.007SAT_{Ci}X_{1i} - 0.011SAT_{Ci}X_{2i} - 0.004SAT_{Ci}X_{3i} \\ \text{SCE} &= 1204.18\end{aligned}$$

Ce modèle est évidemment identique à celui estimé avant de centrer la variable SAT, mais le fait de centrer la variable SAT permet de rendre les paramètres estimés associés aux prédicteurs en codes de contraste de X_{1i} à X_{3i} davantage interprétables. Rappelons-nous que les pentes associées à un prédicteur composant, par ailleurs, un prédicteur produit représentent les pentes « simples » de cette variable uniquement pour la valeur zéro de l'autre composant. Avec le modèle pour lequel la variable SAT n'était pas centrée, les paramètres estimés associés aux prédicteurs en codes de contraste nous informent donc sur les différences « simples » entre les étudiants des quatre conditions du plan (définie par l'interaction sexe par filière), mais uniquement pour SAT = 0, une valeur qui n'existe pas. Afin de rendre ces coefficients plus interprétables, nous centrons donc la variable SAT par rapport à sa moyenne. Ainsi, dans ce modèle réestimé, la pente associée avec X_{1i} estime la différence de sexe, en termes de GPA, pour des étudiants ayant un score au SAT égal à la moyenne de l'échantillon. Notons par ailleurs que nous n'avons pas besoin de centrer les prédicteurs en codes de contraste. En effet, bien que leurs moyennes ne soient pas égales à zéro (étant donné que le nombre d'observations est très différent d'une condition à une autre), les valeurs de zéro représentent tout de même la valeur moyenne au niveau des catégories sexe et filière.

5. Conclusion et résumé

À beaucoup d'égards, ce chapitre marque un point final à notre progression dans le développement de MODÈLES plus complexes de nos DONNÉES. Ces modèles permettent de nous poser des questions, elles-mêmes plus complexes, et peut-être plus intéressantes, à propos de nos DONNÉES. Tout au long du développement de ces modèles plus complexes, nous avons conservé la même machinerie de base pour déterminer si l'augmentation de complexité, due à l'ajout de paramètres au modèle, en valait la peine. Cette machinerie repose sur la comparaison de modèles augmentés et compacts, comparaison effectuée d'une manière qui devrait maintenant être totalement routinière. Alors que cette machinerie restait constante au cours des chapitres, nos modèles se sont développés du plus simple impliquant un seul paramètre (Chapitre 4) à des modèles proposant des prédictions conditionnelles sur une seule variable continue (Chapitre 5), en passant par des modèles impliquant de multiples prédicteurs continus, y compris des produits (Chapitres 6 et 7), puis des modèles comportant des variables catégorielles et les produits de ces variables catégorielles (Chapitres 8 et 9), et, finalement, des modèles impliquant des variables prédictrices continues et catégorielles, ainsi que leurs produits (ce chapitre). Nous sommes donc aussi loin que nous le souhaitions dans notre ambition d'étendre la complexité des modèles que nous avons traités. Nous pensons que presque toutes les questions qu'un chercheur en sciences sociales pourrait vouloir se poser sur ses données peuvent être traitées en utilisant la panoplie de modèles que nous avons explorés. Cela ne veut évidemment pas dire que les limites de complexité des modèles ont été atteintes. Cela suggère plutôt que les modèles que nous avons traités sont ceux ayant le plus de chances d'être utilisés pour analyser nos données. En outre, quand des modèles plus compliqués sembleront appropriés, nous espérons que le lecteur sera maintenant à même d'adapter l'approche de comparaison de modèles, que nous avons utilisée, à ces situations plus complexes.

Cela étant dit, que nous reste-t-il à faire ? Les derniers chapitres du livre sont dévolus à des problèmes qui sont fréquemment rencontrés avec des données qui enfreignent les différents postulats sous-jacents à l'utilisation de l'approche de comparaison de modèles développée jusqu'ici. Au cours des deux prochains chapitres, nous traitons de la manière dont nos modèles et nos analyses de données doivent être modifiés lorsque nous avons affaire à des données pour lesquelles nous ne pouvons pas postuler d'indépendance des erreurs. Au chapitre 13, nous nous centrons sur la violation des postulats selon lesquels les résidus sont distribués de façon normale et proviennent d'une même population, ce qui leur confère une même variance.

CHAPITRE 11

Les ANOVA à mesures répétées : des modèles avec erreurs non indépendantes

SOMMAIRE

Le modèle de régression qui a été utilisé dans les chapitres qui précèdent est :

$$Y_i = \beta_0 + \beta_1 X_{1i} + \beta_2 X_{2i} + \cdots + \beta_{p-1} X_{pi} + \varepsilon_i$$

Dans ce modèle, nous n'avons fait aucun postulat à propos de la distribution des variables prédictrices, les X_i. Celles-ci peuvent être mesurées de manière continue, elles peuvent être des ensembles de codes de contraste ou elles peuvent être des produits de variables. En revanche, nous avons fait certains postulats à propos des résidus de ce modèle, les ε_i. En particulier, nous avons supposé trois choses à propos de ε_i, tout au long des chapitres précédents :

1. Ils sont distribués normalement.
2. Ils ont une variance constante.
3. Ils sont indépendants les uns des autres.

Dans ce chapitre, ainsi que dans les suivants, nous examinons les modifications qui s'imposent lorsque ces postulats sont violés. Plus précisément, dans ce chapitre et dans le suivant, nous nous penchons sur les violations du troisième postulat, celui qui concerne l'indépendance des ε_i, ou, dit de façon plus sommaire, l'indépendance des observations. Les derniers chapitres se penchent quant à eux sur les violations de la normalité et de l'égalité des variances.

1. Définir la non-indépendance

L'indépendance des observations est définie de manière formelle en s'appuyant sur les probabilités conditionnelles (Kenny & Judd, 1986). Deux observations sont non indépendantes si la probabilité conditionnelle que l'une ait une certaine valeur, connaissant la valeur de l'autre, est différente de la probabilité inconditionnelle. Tout ce que ceci signifie est que, si deux observations sont non indépendantes, alors le fait de connaître la valeur de l'une d'elles nous informe sur la valeur de l'autre, ce qui nous permet jusqu'à un certain point de deviner cette valeur. Pour illustrer, supposez que nous ayons recueilli des données sur des couples mariés, demandant à chacun des époux de nous indiquer leur degré de satisfaction à propos de leur mariage sur une échelle de 1 à 7. En toute vraisemblance, il devrait y avoir un certain niveau d'accord entre les époux. Le résultat pourrait se présenter de la manière suivante :

Couple	Mari	Femme
1	1	1
2	4	3
3	6	7
4	5	6

Dans ces données, l'accord relatif entre les époux génère des observations non indépendantes. Les observations au sein des couples sont, en moyenne, plus semblables que les observations entre les couples. Ou, pour le dire en termes de probabilités conditionnelles, si nous savons que le score d'un des époux est inférieur à la moyenne, alors cela nous informe quant au fait de savoir si le score de l'autre est supérieur ou inférieur à la moyenne. Dans la mesure où, dans ces données, les époux sont d'accord sur la qualité de leur mariage, si le score de l'un est sous la moyenne, alors le score de l'autre est susceptible de l'être aussi. De la même façon, si le score de l'un est au-dessus de la moyenne, alors le score de l'autre le sera sans doute aussi. Les observations qui sont liées entre elles, comme c'est le cas lorsqu'elles sont issues du même couple, sont en moyenne plus semblables entre elles que les observations qui ne sont pas liées, c'est-à-dire qui ne viennent pas du même couple. Cet exemple illustre ce que l'on appelle la *non-indépendance positive* : une plus grande similitude entre les observations liées qu'entre les observations non liées.

La *non-indépendance négative* se présente lorsque les observations liées sont en moyenne moins similaires que les observations non liées. Tournons-nous vers des données hypothétiques issues des quatre mêmes couples et concernant le pourcentage de tâches ménagères accomplies par chacun des époux :

Couple	Mari	Femme
1	30 %	80 %
2	40 %	75 %
3	70 %	40 %
4	20 %	100 %

S'il y avait un accord parfait entre les époux dans ces données, la somme des pourcentages serait égale à 100 %. Autrement dit, lorsqu'un époux estime qu'il ou elle réalise un pourcentage plus important des tâches ménagères, l'autre estimera qu'il ou elle accomplit un pourcentage plus réduit. Or, même si, dans ces données, l'accord entre époux n'est pas parfait, il reste que nous observons une forte non-indépendance des observations issues de ces couples. Si un des époux rapporte un pourcentage en dessous de la moyenne, le pourcentage de l'autre est susceptible d'être au-dessus. Les observations qui viennent d'un même couple sont en moyenne plus différentes entre elles que celles qui viennent d'autres couples. Elles présentent donc une non-indépendance négative.

La non-indépendance des données est susceptible de se produire dans deux situations classiques : les données groupées et les données séquentielles. Les données de couples que nous venons d'utiliser pour définir la non-indépendance illustrent la non-indépendance due aux données groupées. Les observations sont groupées dans le sens où les paires sont issues des mêmes couples. Un autre groupement fréquemment rencontré se produit lorsque chaque individu fournit des observations multiples : chaque personne est évaluée plus d'une fois et produit plus d'une seule réponse. Il est probable que les observations venant du même individu seront en moyenne plus (ou moins) similaires que les observations venant d'un autre individu. En somme, les observations sont non indépendantes parce qu'elles sont groupées au sein d'un même individu. On rencontre typiquement un autre exemple de données groupées dans le cadre des recherches psychosociales sur les interactions au sein de petits groupes. Si on mesure différents individus à l'intérieur de groupes d'interaction, il est extrêmement probable que la non-indépendance pose un problème.

Comme les données groupées, les données séquentielles sont très courantes. Chaque fois que de grands ensembles de données sont recueillis au fil du temps sur un ou plusieurs individus, on est susceptible d'être confronté à de la non-indépendance, du fait du caractère séquentiel des données : les observations qui sont proches dans la séquence ou dans le temps sont en moyenne bien plus susceptibles de se ressembler que les observations qui sont éloignées dans le temps. Comme simple illustration, supposons que nous mesurions le nombre de pages lues chaque jour par un étudiant pendant 50 jours. Du fait des examens, des exigences académiques variables et d'autres facteurs, nous nous attendrions à des cycles dans les données : les jours qui précèdent les examens seraient des périodes de lecture intensive, tandis que les jours qui suivent les examens donneraient lieu à moins de lecture. En d'autres termes, il est possible que l'on observe en moyenne plus de similitudes dans le nombre de pages lues d'un jour à l'autre qu'entre deux jours éloignés l'un de l'autre. Ainsi, les observations ne seront pas indépendantes du fait de la séquence temporelle.

Dans la mesure où la non-indépendance est susceptible de s'immiscer tant dans les données groupées que séquentielles, le modèle de régression habituel, que nous avons exploité jusqu'à présent, doit être modifié d'une manière ou d'une autre pour gérer le fait que l'un de ses postulats de base est violé. Pour les deux types de données, la stratégie correcte consiste à extirper la non-indépendance des données par le biais d'un certain type de transformation. La manière dont on le fait dépend toutefois de l'origine de la non-indépendance. Les problèmes de non-indépendance dans les données séquentielles sont typiquement gérés à l'aide de transformations légèrement différentes de celles utilisées dans le cas de données groupées. Dans ce chapitre, nous nous focalisons sur les problèmes de non-indépendance dans le cas de données groupées. On parlera donc ici de données constituées d'un petit nombre d'observations recueillies sur différents ensembles de sujets à travers le temps. Lorsque plusieurs observations sont récoltées sur le même ensemble de sujets à travers le temps, on recommande alors le recours à des procédures connues sous le nom d'analyses multiniveaux pour données longitudinales (une introduction aux modèles multiniveaux pour toute une série d'applications est fournie au Chapitre 12). Lorsque plusieurs observations sont récoltées sur le même sujet dans le temps, alors d'autres procédures, connues sous le nom d'*analyses en séries temporelles*, sont recommandées pour faire face à la non-indépendance due à la séquence.

Retournons à notre exemple de couples mariés, afin de faire une distinction supplémentaire dans le cadre de notre discussion sur la non-indépendance associée aux données groupées. Supposons que nous désirions savoir si les maris évaluent leur satisfaction maritale de façon significativement différente de ce qu'en disent leurs femmes. Si nous ne nous soucions absolument pas du postulat d'indépendance dans ces données, nous pourrions créer un code de contraste pour représenter le sexe des époux et régresser notre variable dépendante (Y_i, l'évaluation de chacun des individus) sur ce prédicteur. Dans ce cas, on dit des groupes qui donnent lieu au problème de non-indépendance qu'ils sont *croisés* avec la variable indépendante d'intérêt, c'est-à-dire le sexe. Autrement dit, chaque couple fournit une et une seule évaluation pour chaque niveau de la variable indépendante : au sein de chaque couple, il y a une observation codée -1 sur le prédicteur en codes de contraste et une observation codée $+1$. Une autre façon de dire cela est que la variable indépendante varie *au sein* de chaque couple, ce qui veut dire que le sexe varie *au sein* des groupes qui génèrent la non-indépendance (à savoir, les couples).

Supposons maintenant que la variable indépendante qui nous intéresse ne soit pas le sexe de l'époux, mais plutôt une caractéristique des couples. Imaginons, par exemple, que nous ayons deux ensembles de couples, certains qui sont fraîchement mariés et d'autres qui sont unis depuis plus de 10 ans, et que nous voulions savoir si ces deux ensembles de couples rapportent des niveaux de satisfaction maritale significativement différents. Encore une fois, si nous ne nous préoccupions guère de la non-indépendance des données, nous pourrions coder la durée du mariage comme courte ou longue par le biais d'un code de contraste, et ensuite régresser les évaluations, une pour chaque répondant, sur ce prédicteur. Cette fois, les groupes ou couples qui donnent lieu à la non-indépendance, sont *nichés* sous les niveaux de la variable indépendante d'intérêt. Autrement dit, chaque couple ou groupe fournit deux évaluations de satisfaction maritale, toutes deux se voyant assigner le même code sur la variable prédictrice. Si un membre du couple est codé -1 pour indiquer qu'il ou elle vient d'un couple dont le mariage est récent, l'autre a nécessairement le même code sur la variable prédictrice. Dans ce cas, on dit que la variable indépendante d'intérêt varie *entre* les couples.

L'idée générale est la suivante : si les groupes d'observations non indépendantes sont nichées sous une variable indépendante d'intérêt, alors les observations d'un groupe donné ont toutes la même valeur sur cette variable et la variable varie *entre* les groupes ; si les groupes d'observations sont croisées avec la variable indépendante, alors les observations au sein d'un groupe se retrouvent dans différents niveaux de cette variable et la variable varie *au sein* des groupes.

Pour clarifier encore davantage la distinction *entre – au sein*, autrement dit *inter – intra*, examinons un second exemple. Supposons qu'un chercheur veuille explorer les différences de mémoire à court terme en fonction du niveau de stress. Il entend manipuler les niveaux de stress en testant la mémoire des sujets en présence d'un bruit blanc et, dans une condition contrôle, sans aucun bruit. Il décide en outre de mesurer la mémoire des sujets à deux reprises. Ces deux observations sur un sujet donné peuvent être soit *croisées avec* soit *nichées sous* la variable de traitement expérimental d'intérêt, c'est-à-dire la présence ou l'absence de bruit blanc. Dans le cas où le traitement est croisé avec les sujets, la mémoire de chaque sujet est mesurée une fois en présence du bruit blanc et une fois en son absence. Dans ce cas, la variable de traitement varie *au sein* de chaque sujet, c'est une variable *intra-sujet*. Dans le cas où les deux observations de chaque sujet sont nichées sous chaque traitement, la mémoire de chaque sujet est mesurée deux fois, mais elle est mesurée soit deux fois en présence du bruit soit deux fois en son absence. Dans ce cas, la variable de traitement varie *entre* chaque sujet, c'est une variable *inter-sujets*.

Par souci didactique, nous allons commencer par traiter ces deux cas séparément. En d'autres termes, nous allons d'abord considérer la manière de contourner les problèmes d'indépendance lorsque les groupes d'observations non indépendantes sont nichés sous la variable indépendante ou le facteur dont l'effet doit être estimé. Nous allons ensuite considérer les solutions qui concernent les groupes qui sont croisés avec le facteur d'intérêt. Dans les deux cas de figure, nous allons postuler dans ce chapitre que ces variables indépendantes, indépendamment du fait qu'elles varient entre ou au sein des groupes, sont catégorielles et que chaque groupe recèle le même nombre d'observations. Étant donné la nature de ces restrictions, nous allons donc examiner ce qu'on connaît sous le nom de modèles d'analyse de variance en mesures répétées dans la littérature sur les plans expérimentaux. Notre présentation prendra aussi en compte des situations pour lesquelles plusieurs variables indépendantes varient au sein ou entre les groupes.

Au chapitre suivant, nous étendrons notre examen de la non-indépendance et inclurons des variables prédictrices qui sont continues plutôt que catégorielles et qui peuvent varier simultanément au sein et entre les groupes d'observations non indépendantes. Pour illustrer de telles variables, imaginez que, dans notre exemple de couples, nous soyons intéressés non pas par les effets des années de mariage, mais par ceux de l'âge sur la satisfaction maritale. Les âges moyens des couples sont susceptibles de varier d'un couple à l'autre. Mais il y a aussi des chances pour que l'âge varie au sein des couples – les époux n'ont pas forcément le même âge. L'âge est donc une variable indépendante qui varie à la fois entre et au sein des couples. Nous remettons l'examen de telles variables au chapitre suivant.

Nous rappelons encore une fois au lecteur que la non-indépendance peut se produire chaque fois que des observations sont groupées, qu'elles proviennent de la même personne, du même petit groupe, de la même famille, de la même classe, etc. Alors que la littérature sur l'analyse de variance en mesures répétées postule souvent que les observations ne sont pas indépendantes, car elles émanent de la même personne (ce qui fait que les variables indépendantes sont souvent qualifiées de variables *inter-sujets* ou *intra-sujet*), la non-indépendance peut aussi découler d'autres types de regroupements.

2. La non-indépendance dans les plans nichés

Imaginez l'étude suivante: un chercheur souhaite savoir si la compétition entre des petits groupes influence la satisfaction à l'égard de la production du groupe. Des groupes de trois participants sont invités au laboratoire. On leur présente une tâche à accomplir en groupe. La moitié des groupes apprend que leur performance sera comparée à la performance d'autres groupes afin de déterminer leur récompense. L'autre moitié des groupes ne reçoit aucune information. Autrement dit, la moitié des groupes pense être en compétition avec d'autres groupes et l'autre pas. Après avoir terminé leur tâche, tous les participants ont dû indiquer leur satisfaction par rapport à la production du groupe sur une échelle de 1 à 9, les nombres plus élevés correspondant à plus de satisfaction. Les données de trois groupes (chacun avec trois sujets) dans chacune des deux conditions expérimentales sont reprises dans l'Encadré 11.1.

Malheureusement, notre notation se doit d'être un peu plus compliquée en désignant chaque observation par Y_{hi}. Le premier indice, *h*, renvoie à l'observation individuelle (dans ce cas la personne) au sein de chaque groupe; il varie entre 1 et *s*. Le second indice, *i*, renvoie au groupe dont provient l'observation, avec un total de *n* groupes (dans le cas présent, six). En outre, comme avant, nous

Encadré 11.1
Données pour un plan niché

	Instructions					
	Compétition			Pas de compétition		
	Groupe 1	Groupe 2	Groupe 3	Groupe 4	Groupe 5	Groupe 6
Y_{1i}	8	6	7	6	7	5
Y_{2i}	9	7	8	6	6	5
Y_{3i}	7	6	8	5	7	4
$\overline{Y}_k$		7.33			5.67	

allons utiliser *k* pour renvoyer à la condition ou au niveau de la variable indépendante catégorielle où niche le groupe. Il y a en tout *m* niveaux de ce type, ce qui est égal à 2 dans le cas présent.

Il convient de faire deux remarques concernant cette notation. Tout d'abord, comme cela deviendra limpide sous peu, ce n'est pas par hasard qu'ici nous utilisons *i* pour renvoyer au groupe plutôt qu'aux observations individuelles au sein de chaque groupe. Ensuite, la valeur de *h* qui renvoie à l'observation individuelle au sein de chaque groupe est complètement arbitraire, tout simplement parce que les participants au sein de chaque groupe sont interchangeables. En d'autres termes, il n'y a pas de facteurs systématiques qui distinguent une personne dans un groupe d'une autre personne au sein du même groupe.

Nous voulons savoir si le niveau moyen de satisfaction obtenu lorsque les instructions mentionnent la compétition est significativement différent de celui observé quand les instructions n'évoquent pas de compétition (c'est-à-dire si les deux valeurs moyennes que sont 7.33 et 5.67 diffèrent l'une de l'autre). Nous allons tout d'abord analyser ces données en exploitant les méthodes du Chapitre 8, ce qui revient à traiter l'ensemble des 18 observations comme si elles étaient indépendantes. En réalité, il est bien sûr peu probable que les observations au sein des groupes soient indépendantes les unes des autres. On peut en effet s'attendre à ce que les interactions s'avèrent meilleures dans certains des groupes et donc à ce que les niveaux de satisfaction soient plus élevés que ce qu'on observe dans d'autres groupes. Après avoir analysé les données en ignorant cette possible absence d'indépendance, nous allons passer à l'analyse, plus appropriée, qui tient compte de cette possible violation du postulat.

Afin d'examiner l'effet de la variable indépendante catégorielle (c'est-à-dire les instructions), nous allons utiliser un prédicteur en codes de contraste, X_{hi}, avec les valeurs +1 s'il y a compétition et −1 s'il n'y a pas de compétition. L'analyse inappropriée, celle qui ignore l'éventuelle non-indépendance due aux groupes dans les données, régresse Y_{hi} sur X_{hi} à travers l'ensemble des 18 observations. Le modèle résultant est :

$$\hat{Y}_{hi} = 6.50 + 0.83X_{hi} \qquad \text{SCE} = 16.00$$

Comme nous l'avons expliqué dans les chapitres précédents, l'ordonnée à l'origine d'un tel modèle est égale à la moyenne des deux moyennes observées dans les conditions, et le coefficient du prédicteur en codes de contraste est égal à la moitié de la différence entre la moyenne de la condition compétition et celle de la condition pas de compétition. Pour savoir si ces deux moyennes diffèrent l'une de l'autre, nous devons comparer ce modèle augmenté avec un modèle compact dans lequel le modèle prédit est la moyenne des 18 observations et où le prédicteur en codes de contraste est égal à zéro :

$$\hat{Y}_{hi} = 6.50 \qquad \text{SCE} = 28.50$$

Cette comparaison génère le tableau ANOVA de l'Encadré 11.2.

Sur la base de cette analyse qui traite de manière inappropriée l'ensemble des 18 observations comme étant indépendantes, cette différence entre les moyennes des deux conditions est hautement significative, avec davantage de satisfaction dans la condition compétition.

Source	b	SC	dl	CM	F	PRE
Condition	0.83	12.50	1	12.50	12.50	.44
Erreur		16.00	16	1.00		
Total		28.50	17			

Encadré 11.2
Tableau ANOVA pour l'analyse qui ignore la non-indépendance

Afin de mettre en évidence la non-indépendance que cette analyse ignore, examinons les résidus du MODÈLE A. Rappelez-vous que le postulat d'indépendance se centre précisément sur ces résidus. Dans l'Encadré 11.3, nous fournissons les résidus des 18 observations issus de ce MODÈLE A. Ces résidus ne sont rien d'autre que chaque observation moins la moyenne de la condition concernée.

Notez que, dans chacun des groupes, les résidus ont tendance à avoir le même signe. Dans les Groupes 2 et 6, tous les résidus sont négatifs tandis qu'ils sont tous positifs dans le Groupe 5. En d'autres termes, si une observation dans un groupe est plus basse que la moyenne de sa condition, alors les autres observations du même groupe ont elles aussi tendance à être plus basses. La même chose se produit pour les observations qui sont supérieures à la moyenne de leur condition respective. Ce pattern est caractéristique d'une dépendance positive due aux groupes.

Comment pouvons-nous faire face à cette violation de postulat ? La stratégie générale est de faire subir une transformation aux données, de telle sorte que nous n'ayons plus d'observations non indépendantes. Autrement dit, nous devons transformer les données d'une manière telle que la non-indépendance soit supprimée. Supposons par exemple qu'au lieu d'inclure les trois scores de chaque groupe dans l'analyse, nous analysions seulement une observation prise au hasard dans chaque groupe. Avec une telle analyse, il est évident que la non-indépendance cesserait d'être un problème, puisqu'au lieu d'avoir trois observations liées dans chaque groupe, nous n'en aurions plus qu'une seule, sans aucune relation avec les autres observations dans l'analyse.

De toute évidence, nous ne voudrions pas nous débarrasser de deux tiers des données prises au hasard. En revanche, l'objectif général de n'avoir qu'un seul score, plutôt que trois scores reliés, pour représenter chacun des groupes, semble être une stratégie viable pour faire face au problème de non-indépendance. Une solution qui permet indéniablement de conserver toute l'information, tout en incluant seulement un score par groupe dans l'analyse, consiste à calculer la valeur moyenne de chaque groupe et à analyser les six moyennes de groupe résultantes. Dans le fond, c'est ce que nous allons faire, si ce n'est qu'au lieu de calculer la moyenne des trois scores de chaque groupe, nous allons calculer un score composite que nous appellerons W_{0i} et qui est défini comme :

$$W_{0i} = \frac{\sum_h \delta_h Y_{hi}}{\sqrt{\sum_h \delta_h^2}}$$

où toutes les valeurs de δ_h sont égales à un. Nous additionnons donc les trois scores relatifs à un groupe donné et nous divisons cette somme par la racine carrée de trois plutôt que par trois (ce qui aurait donné la simple moyenne des trois scores) :

	Instructions					
	Compétition			**Pas de compétition**		
	Groupe 1	**Groupe 2**	**Groupe 3**	**Groupe 4**	**Groupe 5**	**Groupe 6**
e_{1i}	0.67	-1.33	-0.33	0.33	1.33	-0.67
e_{2i}	1.67	-0.33	0.67	0.33	0.33	-0.67
e_{3i}	-0.33	-1.33	0.67	-0.67	1.33	-1.67

Encadré 11.3
Résidus de l'analyse des données nichées

$$W_{0i} = \frac{Y_{1i} + Y_{2i} + Y_{3i}}{\sqrt{1^2 + 1^2 + 1^2}}$$

Nous calculons (et analysons) ce score composite W_{0i} plutôt que la simple moyenne pour pouvoir comparer les sommes des carrés de l'analyse incorrecte que nous venons de réaliser et celles de l'analyse appropriée qui corrige le problème de non-indépendance. Or, si nous analysons la moyenne simple, nous obtiendrions les bonnes statistiques de test (F et PRE), mais les sommes des carrés seraient différentes. Nous élevons au carré les valeurs de δ_h parce que nous aurons besoin plus tard de calculer et comparer d'autres scores W_i où les valeurs de δ_h seront des codes de contraste, certaines positives et d'autres négatives. La somme de ces δ_hs sera alors toujours égale à zéro. Et, encore une fois, nous voulons garder les sommes de carrés dans la bonne métrique afin de nous aider à comprendre les différentes sources de variations dans nos données. Nous allons donc calculer W_{0i} en exploitant la formule qui précède avec toutes les valeurs de δ_h égales à un.

Pour le premier groupe, nous allons donc calculer W_{0i} comme :

$$W_{0i} = \frac{8 + 9 + 7}{\sqrt{1^2 + 1^2 + 1^2}} = \frac{24}{\sqrt{3}} = 13.856$$

Les valeurs de cette variable composite pour les différents groupes sont présentées dans l'Encadré 11.4.

Avec ces scores W_{0i}, nous avons maintenant combiné les trois scores en un seul score et nous pouvons dès lors vérifier si les deux conditions expérimentales, compétition versus pas de compétition, ont des valeurs moyennes différentes sur ce score composite W_{0i}. Ces valeurs moyennes sont fournies dans la dernière ligne de l'Encadré 11.4.

Nous pouvons maintenant utiliser les procédures habituelles pour répondre à cette question puisque nous avons débarrassé ces données du problème de non-indépendance en combinant les trois observations non indépendantes de chacun des groupes en un seul score composite. Si nous régressons W_{0i} sur X_i (avec les valeurs de +1 pour la compétition et de −1 pour l'absence de compétition), nous obtenons le modèle suivant :

$$W_{0i} = 11.258 + 1.443X_i \qquad \text{SCE} = 10.667$$

Puisque chacun des groupes ne fournit qu'une seule valeur de W_{0i} à cette analyse, nous n'avons plus mentionné l'indice h dans ce modèle. Autrement dit, c'est le groupe qui est devenu notre unité d'analyse. Il y a maintenant 6 observations dans l'analyse au lieu de 18 dans l'analyse antérieure où nous ignorions l'éventuel problème de non-indépendance.

Les coefficients de ce modèle peuvent être interprétés exactement comme tous les coefficients des modèles basés sur des codes de contraste. La seule complication renvoie au fait que ces coefficients nous informent sur les valeurs de W_{0i} et non les valeurs de Y_{hi}. En d'autres termes, la valeur de b_0 dans ce modèle, 11.258, est égale à la moyenne des deux moyennes de W_{0i} observées dans les deux

Encadré 11.4
Données pour l'exemple des données nichées avec les valeurs W_{0i}

	Instructions					
	Compétition			**Pas de compétition**		
	Groupe 1	**Groupe 2**	**Groupe 3**	**Groupe 4**	**Groupe 5**	**Groupe 6**
Y_{1i}	8	6	7	6	7	5
Y_{2i}	9	7	8	6	6	5
Y_{3i}	7	6	8	5	7	4
W_{0i}	13.856	10.970	13.279	9.815	11.547	8.083
$\overline{W}_{0k}$		12.702			9.815	

conditions, et la valeur de b_1, 1.443, est égale à la moitié de la différence entre ces deux moyennes. Ainsi, la même expression que celle que nous donnions au Chapitre 8 pour la pente d'un prédicteur en codes de contraste reste applicable. Elle a toujours trait aux moyennes des conditions, si ce n'est qu'elle concerne maintenant les moyennes de W_{0i} observées dans les conditions plutôt que les moyennes des valeurs Y_{hi} observées dans les deux conditions :

$$b_1 = \frac{\sum_k \lambda_k \overline{W}_{0k}}{\sum_k \lambda_k^2}$$

Puisque la métrique de W_{0i} n'est pas la même que la métrique de Y_{hi}, il convient de convertir les paramètres estimés à nouveau dans la métrique de Y_{hi}. Si nous devions diviser chaque W_{0i} par son dénominateur, $\sqrt{\sum_h \delta_h^2}$, dans le cas présent $\sqrt{3}$, nous retrouverions la métrique de Y_{hi}. Nous pouvons faire la même chose pour les paramètres estimés. Ainsi, si nous prenons la valeur de b_0 issue de ce modèle W_{0i}, c'est-à-dire 11.258, et que nous le divisons par $\sqrt{3}$, nous trouvons 6.50, ce qui est égal à la moyenne des deux moyennes de condition dans la métrique originale Y_{hi}. En outre, si nous prenons la valeur de b_1, 1.443, et que nous la divisons par $\sqrt{3}$, la valeur résultante (0.833) est égale à la moitié de la différence entre les deux $\overline{Y}_k$.

La comparaison de ce modèle augmenté avec un modèle compact à un seul paramètre teste le fait que X_i est un prédicteur significatif de W_{0i}. Cela revient à tester si les deux valeurs de $\overline{W}_{0k}$ sont significativement différentes l'une de l'autre. Et puisque les valeurs moyennes sont des fonctions directes des valeurs moyennes de $\overline{Y}_k$ (on divise chacune d'entre elles par $\sqrt{3}$), ce test est équivalent au fait de tester si la différence entre les deux valeurs de $\overline{Y}_k$ est significative. Le tableau ANOVA correspondant est présenté dans l'Encadré 11.5. Notez que la valeur du coefficient de régression pour X_i que nous avons incluse dans ce tableau est renseignée dans la métrique de Y_{hi} plutôt que dans la métrique moins parlante de W_{0i}. Nous ferons cela tout au long du chapitre lorsqu'il s'agira de fournir des coefficients de régression dans les tableaux ANOVA. Notez également que, comparativement à l'analyse incorrecte qui n'arrivait pas à gérer la non-indépendance des données (dans le tableau ANOVA de l'Encadré 11.2), la somme des carrés et les degrés de liberté de l'erreur ont été totalement modifiés par la prise en charge du problème alors que la somme des carrés et les degrés de liberté associés à la variable indépendante n'ont pas changé[12].

En réalité, ce que nous avons fait ici consiste à sortir de l'analyse la variabilité intragroupe de la somme des carrés des erreurs et de ses degrés de liberté. Nous n'analysons plus que de la variabilité entre groupes, plutôt que de la variabilité qui est pour partie inter-groupes et pour partie intragroupe. En d'autres termes, les scores Y_{hi} originaux varient au sein des groupes (à travers les observations individuelles) autant qu'entre eux. En rassemblant les observations au sein des groupes en un seul score W_{0i}, nous avons éliminé de l'analyse toute la variabilité intra-groupe. Tout ce qui reste, c'est la variabilité inter-groupes.

Après avoir réalisé que nous avons divisé la variation totale dans les scores Y_{hi} en variation intragroupe et inter-groupes et que nous avons ensuite analysé l'effet de la variable indépendante, nous pouvons écrire le tableau ANOVA complet, en reprenant aussi bien les sources de variation inter et intra de notre variable Y_{hi}. Ce tableau ANOVA est repris dans l'Encadré 11.6. Notez qu'il y a relativement peu de variabilité intra-groupe dans ces données. La somme des carrés intra-groupe est égale à 5.33, ce qui correspond à la différence entre la somme des carrés totale avec les scores

12. La consistance de cette somme des carrés de condition est, comme nous l'avons dit, due au fait d'avoir utilisé $\sqrt{\sum_h \delta_h^2}$ dans le dénominateur de W_{0i} plutôt que simplement $\sum_h \delta_h^2$. Si nous avions eu recours à la simple moyenne pour chaque groupe, plutôt que W_{0i}, les sommes des carrés n'auraient pas correspondu aussi bien, même si le F et le PRE auraient été identiques.

Encadré 11.5
Analyse des données nichées qui tient compte du problème de non-indépendance

Source	*b*	*SC*	*dl*	*CM*	*F*	*PRE*
Condition	0.83	12.50	1	12.50	4.68	.54
Erreur		10.67	4	2.67		
Total		23.17	5			

Y_{hi} originaux (c'est-à-dire 28.50) et la somme des carrés totale avec les scores W_{0i} ignorant la variabilité intra-groupe (c'est-à-dire 23.17).

Nous pouvons dériver la valeur de cette somme des carrés intra-groupe en retournant aux valeurs Y_{hi} originales et en calculant la somme des carrés des déviations entre chaque score Y_{hi} individuel et la moyenne du groupe dont il est issu, $\bar{Y}_k$. Par exemple, les trois observations pour le premier groupe sont 8, 9 et 7, avec une moyenne de 8. La somme des déviations au carré de ces trois scores autour de leur moyenne est donc 2 [c'est-à-dire $(7 - 8)^2 + (9 - 8)^2 + (8 - 8)^2$]. Si nous faisons le calcul pour chacun des six groupes et que nous additionnons les valeurs résultantes, nous trouvons la somme des carrés intra-groupe totale de 5.33. En réalité, nous n'avons pas à calculer la somme des carrés intra-groupe totale de cette manière puisque nous pouvons l'obtenir en soustrayant la somme des carrés totale dans W_{0i} de la somme des carrés totale dans Y_{hi}. Il est toutefois utile de savoir que la somme des carrés intra-groupe calculée de cette manière est égale à la somme des déviations carrées de toutes les observations individuelles autour de leur moyenne de groupe.

En comparant cette analyse à l'analyse antérieure incorrecte, dans laquelle nous avions omis de retirer la variabilité intra-groupe, nous remarquons que la somme des carrés de l'erreur est légèrement réduite. Elle l'est de 5.33, à savoir la variabilité intra-groupe. En revanche, les degrés de liberté de l'erreur sont diminués de façon substantielle, de 16 à 4, puisque 12 des degrés de liberté originaux dans Y_{hi} étaient intra-groupe plutôt qu'inter-groupes. Dans la mesure où la somme des carrés de l'erreur a été réduite proportionnellement moins que les degrés de liberté, notre analyse correcte qui élimine la non-indépendance des données produit une valeur *F* nettement plus petite pour tester l'effet du traitement. Avec de la non-indépendance positive (c'est-à-dire les observations liées sont en moyenne plus semblables entre elles que les observations non liées) et une variable indépendante qui varie entre les groupes (c'est-à-dire les groupe d'observations liées sont nichées sous les niveaux de la variable indépendante), la valeur de *F* sera toujours trop élevée, donnant lieu à trop d'erreurs de Type 1, lorsqu'on conduira l'analyse qui ignore à tort la non-indépendance dans les données. Lorsque l'indépendance est négative, avec des observations comparativement moins similaires au sein des groupes qu'entre ceux-ci, alors le *F* qui résultera de l'analyse qui ignore à tort la non-indépendance sera toujours trop petit, donnant lieu à trop d'erreurs de Type II.

Si l'on examine le carré moyen de l'erreur *entre* les groupes et le carré moyen *au sein* des groupes, il est clair que la non-indépendance des observations au sein des groupes est un problème dans ces données. Si les observations étaient indépendantes les unes des autres, la variation entre les observations au sein de ces 6 groupes serait environ la même que la variation des observations entre les groupes. Si tel était le cas, ces deux sources de variation pourraient être combinées ou jointes dans un terme d'erreur commun, comme c'est le cas dans l'analyse qui ignore la question de la non-indépendance. En fait, la différence entre le carré moyen de l'erreur entre les groupes et celui au sein

Source	*b*	*SC*	*dl*	*CM*	*F*	*PRE*
Condition	0.83	12.50	1	12.50	4.68	.54
Erreur inter-groupes		10.67	4	2.67		
Total inter-groupes		23.17	5			
Total intra-groupe		5.33	12	0.44		
Total		28.50	17			

Encadré 11.6
Tableau ANOVA complet pour l'exemple niché

des groupes fournit une mesure du degré de non-indépendance due aux groupes. Puisque le carré moyen de l'erreur au sein des groupes est nettement inférieur au carré moyen de l'erreur inter-groupes, cela indique une dépendance positive importante due aux groupes : en moyenne, les observations au sein des groupes sont moins variables que ne le sont, en moyenne, les observations entre les groupes.

Sur base de la logique qui vient d'être développée, une statistique connue sous le nom de *coefficient de corrélation intraclasse* fournit un index du degré de non-indépendance due aux observations groupées. Cette statistique est calculée de la manière suivante :

$$\frac{CM_{\text{inter}} - CM_{\text{intra}}}{CM_{\text{inter}} + CM_{\text{intra}}\,(s-1)}$$

où CM_{inter} et CM_{intra} sont les carrés moyens inter-groupes et intra-groupe et s est le nombre total d'observations au sein d'un groupe. Cette corrélation intraclasse varie entre $+1$ et $-1/(s-1)$, des valeurs positives signalant que les observations au sein des groupes sont, en moyenne, plus semblables qu'entre les groupes et des valeurs négatives signalant le contraire.

Dans le cas présent, la corrélation intraclasse est égale à[13] :

$$\frac{2.67 - 0.44}{2.67 + 0.44\,(2)} = .63$$

On le constate, ces données révèlent bien la présence d'une non-indépendance très importante due aux groupes : les observations sont plus similaires au sein des groupes qu'entre les groupes et le test de l'effet de la condition inter-groupes est fortement biaisé si la non-indépendance est ignorée (le F incorrect, avec 1 et 16 degrés de liberté, est égal à 12.50 tandis que le F correct, avec 1 et 4 degrés de liberté, est seulement de 4.68). Comme le montre cet exemple, les violations du postulat d'indépendance peuvent conduire à des biais substantiels dans le calcul des statistiques de test[14].

Nous avons illustré cette analyse avec un exemple très simple. La même stratégie prévaut néanmoins chaque fois que les groupes qui donnent lieu à la non-indépendance sont nichés sous la ou les variable(s) indépendante(s) d'intérêt, quels que soient le nombre de ces variables et le nombre de leurs niveaux. Supposons, par exemple, qu'une étude soit menée pour examiner la formation d'impression entre dyades sous diverses conditions. Dix-huit paires de participants ne se connaissant pas sont invités au laboratoire. Tous les participants remplissent un questionnaire sur eux-mêmes et se lancent alors dans une interaction structurée. Chaque dyade est assignée de façon aléatoire à une condition parmi six, définies par deux variables indépendantes croisées l'une avec l'autre, la première possédant deux niveaux et la seconde trois niveaux. La variable à deux niveaux concerne le fait de prendre ou non connaissance du questionnaire rempli par son partenaire avant l'interaction. La variable à trois niveaux porte sur le fait de savoir si l'interaction est compétitive, si elle est coopérative ou si aucune information n'est donnée à ce propos. Au terme de l'interaction, les participants donnent leur impression concernant l'autre membre de la dyade, ce qui donne donc 36 observations. Le plan est représenté dans l'Encadré 11.7 avec trois dyades assignées aléatoirement dans chacune des six cellules et deux observations émanant de chaque dyade.

---

13. Les valeurs de CM_{inter} et CM_{intra} qui sont utilisées pour calculer la corrélation intraclasse sont les carrés moyens entre et au sein des groupes, après avoir éliminé les effets de la variable indépendante d'intérêt. Dans le cas présent, puisque la variable indépendante varie entre les groupes, ces effets sont retirés de la variation entre les groupes.

14. Un test permettant de savoir si la corrélation intraclasse est différente de zéro est fourni par le rapport F entre le carré moyen inter-groupes et le carré moyen intra-groupe en cas de dépendance positive. Dans le cas d'une dépendance négative, le rapport F est calculé comme le carré moyen intra-groupe divisé par le carré moyen inter-groupes. Si le degré de non-indépendance peut tout à fait être testé de cette manière, nous conseillons d'être très conservateur. Chaque fois que les données sont liées, il est sage de postuler la non-indépendance.

Encadré 11.7
Plan à deux variables indépendantes dans lequel les dyades sont nichées

	Connaissance du questionnaire de l'autre ?					
	Oui			**Non**		
	Comp	**Coop**	**Rien**	**Comp**	**Coop**	**Rien**
Dyade	1 2 3	4 5 6	7 8 9	10 11 12	13 14 15	16 17 18

Encadré 11.8
Lignes du tableau ANOVA pour l'analyse du plan de l'Encadré 11.7

Source	*dl*
Inter-dyades	
Connaissance	1
Instructions	2
Connaissance x Instructions	2
Erreur inter-dyades	12
Total inter	17
Total intra	18
Total	35

Dans ce cas de figure, la dyade est le regroupement qui risque d'induire de la non-indépendance entre les observations et les deux variables indépendantes varient entre dyades. Pour la variable dépendante, mesurée au niveau des observations individuelles, nous calculerions un score W_{0i} pour chaque dyade, en regroupant chaque fois les deux scores concernés. Ces scores W_{0i} seraient alors régressés sur cinq prédicteurs en codes de contraste (un codant le facteur connaissance, deux codant le facteur instructions et deux codant l'interaction entre connaissance et instructions). Comme trois dyades ont été assignées à chacune des six cellules du plan, les lignes du tableau ANOVA (avec les degrés de liberté correspondant) seraient celles reprises dans l'Encadré 11.8 (avec les lignes « omnibus » pour le facteur instruction et l'interaction).

3. La non-indépendance dans les plans croisés

Dans l'introduction de ce chapitre, nous avons dit que la non-indépendance des observations peut survenir lorsque des observations sont regroupées d'une façon ou d'une autre, qu'elles concernent le même individu, la même famille ou la même classe. Dans les deux exemples que nous avons utilisés pour expliquer l'analyse des plans nichés, le facteur de regroupement était un petit groupe de trois participants et puis une dyade. Dans la plupart des plans expérimentaux, les sujets individuels fournissent, au fil du temps, plusieurs observations dans les différentes conditions expérimentales. Dans ce cas, ce sont les sujets en tant qu'individus qui génèrent des observations non indépendantes parce qu'ils sont mesurés de manière répétées dans différentes conditions. Et c'est précisément de ce type de plans que l'analyse de variance « à mesures répétées » tire son nom. Même si nous allons utiliser des exemples de données qui illustrent des plans croisés avec des mesures répétées sur les mêmes sujets, nous rappelons au lecteur que les procédures que nous décrivons sont applicables à toutes sortes de facteurs de regroupement qui induisent de la non-indépendance, dès l'instant où ce facteur est croisé avec une ou plusieurs variables d'intérêt.

Supposons que nous nous intéressions aux effets de facilitation afin de montrer que la présence d'autrui améliore la performance. Les participants sont accueillis au laboratoire et invités à résoudre deux ensembles de problèmes de mathématiques. Pour le premier ensemble, l'expérimentateur est présent pendant la tâche ; pour l'autre ensemble, l'expérimentateur est absent. La performance est mesurée sur les deux ensembles de problèmes et les nombres plus élevés indiquent de

Sujet	Expérimentateur Absent	Expérimentateur Présent
1	7	8
2	5	5
3	6	6
4	7	9
5	8	8
6	7	7
7	5	6
8	6	8
$\overline{Y}_h$	6.375	7.125

Encadré 11.9
Données pour un plan croisé

meilleures performances[15]. L'hypothèse est que la performance devrait être meilleure lorsque l'expérimentateur est présent.

Les données hypothétiques sont fournies dans l'Encadré 11.9. Nous disposons de 16 observations individuelles, Y_{hi}, issues de huit sujets différents dans les deux conditions expérimentales. L'indice *i* renvoie au sujet sur lequel est faite l'observation ; il varie de 1 à 8 (*n*). L'indice *h* continue de faire référence à l'observation précise au sein d'un ensemble d'observations (c'est-à-dire au sein d'un sujet) que nous examinons. Ici, toutefois, cet indice renvoie aussi aux niveaux de la variable indépendante d'intérêt puisque cette variable varie maintenant au sein des sujets. Ainsi, dans ces données, *h* est égal à 1 ou 2, renvoyant aux deux niveaux de la variable indépendante.

Comme nous l'avons déjà fait, nous allons d'abord tester l'effet du traitement expérimental en ignorant l'éventuelle non-indépendance qui entache les données du fait des observations répétées des mêmes sujets. Nous allons ensuite comparer ces résultats avec ceux émanant de l'analyse correcte.

Nous traitons les 16 observations comme si elles étaient indépendantes et créons un prédicteur en codes de contraste, X_{hi}, avec les valeurs -1 si l'expérimentateur est absent et $+1$ s'il est présent. La variable dépendante, Y_{hi}, est alors régressée sur ce prédicteur au travers des 16 observations :

$$\hat{Y}_{hi} = 6.75 + 0.375 X_{hi} \qquad \text{SCE} = 20.75$$

Comme toujours avec une analyse de variance simple utilisant un prédicteur en codes de contraste, l'ordonnée à l'origine est égale à la moyenne des moyennes des deux conditions et le coefficient de régression pour le prédicteur en codes de contraste est égal à la moitié de leur différence moyenne.

Une comparaison de ce modèle avec un modèle compact à un seul paramètre donne le tableau ANOVA de l'Encadré 11.10. Sur base de cette analyse erronée, nous concluons que l'effet du traitement n'est pas significatif puisque le F obtenu ne dépasse pas la valeur critique de F pour un α égal à .05.

Les résidus de cette analyse pour l'ensemble des observations sont présentés dans l'Encadré 11.11. Notez le pattern qui ressort de ces résidus. À deux exceptions près, si les sujets ont un résidu négatif à un niveau du traitement, c'est aussi le cas à l'autre niveau du traitement. De même, nous observons des résidus positifs pour les mêmes sujets au travers des traitements. Puisque la moyenne des résidus est zéro, si un résidu d'un sujet est sous la moyenne, l'autre résidu l'est très vraisemblablement aussi. Ces résidus illustrent donc la non-indépendance positive due au groupement des observations au sein des sujets.

15. Nous supposons évidemment que les deux ensembles de problèmes et l'ordre des conditions sont contrebalancés à travers les niveaux de la variable indépendante. Autrement dit, chaque ensemble de problèmes est réalisé aussi souvent en présence de l'expérimentateur qu'en l'absence de ce dernier. En outre, la moitié des sujets réalise d'abord l'expérience en présence de l'expérimentateur tandis que l'autre moitié résout d'abord les problèmes en l'absence de l'expérimentateur.

Encadré 11.10
Tableau ANOVA pour l'analyse ignorant la non-indépendance

Source	*b*	*SC*	*dl*	*CM*	*F*	*PRE*
Traitement	0.375	2.25	1	2.25	1.52	.10
Erreur		20.75	14	1.48		
Total		23.000	15			

Encadré 11.11
Résidus de l'analyse des données croisées

Sujet	Expérimentateur Absent	Expérimentateur Présent
1	0.625	0.875
2	-1.375	-2.125
3	-0.375	-1.125
4	0.625	1.875
5	1.625	0.875
6	0.625	-0.125
7	-1.375	-1.125
8	-0.375	0.875

Afin d'éliminer le problème de non-indépendance, nous devons réaliser une analyse sur un score résumé unique pour chaque groupe d'observations, c'est-à-dire pour chaque sujet, exactement comme nous l'avons fait dans le cas où les groupes d'observations non indépendantes étaient nichés sous le traitement. Ici, les sujets sont croisés avec le traitement et donc, plutôt que d'utiliser un seul score résumé qui soit une espèce de moyenne ou de somme des observations intra-sujet, comme nous l'avons fait dans le cas niché (c'est-à-dire W_{0i}), nous voulons plutôt calculer quelque chose comme un score de différence intra-sujet, exploitant ce qui revient somme toute à des codes de contraste intra-sujet. En d'autres termes, si nous voulons savoir si la différence entre deux moyennes de traitement est significative, nous pourrions vouloir calculer, pour chaque sujet, un score composite qui est au fond un score de différence entre les performances du sujet dans les deux traitements, puis nous demander si ce score de différence intra-sujet est en moyenne différent de zéro.

Parce que nous voulons comparer les résultats obtenus de cette manière avec ceux que nous avons obtenus dans l'analyse incorrecte qui ignorait le problème de non-indépendance, nous allons calculer un score W pour chaque sujet, plutôt qu'un simple score de différence en exploitant la même formule que nous avons utilisée précédemment :

$$W_i = \frac{\sum_h \delta_h Y_{hi}}{\sqrt{\sum_h \delta_h^2}}$$

En revanche, nous allons cette fois utiliser des valeurs de δ_h égales à $+1$ si l'observation est faite en présence de l'expérimentateur et à -1 si l'observation est faite en l'absence de celui-ci. Ce sont les mêmes valeurs de contraste que celles utilisées pour construire le code de contraste dans l'analyse décrite à l'instant et qui ignorait la non-indépendance dans les données. Cependant, la comparaison s'effectue cette fois au sein de chaque sujet et notre score composite reflète la différence au sein de chaque sujet. Pour indiquer que ce score composite intra-sujet est un contraste ou une différence, nous allons parler de W_{1i} plutôt que de W_{0i} qui était utilisé dans l'exemple niché où le score composite était conceptuellement similaire à une moyenne de toutes les observations intra-sujet (ou intra-groupe) avec toutes les valeurs de δ_h égales à 1.

Si l'on met les valeurs de δ_h à -1 si l'expérimentateur est présent et à $+1$ si l'expérimentateur est absent, le calcul de W_{1i} pour chaque sujet s'effectue de la manière suivante :

$$W_{1i} = \frac{(-1)\,Y_{1i} + (+1)\,Y_{2i}}{\sqrt{(-1)^2 + (+1)^2}}$$

où Y_{1i} est le score du $i$ème sujet lorsque l'expérimentateur est absent et Y_{2i} est l'observation de ce même sujet lorsque l'expérimentateur est présent.

Dans l'Encadré 11.12, nous avons calculé W_{1i} pour chaque sujet. Dans la colonne intitulée $\sum_h \delta_h Y_{hi}$, nous avons calculé le numérateur de W_{1i}. Ce numérateur équivaut simplement à la différence entre Y_{2i} et Y_{1i} pour chaque sujet. Puisque le dénominateur de W_{1i} est une constante pour tous les sujets, W_{1i} sera parfaitement corrélé avec les simples scores de différence intra-sujet. En outre, W_{1i} ne pourra être égal à zéro que lorsque la simple différence sera égale à zéro.

Si la différence de traitement est significative, alors la moyenne de ces scores W_{1i} sur l'ensemble des sujets devrait être significativement différente de zéro, ce qui découle du fait que la moyenne des scores de différences des sujets est égale à la différence entre les moyennes des deux conditions de traitements. En d'autres termes, la valeur moyenne de W_{1i} est égale à $(\bar{Y}_2 - \bar{Y}_1)/\sqrt{2}$, et donc $(\bar{Y}_2 - \bar{Y}_1)$ est égal à zéro seulement lorsque la valeur moyenne de W_{1i} est égale à zéro.

Nous allons utiliser le modèle à un seul paramètre que nous avons vu au Chapitre 4 afin de tester si la moyenne des scores W_{1i} diffère de zéro. Les modèles augmenté et compact correspondant à cette comparaison sont :

$$\text{MODÈLE A} : W_{1i} = \beta_0 + \varepsilon_i$$

$$\text{MODÈLE C} : W_{1i} = 0 + \varepsilon_i$$

Une comparaison de ces deux modèles teste la question de savoir si le score moyen W_{1i} est différent de zéro. De manière équivalente, elle fournit un test quant à la question de savoir si $\bar{Y}_h$ en présence de l'expérimentateur diffère de $\bar{Y}_h$ en son absence. Notez que le problème de dépendance (découlant des observations répétées faites sur chaque sujet) n'en est plus un puisque chaque sujet n'apparaît plus qu'une seule fois dans l'analyse.

L'estimation des modèles augmenté et compact nous donne :

$$\text{MODÈLE A} : \widehat{W}_{1i} = 0.53 \qquad \text{SCE} = 2.75$$

$$\text{MODÈLE C} : \widehat{W}_{1i} = 0 \qquad \text{SCE} = 5.00$$

Puisque nous avons un total de huit scores W_{1i}, soit un par sujet, les degrés de liberté de l'erreur se montent à sept pour le modèle augmenté et huit pour le modèle compact. La comparaison de ces deux modèles fournit les valeurs de PRE et F suivantes :

$$\text{PRE} = \frac{5.00 - 2.75}{5.00} = \frac{2.25}{5.00} = .45$$

$$F_{1,7} = \frac{.45}{(1 - .45)/7} = \frac{2.25}{2.75/7} = 5.73$$

La réduction de somme des carrés, 2.25, peut évidemment être obtenue à partir de l'expression :

$$\sum_i \left(\widehat{W}_{1iA} - \widehat{W}_{1iC}\right)^2$$

Encadré 11.12
Valeurs de W_{1i} : Plan croisé

Sujet	Y_{1i}	Y_{2i}	$\sum_h \delta_h Y_{hi}$	W_{1i}
1	7	8	1	0.707
2	5	5	0	0.0
3	6	6	0	0.0
4	7	9	2	1.414
5	8	8	0	0.0
6	7	7	0	0.0
7	5	6	1	0.707
8	6	8	2	1.414
Moyenne	6.375	7.125	0.75	0.530

où $\widehat{W}_{1iA}$ et $\widehat{W}_{1iC}$ sont les valeurs prédites des modèles augmenté et compact. Puisque chacun de ces modèles fait la même prédiction pour tous les sujets, la réduction de la somme des carrés peut aussi être exprimée comme :

$$n\left(\widehat{W}_{1iA} - \widehat{W}_{1iC}\right)^2$$

Et puisque $\widehat{W}_{1iA}$ est égal à $\overline{W}_1$ et $\widehat{W}_{1iC}$ est égal à zéro, ceci revient à :

$$n\left(\widehat{W}_{1iA}\right)^2 = n\left(\overline{W}_{1i}\right)^2 = 8\,(0.53)^2 = 2.25$$

Avant de présenter tout ceci dans un tableau ANOVA, interprétons encore une fois la valeur du paramètre estimé dans le modèle augmenté. Comme nous l'avons vu dans le plan niché, si nous prenons les paramètres estimés et que nous les divisons par le dénominateur de W_i, $\sqrt{\sum_h \delta_h^2}$, nous trouvons un paramètre estimé dans la même métrique que Y_{hi} plutôt que dans la métrique de W_i. Dans le cas présent, le dénominateur de W_i est égal à $\sqrt{2}$. Si nous divisons l'estimateur du seul paramètre dans le modèle augmenté, 0.530, qui est aussi $\overline{W}_1$, par $\sqrt{2}$, nous trouvons 0.375. Cette valeur est la même que la valeur de b_1 dans le modèle qui ignorait à tort la non-indépendance de ces données. Encore une fois, cette valeur est égale à la moitié de la différence entre la moyenne Y_{hi} quand l'expérimentateur est présent et la moyenne Y_{hi} quand il est absent.

Le tableau ANOVA résumant notre test est présenté dans l'Encadré 11.13. Notez que, dans ce tableau ANOVA, la somme des carrés associée à la différence de traitement est identique à ce qu'elle était précédemment dans le tableau ANOVA présenté dans l'Encadré 11.10, tableau issu de l'analyse qui ignorait la non-indépendance de ces données[16].

Comme dans le plan niché, l'élimination de la non-indépendance a considérablement changé la somme des carrés des erreurs et les degrés de liberté pour le terme d'erreur. Au lieu d'avoir une somme des carrés des erreurs de 20.75, comme c'était le cas dans l'analyse inappropriée de l'Encadré 11.10, nous avons maintenant une somme de carrés des erreurs de 2.75. Les degrés de liberté de l'erreur, quant à eux, ont été ramenés de 14 à 7. Au lieu de compter chaque valeur de Y_{hi} comme une observation, nous n'avons plus maintenant que huit observations, une émanant de chaque sujet, et les degrés de liberté ont donc été réduits de moitié.

Conceptuellement, la somme des carrés des erreurs dans ce tableau ANOVA peut être appréhendée comme l'interaction entre le traitement et les sujets. Si toutes les différences inter-traitements étaient les mêmes pour tous les sujets, alors il n'y aurait pas de variation dans les valeurs de W_{1i} autour de leur moyenne et, par conséquent, le modèle augmenté prédisant la valeur moyenne de

16. Cette équivalence est assurée par le fait que le dénominateur de W_{1i} est égal à $\sqrt{\sum_h \delta_h^2}$. Si nous avions simplement calculé un score de différence pour chaque sujet, c'est-à-dire le numérateur de W_{1i}, la somme des carrés n'aurait pas été équivalente, même si les valeurs de PRE et de F résultantes avaient été correctes.

Source	b	SC	dl	CM	F	PRE
Traitement	0.375	2.25	1	2.25	5.73	0.45
Erreur		2.75	7	0.39		
Total		5.00	8			

Encadré 11.13
Tableau ANOVA préliminaire des données croisées

W_{1i} pour chaque cas s'ajusterait aux données sans faire d'erreur. Cela revient à dire que l'effet du traitement ne varierait pas d'un sujet à l'autre. La taille de la somme des carrés des erreurs du modèle augmenté découle du fait que l'importance de la différence entre les conditions de traitement change d'un sujet à l'autre. Dès lors, le terme d'erreur dans ce tableau ANOVA peut se lire comme la somme des carrés associée à l'interaction entre le traitement et les sujets.

Il reste encore énormément de variation des scores Y_{hi} qui n'est pas représentée dans ce tableau ANOVA. Nous avons vu dans le tableau ANOVA de l'Encadré 11.10 ignorant la non-indépendance que la somme des carrés de Y_{hi} totale est égale à 23.00. La différence entre cette valeur et la somme des carrés de W_{1i} totale dans le tableau ANOVA que nous venons de présenter, 5.00, est égale à la somme des carrés totale inter-sujets. Autrement dit, nous avons une fois de plus divisé la somme des carrés de Y_{hi} en deux portions : l'une inter-sujets et l'autre intra-sujet. Nous avons entièrement omis la variation inter-sujets dans cette analyse. Dans la section précédente du chapitre, nous avons examiné le cas où les groupes d'observations non indépendantes sont nichées sous la variable traitement ou, de manière équivalente, où la variable traitement varie entre les observations. À ce moment-là, nous avions réalisé notre analyse en regardant uniquement les variations inter-groupes au sein de nos données. Ici, nous venons de réaliser notre analyse en regardant uniquement la variation intra-sujet (c'est-à-dire au sein des paires liées d'observations) dans les données, puisque la variable traitement varie entre les sujets. Ce que nous devons faire maintenant, comme nous l'avons fait dans la section précédente, consiste à rapporter tant la variation inter-sujets qu'intra-sujet dans les valeurs de Y_{hi} dans un seul tableau ANOVA.

Afin de calculer la somme des carrés inter-sujets dans ces données, utilisons la même procédure que celle déjà exploitée lorsque la variable traitement variait entre les groupes d'observations liées. À ce moment-là, pour cerner uniquement la variation inter-sujets, nous avions calculé les valeurs W_{0i} de chaque groupe en assignant des poids δ_h de 1 à toutes les observations au sein des groupes. Faisons la même chose ici où nos groupes d'observations proviennent du même sujet. Les valeurs W_{0i} qui en découlent sont reprises dans l'Encadré 11.14. La somme des carrés totale de ces valeurs W_{0i} autour de leur moyenne est égale à 18, à savoir la différence entre la somme des carrés totale de Y_{hi} et la somme des carrés totale intra-sujet. Cette somme des carrés totale pour W_{0i} est égale à la somme des carrés inter-sujets, exactement comme c'était le cas dans le plan où les groupes d'observations liées étaient nichées dans les conditions de traitement.

Nous pouvons maintenant écrire le tableau ANOVA pour ces données, renseignant la variation intra-sujet et inter-sujets, et incluant la somme des carrés due au traitement comme une composante de la variation intra-sujet. Ce tableau ANOVA est présenté dans l'Encadré 11.15.

Dans cet exemple, les observations sont liées entre elles parce qu'elles émanent du même sujet. Cela induit des dépendances positives dans les données : les observations au sein du sujet sont plus semblables en moyenne que ne le sont les observations entre ces sujets. Cela se remarque par une comparaison des carrés moyens intra-sujet et inter-sujets du tableau ANOVA, en utilisant la formule déjà fournie pour le coefficient intraclasse :

$$\frac{\text{CM}_{\text{inter}} - \text{CM}_{\text{intra}}}{\text{CM}_{\text{inter}} + \text{CM}_{\text{intra}}\,(s-1)} = \frac{2.57 - 0.39}{2.57 + 0.39\,(1)} = .74$$

La dépendance positive de ces données, due au fait que les observations sont liées au sein des sujets, a pour effet que le terme d'erreur est trop grand lorsqu'on ignore la non-indépendance. Autrement

Encadré 11.14
Valeurs de W_{0i}

Sujet	Y_{1i}	Y_{2i}	$\sum_h \delta_h Y_{hi}$	W_{0i}
1	7	8	15	10.61
2	5	5	10	7.07
3	6	6	12	8.49
4	7	9	16	11.31
5	8	8	16	11.31
6	7	7	14	9.90
7	5	6	11	7.78
8	6	8	14	9.90
Moyenne	6.375	7.125	13.50	9.55

Encadré 11.15
Tableau ANOVA du plan croisé

Source	*b*	*SC*	*dl*	*CM*	*F*	*PRE*
Total inter-sujets		18.00	7	2.57		
Traitement	0.375	2.25	1	2.25	5.73	.45
Erreur-intra		2.75	7	0.39		
Total intra-sujet		5.00	8	0.63		
Total		23.00	15			

dit, le F est nettement plus petit dans l'analyse incorrecte de l'Encadré 11.10 que dans l'analyse de l'Encadré 11.15 qui recourt seulement à la variation intra-sujet comme terme d'erreur. S'il devait y avoir des dépendances négatives entre les observations liées, le terme d'erreur intra-groupe serait plus grand que le terme d'erreur inter-groupes et la situation serait inversée.

4. Résumé des analyses

Avant d'analyser des plans plus complexes où l'on retrouve plusieurs variables indépendantes, résumons ce que nous avons abordé jusqu'à présent dans ce chapitre. Nous avons tout d'abord défini la non-indépendance en expliquant qu'il s'agissait de liens entre des observations groupées d'une manière ou d'une autre, ce qui les rend soit plus semblables (dépendance positive) soit moins semblables (dépendance négative) que des observations non liées. Les groupements qui donnent lieu à de la non-indépendance peuvent découler de plusieurs sources : les observations peuvent émaner du même sujet, de la même famille, du même petit groupe, de la même classe et ainsi de suite. La seule chose qui compte, c'est que ces observations sont groupées et que, en raison de ces groupements, la variation entre les observations n'est pas homogène. Les observations sont soit moins variables au sein des groupes qu'entre eux (dépendance positive) ou au contraire plus variables au sein des groupes qu'entre eux (dépendance négative).

En second lieu, les variables indépendantes que nous avons examinées jusqu'ici varient soit au sein des ensembles d'observations groupées ou entre eux. Dans le premier cas, les groupes qui donnent lieu à la non-indépendance sont dits croisés avec la variable indépendante d'intérêt. Dans le second cas, les groupes sont dits nichés sous la variable indépendante d'intérêt.

Lorsque la variable indépendante d'intérêt varie entre les groupes d'observations liées (autrement dit, les observations sont nichées sous les niveaux de la variable indépendante), il nous faut examiner ces effets en nous penchant uniquement sur la variation inter-groupes dans les données, et donc en régressant W_{0i} (où i indique le groupe) sur un prédicteur en codes de contraste qui code la variable indépendante intergroupes. Lorsque la variable indépendante d'intérêt varie au sein des

	Non-indépendance	
	Positive	**Négative**
Groupes nichés sous la variable indépendante	*F* trop grand	*F* trop petit
Groupes croisés avec la variable indépendante	*F* trop petit	*F* trop grand

Encadré 11.16
Direction du biais sur la valeur du *F* si la non-indépendance est ignorée

groupes d'observations liées (autrement dit, les observations sont croisées avec les niveaux de la variable indépendante), il nous faut examiner ces effets en nous penchant seulement sur la variation intra-groupe dans les données. Ici, nous calculons un contraste intragroupe ou un score de différence, c'est-à-dire W_{1i}, et nous regardons si sa moyenne à travers les groupes est différente de zéro.

Si l'analyse ignore les dépendances dans les données groupées, le biais dans les statistiques *F* dépend du fait que la non-indépendance est positive ou négative et du fait que les groupes sont croisés avec la variable indépendante d'intérêt ou nichés sous elle. Le tableau de l'Encadré 11.16 résume la situation. Comme on l'a vu, les biais potentiels sont loin d'être anodins. Il nous faudra donc être très attentif aux violations du postulat d'indépendance.

5. Plusieurs variables indépendantes croisées

Dans l'exemple présenté précédemment (celui de la non-indépendance au sein de plans croisés), une seule variable indépendante variait au sein des groupes d'observations non indépendantes (c'est-à-dire intra-sujet). La procédure que nous avons évoquée pour tenir compte de la non-indépendance (tester si le contraste de différence intra-sujet est différent de zéro en moyenne) peut être généralisée sans problème lorsque plusieurs variables indépendantes sont croisées avec les groupes d'observations.

Imaginez un plan d'expérience en psychologie cognitive où l'on examine les effets du temps d'étude et du niveau d'abstraction des mots sur la mémoire. Chaque sujet est exposé à six listes de vingt mots dont trois comprennent des noms abstraits (par exemple, espoir) et trois des noms concrets (par exemple, chaise). Cette variable indépendante est croisée avec le temps dont les sujets disposent pour étudier chaque liste, une minute, deux minutes et trois minutes. Les sujets voient chacune des listes pendant le temps prévu et, après une courte tâche de distraction, sont invités à rappeler autant de mots issus de la liste qu'ils le peuvent. Ils répètent ainsi la procédure pour l'ensemble des six listes, dans un ordre contrebalancé. La variable dépendante est le nombre de mots rappelés pour chaque liste. Les données hypothétiques de cinq sujets sont présentées dans l'Encadré 11.17. La dernière ligne fournit également les moyennes des observations dans les six conditions.

	Temps d'étude					
	1 minute		**2 minutes**		**3 minutes**	
Sujet	**Abstrait**	**Concret**	**Abstrait**	**Concret**	**Abstrait**	**Concret**
1	10	13	12	14	16	17
2	8	12	9	12	11	13
3	12	13	14	14	16	16
4	15	17	16	17	19	20
5	12	13	15	16	16	17
Moyennes	11.4	13.6	13.2	14.6	15.6	16.6

Encadré 11.17
Données pour le plan intra-sujet 3 × 2

Si les 30 observations (5 sujets avec six scores de mémoire pour chacun) étaient indépendantes les unes des autres, alors la variable dépendante serait régressée sur cinq prédicteurs en codes de contraste, deux pour coder le temps d'étude (1 minute versus 2 versus 3), un pour coder le type de liste (abstrait versus concret) et deux pour coder leurs interactions. Mais comme il y a sans aucun doute des différences individuelles stables dans la capacité de mémoriser ces listes de mots (notez, par exemple, que le Sujet 4 fait systématiquement mieux que les autres sujets), il y a indéniablement des dépendances positives dans ces scores de mémoire. Dès lors, nous devons estimer et tester ces divers contrastes à l'intérieur des groupes d'observations liées (c'est-à-dire au sein des sujets) plutôt qu'entre eux. Pour ce faire, nous procédons exactement comme nous l'avons fait dans l'exemple précédent en vérifiant que, dans ce plan à six conditions, les contrastes, ou différences, intra-sujet diffèrent de zéro. La seule différence est que, dans ce plan à six conditions, il s'agit d'estimer et de tester cinq contrastes intra-sujet.

L'Encadré 11.18 fournit les codes de contraste (δ_hs) qui seront utilisés pour tester les effets intra-sujet. Dans la mesure où le temps d'étude peut aisément être ordonné, les premier et deuxième codes (W_{1i} et W_{2i}) représentent les effets linéaire et quadratique du temps d'étude ; W_{3i} code le type de liste ; W_{4i} code l'interaction entre le temps d'étude linéaire et le type de liste ; et W_{5i} code l'interaction entre le temps d'étude quadratique et le type de liste. Avec ces codes de contraste, nous calculons les cinq scores de contraste intra-sujet pour chaque sujet avec la formule donnée précédemment :

$$W_i = \frac{\sum_h \delta_h Y_{hi}}{\sqrt{\sum_h \delta_h^2}}$$

Les valeurs résultantes de W_{1i} à W_{5i} pour chacun des cinq sujets ainsi que leurs moyennes sont reprises dans l'Encadré 11.19. Nous avons également inclus dans ce tableau le score de chaque sujet sur W_{0i}. Comme toujours, en calculant W_{0i}, nous mettons toutes les valeurs de δ_h égale à +1 de façon à capturer la variation inter-sujets dans les données.

Encadré 11.18 Codes de contraste intra-sujet (δ_hs)

	Temps d'étude					
	1 minute		**2 minutes**		**3 minutes**	
Contraste	**Abstrait**	**Concret**	**Abstrait**	**Concret**	**Abstrait**	**Concret**
W_{1i}	-1	-1	0	0	+1	+1
W_{2i}	-1	-1	+2	+2	-1	-1
W_{3i}	-1	+1	-1	+1	-1	+1
W_{4i}	+1	-1	0	0	-1	+1
W_{5i}	+1	-1	-2	+2	+1	-1

Chacun des scores de contraste intra-sujet, de W_{1i} à W_{5i}, matérialise une différence intra-sujet sur les scores de mémoire en fonction des conditions expérimentales. Et pour chacun d'entre eux, nous voulons poser une question de type MODÈLE A/MODÈLE C, afin de déterminer si la différence intra-sujet moyenne codée par le contraste est significativement différente de zéro. Nos modèles estimés et leurs sommes des carrés associées sont reprises ci-dessous :

MODÈLES A : $\widehat{W}_{1i} = 3.60$ SCE = 4.70

$\widehat{W}_{2i} = -0.46$ SCE = 4.10

$\widehat{W}_{3i} = 1.88$ SCE = 6.20

$\widehat{W}_{4i} = -0.60$ SCE = 0.70

$\widehat{W}_{5i} = -0.12$ SCE = 0.10

MODÈLES C : $\widehat{W}_{1i} = 0$	SCE = 69.50
$\widehat{W}_{2i} = 0$	SCE = 5.17
$\widehat{W}_{3i} = 0$	SCE = 23.83
$\widehat{W}_{4i} = 0$	SCE = 2.50
$\widehat{W}_{5i} = 0$	SCE = 0.17

Dans chaque cas, le MODÈLE A estime le contraste intra-sujet moyen et le MODÈLE C fixe ce contraste intra-sujet moyen à zéro. Les sommes de carrés des erreurs pour les MODÈLES A sont égales à la somme des carrés des scores W_i autour de leur moyenne, les sommes des carrés des erreurs pour les MODÈLES C sont égales à la somme des carrés des scores W_i autour de zéro et les sommes des carrés sont dans chaque cas égales à $n\,(\overline{W}_i)^2$. Pour illustrer ces sommes de carrés, remarquons que la moyenne de W_{1i} est 3.60, qui, une fois élevé au carré et multiplié par 5 (n) est égal à 64.80. Cela correspond à la somme des carrés de la comparaison de modèles pour W_{1i}, si l'on prend la différence entre la SCE(C) (69.50) et la SCE(A) (4.70).

Sujet	W_{1i}	W_{2i}	W_{3i}	W_{4i}	W_{5i}	W_{0i}
1	5.00	-1.15	2.45	-1.00	0.00	33.48
2	2.00	-0.58	3.67	-1.00	0.00	26.54
3	3.50	-0.29	0.41	-0.50	-0.29	34.70
4	3.50	-1.44	1.63	-0.50	-0.29	42.46
5	4.00	1.15	1.22	0.00	0.00	36.33
Moyenne	3.60	-0.46	1.88	-0.60	-0.12	34.70

Encadré 11.19
Scores des sujets sur les *Wi* intra-sujet

Notez que nous faisons ici une série de comparaisons MODÈLE A/MODÈLE C, une pour chaque contraste intra-sujet qui nous intéresse. En outre, dans chacune de ces comparaisons, le nombre d'observations correspond au nombre de sujets (5), donc les observations, dans chacune de ces comparaisons, sont indépendantes les unes des autres.

Hormis ces contrastes intra-sujet (et les sommes des carrés associées), ces scores varient entre les sujets et cette variation est capturée par W_{0i}, qui a une somme des carrés autour de sa moyenne de 131.00.

De ce qui précède, nous résumons la variation dans les 30 scores Y_{hi} (et les 5 tests des différences de moyennes intra-sujet) avec le tableau ANOVA repris dans l'Encadré 11.20.

Les valeurs des coefficients de régressions (b) que nous avons incluses dans ce tableau viennent des moyennes de chacun des W_i, après avoir ramené ces estimateurs dans la métrique de Y_{hi}, en divisant chaque moyenne W_i par $\sqrt{\sum_h \delta_h^2}$. Ainsi, pour prendre un exemple, la valeur moyenne de W_{1i}, 3.60, est le paramètre estimé sur base du MODÈLE A. Si nous divisons cette valeur par $\sqrt{\sum_h \delta_h^2}$, qui pour W_{1i} est égale à $\sqrt{4}$, le résultat est 1.80. En termes des $\overline{Y}_h$, cette valeur équivaut à la moitié de la différence entre le nombre moyen de mots rappelés dans les deux conditions de trois minutes et le nombre moyen de mots rappelés dans les deux conditions d'une minute, autrement dit $1.80 = \dfrac{(15.6 + 16.6)/2 - (11.4 + 13.6)/2}{2}$. En somme, une fois que ces paramètres sont ramenés dans la métrique Y_{hi}, ils peuvent être interprétés de la même manière que celle dont nous avons interprété les paramètres associés aux codes de contraste dans les Chapitres 8 et 9.

Les résultats de cette analyse suggèrent que la mémorisation des listes de mots s'améliore à mesure que le temps d'étude s'allonge (l'effet linéaire significatif du temps), que la mémorisation des mots issus des listes abstraites est en moyenne inférieure à la mémorisation des mots provenant des

Encadré 11.20
Tableau ANOVA pour les données de l'Encadré 11.17

Source	*b*	*SC*	*dl*	*CM*	*F*	*PRE*
Inter-sujets		131.00	4	32.75		
Intra-sujet						
Lin. temps	1.80	64.80	1	64.80	55.15	.93
Erreur lin. temps		4.70	4	1.17		
Quad. temps	-0.13	1.07	1	1.07	1.04	.21
Erreur quad. temps		4.10	4	1.02		
Type de liste	0.77	17.63	1	17.63	11.38	.74
Erreur type de liste		6.20	4	1.55		
Lin. temps × type de liste	-0.30	1.80	1	1.80	10.29	.72
Erreur lin. temps × type de liste		0.70	4	0.17		
Quad. temps × type de liste	-0.03	0.07	1	0.07	2.67	.41
Erreur quad. temps × type de liste		0.10	4	0.03		
Total intra-sujet		101.17	25			
Total		232.17	29			

listes concrètes et que la différence entre les listes concrètes et abstraites s'amenuise à mesure que le temps d'étude s'allonge. Ces conclusions découlent des signes des différents paramètres estimés et de la connaissance des poids des contrastes qui ont été utilisés pour générer les différents W_i. Ce qui peut apparaître surprenant ici concerne le fait que les effets sont très importants en dépit du petit nombre de sujets sur lesquels on a collecté les données. Une partie de l'explication réside dans le fait que nous avons construit ces données de manière à ce que les effets soient significatifs. Mais une autre raison renvoie au fait que nous avons fait appel à un plan intra-sujet avec des données comportant des non-indépendances positives très marquées dues aux sujets. Si nous avions eu recours à un plan dans lequel chaque observation provenait d'un sujet différent (avec un total de 30 sujets), nous autorisant à les traiter comme étant indépendantes, la variation substantielle observée entre les sujets aurait été incluse dans le terme d'erreur du test de l'effet inter-sujets d'intérêt. Avec ce plan-ci, en revanche, cette variation entre les sujets est contrôlée ou éliminée du ou des termes d'erreur utilisés pour tester chacun des effets. La plupart du temps, les plans intra-sujet bénéficieront de plus de puissance que les plans inter-sujets pour cette raison, à savoir une importante non-indépendance positive due aux sujets.

Jusqu'ici, chaque tableau ANOVA que nous avons présenté concernait un seul MODÈLE A que l'on comparait alors à plusieurs MODÈLES C afin de tester les différents effets d'intérêt. Cela a eu pour conséquence que, dans tous les tableaux rencontrés jusqu'à présent, il y a toujours eu un seul terme d'erreur reprenant la somme des carrés des erreurs et le carré moyen des erreurs du MODÈLE A. Maintenant, en revanche, lorsque l'on teste des contrastes qui varient à l'intérieur de groupes d'observations reliées, comme dans le plan intra-sujet, chaque contraste individuel, chaque W_i, est testé avec ses MODÈLES A et MODÈLES C propres, ce qui donne lieu à des termes d'erreurs uniques pour chaque contraste à un degré de liberté. Ainsi, dans cette situation, il y a une raison supplémentaire de délaisser les tests omnibus à plusieurs degrés de liberté. Avant ce chapitre, nous avons manifesté le peu d'estime que nous avons pour de tels tests, car si le MODÈLE C est rejeté en faveur du MODÈLE A, nous demeurons incapables de préciser ce qui, dans le MODÈLE A, fait qu'il est préférable au MODÈLE C. Maintenant, si chaque contraste à un degré de liberté est testé avec ses MODÈLES A et C propres, cela n'a pas beaucoup de sens de procéder à des tests combinés puisqu'une telle démarche nous forcerait à mettre ensemble des termes d'erreur sensiblement différents.

Afin d'illustrer le problème avec le plan qui nous occupe ici, on pourrait être tenté de combiner les deux degrés de liberté des effets du temps et les deux degrés de liberté des effets d'interaction pour tester des hypothèses nulles omnibus sur la différence associée au temps et l'interaction entre Temps et Type de listes. C'est ce que nous avons fait dans l'Encadré 11.21, en rapportant seulement les tests combinés sur deux degrés de liberté concernant l'effet du temps et l'interaction entre Temps et Type de listes. Ces lignes sont calculées en additionnant les sommes des carrés et les degrés de liberté des lignes correspondantes dans le tableau résumé de l'Encadré 11.20.

La difficulté avec ces tests combinés à plusieurs degrés de liberté est qu'ils ne peuvent pas être exprimés en termes de comparaison de modèles. Autrement dit, on ne peut pas écrire de comparaison MODÈLE A/MODÈLE C pour représenter ces tests. En fait, ces tests découlent de la combinaison entre deux comparaisons MODÈLE A/MODÈLE C distinctes. De plus, ces deux comparaisons peuvent avoir des CME très différentes qui, une fois moyennées, donnent des valeurs inappropriées. Prenez par exemple les deux termes d'erreur associés aux comparaisons qui sont rapportées dans le tableau résumé de l'Encadré 11.20. Le carré moyen correspondant à l'interaction linéaire entre Temps et Type de Liste est égal à 0.17. Le CME de l'interaction quadratique entre Temps et Type de Liste est égal à 0.03. De toute évidence, la taille de ces erreurs est très différente, l'une étant cinq fois plus grande que l'autre, et elles sont associées à deux MODÈLES A très différents. Pourtant, dans le tableau résumé de l'Encadré 11.21, nous avons tout bonnement ignoré cette distinction et calculé la moyenne des deux.

Les manuels d'analyse de variance traitant des plans à mesures répétées (et de facteurs expérimentaux qui varient au sein des sujets) soulignent fréquemment l'importance d'un postulat appelé le plus souvent *sphéricité* ou *symétrie composée.* Ce postulat revient à dire que, lorsqu'on combine des termes d'erreur pour effectuer un tel test omnibus, les divers termes d'erreur (associés aux différents MODÈLES A) sont homogènes. Si l'on s'appuie sur des contrastes intra-sujet à un degré de liberté, chacun testé avec sa propre comparaison MODÈLE A/MODÈLE C et donc avec son propre terme d'erreur, ce postulat n'est pas nécessaire. Notre approche de régression force le chercheur à examiner des contrastes intra-sujet à un degré de liberté. Ce n'est pas le cas lorsque les plans en mesures répétées sont analysés par les programmes habituels d'analyse de variance pour mesures répétées, car ces derniers produisent des tests omnibus combinant des termes d'erreur potentiellement très différents.

6. La non-indépendance dans les plans mixtes

Nous avons maintenant traité le cas de variables qui varient soit *entre* ou *au sein* de groupes d'observations non indépendantes. Mais jusqu'ici nous n'avons pas abordé les situations dans les-

Source	*SC*	*dl*	*CM*	*F*	*PRE*
Inter sujets	131.00	4	32.75		
Intra-sujet					
Temps	65.87	2	32.93	29.94	.88
Erreur combinée temps	8.80	8	1.10		
Type de liste	17.63	1	17.63	11.38	.74
Erreur type de liste	6.20	4	1.55		
Temps x type de liste	1.87	2	0.93	9.35	.70
Erreur combinée temps × type de liste	0.80	8	0.10		
Total intra-sujet	101.17	25			
Total	232.17	29			

Encadré 11.21
Tableau ANOVA combiné pour les données de l'Encadré 11.17

quelles des groupes d'observations liées sont croisées avec une ou plusieurs variables indépendantes, tout en étant simultanément nichées sous divers niveaux d'une ou de plusieurs autres variables indépendantes. De tels plans sont très courants dans certaines disciplines comportementales et sont communément appelés des plans mixtes : certaines variables indépendantes variant *au sein* et certaines variant *entre* des groupes d'observations liées.

Pour revenir à un exemple dans lequel les observations sont liées parce qu'elles proviennent des mêmes groupes, plutôt que du même sujet, songez à un plan dans lequel des couples mariés hétérosexuels sont invités à évaluer leur satisfaction maritale à l'aide d'une échelle de 1 à 9, échelle sur laquelle les nombres élevés signifient davantage de satisfaction. Certains de ces couples ont été mariés depuis 15 ans et d'autres depuis 30 ans. En outre, dans chacun de ces deux groupes, certains couples ont deux enfants ou plus et d'autres n'ont pas d'enfants. Parmi les couples avec enfants, ceux mariés depuis 15 ans ont de jeunes enfants à la maison, tandis que ceux mariés depuis 30 ans ont des enfants âgés qui ont quitté la maison familiale. Il y a donc trois variables indépendantes potentiellement intéressantes dans ce plan : le sexe des époux, la durée du mariage et s'il y a ou non des enfants. La première varie au sein des couples, les deux autres varient entre les couples. Les observations au sein des couples sont extrêmement susceptibles de manifester des dépendances positives : si l'un des époux rapporte une forte satisfaction, par exemple, il est fort probable que l'autre en fera de même. Les données hypothétiques issues de 16 couples sont présentées dans l'Encadré 11.22. Comme cet encadré le fait clairement apparaître, il y a quatre couples dans chacune des quatre cellules définies par la durée du mariage et la présence ou l'absence d'enfants.

Si nous devions analyser ces données de manière incorrecte en les traitant comme des observations indépendantes, nous régresserions les 32 observations sur 7 prédicteurs en codes de contraste, afin de coder les huit cellules du plan. Un de ces codes incarnerait le sexe, un autre la durée du mariage, un troisième représenterait la présence ou l'absence d'enfants, trois prédicteurs seraient des produits et captureraient les trois interactions de premier ordre et un prédicteur serait le triple produit qui représenterait l'interaction de second ordre.

Du fait des relations existant entre les deux observations recueillies sur chacun des couples, une des variables indépendantes varie au sein des couples, tandis que les deux autres varient entre les couples. Dans les analyses qui examinent les différences moyennes en fonction de ces variables et leurs interactions, chaque couple ne devrait apparaître qu'une seule fois dans chaque comparaison entre MODÈLE A et MODÈLE C, de manière à garantir l'indépendance des observations.

Comme c'est le cas lorsque les variables indépendantes varient entre des groupes d'observations liées, nous allons analyser les effets de la durée du mariage, de la présence ou de l'absence d'enfants et de leur interaction en utilisant seulement la variation entre les couples. Pour ces trois effets, nous allons donc construire des prédicteurs inter-couples en codes de contraste : X_{1i} code la durée (+1 si 30 ans ; -1 si 15 ans), X_{2i} code si le couple a ou non des enfants (+1 si oui ; -1 si non) et X_{3i} est leur produit, ce dernier capture donc l'interaction entre ces deux variables. De plus, exactement comme nous l'avons fait dans la première partie de ce chapitre, lorsque nous avons examiné les effets des

Encadré 11.22
Données pour un exemple hypothétique de plan mixte

Pas d'enfants						**Enfants**					
15 ans			**30 ans**			**15 ans**			**30 ans**		
Couple	**H**	**F**	**Couple**	**H**	**F**	**Couple**	**H**	**F**	**Couple**	**H**	**F**
1	5	6	5	6	5	9	5	5	13	7	6
2	7	6	6	6	5	10	4	5	14	8	7
3	7	6	7	6	4	11	5	4	15	7	7
4	4	5	8	8	6	12	6	5	16	8	7
$\bar{Y}$	5.75	5.75		6.50	5.00		5.00	4.75		7.50	6.75

variables indépendantes qui varient entre des groupes d'observations liées, nous allons examiner les effets de ces prédicteurs inter-couples en codes de contraste sur la variation inter-couples présente dans les données. Plus concrètement, nous allons créer un W_{0i} avec les deux valeurs de δ_h égales à +1, ce qui revient essentiellement à faire la moyenne à travers les scores de satisfaction des maris et des femmes dans chacun des couples.

Puisque le sexe des époux varie au sein des couples plutôt qu'entre eux, nous devons adopter la stratégie développée dans les sections précédentes de ce chapitre dédiées à l'analyse des variables indépendantes croisées avec des groupes d'observations liées. Plus concrètement, pour chaque couple, nous allons calculer un score W_{1i} qui capture la différence due au sexe des époux avec une valeur δ_h de +1 pour la satisfaction de la femme et de −1 pour la satisfaction du mari. Afin de déterminer si les scores de satisfaction moyens des femmes et des maris sont différents de zéro, nous allons comparer le MODÈLE A qui estime la moyenne de W_{1i} avec un MODÈLE C qui fixe cette moyenne à zéro, exactement comme nous l'avons fait avant dans le cas de variables indépendantes croisées.

L'approche décrite à l'instant nous permet d'examiner les effets intra-couple (capturés par W_{1i}, le contraste intra-couple) et les effets inter-couples (tant l'effet de la durée du mariage que celui des enfants et leur interaction, estimés en examinant si les trois codes de contraste inter-couples, de X_{1i} à X_{3i}, sont des prédicteurs utiles de W_{0i}).

Ce qui manque en revanche dans l'analyse qui vient d'être présentée, ce sont les tests des interactions entre les variables indépendantes qui varient à l'intérieur des couples et celles qui varient entre les couples. Par exemple, il se pourrait que les différences de satisfactions dues à la durée du mariage soient plus marquées pour les maris que pour les femmes. C'est là une question parfaitement légitime à nous poser au sujet de nos données puisque les variables Sexe des époux et Durée du mariage sont croisées l'une avec l'autre (permettant de tester leur interaction), même si un facteur (le sexe) varie au sein des couples et un facteur (la durée du mariage) varie entre ceux-ci.

Dans la mesure où chaque interaction peut toujours être exprimée de différentes manières, la question précédente, concernant le fait de savoir si la différence de satisfaction due à la longueur du mariage diffère entre les maris et les femmes, revient à se demander si cette différence est plus grande (ou plus petite) pour les couples mariés depuis 30 ans que pour ceux mariés depuis 15 ans. Reformuler cette question d'interaction de cette manière fournit un indice sur la manière d'examiner les choses, tout en surmontant le problème de la non-indépendance inhérent à ces données. Plus concrètement, le code de contraste intra-couple, W_{1i}, capture la différence de satisfaction entre les sexes. Pour savoir si cette différence intra-couple entre les sexes dépend de la durée du mariage, nous la régressons sur le prédicteur en codes de contraste qui traduit la durée du mariage, X_{1i}, et nous testons si la pente de ce prédicteur diffère de zéro. Si tel était le cas, cela signifierait que la magnitude de la différence entre les sexes dépend de la durée du mariage, ce qui revient à dire que la différence n'est pas la même pour les couples qui ont été mariés depuis plus longtemps que pour ceux qui l'ont été moins longtemps. C'est là la définition classique d'une interaction.

De manière générale donc, si nous voulons tester les interactions entre la différence de sexe intra-couple et les variables indépendantes inter-couples, nous régressons W_{1i} sur les trois prédicteurs en codes de contraste, X_{1i}, X_{2i} et X_{3i}. Dans un tel modèle, la pente associée à chacun des prédicteurs en codes de contraste estime le degré auquel la différence entre sexes au sein des couples, codée par W_{1i}, diffère en fonction de chacune des variables indépendantes inter-couples et leur interaction. Notons enfin que X_{1i}, X_{2i} et X_{3i} sont tous des prédicteurs en codes de contraste avec des moyennes de zéro à travers les quatre conditions inter-couples. Il s'ensuit que, pour tester si la moyenne de la différence de sexe intra-couple est égale à zéro à travers les quatre conditions inter-couples, il nous suffira de tester si l'ordonnée à l'origine est égale à zéro dans ce modèle de régression qui porte sur W_{1i}.

Construisons ensuite deux modèles de régression inter-couples, en régressant séparément W_{0i} et W_{1i} sur les trois prédicteurs en codes de contraste qui codent les deux variables indépendantes inter-couples et leur interaction :

$$W_{0i} = \beta_{00} + \beta_{01} X_{1i} + \beta_{02} X_{2i} + \beta_{03} X_{3i} + \varepsilon_{0i}$$
$$W_{1i} = \beta_{10} + \beta_{11} X_{1i} + \beta_{12} X_{2i} + \beta_{13} X_{3i} + \varepsilon_{1i}$$

Dans le modèle W_{0i}, nous examinons seulement la variation entre les couples, analysant un score composite qui est la moyenne des scores des deux époux d'un couple. Dans ce modèle, les pentes associées à chacun des prédicteurs en codes de contraste estiment la mesure dans laquelle les variables indépendantes inter-couples (et leur interaction) influencent les réponses moyennes de chacun des couples. Dans le modèle W_{1i}, nous examinons les différences entre les sexes au sein des couples. L'ordonnée à l'origine de ce modèle, β_{10}, estime la magnitude de la différence moyenne entre les sexes, au sein du couple, à travers les quatre cellules du plan intercouples. De plus, dans ce modèle, chacune des pentes des prédicteurs inter-couples en codes de contraste teste si la différence entre les sexes (intra-couple) quant à la satisfaction dépend des variables indépendantes inter-couples (et de leur interaction).

Si l'on se réfère aux données, l'estimation des deux modèles nous donne :

$$\widehat{W}_{0i} = 8.31 + 0.80 X_{1i} + 0.18 X_{2i} + 0.80 X_{3i}$$
$$W_{1i} = -0.44 - 0.35 X_{1i} + 0.09 X_{2i} + 0.18 X_{3i}$$

Chacun des coefficients de ces modèles peut être ramené dans la métrique Y en le divisant par le dénominateur du W respectif, qui s'avère être $\sqrt{2}$, dans les deux cas, ce qui donne les estimateurs présentés dans la deuxième colonne du tableau de l'Encadré 11.23.

Les différentes lignes de ce tableau reprennent les tests des différents effets, tantôt entre couples (sur base de l'équation W_{0i}), tantôt au sein de ceux-ci (sur base de l'équation W_{1i}). En outre, pour chacun de ces tests, le terme d'erreur approprié (soit inter, soit intra) correspond à la somme des carrés des erreurs d'un des deux modèles. En somme, chaque test représente une comparaison de modèles, où l'on met un paramètre particulier à zéro dans les MODÈLES C et que l'on compare ensuite aux MODÈLES A. Les tests inter-couples examinent la signification de chacune des pentes associées avec les prédicteurs en codes de contraste. Les tests intra-couple examinent la signification de l'ordonnée à l'origine (c'est-à-dire si la différence entre sexes est différente de zéro en moyenne) ainsi que la signification de chacune des pentes. Parcourons ensemble les divers tests repris dans ce tableau.

Tout d'abord, entre les couples, nous observons une différence significative sur les scores de satisfaction imputable à la durée. Le F et le PRE résultent d'une comparaison entre le MODÈLE A sur

Encadré 11.23
Tableau ANOVA pour le modèle mixte

Source	***b***	***SC***	***dl***	***CM***	***F***	***PRE***
Inter-couples (W_{01})						
Durée (X_{1i})	0.56	10.12	1	10.12	9.54	.44
Enfants (X_{2i})	0.12	0.50	1	0.50	0.48	.04
Durée x enfants (X_{3i})	0.56	10.12	1	10.12	9.54	.44
Erreur inter		12.75	12	1.06		
Total inter		33.50	15			
Intra-couple (W_{1i})						
Sexe (ordonnée à l'origine)	−0.31	3.12	1	3.12	8.82	.42
Sexe × durée (X_{1i})	−0.25	2.00	1	2.00	5.66	.32
Sexe × enfants (X_{2i})	0.06	0.12	1	0.12	0.35	.03
Sexe × durée × enfants (X_{3i})	0.12	0.50	1	0.50	1.42	.11
Erreur intra		4.25	12	0.35		
Total intra		10.00	16			
Total		43.50	31			

W_{0i} avec un MODÈLE C qui fixe la pente de X_{1i} à zéro. La pente estimée de X_{1i} dans le MODÈLE A est égale à 0.80. Dans le tableau résumé, nous avons reconverti cet estimateur dans la métrique originale Y en divisant 0.80 par $\sqrt{2}$. Le résultat, 0.56, est égal à la moitié de la différence de satisfaction moyenne entre les couples mariés depuis 30 ans et ceux mariés depuis 15 ans. Nous observons également une interaction significative entre la durée du mariage et la présence d'enfants au niveau de la satisfaction moyenne annoncée par chacun des couples, ce que nous avons testé en comparant le MODÈLE A sur W_{0i} avec un MODÈLE C qui fixe la pente de X_{3i} à zéro. Étant donné nos codes et les estimateurs qui en résultent, il apparaît que la satisfaction augmente avec la durée du mariage, principalement dans les couples qui ont des enfants.

Si nous nous tournons vers les effets intra-couple, nous observons tout d'abord une différence significative entre les sexes, testée en comparant le MODÈLE A sur W_{1i} avec un MODÈLE C qui fixe l'ordonnée à l'origine à zéro. Le coefficient correspondant à ce test dans le tableau résumé, c'est-à-dire -0.31, est égal à la moitié de la différence entre la satisfaction moyenne des maris et celle des femmes. L'autre effet intra-couple significatif est l'interaction entre durée du mariage et le sexe, testé en comparant le MODÈLE A sur W_{1i} avec un MODÈLE C qui fixe la pente de X_{1i} à zéro. Il semble que la différence entre les sexes, avec les maris rapportant plus de satisfaction que leurs femmes, dépend de la durée du mariage : cette différence est surtout présente parmi les couples qui sont mariés depuis 30 ans.

Encore une fois, afin de surmonter le problème de non-indépendance due aux couples, chaque couple est repris une seule fois dans chaque MODÈLE A, le MODÈLE A sur W_{0i} et le MODÈLE A sur W_{1i}. Autrement dit, les résidus de ces modèles proviennent des couples plutôt que des observations au sein des couples. En outre, les variances de ces résidus, c'est-à-dire les carrés moyens des erreurs intracouple et inter-couples, sont très différentes (1.06 entre couples contre 0.35 au sein des couples), ce qui révèle bien la dépendance positive attendue des observations, due aux couples. Les effets inter-couples sont, comme il se doit, testés en les comparant à la magnitude de la variance résiduelle inter-couples ; les effets intra-couple (et cela comprend les interactions entre la différence intra-couple et les facteurs intercouples) sont testés en les comparant à la magnitude de la variance résiduelle intracouple.

7. Résumé et dernière illustration

La stratégie que nous venons d'exploiter pour analyser les données d'un plan mixte, avec une variable indépendante variant au sein des couples (le sexe) et deux variables variant entre les couples (durée du mariage et la présence ou l'absence d'enfants), peut aisément être généralisée à d'autres plans plus complexes comportant certains facteurs variant au sein de groupes et d'autres variant entre les groupes et dans lesquels les observations groupées sont susceptibles de donner lieu à des dépendances. Revoyons la stratégie générale.

Lorsque nous disposons de plusieurs observations qui peuvent s'avérer non indépendantes parce qu'elles sont groupées d'une manière ou d'une autre (par exemple, parce qu'elles sont issues du même sujet, du même couple, du même petit groupe, etc.), nous devons combiner ces observations et analyser les scores composites, afin de satisfaire le postulat selon lequel les résidus sont indépendants les uns des autres. Avec s observations liées dans chaque groupe, on forme un total de s scores composites W_i et ces s scores composites W_i sont utilisés comme variables dépendantes dans une série de modèles de régression inter-groupes. Le premier de ces scores W_i, à savoir W_{0i}, est construit en fixant toutes les valeurs de δ_h à 1, ce qui revient à additionner les s scores de chaque groupe et à diviser cette somme par la racine carrée de s. Ce score composite W_{0i} capture toutes les variations inter-groupes présentes dans ces observations. On régresse alors ce score composite W_{0i} sur les prédicteurs inter-groupes en codes de contraste (mais aussi continus ; voir le Chapitre 12) qui incarnent les facteurs inter-groupes d'intérêt. On teste de cette manière les effets principaux et les interactions des facteurs inter-groupes, exactement comme on le faisait dans les Chapitres 8 et 9.

Les $s - 1$ autres scores composites W_i sont calculés en utilisant les codes de contraste intra-groupe comme valeurs de δ_h afin de coder les facteurs intra-groupe d'intérêt. Ainsi, chacun des codes W_i restants (issus de l'ensemble W_{1i}, W_{2i}, ..., W_{s-1i}) code une comparaison intra-groupe ou une différence entre observations spécifique, capturant les effets principaux et les interactions des facteurs intragroupe d'intérêt. Chacun de ces scores composites W_i représente une comparaison intra-groupe à un degré de liberté. On régresse alors ces scores W_i sur les prédicteurs en codes de contraste qui incarnent les divers facteurs inter-groupes d'intérêt. Dans chacun de ces modèles de régression, le test visant à savoir si l'ordonnée à l'origine diffère de zéro est un test de la comparaison intra-groupe ou du contraste codé par ce W_i particulier. Dans chacun de ces modèles, les tests des coefficients de régression pour les prédicteurs inter-groupes en codes de contraste sont des tests des interactions entre le contraste intra-groupe codé par ce W_i particulier et les contrastes inter-groupes.

Il est également important de rappeler que, comme nous avons pu le voir, le test de toutes les variables indépendantes inter-groupes repose sur le même terme d'erreur, alors que chaque contraste intra-groupe dispose de son terme d'erreur propre (associé à son MODÈLE A) pour tester ce contraste particulier, ainsi que les interactions de ce contraste avec les facteurs inter-groupes. Ce qui peut paraître étrange à propos de ces tests d'interactions entre un contraste intra-groupe et un ou plusieurs facteurs inter-groupes est qu'ils ne sont pas examinés par le biais de prédicteurs qui s'avèrent être des produits. En lieu et place, ces tests sont évalués simplement comme des pentes de prédicteurs inter-groupes en codes de contraste, avec l'objectif de vérifier si une différence intra-groupe particulière (c'est-à-dire W_i) dépend de ces prédicteurs.

Jusqu'ici, nous avons insisté sur le calcul des W_i et nous avons ensuite rapporté des coefficients qui ont été ramenés dans la métrique Y_{hi} en divisant chacun d'entre eux par $\sqrt{\sum_h \delta_h^2}$. Nous avons procédé ainsi car nous souhaitions pouvoir comparer le tableau résumé (et les sommes des carrés) de l'analyse correcte, prenant correctement en compte la non-indépendance entre les observations avec le tableau de l'analyse ignorant le caractère groupé des observations. En somme, nous voulions montrer que l'analyse incorrecte combine tout simplement les erreurs intra-groupe et inter-groupes en un seul terme d'erreur, en ignorant le fait que les observations intra-groupe sont plus semblables ou moins semblables entre elles que les observations inter-groupes. À ce stade, il est toutefois important de souligner que le recours à des scores W_i n'est pas toujours nécessaire. Ainsi, pour capturer la variation inter-groupes, on peut tout aussi bien analyser la moyenne des scores de chaque groupe au lieu de W_{0i} et pour capturer les contrastes intra-groupe voulus recourir à une simple différence intra-groupe. Cette analyse des moyennes et des différences intra-groupe donnera les mêmes statistiques F et PRE que l'analyse qui s'appuie sur les scores W_i, même si les sommes des carrés résultantes ne vont pas correspondre aux sommes des carrés totales des observations Y. L'avantage supplémentaire de recourir aux simples moyennes et différences, outre la facilité de calcul, est que les paramètres estimés qui en résulteront seront dans la bonne métrique Y plutôt que de devoir être convertie à partir de la métrique W_i.

Pour terminer, nous donnons un dernier exemple afin d'illustrer tout ce que nous avons résumé, mais cette fois sans présenter les données. Ici, nous donnons seulement le plan et détaillons le tableau ANOVA. Afin de comprendre cet exemple, imaginez que nous réalisions une étude de psychologie cognitive dans laquelle les sujets sont confrontés à des listes de mots de longueur variable pendant un temps limité. Une liste de mots comprend 10 mots, une autre 20 mots et une dernière 30 mots. En outre, la moitié de ces listes de mots sont des noms et l'autre moitié des adjectifs. Ces deux variables indépendantes varient au sein des sujets de telle sorte que, en croisant les trois niveaux de longueur et les deux niveaux de types de mots (noms et adjectifs), chaque sujet voit six listes différentes. Nous disposons en outre d'une variable indépendante variant entre les sujets : le temps d'étude. Certains sujets disposent d'une minute pour étudier chacune des listes, d'autres de deux minutes et d'autres encore de trois minutes. En résumé, le plan correspond à un plan factoriel trois (la longueur de la liste) × deux (le type de mots) × trois (le temps d'étude), avec les deux premiers facteurs variant en intra-sujet et le dernier en inter-sujets.

Chaque sujet fournit six observations, un score de mémorisation pour chacune des six listes de mots qui lui sont présentées. Ces six observations sont susceptibles de receler de la non-indépendance positive dans la mesure où elles sont issues d'un seul et même sujet : certains sujets ayant une meilleure mémoire que d'autres pour l'ensemble des listes. De ce fait, avec six observations, nous avons besoin de six scores composites pour chaque sujet. Chacun des six scores composites est défini en utilisant les valeurs de δ_h de l'Encadré 11.24. Le premier de ces codes, étiqueté Y_{moy}, correspond à la moyenne des six scores de mémorisation de chaque sujet à travers les six listes. Il capture toutes les variations inter-sujets présentes dans ces données. Les cinq scores composites restants codent les contrastes ou les différences intra-sujet et reçoivent les noms de Y_{dif1} à Y_{dif5}. Les valeurs de δ_h pour ces contrastes intra-sujet indiquent que le premier code l'effet linéaire de la longueur de la liste, le second l'effet quadratique de la longueur de la liste, le troisième la différence du type de mots, le quatrième l'interaction entre l'effet linéaire de la longueur de la liste et la différence du type de mots, et le cinquième l'interaction entre l'effet quadratique de la longueur de la liste et la différence du type de mots.

Afin de coder la variable inter-sujets, c'est-à-dire le temps d'étude, nous construisons deux prédicteurs inter-sujets en codes de contraste, X_1 avec les valeurs de λ_i -1, 0 et +1 pour coder la différence linéaire de temps d'étude, et X_2 avec les valeurs de λ_i -1, 2 et -1 pour coder la différence quadratique de temps d'étude. Ensuite, nous estimons six modèles de régression, dans lesquels nous régressons chaque score composite Y (Y_{moy} et de Y_{dif1} à Y_{dif5}) sur les deux prédicteurs inter-sujets en codes de contraste, X_1 et X_2. Avec le modèle pour lequel Y_{moy} est la variable dépendante, nous examinons uniquement la variation inter-sujets. Nous nous intéressons ici aux pentes des deux prédicteurs inter-sujets en codes de contraste, X_1 et X_2, ces prédicteurs estimant les effets moyens du temps d'étude sur l'ensemble des six types de listes de mots. Avec les cinq modèles portant sur les variables dépendantes qui codent les différences intra-sujet, nous nous intéressons tant aux ordonnées à l'origine qu'aux pentes associées aux deux prédicteurs inter-sujets en codes de contraste. Chaque ordonnée à l'origine estime la différence codée par la variable dépendante Y_{dif} dont il est question et chacune des pentes associées à X_1 et X_2 estime le degré auquel cette différence intra-sujet est modulée par le temps d'étude (de façon linéaire et quadratique).

Si l'on suppose qu'il y a vingt sujets dans chacune des trois conditions inter-sujets (temps d'étude), cette analyse donnera lieu au tableau présenté dans l'Encadré 11.25 et dans lequel nous avons uniquement indiqué les sources de variance et les degrés de liberté correspondants.

	10 Mots		20 Mots		30 Mots	
	Noms	Adjectifs	Noms	Adjectifs	Noms	Adjectifs
Variable composite	δ_h	δ_h	δ_h	δ_h	δ_h	δ_h
Y_{moy}	+1	+1	+1	+1	+1	+1
Y_{dif1}	-1	-1	0	0	+1	+1
Y_{dif2}	-1	-1	+2	+2	-1	-1
Y_{dif3}	-1	+1	-1	+1	-1	+1
Y_{dif4}	+1	-1	0	0	-1	+1
Y_{dif5}	+1	-1	-2	+2	+1	-1

Encadré 11.24
Valeurs de δ_h pour les variables composites dans l'exemple de la mémorisation des listes de mots

Encadré 11.25
Lignes du tableau résumé pour l'exemple de la mémoire des listes de mots

Source	*dl*
Inter-sujets Temps linéaire	1
Temps quadratique	1
Erreur inter	57
Total inter	59
Intra-sujet	
Longueur de liste linéaire	1
Longueur de liste linéaire par temps linéaire	1
Longueur de liste linéaire par temps quadratique	1
Erreur longueur de liste linéaire	57
Longueur de liste quadratique	1
Longueur de liste quadratique par temps linéaire	1
Longueur de liste quadratique par temps quadratique	1
Erreur longueur de liste quadratique	57
Type de mots	1
Type de mots par temps linéaire	1
Type de mots par temps quadratique	1
Erreur type de mots	57
Longueur de liste linéaire par type de mots	1
Longueur de liste linéaire par type de mots par temps linéaire	1
Longueur de liste linéaire par type de mots par temps quadratique	1
Erreur longueur de liste linéaire par type de mots	57
Longueur de liste quadratique par type de mots	1
Longueur de liste quadratique par type de mots par temps linéaire	1
Longueur de liste quadratique par type de mots par temps quadratique	1
Erreur longueur de liste quadratique par type de mots	57
Total intra	300
Total	359

8. Conclusion

Au cours de ce chapitre, nous avons examiné les modèles permettant d'analyser des variables indépendantes catégorielles pour lesquelles les observations sont non indépendantes du fait qu'elles sont regroupées d'une manière ou d'une autre. De plus, ces variables indépendantes variaient soit *entre* les groupes d'observations liées, soit *au sein* de ces groupes. Dans le vocabulaire des livres qui, en psychologie, portent typiquement sur les plans expérimentaux, ces analyses sont appelées des analyses de variance à mesures répétées ou des modèles mixtes. Bien que notre approche de tels modèles d'analyse de variance donne lieu à des résultats qui sont identiques à ceux qu'on obtiendrait en utilisant des programmes traditionnels d'analyse de variance, l'avantage de notre approche est, encore une fois, que nous devons seulement estimer des MODÈLES A et C. Nous faisons cela sur base d'une procédure de régression des moindres carrés après avoir transformé les données de manière à définir tant les variables dépendantes que les prédicteurs.

Outre le fait qu'elle s'appuie sur nos bonnes vieilles comparaisons entre MODÈLE A et MODÈLE C, notre approche de ces situations de mesures répétées présente l'atout supplémentaire de nous permettre d'étendre ces thématiques traditionnelles à des cas qui incluent des variables indépendantes continues plutôt que catégorielles. C'est vers ces extensions que nous nous tournons au chapitre suivant.

CHAPITRE 12

Intégration de prédicteurs continus avec des données non indépendantes

SOMMAIRE

Un des avantages indéniables de l'approche en comparaison de modèles renvoie au fait que nous avons été capables de combiner ce qui est traditionnellement présenté de manière distincte, à savoir les procédures analytiques sous-jacentes à l'analyse de plans comportant des variables indépendantes catégorielles (ANOVA) et l'analyse de données corrélationnelles comportant des variables indépendantes mesurées de manière plus ou moins continue (corrélations/régressions multiples). Concernant l'estimation et la comparaison des modèles, l'approche de comparaison de modèles est appropriée, quelle que soit la métrique des variables prédictrices. Il nous suffit simplement d'apprendre de nouvelles façons possibles d'interpréter les paramètres estimés (c'est-à-dire en tant que différences de moyennes ou de moyennes ajustées dans le cas des variables catégorielles, en plus de l'interprétation plus traditionnelle en termes de pentes). Cet avantage vaut également pour le traitement de plans pour lesquels les observations ne sont pas indépendantes, du fait qu'elles sont regroupées d'une façon ou d'une autre. Comme nous le montrerons dans ce chapitre, on peut facilement incorporer des variables plus ou moins continues dans les modèles permettant l'analyse d'observations non indépendantes.

À titre d'illustration, nous commençons avec une situation simple dans laquelle une ou plusieurs variables indépendantes mesurées de manière continue varient entre des groupes d'observations liées entre elles. En d'autres termes, les groupes d'observations liées sont nichés au sein des niveaux d'un prédicteur variant de manière continue. Nous nous tournons ensuite vers un cas pour lequel les prédicteurs varient à l'intérieur de groupes d'observations liées. Pour finir, nous examinerons des situations pour lesquelles les variables indépendantes d'intérêt varient à la fois au sein et entre les groupes d'observations liées. Cet exposé nous permettra de montrer en quoi notre approche trouve une extension naturelle dans ce que l'on appelle, selon les cas, les modèles multiniveaux, les modèles hiérarchiques et les modèles à effets mixtes. Nous proposons une introduction à ces modèles, qu'ils impliquent des effets aléatoires hiérarchiques nichés ou croisés.

1. Prédicteurs continus variant entre les groupes d'observations liées

Supposons qu'une chaîne de grands magasins soit intéressée par différentes stratégies de marketing pour un produit particulier, que nous appellerons ici le Produit X. Chacun des dix magasins de la chaîne met en avant le produit de quatre manières différentes sur une période de 4 semaines. Pour deux des manières, il s'agit d'une réduction du prix affiché. Les deux autres impliquent une promotion du produit via des bons de réduction. Par ailleurs, chacune de ces stratégies est croisée avec le fait de présenter le produit en tête de rayon ou, au contraire, dans la région centrale du rayon. Il y a donc deux variables indépendantes croisées qui varient au sein d'un même magasin au fil du temps : la réduction de prix est affichée directement ou un bon de réduction doit être présenté et le produit est présenté en milieu ou en tête de rayon. La variable dépendante est le nombre d'unités du Produit X vendues chaque semaine par chacun des magasins, mesuré au terme de chaque semaine. Nous postulons en outre que la semaine choisie pour chacune des stratégies de marketing est déterminée de manière aléatoire pour chaque magasin, de telle sorte que les deux variables indépendantes ne sont pas influencées par le temps.

Les données hypothétiques pour les dix magasins sont reprises dans l'Encadré 12.1.

Encadré 12.1
Ventes hypothétiques du Produit X dans les 10 magasins

Magasin	Réduction		Bon	
	Tête de Rayon	Milieu de Rayon	Tête de Rayon	Milieu de Rayon
1	45	43	42	37
2	56	55	43	43
3	71	68	65	59
4	23	24	22	21
5	49	50	50	48
6	67	64	67	60
7	32	30	29	29
8	51	50	48	43
9	45	44	45	47
10	58	56	57	53
Moyenne	49.70	48.40	46.80	44.00

Dans la mesure où nous avons quatre observations dans chaque magasin, nous soupçonnons une absence d'indépendance dans les données due au magasin. Cette supposition se trouve clairement confirmée par les différences importantes de ventes du Produit X d'un magasin à l'autre. Comparez par exemple la différence entre le Magasin 3 et le Magasin 4, le premier annonçant nettement plus de ventes du Produit X que le second.

Afin de prendre en compte cet état de fait, notre analyse de ces données traite chacune des variables indépendantes comme un facteur intra-magasin. Nous devons donc calculer quatre scores composites pour chacun des magasins, afin de gérer les dépendances dans les données. Ces quatre scores composites, ainsi que les données originales, sont présentés dans l'Encadré 12.2. Le premier score composite, Y_{moy}, est simplement la moyenne des ventes du Produit X pour chaque magasin à travers les quatre conditions (et semaines). Les variations de magasin à magasin renvoient à la variation inter magasins dans les données de vente. Le deuxième score composite, Y_{rb} (avec $\delta_h = 1$ si Réduction et -1 si Bon), représente les différences de ventes au sein des magasins selon que le produit affichait une réduction de prix ou qu'un bon de réduction était nécessaire. Le troisième

Encadré 12.2
Ventes hypothétiques du Produit X dans les 10 magasins

Magasin	Réduction		Bon		Y_{moy}	Y_{rb}	Y_{tm}	Y_{int}
	Tête de Rayon	Milieu de Rayon	Tête de Rayon	Milieu de Rayon				
1	45	43	42	37	41.75	9	7	-3
2	56	55	43	43	49.25	25	1	1
3	71	68	65	59	65.75	15	9	-3
4	23	24	22	21	22.50	4	0	-2
5	49	50	50	48	49.25	1	1	-3
6	67	64	67	60	64.50	4	10	-4
7	32	30	29	29	30.00	4	2	2
8	51	50	48	43	48.00	10	6	-4
9	45	44	45	47	45.25	-3	-1	3
10	58	56	57	53	56.00	4	6	-2
Moyenne	49.70	48.40	46.80	44.00	47.23	7.30	4.10	-1.50

score composite, Y_{tm} (avec $\delta_h = 1$ si Tête de Rayon et -1 si Milieu de Rayon), représente les différences de ventes au sein des magasins selon que le produit était présenté en tête ou en milieu de rayon. Et le dernier score composite, Y_{int}, représente l'interaction entre ces différences au sein des magasins, ce qui revient à examiner si le recours à une réduction ou un bon a un impact différent en tête ou en milieu de rayon.

Pour analyser les effets des variables indépendantes sur les données de vente, nous examinons trois comparaisons MODÈLE A/MODÈLE C différentes, une pour chacun des scores composites, vérifiant à chaque fois si la différence intra-magasin est significativement différente de zéro. Les comparaisons de modèles sont donc:

MODÈLE(s) A	MODÈLE(s) C
$Y_{rb} = \beta_0 + \varepsilon$	$Y_{rb} = 0 + \varepsilon$
$Y_{tm} = \beta_0 + \varepsilon$	$Y_{tm} = 0 + \varepsilon$
$Y_{int} = \beta_0 + \varepsilon$	$Y_{int} = 0 + \varepsilon$

Les modèles estimés et les SCE(A) et SCE(C) nous donnent quant à eux:

MODÈLE(s) A	SCE(A)	MODÈLE(s) C	SCE(C)
$\hat{Y}_{rb} = 7.30$	572.1	$\hat{Y}_{rb} = 0$	1105
$\hat{Y}_{tm} = 4.10$	140.9	$\hat{Y}_{tm} = 0$	309
$\hat{Y}_{int} = -1.50$	58.5	$\hat{Y}_{int} = 0$	81

La première de ces comparaisons de modèles suggère que la différence moyenne due à la réduction *versus* le bon est significative ($F_{1,9} = 8.38$, PRE = .48), à savoir que l'affichage d'un prix réduit provoque plus de ventes que le recours à un bon de réduction. La deuxième suggère que la différence moyenne due au placement en tête ou en milieu de rayon est également significative ($F_{1,9} = 10.74$, PRE = .54), avec des ventes plus importantes si le Produit X est placé en tête de rayon plutôt qu'au milieu. La comparaison de modèles pour le test de l'interaction n'est pas significative, ne permettant pas de conclure sur l'impact qu'aurait le placement dans le rayon sur la différence entre afficher un prix réduit ou utiliser un bon de réduction.

Encadré 12.3

Ventes hypothétiques du Produit X dans les 10 magasins et ventes globales (VG)

Magasin	Réduction		Bon		Y_{moy}	Y_{rb}	Y_{tm}	Y_{int}	VG
	Tête de Rayon	Milieu de Rayon	Tête de Rayon	Milieu de Rayon					
1	45	43	42	37	41.75	9	7	–3	2.3
2	56	55	43	43	49.25	25	1	1	1.7
3	71	68	65	59	65.75	15	9	–3	2.2
4	23	24	22	21	22.50	4	0	–2	1.4
5	49	50	50	48	49.25	1	1	–3	1.9
6	67	64	67	60	64.50	4	10	–4	2.4
7	32	30	29	29	30.00	4	2	2	1.6
8	51	50	48	43	48.00	10	6	–4	1.8
9	45	44	45	47	45.25	–3	–1	3	1.9
10	58	56	57	53	56.00	4	6	–2	2.0
Moyenne	49.70	48.40	46.80	44.00	47.23	7.30	4.10	–1.50	1.92

Jusqu'à présent, nous avons seulement utilisé les procédures du Chapitre 11 pour analyser les effets de nos deux variables indépendantes catégorielles intra-magasin. Mais nous introduisons maintenant une variable supplémentaire, *VG*, qui varie d'un magasin à l'autre : les ventes globales (en centaines de milliers d'euros) par semaine du magasin concerné. Cette variable, qui est une variable continue plutôt que catégorielle, est renseignée dans la dernière colonne de l'Encadré 12.3 qui reprend également les données de l'Encadré 12.2. Nous voudrions maintenant analyser la manière dont les ventes globales de ces dix magasins affectent les résultats examinés jusqu'ici.

Nous pouvons d'abord nous interroger sur la relation entre les ventes globales (*VG*) et les ventes du Produit X en moyenne à travers les magasins. Il semble probable que les magasins avec des ventes globales plus importantes soient susceptibles de vendre plus le produit en question, le Produit X, que les magasins avec des ventes globales plus modestes. Et, de fait, lorsqu'on régresse Y_{moy} sur *VG*, on trouve une relation significative à travers les magasins :

MODÈLE A : $\hat{Y}_{moy} = -16.91 + 33.40VG$ SCE(A) = 669.5

MODÈLE C : $\hat{Y}_{moy} = 47.23$ SCE(C) = 1669.3

Cette comparaison révèle un *F* de 11.95, avec 1 et 8 degrés de liberté et un PRE de .60. Sans surprise, les magasins qui ont des ventes globales plus importantes vendent plus le Produit X.

Nous pouvons aussi nous demander ce qu'il en est des interactions entre les ventes globales des magasins et les variables indépendantes qui varient d'un magasin à l'autre. Il se peut, par exemple, que le placement en tête ou au milieu de rayon produise encore plus de différences dans les ventes du Produit X pour les magasins qui ont des ventes globales importantes. Ou alors, la différence entre les ventes de Produit X en fonction de l'affichage de la réduction ou du recours à un bon n'est pas la même dans les magasins dont les ventes globales sont importantes par rapport à ceux qui ont des ventes globales plus modestes. Et, enfin, même s'il n'y avait pas d'interaction significative entre le placement du produit dans le rayon et le recours à la réduction ou au bon, il se peut que cette interaction entre deux variables indépendantes intra-magasin dépende des ventes globales du magasin.

Pour examiner ces interactions entre les variables indépendantes catégorielles intra-magasin et la variable indépendante des ventes globales (*VG*) inter-magasins, nous pouvons régresser chacun des scores de différence intra-magasin sur *VG* et tester si la pente associée avec *VG* est significativement différente de zéro. Comme nous l'avons vu au Chapitre 11, lorsqu'une différence intra-sujet (dans le cas présent intra-magasin) est régressée sur un prédicteur inter-sujets (inter-magasins), la pente qui en résulte nous informe sur l'interaction entre la variable indépendante « intra » et la variable indépendante « inter ». Cela reste vrai même lorsque la variable indépendante « inter » est continue, comme c'est le cas dans cet exemple.

La seule petite complication dans l'estimation de ces modèles est que si nous régressons la différence intra sur *VG*, les ordonnées à l'origine ne seront plus équivalentes aux moyennes des scores de différence intra. Elles seront en effet équivalentes aux scores de différence prédits pour des magasins ayant des ventes globales égales à zéro. Afin de donner plus de sens à ces ordonnées à l'origine, nous allons donc centrer la variable prédictrice à sa moyenne. Ce faisant, les ordonnées à l'origine des modèles qui en résulteront nous indiqueront à nouveau les effets globaux ou moyens associés aux manipulations intra-magasin.

Les trois MODÈLES A qui résultent de cette opération sont les suivants (avec *VGc* qui correspond à *VG* centrée, à savoir, $VGc = VG - 1.92$) :

$\hat{Y}_{rb} = 7.30 - 0.18VGc$ SCE(A) = 572.1

$\hat{Y}_{tm} = 4.10 + 9.91VGc$ SCE(A) = 52.9

$\hat{Y}_{int} = -1.50 - 3.79VGc$ SCE(A) = 45.6

Comme c'est forcément le cas avec des prédicteurs centrés, les ordonnées à l'origine de ces modèles sont égales aux moyennes des trois scores de différences qui sont les variables dépendantes. Ces modèles peuvent être comparés à des modèles compacts qui fixent l'ordonnée à l'origine à zéro pour tester l'effet moyen des manipulations intra-magasin (et leur interaction). Testées dans le contexte de ces modèles, ces comparaisons vont livrer des résultats qui sont légèrement différents de ceux déjà rapportés pour les ANOVA en mesures répétées dans lesquelles on ignorait *VG*. Au lieu d'avoir un terme d'erreur avec 9 degrés de liberté, comme dans les comparaisons précédentes, chacun de ces MODÈLES A estime deux paramètres et le nombre de degrés de liberté de l'erreur est donc égal à 8. En outre, dans la mesure où les prédicteurs *VGc* expliquent la variation dans les scores de différences, les SCE de ces MODÈLES A seront réduites en comparaison à ce qu'elles étaient lorsqu'aucun prédicteur n'était inclus (voir le Chapitre 5 pour les tests de β_0 dans la régression simple.)

Pour tester les interactions de *VG* avec les manipulations intra-magasin, nous devons comparer ces MODÈLES A à des MODÈLES C qui omettent la variable prédictrice et estiment seulement l'ordonnée à l'origine. Ces modèles ont été fournis précédemment, même s'ils étaient appelés MODÈLES A dans le contexte où l'on se posait la question de savoir si l'ordonnée à l'origine était différente de zéro (sans aucun prédicteur dans le modèle) – c'est-à-dire que l'on testait les effets des manipulations intra-magasin sans le prédicteur intra-magasin *VGc*.

La pente de *VGc* se révèle significativement différente de zéro ($F_{1,8} = 13.31$; PRE = .62) seulement pour le score de différence portant sur le placement dans le rayon (Y_{tm}). Cela signifie que l'effet du placement dans le rayon évoqué plus haut (plus de ventes si le Produit X est placé en tête plutôt qu'en milieu du rayon) dépend du volume global de vente du magasin. Dans la mesure où la pente estimée de *VGc* est positive, cela suggère que plus le volume global de vente est important, plus l'effet du placement du Produit X sera important. Pour les magasins dont le volume global de vente se situe à la moyenne, la différence de ventes du Produit X en fonction du placement est estimée à 4.10 unités par semaine. Par contre, si le volume global de vente augmente de 0.1 unité (soit 10 000 EUR de ventes supplémentaires), on prédit que la différence due au placement en tête de rayon atteindra 5.19 (soit 4.10 + 9.91* 0.1). Le placement en tête de rayon fait davantage la différence lorsque les volumes de ventes globales sont importants.

Comme nous l'avons vu lorsque nous avons interprété des interactions avec des variables continues au Chapitre 7, il est parfois utile de calculer des effets « simples » pour des valeurs représentatives du prédicteur qui compose l'interaction. Dans le cas présent, cela revient à calculer des valeurs prédites de la différence intra-magasin à des valeurs représentatives de *VGc*, par exemple un écart-type au-dessus et en dessous de sa moyenne. L'écart-type de la variable *VG* est 0.32. Et donc, les valeurs prédites de la différence de vente du Produit X selon qu'il est placé en tête ou en milieu de rayon à un écart-type au-dessus et en dessous de la moyenne de *VG* sont égales à :

$$\hat{Y}_{tm,+1et} = 4.10 + 9.91(0.32) = 7.27$$

$$\hat{Y}_{tm,-1et} = 4.10 + 9.91(-0.32) = 0.93$$

En centrant la variable *VG* à d'autres valeurs que la moyenne, il est possible de tester la signification de la différence de ventes selon que le Produit X est placé en tête ou en milieu de rayon à des valeurs précises de *VG* autres que la moyenne. Par exemple, plutôt que de centrer *VG* à sa moyenne 1.92, nous pourrions centrer cette variable à une valeur qui se situe à un écart-type au-dessus de la moyenne (i.e., 1.92+0.32). Si nous régressions Y_{tm} sur ce nouveau prédicteur, l'ordonnée à l'origine serait égale à la différence prédite pour les magasins qui se situent un écart-type au-dessus de la moyenne de *VG* (i.e., la valeur de 7.27 calculée plus haut) et sa significativité pourrait être testée en la comparant, comme MODÈLE A, à un MODÈLE C qui fixe l'ordonnée à l'origine à zéro.

Comme l'illustre cet exemple, l'examen des effets de variables prédictrices continues qui varient entre des groupes d'observations non indépendantes (dans ce cas, entre les magasins) ne présente aucune difficulté particulière. On introduit simplement ces variables comme des prédicteurs des différentes variables dépendantes composites qui nous intéressent. En général, il est censé de centrer les variables prédictrices de telle manière que les ordonnées à l'origine continuent d'estimer la moyenne des scores de contrastes intra-groupes. Dans un modèle où la moyenne composite est la variable dépendante, la pente d'un prédicteur inter-groupes nous informe à propos de l'effet « principal » de ce prédicteur, en moyenne, à travers les différents niveaux des facteurs intra-groupe. Pour un modèle dans lequel un contraste ou une différence intra-groupe constitue la variable dépendante, la pente du prédicteur continu nous informe au sujet de l'interaction entre la différence intra-groupe et le prédicteur inter-groupes. Plusieurs prédicteurs inter-groupes continus (ou catégoriels ainsi que leurs interactions) peuvent être examinés simultanément, tant pour prédire les scores moyens composites que pour prédire les scores de différence des contrastes intra-groupe. Bien entendu, lorsqu'il y a plusieurs prédicteurs, nous encourons le risque qu'il existe une certaine redondance entre ces derniers. La pente d'un prédicteur dans un tel modèle nous dira alors ce qu'est l'effet partiel d'un prédicteur en contrôlant les autres prédicteurs.

2. Prédicteurs « continus » variant uniquement en intra-groupe

Supposons que nous examinions les effets de deux types de régimes alimentaires sur la prise de poids de huit animaux de laboratoire venant de naître. La moitié de ces animaux est placée aléatoirement sous un premier régime et l'autre moitié sous un second régime. De plus, le poids de ces animaux est mesuré chaque jour pendant 10 jours consécutifs. Les données hypothétiques correspondantes sont présentées dans l'Encadré 12.4.

Les observations issues de cette étude sont liées entre elles, car elles proviennent du même animal observé 10 fois. La variable Jour varie donc en intra-animal, alors que la variable Régime varie en inter-animaux.

Stricto sensu, la variable Jour est une variable catégorielle à 10 niveaux. Par conséquent, nous pourrions donc créer un premier score composite qui serait la moyenne des 10 observations pour chaque animal et ensuite 9 contrastes ou différences intra-animal. Étant donné l'ordonnancement intrinsèque de la variable Jour, un ensemble de 9 codes polynomiaux orthogonaux serait probablement le plus intéressant. Ceux-ci coderaient donc l'effet linéaire de la variable Jour, son effet quadratique, son effet cubique et ainsi de suite. Bien sûr, il est fort probable qu'il ne serait pas très intéressant d'étudier les effets situés au-delà de l'effet linéaire traitant simplement la question de savoir si le poids des animaux augmente au cours de 10 jours et si cette augmentation dépend du

Animal	Régime	Jour									
		1	2	3	4	5	6	7	8	9	10
1	−1	10	12	12	15	13	16	17	19	17	20
2	−1	8	7	8	9	10	10	12	14	13	15
3	−1	12	13	16	18	17	19	22	23	23	26
4	−1	13	12	14	14	15	17	17	18	20	21
5	1	12	12	13	13	14	14	15	14	15	15
6	1	8	7	7	8	9	9	10	10	12	11
7	1	10	10	11	11	12	13	13	14	14	15
8	1	13	12	12	13	15	14	15	15	16	15

Encadré 12.4
Données de l'étude régime par jour

Encadré 12.5

Données de l'étude régime par jour avec les scores composites calculés

Animal	Régime	Jour											
		1	2	3	4	5	6	7	8	9	10	Y_{moy}	Y_{difLin}
1	−1	10	12	12	15	13	16	17	19	17	20	15.1	84.5
2	−1	8	7	8	9	10	10	12	14	13	15	10.6	72.0
3	−1	12	13	16	18	17	19	22	23	23	26	18.9	122.5
4	−1	13	12	14	14	15	17	17	18	20	21	16.1	79.5
5	1	12	12	13	13	14	14	15	14	15	15	13.7	29.5
6	1	8	7	7	8	9	9	10	10	12	11	9.1	41.5
7	1	10	10	11	11	12	13	13	14	14	15	12.3	47.5
8	1	13	12	12	13	15	14	15	15	16	15	14.0	33

régime qui leur est imposé[17]. La variable Jour ayant 10 niveaux, les valeurs du code de contraste intra-animal (δ_h) codant la composante linéaire de Jour sont : −4.5, −3.5, −2.5, −1.5, −0.5, +0.5, +1.5, +2.5, +3.5 et +4.5.

Nous avons reproduit les données dans l'Encadré 12.5, en ajoutant les deux scores composites : la moyenne des poids pour chaque animal, Y_{moy}, et la différence linéaire calculée en utilisant les valeurs de δ_h présentées au paragraphe précédent, $Y_{diffInt}$.

Si nous utilisons la procédure présentée au chapitre précédent, l'effet principal inter-animaux de la variable Jour est estimé en régressant Y_{moy} sur le code de contraste de la variable Régime :

$$\hat{Y}_{moy} = 13.725 - 1.450 Régime \qquad SCE = 50.755$$

Une comparaison de ce modèle avec un MODÈLE C fixant la pente de Régime à zéro produit $F_{1,6} = 1.99$ et PRE = .25. Avec seulement huit animaux dans notre base de données, l'effet du Régime sur le poids moyen (c'est-à-dire sur l'ensemble des 10 jours) n'est pas significatif.

Afin d'examiner l'effet linéaire inter-animaux de Jour et son interaction avec le Régime, nous régressons la différence linéaire, Y_{difLin} sur le Régime :

$$\hat{Y}_{difLin} = 63.750 - 25.875 Régime \qquad SCE = 1719.875$$

Deux questions nous intéressent ici. D'une part, l'ordonnée à l'origine évalue la différence linéaire moyenne sur l'ensemble des huit animaux. Or, un test permettant de voir si cette valeur diffère significativement de zéro nous donne $F_{1,6} = 113.42$ et PRE = .95. Ainsi, il n'est pas étonnant de voir que ces animaux ont pris du poids au cours de ces 10 jours. D'autre part, la pente de la variable prédictrice inter-animaux, Régime, évalue l'interaction entre l'effet linéaire du jour et le Régime. Or un test permettant de voir si cette valeur diffère de zéro nous donne $F_{1,6} = 18.69$ et PRE = .76. Ainsi, il apparaît que les quatre premiers animaux du tableau de données, ceux ayant reçu le Régime −1, ont gagné du poids à un rythme significativement plus élevé que les animaux ayant reçu le Régime +1.

Jusqu'ici, nous avons simplement appliqué à ces données les procédures présentées au Chapitre 11 concernant les plans mixtes, et ce, en traitant la variable Jour comme une variable prédictrice intra-animal. Ainsi, cette variable ayant 10 niveaux, elle peut être codée à l'aide de 9 contrastes ortho-

17. Dans la mesure où chaque contraste intra-animal dispose de son terme d'erreur spécifique, comme nous l'avons vu dans le chapitre précédent, le test de chacun d'entre eux est complètement indépendant des autres tests. Nous pouvons donc tester uniquement les contrastes intra-animal qui nous intéressent en ignorant les autres contrastes intra-animal.

Encadré 12.6
Matrice transposée des données de l'étude régime par jour

$Jour_h$	Y_{h1}	Y_{h2}	Y_{h3}	Y_{h4}	Y_{h5}	Y_{h6}	Y_{h7}	Y_{h8}
1	10	8	12	13	12	8	10	13
2	12	7	13	12	12	7	10	12
3	12	8	16	14	13	7	11	12
4	15	9	18	14	13	8	11	13
5	13	10	17	15	14	9	12	15
6	16	10	19	17	14	9	13	14
7	17	12	22	17	15	10	13	15
8	19	14	23	18	14	10	14	15
9	17	13	23	20	15	12	14	16
10	20	15	26	21	15	11	15	15

gonaux intra-animal. Parmi ces contrastes, nous n'en avons estimé qu'un seul, à savoir l'effet linéaire de Jour. Néanmoins, il serait évidemment possible, si nous avions des raisons particulières de le faire, d'étudier chacun des huit contrastes intra-animal que nous avons pour l'instant laissés de côté, ainsi que leurs interactions avec la variable Régime. On peut alors se demander ce qui fait de cette analyse une situation dans laquelle une variable indépendante « continue » varie à l'intérieur de groupes d'observations reliées et non indépendantes.

Pour répondre à cette question, commençons par regarder ces données d'une manière un peu différente. Dans l'Encadré 12.6, nous avons repris la matrice de l'Encadré 12.4, mais en la transposant de sorte que les animaux soient maintenant en colonnes plutôt qu'en lignes. La première colonne désigne donc la valeur de la variable Jour (pour chacun de ces h niveaux), la deuxième colonne nous donne les valeurs de Y pour le premier animal, Y_{h1}, la troisième colonne nous donne les valeurs de Y pour le deuxième animal, Y_{h2}, et ainsi de suite.

Si nous voulions traiter la variable $Jour_h$ en tant que variable prédictrice continue intra-animal, nous pourrions estimer ses effets en régressant le poids sur les valeurs de $Jour_h$ (c'est-à-dire les valeurs de 1 à 10), séparément pour chacun des animaux. En d'autres termes, en commençant par l'Animal 1, nous régresserions Y_{h1} sur $Jour_h$ sur l'ensemble des 10 jours. Le modèle qui en résulterait pour le premier animal est le suivant :

$$\hat{Y}_{h1} = 9.467 + 1.024\ Jour_h$$

Dans ce modèle, l'ordonnée à l'origine, 9.467, correspond au poids prédit pour cet animal pour le Jour 0 (au sein d'un modèle linéaire) et 1.024 correspond à l'augmentation linéaire du poids que l'on peut attendre pour chaque jour en plus. Afin de rendre l'ordonnée à l'origine plus interprétable, nous pouvons centrer $Jour_h$ à sa moyenne, 5.5, ce qui nous donne les paramètres estimés suivants :

$$\hat{Y}_{h1} = 15.100 + 1.024\ Jourc_h$$

La pente reste évidemment inchangée et l'ordonnée à l'origine est maintenant égale au poids moyen du premier animal sur les 10 jours.

L'interprétation de cette pente intra-animal (c'est-à-dire en tant qu'augmentation linéaire du poids de cet animal pour chaque jour en plus) est similaire à celle de Y_{difLin}, le score de différence intra-animal. Le score de différence capture en effet la différence linéaire en termes de poids pour chaque animal sur l'ensemble de 10 jours. En réalité, il est possible de montrer que la pente intra-animal, lorsque l'on régresse Y_{hi} sur $Jour_h$, dispose du même numérateur que le score de différence intra-animal, Y_{difLin}, que nous avons calculé précédemment. La formule d'une pente dans le cadre d'une régression simple, lorsqu'on utilise la méthode des moindres carrés, a déjà été présentée dans le Chapitre 5 et elle est égale à :

$$b_{YX} = \frac{\sum (X - \overline{X})(Y - \overline{Y})}{\sum (X - \overline{X})^2}$$

Dans le cas présent, les valeurs de la variable prédictrice sont les valeurs de 1 à 10, avec une moyenne de 5.5. Par conséquent, les valeurs de $(X - \overline{X})$ sont −4.5, −3.5, −2.5, −1.5, −0.5, 0.5, 1.5, 2.5, 3.5, 4.5, ce qui correspond exactement aux valeurs que nous avons utilisées pour construire le score de différence intra-animal, Y_{difLin}. Ainsi, si nous définissons ces valeurs comme étant les valeurs de δ, les codes de contrastes intra-animal, la formule de la pente devient :

$$b = \frac{\sum \delta (Y - \overline{Y})}{\sum \delta^2} = \frac{\sum \delta Y - \sum \delta \overline{Y}}{\sum \delta^2}$$

Sachant que $\sum \delta \overline{Y}$ est égal à zéro, cette expression de la pente se réduit à :

$$b = \frac{\sum \delta Y}{\sum \delta^2}$$

Le numérateur correspond à notre score de différence linéaire intra-animal, Y_{difLin}, et le dénominateur correspond simplement à la somme des valeurs de δ au carré, ce qui dans ce cas est égal à 82.5. Ainsi, si nous prenons la valeur de la pente pour le premier animal, 1.024, et que nous la multiplions par 82.5, nous obtenons 84.5, ce qui correspond à la valeur de cet animal sur le score composite de différence linéaire, Y_{difLin}, valeur qui apparaît dans l'Encadré 12.5. Il s'ensuit que, si nous réalisions huit régressions intra-animal (une régression par animal) en régressant les 10 scores Y_{hi} de chaque animal sur la variable Jour$_h$ centrée, les ordonnées à l'origine de ces modèles équivaudraient aux poids moyens de chaque animal (ce que nous appelions précédemment le score composite Y_{moy}) et chaque pente serait égale au score composite de différence linéaire (Y_{difLin}) de l'animal correspondant, divisé par une constante : $\sum \delta^2$.

Pour chaque animal, nous présentons dans l'Encadré 12.7 les valeurs des ordonnées à l'origine (b_{0i}) et des pentes (b_{1i}) qui résultent des huit régressions intra-animal consistant à prendre les 10 scores de poids de chaque animal, Y_{hi}, pour les régresser sur la variable Jour en forme centrée. Ce tableau inclut également les codes de contraste inter-animaux de la variable indépendante Régime.

Encadré 12.7

Ordonnées à l'origine et pentes résultant des régressions intra-animal

Animal	Régime	b_{0i} (Y_{moy})	b_{1i} ($Y_{difLin} / \sum \delta^2$)
1	−1	15.1	1.024
2	−1	10.6	0.873
3	−1	18.9	1.485
4	−1	16.1	0.964
5	1	13.7	0.357
6	1	9.1	0.503
7	1	12.3	0.576
8	1	14.0	0.400

Nous allons maintenant répéter nos comparaisons de MODÈLE A / MODÈLE C, afin de tester l'effet principal de la variable inter-animaux Régime, l'effet linéaire de la variable Jour (intra-animal) et l'interaction entre le Régime et l'effet linéaire de Jour. Cette fois, cependant, nous allons utiliser comme variable dépendante l'ordonnée à l'origine et la pente de chaque animal, chacune provenant des régressions intra-animal, et régresser chacune de ces variables dépendantes sur le Régime.

Dans la mesure où l'ordonnée à l'origine (b_{0i}) est exactement égale au score composite moyen de chaque animal (Y_{moy}), la première de ces régressions est identique à ce que nous avions obtenu précédemment en utilisant Y_{moy} comme variable dépendante :

$$\widehat{b}_{0i} = 13.725 - 1.450 Régime_i \qquad \text{SCE} = 50.755$$

Une comparaison de ce modèle avec un MODÈLE C fixant la pente de Régime à zéro produit à nouveau un $F_{1,6} = 1.99$ et un PRE = .25. Comme précédemment, cette comparaison de modèles teste la question de savoir si le poids moyen des animaux (c'est-à-dire en moyennant sur les 10 jours) ayant reçu un des régimes diffère de celui des animaux ayant reçu l'autre régime.

Le second MODÈLE A correspond à un modèle pour lequel les pentes intra-animal (b_{1i}) sont régressées sur la variable Régime :

$$\widehat{b}_{1i} = 0.773 - 0.314 Régime_i \qquad \text{SCE} = 0.253$$

Dans le fond, ce modèle est identique à celui que nous avons estimé précédemment et pour lequel Y_{difLin} était utilisé comme variable dépendante. Sachant que la valeur de la pente estimée pour chaque animal représente simplement la valeur de cet animal sur Y_{difLin} divisée par $\sum_h \delta_h^2$, il s'ensuit que les coefficients de ce modèle sont équivalents aux coefficients estimés du modèle ayant Y_{difLin} comme variable dépendante divisés par ce même facteur. Par conséquent, l'ordonnée à l'origine de ce nouveau modèle estime l'effet linéaire moyen de la variable Jour, $F_{1,6} = 113.42$ et PRE = .95, et le paramètre associé avec la variable prédictrice Jour estime l'interaction entre l'effet linéaire du Jour et le Régime, $F_{1,6} = 18.69$ et PRE = .76. En d'autres termes, ces modèles, utilisant les ordonnées à l'origine et les pentes issues des régressions intra-animal comme variables dépendantes, évaluent exactement les mêmes effets que ceux évalués en utilisant la procédure correspondant aux plans à facteurs mixtes présentés au Chapitre 11. Nous avons donc deux procédures équivalentes permettant de traiter les plans pour lesquels certaines des variables indépendantes (par exemple Jour) sont croisées avec des groupes d'observations liées (par exemple du fait qu'elles proviennent du même animal) et d'autres variables indépendantes varient entre des groupes d'observations liées (par exemple Régime). Cela sera toujours le cas lorsque les intervalles entre les niveaux du facteur intra-sujet seront d'ampleur équivalente et lorsqu'il n'y aura pas de données manquantes.

Mais alors, pourquoi avoir pris autant de temps pour démontrer que l'analyse des pentes et des ordonnées à l'origine, dérivant de modèles de régression intra-animal, nous donne exactement les mêmes informations que la procédure présentée au Chapitre 11 pour les plans mixtes ? La réponse est que l'analyse de telles pentes et ordonnées à l'origine, dérivées à partir de groupes d'observations liées entre elles, va nous procurer une flexibilité immense permettant d'examiner l'effet de variables indépendantes d'intérêt variant à la fois à l'intérieur et entre des groupes d'observations liées entre elles. Commençons par revoir une nouvelle fois cette procédure, avant d'aborder des scénarios plus complexes.

Lorsque des observations ne sont pas indépendantes du fait qu'elles sont groupées d'une façon ou d'une autre (p. ex., lorsqu'elles proviennent du même individu, de la même famille, du même groupe, etc.), on peut estimer les effets de variables indépendantes qui varient au sein du groupe d'observations. Cela peut se faire en estimant des modèles de régression intra-groupe, en régressant la variable dépendante au sein de chacun des groupes d'observations sur les variables indépendantes pour ce groupe. Dans de tels modèles, et en supposant que les variables indépendantes ont été centrées, les ordonnées à l'origine nous donneront la moyenne des observations liées entre elles pour chacun des groupes et les pentes estimeront les différences au sein de ces observations qui sont associées à la variable indépendante intra-groupe à laquelle on s'intéresse. (Cela peut également être des associations partielles si plus d'une variable indépendante intra-groupe est utilisée comme prédicteur et qu'il existe une redondance entre les prédicteurs.) Ces variables indépendantes peuvent varier de manière continue ou catégorielle et on peut également inclure des interactions entre elles dans de tels modèles intra-groupe pour peu que cela fasse sens sur le plan théorique.

Les ordonnées à l'origine et les pentes obtenues dans ces modèles intra-groupe deviennent alors les valeurs que nous analyserons ultérieurement au sein de modèles pour lesquels l'unité d'analyse deviendra le groupement étudié plutôt que les observations individuelles de départ. En somme, on régresse les ordonnées à l'origine et les pentes, dans des modèles séparés, sur toutes les variables indépendantes qui s'avèrent intéressantes. Dans le modèle où les ordonnées sont les données, pour peu que l'on ait centré les prédicteurs intra-groupe, les pentes associées aux prédicteurs inter-groupes estiment les effets « moyens » de ces prédicteurs, en moyennant à travers les différents niveaux des prédicteurs intra-groupe. Dans les modèles de pentes, où les pentes intra-groupe constituent les données, les pentes associées aux prédicteurs inter-groupes estiment les interactions entre les prédicteurs intra-groupe et les prédicteurs inter-groupes.

Cette description des modèles est à la fois abstraite et dense, mais le point important renvoie au fait que cette approche de l'analyse de données qui présentent des dépendances à cause du groupement de ces dernières est une approche très générale et très flexible qui fait l'objet d'une utilisation croissante sous le nom de modèles multiniveaux, même si ces modèles ont recours à des procédures d'estimation simultanées passablement différentes. Dans ce qui suit, nous présentons une introduction générale à ces modèles.

3. Les modèles multiniveaux

Pour commencer à introduire ces modèles dans un contexte simplifié, imaginez que nous ayons des données d'étudiants regroupés en classes. Pour chaque étudiant, nous disposons du score à un test de performance standardisé et nous voulons analyser ces scores en fonction d'une série de variables indépendantes, certaines variant au sein des classes et d'autres entre elles. Nous commençons en supposant que les classes induisent des dépendances entre les scores du test, du fait d'un ensemble de facteurs comme les interactions dans la classe, les expériences communes des membres de la classe, etc. Nous allons utiliser Y_{hi} pour représenter le score du test de l'étudiant h dans la classe i, gardant ainsi les mêmes indices dans cet exemple que ceux que nous avons utilisés jusqu'ici : l'indice i renvoie au groupe des observations liées entre elles et l'indice h réfère aux observations individuelles au sein de ce groupe.

Commençons en supposant que nous ayons une variable indépendante, le sexe de l'étudiant, qui varie d'un étudiant à l'autre au sein des classes, et une autre variable indépendante, le sexe du professeur, qui varie entre les classes (mais pas entre elles, car nous faisons l'hypothèse que chaque classe est associée à un seul professeur). Nous allons utiliser SE_{hi} (un code de contraste avec les valeurs +1 s'il s'agit d'une étudiante et −1 s'il s'agit d'un étudiant). Nous allons appeler la variable du sexe du professeur SP_i (un code de contraste avec les valeurs +1 s'il s'agit d'une femme et −1 s'il s'agit d'un homme). Notez que la variable du sexe de l'étudiant possède à la fois les indices h et i parce qu'elle varie d'un étudiant à l'autre au sein des classes. En revanche, la variable du sexe du professeur possède uniquement l'indice i puisqu'elle ne varie qu'entre les classes.

Nous commençons par estimer l'effet de la variable du sexe de l'étudiant sur les scores au test en estimant les ordonnées à l'origine et les pentes intra-classe sur base du modèle intra-classe suivant :

$$Y_{hi} = \beta_{0i} + \beta_{1i} SE_{hi} + \varepsilon_{hi}$$

Notez que les paramètres dans ce modèle possèdent des indices *i*, ce qui signifie que chaque classe a sa propre ordonnée à l'origine et sa propre pente. L'ordonnée à l'origine est le score moyen de performance au test dans une classe donnée, en faisant la moyenne des étudiants masculins et féminins de la classe. La pente, quant à elle, est la différence (en réalité, la moitié de la différence, étant donné notre codage), en termes de scores au test, entre les étudiantes et les étudiants dans la classe. Dans le langage des modèles multiniveaux, le modèle intra-classe est appelé le modèle de niveau un, ce qui veut dire qu'il estime l'effet moyen et l'effet du genre au niveau le plus bas de la structure hiérarchique des données, à travers les étudiants nichés au sein d'une classe.

Ensuite, les paramètres de ce modèle de niveau un sont modélisés au niveau deux, entre les classes, à l'aide d'un modèle de niveau deux pour les ordonnées à l'origine et d'un modèle de niveau deux pour les pentes :

$$\beta_{0i} = \alpha_{00} + \alpha_{01}SP_i + \mu_{0i}$$

$$\beta_{1i} = \alpha_{10} + \alpha_{11}SP_i + \mu_{1i}$$

Chacun de ces paramètres de niveau un est donc ici modélisé en fonction de la variable indépendante de niveau deux, le sexe du professeur. En d'autres termes, les ordonnées à l'origine et les pentes sont régressées séparément sur le sexe du professeur. Pour différencier les paramètres dans ces modèles de niveau deux de ceux dans le modèle de niveau un, nous utilisons α au lieu de β, et chacun de ces paramètres possède deux indices ; le premier indice indique s'il émane d'un modèle de niveau un portant sur l'ordonnée à l'origine ou sur une pente et le second indique s'il s'agit d'une ordonnée à l'origine ou d'une pente dans le modèle de niveau deux. Par exemple, le paramètre α_{01} est issu d'un modèle de niveau un portant sur l'ordonnée à l'origine (parce que le premier indice est 0) et correspond à la pente de niveau deux du prédicteur *SP*. Autrement dit, α_{01} renvoie à la pente associée au sexe du professeur dans la régression des ordonnées à l'origine de niveau un sur le sexe du professeur. Enfin, pour différencier les erreurs dans ces modèles de niveau deux de celles que nous avons obtenues dans le modèle de niveau un, nous utilisons μ_{0i} et μ_{1i} respectivement pour les résidus des ordonnées à l'origine et des pentes de niveau un.

Dans l'Encadré 12.8, nous donnons les interprétations des paramètres et les termes d'erreur pour ces modèles.

Encadré 12.8
Interprétations des paramètres et termes d'erreur pour les modèles prédicteurs des scores au tests

β_{0i}	Le score moyen au test pour la classe *i*, en moyenne à travers les étudiants masculins et féminins.
β_{1i}	La moitié de la différence de moyenne entre les étudiants masculins et féminins pour la classe *i*.
ε_{hi}	Le résidu correspondant à la différence entre le score individuel au test de l'étudiant *h* et la moyenne de son sexe pour la classe *i*.
a_{00}	La moyenne des scores au test dans les classes, en moyenne à travers les professeurs masculins et féminins.
a_{01}	La moitié de la différence de moyennes entre les classes dont les professeurs sont de sexe masculin et celles dont les professeurs sont de sexe féminin.
μ_{0i}	Le résidu correspondant à la différence entre le score moyen au test de la classe et celui prédit par le modèle.
α_{10}	La moyenne des différences dues au sexe des étudiants dans les classes, en moyenne à travers les professeurs masculins et féminins.
α_{11}	La moitié de la différence entre les professeurs masculins et féminins dans la différence de scores due au sexe des étudiants au sein des classes.
μ_{1i}	Le résidu correspondant à la différence de scores en fonction du sexe des étudiants dans les classes et qui n'est pas prédite par le modèle.

Les modèles de niveau deux peuvent être utilisés pour tester des hypothèses nulles spécifiques en comparant ces modèles aux modèles compacts appropriés. Par exemple, le test qui vérifie que α_{01} diffère de zéro teste si, en moyenne (ou plus exactement en moyennant à travers les étudiants masculins et féminins), il y a une différence entre les scores des classes confiées à des professeurs masculins *versus* féminins. Le test qui vérifie si α_{10} diffère de zéro teste la différence moyenne de scores entre les étudiants masculins et féminins (en moyennant à travers les professeurs masculins et féminins). Et le test qui vérifie si α_{11} diffère de zéro teste l'interaction entre le sexe des étudiants et le sexe des professeurs – est-ce que la différence due au sexe des étudiants au sein des classes dépend du sexe du professeur ou est-ce que le score de l'étudiant est supérieur lorsque le sexe de l'étudiant et celui du professeur correspondent ?

Ces modèles pourraient être estimés séquentiellement, d'abord au niveau un, en estimant l'ordonnée à l'origine et la pente de chaque classe, puis au niveau deux, en estimant les ordonnées à l'origine et les pentes au niveau deux. Cependant, procéder de cette manière n'est pas optimal, particulièrement si la taille et la variabilité diffèrent d'une classe à l'autre. On préférera une procédure d'estimation simultanée qui produira les meilleurs estimateurs en prenant en compte la variabilité globale dans les données due aux diverses sources de variation. Nous pouvons trouver le modèle multiniveaux complet qu'il nous faudrait estimer en substituant les modèles de niveau deux aux paramètres du modèle de niveau un (les β). Nous reproduisons ces modèles ci-dessous, puis nous effectuons la substitution dans le modèle de niveau un :

Niveau un :

$$Y_{hi} = \beta_{0i} + \beta_{1i} SE_{hi} + \varepsilon_{hi}$$

Niveau deux :

$$\beta_{0i} = \alpha_{00} + \alpha_{01} SP_i + \mu_{0i}$$

$$\beta_{1i} = \alpha_{10} + \alpha_{11} SP_i + \mu_{1i}$$

Si nous substituons les paramètres dans le modèle de niveau un par les modèles de niveau deux :

$$Y_{hi} = (\alpha_{00} + \alpha_{01} SP_i + \mu_{0i}) + (\alpha_{10} + \alpha_{11} SP_i + \mu_{1i}) SE_{hi} + \varepsilon_{hi}$$

et que nous réarrangeons les termes :

$$Y_{hi} = \alpha_{00} + \alpha_{01} SP_i + \alpha_{10} SE_{hi} + \alpha_{11} SP_i SE_{hi} + \mu_{0i} + \mu_{1i} SE_{hi} + \varepsilon_{hi}$$

nous obtenons maintenant un seul modèle qui intègre à la fois les modèles de niveau un et de niveau deux que nous souhaitions estimer. À certains égards, ce modèle multiniveaux devrait paraître très familier. À d'autres, il semble très différent. La première partie du modèle avec les paramètres α paraît faire sens. Nous estimons d'abord une ordonnée à l'origine, qui est comme la moyenne (pour peu qu'on recoure à des codes de contraste), puis l'effet du sexe des professeurs, puis celui du sexe des étudiants et, enfin, leur interaction. Mais le modèle devient ensuite étrange puisque nous avons trois termes d'erreur ou résidus, ces trois termes ayant été définis dans l'Encadré 12.8. Il y a tout d'abord l'erreur résiduelle entre les moyennes des classes au niveau des classes, μ_{0i}. Ensuite, il y a aussi une erreur résiduelle de l'effet du sexe des étudiants au niveau des classes, $\mu_{1i} SE_{hi}$. Enfin, il y a l'erreur résiduelle au niveau des scores de chacun des étudiants au-delà des valeurs prédites par le modèle, ε_{hi}. Ces différents termes d'erreur ont très vraisemblablement des variances différentes, ce qui veut dire qu'on ne peut pas simplement les rassembler au sein d'un seul terme d'erreur.

La conséquence est que l'estimation de ce modèle ne peut se faire en utilisant la méthode des moindres carrés que nous avons utilisée jusqu'ici dans le livre. Cela est dû au fait que nous n'avons pas un seul terme d'erreur que nous entendons minimiser. En lieu et place, nous avons plusieurs termes d'erreur et nous devons les estimer (ainsi que les paramètres du modèle) d'une façon optimale. Plus précisément, optimale veut dire ici que nous devons trouver les valeurs des paramètres et des variances résiduelles qui maximisent la vraisemblance conjointe des données, en supposant une distribution normale. Au Chapitre 3, nous avons brièvement introduit l'estimation du maximum de vraisemblance et indiqué comment, dans le contexte de la plupart des modèles de ce livre, les estimateurs des moindres carrés et ceux du maximum de vraisemblance étaient les mêmes. Il se trouve que, dans le contexte où nous sommes, avec des variances résiduelles multiples, ces deux méthodes d'estimation divergent. De fait, il n'est pas possible d'obtenir des estimateurs des moindres carrés. En revanche, il est parfaitement possible de trouver, par le biais d'une méthode itérative, les paramètres et les variances résiduelles qui maximisent la vraisemblance des données. Des procédures logicielles très répandues, connues sous le nom de modèles mixtes, sont en mesure de produire ces estimations.

Une autre façon d'écrire le modèle mixte est éclairante afin de spécifier les composants aléatoires du modèle :

$$Y_{hi} = (\alpha_{00} + \mu_{0i}) + (\alpha_{10} + \mu_{1i})SE_{hi} + \alpha_{01}SP_i + \alpha_{11}SP_i \quad SE_{hi} + \varepsilon_{hi}$$

Selon cette formulation, l'ordonnée à l'origine du modèle (dans les premières parenthèses) comporte deux composantes – la moyenne générale, α_{00} et une composante « aléatoire » qui autorise la moyenne à varier d'une classe à l'autre, μ_{0i}. De la même façon, la pente pour le prédicteur *SE* (dans les secondes parenthèses) comporte deux composantes, la pente moyenne à travers les classes, α_{10}, et une autre composante « aléatoire » qui permet à cette pente de varier d'une classe à l'autre. Les pentes de *SP* et de l'interaction de *SE* avec *SP* n'ont pas de composantes aléatoires puisque *SP* varie entre les classes, mais ne peut pas varier à l'intérieur des classes (puisque pour une classe donnée le professeur est une femme ou un homme). Pour qu'un effet puisse varier d'une classe à l'autre, il faut que cet effet puisse être estimé au niveau inférieur, à savoir au sein des classes.

Pour réaliser l'estimation du modèle mixte, les programmes informatiques requièrent que les données soient en format « long », ce qui signifie que chaque ligne de donnée correspond à une observation individuelle (dans le cas présent, d'un étudiant individuel au sein d'une classe). Le fichier de données consisterait ici en autant de lignes de données qu'il y a d'étudiants, reprenant pour chaque score individuel Y_{hi} un identifiant étudiant, *h*, un identifiant classe, *i*, le sexe de l'étudiant, SE_{hi}, et le sexe du professeur dans cette classe, SP_i. La spécification du modèle mixte indique que les scores Y_{hi} doivent être modélisés en fonction du sexe de l'étudiant, du sexe du professeur et de leur interaction, avec pour les classes des termes « aléatoires » pour les ordonnées à l'origine et les pentes liées au sexe des étudiants. Les sorties de résultats des logiciels présentent généralement les paramètres estimés et les variances résiduelles aléatoires (dans ce cas, la variance des ordonnées à l'origine des classes, la variance des pentes des classes et la variance des résidus de niveau un). Il est aussi possible d'estimer la covariance entre les ordonnées à l'origine des classes et les pentes des classes. Ces variances (et covariances) présentent souvent un intérêt théorique. Par exemple, dans la situation qui nous occupe, il peut s'avérer intéressant de savoir dans quelle mesure les classes ayant des scores moyens plus élevés présentent aussi des différences plus faibles en fonction du sexe des étudiants (i.e., la covariance entre les ordonnées à l'origine et les pentes).

Du fait de la multiplicité des variances résiduelles dans le modèle, le calcul des degrés de liberté et des erreurs standards des paramètres estimés est complexe et dépasse le cadre de ce que nous pouvons aborder ici. La plupart des programmes de modèles mixtes estiment les degrés de liberté et des tests *t* approximatifs en recourant à ce qu'on appelle l'approximation de Satterthwaite. En outre, il est possible de comparer des modèles en s'appuyant sur les statistiques de déviance de modèles nichés sachant que les différences de valeurs de déviance sont approximativement distribuées comme des statistiques chi-deux. On pourra trouver des détails sur ces différents aspects dans des textes dédiés exclusivement aux modèles mixtes multiniveaux (Hox, 2010; Snijders & Bosker, 2012).

Dès lors qu'on souhaite estimer des modèles qui portent sur des données non indépendantes, l'utilisation de l'approche par modélisation multiniveaux présente un certain nombre d'avantages (par rapport aux approches des moindres carrés abordées plus haut dans ce chapitre et dans le chapitre précédent). Tout d'abord, il n'est pas nécessaire de se plier à des postulats contraignants concernant le nombre d'observations composant les groupes qui génèrent la non-indépendance. Ainsi, dans le cas présent, le nombre d'étudiants dans chacune des classes pourrait varier considérablement alors que l'approche précédente postulait un nombre constant d'observations dans chaque groupe (et seulement une observation pour chaque niveau des prédicteurs intra-groupe). Ensuite, et en lien avec le point mentionné à l'instant, l'estimation reste possible même en présence de données manquantes, alors qu'avec des approches comme l'ANOVA en mesures répétées il faut généralement omettre de l'analyse l'entièreté du groupe lorsqu'une ou plusieurs observations manquent au sein de ce groupe. Enfin, une estimation simultanée des modèles de niveau un et de niveau deux est à la fois efficiente et statistiquement optimale.

3.1. *Un second modèle multiniveaux avec des prédicteurs continus*

Imaginez qu'une chercheuse s'intéresse à la relation entre la quantité d'exercice et l'humeur. Idéalement, si celle-ci souhaitait tester l'effet causal de l'exercice sur l'humeur, elle manipulerait le niveau d'exercice de façon expérimentale, répartissant aléatoirement les participants à différents niveaux d'exercice et mesurerait plus tard leur humeur. De façon plus pragmatique et pour se faire une première idée de la manière dont exercice et humeur sont liés, elle peut vouloir se tourner vers une étude observationnelle longitudinale et mesurer le niveau d'exercice et l'humeur à de multiples occasions au fil du temps auprès d'un échantillon de participants. L'Encadré 12.9 présente une série de données qui auraient pu être collectées.

Encadré 12.9
Données hypothétiques sur l'exercice et l'humeur

Participant	Temps de mesure	Exercice	Humeur
1	1	3	5
1	2	1	4
1	3	4	4
2	1	5	6
2	2	7	5
2	3	3	8
2	4	5	5
3	1	1	3
3	2	3	7

Dans ces données hypothétiques, les temps de mesures sont échantillonnés au sein des participants avec le nombre de temps de mesure variant d'un participant à l'autre. À chaque temps de mesure, les participants indiquent leur niveau quotidien d'exercice (sur une échelle de 1 à 10) et la positivité de leur humeur (là aussi sur une échelle de 1 à 10). En pratique, l'échantillon comprendrait un grand nombre de participants différents et un grand nombre de temps de mesures différents pour chacun des participants.

Nous aimerions construire un modèle dans lequel nous utilisons la variable exercice pour prédire l'humeur. Les observations sont groupées dans le sens où plusieurs temps de mesure concernent le même participant et il est probable que cela engendre une dépendance entre les données. De plus, la variable indépendante, exercice, varie à la fois entre et au sein des participants. Pour illustrer ce que cela signifie, prenez les Participants 1 et 2 dans le lot de données de l'Encadré 12.9. Il apparaît clairement que pour chacun de ces participants, l'exercice varie d'un temps de mesure à l'autre. En plus, dans le même temps, le participant 1 s'exerce en moyenne moins que le Participant 2 (le Participant 1 a une moyenne de 2.67 et le Participant 2 une moyenne de 5.00), ce qui fait que le niveau d'exercice varie également d'un participant à l'autre. Pour comprendre pleinement la relation entre exercice et humeur dans ces données, nous avons donc besoin d'examiner à la fois la relation au sein et entre les participants.

Commençons la spécification du modèle multiniveaux en écrivant le modèle qui lie l'exercice et l'humeur au sein de chaque participant, c'est-à-dire le modèle de niveau un intra-participant :

$$M_{hi} = \beta_{0i} + \beta_{1i}E_{hi} + \varepsilon_{hi}$$

Comme les temps de mesure sont groupés ou nichés au sein des participants, l'indice h renvoie maintenant au temps de mesure et l'indice i renvoie au participant. Ce modèle implique que chaque participant dispose d'une ordonnée à l'origine et d'une pente. Dans la mesure où l'exercice n'a pas été centré, l'ordonnée à l'origine de chaque participant correspondra à son humeur dans le cas où il ou elle n'a pas fait d'exercice. La pente d'un participant donné estime, quant à elle, la différence de son humeur selon qu'il ou elle a fait une unité d'exercice en plus lors d'un temps de mesure donné. Puisque nous allons estimer ces paramètres intra-participant de niveau un entre les participants, il semble certainement avisé de centrer le prédicteur de niveau un autour du niveau moyen d'exercice de chaque participant. C'est ce que nous avons fait dans le modèle de niveau un repris ci-dessous où $\bar{E}_i$ est égal au score d'exercice moyen du Participant i sur l'ensemble des temps de mesure.

$$M_{hi} = \beta_{0i} + \beta_{1i}(E_{hi} - \bar{E}_i) + \varepsilon_{hi}$$

Dans ce nouveau modèle intra-participant de niveau un, l'ordonnée à l'origine estimée pour chaque participant sera égale à son score moyen d'humeur à travers les différents temps de mesure[18].

Au niveau deux, nous modélisons les paramètres de niveau un en fonction du niveau d'exercice moyen du participant :

$$\beta_{0i} = \alpha_{00} + \alpha_{01}\bar{E}_i + \mu_{0i}$$

$$\beta_{1i} = \alpha_{10} + \alpha_{11}\bar{E}_i + \mu_{1i}$$

Afin de faciliter l'interprétation des ordonnées à l'origine dans ces modèles, nous allons aussi centrer les prédicteurs dans ce contexte en centrant le niveau moyen d'exercice de chaque participant autour de la moyenne générale :

$$\beta_{0i} = \alpha_{00} + \alpha_{01}(\bar{E}_i - \bar{E}_.) + \mu_{0i}$$

$$\beta_{1i} = \alpha_{10} + \alpha_{11}(\bar{E}_i - \bar{E}_.) + \mu_{1i}$$

18. Le fait de centrer autour de la moyenne propre à chaque participant plutôt qu'autour de la moyenne générale est important pour garantir que les ordonnées à l'origine correspondent à l'humeur moyenne de chaque participant plutôt que leur humeur prédite au niveau moyen d'exercice de tous les participants à travers l'ensemble des temps de mesure.

Ainsi, dans le modèle de niveau un, le prédicteur correspond à la différence entre le score d'exercice d'un participant pour un temps de mesure donné et son niveau moyen d'exercice, alors que dans le modèle de niveau deux, le prédicteur est la différence entre le niveau moyen d'exercice de chaque participant et la moyenne générale d'exercice.

Nous pouvons maintenant combiner le modèle de niveau un et celui de niveau deux (chacun avec leurs prédicteurs centrés) en un seul modèle multiniveaux en substituant les paramètres dans le modèle de niveau un par les modèles de niveau deux :

$$M_{hi} = (\alpha_{00} + \alpha_{01}(\bar{E}_i - \bar{E}_.) + \mu_{0i}) + (\alpha_{10} + \alpha_{11}(\bar{E}_i - \bar{E}_.) + \mu_{1i})(E_{hi} - \bar{E}_i) + \varepsilon_{hi}$$

En réarrangeant les termes, de manière à regrouper les paramètres (aussi appelés les « effets fixes ») et les termes d'erreurs aléatoires, on obtient :

$$M_{hi} = \alpha_{00} + \alpha_{01}(\bar{E}_i - \bar{E}_.) + \alpha_{10}(E_{hi} - \bar{E}_i) + \alpha_{11}(\bar{E}_i - \bar{E}_.)(E_{hi} - \bar{E}_i) + \mu_{0i} + \mu_{1i}(E_{hi} - \bar{E}_i) + \varepsilon_{hi}$$

Le modèle qui doit être estimé inclut donc des paramètres fixes pour la moyenne générale, α_{00}, l'effet inter-participants du niveau d'exercice moyen, α_{01} (est-ce que les gens qui font habituellement plus d'exercice que la moyenne sont de meilleure humeur ?), l'effet intra-participant de l'humeur, α_{10} (est-ce que les gens rapportent une meilleure humeur pour les temps de mesure où ils font plus ou moins d'exercice que d'habitude ?) et leur interaction, α_{11} (est-ce que les gens qui font habituellement plus d'exercice rapportent des effets de variations de l'impact de l'exercice sur l'humeur plus importants en fonction des temps de mesure ?). Outre ces effets fixes, le modèle spécifie des variations aléatoires pour les moyennes ou les ordonnées à l'origine des participants et pour leurs pentes quant aux fluctuations au jour le jour de leur niveau d'exercice (et probablement leur covariance). Les sorties de résultats des logiciels de modèles mixtes incluent généralement les estimations des paramètres fixes (et les erreurs standards associées) et les variances des composants aléatoires.

Le terme d'interaction dans le modèle est inclus du fait de l'inclusion du prédicteur inter-participants dans le modèle de niveau deux pour la pente. Si l'on devait estimer un nouveau modèle de niveau deux de la pente qui n'inclut pas ce prédicteur, on aurait :

$$\beta_{0i} = \alpha_{00} + \alpha_{01}(\bar{E}_i - \bar{E}_.) + \mu_{0i}$$

$$\beta_{1i} = \alpha_{10} + \mu_{1i}$$

On omettrait alors l'interaction du modèle mixte complet, qui serait devenu :

$$M_{hi} = \alpha_{00} + \alpha_{01}(\bar{E}_i - \bar{E}_.) + \alpha_{10}(E_{hi} - \bar{E}_i) + \mu_{0i} + \mu_{1i}(E_{hi} - \bar{E}_i) + \varepsilon_{hi}$$

Il est parfaitement possible, vu la nature observationnelle des données qui sous-tendent cet exemple, que les deux effets de l'exercice (l'un dû aux fluctuations intra-participant et l'autre dû à la variation inter-participants) aient des pentes associées très différentes. Ainsi, les variations au jour le jour en matière d'exercice pourraient prédire négativement les fluctuations au jour le jour de l'humeur, alors même que les gens qui s'exercent plus sont de manière chronique de meilleure humeur.

L'Encadré 12.10 reprend une présentation hypothétique de résultats possibles de ce modèle mixte. Chaque ligne fine correspond au modèle de niveau un pour un participant donné, ce qui traduit la relation intra-participant entre exercice et humeur. On observe que beaucoup de ces lignes ont une pente négative. Dans le même temps, en moyenne à travers les participants, ces données hypothétiques semblent révéler que les participants qui font en moyenne plus d'exercices ont des scores d'humeur plus élevés. C'est ce qu'indique la ligne grasse dans la figure.

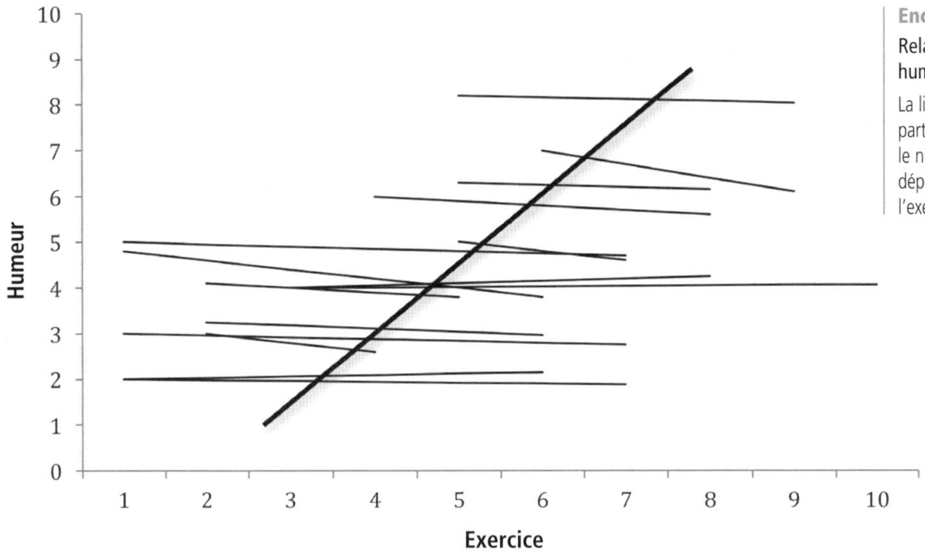

Encadré 12.10

Relations hypothétiques entre exercice-humeur dans le modèle multiniveaux

La ligne grasse dépeint la relation inter-participants entre le niveau moyen d'exercice et le niveau moyen d'humeur. Les lignes fines dépeignent les relations intra-participant entre l'exercice et l'humeur aux différentes occasions.

3.2. *Les modèles croisés aléatoires*

Dans la section précédente, nous avons utilisé deux exemples de données pour illustrer les modèles multiniveaux. Le premier impliquait des étudiants (le niveau un) nichés au sein des classes (le niveau deux). Le second mettait en jeu des temps de mesure (le niveau un) nichés au sein des participants (le niveau deux). Parce que ces modèles intègrent des variances d'erreur aux deux niveaux, les analyses appropriées autorisent une généralisation des effets avec de nouveaux échantillons aux deux niveaux. En d'autres termes, si nous trouvons un effet significatif de l'exercice sur l'humeur, que ce soit au sein des participants à travers les temps de mesure ou entre participants, et si les postulats qui sous-tendent l'analyse sont satisfaits, alors nous serions en droit de pouvoir généraliser nos conclusions à d'autres échantillons de participants et à d'autres échantillons de temps de mesure, pour peu que ces derniers soient échantillonnés de la même façon que ce qui a été fait pour les données originales. Ce type de généralisation constitue l'objectif du test de l'hypothèse nulle pour tous les modèles exploités dans cet ouvrage. Nous voulons savoir s'il est raisonnable de penser que les paramètres estimés seraient différents de valeurs fixées *a priori* (généralement zéro) si d'autres boules d'erreur (i.e., d'autres échantillons d'erreurs ; voir le Chapitre 3) avaient été utilisées. Dans le cas présent, il y a des boules d'erreur qui résultent de plusieurs facteurs « aléatoires » aux niveaux un et deux.

Très souvent, dans les expériences de psychologie, les facteurs aléatoires sont en fait croisés les uns avec les autres plutôt que d'être nichés l'un dans l'autre, comme c'était le cas dans les exemples précédents. Supposons par exemple que nous soyons intéressés par la question de savoir si les jugements stéréotypés (p. ex., « à quel point cette personne est-elle dangereuse ? ») portés sur des visages d'hommes noirs diffèrent de ceux portés sur des visages d'hommes blancs. On pourrait demander à un échantillon de participants de juger un échantillon de visages, la moitié de noirs et la moitié de blancs, afin de déterminer si, en moyenne, les visages noirs sont jugés différemment des visages blancs. De la même manière que les participants doivent être considérés comme un échantillon de participants possibles, les visages doivent eux aussi être considérés comme un échantillon de visages possibles que l'on peut utiliser pour représenter les deux catégories ethniques.

Prenons les données hypothétiques de l'Encadré 12.11. Chacune des lignes de ces données représente les jugements de 10 visages par un participant donné, avec les cinq premiers jugements de visages noirs et les cinq suivants de visages blancs. Dans cet exemple, les visages sont croisés avec les participants, ce qui signifie que chaque visage a été jugé par chaque participant. De ce fait, ce plan expérimental, avec ces deux facteurs échantillonnés, est différent de ceux considérés précédemment dans lesquels les deux facteurs échantillonnés (p. ex., les élèves dans les classes) étaient nichés, l'un dans l'autre.

Encadré 12.11

Données hypothétiques de participants jugeant des visages noirs et blancs sur une dimension de jugement stéréotypée

Participant	Visages noirs					Visages blancs				
	Visage 1	Visage 2	Visage 3	Visage 4	Visage 5	Visage 6	Visage 7	Visage 8	Visage 9	Visage 10
1	7	8	5	9	4	4	5	3	7	8
2	6	5	4	8	3	5	6	4	6	7
3	4	6	2	7	1	4	3	2	4	4
4	6	7	3	7	4	6	4	3	6	7

L'approche traditionnelle pour l'analyse des données de ce type de plan consisterait à calculer deux scores moyens pour chacun des participants, un pour les jugements des visages noirs et un pour les jugements des visages blancs, puis de tester s'il y a une différence significative entre ces deux moyennes sur l'ensemble des participants, en s'appuyant sur une ANOVA à mesures répétées. Ce que fait cette analyse standard, c'est traiter les participants comme un facteur aléatoire, mais elle ignore la variation dans les données que l'on doit aux différents visages puisqu'elle porte sur la moyenne des visages de la même ethnicité. Par exemple, dans les données de l'Encadré 12.11, au sein des visages noirs, il semble que les évaluations du Visage 4 soient plutôt élevées en moyenne alors que celles du Visage 5 sont plutôt basses en moyenne. Cette différence, qui incombe aux visages, est perdue lorsqu'on calcule et analyse uniquement les évaluations moyennes de chaque participant. Clark (1972) et Judd, Westfall et Kenny (2012) ont montré que cette démarche analytique standard ignore la variation due aux visages et donne lieu à des statistiques de test considérablement exagérées s'il s'agit de tirer des conclusions concernant une différence ethnique que l'on entend généraliser à des études qui impliqueraient d'autres visages et d'autres participants. En d'autres termes, des effets d'ethnicité « significatifs » pourraient ne pas être répliqués dans des études qui utilisant d'autres visages échantillonnés de manière identique au sein des deux catégories ethniques. En réalité, tant les participants que les visages sont des sources de variation aléatoires (et de dépendances) dans ces données et ces dernières doivent être prises en compte dans l'analyse si l'on souhaite tirer des conclusions statistiques appropriées.

Pour comprendre le biais qui découle d'une négligence de la variation due aux visages, imaginez simplement que d'autres échantillons de visages soient utilisés. Dans une première étude, par le seul hasard du tirage, les visages noirs sont comme les Visages 2 et 4 et présentent des valeurs relativement élevées. Alors que dans une autre étude, tous les visages noirs, à nouveau par le seul fait du hasard, ressemblent plus aux Visages 3 et 5, avec des scores relativement faibles. Du fait des différences aléatoires, ces études pourraient avoir abouti à des conclusions divergentes si elles avaient ignoré la variabilité d'échantillonnage inhérente aux données liées aux différences moyennes entre les visages.

L'analyse appropriée requiert un modèle mixte dans lequel on retrouve des termes d'erreur découlant de chacun des deux facteurs aléatoires, les participants et les visages. En revanche, ces deux facteurs aléatoires ne sont pas nichés, comme dans les exemples précédents, et on ne peut donc pas spécifier le modèle mixte approprié en parlant de facteurs aléatoires et de modèles aux niveaux un et deux. En fait, le modèle mixte spécifie les paramètres fixes que l'on entend estimer, ainsi que tous les autres composants de variation aléatoire que l'on peut estimer dans les données. Pour le plan qui nous concerne, les effets fixes sont la moyenne générale et la différence moyenne due à l'ethnicité des visages. La moyenne générale correspond à l'ordonnée à l'origine dans un modèle linéaire avec l'ethnicité en codes de contraste et la différence moyenne due à l'ethnicité des visages correspond à la pente pour le prédicteur ethnicité. Les participants et les visages sont tous deux des facteurs aléatoires, pour lesquels on peut estimer une moyenne : dans la matrice de données de l'Encadré 12.11, les moyennes des lignes sont les moyennes des participants et les moyennes de colonnes sont les moyennes des visages. En outre, pour les participants, mais pas pour les visages, il est possible de calculer une différence ou une pente due à l'ethnicité. Autrement dit, dans la mesure où les participants sont croisés avec l'ethnicité, il est possible d'estimer une pente d'ethnicité pour chaque participant. Ceci n'est pas possible pour le facteur aléatoire visage puisque chaque visage ne se retrouve que dans une condition d'ethnicité plutôt que dans les deux.

Dès lors, pour ce plan, le modèle mixte complet, qui comprend tous les composants de variance attribuables aux deux facteurs aléatoires (participants et visages), est :

$$Y_{ij} = \beta_0 + \beta_1 Eth_{ij} + \mu_{0i} + \mu_{0j} + \mu_{1i} Eth_{ij} + \varepsilon_{ij}$$

$$Y_{ij} = (\beta_0 + \mu_{0i} + \mu_{0j}) + (\beta_1 + \mu_{1i}) Eth_{ij} + \varepsilon_{ij}$$

Dans ce modèle, l'indice *i* est utilisé pour renvoyer au participant et l'indice *j* au visage. Y_{ij} correspond au jugement du *i*ème participant à propos du *j*ème visage et *Eth* correspond au code de contraste représentant l'ethnicité. Ci-dessus nous avons présenté le modèle de deux manières, d'abord avec les effets fixes présentés au début suivis par les quatre effets aléatoires, et ensuite avec les composants de l'ordonnée à l'origine à l'intérieur des premières parenthèses et les composants de la pente à l'intérieur des secondes parenthèses. Le modèle spécifie une ordonnée générale (ou moyenne) avec des variations dues aux moyennes des participants et des visages. Vient ensuite la différence globale due à l'ethnicité, avec la pente qui varie aléatoirement d'un participant à l'autre. Enfin, on trouve une erreur aléatoire au niveau de l'observation individuelle. On peut estimer ce modèle mixte à l'aide de procédure d'estimation du maximum de vraisemblance, encore une fois avec les données en forme longue (i.e., un jugement d'un visage donné par un participant donné par ligne de donnée) plutôt que dans la forme présentée dans l'Encadré 12.11. La sortie de résultats de la procédure d'estimation inclurait deux paramètres estimés (et leurs erreurs standards associées) et les estimateurs de variance attribuables aux quatre composantes aléatoires de variance (ainsi que la covariance entre les ordonnées à l'origine et les pentes pour les participants).

Pour les plans nichés, c'est-à-dire avec un facteur aléatoire (p. ex., les temps de mesure) niché sous un autre (p. ex., les participants), nous avons vu que les variables indépendantes pouvaient varier tantôt entre les niveaux de chaque facteur, tantôt à l'intérieur de ces niveaux. C'est également le cas dans les plans comprenant deux facteurs aléatoires croisés (comme dans le cas des participants et des visages). Les variables indépendantes peuvent varier soit entre les niveaux de chaque facteur aléatoire, soit à l'intérieur de ces niveaux. Dans le plan présenté dans l'Encadré 12.11 et avec les spécifications données plus haut, la variable indépendante varie au sein des participants, mais entre les visages. Bien d'autres plans sont possibles et la spécification appropriée pour le modèle mixte de chacun de ces plans est fournie par Judd, Westfall et Kenny (2017). La règle de base est que les ordonnées à l'origine aléatoires peuvent généralement être estimées pour les deux facteurs aléatoires, alors que les pentes aléatoires peuvent être estimées seulement pour les variables indépendantes qui varient au sein des niveaux d'un facteur aléatoire donné.

Comme exemple plus compliqué impliquant des facteurs aléatoires croisés, considérons une étude sur ce que l'on appelle le biais du tireur (Correll, Park, Judd & Wittenbrink, 2002). Dans un format de type jeu vidéo, des participants voient des personnes cibles surgissant dans des scènes plutôt complexes. Les personnes cibles sont des hommes noirs ou blancs et ils ont en main une arme ou un autre objet (p. ex., un téléphone portable, une cannette de soda). Les participants doivent décider très rapidement s'ils doivent « tirer » sur la cible (une décision correcte si cette dernière est armée) ou « ne pas tirer » sur la cible (une décision correcte si cette dernière n'est pas armée). Les personnes cibles (c'est-à-dire les personnes blanches ou noires présentées aux participants) apparaissent à la fois dans les essais armés et non armés. La question est de savoir si les réponses correctes sont plus rapides lorsque ce sont les noirs plutôt que les blancs qui sont armés et les blancs plutôt que les noirs qui ne sont pas armés, en accord avec le biais stéréotypé selon lequel les hommes noirs sont plus dangereux.

Les analyses rapportées dans la publication originale traitaient seulement les participants comme un facteur aléatoire, en calculant les quatre moyennes de temps de réaction des jugements corrects pour chaque participant : les noirs armés, les noirs non armés, les blancs armés et les blancs non armés. Les effets significatifs révèlent un effet principal lié au fait d'être armé *versus* non armé (c'est-à-dire des réponses correctes plus rapides pour les cibles armées) et une interaction entre l'ethnicité de la cible et le fait d'être armé *versus* non armé (en accord avec les prédictions). Une manière plus adéquate d'analyser les données consiste à traiter les participants, mais également les cibles individuelles comme des facteurs aléatoires croisés. Les cibles sont nichées sous ethnicité, mais croisées avec le facteur armé *versus* non armé, de telle sorte qu'il est possible d'estimer les ordonnées à l'origine et les pentes des cibles pour le facteur armé *versus* non armé (puisque les personnes cibles apparaissent dans ces deux conditions). Les participants sont croisés tant avec l'ethnicité de la cible qu'avec le fait que la cible soit armée ou non armée. Par conséquent, en ce qui concerne les participants, nous pouvons estimer les ordonnées à l'origine, mais également les pentes pour l'ethnicité de la cible, pour le fait d'être armé ou non, et pour leur interaction. Les spécifications précises correspondant à ce modèle mixte et les résultats de l'analyse de ce modèle sont présentés dans Judd *et al.* (2012).

4. Résumé et conclusion

Nous avons débuté ce chapitre en présentant la façon dont des prédicteurs continus qui varient entre des groupes d'observations liées peuvent être incorporés dans des modèles qui examinent des différences au sein des groupes. La stratégie repose sur une simple extension des analyses décrites dans les Chapitres 5 et 11. Autrement dit, les variables qui jaugent les différences au sein des groupes sont régressées sur les prédicteurs continus. Les tests des ordonnées à l'origine dans ces modèles permettent de tester les différences au sein des groupes pour peu que les prédicteurs continus soient centrés. Les tests des pentes nous indiquent si l'ampleur et la direction des différences au sein des groupes dépendent du niveau du ou des prédicteur(s) continu(s).

Nous avons ensuite examiné comment incorporer des prédicteurs continus qui varient uniquement au sein des groupes d'observations liées. Dans ce chapitre, par exemple, le poids des rats était noté quotidiennement durant une période de 10 jours et nous avons vérifié si la prise de poids dépendait du régime alimentaire – une variable catégorielle qui variait entre les participants (i.e., les rats). Nous avons décrit deux façons d'analyser ces données, notant qu'elles conduisent aux mêmes conclusions pour autant que les intervalles entre les sujets soient identiques (p. ex., un jour) et qu'il n'y ait pas de données manquantes. La première méthode requiert de calculer une variable composite reflétant le changement linéaire de poids pour chaque rat, en utilisant les méthodes décrites au Chapitre 11. La seconde implique d'estimer une régression séparée pour chaque rat. Autrement dit, pour chaque rat, le poids est régressé sur une variable continue, jour, dont les valeurs vont de 1 à 10. Les ordonnées à l'origine et les pentes de ces équations deviennent alors les variables dépendantes dans des analyses ultérieures. Cette seconde méthode, communément appelée modèle multiniveaux, est une simple extension de notre approche des ANOVA en mesures répétées.

Nous avons ensuite étendu notre discussion des modèles multiniveaux, en notant que ce sont des cas spéciaux de ce qu'on appelle les modèles mixtes linéaires. Ces modèles permettent l'estimation simultanée d'effets à des niveaux multiples, avec des variances d'erreur appropriées pour les facteurs aléatoires aux différents niveaux. L'estimation est basée sur des procédures de maximum de vraisemblance plutôt que sur les moindres carrés, ce qui garantit une estimation à la fois optimale et efficiente.

Les modèles multiniveaux présentent une série d'avantages par rapport aux analyses en mesures répétées traditionnelles. En premier lieu, elles permettent d'incorporer des variables indépendantes continues aussi bien que catégorielles et ces variables indépendantes peuvent être partiellement redondantes entre elles.

En deuxième lieu, comme nous l'avons déjà indiqué, il peut y avoir des données manquantes, des intervalles différents au sein des sujets et des nombres d'observations différents dans les groupes d'observations non indépendantes. Dans l'exemple de la prise de poids, par exemple, il se pourrait parfaitement qu'on ne dispose que de huit ou neuf jours d'observations pour certains rats plutôt que les 10 jours.

En troisième lieu, les variables prédictrices (qu'elles soient continues ou catégorielles) peuvent varier tant au sein qu'entre les groupes d'observations liées. Revenons sur l'exemple dans lequel l'exercice était utilisé pour prédire l'humeur. La quantité d'exercice variait d'un jour à l'autre au sein des participants. Elle variait également entre les participants avec certains participants qui s'exerçaient globalement plus que ne le faisaient les autres. Les modèles multiniveaux offrent une manière d'estimer simultanément les effets au sein et entre les participants.

Enfin, nous avons présenté les modèles avec des effets aléatoires croisés dans lesquels plusieurs facteurs aléatoires sont croisés les uns avec les autres plutôt que d'être nichés, comme c'est le cas dans les modèles multiniveaux. Ainsi, dans le premier modèle avec des effets aléatoires croisés, nous avons décrit comme tant les participants que les stimuli (i.e., des visages) pouvaient, et de fait devaient, être traités comme des facteurs aléatoires. L'objectif de la recherche est de pouvoir tirer des conclusions qui sont généralisables à un groupe plus vaste de participants et à un ensemble plus large de stimuli. Les modèles comportant des effets aléatoires croisés autorisent ce type de généralisation.

Nous avons cherché à illustrer la flexibilité rendue possible par l'analyse des modèles mixtes et encourager les chercheurs à aborder de manière créative le type de questions que l'on peut se poser concernant des observations groupées ou liées. Bien que nous ayons mis en lumière les avantages considérables des programmes d'analyses multiniveaux, nous pensons que le chercheur éclairé peut déjà accomplir bien des choses avec un simple programme de régression multiple.

Pour cela, il lui faudra choisir avec soin la comparaison de modèles faisant le plus de sens au niveau théorique. Ce type de réflexion, avant de s'aventurer dans la plus grande complexité des programmes de modalisation multiniveaux, sera généralement bénéfique, car elle s'accompagnera d'une compréhension plus approfondie des données à traiter et des modèles les plus raisonnables sur le plan théorique.

CHAPITRE 13

Données aberrantes et ERREUR inhabituelle

SOMMAIRE

Jusqu'ici, nous avons généralement fait le postulat que l'ERREUR de notre équation de base:

DONNÉES = MODÈLE + ERREUR

se comporte comme il se doit. Dans les deux chapitres qui précèdent, nous avons examiné les conséquences de la non-indépendance des ERREURS et développé une stratégie d'analyse permettant de traiter ce problème. Dans ce chapitre-ci, nous nous tournons vers d'autres façons dont les ERREURS peuvent s'écarter des postulats à la base de la méthode des moindres carrés. Plus particulièrement, nous allons nous pencher sur les violations de notre postulat initial qui veut que ε_i ait une distribution normale et une variance homogène. Ces problèmes ne sont généralement pas aussi sérieux que ceux associés à la non-indépendance. En revanche, dans bien des cas, les problèmes causés par la non-normalité et l'hétérogénéité de variance ne sont pas anodins et, quoi qu'il en soit, un examen des postulats conduit pratiquement toujours à une meilleure compréhension des DONNÉES et à la construction de meilleurs MODÈLES.

Les violations de postulats concernant l'ERREUR peuvent être regroupées en deux grandes catégories: les violations systématiques et les violations idiosyncrasiques. Comme nous allons le voir, la meilleure méthode permettant de repérer les violations systématiques consiste souvent à examiner une série de figures dédiées à cet effet. Les violations qui s'avèrent suffisantes pour nous faire douter du MODÈLE estimé ou qui mettent en question la justesse des valeurs de probabilité associées aux tests statistiques apparaissent généralement dans ces figures. Comme c'était le cas pour la non-indépendance, notre remède consiste à transformer les DONNÉES de telle façon que l'on puisse exploiter toute la gamme des techniques de construction des MODÈLES. Les violations idiosyncrasiques sont le fait d'observations très atypiques, généralement appelées *données aberrantes* (ou déviantes, ce que nous trouverons sous l'appellation *outliers* dans la littérature spécialisée), qui, pour une raison ou une autre, s'avèrent fortement inconsistantes avec le reste des observations. La présence de données aberrantes engendre très souvent des violations des postulats de normalité et d'homogénéité de la variance (aussi appelée homoscédasticité). C'est pourquoi nous commençons par l'examen de méthodes visant à détecter et à résoudre les problèmes de données aberrantes, avant de nous tourner vers les méthodes visuelles de détection des violations de postulats. Sur un plan pragmatique, il convient généralement de traiter d'abord les problèmes de données aberrantes et de se pencher ensuite sur les violations systématiques des postulats de normalité et d'homogénéité de la variance.

1. Données aberrantes

Les données aberrantes sont des données extrêmes qui, pour une raison ou une autre, ne font pas partie du même lot que les autres observations des DONNÉES. Il existe plusieurs raisons pour lesquelles des données aberrantes peuvent s'immiscer au sein des DONNÉES. La première cause que nous examinons est scientifiquement inintéressante, mais elle est à la fois très embêtante et fréquente. L'enregistrement et la saisie des données peuvent produire des valeurs totalement fantaisistes qui se retrouvent dans les DONNÉES et dans les variables prédictrices utilisées dans les MODÈLEs. Le recours à des ordinateurs pour l'analyse des données augmente la possibilité que de telles données aberrantes s'immiscent dans nos données tout en réduisant les chances que nous les trouvions sauf si nous les cherchons très attentivement. Prenez par exemple des données nécessitant la saisie des tailles en centimètres et des poids en kilogrammes pour un ensemble d'individus et l'effet qui serait produit si nous inversions les nombres pour les tailles et les poids pour une observation. Si nous faisions les calculs à l'aide d'une calculette, nous serions susceptibles de remarquer une telle inversion. Par contre, l'utilisation d'un ordinateur fait que nous sommes tellement éloignés de nos données que nous n'aurions que peu de chances de remarquer une telle erreur.

Tout au long de ce livre, nous avons eu recours à la minimisation des SCE comme méthode d'estimation des paramètres et de comparaison de modèles. Comme nous l'avons remarqué au Chapitre 2, la SCE est particulièrement sensible aux données aberrantes. Une seule donnée aberrante peut affecter de façon considérable l'estimation des moyennes des groupes ou des paramètres de régression. Dès lors, une erreur importante au niveau de la saisie des données biaserait les paramètres estimés et/ ou gonflerait la SCE. Un simple coup d'œil au fichier de sortie habituel ne devrait pas permettre de repérer une telle erreur. Laisser une donnée aberrante « pervertir » les paramètres du modèle est évidemment fâcheux. De façon plus insidieuse, et même si le modèle n'est pas vraiment corrompu, l'inflation de la SCE augmente très nettement la difficulté de tester d'autres modèles plus complexes en examinant les changements dans la SCE. Lorsqu'une poignée de données aberrantes contribuent de manière importante à l'ERREUR totale, elles nous empêcheront très souvent de détecter les réductions de l'ERREUR résultant de la complexification du modèle. Il devient donc évident que nous avons besoin de techniques statistiques permettant d'identifier les observations erronées de façon à les corriger, voire de les exclure des données.

Afin d'illustrer les effets délétères d'une erreur de saisie des données, revenons un instant sur les deux ensembles de données que nous avons examinés au Chapitre 2.

$$\text{Ensemble 1 : 1 3 5 9 14} \qquad \overline{Y} = 6.4 \qquad CME = s^2 = 26.8$$
$$\text{Ensemble 2 : 1 3 5 9 140} \qquad \overline{Y} = 31.6 \qquad CME = s^2 = 3681$$

L'Ensemble 2 est identique à l'Ensemble 1, si ce n'est qu'une erreur de saisie a ajouté un chiffre supplémentaire à 14 pour en faire 140. Comme nous l'avons noté précédemment, cette erreur a un impact considérable sur la moyenne, qui est notre estimateur de β_0 dans le cas du modèle simple. Dans le cas d'espèce, l'estimateur passe de 6.4, ce qui se situe au milieu des valeurs des données, à 31.6, ce qui correspond à une valeur qui n'est pas du tout représentative des données. Les effets sur la SCE, et par voie de conséquence sur le CME, est au moins aussi négatif. Le fait de gonfler ainsi le CME rend tout test d'hypothèse extrêmement difficile. Examinons l'intervalle de confiance à 95 % de β_0 pour ces deux ensembles de données :

$$\text{Ensemble 1} : [0, 12.8]$$
$$\text{Ensemble 2} : [-43.7, 106.9]$$

L'intervalle de confiance associé à l'Ensemble 2 est nettement plus étendu que celui associé à l'Ensemble 1. En fait, l'intervalle de confiance associé à l'Ensemble 1 est entièrement inclus dans l'intervalle de confiance de l'Ensemble 2. Dès lors, de nombreuses hypothèses qui pourraient aisément être rejetées pour l'Ensemble 1 ne le seront pas pour l'Ensemble 2. Ainsi, cette donnée aberrante ne produit pas seulement un estimateur biaisé, elle réduit également la puissance statistique des inférences que l'on pourrait vouloir faire. Cette donnée aberrante a tellement gonflé la SCE qu'il devient beaucoup plus difficile de détecter une proportion de réduction de l'ERREUR résultant de l'inclusion de β_0 plutôt que B_0 dans le MODÈLE. Le même problème se pose pour des modèles plus complexes.

Bien sûr, les données aberrantes ne sont pas nécessairement des valeurs erronées résultant d'une méprise au niveau de la saisie. Une deuxième source de données aberrantes est que les observations ne forment pas un ensemble homogène auquel s'applique un seul MODÈLE, mais correspondent au contraire à un ensemble hétérogène de deux ou plusieurs types de données, l'un étant plus fréquent que l'autre ou les autres. Les cas les moins fréquents apparaîtront alors comme des données aberrantes. Découvrir qu'il existe en fait deux types de choses dans nos DONNÉES alors qu'on s'attendait à un seul est quasi toujours passionnant sur le plan scientifique. À titre d'illustration on peut évoquer le cas de l'identification des enfants qui s'en sortent particulièrement bien en dépit du fait qu'ils aient été élevés dans des conditions difficiles. Examiner d'autres caractéristiques des observations extrêmes, surtout s'il s'agit de données aberrantes, peut fournir des idées pour construire des modèles plus complexes. Pour cela, nous avons encore une fois besoin de techniques statistiques permettant d'identifier des observations extrêmes ou des données aberrantes, le but n'étant pas nécessairement de les éliminer ou les corriger, mais plutôt de les examiner de plus près afin d'en extraire toute la valeur informationnelle.

Une troisième cause de données aberrantes correspond à ce que les statisticiens ont à l'esprit lorsqu'ils parlent de distributions d'erreurs présentant des queues de distributions exacerbées, des situations où les erreurs extrêmes se produisent avec une fréquence plus importante que ce que l'on pourrait attendre dans le cas d'une distribution normale. Nous allons examiner le postulat de normalité plus en détail dans la suite de ce chapitre. Pour l'instant, il suffit de remarquer que seules quelques observations issues des queues d'une distribution non-normale peuvent apparaître aberrantes.

1.1. *Identifier les données aberrantes*

Trois questions distinctes concernent les données aberrantes. Dans la mesure où nos analyses ont quasi toujours des variables prédictrices X_{i1} ($X_{i2}, \ldots, X_{ip-1}$) et des données ou une variable critère Y_i, les deux premières questions paraissent évidentes. Est-ce que la valeur du prédicteur (ou de l'ensemble des prédicteurs) est inhabituelle ? Est-ce que la valeur du critère est inhabituelle ? La troisième question porte sur l'effet conjoint des valeurs inhabituelles du prédicteur et du critère et concerne l'influence de l'observation sur les inférences que fait le modèle au sujet des paramètres. Autrement dit, est-ce que l'observation pervertit ou exerce une influence indue sur l'entièreté du modèle de régression ? Chacune de ces trois questions est abordée à tour de rôle, après que nous ayons présenté un exemple que nous utiliserons comme illustration tout au long de ce chapitre.

1.2. *Un exemple de donnée aberrante*

Nous présentons tout d'abord un exemple détaillé pour bien illustrer les conséquences sérieuses qui peuvent découler de la présence d'une seule donnée aberrante et pour justifier les techniques de détection présentées ultérieurement. L'Encadré 13.1 reprend les scores de SAT verbal de 13 étudiants, ainsi que leur position dans la promotion de leur lycée. Les valeurs apparaissant sur la gauche de l'encadré sont les valeurs correctes. Les valeurs apparaissant sur la droite sont identiques, à ceci près que nous avons simulé la présence d'une donnée aberrante (telle que ce qu'on trouverait avec une erreur de saisie) en inversant les valeurs de SAT et du classement pour le sixième étudiant. En dessous de chaque ensemble de données se trouvent les résultats d'une analyse de régression simple s'appuyant sur le classement au lycée pour prédire le score de SAT verbal. On retrouve également les valeurs de PRE et de F posant la question de savoir si le classement est un prédicteur utile des scores de SAT verbal. Notez que le PRE et, par conséquent, le F sont légèrement plus grands pour l'ensemble de données qui contient l'inversion de données pour le sixième étudiant et que les paramètres sont quant à eux radicalement différents. L'ordonnée à l'origine passe de 6 à 97 et la pente change de signe en passant de +0.5 à −0.5. Le PRE et le F sont statistiquement significatifs (à $\alpha = .05$) pour l'ensemble de données avec l'erreur de saisie, ce qui nous amènerait à conclure que le score de SAT verbal diminue à mesure que le classement augmente. Ce résultat insensé pourrait nous pousser à inspecter plus avant les données, mais rien dans les résultats de la régression ou lors d'un rapide contrôle du tableau des données ne trahit l'existence d'un problème sérieux.

Comment pourrions-nous détecter la donnée aberrante présente dans le second ensemble de données ? Il est quasiment toujours plus facile de voir les données aberrantes dans une figure que dans un tableau. Dès lors, la première démarche consiste à examiner le nuage de points correspondant à SAT et CLLyc. Les nuages de points et les droites de régression pour les ensembles de données

	Données originales		Avec l'inversion	
Étudiant	SAT	CLLyc	SAT	CLLyc
1	42	90	42	90
2	48	87	48	87
3	58	85	58	85
4	45	79	45	79
5	45	90	45	90
6	48	86	86	48
7	51	83	51	83
8	56	99	56	99
9	51	81	51	81
10	58	94	58	94
11	42	86	42	86
12	55	99	55	99
13	61	99	61	99
	$b_0 = 5.95$ $b_1 = 0.50$ PRE = .29 $F_{1,11} = 4.53$		$b_0 = 96.55$ $b_1 = -0.50$ PRE = .33 $F_{1,11} = 5.35$	

Encadré 13.1
Scores de SAT verbal et classement au lycée avec et sans l'erreur dans la saisie des données (c'est-à-dire l'inversion des scores pour l'Étudiant 6)

avec ou sans l'inversion des scores pour la sixième observation apparaissent dans l'Encadré 13.2. L'axe vertical dans les deux nuages de points est représenté en reprenant la même échelle afin que la taille d'une erreur (c'est-à-dire l'écart entre le point et la droite de régression des moindres carrés) soit comparable.

Le nuage de points correspondant aux données originales est repris dans la partie supérieure de l'Encadré 13.2 et présente le pattern auquel on s'attend si le modèle est approprié. Les valeurs des données sont regroupées autour d'une ligne droite dont la pente est 0.5, comme le révélait l'analyse de régression présentée dans l'Encadré 13.1. Notez qu'aucune des observations ne se situe inhabituellement loin de la ligne et des autres observations. En somme, aucune donnée aberrante n'émerge dans le nuage du panneau supérieur de l'encadré. Au contraire, une donnée aberrante se manifeste clairement dans le panneau inférieur de l'encadré reprenant l'ensemble de données qui contient l'observation inversée. Encore une fois, aucune donnée n'est particulièrement éloignée de la droite de régression (d'où la valeur significative de PRE = .33). Par contre, la donnée aberrante dans le coin supérieur gauche du nuage de points du panneau inférieur est insolite à trois égards. Premièrement, la valeur de cette observation surprenante est anormalement petite sur la variable prédictrice CLLyc. Si nous examinons les valeurs de toutes les observations sur la variable prédictrice, il n'y a qu'un seul vide important au sein de celles-ci et ce vide apparaît entre la valeur prédictrice pour cette observation inhabituelle (48) et la valeur prédictrice suivante (79). Deuxièmement, la valeur de la donnée aberrante est inhabituellement grande sur la variable SAT. Encore une fois, il n'y a qu'un seul écart aussi grand entre l'observation inhabituelle (86) et la valeur qui vient immédiatement après (61). Troisièmement, si la donnée aberrante devait être omise de l'analyse, alors la meilleure droite de régression aurait une pente positive (comme dans le premier nuage de points) plutôt que négative. Cela rend cette donnée aberrante très inhabituelle parce qu'il ne semble pas que l'éviction de toute autre observation puisse avoir un impact aussi massif sur la pente de la droite de régression. Ces trois manières permettant à une donnée aberrante de se distinguer suggère que, pour détecter des données aberrantes, nous aurons à cœur de poser les trois questions suivantes (note: nous utilisons l'indice i pour représenter une observation générale et l'indice k pour représenter une observation considérée comme donnée aberrante):

1. La valeur de X_{k1}, ou plus généralement de l'ensemble des prédicteurs X_{k1}, $X_{k2}, \ldots,$ X_{kp-1}, est-elle inhabituelle?

Encadré 13.2
Nuage de points et meilleure droite d'ajustement linéaire pour les données sans (en haut) et avec (en bas) une inversion sur les scores de la 6e observation

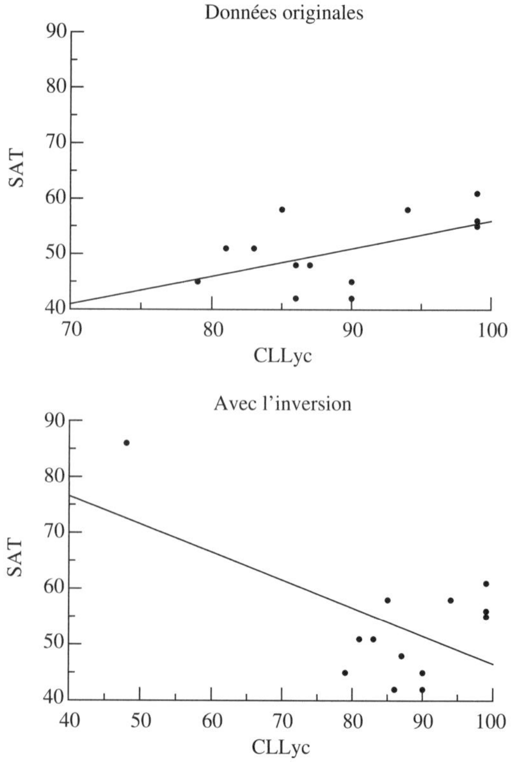

2. La valeur de Y_k est-elle inhabituelle?
3. L'omission de l'observation produit-elle un changement considérable dans les paramètres estimés $b_0, b_1, b_2, \ldots, b_{p-1}$ ou, de façon équivalente, dans les prédictions de Y_i?

Si la réponse à l'une de ces questions s'avère positive, alors nous sommes confrontés à une donnée aberrante. Il semble que la réponse aux trois questions soit positive pour les données CLLyc et SAT, et la donnée aberrante que nous avons créée en inversant les scores.

Nous abordons maintenant les techniques formelles permettant de répondre aux trois questions. La littérature statistique regorge d'indices mathématiques divers et de procédures graphiques pour chacune des questions. Mises à part certaines circonstances inhabituelles, la plupart de ces outils fournissent essentiellement les mêmes réponses. C'est pourquoi nous ne traiterons ici que d'un ensemble restreint de techniques disponibles. Nous avons retenu les techniques qui se révèlent les plus consistantes avec l'approche générale de l'analyse des données via la comparaison de modèles.

1.3. *La valeur du prédicteur X_k est-elle inhabituelle?*

Toutes les observations contribuent de façon équivalente à l'estimation de la moyenne. Autrement dit, chaque observation dispose d'un poids de $1/n$. En revanche, chaque observation ne contribue pas également à l'estimation de la pente de la régression. Pour bien se rendre compte de cet aspect des choses et de son importance, revenons sur la formule permettant l'estimation de la pente de la droite des moindres carrés que nous avions présentée au Chapitre 5. Cette formule indiquait que:

$$b_1 = \sum w_i \left[\frac{Y_i - \overline{Y}}{X_i - \overline{X}} \right], \text{ avec } w_i = \frac{(X_i - \overline{X})^2}{\sum (X_i - \overline{X})^2}$$

Le terme entre crochets correspond à la pente « suggérée » par chaque observation ou point de donnée – le changement sur Y entre le point en question et la moyenne de la variable Y divisé par le changement sur X entre le point en question et la moyenne de la variable X. Autrement dit, il s'agit de la pente de la ligne qui se forme si nous traçons une ligne entre le point de donnée et le point moyen. La pente estimée pour la régression est tout simplement la moyenne pondérée de toutes les pentes individuelles suggérées par chacune des observations. L'Encadré 13.3 illustre les pentes individuelles de chaque point de donnée pour les données originales de l'Encadré 13.1.

Le poids (w_i) accordé à chaque point de donnée dans le calcul de l'estimateur de la pente globale est basé sur le caractère inhabituel du point de donnée, inhabituel si l'on se réfère aux valeurs de la variable prédictrice X. Plus la variable prédictrice est éloignée de la moyenne, plus son poids augmente. Cela fait sens car les pentes des lignes ayant une longue composante horizontale dans l'Encadré 13.3 sont peu susceptibles d'être affectées par de petits changements, éventuellement causés par erreur, dans la variable résultat Y. Dès lors, notre confiance dans la pente estimée est plus importante pour les longues lignes. Au contraire, de petits changements de Y pour des lignes courtes peuvent affecter la pente de manière considérable. Dès lors, notre confiance dans l'estimation de la pente est nettement plus réduite pour les lignes courtes. Une façon de se représenter cette situation est d'imaginer que chacune des observations a son mot à dire sur la pente à appliquer à l'ensemble des observations, mais que certaines ont plus à dire que d'autres. Si toutes les observations racontent plus ou moins la même histoire, alors toutes les observations contribuent plus ou moins à dessiner la même pente. Dans le cas d'une relation parfaite, toutes les pentes individuelles seraient identiques et seraient égales à la pente globale. Il est peu souhaitable qu'une observation s'arroge, à elle seule, une large proportion du poids total, car lorque c'est le cas, les contributions des autres points de données sont ignorés dans le calcul de la pente globale. Dans une telle situation, la pente globale est en réalité la pente d'un seul point de donnée. C'est précisément ce qui se produit lorsqu'une observation a une valeur de prédicteur très inhabituelle (comparativement aux autres observations).

La plupart des programmes de régression fournissent le levier h_i (parfois désigné sous le nom très peu explicite de diagonale de la matrice « chapeau », ou *hat matrix* en anglais), une valeur indiquant le poids ou l'influence d'une observation dans la détermination du modèle global. Pour la régression simple, le levier est défini comme :

$$h_i = \frac{1}{n} + \frac{(X_i - \overline{X})^2}{\sum_{i=1}^{n} (X_i - \overline{X})^2}$$

Pour la régression simple, le modèle consiste en deux parties — la moyenne (ou l'ordonnée à l'origine) et la pente. Chaque observation contribue de manière équivalente à la détermination de la moyenne (c'est-à-dire $1/n$) et contribue de manière proportionnelle au carré de l'écart entre l'obser-

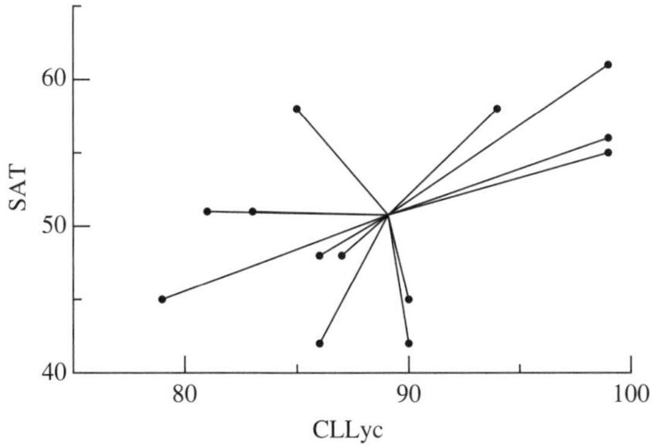

Encadré 13.3
Pentes individuelles pour chaque point de données à partir des données originales de l'Encadré 13.1

vation et la moyenne à la détermination de la pente (c'est-à-dire w_i). Le levier, tel que défini ci-dessus, est simplement la somme de ces deux contributions.

Des valeurs inhabituellement élevées de leviers sont indésirables parce qu'elles impliquent que le MODÈLE estimé ne s'applique qu'aux quelques observations ayant des leviers élevés. Il est inapproprié et trompeur de rapporter une équation de régression comme si elle convenait pour l'ensemble des *n* observations, alors qu'elle ne s'applique qu'à une poignée d'observations qui ont des leviers particulièrement élevés.

Lorsqu'on évalue la grandeur des leviers, il convient de noter que la somme des leviers est forcément égale au nombre de paramètres, c'est-à-dire deux dans le cas de la régression simple. Dès lors, pour la régression simple le levier moyen est égal à $2/n$. Si un levier est à lui seul proche de 1.0, alors cela implique qu'un des deux paramètres du modèle de régression simple (c'est-à-dire la pente) est consacré à la prédiction d'une seule observation, ce qu'on ne souhaite évidemment pas. Dans l'Encadré 13.4, nous présentons une colonne avec les valeurs de leviers correspondant aux données originales de l'Encadré 13.1 et une autre colonne correspondant aux données présentant l'erreur de saisie. Pour une régression simple basée sur 13 observations, le levier moyen est égal à $2/n = 0.15$. Pour les données originales, qui correspondent à notre conception d'une régression typique, les leviers se répartissent comme prévu autour de cette moyenne et vont de 0.08 à 0.26. Par contre, pour les données où nous avons introduit une donnée aberrante en inversant le prédicteur et la variable dépendante, les leviers vont de 0.08 à 0.15, avec une exception notable renvoyant à une valeur extrême de 0.76. Cela implique que, parmi les deux paramètres de la régression simple, 0.76 d'un paramètre est en fait utilisé pour prédire une seule observation, laissant seulement 1.24 paramètre à disposition pour prédire les 12 autres observations. Le fait d'avoir une telle proportion du modèle concentrée sur une seule observation s'oppose très clairement à l'objectif consistant à avoir un MODÈLE décrivant toutes les données.

La plupart des chercheurs savent que la diminution de l'étendue (et plus exactement la restriction de la variance) de la variable prédictrice réduit la corrélation. L'inverse se produit en présence d'une seule donnée aberrante avec une valeur extrême de prédicteur. Cette seule observation augmente artificiellement l'étendue (la variance) et augmente ainsi la corrélation. Permettre à une observation d'augmenter la corrélation, voire d'en créer une alors qu'il n'y aurait pas de relation par ailleurs, accroît évidemment les chances de commettre des erreurs de Type I – rejeter l'hypothèse nulle lorsque l'hypothèse nulle est en réalité correcte. Les observations ayant des valeurs prédictrices inhabituelles, à supposer qu'elles ne sont pas aussi associées à des variables dépendantes inhabituelles, font souvent en sorte que les MODÈLES A paraissent meilleurs qu'ils ne le

	Données originales			**Données avec l'inversion**		
Observation	**Levier**	**RStudent**	***D* de Cook**	**Levier**	**RStudent**	***D* de Cook**
1	0.08	−1.91	0.125	0.08	−1.03	0.04
2	0.08	−0.31	0.005	0.08	−0.53	0.01
3	0.11	1.96	0.182	0.08	0.38	0.01
4	0.26	−0.14	0.004	0.10	−1.35	0.10
5	0.08	−1.18	0.056	0.08	−0.70	0.02
6*	0.09	−0.22	0.003	0.76	4.63	11.86
7	0.14	0.61	0.033	0.08	−0.43	0.01
8	0.25	0.05	0.001	0.15	0.95	0.08
9	0.19	0.84	0.086	0.09	−0.54	0.02
10	0.12	0.89	0.055	0.11	0.86	0.05
11	0.09	−1.41	0.094	0.08	−1.27	0.06
12	0.25	−0.15	0.004	0.15	0.83	0.06
13	0.25	1.09	0.195	0.15	1.60	0.21

Encadré 13.4
Indices d'observations aberrantes pour les données de l'Encadré 13.1

sont en réalité. Dans de telles situations, le message émanant du modèle de régression ne concerne réellement que cette seule observation et il est particulièrement imprudent de prétendre que la régression obtenue vaut pour toutes les données.

La généralisation des leviers des modèles à un prédicteur vers les modèles à plusieurs prédicteurs repose sur la même logique que la généralisation des paramètres estimés vue au Chapitre 6. S'il n'y a pas de redondance entre les variables prédictrices, alors les termes supplémentaires pour chacune des variables prédictrices sont ajoutés à l'équation du levier. S'il y a de la redondance, alors il sera préférable de laisser les calculs aux algorithmes de l'ordinateur. La redondance introduit aussi une nouvelle complexité au levier. En effet, une observation peut ne pas être inhabituelle sur chacune des variables prédictrices prise isolément. Par contre, c'est le pattern sur l'ensemble des prédicteurs qui peut s'avérer insolite. Par exemple, si nous utilisions la taille et le poids pour prédire la satisfaction vis-à-vis de son image de soi au sein d'un échantillon d'adolescentes, une taille de 1.79 m ou un poids de 43 kg ne sont pas des données exceptionnelles, mais leur combinaison l'est assurément. La généralisation du levier à des modèles à plusieurs prédicteurs détectera très bien ce type de bizarrerie.

1.4. *La valeur de Y_k est-elle inhabituelle ?*

Si nous souhaitons identifier les Y_i qui sont inhabituels, il nous faut demander « inhabituel par rapport à quoi ? ». La réponse évidente dans l'approche par comparaison de modèles est que nous voulons trouver les Y_i qui sont inhabituels eu égard au MODÈLE considéré. De toute évidence, les erreurs :

$$e_i = Y_i - \hat{Y}_i$$

nous indiquent à quel point la $i^{\text{ème}}$ observation est inhabituelle par rapport au MODÈLE. Si la valeur absolue de e_i est petite, alors le MODÈLE fait une bonne prédiction pour ce Y_i et il n'est donc pas inhabituel. Par contre, si e_i est grand, alors le MODÈLE fait une mauvaise prédiction pour ce Y_i et ce dernier est donc inhabituel. On appelle souvent résidu l'erreur individuelle e_i, car c'est la partie de l'observation originale Y_i qui « reste » après qu'on ait soustrait la prédiction $\hat{Y}_i$. Dès lors, on appelle souvent « analyse des résidus » l'examen des termes d'erreur individuels.

Il est généralement difficile d'identifier les données aberrantes en examinant la grandeur absolue des e_i, et ce, pour deux raisons. La première raison renvoie au fait que l'importance d'une erreur d'une grandeur donnée est toujours relative aux autres erreurs et à la grandeur de la prédiction. Nous devons donc disposer d'une méthode permettant de ramener les résidus à une échelle commune permettant de distinguer les valeurs plus ou moins grandes. On pourrait, par exemple, les standardiser en divisant chacune d'entre elles par la racine carrée du carré moyen résiduel.

La seconde raison renvoie au fait qu'il est un peu paradoxal d'exploiter le résidu standardisé pour identifier les valeurs inhabituelles de Y_i. Les données extrêmes ont tendance à « s'attirer » le MODÈLE de telle façon que les paramètres minimisent e_i pour ces valeurs extrêmes. Ici, nous tentons de déterminer si une observation particulière, par exemple Y_k, est inhabituelle eu égard au MODÈLE, mais cette valeur Y_k extrême a elle-même été exploitée pour confectionner le MODÈLE. Si cette observation a sérieusement affecté ou biaisé les paramètres estimés du MODÈLE, alors Y_k peut ne pas être surprenant pour ce qui est de la grandeur de son résidu. Afin de corriger ce problème, nous devons donc déterminer si Y_k est inhabituel par rapport à un MODÈLE construit sur base de l'ensemble des observations à l'exception de Y_k.

Les statisticiens ont développé une foule de transformations des résidus e_i ayant pour objectif de résoudre ces deux problèmes d'interprétation de la grandeur des différents résidus. La plupart des programmes informatiques de régression peuvent produire une grande variété de ces résidus transformés. Certains de ces résidus transformés traitent uniquement le problème d'échelle, d'autres éliminent le paradoxe en enlevant l'effet de la $k^{\text{ème}}$ observation lorsqu'on se penche sur le

$k^{\text{ème}}$ résidu, certains font les deux. Ici, nous examinerons un seul de ces nombreux indices, le résidu supprimé studentisé, et ce, pour trois raisons. La première raison renvoie au fait que le résidu supprimé studentisé règle le problème de l'échelle et élimine également le paradoxe que nous venons de mentionner. Il y a donc de bonnes raisons théoriques pour le choisir comme un indice permettant de repérer un Y_k inhabituel. La deuxième raison renvoie au fait que le résidu supprimé studentisé se prête très naturellement à une interprétation par comparaison de modèles. Ainsi, nous démontrerons que le carré du résidu supprimé studentisé correspond tout simplement à un F comparant des MODÈLES A et C. La troisième et dernière raison renvoie au fait qu'il est très improbable que le résidu supprimé studentisé ne parvienne pas à repérer un Y_k inhabituel qui serait détecté par un autre type de résidu transformé.

Nous développons le résidu supprimé studentisé en considérant un MODÈLE spécifique pour une donnée aberrante. Si une observation est tellement extrême qu'elle ne ressemble à aucune autre observation, nous devrions pouvoir reduire l'ERREUR de façon appréciable en ajoutant au MODÈLE un paramètre spécialement dédié à cette seule observation. Attribuer un paramètre à une seule observation permettra qu'il n'y ait pas d'erreur pour cette observation. Les autres paramètres sont alors libres de décrire le reste des DONNÉES. Parce que toute l'erreur due à la donnée aberrante est éliminée et que les autres paramètres rendent mieux compte des données restantes, notre mesure globale d'ERREUR sera forcément moindre. En fait, nous nous posons la question de savoir si la donnée aberrante est fondamentalement différente des autres observations contenues dans les DONNÉES. Nous allons donner le nom de *modèle aberrant* au modèle de régression multiple augmenté par la prise en compte du paramètre spécifiquement dédié à la potientielle donnée aberrante. Afin de controler la présence de données aberrantes dans les DONNÉES, nous allons tester le modèle aberrant pour chacune des observations. Autrement dit, nous allons tester chaque observation, une par une, pour voir si elle est à ce point aberrante qu'il faille lui consacrer un paramètre spécifique.

Comme pour tout modèle, la question inhérente au modèle aberrant est de savoir si la complexité supplémentaire qui le caractérise en vaut la peine. Ajouter un paramètre au MODÈLE pour la prétendue donnée aberrante va inévitablement réduire l'ERREUR, mais la vraie question est de savoir si la réduction de l'ERREUR justifie la complexité accrue du MODÈLE. Pour répondre à cette question, nous pouvons utiliser PRE et F. Si nous voulons être davantage formels, la comparaison de modèles correspondant au modèle aberrant est :

$$\text{MODÈLE A} : Y_i = \beta_0 + \beta_1 X_{i1} + \ldots + \beta_{p-2} X_{i,p-2} + \beta_p X_{ip-1} + \varepsilon_i$$
$$\text{MODÈLE C} : Y_i = \beta_0 + \beta_1 X_{i1} + \ldots + \beta_{p-2} X_{i,p-2} + \varepsilon_i$$
$$H_0 : \beta_p = 0$$
$$\text{où } X_{ip-1} = \begin{Bmatrix} 1 \text{ pour } i = k \\ 0 \text{ pour } i \neq k \end{Bmatrix}$$

où le MODÈLE C est le modèle de régression original et le MODÈLE A est le modèle aberrant incluant un paramètre supplémentaire permettant d'estimer l'effet d'une seule observation. Si le MODÈLE original décrit vraiment toutes les observations, alors il ne devrait pas être nécessaire d'isoler une seule observation à l'aide d'un paramètre spécifique à celle-ci.

À titre d'illustration, considérons la sixième observation des données de l'Encadré 13.1, c'est-à-dire celle comportant l'erreur d'inversion de données. Ici nous définirons $X_i = 1$ si $i = 6$ et $X_i = 0$ dans tous les autres cas. L'estimation de ce modèle révèle que :

$$\text{MODÈLE A} : \widehat{SAT}_i = 6.71 + 0.50 CLLyc + 55.49 X_i$$
$$\text{MODÈLE C} : \widehat{SAT}_i = 96.55 - 0.50 CLLyc$$
$$\text{PRE} = .68 \qquad F_{1,10} = 21.4 \qquad p < .01$$

Ainsi, dédier un paramètre à la sixième observation ou, ce qui revient au même, omettre la sixième observation des données utilisées pour ajuster le MODÈLE réduit l'ERREUR de 68 %. Avec 11 degrés de liberté restant pour l'ERREUR après avoir estimé b_0 et b_1, nous nous attendrions à ce que l'omission d'une observation quelconque réduise, en moyenne, l'erreur d'environ 1/11 = 9 %. La réduction proportionnelle de l'ERREUR nettement plus importante obtenue grâce à l'omission de la sixième observation suggère qu'il s'agit là d'une observation très inhabituelle eu égard au MODÈLE décrivant les DONNÉES. Ce constat est renforcé par la valeur très élevée de $F_{1,10} = 21.4$. Notez également que le signe du coefficient de CLLyc change quand on passe du MODÈLE C au MODÈLE A. On voit donc que l'omission de la sixième observation entraîne une différence considérable dans l'estimation tant de l'ordonnée à l'origine que du coefficient de CLLyc. Nous revenons sur ce point un peu plus loin.

Il est intéressant de s'intéresser à ce qui se passerait si nous devions tester le modèle aberrant pour une observation qui n'est pas une donnée aberrante. Supposons, par exemple, que nous testions le modèle aberrant pour la première observation des données contenant l'inversion. L'estimation des coefficients des modèles compact et augmenté nous donnerait (avec cette fois $X_i = 1$ si $i = 1$ et $X_i = 0$ sinon):

$$\text{MODÈLE A} : \widehat{SAT}_i = 95.71 - 0.48CLLyc - 10.67X_i$$

$$\text{MODÈLE C} : \widehat{SAT}_i = 96.55 - 0.50CLLyc$$

$$\text{PRE} = .096 \qquad F_{1,10} = 1.06 \qquad n.s.$$

On peut donc voir que consacrer un paramètre spécifique à la première observation ne vaut certainement pas la complexité supplémentaire qui caractérise le modèle augmenté. La réduction proportionnelle de l'erreur de 9.6 % est à peine plus importante que ce à quoi nous nous attendrions sur base de la chance (9 %), ce qui est confirmé par la valeur peu élevée et non significative de F. Notez aussi que, contrairement à l'omission de la sixième observation, l'omission de la première observation provoque des changements minimes pour les valeurs de b_0 et b_1.

Le résultat qui précède suggère que nous pouvons utiliser le modèle aberrant pour vérifier l'existence de données aberrantes au sein de nos données. Nous testons simplement n fois le modèle aberrant, en laissant chaque fois une observation différente prendre le rôle de la « valeur bizarre exclue ». Même si le modèle aberrant est clair sur le plan conceptuel, il serait évidemment fastidieux de spécifier et tester n modèles différents pour chaque régression. Heureusement, cela s'avère inutile. En effet, Belsley, Kuh et Welsch (1980) ont montré que le F permettant de tester le modèle aberrant pour l'observation k correspond à:

$$F = \frac{e_k^2(n - \text{PA} - 1)}{\text{SCE}(1 - h_k) - e_k^2}$$

Tous les composants permettant de calculer le F du modèle aberrant sont donc disponibles dans la régression originale ou parmi les leviers h_k. La plupart des programmes informatiques de régression multiple produisent $t = \sqrt{F}$ comme résidu supprimé studentisé pour chaque observation. Le terme de résidu supprimé studentisé reflète d'ailleurs un calcul différent de la même statistique. Dans l'approche par comparaison de modèles, cela fait sens de concevoir le résidu supprimé studentisé comme un test du modèle aberrant. Les résidus supprimés studentisés pour chaque observation de notre exemple sont repris dans l'Encadré 13.4 sous leur label habituel « RStudent ». Pour les données originales sans données aberrantes, aucune des valeurs ne serait statistiquement significative avec $\alpha = .05$. Par contre, dans l'ensemble de données contenant l'observation inversée, la 6e observation a une valeur très élevée de RStudent = 4.63 (dont le carré est égal à 21.1, ce qui correspond au F du test du modèle aberrant pour cette observation). Si le MODÈLE devait décrire toutes les DONNÉES, il ne devrait pas y avoir de valeur aussi importante de RStudent. La 6e observation est donc véritablement une donnée aberrante.

Nous avons maintenant répondu à la question de savoir si la valeur Y d'une observation est inhabituelle eu égard au modèle qui explique les autres observations. Le résidu supprimé studentisé est une statistique t qui teste le modèle aberrant. Si le t calculé est élevé, alors nous pouvons conclure que cela vaut la peine d'allouer un paramètre supplémentaire pour cette observation particulière. Cette conclusion revient à dire que la valeur Y de cette observation spécifique est très inhabituelle par rapport aux autres observations. En d'autres termes, le modèle ne s'applique pas à l'ensemble des observations.

Il faut néanmoins être prudent quand on utilise le modèle aberrant pour vérifier la présence de données aberrantes dans les DONNÉES. Si nous examinions les résidus supprimés studentisés pour toutes les observations, alors nous réaliserions l'équivalent de n tests statistiques sur le même ensemble d'observations. Si nous utilisons $\alpha = .05$ pour déterminer les valeurs critiques de PRE et F, ou de façon équivalent de RStudent, afin de rejeter le modèle original en faveur du modèle aberrant, alors nous aurions une probabilité de 5 % de faire une erreur de Type I pour chacun des n tests que nous réaliserions. La probabilité de ne *pas* commettre une erreur de Type I en effectuant n tests est quant à elle égale à 095^n. Pour notre exemple avec 13 observations, la probabilité de ne pas faire une erreur de Type I est $.95^{13} = .51$. Par conséquent, la probabilité de faire au moins une erreur de Type I en examinant les données avec le modèle aberrant est égale à $1 - .51 = .49$. Une valeur aussi élevée est inacceptable, mais une solution consiste à exploiter *l'inégalité de Bonferroni*. L'inégalité de Bonferroni précise que la probabilité de faire au moins une erreur de Type I sera inférieure à α si la valeur critique de chaque test est choisie de telle façon que $\alpha' = \alpha/n$. Pour notre exemple avec 13 observations, $\alpha' = .05/13 = .004$, ce qui implique une valeur critique pour F (t) d'environ 13 ou 14 (3.6 ou 3.7). Le F (ou RStudent) pour la 6e observation dépasse largement ce critère plus conservateur et peut donc être qualifiée de donnée aberrante statistiquement significative.

En général, nous ne recommandons pas que le carré du résidu supprimé studentisé ou le F résultant de l'évaluation du modèle aberrant soit utilisé de façon routinière comme test statistique formel, sauf si on possède par ailleurs de l'information qui met en cause la validité ou la fidélité d'une observation particulière. En lieu et place, nous suggérons que des valeurs élevées de RStudent soit utilisées pour signaler des observations exigeant davantage d'attention. Une règle simple peut être appliquée dans le cas de RStudent. Pour un n raisonnablement élevé, environ 1 % des résidus supprimés studentisés devraient être inférieurs à -1 ou supérieurs à $+1$. Ainsi, si la valeur absolue de RStudent est plus grande que 3, il convient de faire très attention à cette observation. Des valeurs de résidus supprimés studentisés supérieures à 4 devraient être très rares et seront significatives même après l'ajustement de Bonferroni. Autrement dit, toutes les alarmes devraient retentir. Un RStudent aussi élevé est une indication claire de la présence d'une valeur inhabituelle de Y_k. S'appuyer sur un MODÈLE au sein duquel un résidu supprimé studentisé est supérieur à 4 est très susceptible d'amener à des conclusions erronées.

1.5. *L'omission de Y_k change-t-elle les prédictions de façon radicale ?*

Tout en regardant le graphique inférieur de l'Encadré 13.2 et en examinant les résultats du modèle aberrant associé à la 6e observation, nous avons noté que l'éviction de cette observation cause un changement radical dans l'estimation de b_1. En effet, celui-ci passe de -0.5 quand la 6e observation est incluse à $+0.5$ lorsqu'elle est omise. Il n'est pas apparu que l'omission d'une quelconque autre observation puisse avoir un effet appréciable sur l'estimation de b_1 et, qu'en tous les cas, le signe de l'estimateur ne changerait pas. Cela nous incite à chercher les données aberrantes en prenant en compte le changement des paramètres estimés qui apparaît lorsqu'on écarte une observation de l'analyse. L'omission d'une observation « typique » ne devrait avoir que peu, voire pas, d'effet sur les estimations de paramètres, alors que l'omission d'une observation inhabituelle qui a pu « se saisir » des paramètres pourrait donner lieu à un changement de taille dans les paramètres estimés. Comme nous l'avons noté au moment de définir conceptuellement les SCR, des différences en termes de paramètres estimés se traduisent très directement par des valeurs prédites différentes. Cela veut dire que, pour vérifier si un ensemble de paramètres change radicalement du fait d'une seule observation, nous pouvons comparer les prédictions produite par le modèle se basant sur l'ensemble des observations avec les prédictions produites par le modèle se basant sur l'ensemble des observations, *exceptée* celle qui nous intéresse. Laissons $\hat{Y}_{i,[k]}$ représenter la valeur prédite pour la i^{ème} observation dans un modèle où l'on a omis la k^{ème} observation. Le D de Cook (1977, 1979) compare les deux ensembles de prédictions de la manière suivante :

$$D_k = \frac{\sum_i (\widehat{Y}_i - \widehat{Y}_{i,[k]})^2}{\text{PA(CME)}}$$

Une valeur élevée de Cook indique que les prédictions du modèle sont très différentes selon que la k^{ème} observation est incluse ou non. Pour une observation d'intérêt donnée, il serait relativement simple de calculer deux régressions avec et sans la k^{ème} observation et de calculer ensuite la somme des différences au carré pour les deux ensembles de prédictions. Néanmoins, devoir calculer n régressions différentes, en omettant chaque fois une observation différente, ce serait à nouveau une démarche de vérification des données aberrantes assez fastidieuse. Heureusement, comme c'était le cas pour le modèle aberrant et les résidus supprimés studentisés, tout ceci n'est pas nécessaire, car la formule suivante du D de Cook, équivalente à la première, montre que l'on peut se baser sur les composants de base, disponibles directement dans la régression originale. Plus précisément :

$$D_k = \frac{e_k^2}{\text{PA(CME)}}\left[\frac{h_k}{(1-h_k)^2}\right]$$

À titre d'illustration, pour la sixième observation, la seule quantité que nous n'avons pas déterminée est CME. On trouve cette dernière facilement dans la mesure où SCE/(n-PA) = 1085.3/11 = 98.66 ; dès lors :

$$D_6 = \frac{13.3^2}{2(98.66)}\left[\frac{.76}{(1-.76)^2}\right] = 11.83$$

Cette valeur (tenant compte des arrondis), ainsi que les valeurs du D de Cook pour toutes les observations, apparaissent dans l'Encadré 13.4. La seule valeur D de Cook très élevée correspond à la 6e observation dans l'ensemble de données où la variable prédictrice et la variable dépendante ont été inversées. Comme nous l'avons déjà noté, cette observation s'empare du modèle et change de manière considérable les prédictions faites pour toutes les autres observations, une situation qu'on ne souhaite évidemment pas pour un modèle qui prétend décrire l'ensemble des données.

Les recommandations concernant les valeurs du D de Cook au-delà desquelles il conviendrait de faire attention sont uniquement indicatives. Une règle consiste à considérer que toute valeur supérieure à 1 ou 2 requiert un examen minutieux. Une autre suggestion est de repérer les écarts qui séparent les plus grandes valeurs du D de Cook. Habituellement, comme c'est d'ailleurs le cas dans l'Encadré 13.4, une valeur qui demande qu'on s'y attarde apparaît de façon assez évidente.

La plupart des programmes de régression fournissent le D de Cook, de sorte que la formule présentée ci-dessus est rarement nécessaire. Par contre, la formule est importante sur un plan conceptuel, car elle démontre que le D de Cook est une fonction multiplicative de l'erreur au carré associée à une observation et du levier de cette même observation. Ainsi, les observations ayant la plus grande influence sur les valeurs des paramètres estimés seront celles qui auront les plus grandes erreurs au carré (une valeur de Y_k inhabituelle) *et* un levier important (un ensemble inhabituel de valeurs prédictrices). À l'inverse, le D de Cook ne sera pas élevé si Y_k n'est pas inhabituel dans le cadre du modèle portant sur les autres observations (autrement dit, s'il a une faible valeur de RStudent) *ou* si l'ensemble des prédicteurs pour la k^{ème} observation n'est pas inhabituel eu égard aux prédicteurs calculés pour les autres observations (autrement dit, s'il a une faible valeur de levier h_k). Mais notez toutefois que, même si Y_k n'est pas suffisamment inhabituel pour qu'on y accorde de l'attention et que h_k n'est pas suffisamment élevé pour être considéré comme un levier important, le D de Cook peut malgré tout s'avérer assez élevé pour qu'il mérite d'y prêter attention.

1.6. *Gérer les données aberrantes*

Après avoir identifé les données aberrantes d'un ensemble de données (en examinant les leviers, les résidus supprimés studentisés et le D de Cook), nous nous retrouvons face au problème de savoir si une action de remédiation doit être entreprise et laquelle. Si les outils de détection des données aberrantes ne s'avèrent pas particulièrement controversés, la question de savoir ce qu'il faut faire lorsque nous sommes face à des observations manifestement aberrantes se révèle être un sujet bien plus délicat et pour lequel existent des opinions divergentes parfois bien arrêtées. Si une donnée aberrante résulte manifestement d'une erreur de saisie, comme dans l'exemple que nous avons utilisé, alors tout le monde sera d'accord que la démarche sensée consiste à corriger l'observation, si c'est possible, et à refaire l'analyse en incluant l'observation corrigée. Dans de nombreux cas, néanmoins, la raison pour laquelle une observation s'avère être aberrante n'est pas du tout claire. Dès lors, aucune stratégie claire n'est disponible pour gérer la ou les observations problématiques. C'est dans ce genre de situation que des controverses peuvent surgir quant à la manière de procéder.

Au tout début de l'analyse des données, avant que des procédures claires ne soient mises au point pour identifier les données aberrantes, il était évidemment assez naturel de mettre en cause les analyses qui évinçaient les observations problématiques sur la base de règles en apparence improvisées. On craignait évidemment qu'en l'absence de règles précises visant à identifier les données aberrantes, les observations ne soient tout simplement omises parce qu'elles posaient problème pour l'hypothèse privilégiée par le chercheur. En raison de ces craintes, la tradition qui a émergé dans les recherches en psychologie était de considérer qu'il était contraire à l'éthique de rapporter des analyses basées sur des ensembles partiels de données dont on avait éliminé les observations problématiques.

Nous pensons que le développement de procédures statistiques éprouvées visant à l'identification de données aberrantes, en exploitant des outils tels que le levier, le résidu supprimé studentisé et le D de Cook, fait que cette conception est devenue obsolète. À vrai dire, nous serions même tentés de dire qu'il est contraire à l'éthique d'inclure des observations clairement aberrantes travestissant l'analyse réalisée, à tel point que les conclusions ne représentent plus la majorité des observations composant l'ensemble de données. La tâche de l'analyse des données est de raconter l'histoire correspondant à ce que les données ont à dire. Si l'histoire provient en réalité d'une poignée d'observations très influentes, ignorant la plus grande partie des observations, alors cette histoire représente très mal les données.

À tout le moins, lorsqu'ils sont confrontés à des données clairement aberrantes, nous encouragerions les chercheurs à analyser leurs données à deux reprises, une fois en incluant les données aberrantes et une fois en les excluant. Si l'histoire qui en résulte est globalement la même, indépendamment de l'inclusion des données aberrantes, alors il est évidemment plus simple d'inclure ces observations inhabituelles. D'un autre côté, si l'histoire est radicalement différente et si les statistiques révélant les données aberrantes indiquent clairement qu'il y a un ou plusieurs cas problématiques, alors notre recommandation serait de communiquer l'histoire sans les données aberrantes, tout en indiquant clairement les étapes qui ont permis de détecter ces données aberrantes. Une question intéressante, digne d'être examinée plus avant, est de savoir pourquoi les observations inhabituelles se sont produites et ce qu'elles peuvent nous révéler sur les questions théoriques qui sont explorées. Alors que la majorité des observations nous racontent une seule histoire, les quelques observations qui véhiculent une autre histoire constituent souvent des cas intrigants, dont l'examen ultérieur permet d'identifier les limites de l'histoire qu'on a racontée, et comment cette dernière doit être adaptée pour d'autres populations.

2. Les violations systématiques des postulats portant sur l'ERREUR

Les données aberrantes sont des observations qui se démarquent parmi un ensemble de données. Elles se produisent pour des raisons inconnues et peuvent donner lieu à des histoires très différentes de ce que les données ont à nous dire en réalité. Outre les problèmes qui émergent de façon idiosyncrasique, il se peut aussi que toutes les ERREURS d'un ensemble de données tendent à violer de manière systématique les postulats qui sous-tendent l'inférence statistique. Lors des Chapitres 11 et 12, nous avons abordé la plus importante de ces violations systématiques en examinant des données pour lesquelles les erreurs (ou résidus) n'étaient pas indépendantes les unes des autres. Les deux autres postulats qui peuvent également être violés de façon très sérieuse sont les postulats selon lesquels les ERREURS sont distribuées de manière normale et qu'elles proviennent d'une seule et même distribution et ont, par conséquent, la même variance.

Il est essentiel de prendre conscience du fait que les postulats de normalité de la distribution et de variance constante concernent uniquement les ERREURS du modèle, quel qu'il soit, et pas du tout les variables elles-mêmes, que ce soit la variable dépendante, *Y*, ou les prédicteurs, les *X*, du modèle. Nous avons clairement exploité des prédicteurs dont les valeurs ne sont pas distribuées de manière normale et il n'est rien de ce que nous avons fait jusqu'ici qui requière que l'on fasse des postulats concernant la distribution des prédicteurs du MODÈLE. Quant à la variable dépendante, *Y*, ici aussi, nul besoin de postulats sur la distribution de cette variable, pour autant que les ERREURS des modèles de prédiction soient distribuées de manière normale avec une variance constante. Afin d'illustrer cette distinction, prenons le cas d'une variable prédictrice catégorielle qui, avec ses deux niveaux, est utilisée pour prédire *Y*. Imaginons en outre qu'il existe une différence de moyennes très substantielle entre les deux groupes. Au fond, notre variable *Y* aurait une seule distribution découlant de deux distributions intra-groupe. En outre, si la différence de moyennes entre les deux groupes devait être suffisamment grande, la distribution globale de *Y* serait très loin d'être normale, elle serait en réalité bimodale, pour peu qu'on ignore les deux groupes. Pourtant, au sein de chacun des deux groupes, la distribution de *Y* pourrait être parfaitement adéquate, c'est-à-dire qu'elle serait normale et aurait la même variance. Ces distributions intra-groupe sont les distributions des ERREURS du MODÈLE prédisant les moyennes des deux groupes. Évidemment, il arrive parfois que la variable *Y* soit distribuée de telle sorte qu'il n'est pas possible que ses erreurs soient distribuées de manière normale. Ce qu'il faut retenir ici, c'est que ce qui est crucial, c'est la distribution des ERREURS et non la distribution de *Y*.

Les postulats selon lesquels les ERREURS sont distribuées de manière normale avec une variance constante sont fréquemment considérés comme étant des postulats « robustes ». On entend par là que, de l'avis général, le fait de violer ces postulats ne conduit pas à des erreurs statistiques majeures. Si ces postulats sont clairement plus robustes que le postulat d'indépendance abordé au cours des deux derniers chapitres, il demeure que les violations de normalité et d'homogénéité de la variance peut engendrer des erreurs inférentielles (tant des erreurs de Type I que de Type II). Il nous semble donc sensé, pour un chercheur, de se pencher sur ces aspects, particulièrement lorsqu'il y a de bonnes raisons de soupçonner la présence de violations, raisons que nous détaillons ci-après.

Comme nous l'avons précisé plus haut, la détection des données aberrantes implique des statistiques particulières et des comparaisons de modèles quantifiant clairement le degré auquel des cas particuliers peuvent poser des problèmes d'analyse. La détection de la non-normalité et de l'hétérogénéité de variance des ERREURS est une science nettement moins précise et nous allons fortement insister sur l'utilité des graphiques et de leur analyse dans toute tentative de détection des problèmes de violation. Même s'il existe des tests statistiques indexant l'écart à la normalité et l'hétérogénéité de variance, nous ne les mettons pas en avant parce qu'ils impliquent bien souvent d'autres postulats qui peuvent s'avérer problématiques. Notre expérience est que les graphiques de données seront souvent à même de révéler les situations où les postulats sont violés de façon suffisamment importante pour qu'une action corrective s'impose. C'est en ce sens que nous considérons que ces postulats font preuve de robustesse : si leurs violations sont susceptibles de causer des problèmes, elles devraient être apparentes même sur la base de méthodes d'inspection de données relativement grossières.

2.1. *Diagnostiquer des distributions non normales de l'ERREUR*

Comme nous l'avons déjà relevé, le postulat de la normalité de la distribution de l'ERREUR est un postulat relativement robuste. Mais la validité de cette conclusion dépend de la manière dont la distribution des erreurs s'écarte de la distribution normale. Des écarts par rapport à la distribution normale se produisent surtout de deux manières. D'une part, une vraie distribution normale est symétrique avec des queues de distribution de grosseur égale en dessous et au-dessus de sa tendance centrale. D'autres types de distributions peuvent s'écarter de cela parce qu'elles sont biaisées dans une direction ou une autre, soit parce qu'elles ont une queue positive plus importante que la queue négative ou l'inverse. D'autre part, les distributions peuvent se départir de la distribution normale parce qu'elles sont trop pointues avec des queues de distribution trop peu garnies ou trop peu pointues avec des queues de distribution trop fournies. S'il est important de corriger des distributions d'ERREUR biaisées par rapport à la normale, les problèmes les plus sérieux se rencontrent quand les queues des distributions des erreurs sont nettement plus importantes que ce que l'on verrait dans une distribution normale. L'Encadré 13.5 illustre deux distributions. On trouve à gauche ce qu'on appelle une distribution de Cauchy, résultant du rapport de deux distributions normales. Sur la droite se trouve une distribution uniforme. Même si la distribution de Cauchy paraît globalement normale, ses queues de distribution sont en fait bien plus épaisses que celles d'une distribution normale. Quant à la distribution uniforme, elle présente des queues de distribution considérablement plus fines que ce qu'on trouve dans une distribution normale. Dans la mesure où l'estimation des moindres carrés privilégie les erreurs extrêmes (en minimisant la somme des erreurs *au carré*), les distributions dont les queues de distribution sont épaisses, comme la distribution de Cauchy, peuvent poser beaucoup plus de problèmes que d'autres distributions non normales comme la distribution uniforme.

Selon nous, l'outil le plus précieux pour détecter si la distribution des ERREURS s'écarte de la distribution normale est le diagramme quantile-quantile de la loi normale. Dans tous les logiciels majeurs, on trouve ces diagrammes parmi les procédures qui représentent les distributions univariées des données[19]. Le diagramme quantile-quantile de la loi normale donne à voir la distribution des données (à savoir, les erreurs) en percentile au regard de la distribution en percentile à laquelle on s'attendrait si la distribution était normale. Autrement dit, les valeurs des données sont classées par rang et le percentile de chaque score appartenant à cette distribution est calculé sur la base du

19. Il sera important de se rappeler ici que l'on souhaite représenter la distribution des erreurs et non la distribution de la variable *Y*.

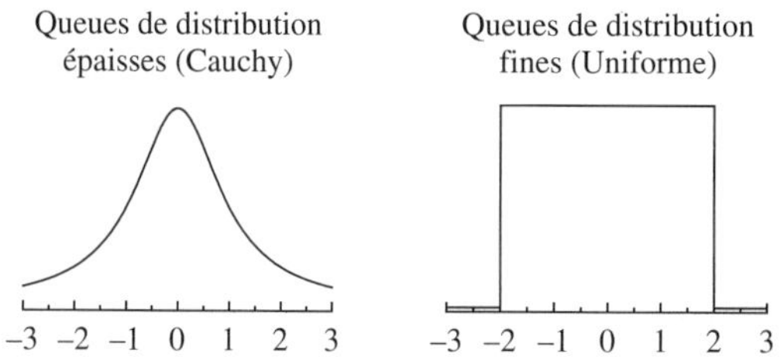

Encadré 13.5
Distribution de Cauchy ayant des queues de distribution trop épaisses (à gauche) et distribution uniforme ayant des queues de distribution trop fines (à droite)

nombre d'observations. Les scores de percentile pour chaque observation constituent les valeurs sur l'ordonnée du diagramme quantile-quantile. Sur l'autre axe, on retrouve les scores z pour chaque percentile tels qu'on les observe sur une distribution normale. Ainsi, dans ce graphique bidimensionnel, chaque observation est localisée par un point, avec l'ordonnée correspondant au percentile dans la distribution effective des erreurs et l'abscisse correspondant à ce que serait son score z si le percentile provenait d'une distribution normale.

Afin d'illustrer cette procédure, les valeurs de l'Encadré 13.6 ont été générées par un tirage à partir d'une distribution normale de moyenne 0 et d'écart-type égal à 10. Imaginons que ces valeurs correspondent aux valeurs d'ERREUR pour un modèle particulier. Pour cet échantillon, la moyenne des 25 scores est en fait égale à 0.2 et l'écart-type est quant à lui égal à 11.5. Les valeurs classées ou les scores bruts sont fournis dans la colonne à l'extrême gauche de l'Encadré 13.6. Dans la colonne suivante, on trouve la valeur *i* pour chaque score. Ce n'est rien d'autre qu'une variable qui indique le rang du score (qui va donc de 1 à 25). Dans la troisième colonne apparaît le percentile de chaque score dans l'échantillon sur base de la formule $f = (i - .5)/n$. Le .5 est inclus dans la formule simplement pour éviter de tomber sur des percentiles de 0 et de 1.0. Ce sont là les scores qui sont représentés pour chaque observation le long de l'ordonnée du graphique. Vient ensuite, dans la dernière colonne de l'Encadré 13.6, le score z associé à ce percentile sur base d'une distribution normale. Ainsi, par exemple, la troisième plus petite erreur de −14 dans la distribution est le 10e score de percentile dans la distribution des données (c'est-à-dire $f = (3 - .5)/25 = .10$). Au sein de la distribution normale des données, le score z correspondant au 10e score de percentile est −1.28. Les valeurs de cette dernière colonne sont représentées le long de l'abscisse du diagramme quantile-quantile et chaque observation est représentée dans le graphique par un point. Ce point correspond donc à son percentile dans l'échantillon (l'ordonnée) et ce que ce score z devrait être s'il émanait d'une distribution normale (l'abscisse). Le diagramme quantile-quantile correspondant à ces données est présenté à l'Encadré 13.7.

Si les données étaient parfaitement distribuées selon une distribution normale, elles se retrouveraient toutes le long de la ligne droite de ce diagramme. Comme ces données sont en fait tirées d'une distribution normale, l'adéquation des points à la ligne droite est particulièrement bonne. Dans l'Encadré 13.8, nous présentons quatre diagrammes quantile-quantile pour des erreurs tirées de quatre distributions connues. La première ligne représente un autre exemple de distribution normale avec la distribution originale sur la gauche et le diagramme quantile-quantile de la loi normale sur la droite. La deuxième ligne reprend un échantillon provenant d'une distribution uniforme avec une probabilité égale pour toutes les valeurs d'erreur comprises entre −2 et +2. Dans ce diagramme quantile-quantile, les points représentés semblent tomber le long de la ligne droite au centre de la distribution, mais la pente devient très plate vers les extrémités. Cette pente vers les extrémités indique que les scores les plus extrêmes présent dans cet échantillon (ceux avec les percentiles les moins et les plus élevés) ne sont pas aussi extrêmes que ce qu'ils seraient s'ils provenaient d'une distribution normale. Cette distribution a des queues de distribution plus fines que des données provenant d'une distribution normale. La troisième ligne contient la distribution de Cauchy. Notez que dans le diagramme de gauche, les queues de distribution sont plus épaisses que celles de la distribution normale de la première ligne. Ici, encore une fois, la pente des points du centre de la distribution sont ce qu'ils devraient être. En revanche, aux extrémités, la pente devient très mar-

Encadré 13.6
Erreurs empiriques échantillonnées à partir d'une distribution normale, ainsi que leurs quantiles sous la loi normale

Valeurs d'erreurs empiriques	*i*	f_i	Quantile Normal $z(f_i)$
-21	1	0.02	-2.05
--16	2	0.06	-1.55
-14	3	0.10	-1.28
-12	4	0.14	-1.08
-12	5	0.18	-0.92
-11	6	0.22	-0.77
-10	7	0.26	-0.64
-8	8	0.30	-0.52
-8	9	0.34	-0.41
-6	10	0.38	-0.31
1	11	0.42	-0.20
1	12	0.46	-0.10
2	13	0.50	0
4	14	0.54	0.10
4	15	0.58	0.20
5	16	0.62	0.31
5	17	0.66	0.41
5	18	0.70	0.52
7	19	0.74	0.64
7	20	0.78	0.77
11	21	0.82	0.92
13	22	0.86	1.08
15	23	0.90	1.28
20	24	0.94	1.55
22	25	0.98	2.05

Encadré 13.7
Diagramme quantile-quantile de la loi normale pour les erreurs de l'Encadré 13.6

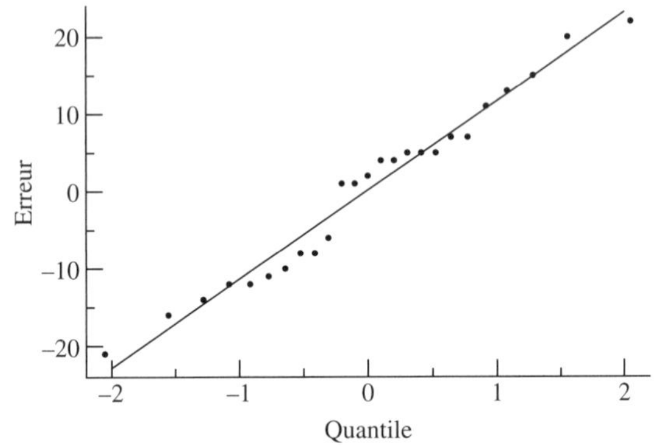

quée, indiquant que les valeurs des données aux extrémités inférieures et supérieures de la distribution sont plus extrêmes que ce qu'elles seraient si elles venaient d'une distribution normale. Les diagrammes quantile-quantile de ce genre doivent nous alerter très sérieusement. Enfin, la dernière ligne de l'Encadré 13.8 présente des erreurs provenant d'une distribution beta transformée qui, dans le cas d'espèce, présente un biais positif. Comme le montre clairement le diagramme quantile-quantile, cette distribution a une queue supérieure plus importante que la distribution normale (la pente est très marquée à l'extrémité supérieure) et une queue inférieure plus fine que la distribution normale (la pente est très plate à l'extrémité inférieure). Encore une fois, la queue de distribution plus importante à l'extrémité supérieure représente une bonne raison de s'inquiéter.

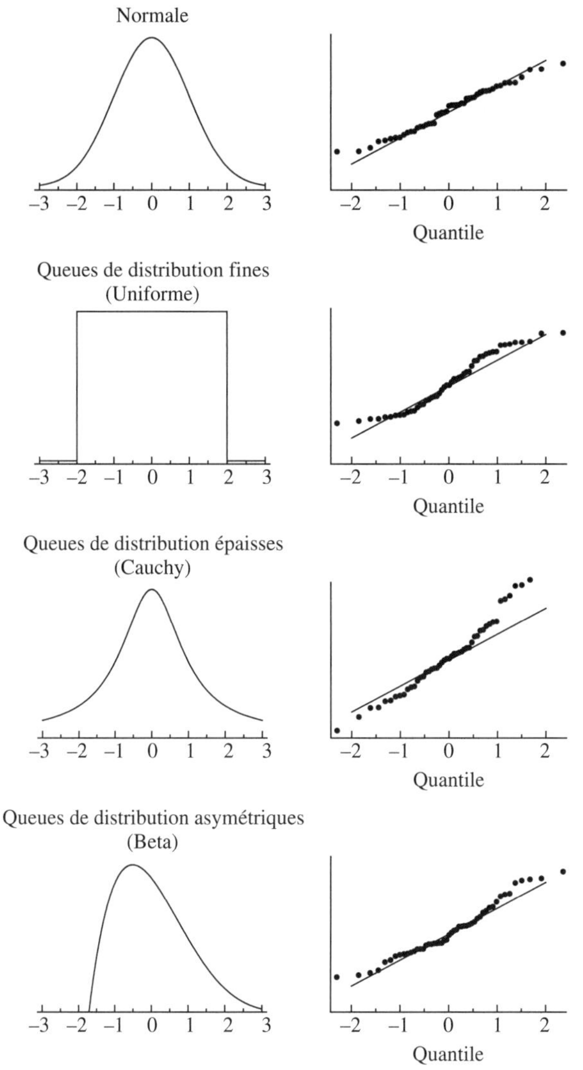

Encadré 13.8

Diagrammes quantile-quantile de la loi normale pour les erreurs échantillonnées sur la base de distributions normale (première ligne), uniforme (deuxième ligne), Cauchy (troisième ligne) et beta transformée avec biais positif (quatrième ligne).

2.2. *Diagnostiquer des ERREURS avec des variances hétérogènes*

Comme c'était le cas quand nous vérifions si les ERREURS étaient distribuées normalement, nous estimons que les méthodes d'inspection graphique sont généralement les plus utiles pour examiner si elles manifestent une variance constante. La plupart du temps, les violations de ce postulat se produisent lorsque la variance des ERREURS dépend systématiquement de la grandeur des valeurs prédites, $\hat{Y}_i$. Par exemple, si nous devions prédire les prix de vente de modèles de voitures, se tromper de 1000 EUR peut être une erreur plus importante quand le prix de vente prédit est de 10 000 EUR plutôt que de 50 000 EUR.

Dès lors, un graphique utile pour voir si les ERREURS manifestent de l'hétérogénéité consiste à représenter les ERREURS en fonction des valeurs prédites, $\hat{Y}_i$. La violation la plus courante du postulat d'homogénéité des variances dans ce genre de graphiques, en accord avec l'exemple qui vient d'être donné, est un pattern de points en forme d'entonnoir dans lequel les ERREURS deviennent de plus en plus grandes en valeur absolue (des erreurs négatives comme positives) à mesure que les valeurs prédites augmentent. Autrement dit, les ERREURS sont plus étalées (autour de zéro) pour les valeurs prédites plus élevées. Cela est encore plus facile à constater si on représente non pas les ERREURS elles-mêmes, mais leur valeur absolue (ou, plus souvent, la racine carrée de leur valeur absolue – un tel graphique est alors appelé un « diagramme de localisation de l'étalement » ou *spread-location plot*). Avec un tel graphique, si les erreurs sont plus variables ou si elles s'étalent davantage pour les valeurs prédites élevées, alors les valeurs absolues des erreurs doivent être plus grandes pour les valeurs prédites plus élevées et le diagramme qui en résulte présentera une pente globalement positive.

L'Encadré 13.9 illustre ce genre de diagrammes avec des données pour lesquelles les ERREURS ont une variance constante (sur la gauche) et des données pour lesquelles les ERREURS ont été générées pour être proportionnelle à la taille des valeurs prédites (sur la droite). La ligne supérieure des diagrammes représente tout simplement les nuages de points bivariés, diagrammes pour lesquels une variable prédictrice unique (X) prédit Y. Il est de fait très difficile de repérer des problèmes dans ces diagrammes. Mais les choses deviennent plus claires à la deuxième ligne où cette fois les diagrammes présentent les résidus (les erreurs) en fonction des valeurs prédites. À gauche, les points révèlent une structure en nuage sans qu'on ne décèle aucune forme d'entonnoir. En revanche, une telle structure en entonnoir est nettement plus visible dans le diagramme de droite où il apparaît que les erreurs sont plus étalées pour les valeurs plus élevées de la variable prédite. La troisième ligne présente les diagrammes de localisation de l'étalement. Cette fois, il est tout à fait évident que l'erreur moyenne absolue (ou plus exactement sa racine carrée) augmente à mesure que les valeurs prédites croissent, du moins pour les erreurs hétérogènes présentées dans la colonne de droite. Par contre, l'erreur absolue pour les erreurs homogènes manifeste très peu d'augmentation en fonction de l'accroissement des valeurs prédites.

Si ce genre de structure en forme d'entonnoir est typique, on peut rencontrer d'autres patterns de diagrammes de dispersion (ou de diagrammes de localisation de l'étalement) soulignant la violation du postulat de variance constante. Par exemple, lorsque les valeurs Y sont des proportions, la tendance est à observer une moins grande variance des erreurs pour les valeurs prédites très élevées (pour les proportions proche de 1) et très petites (pour les proportions proche de 0). Dans un tel cas, le diagramme représentant les erreurs et les valeurs prédites affichent plutôt une structure en diamant, avec moins de dispersion aux extrémités, et le diagramme de localisation de l'étalement

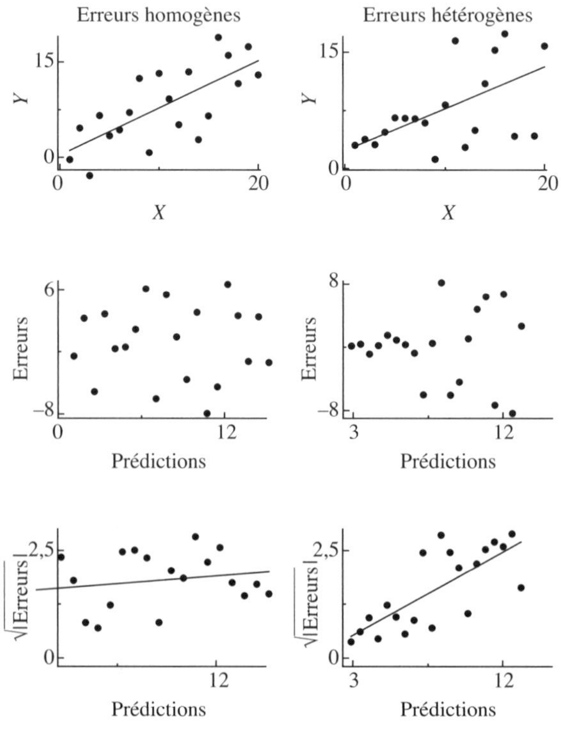

Encadré 13.9
Nuages de points bivariés (première ligne), diagrammes des résidus en fonction des valeurs prédites (deuxième ligne) et diagrammes de localisation de l'étalement (troisième ligne) pour des erreurs homogènes (colonne de gauche) et des erreurs hétérogènes (colonne de droite).

révèle un pattern non linéaire, avec des valeurs d'erreur absolue plus grandes dans la zone centrale des valeurs prédites.

2.3. *Traiter les violations de normalité et d'homogénéité des variances*

Comme nous l'avons suggéré au début de ce chapitre, il est important de gérer les observations problématiques individuelles (les données aberrantes) avant de se tourner vers les violations plus systématiques des postulats portant sur les erreurs, à savoir leur normalité et l'homogénéité de leur variance. Une fois que ces problèmes systématiques ont été diagnostiqués, il est possible de mettre en place différentes actions de remédiation. En général, nous adopterons une approche qui, sur le plan conceptuel, ressemble à ce que nous avons fait dans le cas des violations du postulat d'indépendance. Dans ce cas, nous avions calculé différentes transformations de notre variable dépendante, en parlant de variables W. Une fois ces transformations faites, combinant ainsi les observations non indépendantes de diverses manières, le problème de dépendance avait disparu et nous pouvions poursuivre avec l'arsenal complet des modèles analytiques développé aux chapitres précédents. Nous adoptons ici la même approche. Concrètement, nous allons recommander diverses transformations de la variable, sous la forme générale de $W_i = f(Y_i)$, où $f(\,)$ représente une fonction à définir. Selon le type de violations systématiques, différents types de fonctions seront requis pour corriger les problèmes dans la distribution des erreurs. Une fois qu'on aura trouvé une transformation appropriée, nous pourrons exploiter l'arsenal complet des modèles analytiques développé aux chapitres précédents, exactement comme nous le faisions dans le cas de données qui violaient le postulat d'indépendance.

Il existe une autre approche – largement utilisée – que celle que nous recommandons ici. Il s'agit de recourir à ce qu'on appelle des tests statistiques *non paramétriques*. Nous n'encourageons pas le recours aux procédures non paramétriques pour deux raisons principales. Tout d'abord, on pense souvent que ces tests ne font pas de postulats sur les distributions des erreurs. Malheureusement, ce n'est pas le cas. Même s'il est vrai que ces tests permettent de gérer des erreurs qui ne sont pas distribuées de façon normale, ils font aussi des postulats très stricts sur l'homogénéité des variances. En somme, ces tests ne constituent pas la solution qu'on l'on prétend face à tous les problèmes de violations des postulats. En second lieu, plusieurs procédures non paramétriques sont équivalentes aux procédures paramétriques sur lesquelles nous nous sommes basés, néanmoins elles ne sont pas réalisées sur la variable brute, mais sur une transformation particulière de la variable, à savoir la transformation de rangs. Autrement dit, les procédures paramétriques analysent généralement un score transformé, $W_i = f(Y_i)$, où la fonction $f(\;)$ est simplement une transformation en rang. Cette transformation classe les valeurs des données en attribuant la valeur 1 au score le plus petit, une valeur 2 au score suivant et ainsi de suite. Nous pensons que d'autres transformations sont plus performantes que la transformation en rangs, à la fois parce qu'elles sont susceptibles de préserver plus d'information contenue dans les données brutes et, de manière plus importante, parce qu'elles mettent les données bien plus en conformité avec le postulat d'homogénéité des variances. La transformation en rangs donne lieu à des données qui sont distribuées de manière uniforme plutôt que normale. Une fois que l'on réalise que les procédures non paramétriques sont tout simplement des procédures paramétriques appliquées à des données qui ont été transformées en rangs, alors il devient évident que, s'il existe de meilleures transformations, meilleures au sens où elles sont davantage susceptibles de gérer les problèmes de non-normalité et de variances hétérogènes, alors de telles transformations devraient être préférées aux procédures statistiques non paramétriques.

Des transformations non linéaires mais monotones des données peuvent souvent nous ramener à des erreurs distribuées normalement et ayant des variances constantes. En outre, des données qui ont été transformées pour gérer les violations de postulats conduisent souvent à des modèles plus simples. En d'autres termes, il arrive souvent que des interactions d'ordres supérieurs ou des effets non linéaires disparaissent une fois que des transformations appropriées ont été appliquées à des données qui, sinon, violeraient les postulats de normalité de distribution des erreurs et d'homogénéité des variances. Et, évidemment, nous avons toujours une prédilection pour des modèles qui se caractérisent par la parcimonie.

Pour certains types de données, distribuées de certaines manières, il existe des transformations largement acceptées, car elles ont généralement l'effet désiré et corrigent les violations de postulats. Ainsi, dans le cas de variables qui correspondent à un décompte (par exemple, le nombre de fois que quelqu'un fait quelque chose ou le nombre d'enfants dans une famille), la transformation appropriée consiste généralement à prendre la racine carrée, $W_i = \sqrt{Y_i}$. Pour des données de temps de réponses, la transformation qui convient habituellement est le logarithme, $W_i = \log(Y_i)$. Pour des données de proportions, la transformation logit est souvent celle qui est la plus appropriée, $W_i = \log\left(\frac{Y_i}{1-Y_i}\right)$. Enfin, pour les données qui sont des corrélations, la transformation Z de Fisher, $W_i = \frac{1}{2}\log\left[\frac{1+Y_i}{1-Y_i}\right]$, est généralement celle qui convient le mieux. Bien entendu, même si ces transformations sont appliquées de manière routinière dans ces cas de figure, nous recommandons de vérifier si la transformation sélectionnée a effectivement généré des erreurs corrigeant les problèmes distributionnels d'origine, de nouveau en examinant le diagramme quantile-quantile et le diagramme des erreurs et valeurs prédites, mais cette fois sur les résidus issus de la variable transformée.

Pour corriger les problèmes de biais présents dans d'autres types de distribution, nous recommandons d'explorer les transformations qui dérivent de ce qu'on connaît sous le nom d'échelle des puissances, $W_i = Y_i^{\lambda}$, partant de l'idée qu'une constante a été ajoutée à Y_i de telle sorte que toutes les valeurs de Y_i sont plus grandes que 1. Si $\lambda = 1$, alors bien entendu $W_i = Y_i$ et aucune transformation n'a été effectuée. Si $\lambda > 1$, alors les plus grandes valeurs de Y_i deviennent encore plus grandes, de telle manière que la queue supérieure de la distribution s'étale encore davantage relativement à la queue inférieure, ce qui réduit le biais négatif. En outre, plus grande est la valeur de λ, à supposer que $\lambda > 1$, plus ce sera le cas. Pour les valeurs de $\lambda < 1$, le contraire se produit : la queue inférieure s'étale davantage relativement à la queue supérieure, ce qui réduit le biais positif. Y_i^0 donne lieu à une valeur de 1 pour toutes les observations et n'est donc pas utilisé. On utilisera à la place la transformation $\log(Y_i)$ qui s'inscrit parfaitement dans la famille des transformations par la puissance pour cette valeur particulière. Ainsi, pour réduire le biais positif, on peut commencer par prendre la racine carrée, $W_i = \sqrt{Y_i} = Y_i^{0.5}$. S'il reste un biais positif, on peut alors se tourner vers la transformation logarithmique. Pour une transformation encore plus extrême, on dispose de l'inverse de la racine carrée, $W_i = Y_i^{-0.5}$, et puis l'inverse $W_i = Y_i^{-1}$, et ainsi de suite. Trouver la bonne valeur de λ afin de réduire le biais et de rendre la distribution plus proche de la loi normale peut donc amener à procéder par essais erreurs. Pour ce faire, on se déplacera donc de haut en bas sur l'échelle des puissance, en fonction du biais positif ou négatif de la variable, examinant le diagramme quantile-quantile pour chaque transformation jusqu'à ce qu'on ait identifié la transformation qui approxime au mieux la distribution normale.

Il est important de noter qu'outre le fait qu'elles violent le postulat de normalité des ERREURS, les distributions dont les erreurs sont biaisées sont aussi très souvent caractérisées par des variances hétérogènes. Dans le cas de biais positif, comme lorsqu'on a affaire à des temps de réponses, il se fait généralement que les ERREURS sont plus variables pour les temps plus longs. Les transformations de puissance qui réduisent le biais sont donc susceptibles de corriger à la fois les problèmes de non-normalité et d'hétérogénéité de la variance.

3. Un exemple

Un exemple détaillé nous aidera à clarifier les outils de diagnostic et les remèdes décrits dans ce chapitre. Les données utilisées concernent la relation entre le nombre de financements de recherche octroyés par la Fondation Nationale des Sciences des États-Unis (NSF) en sciences physiques et sociales à différentes universités. Ces données ont été compulsées par un collègue dont l'administration universitaire s'inquiétait du faible nombre de financements NSF qu'elle recevait. Ce collègue espérait convaincre son administration qu'il était tout aussi important de soutenir les départements de sciences sociales, dans la mesure où existe dans les institutions concurrentes une forte relation entre les financements reçus en sciences physiques et en sciences sociales. Les données analysées ici sont le nombre de financements NSF de chaque type pour les deux plus grandes universités publiques d'un État donné et les universités qu'elles considèrent comme comparables. Chaque université est catégorisée soit comme l'université-phare de l'État ou comme une université d'État originelle[20]. L'Encadré 13.10 présente les données et les droites de régression pour les universités-phares et pour les universités d'État originelles. En dépit de la divergence apparente des pentes, la différence des pentes (c'est-à-dire un test de l'interaction entre la catégorie dans laquelle se situe l'université d'une part et le nombre de financements en sciences sociales d'autre part) n'est pas significative, $F_{1,15} = 1.9$, PRE = .11, $p = .19$. En revanche, le diagramme révèle la présence d'une donnée potentiellement aberrante – une université-phare qui dépasse de loin les autres en matière de financement dans les sciences physiques – qui pourrait affecter la droite de régression pour les universités-phares. Une inspection visuelle des postulats de la régression ainsi qu'une analyse des données aberrantes s'imposent.

L'Encadré 13.11 présente le diagramme quantile-quantile (à gauche) et le diagramme de localisation de l'étalement (à droite). On peut voir dans le diagramme quantile-quantile qu'un point, correspondant à la donnée apparemment aberrante de l'Encadré 13.10, s'écarte nettement de la ligne de normalité. Sa forte pente par rapport aux autres points met en évidence un cas de violation de la normalité dû à une queue de distribution épaisse qui pourrait par conséquent avoir un impact non négligeable sur l'analyse. Le diagramme de localisation de l'étalement montre clairement que la racine carrée de la valeur absolue des résidus augmente à mesure que croissent les valeurs prédites par la régression. Il y a donc également violation du postulat d'homogénéité de la variance. Le résidu supprimé studentisé de cette observation insolite est égal à 6.78, son levier est égal à 0.32 et son D de Cook est égal à 1.33, ce qui correspond environ au double de la valeur suivante de D de Cook. Le levier ne signale pas qu'il s'agit ici d'une observation particulièrement inhabituelle en ce qui concerne ses valeurs prédites. Par contre, le résidu supprimé studentisé très élevé ($p < .0001$) suggère que cette université nous livre une information très différente au sujet de la relation entre le nombre de financements NSF en sciences sociales et ceux en sciences physiques. La valeur importante du D de Cook indique que cette observation a un effet disproportionné sur le modèle global. Or, si cette donnée aberrante est omise, l'interaction devient significative, $F_{1,14} = 15.38$, PRE = .53, $p = .0015$. Autrement dit, notre interprétation quant à la différence de lien entre les universités phares et les autres dépend entièrement de l'inclusion de cette seule université. Nous ne devrions donc pas laisser une observation prendre le contrôle de l'interprétation de *l'ensemble* des données ! Dans ce cas particulier, l'université surprenante recueille de loin le plus grand nombre de financements. En outre, le nombre de financements en sciences physiques ou en sciences sociales ne s'inscrit pas dans la mouvance de ce que l'on observe pour les universités-phares ou les autres. On peut sans doute se dire après coup qu'il ne s'agit pas là d'une institution de comparaison légitime. Elle doit avoir été prise en compte simplement parce qu'elle se retrouvait dans la même com-

20. Aux États-Unis, un grand nombre d'universités d'État étaient à l'origine des établissements orientés vers les sciences agronomiques et ingéniérales. Même si la quasi-totalité des établissements publics ont évolué vers des universités complètes, certaines ont résolument atteint un niveau concurrentiel au plan national, voire international, tandis que d'autres ont davantage conservé leur caractère « local » d'origine.

Encadré 13.10
Relation entre le nombre de financements des sciences physiques et des sciences sociales au sein d'universités-phares (○) et d'universités d'États originelles (●).

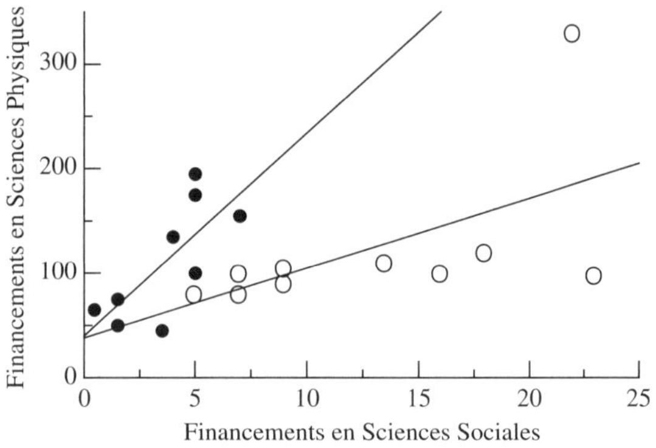

pétition sportive, par exemple. Pour toutes ces bonnes raisons, il convient de refaire l'analyse en ayant pris soin d'écarter la donnée aberrante. Si l'analyse change de façon notable en l'absence de cette université, cela ne constitue toutefois pas une preuve irréfutable de la justesse de nos intuitions. Il s'agit plutôt alors de développer des hypothèses qui pourraient être explorées dans une étude plus vaste incluant l'ensemble des universités d'État.

L'éviction de cette donnée manifestement aberrante ne résout pas le problème de violation de l'homogénéité de la variance visible sur le panel droit de l'Encadré 13.11 (le nouveau diagramme n'est pas présenté ici). Il faut donc nous tourner vers une transformation. Il y a aussi des raisons *a priori* nous poussant à vouloir recourir à une transformation de ces données. L'échelle du nombre de financements n'est pas susceptible d'entretenir une relation linaire avec l'échelle de qualité des institutions. Par exemple, la différente entre, disons, 5 et 10 financements est-elle équivalente à la différence entre, 105 et 110 financements? Nous sommes susceptibles de considérer que la seconde différence est négligeable tandis que la première nous semblera très importante. Implicitement, l'analyse des données brutes traite ces deux différences comme si elles étaient égales. En outre, comme nous l'avons déjà dit plus haut, les décomptes sont suceptibles de nécessiter une transformation en racine carrée (ou une transformation de ce type) pour que les modèles présentent des erreurs ayant des variances homogènes. S'il n'est pas toujours nécessaire de transformer les deux variables, il semble toutefois judicieux, dans le cas présent, de transformer tant le critère (nombre de financements en sciences physiques) que le prédicteur (nombre de financements en sciences sociales). L'Encadré 13.12 présente le diagramme quantite-quantile des résidus et le diagrame de localisation de l'étalement après la transformation en racine carrée et compte tenu de l'omission de la donnée aberrante (cette donnée continue d'être aberrante après la transformation, même si c'est dans une moindre mesure). Les deux diagrammes suggèrent que l'analyse des données transformées sans la donnée aberrante satisfait raisonnablement aux postulats de normalité et d'homogénéité des variances. Une transformation de puissance moins forte (c'est-à-dire une puissance comprise entre 0.5 et 1.0) n'élimine pas la pente positive dans le diagramme de localisation de l'étalement alors qu'une transformation plus marquée (telle que la fonction logarithmique ou la

Encadré 13.11
Diagramme quantile-quantile (sur la gauche) et diagramme de localisation de l'étalement (sur la droite) concernant les données relatives au nombre de financements de l'Encadré 13.10.

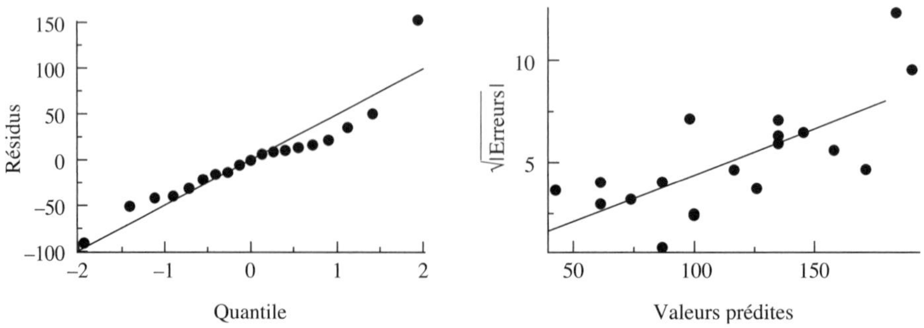

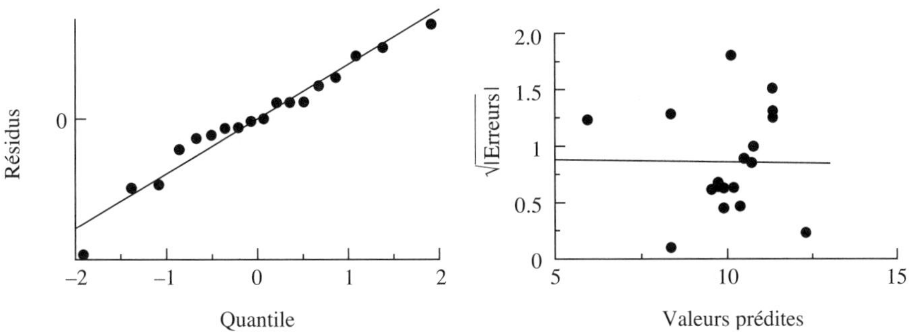

Encadré 13.12
Diagramme quantile-quantile et diagramme de localisation de l'étalement après l'application d'une transformation racine carrée aux données concernant les financements

fonction inverse) crée une pente négative. Dès lors, la transformation en racine carrée (puissance = 0.5) semble la meilleure pour corriger le problème de variance qui apparaît dans ces données.

L'analyse des données transformées met au jour une autre observation problématique – une université d'État qui recueille 56 financements NSF en sciences physiques, mais aucune en sciences sociales. Certaines universités d'État sont restées très attachées à leurs racines agronomiques et ingéniérales et ne disposent toujours pas de la panoplie complète des départements de sciences sociales. Cette université est sans doute un cas de ce genre. Heureusement, l'interprétation que nous pouvons faire des données ne change pas de manière appréciable selon qu'on inclut ou non cette observation. Nous allons donc nous arrêter à l'analyse des données transformées en racine carrée pour lesquelles on a omis la première donnée aberrante. Cette analyse est présentée dans l'Encadré 13.13. En ce qui concerne les universités-phares, on ne trouve pas d'élément indiquant la présence d'une relation entre les financements en sciences physiques et en sciences sociales (pente = 0.46), $F_{1,14}$ = 0.6, PRE = .04, p = .45. En revanche, une telle relation exite dans les universités d'États originelles (pente = 2.4), $F_{1,14}$ = 15.65, PRE = .53, p = .0014. La différence entre ces deux pentes est statistiquement significative (différence de pente = 1.93), $F_{1,14}$ = 5.15, PRE = .27, p = .04. (L'omission de la seconde observation problématique renforcerait la relation au sein des universités d'États originelles et augmenterait la différence de pente.) Transformer les données et exclure la donnée aberrante a non seulement donné lieu à une analyse qui satisfait aux postulats statistiques importants, mais livre également une interprétation claire et cohérente des données. Inclure la donnée aberrante et ne pas transformer les données conduit à une analyse qui viole les postulats majeurs qui sous-tendent l'analyse et fournit une histoire confuse et incohérente à propos de nos données.

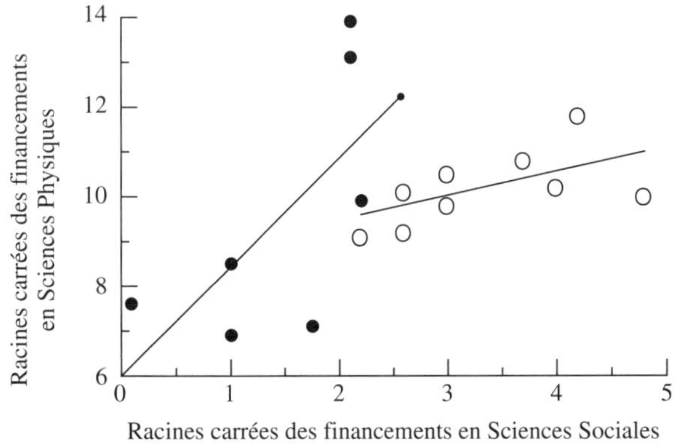

Encadré 13.13
Analyse finale des données transformées via une racine carrée et après l'éviction d'une donnée aberrante pour les universités-phares (○) et les universités d'États originelles (●).

Résumé

Au cours de ce chapitre, nous avons abordé deux sujets très importants. Le premier concerne la manière dont on repère et dont on traite les observations qui sont des données aberrantes. Nous avons vu que les données aberrantes peuvent être définies de trois manières : ce sont des observations qui présentent des valeurs inhabituelles sur le critère, des observations qui présentent des valeurs inhabituelles sur le(s) prédicteur(s) ou des observations qui présentent des valeurs inhabituelles sur la combinaison des deux. En général, le premier type de données aberrantes donne lieu à des termes d'erreur exagérés et donc à des erreurs de Type II. Le deuxième type conduit à une inflation d'erreurs de Type I. Enfin, le troisième type est particulièrement pernicieux dans la mesure où des données aberrantes de ce type peuvent donner lieu à des biais très sérieux au niveau des paramètres. Nous recommandons d'examiner les résidus supprimés studentisés pour identifier les données aberrantes du premier type, le levier pour identifier les données aberrantes du deuxième type et le *D* de Cook pour identifier les données aberrantes du troisième type. Les données aberrantes qui résultent d'erreurs manifestes au moment de l'enregistrement et de la saisie des données doivent être corrigées tant que faire se peut. Dans le cas contraire, il convient de réaliser les analyses en excluant les données. Il ne faudrait jamais laisser un petit nombre d'observations corrompues orienter l'interprétation des données et la modifier par rapport à ce qu'elle serait en leur absence.

La seconde moitié de ce chapitre traite des représentations graphiques que l'on peut exploiter pour détecter des violations des postulats que sont la distribution normale et l'homogénéité de variance des résidus. Ces représentations incluent le diagramme quantile-quantile qui permet de détecter la non-normalité et les diagrammes des erreurs par valeurs prédites et de localisation de l'étalement qui mettent au jour les erreurs hétérogènes. Nous concluons en abordant les différentes transformations qui permettent de gérer les problèmes créés par les ERREURS violant les postulats.

CHAPITRE 14

Régression logistique : Variables dépendantes catégorielles

SOMMAIRE

Dans les chapitres précédents, nous avons traité de modèles intégrant des variables prédictrices catégorielles et continues. Jusqu'ici, néanmoins, toutes les variables dépendantes étaient des variables continues. Or, il arrive que la variable dépendante soit catégorielle. Par exemple, la variable que nous souhaitons prédire pourrait être gagner ou perdre la compétition, avoir ou non une infection, avoir ou non voté aux dernières élections, ou encore avoir ou non un diplôme universitaire. Il pourrait même y avoir plus de deux catégories telles que voter pour les socialistes, les libéraux ou les écologistes ou encore ne jamais avoir fumé, être un ancien fumeur ou être actuellement fumeur. En général, on préférera les variables dépendantes continues aux variables dépendantes catégorielles quand les deux sont disponibles. À titre d'exemple, on extraira plus d'informations des données en modélisant les notes aux examens en continues plutôt qu'en modélisant les notes en réussite *versus* échec. Il arrive toutefois qu'aucune variable continue ne soit disponible et nous devons alors modéliser des variables dépendantes catégorielles.

À la différence des modèles que nous avons traités précédemment, nous allons rencontrer des problèmes spécifiques aux variables dépendantes dichotomiques (c'est-à-dire qui n'ont que deux valeurs). De la même manière que nous avons assigné des codes numériques pour les variables prédictrices catégorielles, nous pourrions utiliser des codes, par exemple 0 et 1, ou −1 et 1, aux deux catégories de la variable dépendante telle que 0 si les personnes n'ont pas une infection donnée et 1 si les personnes en souffrent. Hélas, les procédures que nous avons abordées jusqu'à maintenant pour tester des comparaisons de modèles ne fonctionnent pas pour les variables dépendantes catégorielles pour plusieurs raisons. Un modèle assez simple serait :

$$Y_i = \beta_0 + \beta_1 X_i + \varepsilon_i$$

Si les seules valeurs pour Y sont 0 et 1, comment pourrions-nous interpréter des valeurs prédites de, par exemple, $\hat{Y}_i = 0.74$ ou encore $\hat{Y}_i = 1.22$? Par ailleurs, si les seules valeurs possibles étaient 0 et 1, il serait difficile pour les erreurs ($e_i = Y_i - \hat{Y}_i$) d'avoir une distribution normale, un postulat que nous faisons pour que les tests statistiques soient valides. La solution va consister à modéliser les chances (au sens statistique du terme, ce que l'on appelle *odds* en anglais, qui n'implique pas l'aspect positif de « la chance ») d'un résultat spécifique au lieu d'essayer de prédire l'apparition de 0 ou de 1.

1. Prédicteurs catégoriels

À titre d'exemple, regardez l'Encadré 14.1, qui présente les résultats d'une enquête menée par les services de santé après une épidémie d'infection de l'intestin dans une commune. Sur les 111 personnes ayant participé à cette enquête, 55 ont rapporté avoir contracté cette infection et 56 ont rapporté être en bonne santé. Il s'ensuit que les chances d'être infecté (c'est-à-dire avoir un score de 1 sur la variable dépendante) sont de $p = 55/111 = .495$ et les chances d'être sain (c'est-à-dire avoir un score de 0) sont de $1 - p = 56/111 = .505$. Les chances (les *odds*) d'être infecté peuvent être calculées comme un rapport (le ratio) de ces deux probabilités, c'est-à-dire

$$chances_{inf} = p/(1 - p) = .495/(1 - .495) = 0.98$$

Les chances proches de 1.0 impliquent que les deux probabilités sont approximativement égales, alors que les chances plus extrêmes (très petites ou très grandes) impliquent que l'un des deux résultats est bien plus probable que l'autre.

Si nous formulons les choses à partir de ce calcul de chances, il devient relativement facile de définir les mêmes types de modèles que nous avons utilisés jusqu'ici pour répondre à toutes sortes de questions sur nos données. Par exemple, nous pouvons comparer ces deux modèles pour tester si

		Source de l'eau consommée		
		Robinet	**Bouteille**	**Total**
État de santé	Malades	49	6	55
	Sains	32	24	56
	Total	81	30	111

Encadré 14.1
Nombre de répondants étant malades ou sains et la source de l'eau consommée

la valeur actuelle de chances d'être atteint par une infection intestinale diffère de la valeur moyenne historique de 0.02 :

$$\text{MODÈLE A: } chances_{inf} = \beta_0 + \varepsilon_i$$

$$\text{MODÈLE C: } chances_{inf} = 0.02 + \varepsilon_i$$

Nous pourrions également nous demander si le fait d'être infecté est fonction du type d'eau que les personnes boivent (eau du robinet ou eau en bouteille). Nous pourrions alors coder la variable eau en +1 pour bouteille d'eau et -1 pour eau du robinet et ensuite comparer ces deux modèles pour tester si les chances d'être infecté sont différentes pour les deux groupes :

$$\text{MODÈLE A: } chances_{inf} = \beta_0 + \beta_1 \text{Eau}_i + \varepsilon_i$$

$$\text{MODÈLE C: } chances_{inf} = \beta_0 + \varepsilon_i$$

De fait, toutes les techniques de modélisation que nous avons utilisées précédemment sont applicables ici. Par exemple, pour tester si les chances d'être infecté en fonction du type d'eau que l'on boit dépendent de l'âge de la personne, nous pourrions comparer ces deux modèles :

$$\text{MODÈLE A: } chances_{inf} = \beta_0 + \beta_1 Eau_i + \beta_2 Age_i + \beta_3 Eau_i * Age_i + \varepsilon_i$$

$$\text{MODÈLE C: } chances_{inf} = \beta_0 + \beta_1 Eau_i + \beta_2 Age_i + \varepsilon_i$$

Il y a néanmoins deux autres problèmes à résoudre quand nous modélisons des chances en tant que variable dépendante. Le premier concerne l'hétéroscédasticité – les erreurs dépendent de l'ampleur des chances. Les chances proches de 1 contre 1 (des probabilités de .50/.50) ont des erreurs de plus grandes tailles que les valeurs de chances plus extrêmes, disons 1 contre 9 ou de 9 contre 1. Pour comprendre ce problème de façon intuitive, prenons ce qui se passe par exemple pour un changement de 20 % du rapport de chances quand celui-ci est proche de 1.0 en comparaison avec un rapport de chances plus extrême. Si le rapport de chances est égal à 1.0, cela veut dire que les probabilités sont de .50 et de .50. Une augmentation de 20 % du rapport de chances l'amène à 1.20, ce qui correspondrait à des probabilités de .545 et .455. Néanmoins, si les probabilités de départ étaient .90 et .10 pour un rapport de chances de 9, alors une augmentation de 20 %, amenant à rapport de chances de 10.8, correspondrait à des probabilités de .915 et .085, c'est-à-dire un changement beaucoup plus modeste des probabilités. Il s'ensuit que les probabilités plus extrêmes sont plus stables (i.e., ont moins d'erreurs) que les probabilités plus modestes. La solution à ce problème d'hétéroscédasticité consiste à utiliser une transformation logarithmique, car grâce à cette transformation un pourcentage d'augmentation donné (par exemple 20 %) sera équivalent quelles que soient les valeurs de départ pour le rapport de chances ou les probabilités. Par conséquent, pour les modèles présentés ci-dessus au lieu de modéliser les chances comme variable dépendante, nous utiliserons le log des chances (les *log odds* en anglais), aussi connu sous le nom de *logit*, ceux-ci étant définis comme :

$$logit_i = \log\left(\frac{p_i}{1-p_i}\right) = log\,(chances_i)$$

Nous expliquerons plus tard comment, après avoir estimé notre modèle pour les *logits*, nous pouvons convertir les résultats dans un langage plus compréhensible en termes de chances et de probabilités.

Le dernier problème à résoudre découle du fait que nous avons fait beaucoup de transformations pour obtenir les *logits* que nous modélisons. Dès lors, la logique de minimisation de la somme des moindres carrés ne convient plus. En lieu et place, nous utiliserons la procédure de maximum de vraisemblance, introduite au Chapitre 3 et discutée dans le Chapitre 12, pour estimer nos modèles. Par ailleurs, nous utiliserons la statistique du χ^2 (« Chi-deux ») au lieu du t et du F pour évaluer nos comparaisons de modèles. Fort heureusement, la logique générale restera la même. Nous formulons une comparaison de modèles en termes de MODÈLE A et MODÈLE C pour les *logits* et ensuite nous utilisons un χ^2 et sa probabilité (en postulant que le MODÈLE C est correct) pour estimer si la complexité supplémentaire du MODÈLE A en vaut la peine en termes de réduction de l'erreur. Parce que cette technique repose sur une modélisation des *logits*, elle est souvent qualifiée de « régression logistique ».

Pour l'exemple relativement simple concernant les infections provenant de l'eau, nous pouvons suivre pas à pas la logique de la comparaison de modèles. Ceci ne sera pas possible aussi facilement avec des modèles plus complexes pour lesquels nous aurons besoin de l'ordinateur pour réaliser les estimations. Pour ce cas relativement simple, la comparaison de modèles est la suivante :

$$\text{MODÈLE A}: logit_{inf} = \beta_0 + \beta_1 Eau_i + \varepsilon_i$$

$$\text{MODÈLE C}: logit_{inf} = \beta_0 + \varepsilon_i$$

$$H_0: \beta_1 = 0$$

Pour comparer ces deux modèles, nous devons trouver les paramètres estimés correspondant au maximum de vraisemblance pour chacun des modèles et ensuite comparer ces deux maximums de vraisemblance. Conceptuellement, cela revient à trouver les paramètres estimés donnant les sommes des carrés des erreurs les plus petites et ensuite à comparer ces deux sommes des carrés des erreurs. En réalité, la seule nouveauté concerne les mathématiques sous-jacentes et les algorithmes d'estimation. De la même manière qu'un ensemble de codes complet permet d'arriver à des valeurs prédites correspondant aux moyennes de chaque cellule pour une ANOVA, utiliser un ensemble de codes complet avec une régression logistique permet, là encore, d'arriver à des valeurs prédites correspondant aux probabilités de chaque cellule. Pour le MODÈLE C, la probabilité prédite d'être infecté est $\hat{p} = 55/111 = .495$, ce qui correspond à un log des chances prédit de $b_0 = \widehat{logit}_i = log\left(\frac{.495}{1-.495}\right) = -0.018$. Pour le MODÈLE A, pour les personnes buvant de l'eau du robinet (−1), la probabilité prédite d'être infecté est $\hat{p} = 49/81 = .605$, ce qui correspond à $\widehat{logit}_{inf} = log\left(\frac{.605}{1-.605}\right) = 0.426$; pour les personnes buvant de l'eau en bouteille (+1), la probabilité prédite d'être infecté est $\hat{p} = 6/30 = .2$, ce qui correspond à $= \widehat{logit}_{inf} = log\left(\frac{.2}{1-.2}\right) = -1.386$. Il est ensuite assez simple de calculer les paramètres estimés pour le MODÈLE A : b_0 correspond à la moyenne des valeurs prédites pour les deux cellules et b_1 correspond à la distance entre chacune de ces valeurs de cellule et cette moyenne, ou, de manière équivalente, la moitié de la distance entre ces deux valeurs de cellules (si nous avons utilisé des codes de −1 et +1). Autrement dit,

$$b_0 = (0.426 - 1.386)/2 = -0.48$$

$$b_1 = (-0.48 - 0.426) = (-1.386 - (-0.48)) = (-1.386 - 0.426)/2 = -0.906$$

Pour résumer,

$$\text{MODÈLE A}: \widehat{logit}_{inf} = -0.48 - 0.906\ Eau_i$$

$$\text{MODÈLE C}: \widehat{logit}_{inf} = -0.018$$

Dans ce cas simple, nous savons qu'il s'agit là des estimations sur la base du maximum de vraisemblance pour ces deux modèles. Maintenant, il nous reste à calculer ces maximums de vraisemblance pour que nous puissions les comparer. Pour une variable binaire ayant une probabilité p d'un événement (être infecté dans notre exemple) et k événements sur N cas au total, le paramètre de vraisemblance L (pour *likelihood* en anglais) est égal à :

$$L = p^k(1 - p)^{N-k}$$

Ceci est généralement un nombre très petit donc nous utilisons plus fréquemment :

$$-2log(L) = -2log(p^k(1 - p)^{N-k})$$

à la fois parce que cela produira un nombre d'une taille plus raisonnable, mais aussi parce que cela permettra de se rapprocher d'une distribution de Chi-deux à mesure que le nombre d'observations N augmentera. Ainsi, la « déviance » (comme nous l'avons définie au Chapitre 3) pour le MODÈLE C nous est donnée par le calcul :

$$-2log(L) = -2log(.495^{55} * (1 - .495)^{101-55}) = 153.87$$

Pour le MODÈLE A, nous multiplions les vraisemblances des deux groupes (eau du robinet et eau en bouteille) pour obtenir la déviance avec le calcul suivant :

$$-2log(L) = -2log[(.20^6 * .80^{24}) * (.605^{49} * .395^{32})] = 138.719$$

Comme c'était le cas pour calculer les sommes des carrés des erreurs, en général nous laisserons des programmes informatiques calculer ces déviances et l'adéquation du modèle. Pour des modèles plus complexes, nous *devons* utiliser des algorithmes informatiques. Par exemple, l'Encadré 14.2 présente les résultats d'un modèle de régression logistique pour les données relatives à l'eau. Commençons par noter que les coefficients du modèle logistique sont exactement ceux que nous avons calculés auparavant pour le MODÈLE A. Par ailleurs, on voit que la « Déviance nulle » est égale à 153.87, ce qui correspond au MODÈLE C donc nous la noterons DEV(C), et la « Déviance résiduelle » est égale à 138.72, ce qui correspond au MODÈLE A et que nous noterons DEV(A). Les degrés de liberté sont calculés exactement comme ils l'étaient pour les modèles comparés à partir de leurs sommes des carrés des erreurs. Pour le MODÈLE C, il y a un seul paramètre donc $dl(C) = N - 1 = 111 - 1 = 110$ et pour le MODÈLE A, il y a un paramètre additionnel donc $dl(A) = N - 2 = 111 - 2 = 109$. Nous sommes donc finalement capables de comparer le MODÈLE C et le MODÈLE A en nous basant sur les informations suivantes :

$$\text{MODÈLE A}: \widehat{logit}_{inf} = -0.48 - 0.906\ Eau_i \qquad PA = 2 \quad DEV(A) = 138.72$$
$$\text{MODÈLE C}: \widehat{logit}_{inf} = -0.018 \qquad PC = 1 \quad DEV(C) = 153.87$$

De manière équivalente à la façon dont nous calculons la SCR avec des variables dépendantes continues, nous calculons la réduction de la déviance en appliquant :

$$DEV(C) - DEV(A) = 153.87 - 138.72 = 15.15$$

Les statisticiens mathématiciens ont montré que cette différence, à mesure que N augmente, se rapproche de façon asymptotique d'une distribution du Chi-deux avec comme degré de liberté $PA - PC$. De la même manière que nous utilisions la distribution du F pour déterminer si la complexité

	Estimate	**Standard Error**	**Wald Chi-Sq**	**Pr(>|z|)**
(Intercept)	−0.4801	0.2549	3.546	.059679
Eau	−0.9062	0.2549	12.634	.000379
Null deviance: 153.87 on 110 degrees of freedom				
Residual deviance: 138.72 on 109 degrees of freedom				

Encadré 14.2
Sortie de base proposée par la plupart des programmes de régression logistique

additionnelle du MODÈLE A en valait la peine, nous pouvons utiliser la distribution du Chi-deux pour décider si la complexité additionnelle du MODÈLE A en vaut la peine pour une régression logistique. L'Encadré A.5 des annexes fait apparaître les valeurs critiques pour diverses probabilités et valeurs de $PA - PC$. Dans le cas qui nous occupe, nous devons comparer la valeur de Chi-deux de 15.15 que nous avons obtenue par le calcul avec la valeur critique pour $\alpha = .05$ et $PA - PC = 1$. Cette valeur critique est de 3.84 et apparaît si fréquemment en régression logistique qu'il est utile de la mémoriser. En regardant au travers de la ligne de l'Encadré A.5, nous pouvons voir que si l'hypothèse nulle était correcte ($\beta_1 = 0$), obtenir une valeur de Chi-deux aussi importante que 15.15 serait extrêmement rare. Nous rejetons donc le MODÈLE C au profit du MODÈLE A : le type d'eau consommée était donc lié à la probabilité d'être infecté, les personnes buvant de l'eau du robinet ayant plus de chances d'être infectées.

De la même manière que nous calculions le *PRE* en comparant l'amélioration SCR = SCE(C) − SCE(A), nous pouvons comparer les déviances. Dans ce cas précis, la proportion de réduction des déviances (PRD) est égale à :

$$PRD = \frac{DEV(C) - DEV(A)}{DEV(C)} = \frac{153.87 - 138.72}{153.87} = \frac{15.15}{153.87} = .098$$

Il existe d'autres façons de généraliser le concept de *PRE* à la régression logistique et elles s'accompagnent de légères différences. Les statisticiens se réfèrent souvent à l'une de ces mesures comme étant le « pseudo-R^2 ». Néanmoins, pour ce qui nous intéresse, *PRD* permet d'estimer de manière intéressante, comme le *PRE*, dans quelle mesure le MODÈLE A est meilleur que le MODÈLE C.

Maintenant que nous savons que le MODÈLE A, prédisant des probabilités de tomber malade en fonction du type d'eau consommée, est meilleur que le MODÈLE C, nous devons interpréter ce MODÈLE A. Nous connaissons les valeurs prédites pour le MODÈLE A et nous les avons utilisées ci-dessus pour dériver les paramètres estimés. De telles dérivations ne seront pas possibles pour des modèles plus complexes, donc nous allons faire l'exercice d'interpréter ces coefficients pour voir un exemple de la façon d'interpréter des modèles plus complexes. Commençons par calculer les *logits* prédits d'être infectés dans les deux groupes de consommation d'eau :

Bouteille : $\widehat{logit} = -0.48 - 0.906\ Eau_{bouteille} = -0.48 - 0.906(+1) = -1.386$

Robinet : $\widehat{logit} = -0.48 - 0.906\ Eau_{robinet} = -0.48 - 0.906(-1) = 0.426$

Pour la plupart d'entre nous, les *logits* ne sont pas très parlants, donc l'étape suivante consiste à convertir ces *logits* prédits en chances prédites en utilisant :

Bouteille : $chances_{inf} = e^{logit} = e^{-1.386} = 0.25$

Robinet : $chances_{inf} = e^{logit} = e^{0.426} = 1.53$

Ainsi, les chances que quelqu'un buvant de l'eau en bouteille soit malade sont seulement de 1 sur 4, alors que pour une personne buvant de l'eau du robinet les chances sont autour d'un rapport de 1.5 contre 1 ou plus simplement de 3 contre 2. Ceci veut dire que, dans les groupes des buveurs d'eau du robinet, pour deux personnes se portant bien, trois autres seront malades. Il est souvent utile de calculer et rapporter un rapport des chances (les fameux *odds ratio* en anglais) :

$$\frac{chances_{robinet}}{chances_{bouteille}} = \frac{1.53}{0.25} = 6.12$$

Ce calcul indique qu'une personne buvant de l'eau du robinet avait 6.12 fois plus de chances d'être malade que quelqu'un buvant de l'eau en bouteille. Cela suggère clairement que l'eau du robinet serait responsable de la maladie, même si, comme c'est le cas pour toutes les données non expérimentales, nous ne pouvons pas en être totalement sûrs. Néanmoins, les résultats de cette enquête ont bel et bien amené la ville à vérifier la station de traitement des eaux où ils ont mis en évidence un dysfonctionnement.

Dans beaucoup de disciplines, comme la médecine ou la santé publique, les résultats sont présentés en termes de chances et de rapports de chances. Cependant, nous pouvons aussi retourner aux probabilités en utilisant le calcul suivant :

$$\text{Bouteille :}\ \hat{p} = \frac{chances_{inf}}{1 + chances_{inf}} = \frac{0.25}{1 + 0.25} = .20$$

$$\text{Robinet :}\ \hat{p} = \frac{chances_{inf}}{1 + chances_{inf}} = \frac{1.53}{1 + 1.53} = .605$$

Si l'on tient compte du fait que le MODÈLE A, qui considère les probabilités d'être malade de façon distincte en fonction du mode de consommation d'eau, est meilleur que le MODÈLE C, qui ne prend en compte qu'une seule probabilité d'être malade, nous savons aussi que ces deux probabilités, les log des chances, et les *logits* sont différents significativement.

2. Prédicteurs continus

La régression logistique utilise les mêmes techniques de modélisation que nous avons vues précédemment dans le cadre de la régression reposant sur la méthode des moindres carrés. Ces modèles peuvent contenir des variables continues, des variables catégorielles et les produits de ces variables. Nous commencerons par aborder les modèles à un seul prédicteur continu et ensuite nous verrons l'utilisation de modèles plus complexes. Dans tous ces modèles, nous laisserons l'ordinateur réaliser les estimations de maximum de vraisemblance relativement complexes.

Les universités américaines se préoccupent légitiment du taux d'étudiants parvenant à valider leurs diplômes. Aux États-Unis, une réussite est en général définie comme le fait de valider l'équivalent d'un master sur une période d'un maximum de 6 ans à compter de l'arrivée à l'université. Par ailleurs, pour décider de l'admission, beaucoup d'universités calculent ce que l'on appelle un « grade point average » prédit (GPAP) pour les étudiants de première année en utilisant notamment le score à des tests, la qualité de leur lycée d'origine et leur GPA au lycée comme prédicteurs au sein d'une régression du type de celles que nous avons vues précédemment. Bien que le GPAP soit élaboré dans le but de prédire la réussite en première année, il semble plausible qu'il prédise la réussite au diplôme final en partant du principe théorique selon lequel les meilleurs étudiants ont plus de chances d'être des étudiants qui réussissent le diplôme final. Nous pouvons tester cette théorie en comparant ces deux modèles :

$$\text{MODÈLE A : } Réussite_i = \beta_0 + \beta_1\ GPAP_i + \varepsilon_i$$

$$\text{MODÈLE C : } Réussite_i = \beta_0 + \varepsilon_i$$

La question est donc de savoir si le fait de connaître le GPAP d'un étudiant permet d'améliorer la prédiction de la probabilité pour cet étudiant d'avoir son diplome. L'Encadré 14.3 présente un tableau typique d'une régression logistique, ici à partir d'une analyse réalisée sur un ensemble de données assez important (15 790 observations) issu d'une grande université. Nous pouvons résumer ces données ci-dessous dans nos propres termes :

$$\text{MODÈLE A : } \widehat{logit}_{Réussite\,i} = -3.17 + 1.33\ GPAP_i \qquad PA = 2 \quad DEV(A) = 19398$$

$$\text{MODÈLE C : } \widehat{logit}_{Réussite\,i} = 0.695 \qquad PC = 1 \quad DEV(C) = 20080$$

Encadré 14.3
Sortie de base proposée par la plupart des programmes de régression logistique lorsqu'on utilise le GPA prédit (GPAP) pour prédire la réussite du diplôme après six ans

	Estimate	Standard Error	Wald Chi-Sq	Pr(>|z|)
(Intercept)	−3.16996	0.15229	433.47	<2e-16
PGPA	1.32960	0.05246	642.12	<2e-16
Null deviance: 20080 on 15789 degrees of freedom				
Residual deviance: 19398 on 15788 degrees of freedom				

Le taux de réussite globale dans ces données est de .667 (ce qui correspond au logit de 0.695 du MODÈLE C). La question qui nous intéresse ici est de savoir si le fait de connaître le GPAP d'un étudiant améliore notre prédiction de la probabilité que cet étudiant réussisse son diplôme. La réponse est oui – le MODÈLE A est significativement meilleur que le MODÈLE C : $\chi_1^2 = 20080 - 19398 = 682$, $p < .0001$, mais pas de beaucoup : $PRD = \frac{20080 - 19398}{20080} = .034$.

L'interprétation du MODÈLE A en termes de *logits* est exactement la même que pour la régression simple. L'ordonnée à l'origine de −3.17 correspond au *logit* prédit quand GPAP = 0 et la pente de 1.33 correspond à l'augmentation attendue du *logit* pour chaque augmentation d'une unité (i.e., chaque niveau de la note dans le système américain, c'est-à-dire un passage de C à B, de B à A, etc.) de GPAP. Dans des termes plus familiers, $e^{-3.17}$ correspond à la chance que peut avoir une personne ayant un GPAP = 0 de réussir son diplôme et la probabilité prédite de réussir son diplôme en 6 ans est égale à $\hat{p} = \frac{0.04}{1+0.04} = .04$. Il semble peu réaliste qu'un étudiant ayant un GPAP = 0 soit admis, donc, comme c'était le cas avec les modèles utilisant la méthode des moindres carrés, il est utile de centrer à la moyenne pour faire en sorte que l'ordonnée à l'origine soit plus facilement interprétable. Un tel nouveau modèle, utilisant $GPAPc = GPAP - \overline{GPAP}$, nous donne :

$$\text{MODÈLE A} : \widehat{logit}_{Réussite_i} = 0.732 + 1.33\ GPAPc \qquad PA = 2 \qquad DEV(A) = 19398$$
$$\text{MODÈLE C} : \widehat{logit}_{Réussite_i} = 0.695 \qquad PC = 1 \qquad DEV(C) = 20080$$

Malheureusement, les valeurs estimées pour les ordonnées à l'origine de ces deux modèles ne sont pas identiques comme elles le seraient avec des modèles reposant sur la méthode des moindres carrés. Cette légère différence provient du fait que l'algorithme du maximum de vraisemblance ne parvient pas à une solution exacte, mais continue plutôt à chercher jusqu'à ce que les solutions convergent vers un résultat qui serait « suffisamment proche » du maximum de vraisemblance. Dans ce cas précis, les différences sont triviales avec un MODÈLE A qui nous donne $e^{0.732} = 2.08$ avec une probabilité prédite de réussir le diplôme de $\hat{p} = \frac{2.08}{1+2.08} = .675$ et un MODÈLE C qui nous donne $e^{0.695} = 2.00$ avec une probabilité prédite de réussir de $\hat{p} = .667$. De telles différences de petites ampleurs sont habituelles quand on utilise la régression logistique et sa procédure d'estimation. Il reste que ces valeurs sont les valeurs prédites pour les chances et les probabilités d'avoir son diplôme quand le GPAP est à sa valeur moyenne.

La pente de 1.33 est restée la même que l'on utilise le modèle avec le GPAP ou le modèle avec sa version centrée à la moyenne. Cette pente indique que pour chaque augmentation d'une unité (i.e., une augmentation d'une unité sur la note.) du GPAP, le *logit* prédit augmente de 1.33 unités. Si nous convertissons en chances, cela revient à dire que les chances de réussir son diplôme augmentent d'un facteur de $e^{1.33} = 3.78$ pour toute augmentation d'une unité de GPAP. Lorsque nous travaillons avec des chances, les additions sont remplacées par des multiplications. Par conséquent, une augmentation de deux notes de GPAP impliquerait une augmentation des chances de réussite par un facteur de $3.78^2 = 14.29$. Nous ne pouvons pas formuler une expression simple pour cette augmentation de la probabilité de réussite à mesure qu'augmente le GPAP parce que cette augmentation est nécessairement non linéaire. Il est plus facile de voir ces relations de manière graphique. L'Enca-

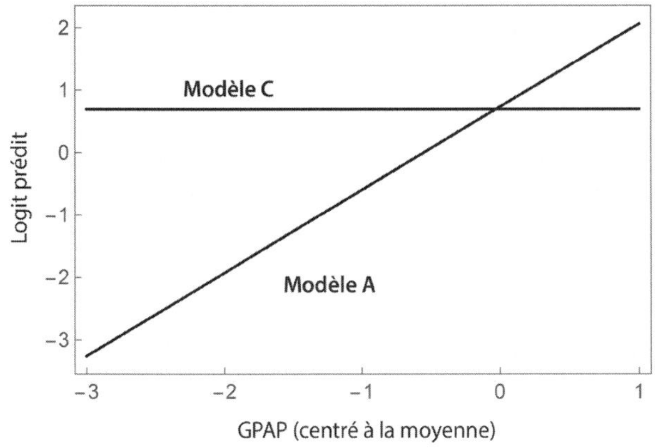

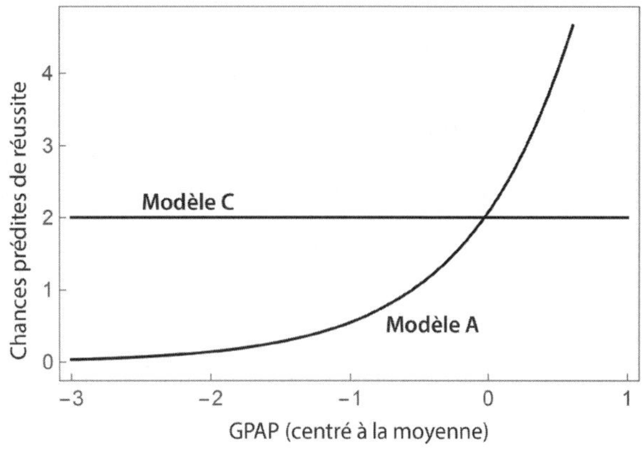

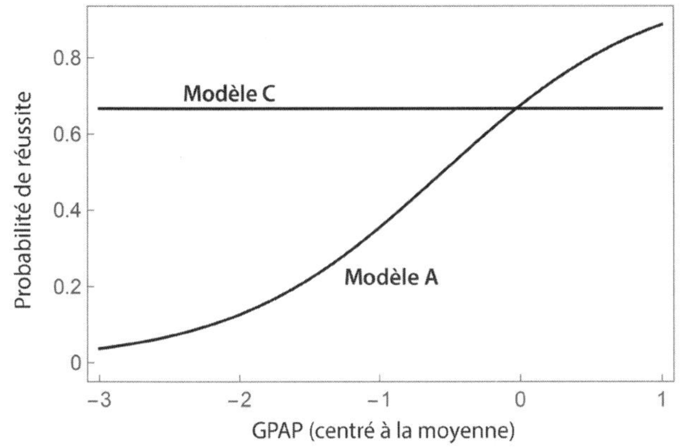

Encadré 14.4
Graphiques des modèles de réussite au diplôme en termes de logits, chances et probabilités

dré 14.4 présente des graphiques des MODÈLES A et C pour les *logits*, les chances et les probabilités. Il apparaît clairement que les valeurs prédites de *logit*, de chances et de probabilités de réussite augmentent à mesure que GPAP augmente.

Dans le cas des modèles moindres carrés, les statistiques associées aux coefficients (leurs erreurs standards et les statistiques *t* qui leur sont associées) nous donnaient la même information que la comparaison de modèles dans lesquels le paramètre en question était fixé à 0 dans le MODÈLE C. Dans le cas de la régression logistique, les deux tests ne sont pas parfaitement identiques. En effet, dans le cas de la régression logistique, mettre au carré le rapport entre le coefficient et son erreur standard nous donne un test de Chi-deux pour ce coefficient. Ainsi, pour GPAP,

$$\chi_1^2 = \left[\frac{b_1}{s_{b_1}}\right]^2 = \left[\frac{1.329}{0.05246}\right]^2 = 642.12$$

La différence de déviance entre les deux modèles ($\chi_1^2 = 682$) et le carré du rapport entre le coefficient et son erreur standard ($\chi_1^2 = 642.12$) estiment tous deux la même valeur de Chi-deux de manière asymptotique. Cependant, même avec 16 000 observations comme c'est le cas ici, il est rare que ces valeurs convergent exactement. Dans la quasi-totalité des situations, ces valeurs conduisent aux mêmes conclusions lorsqu'il s'agit de savoir si le coefficient est significativement différent de zéro. Afin de maintenir la distinction entre ces deux valeurs, le carré du rapport entre le coefficient et son erreur standard est appelé le « Chi-deux de Wald ».

Dans le cadre de la régression logistique, l'erreur standard du coefficient est également utile pour calculer l'intervalle de confiance. Au lieu d'utiliser la valeur critique du *t*, comme nous le faisions dans l'approche des moindres carrés, nous utilisons ici la racine carrée de la valeur critique du Chi-deux, qui est $\sqrt{\chi^2_{1,\alpha=0.05}} = \sqrt{3.84} = 1.96$. Il s'ensuit que l'intervalle de confiance à 95 % pour le logit de la pente correspond à $b_j \pm 1.96_{s_{bj}} = 1.329 \pm 1.96(0.05246) = 1.329 \pm 0.103 = [1.226, 1.432]$

En outre, cet intervalle de confiance peut facilement être converti en chances en utilisant $[e^{1.226}, e^{1.432}] = [3.41, 4.19]$. La meilleure estimation pour le changement de chances de réussite pour chaque augmentation d'une note était 3.78, mais ces chances peuvent raisonnablement être aussi faibles que 3.41 et aussi fortes que 4.19. Comme on peut le voir, le nombre important d'observations permet d'avoir un intervalle de confiance relativement étroit pour les chances. Notez que si l'hypothèse nulle pour le *logit* est que la pente est égale à zéro, ceci correspond à l'hypothèse nulle en termes de chances égales à 1 parce que $e^0 = 1$. Par conséquent, déterminer si 1.0 est à l'intérieur ou à l'extérieur de l'intervalle de confiance à 95 % pour les chances revient à tester statistiquement si la pente du *logit* est égale à zéro.

3. Modèles plus complexes

Avec les outils de base de la régression logistique que nous avons vus ci-dessus, nous pouvons comparer des modèles plus complexes du même type que ceux que nous avons abordés en utilisant la méthode des moindres carrés. Nous en présentons un petit nombre d'exemples ici, à nouveau en utilisant les données du pourcentage de réussite au diplôme. Il est aisé de généraliser ces procédures à d'autres types de modèles. Nous disposons d'autres variables dans la base de données de réussite au diplôme qui peuvent se révéler utiles pour prédire qui va obtenir son diplôme. Ces données provenant d'une université d'État, un prédicteur utile pourrait être le lieu de résidence de l'étudiant (RES). En effet, les étudiants provenant de l'État dans lequel ils vont à l'université paient des frais de scolarité réduits et sont à proximité du support social que peuvent procurer la famille et les amis, alors que les étudiants provenant d'un autre État paient des frais de scolarité plus importants et sont plus loin du support social de la famille et des amis. Il existe également une croyance selon laquelle les femmes sont plus assidues en cours que les hommes, donc le genre (GEN) pourrait être un prédicteur utile de la réussite. Enfin, les services administratifs ont la croyance selon laquelle les étudiants qui arrivent avec un projet professionnel, ce qui comprend notamment un choix de majeure (c'est-à-dire la discipline dans laquelle ils auront le plus de cours), ont plus de chances de réussir leur diplôme que ceux qui sélectionnent « l'option ouverte » (OUV) à leur arrivée. L'Encadré 14.5 liste un certain nombre de modèles utilisant ces variables, leurs paramètres estimés et leurs déviances. Les comparaisons de ces modèles permettent de traiter un certain nombre de questions à propos du taux de réussite aux diplômes.

3.1. *Régression logistique simple*

Plus haut, nous nous sommes demandé si le GPA prédit (le GPAP) était utile pour prédire le taux de réussite au diplôme. Par rapport à l'Encadré 14.5, cette question revient à comparer les Modèles 1 et 2. Le Modèle 1 est le modèle simple et le Modèle 2 inclut un prédicteur continu, donc il correspond à une régression simple. Dans le cas de cette comparaison, nous trouvons, $\chi^2_1 = Dev_1 - Dev_2 = 20080 - 19398 = 682$. Bien que cette comparaison soit significative ($p < .001$), la taille de cette relation n'est pas grande parce que la proportion de réduction de la déviance est petite :

$$PRD = \frac{Dev_1 - Dev_2}{Dev_1} = \frac{20080 - 19398}{20080} = .034$$

Les comparaisons de modèles plus complexes sont traitées de la même manière.

Modèle 1 :

Encadré 14.5

$$logit_i = \beta_0 + \varepsilon_i \quad PA = 1$$

$$\widehat{logit}_i = 0.698$$

$$Dev = 20080$$

Modèle 2 :

$$logit_i = \beta_0 + \beta_1 GPAPc_i + \varepsilon_i \quad PA = 2$$

$$\widehat{logit}_i = 0.732 + 1.33 GPAPc_i$$

$$Dev = 19398$$

Modèle 3 :

$$logit_i = \beta_0 + \beta_1 GPAPc_i + \beta_2 Res_i + \beta_3 Gen_i + \beta_4 Ouv_i + \varepsilon_i \quad PA = 5$$

$$\widehat{logit}_i = 0.716 + 1.24 GPAPc_i + 0.046 Res_i + 0.107 Gen_i + 0.01 Ouv_i$$

$$Dev = 19353$$

Modèle 4 :

$$logit_i = \beta_0 + \beta_1 GPAPc_i + \beta_2 Res_i + \beta_3 Gen_i + \varepsilon_i \quad PA = 4$$

$$\widehat{logit}_i = 0.716 + 1.24 GPAPc_i + 0.045 Res_i + 0.108 Gen_i$$

$$Dev = 19353$$

Modèle 5 :

$$logit_i = \beta_0 + \beta_1 GPAPc_i + \beta_2 Res_i + \beta_3 Gen_i + \beta_4 GPAPc_i * Res_i + \varepsilon_i \quad PA = 5$$

$$\widehat{logit}_i = 0.688 + 1.22 GPAPc_i + 0.067 Res_i + 0.108 Gen_i + 0.387 GPAPc_i * Res_i$$

$$Dev = 19302$$

3.2. *Régression logistique multiple*

Comparer le modèle simple (le Modèle 1) à un modèle avec tous les prédicteurs (GPAP, Res, Gen et Ouv dans le Modèle 3) correspond à une régression multiple. Pour cette comparaison, nous trouvons, $\chi^2_5 = Dev_1 - Dev_3 = 20080 - 19353 = 727$. À nouveau, l'amélioration permise par le Modèle 3 par rapport au Modèle 1 est significative ($p < .001$, notez au passage les degrés de liberté $= PA - PC = 4$), cependant, ce qui correspondrait à un R^2 n'est pas de grande taille : $PRD = \frac{20080 - 19353}{20080} = .036$. Ainsi, nous pouvons conclure que, en tant qu'ensemble, tous les prédicteurs permettent une réduction significative de la déviance par rapport au modèle simple.

3.3. Évaluer un prédicteur parmi plusieurs

Comme c'était le cas avec les modèles portant sur des variables dépendantes continues, nous voulons souvent savoir si une variable prédictrice spécifique est nécessaire au-delà de ou en contrôlant les autres variables prédictrices. Ainsi, la comparaison du Modèle 4, qui n'inclut pas le prédicteur Ouv, avec le Modèle 3, qui inclut Ouv et tous les autres prédicteurs, traite la question de savoir si Ouv est un prédicteur utile au-delà des autres prédicteurs. Dans la mesure où, $\chi_1^2 = Dev_4 - Dev_3 = 19353 - 19353 = 0$, Ouv (évaluant si l'étudiant s'était déjà engagé sur une majeure ou non à son entrée à l'université) n'est pas donc pas un prédicteur utile au-delà du GPA prédit, de la résidence et du genre.

3.4. Interactions

De la même manière que nous avions utilisé des comparaisons de modèles pour tester des interactions (des produits de deux variables) et des effets polynomiaux (des produits de variables avec elle-même) dans le cas des modèles moindres carrés, nous pouvons utiliser les mêmes techniques de modélisation en régression logistique. Une hypothèse possible est notamment que le GPAP serait un prédicteur plus puissant pour les étudiants résidant originellement dans l'état que pour les étudiants provenant d'un autre état. La comparaison du Modèle 4, qui inclut les prédicteurs sans l'interaction, avec le Modèle 5 qui comporte en plus le produit entre GPAPc et Res, permet d'évaluer si le GPAP est effectivement un prédicteur plus puissant pour les étudiants provenant de cet état. Notez que les mêmes règles de la comparaison de modèles s'appliquent ici : tous les composants du produit représentant l'interaction doivent être inclus dans les deux modèles. Dans cet exemple, nous trouvons, $\chi_1^2 = Dev_4 - Dev_5 = 19353 - 19302 = 51$, $p < .001$. Ainsi, le modèle incluant l'interaction est un modèle significativement meilleur que celui ne l'incluant pas.

Nous interprétons l'interaction, en termes de *logits*, exactement comme nous le faisions pour les modèles moindres carrés. Res a été codé +0.5 pour les étudiants résidant originellement dans l'État et −0.5 pour les autres étudiants. En substituant ces valeurs dans les équations des valeurs prédites issues du Modèle 5, cela nous donne :

Résidents : $\widehat{logit}_i = 0.688 + 1.22\ GPAPc + 0.067(0.5) + 0.108 Gen_i + 0.387(0.5) GPAPc_i$

$\widehat{logit}_i = 0.714 + 1.42\ GPAPc_i + 0.108 Gen_i$

Autres : $\widehat{logit}_i = 0.688 + 1.22\ GPAPc_i + 0.067(-0.5) + 0.108 Gen_i + 0.387(-0.5) GPAPc_i$

$\widehat{logit}_i = 0.647 + 1.03\ GPAPc_i + 0.108 Gen_i$

On peut voir que la pente liant le *GPAPc* au logit (le log des chances de réussite au diplôme) est plus forte pour les étudiants provenant de l'État (1.42) que pour ceux provenant d'autres États (1.03) et nous savons que cette différence est significative grâce à la comparaison des Modèles 4 et 5. La comparaison des coefficients montre à quel point l'impact du GPAP est plus important pour les étudiants provenant de l'État que pour ceux provenant d'autres États. Le panneau supérieur de l'Encadré 14.6 fait apparaître les deux droites (en trait plein pour les étudiants provenant de l'État et en traits pointillés pour les étudiants provenant d'un autre État) pour les *logits* prédits (en substituant *Gen* par 0, car celui-ci était codé +0.5 et −0.5). Encore une fois, des lignes non parallèles sont caractéristiques de la présence d'une interaction. Notez que la pente liant le *GPAPc* au logit du taux de réussite est plus raide pour les étudiants provenant de l'État. Le panneau du milieu fait apparaître les mêmes résultats après avoir transformé les *logits* en chances de réussite. En accord avec l'idée que le GPAP est un prédicteur plus puissant pour les étudiants provenant de l'État, la courbe des chances change plus pour ces étudiants. Enfin, le panneau inférieur fait apparaître les résultats lorsque l'on utilise la probabilité de réussite. Dans ce graphique, nous voyons que le taux de réus-

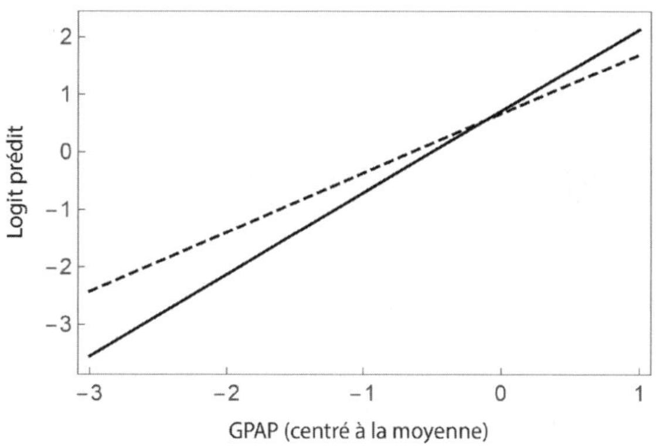

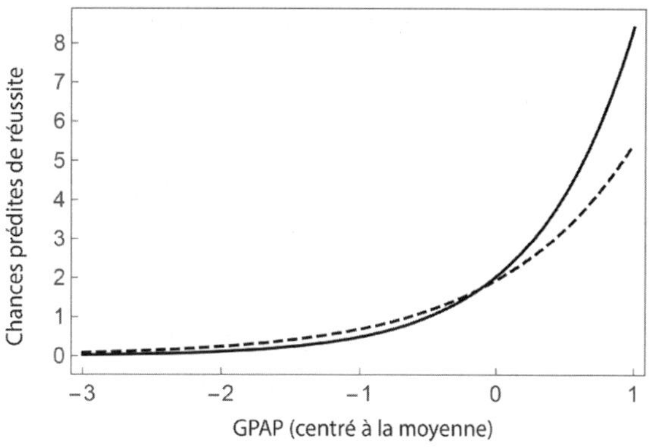

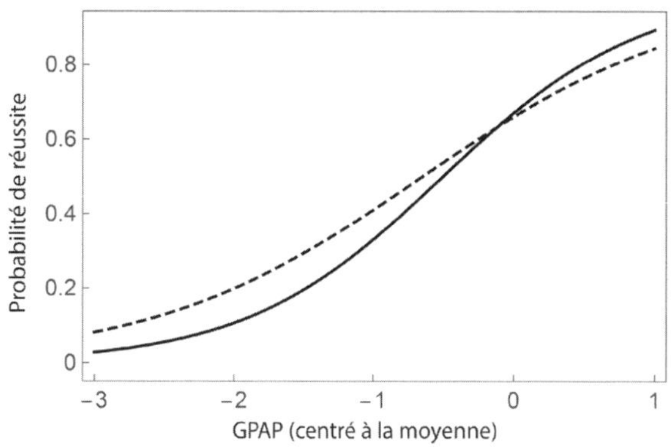

Encadré 14.6
Graphiques présentant les prédictions du modèle avec interaction en termes de logits, chances et probabilités. Les traits pleins correspondent aux étudiants provenant de l'État ; les traits pointillés correspondent aux étudiants provenant d'autres États.

site du diplôme pour les étudiants provenant de l'État est (descriptivement) plus bas que celui des étudiants provenant d'un autre État quand le GPAP est faible, mais à proximité d'un GPAP moyen (i.e., $GPAPc = 0$), le taux de réussite des étudiants provenant de l'État surpasse (descriptivement) celui des étudiants provenant d'un autre État. À nouveau, l'impact plus fort du GPAP pour les étudiants provenant de l'État se marque par une courbe qui change plus rapidement que pour les étudiants provenant d'un autre État.

3.5. *Autres comparaison de modèles*

Les exemples présentés dans l'Encadré 14.5 sont là simplement pour illustrer différentes possibilités. Avec la régression logistique, nous pourrions utiliser la même variété de modèles qu'avec la régression reposant sur la méthode des moindres carrés. Des modèles impliquant des combinaisons et des produits de prédicteurs continus et catégoriels en codes de contraste peuvent ainsi être utilisés. Comme toujours, les comparaisons de modèles pour lesquelles $PA - PC = 1$ seront à privilégier parce qu'il y a moins d'ambiguïté dans l'interprétation de ce type de comparaisons de modèles.

3.6. *Observations aberrantes*

Vérifier l'existence de valeurs aberrantes pour le prédicteur (i.e., des observations avec un levier fort) se fait exactement de la même manière qu'avec les modèles moindres carrés et donc comme nous l'avons décrit dans le chapitre précédent. Il existe par ailleurs des techniques permettant d'identifier des valeurs inhabituelles de Y et des observations ayant un impact inhabituel sur le modèle global. Cependant, ces techniques sont trop complexes pour être présentées ici. Il reste que la plupart des programmes informatiques proposent des outils permettant d'identifier ces valeurs inhabituelles.

3.7. *Puissance statistique pour la régression logistique*

La puissance statistique est importante pour les mêmes raisons qu'elle l'était dans le cas de la régression basée sur la méthode des moindres carrés. Avec une faible puissance, il y aurait des risques accrus de commettre des erreurs de Type II. Néanmoins, de la même manière qu'il est préférable de laisser aux algorithmes informatiques le calcul des solutions obtenues par le maximum de vraisemblance, il est préférable de laisser aux ordinateurs le calcul de la puissance statistique pour les comparaisons de modèles de régression logistique. La plupart des logiciels de statistique proposent des outils pour estimer la puissance pour les analyses de ces régressions. Afin d'augmenter la puissance statistique, les mêmes recommandations s'appliquent : collecter des données de meilleure qualité (moins d'erreurs), augmenter le nombre d'observations et augmenter la variabilité des variables prédictrices. En outre, toutes choses égales par ailleurs, l'analyse par la méthode des moindres carrés d'une variable dépendante continue sera plus puissante que l'analyse logistique d'une variable dépendante dichotomique. Par conséquent, dans la mesure du possible, utilisez des variables dépendantes continues plutôt que des variables dépendantes catégorielles. À titre d'exemple, nous aurions une plus grande puissance statistique en utilisant les scores réels de performance à un test plutôt qu'une mesure qui serait simplement succès/échec à ce test.

Résumé

Dans ce chapitre, nous avons couvert les modèles permettant l'analyse des variables dépendantes dichotomiques catégorielles, c'est-à-dire des variables dépendantes qui reposent sur des catégories du type : réussite/échec ou a voté/n'a pas voté. De telles analyses présentent deux obstacles : les valeurs prédites sont difficiles à interpréter et les erreurs ont peu des chances d'être distribuées normalement. La régression logistique résout ces problèmes en modélisant des *logits* plutôt que les valeurs individuelles dichotomiques de la variable dépendante. Ceci veut dire que nous convertissons les observations dichotomiques en probabilités sachant le modèle et ensuite nous convertissons ces probabilités en chances. Et finalement, pour arriver à des *logits*, nous prenons les logs de ces chances. Ce sont ces *logits* que nous modélisons. En ce qui concerne les variables prédictrices, celles-ci peuvent être continues, catégorielles ou un mélange des deux. Des estimations de maximum de vraisemblance, comme elles ont été décrites aux Chapitres 3 et 12, sont ensuite utilisées pour estimer les paramètres et les erreurs (ou déviances). La quantité de réduction de déviance lorsque l'on passe du MODÈLE A au MODÈLE C représentera la réduction de l'erreur. On pourra également calculer la proportion de réduction de la déviance (*PRD*) de la même manière que nous avons calculé le *PRE*. Nous avons également décrit la façon d'interpréter les paramètres estimés, ce qui repose sur des procédures maintenant familières, mais qui est plus complexe parce que les relations entre les variables prédictrices et les variables dépendantes catégorielles ne sont pas linéaires. Finalement, nous avons terminé avec une brève discussion de la puissance statistique, notant au passage que les analyses ordinaires de variables dépendantes continues qui recourent à la méthode des moindres carrés sont généralement préférables aux analyses de régression logistique des variables dépendantes dichotomiques dans la mesure où les premières sont statistiquement plus puissantes.

Annexes

Encadré A.1
Valeurs critiques de PRE pour PA – PC = 1

	α							
n – PA	**.5**	**.2**	**.1**	**.05**	**.025**	**.01**	**.005**	**.001**
1	.500	.905	.976	.994	.998	1.000	1.000	1.000
2	.250	.640	.810	.902	.951	.980	.990	.998
3	.163	.472	.649	.771	.853	.919	.949	.982
4	.121	.370	.532	.658	.753	.841	.887	.949
5	.096	.303	.448	.569	.667	.765	.820	.904
6	.079	.257	.386	.499	.595	.696	.756	.855
7	.067	.222	.339	.444	.536	.636	.699	.807
8	.059	.196	.302	.399	.486	.585	.647	.761
9	.052	.175	.272	.362	.445	.540	.602	.717
10	.047	.158	.247	.332	.410	.501	.562	.678
11	.042	.145	.227	.306	.379	.467	.526	.642
12	.039	.133	.209	.283	.353	.437	.495	.608
13	.036	.123	.194	.264	.330	.411	.467	.578
14	.033	.114	.181	.247	.310	.388	.441	.550
15	.031	.107	.170	.232	.292	.367	.419	.525
16	.029	.100	.160	.219	.277	.348	.398	.502
17	.027	.095	.151	.208	.262	.331	.379	.480
18	.026	.090	.143	.197	.249	.315	.362	.461
19	.024	.085	.136	.187	.238	.301	.346	.443
20	.023	.081	.129	.179	.227	.288	.332	.426
22	.021	.074	.118	.164	.208	.265	.307	.395
24	.019	.067	.109	.151	.192	.246	.285	.369
26	.018	.062	.101	.140	.179	.229	.266	.346
28	.016	.058	.094	.130	.167	.214	.249	.325
30	.015	.054	.088	.122	.157	.201	.234	.307
35	.013	.046	.075	.105	.135	.175	.204	.269
40	.011	.041	.066	.093	.119	.155	.181	.240
45	.010	.036	.059	.083	.107	.138	.162	.216
50	.009	.033	.053	.075	.096	.125	.147	.196
55	.008	.030	.048	.068	.088	.115	.135	.180
60	.008	.027	.044	.063	.081	.106	.124	.166
80	.006	.020	.033	.047	.061	.080	.094	.127
100	.005	.016	.027	.038	.049	.065	.076	.103
150	.003	.011	.018	.025	.033	.043	.051	.070
200	.002	.008	.013	.019	.025	.033	.039	.053
500	.001	.003	.005	.008	.010	.013	.016	.021

Encadré A.2
Valeurs critiques de PRE pour α = .05

	PA–PC								
n – PA	**1**	**2**	**3**	**4**	**5**	**6**	**7**	**8**	**9**
1	.994	.997	.998	.999	.999	.999	.999	.999	1.000
2	.902	.950	.966	.975	.980	.983	.985	.987	.989
3	.771	.864	.903	.924	.938	.947	.954	.959	.964
4	.658	.776	.832	.865	.887	.902	.914	.924	.931
5	.569	.698	.764	.806	.835	.856	.872	.885	.896
6	.499	.632	.704	.751	.785	.811	.831	.847	.860
7	.444	.575	.651	.702	.739	.768	.791	.810	.825
8	.399	.527	.604	.657	.697	.729	.754	.775	.792
9	.362	.486	.563	.618	.659	.692	.719	.742	.761
10	.332	.451	.527	.582	.624	.659	.687	.711	.731
11	.306	.420	.495	.550	.593	.628	.657	.682	.703
12	.283	.393	.466	.521	.564	.600	.630	.655	.677
13	.264	.369	.440	.494	.538	.574	.604	.630	.653
14	.247	.348	.417	.471	.514	.550	.580	.607	.630
15	.232	.329	.397	.449	.492	.527	.558	.585	.608
16	.219	.312	.378	.429	.471	.507	.538	.564	.588
17	.208	.297	.361	.411	.452	.488	.518	.545	.569
18	.197	.283	.345	.394	.435	.470	.501	.527	.551
19	.187	.270	.331	.379	.419	.454	.484	.510	.534
20	.179	.259	.317	.364	.404	.438	.468	.495	.518
22	.164	.238	.294	.339	.377	.410	.439	.466	.489
24	.151	.221	.273	.316	.353	.385	.414	.440	.463
26	.140	.206	.256	.297	.332	.363	.391	.417	.440
28	.130	.193	.240	.279	.314	.344	.371	.396	.418
30	.122	.181	.226	.264	.297	.326	.353	.377	.399
35	.105	.157	.198	.232	.262	.289	.314	.336	.357
40	.093	.139	.176	.207	.234	.259	.282	.304	.323
45	.083	.125	.158	.186	.212	.235	.257	.277	.295
50	.075	.113	.143	.170	.194	.215	.235	.254	.272
55	.068	.103	.131	.156	.178	.198	.217	.235	.252
60	.063	.095	.121	.144	.165	.184	.202	.219	.234
80	.047	.072	.093	.111	.127	.142	.157	.171	.184
100	.038	.058	.075	.090	.103	.116	.128	.140	.151
150	.025	.039	.051	.061	.070	.080	.088	.096	.104
200	.019	.030	.038	.046	.053	.060	.067	.074	.080
500	.008	.012	.015	.019	.022	.025	.028	.030	.033

Encadré A.3

Valeurs critiques de *F* pour PA – PC = 1

	α							
n – PA	**.5**	**.2**	**.1**	**.05**	**.025**	**.01**	**.005**	**.001**
1	1.00	9.47	39.9	161.00	648.00	4052.00	16,210.00	405,284.00
2	0.67	3.56	8.53	18.51	38.51	98.50	198.00	998.00
3	0.59	2.68	5.54	10.13	17.44	34.12	55.55	167.00
4	0.55	2.35	4.54	7.71	12.22	21.20	31.33	74.14
5	0.53	2.18	4.06	6.61	10.01	16.26	22.78	47.18
6	0.51	2.07	3.78	5.99	8.81	13.75	18.63	35.51
7	0.51	2.00	3.59	5.59	8.07	12.25	16.24	29.25
8	0.50	1.95	3.46	5.32	7.57	11.26	14.69	25.41
9	0.49	1.91	3.36	5.12	7.21	10.56	13.61	22.86
10	0.49	1.88	3.29	4.96	6.94	10.04	12.83	21.04
11	0.49	1.86	3.23	4.84	6.72	9.65	12.23	19.69
12	0.48	1.84	3.18	4.75	6.55	9.33	11.75	18.64
13	0.48	1.82	3.14	4.67	6.41	9.07	11.37	17.82
14	0.48	1.81	3.10	4.60	6.30	8.86	11.06	17.14
15	0.48	1.80	3.07	4.54	6.20	8.68	10.80	16.59
16	0.48	1.79	3.05	4.49	6.12	8.53	10.58	16.12
17	0.47	1.78	3.03	4.45	6.04	8.40	10.38	15.72
18	0.47	1.77	3.01	4.41	5.98	8.29	10.22	15.38
19	0.47	1.76	2.99	4.38	5.92	8.18	10.07	15.08
20	0.47	1.76	2.97	4.35	5.87	8.10	9.94	14.82
22	0.47	1.75	2.95	4.30	5.79	7.95	9.73	14.38
24	0.47	1.74	2.93	4.26	5.72	7.82	9.55	14.03
26	0.47	1.73	2.91	4.23	5.66	7.72	9.41	13.74
28	0.47	1.72	2.89	4.20	5.61	7.64	9.28	13.50
30	0.47	1.72	2.88	4.17	5.57	7.56	9.18	13.29
35	0.46	1.71	2.85	4.12	5.48	7.42	8.98	12.90
40	0.46	1.70	2.84	4.08	5.42	7.31	8.83	12.61
45	0.46	1.69	2.82	4.06	5.38	7.23	8.71	12.39
50	0.46	1.69	2.81	4.03	5.34	7.17	8.63	12.22
55	0.46	1.68	2.80	4.02	5.31	7.12	8.55	12.09
60	0.46	1.68	2.79	4.00	5.29	7.08	8.49	11.97
80	0.46	1.67	2.77	3.96	5.22	6.96	8.33	11.67
100	0.46	1.66	2.76	3.94	5.18	6.90	8.24	11.50
150	0.46	1.66	2.74	3.90	5.13	6.81	8.12	11.27
200	0.46	1.65	2.73	3.89	5.10	6.76	8.06	11.15
500	0.46	1.65	2.72	3.86	5.05	6.69	7.95	10.96

Encadré A.4

Valeurs critiques de *F* pour α = .05

	PA - PC								
n - PA	**1**	**2**	**3**	**4**	**5**	**6**	**7**	**8**	**9**
1	161.45	199.50	215.71	224.58	230.16	233.99	236.77	238.88	240.54
2	18.51	19.00	19.16	19.25	19.30	19.33	19.35	19.37	19.38
3	10.13	9.55	9.28	9.12	9.01	8.94	8.89	8.85	8.81
4	7.71	6.94	6.59	6.39	6.26	6.16	6.09	6.04	6.00
5	6.61	5.79	5.41	5.19	5.05	4.95	4.88	4.82	4.77
6	5.99	5.14	4.76	4.53	4.39	4.28	4.21	4.15	4.10
7	5.59	4.74	4.35	4.12	3.97	3.87	3.79	3.73	3.68
8	5.32	4.46	4.07	3.84	3.69	3.58	3.50	3.44	3.39
9	5.12	4.26	3.86	3.63	3.48	3.37	3.29	3.23	3.18
10	4.96	4.10	3.71	3.48	3.33	3.22	3.14	3.07	3.02
11	4.84	3.98	3.59	3.36	3.20	3.09	3.01	2.95	2.90
12	4.75	3.89	3.49	3.26	3.11	3.00	2.91	2.85	2.80
13	4.67	3.81	3.41	3.18	3.03	2.92	2.83	2.77	2.71
14	4.60	3.74	3.34	3.11	2.96	2.85	2.76	2.70	2.65
15	4.54	3.68	3.29	3.06	2.90	2.79	2.71	2.64	2.59
16	4.49	3.63	3.24	3.01	2.85	2.74	2.66	2.59	2.54
17	4.45	3.59	3.20	2.96	2.81	2.70	2.61	2.55	2.49
18	4.41	3.55	3.16	2.93	2.77	2.66	2.58	2.51	2.46
19	4.38	3.52	3.13	2.90	2.74	2.63	2.54	2.48	2.42
20	4.35	3.49	3.10	2.87	2.71	2.60	2.51	2.45	2.39
22	4.30	3.44	3.05	2.82	2.66	2.55	2.46	2.40	2.34
24	4.26	3.40	3.01	2.78	2.62	2.51	2.42	2.36	2.30
26	4.23	3.37	2.98	2.74	2.59	2.47	2.39	2.32	2.27
28	4.20	3.34	2.95	2.71	2.56	2.45	2.36	2.29	2.24
30	4.17	3.32	2.92	2.69	2.53	2.42	2.33	2.27	2.21
35	4.12	3.27	2.87	2.64	2.49	2.37	2.29	2.22	2.16
40	4.08	3.23	2.84	2.61	2.45	2.34	2.25	2.18	2.12
45	4.06	3.20	2.81	2.58	2.42	2.31	2.22	2.15	2.10
50	4.03	3.18	2.79	2.56	2.40	2.29	2.20	2.13	2.07
55	4.02	3.16	2.77	2.54	2.38	2.27	2.18	2.11	2.06
60	4.00	3.15	2.76	2.53	2.37	2.25	2.17	2.10	2.04
80	3.96	3.11	2.72	2.49	2.33	2.21	2.13	2.06	2.00
100	3.94	3.09	2.70	2.46	2.31	2.19	2.10	2.03	1.97
150	3.90	3.06	2.66	2.43	2.27	2.16	2.07	2.00	1.94
200	3.89	3.04	2.65	2.42	2.26	2.14	2.06	1.98	1.93
500	3.86	3.01	2.62	2.39	2.23	2.12	2.03	1.96	1.90

Encadré A.5
Valeurs critiques de χ^2_{dl}

	α						
dl	**0.5**	**0.2**	**0.1**	**0.05**	**0.01**	**0.005**	**0.001**
1	0.45	1.64	2.71	3.84	6.63	7.88	10.83
2	1.39	3.22	4.61	5.99	9.21	10.60	13.82
3	2.37	4.64	6.25	7.81	11.34	12.84	16.27
4	3.36	5.99	7.78	9.49	13.28	14.86	18.47
5	4.35	7.29	9.24	11.07	15.09	16.75	20.52
6	5.35	8.56	10.64	12.59	16.81	18.55	22.46
7	6.35	9.80	12.02	14.07	18.48	20.28	24.32
8	7.34	11.03	13.36	15.51	20.09	21.95	26.12
9	8.34	12.24	14.68	16.92	21.67	23.59	27.88
10	9.34	13.44	15.99	18.31	23.21	25.19	29.59
11	10.34	14.63	17.28	19.68	24.72	26.76	31.26
12	11.34	15.81	18.55	21.03	26.22	28.3	32.91
13	12.34	16.98	19.81	22.36	27.69	29.82	34.53
14	13.34	18.15	21.06	23.68	29.14	31.32	36.12
15	14.34	19.31	22.31	25.00	30.58	32.80	37.70
16	15.34	20.47	23.54	26.30	32.00	34.27	39.25
17	16.34	21.61	24.77	27.59	33.41	35.72	40.79
18	17.34	22.76	25.99	28.87	34.81	37.16	42.31
19	18.34	23.9	27.2	30.14	36.19	38.58	43.82
20	19.34	25.04	28.41	31.41	37.57	40.00	45.31

Références

Baron, R. M., & Kenny, D. A. (1986). The moderator–mediator variable distinction in social psychological research: Conceptual, strategic, and statistical considerations. *Journal of Personality and Social Psychology, 51*, 1173–1182.

Belsley, D. A., Kuh, E., & Welsch, R. E. (1980). *Regression diagnostics: Identifying influential data and sources of collinearity.* New York: Wiley.

Campbell, D. T., & Stanley, J. C. (1963). Experimental and quasi-experimental designs for research on teaching. In N. L. Gage (Ed.), *Handbook of research on teaching.* Chicago: Rand McNally. (Also published as *Experimental and quasi-experimental designs for research.* Chicago: Rand McNally, 1966.)

Clark, H. H. (1973). The language-as-fixed effect fallacy: A critique of language statistics in psychological research. *Journal of Verbal Learning and Verbal Behavior,* 12, 335-359.

Cohen, J. (1977). *Statistical power analysis for the behavioral sciences (rev. ed.).* New York: Academic Press.

Cohen, J. (1978). Partialed products are interactions: Partialed powers and curve components. *Psychological Bulletin, 85*, 858–866.

Cook, R. D. (1977). Detection of influential observations in linear regression. *Technometrics, 19*, 15–18.

Cook, R. D. (1979). Influential observations in linear regression. *Journal of the American Statistical Association, 74*, 169–174.

Cook, T. D., & Campbell, D. T. (1979). *Quasi-experimentation: Design and analysis issues for field settings.* Chicago: Rand McNally.

Correll, J., Park, B., & Judd, C. M. (2002). The police officer's dilemma: Using ethnicity to disambiguate potentially threatening individuals. *Journal of Personality and Social Psychology, 83*, 1314–1329.

Henderson, H., & Velleman, P. F. (1981). Building multiple regression models interactively. *Biometrics, 37*, 391–411.

Hoffman, L. (2015). *Longitudinal analysis: Modeling within-person fluctuation and change.* New York, NY: Routledge.

Hox, J. J. (2010). *Multilevel analysis: Techniques and applications* (2nd ed.). Hoboken, NJ: John Wiley.

Judd, C. M., & Kenny, D. A. (1981a). *Estimating the effects of social interventions.* Cambridge: Cambridge University Press.

Judd, C. M., & Kenny, D. A. (1981b). Process analysis: Estimating mediation in treatment evaluations. *Evaluation Review, 5*, 602–619.

Judd, C. M., Westfall, J., & Kenny, D. A. (2012). Treating stimuli as a random factor in social psychology: A new and comprehensive solution to a pervasive but largely ignored problem. *Journal of Personality and Social Psychology,* 103, 54-69.

Judd, C. M., Yzerbyt, V., & Muller, D. (2014). Mediation and Moderation. In H. Reis & C. M. Judd (Eds.), *Handbook of research methods in social and personality psychology* (2nd ed., pp. 653-676). New York, NY: Cambridge University Press.

Kenny, D. A., & Judd, C. M. (1986). Consequences of violating the independence assumption in analysis of variance. *Psychological Bulletin, 99*, 422–431.

MacKinnon, D. P. (2008). *Introduction to statistical mediation analysis.* New York, NY: Taylor & Francis.

MacKinnon, D. P., Lockwood, C. M., Hoffman, J. M., West, S. G., & Sheets, V. (2002). A comparison of methods to test mediation and other intervening variable effects. *Psychological Methods, 7*, 83–104.

Maruyama, G., & Ryan, C. S. (2014). *Research methods in social relations* (8th ed.). Oxford, UK: Wiley-Blackwell.

Muller, D., Judd, C. M., & Yzerbyt, V. Y. (2005). When moderation is mediated and mediation is moderated. *Journal of Personality and Social Psychology,* 89, 852-863.

Muller, D., Yzerbyt V. Y., & Judd, C. M. (2008). Adjusting for a mediator in models with two crossed treatment variables. *Organizational Research and Methods,* 11, 224-240.

Reis, H. T., & Judd, C. M. (Eds; 2014). *Handbook of research methods in social and personality psychology* (2nd ed.). New York, NY: Cambridge University Press.

Rosenthal, R., & Rosnow, R. L. (1985). *Contrast analysis: Focused comparisons in the analysis of variance.* Cambridge: Cambridge University Press.

Rosenthal, R., & Rosnow, R. L. (2008). *Essentials of behavioral research: Methods and data analysis.* Boston: McGraw Hill.

SAS Institute (2015). *SAS/STAT software.* Cary, NC: SAS Institute, Inc. (www.sas.com/stat).

Scheffé, H. A. (1959). *The analysis of variance.* New York: Wiley.

Shadish, W. R., Cook, T. D., & Campbell, D. T. (2002). *Experimental and quasi-experimental designs for generalized causal inference.* Boston: Houghton Miffin.

Snijders, T. A. B., & Bosker, R. J. (2012). *Multilevel analysis: An introduction to basic and advanced multilevel modeling* (2nd ed.). London, UK: Sage.

Yzerbyt, V. Y., Muller, D., & Judd, C. M. (2004). Adjusting researchers' approach to adjustment: On the use of covariates when testing interactions. *Journal of Experimental Social Psychology,* 40, 423-431.

Index

N

O

P

R

S

T

U

V

W

Z

Z

Table des matières

CHAPITRE 4

CHAPITRE 5

CHAPITRE 6

CHAPITRE 7

CHAPITRE 8

CHAPITRE 9

Charles M. Judd est Professeur de Psychologie de l'Université du Colorado à Boulder. Docteur de l'Université Columbia, il est Fellow de l'American Psychological Association, de la Society of Personality and Social Psychology, et de la Society for the Psychological Study of Social Issues. Ses travaux portent sur la cognition sociale et les attitudes, les relations intergroupes et les stéréotypes, le jugement et la prise de décision, et les méthodes de recherche et l'analyse des données en sciences comportementales.

Gary H. McClelland est Professeur de Psychologie de l'Université du Colorado à Boulder. Docteur de l'Université du Michigan, il est Fellow de l'Institute of Cognitive Science. Les thèmes de recherche du Pr. McClelland incluent le jugement et la prise de décision, les modèles psychologiques du comportement économique, l'analyse de données et la statistique, ainsi que la psychologie mathématique.

Carey S. Ryan est Professeure de Psychologie de l'Université du Nebraska à Omaha. Ph.D. de l'Université du Colorado à Boulder, elle a enseigné à l'Université de Pittsburgh, puis rejoint l'Université du Nebraska en 2001. Dans ses recherches, elle s'intéresse aux préjugés et aux stéréotypes, aux processus de groupes et à l'évaluation de programmes.

Dominique Muller est Professeur de Psychologie à l'Université Grenoble Alpes et directeur du Laboratoire Interuniversitaire de Psychologie. Il a été éditeur associé de plusieurs revues internationales dont l'European Journal Social Psychology et Social Psychological and Personality Science. Après un post doctorat à l'Université du Colorado, il a été recruté à l'Université Paris Descartes puis à Grenoble où il est devenu membre de l'Institut Universitaire de France. Il a récemment été élu membre Fellow de l'Association for Psychological Science. Ses travaux concernent la cognition sociale ainsi que la méthodologie et le traitement des données.

Vincent Yzerbyt est Professeur de Psychologie à l'Université catholique de Louvain. Ancien président de la European Association of Social Psychology et Fellow de l'Association for Psychological Science, il a été éditeur en chef de la revue Social Psychological and Personality Science et éditeur associé dans plusieurs revues de premier plan. Lauréat du Career Trajectory Award de la Society of Experimental Social Psychology et du Lewin Award de la European Association of Social Psychology, ses travaux concernent les stéréotypes et les relations intergroupes, la cognition sociale ainsi que la méthodologie et les statistiques en sciences du comportement.

MIXTE
Papier issu de sources responsables
FSC® C004472

Achevé d'imprimer en novembre 2018 par Wilco aux Pays-Bas
N° d'impression : 279735
N° éditeur : 2018-0165